QUELLEN ZUR ENTSTEHUNG DES ERSTEN WELTKRIEGES

AUSGEWÄHLTE QUELLEN
ZUR DEUTSCHEN GESCHICHTE
DER NEUZEIT

FREIHERR VOM STEIN-GEDÄCHTNISAUSGABE

In Verbindung mit vielen Fachgenossen
herausgegeben von
Rudolf Buchner und Winfried Baumgart

Band XXVII

QUELLEN
ZUR ENTSTEHUNG
DES ERSTEN WELTKRIEGES

INTERNATIONALE DOKUMENTE 1901—1914

Herausgegeben von

ERWIN HÖLZLE

1978

WISSENSCHAFTLICHE BUCHGESELLSCHAFT

DARMSTADT

CIP-Kurztitelaufnahme der Deutschen Bibliothek

Quellen zur Entstehung des Ersten Weltkrieges:
internat. Dokumente 1901—1914 / hrsg. von
Erwin Hölzle. — Darmstadt: Wissenschaftliche
Buchgesellschaft, 1978.
(Ausgewählte Quellen zur deutschen Geschichte
der Neuzeit; Bd. 27)
ISBN 3-534-05620-5

NE: Hölzle, Erwin [Hrsg.]

Bestellnummer 5620-5

Satz: Maschinensetzerei Janß, Pfungstadt
Druck und Einband: Wissenschaftliche Buchgesellschaft, Darmstadt
Printed in Germany
Schrift: Linotype Garamond, 9/11

ISBN 3-534-05620-5

INHALT

VORBEMERKUNG

Der vorliegende Band ist von seinem Herausgeber als quellenmäßige Untermauerung seines großen Werkes ›Die Selbstentmachtung Europas. Das Experiment des Friedens vor und im Ersten Weltkrieg‹ (1975) konzipiert worden und lag in endgültiger Form vor, als Erwin Hölzle am 27. 12. 1976 allzu früh verstarb. Um die schwierige Drucklegung hat sich der Verlag besonders verdient gemacht. Die Mühe des Korrekturlesens nahm freundlicherweise Herr Dr. Martin Winckler auf sich. Das Personenregister wurde von Frau Dr. Gisela B. Bernhard erarbeitet. So kann der Band als eines der letzten Werke Erwin Hölzles hinausgehen. Dafür sei allen Beteiligten aufrichtig gedankt.

Würzburg, Juni 1978 Rudolf Buchner

EINLEITUNG

I

Die Entstehung des Ersten Weltkriegs ist in ihren Ursachen so komplex, daß eine einbändige Dokumentensammlung kein allseitiges Bild zu vermitteln in der Lage ist. Zeitlich muß wenigstens bis zum Beginn unseres Jahrhunderts zurückgegriffen werden. Diese Jahre waren voller Ereignisse und Wendungen, die die Entstehung beeinflußten. Räumlich war es bislang wohl der schwerste Irrgang der Forschung, daß sie sich allzusehr auf den innerkontinentalen Konflikt begrenzte. Auch wenn der Erste Weltkrieg zunächst ein europäischer Krieg mit wenigen kolonialen und maritimen Ausstrahlungen war und erst im Kriegsverlauf zu einem wahren Weltkrieg wurde, so ist er doch schon in seinen Ursachen in die Weltpolitik eng verflochten. Wort und Begriff „Weltkrieg", oftmals schon und vereinzelt lange vor Kriegsausbruch gebraucht, sind zwar eher ein Zeichen der damaligen Selbstüberschätzung Europas in seiner Vormachtstellung in der Welt, als daß sie die Einsicht in die weltpolitische Verflechtung widerspiegelten. Jener Generation war, wenn man von einzelnen Staatsmännern, Diplomaten und Publizisten absieht, die Verflechtung nicht bewußt. Vielmehr starrte sie, und mit ihr auch die weitaus überwiegende Zahl derer, die an den Hebeln der Macht saßen oder diese beobachteten, auf den nahen, auslösenden Konflikt. So hat erst neuere und neueste Forschung die volle Einsicht in die weltpolitischen Ursachen ermöglicht.

Der Krieg von 1914—1918 hat auch vielfältige gesellschaftliche, kulturelle und wirtschaftliche Ursachen. Diese liegen zeitlich über die Jahrhundertwende weit zurück. Sie zu erfassen, erforderte eine Gesamtgeschichte jener Epoche. Eine Dokumentensammlung würde alle Maße überschreiten, da nur eine Quantität der Zeugnisse einen wissenschaftlich befriedigenden Nachweis zu erbringen vermag. Eine direkte Einflußnahme etwa von Wirtschaftsmännern und von Verbänden auf die Entscheidungen über Krieg und Frieden ist nur sehr spärlich nachzuweisen. Sie fiel bei den Entschlüssen kaum ins Gewicht. Weder „Kapitalismus" noch „Sozialismus" haben vorwärtstreibend oder hemmend die Krise direkt mitzubestimmen vermocht. Die politischen und militärischen Machtgegensätze beherrschten die Szene, die zum Kriege führte. Alle anderen Kräfte blieben mehr oder minder Requisiten, die man zur Staffage benützte und heute erneut gerne benützt. Gewiß werden unterschwellig jene außerstaatlichen Kräfte eingewirkt haben, doch sie sind dokumentarisch in dieser Wirkung kaum zu fassen. Sie blieben gleichsam anonym. In zwei hauptbeteiligten Ländern, England und Deutschland, haben Männer der Hochfinanz auf die Entschlüsse der leitenden Staatsmänner Einfluß zu nehmen versucht oder jenen Leitenden nachträglich Vorwürfe gemacht. Doch es war das gerade Gegenteil dessen, was ihnen gerne unterstellt wird: Sie waren gegen einen Krieg. Nur einmal, und zwar ganz am Schluß, hat die Furcht vor innerer Revolution einen direkt nachweisbaren Einfluß gehabt: in jenem östlichen Land, das als erstes Kriegsopfer der Revolution anheimfiel. Sonst waren es mehr mittragende Strömungen als vorwärtsführende Bewegungen. Auszunehmen ist davon der Nationalismus, der in Gesellschaft und Staat die leitenden Schichten lenkte, doch auch weit in breite Volksschichten hinein wirkte, und im Nationalitätsprinzip die zündende Kriegsziel-Ideologie ausprägte.

Grenzt man eine Dokumentensammlung, wie es die Planung der Sammlung hier notwendig macht, auf die Willensentscheidungen der Verantwortlichen ein, so ist zunächst einmal dieser Kreis zu bestimmen. Er ist seinerseits sehr eng begrenzt. Die arcana imperii, die Geheimnisse der Mächte, wurden bei allen am Ersten Weltkrieg beteiligten Staaten von einem kleinen Kreis gehütet, und dieser zog aus ihnen seine Folgerungen, eben die Folgerungen über Krieg und Frieden. Die verfassungsmäßigen Zuständigkeiten der konstitutionellen oder halbkonstitutionellen Staaten wurden zwar formell nicht übersprungen (einige Male eher hintergangen). Doch faktisch blieben Monarchen, Kabinette und insbesondere Parlamente mehr oder minder in die Rolle des Vollzugs dessen, was die Leiter der Außenpolitik beschlossen hatten, gedrängt. Dies gilt sogar für die westeuropäischen parlamentarisch regierten Staaten England und Frankreich.

Der kleine Kreis der Verantwortlichen stand einer Fülle täglich einlaufender Berichte und Telegramme, mündlichen Vorsprachen und Einflüsterungen gegenüber, die oft zu sofortigen Antworten und Entscheidungen Veranlassung gaben. Hier regierte meist nicht die auf große Linie zielende politische Strategie, sondern die Taktik mit ihren Vorbehalten und Täuschungen. Es ist einerseits der Raum der vordergründigen Faktizitäten, andererseits der hintergründigen psychologischen Schachzüge. Es ist der Bereich dessen, was Diplomatiegeschichte einem weiteren Kreis langweilig erscheinen läßt, es sei denn, daß dem totalen Ideologieverdacht der Verhüllung und damit dem publizistischen Sensationstrieb Tür und Tor geöffnet wird. Hier eine Dokumentierung anzustreben, würde den Rahmen gänzlich sprengen oder zu einer zeitlichen Begrenzung, wie etwa in einer Sammlung zur Julikrise 1914, und damit zu einer kurzschlüssigen

Sicht führen, deren Grundlagen nie vollständig sein können und daher leicht zu einer subjektiven Auswahl und Deutung verleiten.

Um diesem Dilemma zu entgehen und zu einer historisch vertiefteren Sicht der Entstehung des Ersten Weltkriegs zu gelangen, bietet sich die Motivgeschichte dar, wie sie der Verfasser vor dem Forum des Internationalen Historikerkongresses in Rom 1955 anläßlich einer Diskussion über den Kriegsausbruch 1914 vorschlug, Anklang, doch bislang wenig Nachfolge findend. Diese Motivgeschichte fragt nach den Beweggründen, den Grundvorstellungen einer planenden Außenpolitik. Gegenüber der Fülle der tagespolitischen, von Taktik durchsetzten Erklärungen und Anweisungen gibt es immer wieder Dokumente der Besinnung und Planung. Dies sind Denkschriften und inneramtliche Notizen und „Vermerke", wie sie besonders im englischen Foreign Office unter Edward Grey üblich waren, auch Tagebücher sowie Protokolle von ministeriellen oder Ministerratssitzungen über wichtige Fragen der Außenpolitik. Dazu kommen Niederschriften über Gespräche mit auswärtigen Staatsmännern und Diplomaten, in denen grundsätzliche Darlegungen, Aussprachen, ein tour d'horizon erfolgten, wobei naturgemäß kritisch nach dem Zweck der Eröffnungen gegenüber dem Gesprächspartner gefragt werden muß. Schließlich können Berichte der Botschafter an fremden Höfen die dortige politische Lage und Entwicklung über das Tagespolitische hinaus zusammenfassen und die Beweggründe der betreffenden Macht herausarbeiten.

Die Dokumente der Motive der Außenpolitik ermöglichen eine geschichtliche Sicht, die das Dickicht der massenhaften Dokumente der Tagespolitik kaum je bietet. Dies gilt, auch wenn man sich vor Augen hält, daß die Auswahl der Dokumente subjektive Maßstäbe nicht ausschließt. Man wird bei aller Zukunftsplanung, der die Dokumente oft dienen, den Vorbehalt der Überprüfung, wieweit die Planung verwirklicht wurde, beachten müssen. Maßgeblich sind vor allem der Rückblick auf die bisherige Außenpolitik und die Übersicht über die gegenwärtige Lage und Entwicklung. Solches Abschreiten dessen, was geschehen ist und zu geschehen hat, etwa in der speziellen Frage des Verhältnisses zu dem Partner oder Gegner oder in den Sachproblemen ist naturgemäß keine objektive Sicht, sondern folgt dem Interesse der Macht, von der es ausgeht. Es folgt auch oft dem persönlichen Bild oder Ziel des Autors. Hier kann nur das Nebeneinander der Dokumente verschiedener Herkunft den Weg zu objektiver Erfassung der geschichtlichen Probleme öffnen. So soll die Auswahl der Hauptdokumente in ihrer vielfachen Widersprüchlichkeit ein Gesamtbild der Entstehung des Kriegs ermöglichen. Der von den Gegebenheiten der Reihe aus begrenzte Raum läßt nicht die Häufung der Zeugnisse zu, sondern nur die Aufführung exemplarischer, beispielhafter Dokumente. Die gesetzten Akzente sollen für eine speziellere Fragestellung Ansatzpunkte sein. Vor allem aber ist ihnen die Aufgabe gestellt, zu den Fronten und deren Motiven hinzuführen, aus denen dieser bislang folgenschwerste Krieg unseres Jahrhunderts entstand.

II

Die Allianzen waren es, die den österreichisch-serbischen Konflikt nach Sarajevo zu einem großen europäischen Krieg wandelten. So hat eine Dokumentensammlung zur Entstehung des Ersten Weltkriegs zuerst die zum Krieg führende Ausbildung der Allianzen zu belegen. Am Ende des 19. Jahrhunderts war das europäische Staatensystem durch zwei Allianzen der Großmächte gekennzeichnet, den Dreibund Deutschlands, Österreich-Ungarns und Italiens von 1882 sowie den Zweibund Frankreichs und Rußlands von 1892/94. In der Form handelt es sich bei beiden Allianzen um Defensivbündnisse. Die sechste Großmacht, das weltumspannende britische Reich, lange Zeit im Besitz eines Weltmachtmonopols, stand ungebunden für sich in einer "splendid isolation", kennzeichnenderweise ein Wort aus einem überseeischen Dominion, Kanada. Solange die beiden kontinentalen Allianzen sich gegenüberstanden und England das „Gleichgewicht“ hütete, blieb es im Europa der Großmächte zwar nicht „ruhig“, doch ohne kriegerischen Austrag der Gegensätze. Die imperialistische Kolonisierung bot den Ausweg in die Welt.

Gerade aber ein Kolonialkrieg des britischen Reiches, der Burenkrieg der Wende vom 19. zum 20. Jahrhundert, beschleunigte, zusammen mit gleichzeitigen kolonialpolitischen Gegensätzen zu der einen europäischen Allianz, das Heraustreten des britischen Reiches aus der Isolation. Frankreich und Rußland, Kolonialreiche in weit höherem Maße als die Mächte des Dreibunds, richteten in jenen Jahren ihren Zweibund gegen England aus, mit militärischen und maritimen Plänen gegen Indien und gegen das Inselreich. Dies führte England zu einer Annäherung und zu Bündnisverhandlungen mit Deutschland. Mit dieser entscheidenden Wegwende setzen im folgenden die Dokumente ein (1—6). Sie zeigen die Motive des Für und Wider von deutscher wie englischer Seite, wobei das Wider auf beiden Seiten überwog. Entscheidend war für England, daß Deutschland aus Sorge um seine zentraleuropäische Sicherheit keine weltpolitischen Verpflichtungen übernehmen wollte. Das britische Reich zog die Allianz mit Japan von 1902, die ihm in Asien Beistand gegen die russische Expansion gewährte, vor. Es behielt aber, trotz der Bedenken Balfours gegen ein Arrangement mit Rußland im bislang unveröffentlichten Dokument (8), die Annäherung an die Kolonialmächte Frankreich und Rußland im Auge, aus Gründen, die zunächst im Wunsch nach einer Bereinigung der kolonialen Gegensätze lagen, dann aber auch auf europäischen Boden sich verlagern sollten. Deutschland blieb mit seinem (nach Holsteins Worten) „wackeligen Dreibund" allein. Der Weg in die Isolierung der jungen Kontinentalmacht begann.

Denn der andere Weg, nachdem das deutsch-englische Bündnis gescheitert war, der Weg zu einer Allianz mit Rußland, sollte verfehlt werden; er war schon durch dessen Bindung an Frankreich verlegt. So konnte selbst die Zwangslage Rußlands im Gefolge des russisch-japanischen Kriegs und der inneren Revolution nicht genützt werden. Der Überraschungserfolg Kaiser Wilhelms II. in Björkö 1905 scheiterte nicht an den Meinungsverschiedenheiten zwischen Bülow/Holstein und dem Kaiser über die Beschränkung auf Europa. Er scheiterte an der Bindung Rußlands an Frankreich, das seinerseits sich bereits mit England verständigt hatte. Es ist wohl für das Episodenhafte von Björkö kennzeichnend, daß ein überschauendes Motivationsdokument von deutscher Seite nicht vorliegt. Der Brief von Tirpitz (9) ist eher für die Flottenpolitik im Zusammenhang der Frage eines deutsch-russischen Bündnisses kennzeichnend. Denn er läßt, wie der Kaiser in Björkö, den russischen Druck auf Indien, dem Bülow und Holstein eine hohe Bedeutung zumaßen, außer Betracht.

Die Sicherheit Indiens sollte das für das britische Reich entscheidende Motiv der Annäherung an Rußland werden. Zunächst stand für die englische Politik in den Jahren der Schwächung des Zarenreichs durch die Niederlage im japanischen Krieg und durch die Revolution der Schutz des zeitweilig isolierten Frankreichs gegenüber Deutschland im Vordergrund. Die Entente Cordiale von 1904 zwischen England und Frankreich bezog sich nur auf die Bereinigung kolonialpolitischer Differenzen, vor allem in Ägypten und Marokko. Wegen des letzteren stellte sich England hinter den Ententegenossen, als Deutschland seine Interessen in Marokko durch eine drohende Haltung gegen das hier vordringende Frankreich zu wahren suchte. Dies ging bis zur Bereitschaft des Krieges gegen Deutschland. So sah es insbesondere der neue Staatssekretär Edward Grey (Dez. 1905 bis Dez. 1916) an. Der liberale Imperialist strebte mit einem Übergewicht der Mächte die „absolute Sicherheit" gegen das starke Reich in der Mitte Europas an. Die antideutsche Haltung des Foreign Office kam in Eyre Crowes Denkschrift von 1907 zum geschlossensten Ausdruck, und die Gegenstimme eines Sanderson blieb vereinzelt. Bereits meldete sich eine einseitige Stellungnahme in der Frage der belgischen Neutralität (10, 12 bis 16, 20).

Hinter der Annäherung und Entente mit Frankreich stand für die eng-

Die Reaktion auf deutscher Seite war einmal ein verstärktes Werben um eine günstige Haltung Englands, verbunden mit einer mäßigenden Einwirkung auf den österreichischen Verbündeten (50, 51, 57, 61). Andererseits wurde die Rüstung gesteigert (62, 63, 69). Die Entsendung des Generals Liman von Sanders zum Wiederaufbau der türkischen Armee führte zu einer deutsch-russischen Konfrontation bis an die Schwelle des Krieges. Da England zögerte, Rußland Hilfestellung zu gewähren, richtete die russische Außenpolitik sich in der folgenden Zeit konzentriert auf eine vertragliche Bindung der britischen Weltmacht innerhalb des Mächtesystems der Tripelentente gegen Deutschland (73, 75, 77—81).

Dies führte zu den von Grey bereitwillig aufgenommenen Verhandlungen über ein englisch-russisches Marineabkommen (84, 86—89, 91 bis 93, 96—99, 102, 106, 118, 119, 121, 122, 124, 125, 140). Die dem Geheimnisverrat zu verdankende Kenntnis der Verhandlungen und, gleichzeitig damit verbunden, der englisch-französischen früheren Geheimabreden, sollte die deutsche Außenpolitik des Frühsommers 1914 entscheidend beeinflussen. Sie führte zu einer ganzen Reihe von Schritten zur Verhinderung des Abkommens: lancierte Pressestimmen, die hier nicht aufgenommen werden konnten, und diplomatische Vorsprachen bei Grey (110, 116, 117, 123, 136, 139, 146—148, 155, 180). Die Schritte, die sich nach Sarajevo zum Test ausweiteten, ob England willens war, mit Rußland in den Krieg gegen Deutschland zu treten, waren vergeblich. Die Sorge um Indien bei einer Entfremdung gegenüber Rußland erwies sich als stärkeres Motiv für das Festhalten an einem Waffenbund mit Rußland. Dabei wirkten sich die Differenzen in Persien, wo die russische Expansion fortschritt, als Druck auf die englische Bereitschaft aus. Noch vor Sarajevo bot als Gegenschlag gegen die deutschen Warnungen Sazonov den Engländern die Indiengarantie an (88, 91, 96, 118, 120, 122, 124, 125, 149, 153, 167, 168, 182, 230).

Sarajevo, die Julikrise, die zur Auslösung des Ersten Weltkriegs führte, ist durch Dokumente in einer solchen Dichte nach den verschiedenen Seiten hin belegt, daß die Motive und, nun stärker hervortretend, die Motivationen wohl für ein Abwägen der gegenseitigen Standorte und Verantwortlichkeiten ausreichend sind. Eine Aufgliederung würde den sich überstürzenden Ablauf der Aktionen und Ereignisse zerreißen. Doch soll auf einige Tendenzen und Fakten, die von der Vorkriegspolitik zum Kriegsausbruch überleiten, hingewiesen werden. Zunächst einmal ist festzustellen, daß expansive Wünsche in der deutschen Außenpolitik sich nur vereinzelt zeigen und stets auf Kolonien konzentrieren, die nur im Einvernehmen mit den Mächten der Tripelentente zu erwerben und zu halten waren (57, 90). Von Kriegszielen, die etwa die deutsche Außenpolitik zum Krieg trieben, ist auch in den intimen Dokumenten keine Spur zu finden. Je intimer die Zeugnisse sind, desto stärker tritt die Sorge vor der gegnerischen Übermacht hervor. Ziel war die Erhaltung der Machtstellung Österreich-Ungarns und — durch den Test im Blick auf das englisch-russische Marineabkommen — die Verhinderung des Ausbaus der Tripelentente. Die meist wenig beachtete Friedensmission des Obersten House, des Vertrauten des amerikanischen Präsidenten Wilson, ergab, daß England sich einem Friedensbund der „germanischen" Mächte mit Rücksicht auf Rußland entzog (107, 111, 143).

Der vor der Krise von der deutschen Außenpolitik abgelehnte Präventivkrieg (103, 109) wurde durch das Versagen des Tests gegenüber England und durch die kriegsbereite Haltung Rußlands und Frankreichs zu einem präventiven Verteidigungskrieg. Daß die deutsche Reichsleitung den Ausbruch des Kriegs angesichts der offenkundigen Kriegsbereitschaft aller Mächte der Tripelentente nicht verhindern konnte, war durch die österreichische Sonderpolitik bedingt, die sich auf eine Abrechnung mit Serbien versteift hatte und der deutschen Wendung zur Vermittlung erst folgte, als es durch die russische Mobilmachung zu spät war (100, 113, 114, 156, 186, 191, 208, 209, 218, 219, 220, 233—235, 236, 240, 246, 267). Allerdings war die Einkreisung der Donaumonarchie durch den Abfall Rumäniens vom Bündnis (71, 112, 115, 127, 138, 158) und durch das Abseitsstehen und den späteren Kriegseintritt Italiens noch bedrückender als die sich erst vollendende Einkreisung Deutschlands. Schließlich sei noch hervorgehoben, daß die Gefahr einer inneren Revolution in Rußland, weniger allerdings durch die linksradikale Bewegung als durch die nationalistische Opposition in den herrschenden und den Dumakreisen direkt in die Entscheidung der Zarenregierung über die kriegsauslösende Generalmobilmachung einwirkte (175, 196, 226, 228).

Die Entstehung des Ersten Weltkriegs ist ein schicksalhaftes Geschehen, das alle europäischen Großmächte zu verantworten haben. Sie haben nicht erkannt, daß in der vereinheitlichten Welt Europa alles Interesse hatte, unter sich den Frieden zu wahren. Sie ließen sich teils durch weltpolitische Interessen zu innereuropäischen Gegnerschaften drängen, teils von diesen zur Verkennung weltpolitischer Machtgewichte verleiten. Die Gefahren der aufkommenden Weltrevolution sahen sie nicht oder glaubten, ihnen durch äußere Erfolge begegnen zu können. So steht der Ausbruch des Ersten Weltkriegs im Zeichen des Übergangs von kontinentaleuropäischer verengter Politik zum Durchbruch der Weltpolitik.

ZUR EDITION

Das Dokumentenwerk enthält eine Auslese aus den großen Aktensammlungen der europäischen Mächte und Staaten zur Vorgeschichte des Ersten Weltkriegs, allein weit über hundert Bänden, dazu vielen Einzelwerken mit Dokumenten. Die Dokumente 8, 25, 42 und 137 sind Archiven entnommen und bisher unveröffentlicht. Nichtdeutsche Texte wurden den gedruckten, meist offiziellen Übersetzungen entnommen, einige, soweit nur in der Originalsprache gedruckt, neu übersetzt. Die Vielzahl nationaler Aktenwerke mit variierender Transkription russischer Eigennamen erlaubte keine einheitliche Durchführung der Transkription. Editionstechnische Perfektion wurde aus Gründen der Raumersparnis und der Übersichtlichkeit nicht erstrebt, wie denn auch Titulaturen und Adelsränge nur, soweit es die eindeutige Namensbezeichnung erforderte, aufgeführt werden. Die Anmerkungen beschränken sich auf sparsame Kennzeichnungen. Bei kursiven Fußnotentexten handelt es sich um Herausgeberanmerkungen, die aus der jeweils zugrunde gelegten Edition übernommen worden sind. Bei den Hervorhebungen handelt es sich ausschließlich um bereits in den Quelleneditionen enthaltene Hervorhebungen. Die Kürzungen in den jeweils am Kopf der Quellen stehenden Quellennachweisen werden im „Verzeichnis der abgekürzt zitierten Literatur“ in alphabetischer Reihenfolge aufgeschlüsselt. Die bisher unveröffentlichten Dokumente haben die notwendigen Archivangaben an Ort und Stelle im Band.

VERZEICHNIS DER DOKUMENTE

VERZEICHNIS
DER ABGEKÜRZT ZITIERTEN FUNDORTE

In diesem Verzeichnis werden, wo für den (die) entsprechenden Band (Bände) Abdrucklizenzen gewährt worden sind, die entsprechenden Verlage ausdrücklich genannt.

Bayer. Dok.	=	Bayerische Dokumente zum Kriegsausbruch und zum Versailler Schuldspruch. Im Auftr. des Bayer. Landtages hrsg. von P. Dirr, München, 1. Aufl. 1922
Benckendorff, Schriftwechsel	=	Graf Benckendorffs Diplomatischer Schriftwechsel; hrsg. von Benno v. Siebert. Neue, stark verm. Aufl. d. Diplomat. Aktenstücke zur Geschichte der Ententepolitik der Vorkriegsjahre, 3 Bde., Berlin: Walter de Gruyter 1928, I. 1907 bis 1910, II. 1911 und 1912, III. 1913 und 1914
Berl. Mtsh.	=	Berliner Monatshefte XI, 1933
Brit. Dok.	=	Die Britischen Amtlichen Dokumente über den Ursprung des Weltkrieges 1898—1914. Im Auftrage des Britischen Auswärtigen Amtes in elf Bänden hrsg. von G. P. Gooch u. H. Temperley. Vom Britischen Auswärtigen Amt autorisierte einzige deutsche Ausgabe. Hrsg. von H. Lutz. Bd. I bis XI, Berlin 1926—1933
Bülow, Denkwürdigkeiten	=	Bernhard Fürst v. Bülow, Denkwürdigkeiten; hrsg. von Franz v. Stockhammern, 4 Bde., Berlin 1930, hier: Bd. I. Vom Staatssekretariat bis zur Marokko-Krise
Churchill, Weltkrisis	=	Winston S. Churchill, Weltkrisis 1911—1914, Leipzig 1924, Wiedergabe mit Genehmigung des Verlages K. F. Koehler, Stuttgart
Conrad, Dienstzeit	=	Feldmarschall (Franz) Conrad (v. Hötzendorf), Aus meiner Dienstzeit 1906—1918, Bde. I—V, Wien 1921 ff., I. Die Zeit der Annexionskrise 1906—1909, 1921; III. 1913 und das 1. Halbjahr 1914. Der Ausgang des Balkankrieges und die Zeit bis zum Fürstenmord in Sarajevo, 1922
D D	=	Die deutschen Dokumente zum Kriegsausbruch.

		Vollst. Sammlung der von K. Kautsky zsgest. amtl. Aktenstücke mit einigen Ergänzungen; im Auftrage des Auswärtigen Amtes hrsg. von Graf Max Montgelas u. W. Schücking. Bd. I—IV, neue Ausgabe, Berlin 1927
Dt. Gesandtschaftsberichte	=	Deutsche Gesandtschaftsberichte zum Kriegsausbruch 1914, Berichte und Telegramme der badischen, sächsischen und württembergischen Gesandtschaften in Berlin aus dem Juli und August 1914; im Auftrag des Auswärtigen Amtes hrsg. von August Bach, Berlin 1937
Doc. franç.	=	Documents diplomatiques français (1871—1914), Ministère des Affaires Étrangères. Commission de publication des documents relatifs aux origines de la guerre de 1914, 3e série, Tomes IX, X, Paris 1936
Elze, Tannenberg	=	Walter Elze, Tannenberg. Das deutsche Heer von 1914, seine Grundzüge und deren Auswirkung im Sieg an der Ostfront, Breslau 1928, Wiedergabe mit Genehmigung des Verlages Ferdinand Hirt, Kiel
Fischer, Krieg	=	Fritz Fischer, Krieg der Illusionen. Die deutsche Politik von 1911 bis 1914, Düsseldorf, 2. Aufl. 1969
Geiss, Julikrise	=	Julikrise und Kriegsausbruch 1914. Eine Dokumentensammlung, 2 Bde., bearb. u. eingel. von Imanuel Geiss, Hannover: Verlag für Literatur und Zeitgeschehen 1964, hier: Bd. II
Grey, 25 Jahre	=	Lord Edward Grey, 25 Jahre Politik 1892—1916. Memoiren, 2 Bde., München: Bruckmann 1926, hier: Bd. II
Gr. Pol.	=	Die Große Politik der Europäischen Kabinette 1871—1914. Sammlung der Diplomatischen Akten des Auswärtigen Amtes. Im Auftrage des Auswärtigen Amtes hrsg. von J. Lepsius, A. Mendelssohn Bartholdy, F. Thimme. 40 Bde., Berlin 1922—1927
Hantsch, Berchtold	=	Hugo Hantsch, Leopold Graf Berchtold. Grandseigneur und Staatsmann, 2 Bde., Graz 1963, hier: Bd. II
Holstein, Papiere	=	Die geheimen Papiere Friedrich von Holsteins; hrsg. von Norman Rich u. M. H. Fisher. Dt. Ausgabe von Werner Frauendienst, 4 Bde., Göttingen 1956 ff., hier Bd. IV: Briefwechsel (10. Januar 1897 bis 8. Mai 1909), 1963

House, Dokumente	= Die vertraulichen Dokumente des Obersten House. Zsgest. u. m. e. verbind. Text vers. von Charles Seymour, Stuttgart 1932
Iswolski, Schriftwechsel	= Der Diplomatische Schriftwechsel Iswolskis 1911 bis 1914. Aus den Geheimakten der Russischen Staatsarchive im Auftr. des Deutschen Auswärtigen Amtes in deutscher Übertr. hrsg. von Friedrich Stieve, 4 Bde. u. 2 Erg.-Bde., Berlin 1926, hier: Bd. III: Der Zweite und der Dritte Balkankrieg
Konstantinopel u. Meerengen	= Die große Politik der Mächte im Weltkrieg. Nach den Geheimdokumenten des ehemaligen Ministeriums für Auswärtige Angelegenheiten. Unter d. Red. von E. Adamow. Die dt. Ausg. bes. Kurt Kersten u. Boris Mironow. Tl. 1: Die Europäischen Mächte und die Türkei während des Weltkrieges. Konstantinopel und die Meerengen, Dresden 1930, Wiedergabe mit Genehmigung des Verlages E. S. Mittler & Sohn, Herford, hier Bd. I
Louis, Carnets	= Georges Louis, Les Carnets, Tome II: 1912 bis 1917, Paris 1926
Mil. gesch. Mitt.	= Militärgeschichtliche Mitteilungen 1, 1970
Monger, Ursachen	= George Monger, Ursachen und Entstehung der englisch-französisch-russischen Entente 1900 bis 1907, Seeheim a. d. B. 1969
G. A. v. Müller, Kaiser	= Der Kaiser ... Aufzeichnungen des Chefs des Marinekabinetts Admiral Georg Alexander v. Müller über die Ära Wilhelms II.; hrsg. von Walter Görlitz, Göttingen: Musterschmidt 1965
Nicolson, Verschwörung	= Harold Nicolson, Die Verschwörung der Diplomaten. Aus Sir Arthur Nicolsons Leben 1849 bis 1928, Frankfurt a. M. 1930
Öst. A.	= Österreich-Ungarns Außenpolitik von der Bosnischen Krise 1908 bis zum Kriegsausbruch 1914. Diplomatische Aktenstücke des österreichisch-ungarischen Ministeriums des Äußern. Ausgew. von L. Bittner, A. F. Pribram, H. Srbik u. H. Übersberger. Bearb. von L. Bittner u. H. Übersberger. Bd. 1—9, Wien 1930
Paléologue, Un grand tournant	= Maurice Paléologue, Un grand tournant de la politique mondiale 1904—1906, Paris: Librairie Plon 1934

Paléologue, Am Zarenhof	= Maurice Paléologue, Am Zarenhof während des Weltkrieges. Tagebücher und Betrachtungen, München: Bruckmann 1938
Prot. des Gemeins. Ministerr.	= Protokolle des Gemeinsamen Ministerrates der Österreich-Ungarischen Monarchie (= Publikationen des Ungarischen Staatsarchivs: II. Quellenpublikationen: 10), eingel. u. zusgest. von Miklós Komjáthy, Budapest 1966
Redlich, Tagebuch	= Das politische Tagebuch Josef Redlichs. Schicksalsjahre Österreichs 1908—1919. Bearb. von Fritz Fellner (= Veröff. d. Kommission für neuere Geschichte Österreichs 39/40), Graz: Böhlau 1953, Bd. I: 1908—1914; Bd. II: 1915—1919
Riezler, Tagebücher	= Kurt Riezler, Tagebücher, Aufsätze, Dokumente (= Deutsche Geschichtsquellen des 19. und 20. Jahrhunderts Bd. 48); eingel. u. hrsg. von K. D. Erdmann, Göttingen: Vandenhoeck & Ruprecht 1972
Rodzjanko, Erinnerungen	= M. W. Rodzjanko, Erinnerungen, Berlin o. J.
Russ. Dok.	= Die Internationalen Beziehungen im Zeitalter des Imperialismus. Dokumente aus den Archiven der Zarischen und der Provisorischen Regierung. Hrsg. von der Komm. beim Zentralexekutivkomitee der Sowjetregierung unter d. Vors. von M. N. Pokrowski. Dt. Ausgabe hrsg. von O. Hoetzsch. Reihe I—III, Berlin 1931 ff.
Steiner, Foreign Office	= Zara Steiner, The Foreign Office and Foreign Policy, 1898—1914, Cambridge 1969
Stieve, Iswolski	= Friedrich Stieve, Iswolski und der Weltkrieg. Auf Grund der neuen Dokumenten-Veröffentlichung des Deutschen Auswärtigen Amtes, Berlin, 2. Aufl. 1925
Tirpitz, Erinnerungen	= Alfred v. Tirpitz, Erinnerungen, Leipzig 1. Aufl. 1919
Tirpitz, Dokumente	= Alfred v. Tirpitz, Politische Dokumente. Der Aufbau der deutschen Weltmacht, Stuttgart 1924
Trevelyan, Grey	= George Macaulay Trevelyan, Sir Edward Grey. Sein Leben und Werk. Eine Grundlegung englischer Politik. Mit e. Einf. v. Karl Alexander von Müller, Essen 1938
Zechlin, Motive	= Egmont Zechlin, Motive und Taktik der Reichsleitung 1914. Ein Nachtrag in: Der Monat 18, 209, 1966, S. 91—95

1. **a)** Denkschrift Richthofen[1] an Bülow, **b)** Schreiben Richthofen an Bülow: Deutsch-englische Allianz. Bülow, Denkwürdigkeiten 510—514.

3. bzw. 5. Februar 1901

(**a**) Eine deutsch-englische Allianz gewährt uns für den Kriegsfall nach zweierlei Richtung Vorteile: 1. den Hauptvorteil, daß England nicht in den Reihen unserer Gegner steht; 2. den nebensächlicheren Vorteil, daß England in der Lage ist, die Flotten unserer Gegner von den Meeren wegzufegen und so die Nichtbeeinträchtigung unseres überseeischen Handels und unserer Kolonien zu sichern. Eine Unterstützung durch englische Landtruppen wird bei der gegenwärtigen Desorganisiertheit der britischen Armee und ihrer Inanspruchnahme in Südafrika nicht wesentlich ins Gewicht fallen. Ebenso auch nicht die Absorbierung russischer und französischer Landtruppen durch Beschäftigung derselben an der indischen Grenze oder sonstigen Kolonialgrenzen. Der oben bezeichnete zweite Vorteil ist deshalb ein nebensächlicher, weil England voraussichtlich auch ohne Allianz die Gelegenheit eines Krieges des Zweibundes gegen Deutschland oder den Dreibund benutzen würde, um die Flotten des ersteren möglichst lahmzulegen, und sodann, weil, wenn nur als Mindestmaß die englische Neutralität uns gesichert ist, die deutsche Flotte allmählich selbst stark genug sein und werden wird, den Schutz des überseeischen deutschen Handels zu übernehmen, zumal eventuell gemeinsam mit Italien und Österreich gegen Frankreich und Rußland. Für uns von hochbedeutendem Interesse ist es daher meines Erachtens nur, uns, wenn irgend tunlich, den zu 1 bezeichneten Hauptvorteil zu sichern. Von unserem Standpunkt aus benötigte es hierzu keiner Allianz, sondern ausreichend wäre ein sozusagen Pactum de non inter se bellum gerendo. Ein solcher Kriegsausschlußvertrag würde naturgemäß gleichzeitig ein Verfahren zur Regelung aller etwaigen Streitfälle in sich zu schließen haben, das wohl nur auf einer Art schiedsgerichtlicher Basis denkbar ist. Ein solcher Vertrag würde, glaube ich, ohne weiteres, selbst wenn auch zunächst nur für etwa zehn Jahre abgeschlossen, die Billigung unseres Reichstags und des deutschen Volkes finden, und, da den allgemeinen humanitären Gedanken der Zeit entgegenkommend, wohl auch diejenige des britischen Parlaments. Er würde jede Spitze gegen dritte Regierungen ausschließen, da die Anerkennung

[1] Staatssekretär des Auswärtigen Amtes 1900—1906.

des territorialen Status quo, der Abschluß eines gleichen Vertrages vom Dreibund dem Zweibund auch angeboten werden könnte. Ob die englische Regierung einem solchen Paktum zustimmen würde, steht dahin. Es bietet ihr viel weniger als eine deutsch-englische Allianz, aber immerhin die Sicherheit, nicht mit der Möglichkeit einer gegnerischen Koalition Rußland-Deutschland-Frankreich rechnen zu müssen. Über ein solches Paktum hinauszugehen, in ein Allianzverhältnis einzutreten, halte ich nach wie vor für *sehr* bedenklich. Um in England einige Gewähr für Halten des Vertrages zu haben, würde die parlamentarische Sanktion unbedingt geboten sein; geschieht solche in London, werden wir unser Parlament nicht ausschalten können. Die Zustimmung des Reichstags aber zu einem Vertrage, welcher auch nur die kleinste Möglichkeit offenläßt, daß wir in die Situation kommen könnten, uns für nicht-deutsche englische Interessen, also z. B. für Indien, zu schlagen, würde, insbesondere in gegenwärtiger burophiler Zeit, nicht zu erlangen sein. Für österreichische oder italienische Interessen einzutreten, würde man, an den Dreibund gewöhnt, äußerstenfalls bereit sein, für englische, die sich nicht voll mit den unsrigen decken, aber auf lange Zeit hinaus nicht. Der Abschluß eines dem Dreibund-Vertrage ähnelnden Defensiv-Abkommens mit England würde einem geschickten und skrupellosen englischen Staatsmann eine mächtige, für uns aber sehr gefährliche Waffe in die Hand geben. Einen Angriffskrieg Rußlands und Frankreichs gegen England provozierend, würde er einerseits die Flotten der beiden Angriffsstaaten abrasieren, andererseits auf dem Kontinent die drei Rivalen Englands: Rußland, Deutschland und Frankreich, in gewaltigem Kampfe sich verbluten lassen können, um schließlich als der in Europa einzig Gebietende dazustehen. Jede Allianz mit England setzt uns der Gefahr aus, unsererseits einen kontinentalen Landkrieg wesentlich allein, und ohne absolute Notwendigkeit dazu, ausfechten zu müssen. Mir erscheint eine solche deshalb ausgeschlossen. Ein Paktum der eingangs erwähnten Art halte ich von unserem Standpunkt aus für möglich und nützlich. Ist ein solches nicht erreichbar, oder auch neben einem solchen, könnten Abkommen und Einzelfragen territorialer Natur zum Abschluß gelangen, wenn auch das letzte deutsch-englische Abkommen hierzu nicht anreizt, dessen Wert für England durch die tatsächliche Ausnutzung von Lourenco Marques als britische Station beseitigt und dessen Fortbestand durch die Neuproklamierung der portugiesischen Allianz für die Wirklichkeit in Frage gestellt ist. Nur als auf eine Nebenerscheinung möchte ich noch darauf hinweisen, daß jedes Paktum, welches eine englische Kriegsgefahr für uns mindert, in unserem Reichstag auf eine Neigung zu weiter gehenden Flottenbewilligungen abschwächend einwirken wird. Ich glaube, daß bei einiger Vorsicht und namentlich ruhiger Behandlung von hier aus die doch nur vorübergehende chinesische Phase zum Abschluß gebracht werden kann, ohne eine irgendwie dauernde russische Verstimmung gegen Deutschland zurückzulassen.

(b) Am 5. Februar schrieb mir [2] Richthofen: Meines Erachtens liegt in den Vorgängen der letzten Zeit keinerlei Grund vor, um uns von dem bisher festgehaltenen Satz, England uns kommen zu lassen und nicht unsererseits England zu kommen, abweichen zu lassen. Weder der Thronwechsel in England noch die liebenswürdige Ausdehnung des Kaiserlichen Besuchs dort noch der englische Ansturm auf uns in der Tientsin-Settlement-Frage, welcher doch nur darauf ausging, uns in die erste Linie gegen Rußland zu schieben, und, sobald die Erfolglosigkeit bemerkt wurde, sofort abgestoppt worden ist, dürften einen solchen ausreichenden Grund darbieten. England gegenüber läuft aller Wahrscheinlichkeit nach die Situation für uns. Je mehr es in Südafrika engagiert wird, und es sieht so aus, als würde dies der Fall sein, desto mehr wird es in Europa und Asien lahmgelegt und bedarf es des Wohlwollens anderer Mächte, d. h. von Amerika abgesehen, insbesondere Rußlands, Frankreichs und Deutschlands. Das Gespenst einer russisch-englischen Allianz erscheint mir auch nach den mehrfachen Unterhaltungen, die ich hierüber mit Geheimrat von *Holstein* gepflogen, durchaus lediglich als ein solches. England würde durch Arrangements mit Rußland stets sicher verlieren, nur kurze Waffenstillstandssicherungen erlangen und sich immer wieder Rußlands Unersättlichkeit gegenüber sehen. Was kann England z. Z. Rußland bieten? Die Mandschurei? Die hat Rußland schon, ohne England zu fragen, genommen. Korea? England würde sich dadurch ja Japan für immer verfeinden. Gewährt England Vorteile an Rußland in Persien oder nach Indien zu, so würden es entweder nur solche sein können, die sich Rußland auch ohne Englands Zustimmung jederzeit von selbst nehmen kann, oder solche, die Englands ganzes Prestige und ganze Herrschaft im zentralen Südasien zu erschüttern geeignet sein und außerdem doch nur das Sprungbrett für weitere russische Forderungen bilden würden. Was sollte Rußland denn als Äquivalent an England gewähren? Nicht-Intervention gegen britische Einflußsphäre am Jangtse? Eine solche Zusage würde Frankreich sehr verstimmen, andererseits aber belanglos sein, da Rußland sichtlich gar keine Intentionen hat, von Süden aus in die Jangtse-Frage sich einzumischen, und andererseits eine Einmischung von Norden her, sobald sie für Rußland ausführbar wird, wohl durch keinen Traktat der

[2] Reichskanzler Bülow 1900—1909.

Welt würde gehemmt werden können. Rußlands und Englands Interessen sind zu gegensätzliche, um selbst eine nur zeitweise Überbrückung wahrscheinlich erscheinen zu lassen. Rußlands Stärke liegt darin, daß es keine Kolonien, sondern nur die Ausdehnung seiner eigenen Grenzen will. In verhältnismäßig kurzer Zeit hat sich diese Ausdehnung stark und stetig vollzogen; jede Verbesserung im Landtransport gegenüber dem verhältnismäßig doch immer schwerfällig bleibenden Seetransport erleichtert die Erreichung des Zieles. Hat Rußland weiter Geduld — und dies zu bezweifeln liegt namentlich unter dem gegenwärtigen Zaren [3] kein Grund vor —, so wird ihm sanft noch mehreres zufallen. Kaum fünfzig Jahre sind seit dem Krimkriege verflossen. Würde jetzt noch irgendeine Koalition gegen Rußland zustande zu bringen sein, wenn es die Hand nach Armenien, ja selbst nach dem Goldenen Horn ausstrecken wollte? Die Mandschurei fällt Rußland ohne weiteres in den Schoß. Wird sich, falls es nach einiger Zeit aus Tschili [4] hinübergreift, jemand finden, der „Halt!“ ruft? Kaum. England ist gegenüber Rußlands Aspirationen eigentlich schon, was Asien anbetrifft, auf Indien und die Küstenstrecken eingeengt; im Innern Persiens und Chinas wird es kaum gegen Rußland kräftig agieren können. Ein anglo-französisches Bündnis ist an sich nicht undenkbar. Die Spitze eines solchen würde französischerseits gegen uns, englischerseits gegen Rußland gerichtet sein. Uns allein abzurasieren unter gleichzeitigem Hochkommen Frankreichs und Rußlands, daran hat England kein Interesse. Andererseits kann es Frankreich nicht erwünscht sein, Deutschland *und* Rußland zu schwächen und sich dann alleinstehend England gegenüber zu sehen. Immerhin ist natürlich die Gefahr, die ein solches Bündnis für uns in sich schließen würde, nicht zu übersehen und *ein Grund mehr* für uns, mit England auf gutem Fuß zu bleiben. Wir sind und bleiben schließlich für England immer der bequemste Anhalt. Mit unserer Macht absorbieren wir so viele russische und französische Streitkräfte, daß dadurch Rußland und Frankreich von abenteuerlichen Unternehmungen, die sich hier oder dort gegen England richten würden, abgehalten werden und damit der englische Machtstand wenigstens im Status quo erhalten wird. Wir verlangen andererseits nichts von englischem Besitz, sondern nur, daß wir in Ruhe gelassen werden und daß wir, wenn England aus einer fremden Schüssel eines Schwachen speisen will, es uns mitspeisen läßt. England kann hierfür eine Gegenleistung nicht mehr verlangen, als daß wir es unsererseits auch in Ruhe und Frieden lassen und seinen politischen Interessen nicht entgegentreten. Ein Arrangement

[3] Nikolaus II. 1894—1917.

[4] Heutige Provinz Hopei mit Tientsin.

in dieser Richtung kann uns nur erwünscht sein. Darüber hinaus aber ein Schutz- und Trutzbündnis oder unter gewissen Voraussetzungen eine Allianz, die man Defensiv-Allianz nennen kann, die aber de facto von einem der Paziszenten leicht zu einer Offensiv-Allianz gemacht werden kann, einzugehen, würde m. E. für uns *sehr* bedenklich sein, da die Spitze einer solchen Allianz, man mag sie einkleiden, wie man will, immer gegen Rußland gerichtet sein und im Konflikt mit Rußland immer wesentlich unsere Schultern und nicht die englischen herzuhalten haben würden. Mit der Seemacht ist Rußland, zumal bei jetzigen Verhältnissen Blockaden nicht mehr so schwer wiegen, vielleicht von Dritten (Amerika?) gar nicht mal immer würden anerkannt werden, nur wenig beizukommen. Bleiben wir mit Frankreich auf dem jetzigen Fuße, können wir uns davor sichern, daß England in die uns gegnerische Reihe tritt, und behandeln wir Rußland einerseits freundlich, andererseits aber fest und nicht nachgiebig oder gar nachlaufend, so sind wir, glaube ich, am besten gebettet. In letzterer Beziehung hapert es m. E. am meisten. Es muß Petersburg sowohl wie hier (Osten-Sacken [5]) klargemacht und zum Bewußtsein gebracht werden, daß der Schwerpunkt unserer Politik bei uns in der Hand, und zwar in der sicheren, ruhigen, gleichbleibenden Hand des *Reichskanzlers*, liegt. Eine englisch-französisch-deutsche Gruppierung kontra Rußland und Amerika widerspricht m. E. unseren Interessen, da wir allen Grund haben, ohne zwingende Notwendigkeit nicht in Gegensatz zu den beiden letzteren Staaten zu treten und diese zu einer für ganz Mittel- und Westeuropa höchst gefährlichen Koalition zu treiben. Andererseits würde eine solche Gruppierung unzuverlässig sein, da Frankreich aus solcher, sobald es anderweitig eine Gelegenheit zum Aufrollen der elsaß-lothringischen Frage erschauen sollte, ohne weiteres und schleunigst echappieren würde.

2. Aufzeichnung Holstein [6]: Japan, England und der Dreibund.

Gr. Pol. 16, 350—351.

Berlin, 27. März 1901

Die Aufgabe, Japan zu einer energischen Politik, d. h. zur Geltendmachung seiner Ansprüche auf Korea zu bewegen, überlassen wir am besten England. Für Deutschland, welches seine Beziehungen zu Rußland nach Möglichkeit wahren möchte, ist Japan ein kompromittierender Kamerad, da es offenkundige Erwerbspolitik treibt. Die Japaner wissen,

[5] Russischer Botschafter in Berlin 1895—1912.

[6] Vortragender Rat im Auswärtigen Amt 1880—1906.

daß zur Zeit niemand den Bestand ihres Inselreiches bedroht und sind deshalb für ein Defensivbündnis nicht leicht zu interessieren. Wenn wir heute den Japanern von einer Vereinbarung zu beiderseitigem Nutzen sprächen, so würden sie ihrerseits dabei weniger die gemeinsame Verteidigung als den gemeinsamen Angriff ins Auge fassen. Da diese Geistesrichtung der Japaner allgemein, insbesondere aber in Petersburg bekannt ist, so würde schon der Umstand allein, daß wir mit den Japanern in Besprechungen über eine gemeinsame politische Haltung eintreten, russischerseits als ein Zeichen angesehen werden, daß wir aus unserer bisherigen rein defensiven Haltung zu einer Angriffspolitik übergehen wollen. Es ist aus naheliegenden Gründen nicht vorteilhaft, daß wir uns heute ohne andere Anlehnung als den wackeligen Dreibund einem derartigen Verdachte aussetzen, welcher darnach angetan ist, die chauvinistischen Elemente und Regungen des Zweibundes in den Vordergrund zu bringen.

Ganz anders läge die Sache, wenn England etwa in kommender Zeit sich zu dem Entschluß einer Angliederung an den Dreibund aufraffte, und wenn alsdann Japan gewissermaßen als Anhängsel von England mit hineingenommen würde. Einesteils würde in diesem Falle das Schwergewicht Englands, welches sowohl in Asien wie in Europa wesentlich auf der Defensive steht, als Gegengewicht gegen die japanische Regsamkeit dienen können; wenn aber auch nicht, so würde jener neue Bund so stark sein, daß die Empfindungen der andern Mächte für uns nicht von der praktischen Bedeutung sein würden wie gegenwärtig, wo es sich empfiehlt, Japan seine eigenen Wege, eventuell zusammen mit England, gehen zu lassen. Auf jeden deutschen Annäherungsversuch würden die Japaner mit der Frage reagieren, ob wir ihnen helfen wollen, nach Korea hineinzukommen oder die Russen aus der Mandschurei herauszubringen. Auf dieser Basis würde keine Verständigung zu erzielen sein. Wir haben der japanischen Regierung mitteilen lassen, daß wir mit Rußland keinerlei politische Abmachungen, besonders keine solche hinsichtlich Koreas haben, daß wir daher bei einem russisch-japanischen Konflikt bestimmt neutral bleiben und nach menschlicher Berechnung durch unsere Neutralität auch die Neutralität Frankreichs herbeiführen würden. Über diese Erklärung hinaus werden wir nicht füglich gehen können.

Bemerkung Bülows am Kopf des Schriftstücks:

Besten Dank für dieses meisterhafte Promemoria, dessen Ausführungen ich mich in allen Punkten anschließe.

3. Memorandum Bertie[7]: Deutsch-englische Allianz.

Brit. Dok. II. 1, 116—121.

9. November 1901

Der Deutsche Kaiser und die deutsche Regierung haben seit einiger Zeit die Regierung Seiner Majestät gedrängt, ein Defensivbündnis mit Deutschland einzugehen, und in letzter Zeit haben sie dringlicher geraten, wir sollten keine weitere Zeit verlieren, mit ihnen zu einer Einigung zu gelangen, wobei sie erklärten, daß wir sonst zu spät kämen, da sie andere Angebote hätten.

Die deutsche Regierung betont die für England bestehende Gefahr der Isolierung und verbreitet sich über die Vorteile, die ihm durch ein Bündnis mit Deutschland gesichert würden. Sie hat fortwährend und seit einigen Jahren von diesen Drohungen und Lockungen Gebrauch gemacht.

In der Isolierung mag einige Gefahr für uns liegen, aber sie bietet auch Vorteile. Anderseits wäre es eine große Erleichterung, wenn wir das Gefühl haben könnten, daß wir uns für den Fall eines vereinten Angriffs zweier Mächte wie Rußland und Frankreich auf das britische Reich einen mächtigen und *zuverlässigen* Verbündeten gesichert hätten; aber wenn man Bündnisangebote Deutschlands in Erwägung zieht, muß man der Geschichte Preußens in bezug auf Bündnisse und des Verhaltens der Regierung Bismarcks eingedenk sein, die einen Vertrag mit Rußland hinsichtlich Österreichs, des Verbündeten Deutschlands, und zwar hinter dessen Rücken schloß, und man muß auch die Stellung Deutschlands in Europa gegenüber Frankreich und Rußland und seine Stellung in anderen Erdteilen gegenüber dem britischen Reich im Auge behalten.

Deutschland befindet sich in Europa in gefährlicher Lage. Es ist von Regierungen umgeben, die ihm mißtrauen, und von Völkern, bei denen es unbeliebt oder auf alle Fälle nicht beliebt ist. Es liegt ständig in einer Art Zollkrieg mit Rußland. Es hat Dänemark geschlagen und beraubt, und zu diesem Zweck nahm es Österreich zum Partner, wandte sich dann aber gegen seinen Verbündeten, trieb ihn aus Deutschland hinaus und machte ihn schließlich zu einem ziemlich untertänigen Bundesgenossen. Es hat Frankreich geschlagen und ihm Geld und Land genommen. Es trachtet nach der Seeküste Hollands, und die Holländer wissen das; und es hat, wie den Belgiern wohlbekannt ist, Absichten auf den belgischen Kongo. Die alldeutsche Agitation im österreichischen Reich und wirtschaftliche Fragen können recht bald Verwicklungen zwischen Deutschland und Österreich herbeiführen, und die inneren Nöte des österreichisch-ungari-

[7] Hilfsunterstaatssekretär im Foreign Office 1894—1903.

schen Reiches setzen seinen Wert als Bundesgenossen für Deutschland herab, während der politische, militärische und finanzielle Zustand Italiens nicht derart ist, daß er die deutsche Regierung mit großem Vertrauen auf eine wirksame Hilfe Italiens erfüllen könnte.

Unter diesen Umständen ist es ein wesentlicher Faktor für die deutsche Regierung, sich für den Fall eines gemeinsamen Angriffs von Frankreich und Rußland auf Deutschland die Gewißheit der bewaffneten Hilfe Englands zu verschaffen zu suchen, denn wenn England nicht an Deutschland gebunden ist und Seiner Majestät Regierung zu einer allgemeinen Verständigung mit Frankreich und Rußland oder einem von ihnen gelangt, wird die Lage Deutschlands in Europa kritisch werden. Diese Erwägungen haben es Deutschland auferlegt, Mißtrauen zwischen den nicht mit ihm verbündeten Mächten, besonders zwischen England und Rußland und zwischen England und Frankreich, zu erregen und zu erhalten. Es tut daher alles, was es kann, um wunde Stellen zwischen Frankreich und England nicht heilen zu lassen. Es ist immer bereit, uns Nachrichten über russische und französische Intrigen aufzutischen, und wahrscheinlich versorgt es auch die russische und französische Regierung mit näheren Angaben über unsere bösen Pläne.

Man könnte zahlreiche Beispiele für die krumme Politik der deutschen Regierung anführen, aber wir brauchen nicht weiter zurückzugehen als bis zum letzten Frühjahr (März), um ein gutes Beispiel dafür zu finden. Sie teilte damals der japanischen Regierung mit, daß sie das russische Vorgehen in bezug auf die Mandschurei mißbillige, und da ihr, wie sie erklärte, die vitale Bedeutung der mandschurischen Frage für Japan bekannt sei, werde sie eine wohlwollende Neutralität beobachten, falls die Dinge sich zu einer Krise zuspitzen sollten, und diese Haltung werde die französische Flotte in Schach halten, während England wahrscheinlich Japan unterstützen würde. Auf eine Anfrage stellte sich heraus, daß „wohlwollende“ Neutralität „die strikteste und korrekteste Neutralität“ gegenüber allen Parteien bedeutete. Die deutsche Regierung könne für Frankreich nicht einstehen, aber sie sei entschieden der Ansicht, daß Frankreich dem Beispiel Deutschlands folgen werde. Einen Monat später (April) bezeichnete der Deutsche Kaiser die Regierung Seiner Majestät als eine „Gesellschaft von Erzdummköpfen“, weil sie die durch die mandschurische Frage gebotene Gelegenheit versäumt habe, die Stellung Englands im Fernen Osten zur Geltung zu bringen — und, was er aber nicht sagte, auf das von Seiner Majestät für die britische Regierung berechnete Arrangement hereinzufallen, daß sie nämlich die Lage Deutschlands in Europa erleichtern solle, indem sie sich mit Japan zum Kriege gegen Rußland im Fernen Osten verbinde. Der Kaiser sagte ferner, die Japaner seien wütend über England, weil es ihnen keine aktive Hilfe leiste, aber davon haben wir aus Japan keine Andeutung erhalten.

Eine formelle Verständigung zwischen England und Japan zum Schutze ihrer Interessen im Fernen Osten durch Waffengewalt ist für beide Länder höchst wichtig, aber zur Zeit, als die deutsche Regierung Seiner Majestät Regierung zum Widerstand gegen Rußland drängte, waren unsere militärischen Streitkräfte vollauf in Südafrika in Anspruch genommen, und die japanische Regierung, obwohl von Deutschland ermutigt, zeigte keine große Neigung, sich auf dessen Rat zu verlassen und in den Krieg zu treten, ohne der Neutralität sowohl Frankreichs wie Deutschlands sicher zu sein.

Welche Hoffnungen Deutschland auch England und Japan auf seine Hilfe machen mag: von dieser Seite wird keine wirksame Hilfe gegen Rußland kommen, wenn nicht eine allgemeine Feuersbrunst entsteht und Deutschland sich aus europäischen Rücksichten genötigt sieht, am Kriege teilzunehmen. Seine Politik im Fernen Osten — keine schwierige — besteht darin, die Mißstimmung zwischen den Russen auf der einen und England und Japan auf der anderen Seite zu nähren und beide Seiten zu ermutigen, auf ihren jeweiligen Ansprüchen zu beharren, wobei sie aber gut Sorge trägt, sich an keine der beiden Parteien zu binden.

Deutschland ist grundsätzlich für die offene Tür in China und verläßt sich darauf, daß England, Japan und die Vereinigten Staaten sie offen halten; aber es wird niemals Gewalt anwenden, um dafür einzutreten, wenn es dadurch mit Rußland zusammenstoßen kann. Seine Auslegung des englisch-deutschen Abkommens, das die deutsche Regierung das Jangtse-Abkommen nennt, ist ein guter Beweis dafür.

Deutschland würde natürlich den Abschluß eines Abkommens zwischen England und Japan gerne sehen, eines Abkommens, das den russischen und französischen Plänen im Fernen Osten Widerstand leisten und den Status quo in China aufrechterhalten soll, da die Handelsinteressen Deutschlands geschützt würden, ohne daß es nötig hätte, Rußland oder Frankreich dadurch vor den Kopf zu stoßen, daß es sich an dem Abkommen beteiligte, dessen Bestehen zur Kenntnis Rußlands und Frankreichs gelangen zu lassen, die deutsche Regierung sorgsam bedacht sein würde.

Freundschaft mit der Türkei ist von Bedeutung für Deutschland als Gegengewicht gegen den russischen Druck auf Deutschland selbst, auf das österreichisch-ungarische Reich und den Balkan, und es zieht Handelsvorteile aus der Unterstützung der Sultans. In den meisten Fragen, an denen Seine Majestät interessiert ist, sympathisiert Deutschland mit dem Sultan, unterstützt ihn bis zu einem gewissen Grade und mißbilligt nur gelinde das Treiben der Türkei, wenn es zu schändlich ist, um Unterstützung finden zu können, aber es tut nichts, um ihm Einhalt zu gebieten.

Als es kürzlich wahrscheinlich erschien, daß Frankreich gegenüber Marokko zum Äußersten schreiten würde, beriet sich die deutsche Regierung bis zu einem gewissen Grade mit den anderen an der Unabhängigkeit und Integrität dieses Reiches interessierten Mächten und zog sich dann mit der Erklärung zurück, daß es nicht in erster Linie interessiert sei, obwohl Graf Hatzfeld[8] im Jahre 1899 Lord Salisbury zu erkennen gab, es wäre sehr wünschenswert, daß ein Meinungs- und Gedankenaustausch zwischen der deutschen und britischen Regierung über Marokko stattfände.

Wenn das jüngste Verhalten Deutschlands in bezug auf Kueit[9], wo es nicht nur die Türkei, sondern auch Österreich und Rußland gegen uns aufzuhetzen suchte, und in bezug auf die Pekinger Konferenzen, bei denen es zwar vorgab, unseren Ansichten beizupflichten, dann aber dagegen stimmte und sogar Resolutionen gegen sie einbrachte, als im Einklang mit seinen Freundschaftsversicherungen stehend anzusehen ist: welche Haltung würde es dann gegen unser Land einnehmen, wenn es England durch ein Defensivbündnis gefesselt hielte?

Die Interessen Englands und Deutschlands sind nicht überall identisch. In einigen Teilen der Welt sind sie unverträglich. Zum Beispiel braucht Deutschland, dessen Ziel es ist, eine große Seemacht zu werden, Kohlenstationen, die es befestigen kann. Gute Kohlenstationen an den Handelsstraßen der großen Meere sind nur erhältlich: durch Kauf von Spanien; durch Gewalt von Holland — denn es würde keine verkaufen —; durch die Beraubung Portugals, der wir verpflichtet wären, uns zu widersetzen; von Siam, dessen Integrität wir innerhalb gewisser Grenzen garantiert haben; oder von Frankreich als Ergebnis eines erfolgreichen Krieges.

Wenn Deutschland eine Station im Mittelmeer erstrebt, muß es sie von Marokko, Spanien, Griechenland oder der Türkei erlangen, und zwar zum Schaden unserer maritimen Stellung.

Seine Ambitionen in den amerikanischen Meeren erwähne ich nicht. Man kann es ruhig den Vereinigten Staaten überlassen, damit fertig zu werden. Im Indischen und Stillen Ozean haben unsere australischen Kolonien Interessen, die sie bisweilen durch das Vorgehen Deutschlands und Frankreichs für ernstlich berührt halten. Im Hinblick auf die uns von den britischen Kolonien im südafrikanischen Kriege geleistete wirksame Unterstützung werden sie alle erwarten, daß in Fragen zwischen Seiner

[8] Deutscher Botschafter in London 1885—1901.

[9] d. i. Kuweit.

Majestät Regierung und auswärtigen Mächten ihre Wünsche den Vorrang haben, sobald koloniale Interessen im Spiel sind.

Wenn wir ein förmliches Bündnis mit Deutschland hätten, müßten wir entweder unser Verhalten auf einem weiten Gebiete des Erdballs seinen Anschauungen anpassen und unsere Politik der seinigen unterordnen, wie das bei Österreich und Italien der Fall ist, oder wenn wir unabhängig handelten, könnte jedesmal, wenn wir Maßregeln ergriffen, die zum Schutz unserer Interessen in irgendeinem entlegenen Erdenwinkel geboten wären, Deutschland uns sagen, daß wir eine Lage herbeiführten, die zu einem Angriff Frankreichs und Rußlands auf uns führen könne, was Deutschland ohne hinreichende Ursache zwänge, die Waffen zu unserer Verteidigung zu ergreifen, oder Deutschland könnte irgendeinen Augenblick, der ihm selbst paßte, uns aber ungelegen käme, wählen, um einen Krieg wegen einer Frage anzufangen, an der wir vielleicht kein großes Interesse hätten. Erörterungen über diese Fragen würden Zänkereien und Zwistigkeiten verursachen und könnten zu einer Entfremdung führen und mit einer offenen Entzweiung enden.

Der beste Beweis, daß die Isolierung nicht so gefährlich ist, wie die deutsche Regierung uns glauben machen möchte, liegt darin, daß es während unserer zwei Kriegsjahre, als wir fast eine Viertelmillion Mann in Südafrika stecken hatten und die Meinung der gebildeten Klassen im Ausland, wie sie in der Presse zum Ausdruck kam, und die Stimmung der Völker der meisten Länder gegen uns war, und als mehr denn eine Macht uns gerne eine Demütigung zugefügt hätte, sich nicht als möglich erwies, eine Koalition zu bilden, um uns zur Aufgabe des Kriegs oder zur Annahme einer schiedsrichterlichen Entscheidung aufzufordern.

Wenn wir ein Bündnis hätten, das jedem der Verbündeten die Pflicht auferlegte, seinem Partner zu Hilfe zu kommen, wenn er von zwei Mächten angegriffen würde, so möchte es schwer sein, zu entscheiden, ob in einem besonderen Fall der *casus foederis* gegeben wäre, denn die angreifenden Parteien sind nicht notwendig die wirklichen Angreifer.

Es wäre viel sicherer, eine auf Europa und das Mittelmeer beschränkte Deklaration zu haben, die die Interessen näher bezeichnete, die wir gemeinschaftlich verteidigen werden, eine Deklaration, wie wir sie mit Italien und Österreich haben, von welcher Vereinbarung ich eine kurze Zusammenfassung anfüge. Wenn wir uns einmal durch ein förmliches Defensivbündnis binden und praktisch dem Dreibund beitreten, werden wir nie mit Frankreich, unserm Nachbarn in Europa und in vielen Teilen der Welt, oder mit Rußland, dessen Grenzen in einem großen Teil Asiens mit den unserigen ganz oder nahezu zusammenfallen, in einem leidlichen Verhältnis stehen.

In unserer gegenwärtigen Lage bilden wir zwischen dem Dreibund und dem Zweibund das Zünglein an der Waage. Die Wahrscheinlichkeit einer gegen uns gerichteten Verbindung zwischen ihnen ist nur gering. Unser Bestehen als Großmacht ist für alle notwendig, um das Gleichgewicht der Macht aufrechtzuerhalten, am meisten aber für Deutschland, dessen Vorstellungen über die Katastrophen, die das britische Reich erwarten, wenn Seiner Majestät Regierung nicht ein Bündnis mit ihm schließt, eine schwache oder keine wirkliche Grundlage haben. Vertrag oder nicht Vertrag — wenn je die Gefahr bestünde, daß wir von Rußland und Frankreich vernichtet oder auch nur besiegt würden, wäre Deutschland gezwungen, uns zu Hilfe zu kommen, um ein gleiches Schicksal von sich selbst abzuwenden. Es würde für solche Hilfe vielleicht einen hohen Preis verlangen, aber könnte der höher sein als der Verlust, den wir durch das Opfer unserer Freiheit, eine britische Weltpolitik zu verfolgen, erleiden würden, was die Folge eines förmlichen Defensivbündnisses mit dem Deutschen Reich wäre?

4. Memorandum Lansdowne [10] (Auszug): Deutsch-englische Allianz.
Brit. Dok. II. 1, 123—124.

22. November 1901

... Graf Hatzfeldts Gedanke war offenbar der, daß unsere Verbündeten verpflichtet sein sollten, sich in jedem Streit, in den das britische Reich verwickelt werden könne, auf unsere Seite zu stellen, und wir wären nicht in höherem Maße verpflichtet, die deutsche und österreichische Grenze zu verteidigen, als sie verpflichtet wären, Australien sowie unsere afrikanischen und amerikanischen Kolonien zu verteidigen.

Vollkommen gebe ich das Treffende der Bemerkung des Ministerpräsidenten [11] zu, daß unser Land trotz seiner internationalen Isolierung bis jetzt gut gefahren ist. Ich glaube jedoch, wir können das Argument zu weit treiben, daß, weil wir in der Vergangenheit trotz unserer Isolierung gut durchgekommen sind, wir hinsichtlich der Wirkung dieser Isolierung auch in der Zukunft keine Besorgnisse zu hegen brauchen.

Mit unserer Annäherung an die Japaner haben wir tatsächlich so gut wie zugegeben, daß wir weiterhin nicht allein zu stehen wünschen. Der Ministerpräsident behauptet, daß weder die britische noch die deutsche

[10] Englischer Staatssekretär 1900—1905.

[11] Salisbury 1895—1902, Memorandum vom 29. 5. 1901 (Brit. Dok. II. 108 f.).

Regierung befugt sei, auf eine Abmachung wie die vorgeschlagene einzugehen.

Ich gebe vollkommen zu, daß wir das künftige Verhalten des Parlaments bei einer Frage von Frieden oder Krieg unmöglich durch einen geheimen Vertrag bestimmen lassen könnten. Doch es ist meines Erachtens ganz klar, daß diejenigen, die diese Eröffnungen inspiriert haben, ein offenes Bündnis im Auge hatten, das den Parlamenten der beiden Länder vorgelegt werden sollte.

Was seine Wirkungen auf das deutsche Empfinden und „in allen Klassen der deutschen Gesellschaft" betrifft, die der Ministerpräsident voraussieht — wäre es da nicht richtig zu sagen, daß der Argwohn und die Abneigung, womit wir in Deutschland betrachtet werden, zum großen Teil Folgen unserer „Absonderung" in der Politik sind, und daß eine offen erklärte Änderung in dieser Politik nicht ohne Wirkung auf das deutsche Empfinden sein würde?

Ich mache diese Bemerkungen, um möglichen Mißverständnissen vorzubeugen. Ich muß jedoch zugeben, und ich habe dies weder dem Grafen Hatzfeldt noch dem Baron Eckardstein [12] verhehlt, daß ich einem vollentwickelten Defensivbündnis mit Deutschland, wie es Graf Hatzfeldt vorgeschlagen hat, große Schwierigkeiten im Wege stehen sehe, Schwierigkeiten, die, wie ich im jetzigen Augenblick sagen möchte, geradezu (virtually) unüberwindlich sind. Ich brauche nur einige davon in den allgemeinsten Ausdrücken zu bezeichnen, z. B.:

1. Die Unmöglichkeit, zu einer Definition des *casus foederis* zu gelangen, die weder so starr wäre, daß sie unsere Handlungsfreiheit schwer behinderte, noch so unbestimmt, daß sie das Bündnis jedes praktischen Wertes beraubte.
2. Die Gewißheit, uns Frankreich und Rußland zu entfremden.
3. Verwicklungen mit den Kolonien, die vielleicht den Gedanken durchaus nicht billigen würden, daß wir uns an die Rockschöße des Dreibunds hängen.
4. Die Gefahr, uns in eine Politik zu verstricken, die sich gegen Amerika richten könnte. So wie wir die Ansichten des Deutschen Kaisers in bezug auf die Vereinigten Staaten kennen, stellt sich mir dies als ein gewaltiges (formidable) Hindernis dar.
5. Die Schwierigkeit, das Parlament in einem Augenblick mit uns fortzureißen, wo die parlamentarische Lage so wenig befriedigend ist wie gegenwärtig.

Unter diesen Umständen und angesichts der entschiedenen Meinung,

[12] Erster Sekretär der deutschen Botschaft in London 1899—1902.

die der Ministerpräsident geäußert hat, betrachte ich es als ausgeschlossen, daß wir die deutsche Eröffnung in der von Graf Hatzfeldt vorgebrachten Form in Erwägung ziehen . . .

5. Balfour[13] an Lansdowne (Auszug): Deutschland und englisch-japanisches Bündnis. Monger, Ursachen 79—80, aus Balfour-Mss.

12. Dezember 1901

Nach dem japanischen Vertrag sind die anerkannten Streitursachen auf die östlichen Gewässer beschränkt. Unsere Interessen dort (einschließlich des Interesses, Japan zu erhalten) sind natürlich wichtig, es sind aber keine Lebensinteressen; Japan wird das Recht haben, uns — in einer Sache, die für uns gleichgültig sein mag, für es selbst aber eine Sache auf Leben oder Tod ist — zum Eintritt in den Krieg mit Frankreich und Rußland aufzurufen; wir haben dagegen der Natur der Sache nach keine entsprechenden Vorrechte. Ich glaube nicht, daß das gleiche für einen Krieg gilt, in den der Dreibund verwickelt wäre. Für uns ist es eine Sache von größter Wichtigkeit, daß Italien nicht vernichtet wird, daß Österreich nicht zerstückelt wird, und daß Deutschland nicht zwischen dem Hammer Rußlands und dem Amboß Frankreichs dem Untergang preisgegeben wird.

Wenn wir daher für die mitteleuropäischen Mächte zu kämpfen hätten, würden wir für unsere eigenen Interessen kämpfen, und für die der Zivilisation, was im gleichen Maße im Hinblick auf Japan nicht behauptet werden kann. Blicken Sie aber einmal auf die andere Seite des Vertrags. Der schwächste Punkt im Empire ist wohl die indische Grenze. In einem Kriege mit Rußland würden unsere Mittel aufs äußerste beansprucht werden, um sie zu schützen; und während die Stellung Rußlands bei der Verfolgung angreiferischer Ziele in diesem Teile der Welt durch den weiteren Verlauf der Ereignisse gestärkt werden würde, ist ein entsprechender Vorteil auf seiten der Verteidigung nicht möglich. Ein Streit mit Rußland, irgendwo und über irgend etwas, bedeutet den Einfall nach Indien; würde dann England ohne Verbündeten sein, so zweifle ich, ob die Franzosen sich abhalten lassen würden, gleichfalls in den Kampf einzutreten. Unsere Lage würde dann gefährdet sein.

Das japanische Bündnis würde in einem solchen Falle, seinen Bestimmungen selbst entsprechend, nutzlos sein, und es wäre niemand anders da, an den wir uns wenden könnten. Dem wäre nicht so, wenn wir mit dem

[13] Erster Lord des Schatzamtes 1895—1905, Ministerpräsident 1902—1905.

Dreibund verbunden wären. Gerade die Tatsache, daß dieser nicht verpflichtet wäre, mit uns zu gehen, würde voraussichtlich Frankreich hindern, mit Rußland gemeinsame Sache zu machen. Täte es dies nicht, würden die Franzosen wertvolle Verbündete werden.

Meine Schlußfolgerung ist also, daß es bei einem Beitritt zum Dreibund weniger Gefahren und größere Vorteile gibt, als bei einem ähnlichen Kurs Japan gegenüber.

6. Holstein an Radolin[14]: Deutschland und Ostasien. Holstein, Papiere 230.

24. März 1902

... In Ostasien stehen sich nun also die zwei Gruppen gegenüber[15]. Vermutlich werden die Francorussen wünschen, daß wir für sie Partei nehmen, in der Art, daß wir uns verpflichten, während eines ostasiatischen Krieges nicht aus der Neutralität herauszutreten. Für uns liegt, soweit sich jetzt erkennen läßt, kein Grund vor, die Politik der freien Hand aufzugeben. Für wen oder für was?

7. Aufzeichnung Bülow, Wien: Der österreichische Außenminister Goluchowski über die Donaumonarchie und den Balkan. Gr. Pol. 18. 1, S. 360—362.

Wien, 20. September 1903

Ich habe während des Besuchs Seiner Majestät des Kaisers und Königs in Wien Gelegenheit gefunden, die innere und äußere Lage der Habsburgischen Monarchie wiederholt und eingehend mit Seiner Majestät dem Kaiser Franz Joseph, dem Kaiserlichen und Königlichen Minister des Äußern und den beiden Ministerpräsidenten durchzusprechen. Über die Situation auf dem Balkan sagte mir Graf Goluchowski[16], man müsse unterscheiden zwischen dem Wünschenswerten und dem Erreichbaren. Das an und für sich Wünschenswerte wäre gewiß, es den Türken zu überlassen, in Mazedonien zu regieren, wie sie wollten. Die Befolgung dieses Systems würde aber in Mazedonien zu Zuständen führen, die bei der unausbleiblich dadurch erzeugten Erregung der öffentlichen Meinung in Rußland die

[14] Deutscher Botschafter in Paris 1900—1910.

[15] *D. h. Rußland und Frankreich gegen England und Japan; die letztere Gruppe hatte sich in ihrem Vertrag vom 30. Jan. 1902 für die Aufrechterhaltung des Status quo im Fernen Osten verbürgt.*

[16] Österreichischer Außenminister 1895—1906.

Petersburger Regierung zwingen würden, zum Schutze der Rajah[17] einzuschreiten. Solange sich die russische Politik in ruhigen Bahnen halte, müsse Österreich seine Politik so einrichten, daß sie die russische Regierung mitmachen könne. Er, Graf Goluchowski, halte an zwei Gesichtspunkten fest:

1. zu tun, was möglich sei, um den Ausbruch eines Konflikts zwischen Bulgarien und die Türkei zu hindern,
2. wenn dieser Konflikt trotzdem ausbrechen sollte, ihn zu lokalisieren.

Beiläufig bemerkte der Minister, daß er auf Autonomie für Mazedonien nicht eingehen werde; er habe das schon bestimmt an Graf Lamsdorff[18] gesagt, als dieser im vorigen Winter in Wien war. Dagegen seien finanzielle und administrative Reformen in Mazedonien im Rahmen der österreichisch-russischen Vorschläge unerläßlich. Für weitergehende Reformen, wie England sie vorschlage, würde der Augenblick erst später gekommen sein.

Mit großer Entschiedenheit sprach sich der Graf dahin aus, daß er sich nicht auf eine Teilung der Balkanhalbinsel zwischen Österreich-Ungarn und Rußland einlassen könne. Eine solche würde von vornherein Österreich-Ungarn in Nachteil versetzen und überdies zweifellos den Keim zu einem österreichisch-russischen Kriege in sich tragen. Er werde auch niemals die Bildung eines Groß-Serbiens oder Groß-Montenegros zulassen; ebenso könne keine Rede davon sein, daß Konstantinopel an Rußland falle. Von dem Augenblicke an, wo Rußland in Konstantinopel stünde oder zwischen Adria und Donau ein großer slawischer Staat sich bilde, sei Österreich nicht mehr zu regieren. Die zentrifugalen slawischen Elemente würden es auseinandersprengen. Bevor Österreich die eine oder andere dieser beiden Eventualitäten zulasse, würde es lieber an das Schwert appellieren. Die Frage der Dardanellen sei eine europäische Frage; sie könne nur unter Mitwirkung aller Mächte gelöst werden. Graf Goluchowski kam immer wieder darauf zurück, daß er den Status quo auf der Balkanhalbinsel so lange als irgend möglich aufrechtzuerhalten, jedenfalls aber die orientalische Frage so langsam als möglich — „etappenweise" — zu lösen wünsche. Sein Zukunftsideal ist offenbar, die türkische Herrschaft allmählich durch autonome Staatswesen zu ersetzen und ein möglichst großes Griechenland, ein großes Rumänien, ein großes Bulgarien, ein schwaches Serbien, ein kleines Montenegro und schließlich auch ein selbständiges Albanien zu schaffen. Vorderhand wünscht er in jeder Weise die möglichst lange Aufrechterhaltung des Bestehenden. Er sagte

[17] Nichtmuslimische Bevölkerung der Türkei.

[18] Russischer Außenminister 1901—1906.

nicht, was Österreich-Ungarn zu tun gedenke, falls Rußland die Türkei angreifen sollte. Es fiel aber die Äußerung, er würde nicht den Fehler begehen, etwa mit Rußland zusammen in Mazedonien einzurücken, wie seinerzeit Österreich 1864 nach den Elbherzogtümern gegangen sei; er werde sich auch auf kein Kondominat einlassen.

Kaiser Franz Joseph äußerte sich über die Lage auf dem Balkan und das Verhältnis Österreichs zu Rußland und Italien in ähnlicher Weise wie sein Minister, nur mit größerer Zurückhaltung. Auch er sprach von der Notwendigkeit, einen eventuellen Krieg zwischen der Türkei und Bulgarien zu lokalisieren, fügte aber hinzu, die Russen könnten sich noch nicht entschließen, in dieser Beziehung Zusagen zu machen. Hoffentlich werde es gelingen, solche während der Anwesenheit des Kaisers von Rußland zu erlangen. Der Kaiser klagte über die Doppelströmungen in Rußland, Herrn Bachmetiew [19] und die Sprache der russischen Presse, gab aber seinem Vertrauen zu der Friedensliebe des Zaren Ausdruck. Er wünscht lebhaft, daß Graf Lamsdorff Minister bleibt.

8. Balfour, Knowsley, Prescot, an Lansdowne: England und Rußland in Asien.

The British Library, Department of Manuscripts, London, Add. MS. 49728, aus dem Englischen übersetzt von Gertrud Hässig.

Knowsley, Prescot, 21. Dezember 1903

Es gibt, so glaube ich, keine britische Regierung, die nicht froh wäre, mit Rußland in Zentralasien und dem Fernen Osten ein dauerhaftes Arrangement treffen zu können. Auch russische Staatsmänner und Diplomaten haben immer wieder den Wunsch geäußert, ein solches Arrangement zu verwirklichen. Warum also wurde trotz des guten Willens auf beiden Seiten — oder zumindest des Anscheins eines guten Willens — noch kein solches Arrangement für durchführbar gehalten?

Ein Grund dafür, der, wie wir hoffen, nur rein vorübergehenden und temporären Charakter hat, kann in der gegenwärtigen anormalen Lage des russischen Auswärtigen Amtes gefunden werden. Rußland scheint jetzt aus manchen Gründen, einschließlich seiner Außenpolitik, in zwei deutlich erkennbare Hälften geteilt zu sein, die nur vom Zaren zusammengehalten werden. Es ist durchaus möglich, daß die östliche Hälfte eine andere Außenpolitik verfolgt als die westliche. Diese Situation, in sich selbst

[19] Russischer Generalkonsul in Sofia 1897—1906.

schon schwierig genug, wird noch schwieriger durch die Tatsache, daß der einzig anerkannte Verbindungskanal zwischen Rußland und den ausländischen Mächten durch die diplomatische Maschinerie der Hälfte geht, die sich mit Rußlands westlicher Außenpolitik befaßt. Daraus folgt, daß weder Erörterungen noch Meinungsaustausch zwischen europäischen Komplexen und denjenigen russischen Ministern, die dem Zar für die Fernostpolitik verantwortlich sind, stattfinden können.

Zu dieser Schwierigkeit, die hoffentlich nur vorübergehender Natur ist, kommen noch zwei weitere dauerhafteren Charakters. Die erste ist das geringe Vertrauen, das man, wie die Erfahrung zeigt, russischen Versicherungen schenken darf. Sie mögen im Augenblick aufrichtig sein, aber ihre Durchführung ist zeitbedingt. Denn Rußland glaubt sich immer dann von solchen befreit, wenn es zeigen oder auch ohne zu zeigen behaupten kann, daß sich die Umstände seitdem geändert haben. Es ist unbeständig und in seiner Art, formelle Verträge einzuhalten, unzuverlässig. Rußland schließt sehr ungern formelle Verträge ab und auch die von ihm geschlossenen werden nicht allzu skrupelhaft beachtet. Es ist offenkundig, wie außerordentlich schwierig es ist, bei einer so unzuverlässigen Diplomatie wie der russischen irgendein festes und dauerhaftes Arrangement zu treffen.

Auch dies wäre noch von geringerer Bedeutung, wenn es nicht noch eine dritte, größte Schwierigkeit gäbe. Diese liegt im Verfahren eines dauerhaften Arrangements zwischen den beiden Ländern. Wenn nämlich ein solches Arrangement auf gegenseitige örtliche Vorteile gegründet werden könnte, würde es eine gewisse Stabilitätsgarantie gewährleisten. Wenn ein Bruch Rußlands zu dessen eigenem Vorteil sofort durch einen Bruch in gewisser anderer Hinsicht zu unserem Vorteil erwidert werden könnte, hätte Rußland erhebliche Gründe, das Arrangement unverletzt zu lassen.

Unglücklicherweise ist dies nicht der Fall. Es gibt keinen russischen Gebietsbesitz, den wir wünschen. Im Fernen Osten sind wir keine expansive Macht. Wir wollen kein Gebiet, das wir nicht schon haben, und unser einziges Ziel ist, das Erworbene abzusichern. Andererseits drängt Rußland stetig — ob klug oder unklug in eigenem Interesse — nach Osten und Süden vorwärts. Wir besitzen eine ganze Menge von dem, was Rußland gerne haben möchte. Obgleich Indien ein zu großer Happen für seinen Schlund ist, glauben doch die russischen Staatsmänner, daß, wenn Rußland sich eine strategisch überlegene Position an unserer indischen Grenze sichern könnte, wir dann in Asien so große Angst vor ihnen bekämen, daß wir auch in Europa ihr untertänigster Diener wären. Die Folge davon ist, daß Rußland in Fernost sehr viel leichteres Spiel hat als wir. Geringfügige Vertrauensmißbräuche liefern, jeder einzeln betrachtet, sehr geringe

Gründe, die Welt in einen Krieg zu stürzen. Wenn man sie jedoch übergeht, wachsen sie im Endeffekt zu einer ernstlichen Bedrohung des Britischen Empire heran. Mittlerweile scheint es äußerst schwierig, diplomatische Barrieren gegen diese langsam herankriechende Flut zu errichten. Wir haben nichts herzugeben und nichts wegzunehmen. Die Situation ergibt deshalb kaum Vertragsansätze. Wir können z. B. nicht zu Rußland sagen: „Es lohnt sich nicht, daß ihr euch einen Teil Chinas aneignet, weil wir sonst einen anderen Teil beanspruchen." Es hat auch keinen Zweck, denn Rußland möchte einen Teil Chinas, wir aber nicht. Genauso zwecklos wäre es zu Rußland zu sagen: „Wenn ihr darauf besteht, einen Teil Nordpersiens oder Afghanistans zu besitzen, werden wir einen entsprechenden Vorstoß im Süden machen." Während nämlich diese Aggression Rußland zu größerer Macht verhelfen würde, brächte uns eine solche Veränderung in eine sehr viel schlechtere strategische Lage als die gegenwärtige.

Aus diesen hier kurz geschilderten Gründen sehe ich keine Hoffnung für ein wirklich zufriedenstellendes, dauerhaftes Arrangement. Zeitweilige Übereinkommen sind indes besser als nichts. Sie glätten die Lage für den Augenblick. Sollte ein schwarzer Tag kommen, so haben sie zumindest eine aufschiebende Wirkung [a]. Doch unsere einzige und dauerhafte Sicherheit besteht darin, daß wir bezüglich der Grundzüge unserer Ostpolitik wenn immer möglich gewisse, wohl definierte Grundsätze aufstellen (z. B. Integrität Afghanistans). Wenn diese gebrochen würden, sähen wir das als casus belli an. Diese Maßstäbe, die für unsere Beziehungen mit Asien bestimmend sind, sind die einzigen Regeln, von denen man annehmen kann, daß sie dauernd eingehalten werden. Sie sind jedoch leider nicht leicht zu formulieren. Nichteinmischung in Afghanistan ist ein Fall, bei dem, unterstützt durch diese ultimative Sanktion, ein klar umrissenes Abkommen erreicht werden kann. Doch auch im Falle Afghanistans können, wie der indische Verteidigungsbericht zeigt, leicht sehr unangenehme Schwierigkeiten auftreten. In Persien jedoch haben wir diese Schwierigkeiten immer, und es ist nicht leicht — vielleicht sogar unmöglich — eine genaue Verständigungsgrundlage zu finden. Sie müßte gleichzeitig in sich selbst so klar und einleuchtend für die Interessen des Empire sein, daß das britische Volk einverstanden sein könnte, den Versuch eines Vertragsbruchs sofort als hinreichenden Grund anzusehen, seine ganze Kraft zur Verteidigung einzusetzen.

[a] Handschriftlicher Zusatz, nur teilweise leserlich: „und in R. . . . kann viel passieren."

9. Tirpitz[20], Berlin, an Richthofen: Flottenpolitik und deutsch-russisches Bündnis. Tirpitz, Erinnerungen 143—146.

Berlin, 1. November 1904

Die schwere Frage, welche uns gestern beim Herrn Reichskanzler beschäftigte, ist mir noch weiter im Kopf herumgegangen, und dabei ist mir noch klarer geworden, daß nicht nur, wie ich gestern schon ausführte, die militärische Bedeutung einer Allianz mit Rußland für uns im Seekrieg gleich null ist, sondern daß sie auch für den Landkrieg m. E. nicht wesentlich ins Gewicht fällt. Denn selbst, wenn günstigstenfalls die Russen sich dazu aufschwingen sollten, uns einige Armeekorps mit nach Frankreich zu geben, so scheint mir der Nutzen von 100, ja selbst 200 000 Mann bei einem Kriege, in dem sich Millionen gegenüberstehen, gering, wenn nicht sogar ausgeglichen durch die Erschwerung, die das Funktionieren unseres militärischen Apparates durch das Hinzutreten der russischen Elemente erfahren muß. Der passive Nutzen, der uns durch solche Allianz aus der Sicherheit unserer Ostgrenze erwachsen soll, ist aber meines Erachtens jetzt schon auch ohne die Alliance durch den heutigen Zustand Rußlands erreicht. Jeden Monat, den der japanische Krieg länger dauert, wird dies augenscheinlicher hervortreten. Auch nach dem Kriege wird Rußland für die Offensive nach Westen auf Jahr und Tag so gelähmt sein, daß wir meines Erachtens für die große Politik unsere Ostgrenze als tatsächlich unbedroht ansehen können. Wir würden bis auf weiteres mit Landwehrformationen an der Ostgrenze auskommen. Hierbei ziehe ich nicht einmal in Rechnung, daß nach der Persönlichkeit des Zaren ein Eingreifen Rußlands bei einem Kriege Deutschlands gegen England und Frankreich an sich unwahrscheinlich sein würde, auch lasse ich die Frage offen, ob wir nicht eine solche Sicherheitszusage von seiten des Zaren auch ohne Allianz bereits auf Grund unseres bisherigen freundschaftlichen Verhältnisses erlangen können.

Hauptsache bleibt immer, daß ein realer, d. h. militärischer Nutzen aus der Allianz mit Rußland für uns nicht erwächst.

Demgegenüber kann doch nicht zweifelhaft sein, daß die Gefahr eines kriegerischen Zusammenstoßes mit England durch eine russische Allianz für uns wächst. Es brauchen nur nach Erledigung der Huller Streitfrage[21] auf der Reise der russischen Argonauten weitere Zwischenfälle einzutreten. Um hierbei die verstärkte Gefahr für uns zu ermessen, stelle man sich

[20] Staatssekretär des Reichsmarineamtes 1897—1916.

[21] Zwischenfall der nach Ostasien fahrenden russischen Flotte mit englischen Fischereibooten vor Hull.

einmal vor, ein deutsch-russischer Allianzvertrag würde jetzt öffentlich bekannt, würde da nicht die ganze Wut der öffentlichen Meinung in England sich ausschließlich gegen uns wenden? Der Allianzgedanke mit Rußland beruht auf der Hoffnung, auf Frankreich einen solchen Druck auszuüben, daß es alles tut, um England von einem Krieg gegen uns abzuhalten. Die Beteiligung Rußlands hierbei besteht nur in der Bedeutung eines unter anderen Voraussetzungen niedergelegten Traktats, also eines Blattes Papier, sie besteht nicht in realen Werten. In Wirklichkeit kann die erstrebte „Pression" auf Frankreich nur durch die Kriegsdrohung Deutschlands ausgeübt werden. Um das zu bewirken, bedarf es aber heutigen Tages keiner Allianz mit Rußland. Wir sind stark und frei genug, dies jeden Augenblick tun zu können; die durch die Allianz bewirkte Verstärkung der Konfliktsgefahr mit England ist also für uns etwas nicht unbedingt Nötiges.

Schließlich bleibt zweifelhaft, ob das Dazwischentreten Frankreichs die Machthaber in England überhaupt abhalten wird, gegen uns vorzugehen, wenn sie wirklich den Krieg mit uns wollen, ganz abgesehen davon, daß der Vermittlung Frankreichs sicherlich jede Psyche fehlen würde. Sollte dies aber dennoch der Fall sein und England auf den Krieg mit uns verzichten, so würde es um so brutaler und rücksichtsloser Japan auf uns hetzen, und wenn ich den Vertragsentwurf richtig verstanden habe, so würde der casus foederis für Rußland nicht eintreten, wenn wir nach Beendigung des Krieges Japan allein gegenüberstehen. Einen solchen Krieg mit einem feindlichen England hinter uns können wir aber ohne seemächtige Freunde nicht führen. Also auch in diesem Falle gibt uns die Allianz mit Rußland nichts Wirkliches. Nimmt man schließlich den uns am meisten interessierenden Fall, England erklärt uns allein den Krieg und Rußland müßte daraufhin auf unsere Seite treten, dann lähmt doch gerade der bestehende gegen uns gerichtete Zweibund zwischen Frankreich und Rußland die Freiheit unserer Entschlüsse Frankreich gegenüber, während die russische Hilfe für uns keine Rolle spielt. Eine positive Wirkung für die Friedenschance hätte eigentlich nur die wirklich klare Defensivallianz Deutschlands, Frankreichs und Rußlands zusammen gegen England, und das ist doch durch das erwogene Vorgehen z. Z. nicht zu erreichen.

Nach diesen Überlegungen, welche nur die Hauptpunkte skizzieren, möchte ich meine Ansicht dahin präzisieren, daß wir unter tunlichster Aufrechterhaltung der Freundschaft mit Rußland, insonderheit der kaiserlichen Beziehungen, doch den Abschluß eines Staatsvertrages z. Z. nicht vornehmen, sondern zunächst weiteres abwarten. Im ganzen ist ja Zeitgewinn und Flottenbau unsere wichtigste politische Aufgabe.

Da die hohe Politik *Ihre* Domäne ist und ich nur als Nebenperson bei dieser Frage beteiligt worden bin, so richte ich diese Zeilen an Sie mit der Bitte, den Herrn Reichskanzler über meinen Standpunkt zu orientieren.

10. Sanderson [22] an Lansdowne: Russisch-französisches Bündnis, deutsche Flotte und England. Monger, Ursachen 222, aus Lansdowne-Mss.

20. Januar 1905

Sie (die Deutschen) stehen einem russisch-französischen Bündnis gegenüber; der Dreibund ist weniger wirksam als früher: Österreich ist durch innere Zwietracht geschwächt und arbeitet mit Rußland auf dem Balkan zusammen; Italien hat aus finanziellen und anderen Gründen mit Frankreich Freundschaft geschlossen, und wir sind gefolgt. Es ist wahr, daß Frankreich kein Zeichen einer Angriffsneigung zeigt, es hat sich aber hartnäckig geweigert, sich mit seinem territorialen Verlust auszusöhnen.

Es wäre eine schlechte Politik auf seiten Deutschlands, diese unerfreuliche Tatsache öffentlich zuzugeben. Ebenso wie die ägyptische Frage in Paris immer in den Vordergrund geschoben wurde, wenn wegen einer Frage Gefahr bestand, die zwischen Deutschland und Frankreich gerade akut war, so ist die Möglichkeit der Feindschaft Großbritanniens ein sehr passender Vorwand für die Vergrößerung der deutschen Flotte. Mir scheint aber, daß es Deutschland ganz unabhängig von kolonialem Ehrgeiz für nötig halten muß, seine Flotte zu vergrößern, und daß es, wenn es nicht sicher sein kann, daß wir uns nicht in einem unpassenden Augenblick auf die Seite Frankreichs schlagen, aus Gründen der Vorsicht das Wohlwollen Rußlands weit mehr pflegen muß, als es angemessen ist. Es ist nur natürlich, daß es uns das wissen läßt, und daß es bestrebt ist, unsere Freundschaft zu Bedingungen zu erhalten, die für Deutschland möglichst leicht sind. Ich sehe aber nicht, daß wir das vernünftigerweise übelnehmen können; ein gewisses Maß von Freundschaft mit Deutschland würde auch für uns bei jedem Handel mit Rußland von Wert sein.

[22] Unterstaatssekretär im Foreign Office 1894—1906.

11. Paléologue[23], Tagebuch: Frankreich und die englisch-russische Annäherung.

Paléologue, Un grand tournant 400—402, aus dem Französischen übersetzt von Gertrud Hässig.

9. September 1905

Die Abwesenheit von Georges Louis[24] ist schuld daran, daß ich eine sehr schwer wiegende Frage, die sich unvermutet stellt, mit Rouvier[25] allein behandeln muß: Das Ende der englisch-russischen Rivalität in Asien, die Annäherung Englands und Rußlands in Europa, also die Zusammenarbeit, wenn nicht gar Allianz, des „Bären" mit dem „Walfisch".

Vergangenen 12. August erneuerten die englische und japanische Regierung ihr Übereinkommen vom 30. Januar 1902, wobei sie ausdrücklich erklärten, es beziehe sich nicht nur auf Ostasien, sondern auch auf „das Gebiet Indiens". Folglich kann also England in Zukunft bei der Verteidigung seines Empire in Indien und den angrenzenden Gebieten — d. h. also in Tibet, Afghanistan und Persien — mit den Streitkräften des Mikado rechnen.

Als uns der britische Staatssekretär vor einigen Tagen von diesem Vertrag unterrichtete, bat er uns um „einen großen Gefallen": Wir sollten dazu helfen, daß die Russen das Vertragswerk nicht in einer für sie nachteiligen Weise deuteten. Lord Lansdowne äußerte sich Paul Cambon[26] gegenüber in freimütiger Offenheit. „Wir sind", schrieb er ihm, „aufs äußerste daran interessiert, daß die russische Regierung in dem neuen Bündnis kein gegen sich gerichtetes Zeichen der Feindseligkeit sieht ..." Ich gehe noch weiter, wenn ich sage, daß meiner Meinung nach unsere Übereinkunft mit Japan in keiner Weise den Gedanken eines Freundschaftsvertrags mit Rußland ausschließt, insofern er für die künftige Entwicklung unserer Politik in den Gebieten gelten soll, wo sich die Interessen der beiden Mächte berühren.

Mit ganzer Kraft unterstütze ich Rouvier gegenüber die Bitte und die englische These. Ich führe dabei auch an, was soeben in Björkö geschehen ist, die geheime Zusammenkunft der beiden Kaiser, die wir nicht deuten können; die sichtliche Scheu, die Lamsdorff und Nelidov[27] davor haben, mit uns darüber zu reden, und schließlich erwähne ich alles, was wir von

[23] Unterdirektor für politische Angelegenheiten im französischen Außenministerium.

[24] Direktor für politische Angelegenheiten im französischen Außenministerium.

[25] Französischer Ministerpräsident und Außenminister 1905/06.

[26] Französischer Botschafter in London 1898—1920.

[27] Russischer Botschafter in Paris 1903—1910.

den geheimen Machenschaften wissen, die Wilhelm II. in der Umgebung des Zaren gegen uns betreibt.

Wir haben, sage ich, hohes Interesse, ganz außerordentliches Interesse, daran, daß Rußland seine Beziehungen zu England allmählich immer fester knüpft, wenn die deutsch-russische Bindung nicht noch enger werden soll und damit auch die französisch-russische Allianz beenden wird.

Sein Haupteinwand ist der, daß Rußland uns bezichtigen würde, es zugunsten Englands im Stiche gelassen zu haben, und sich daraufhin noch mehr auf Deutschland zu stützen suchte. Ich zeige ihm dagegen ein ausgezeichnetes Mittel, womit man einer möglichen Anklage von seiten der russischen Regierung entgegentreten könnte:

Sie brauchten sich nur auf die Ansicht Ihres Vorgängers zu berufen. Für Herrn Delcassé [28] war ein Freundschaftsvertrag zwischen Rußland und England unentbehrliche Ergänzung zur französisch-russischen Solidarität. Diese Meinung hat er schon manches Mal dem Zaren, Muraviev [29], Urussov [30], Lamsdorff und Nelidov gegenüber vertreten. Dies war eines der ersten Ziele, die er sich steckte, und eine der ersten vertraulichen Mitteilungen, die er mir gegenüber schon im Jahre 1898, am Vorabend von Faschoda, machte.

Rouviers Gesicht hellt sich auf und ich fühle seine Willensanspannung: Danke, ich will diesen Weg gehen ... Bevor ich aber in St. Petersburg Verhandlungen aufnehme, möchte ich mich zuvor freundschaftlich mit Nelidov unterhalten.

12. Memorandum Grey [31]: Marokko. England und ein deutsch-französischer Krieg. Tripelentente. Brit. Dok. III. 429—431.

20. Februar 1906

Der deutsche Botschafter [32] wünschte mich gestern zu sprechen, um mir zu sagen, daß seine Regierung den letzten Vorschlag der Franzosen bezüglich der Polizei in Marokko glatt abgelehnt habe.

Wenn die Konferenz ohne Ergebnis auseinandergeht, wird eine sehr gefährliche Lage entstehen. Deutschland wird danach trachten, in Marokko seinen Einfluß auf Kosten Frankreichs zu festigen. Um dem entgegen-

[28] Französischer Außenminister 1898—1905.
[29] Russischer Außenminister 1897—1900.
[30] Russischer Botschafter in Paris 1898—1909.
[31] Staatssekretär des Foreign Office 1905—1916.
[32] Graf Metternich, deutscher Botschafter in London 1901—1912.

zuwirken, oder auch nur, um sich und einen Nachbarn vor dem verworrenen Zustand, der jetzt in Marokko chronisch ist, zu schützen, wird Frankreich sich zu einer Aktion in Marokko genötigt sehen, was Deutschland vielleicht zu einem *casus belli* machen wird.

Wenn es zum Krieg zwischen Frankreich und Deutschland kommt, wird es sehr schwer für uns sein, draußen zu bleiben. Die Entente und mehr noch die fortwährenden und lebhaften Sympathiekundgebungen (offizieller, maritimer, politischer Kreise, der Handelswelt, von Städten und in der Presse) haben in Frankreich den Glauben erweckt, daß wir es in einem Krieg unterstützen würden. Der letzte Bericht unseres Marineattachés in Toulon besagte, daß sämtliche französischen Offiziere dies als ausgemacht annähmen, wenn der Krieg zwischen Frankreich und Deutschland um Marokko ginge. Wenn diese Erwartung enttäuscht wird, werden die Franzosen uns das niemals vergeben.

Es würde auch, glaube ich, in allen Ländern allgemein das Empfinden herrschen, daß wir uns niederträchtig benommen und Frankreich im Stich gelassen hätten. Die Vereinigten Staaten würden uns verachten, Rußland würde es nicht für der Mühe wert halten, eine freundschaftliche Vereinbarung über Asien mit uns zu schließen, Japan würde Anstalten treffen, um anderweitig eine Rückversicherung einzugehen, wir würden ohne einen Freund dastehen und ohne die Macht, einen Freund zu gewinnen, und Deutschland würde sich nach dem Vorgefallenen ein Vergnügen daraus machen, die ganze Lage zu unserm Nachteil auszuschlachten, sehr wahrscheinlich, indem es durch den Sultan der Türkei Mißhelligkeiten in Ägypten aufrührte. Nebenbei würde die Stellung jedes Staatssekretärs des Äußern hier, der es sich zum Ziel gesetzt hätte, die Entente mit Frankreich aufrechtzuerhalten, unerträglich werden.

Auf der andern Seite ist die Aussicht auf einen europäischen Krieg und darauf, daß wir darein verwickelt würden, entsetzlich.

Ich gedenke daher, wenn sich nach dem Ausgang der Konferenz unerfreuliche Symptome einstellen, dem französischen Botschafter zu erklären, daß unserer Ansicht nach eine große Anstrengung gemacht und nötigenfalls ein Opfer gebracht werden sollte, um einen Krieg zu vermeiden. Dazu müßten wir herausbringen, welche Entschädigung Deutschland als Preis seiner Anerkennung der französischen Forderungen in Marokko verlangen oder annehmen würde. Es gibt auch einen Punkt in bezug auf Ägypten, der zu unseren Gunsten hineingezogen werden könnte. Ich selbst wäre dafür, Deutschland einen Hafen oder eine Kohlenstation zuzugestehen, wenn das den Frieden sichern würde; aber man müßte die Admiralität darum befragen und ermitteln, ob die Franzosen dem Gedanken nähertreten würden, und wenn ja, welchen Hafen?

Das eigentliche Bedenken gegen das vorgeschlagene Verfahren ist, daß die Franzosen es für kleinmütig und für ein klägliches Ergebnis der Entente halten können. Ich würde das riskieren müssen. Hoffentlich würden die Franzosen erkennen, daß wir in einem Krieg mit Deutschland viel weniger gefährdet wären als sie. Wir würden zu Lande wenig oder nichts riskieren und zur See könnten wir die deutsche Flotte in Kiel einschließen und sie dort festhalten, ohne ein Schiff oder einen Mann zu verlieren oder auch nur einen Schuß abzufeuern. Die Franzosen würden einen Kampf auf Leben und Tod auszufechten haben, und diesen Aufwand an Gut und Blut mit einem zweifelhaften Ausgang. Sie sollten es daher nicht für kleinmütig von uns halten, wenn wir einen Krieg zu vermeiden wünschen, in dem wir so viel weniger Gefahr liefen als sie.

Ich habe auch einen weiteren Punkt im Auge. Wir halten die Tür für eine Annäherung an Rußland offen; es besteht wenigstens die Aussicht, daß wir in guten Beziehungen mit Rußland sein werden, wenn es wieder erstarkt ist. Eine Entente zwischen Rußland, Frankreich und uns würde absolute Sicherheit bieten. Wenn es notwendig ist, Deutschland in den Weg zu treten (to check), so könnte es dann geschehen. Der jetzige Augenblick ist am ungünstigsten für einen Versuch, ihm in den Weg zu treten. Ist es nicht, wenn es für Frankreich oder uns einen Streit mit Deutschland geben muß, ein schwerer Fehler, Deutschland den Augenblick wählen zu lassen, der ihm am besten paßt?

Es besteht die Möglichkeit eines Kriegsausbruches, ehe diese meine Ideen diplomatisch entwickelt werden können. Wenn dies geschieht, dann nur, weil Deutschland sich schlüssig geworden ist, daß es einen Krieg will und ihn trotz allem zu haben gedenkt, was meines Erachtens nicht der Fall ist. Aber ich meine, wir sollten jetzt mit Überlegung die Frage anpacken, ob wir draußen bleiben können, wenn ein Krieg zwischen Frankreich und Deutschland ausbricht. Je mehr ich die Lage überdenke, um so mehr scheint es mir, daß wir es nicht können, ohne unsern guten Namen und unsere Freunde zu verlieren und unsere Politik und unsere Stellung in der Welt zugrunde zu richten.

Aufzeichnungen von Sir C. Hardinge [33]

Wenn Frankreich in Marokko Schritte zu seinem Schutz tut, die Deutschland verübeln könnte, so ist es nicht sicher, daß Deutschland den Krieg erklären und Frankreich in Europa angreifen würde, weil ein derartiges Vorgehen sofort einen „casus foederis" darstellen und Rußland an die Seite Frankreichs bringen würde. Wenn es jedoch für Deutschland als ausgemacht gilt, daß England vollkommen „solidaire" mit Frankreich ist, soweit es sich um die marokkanische Frage handelt,

[33] Charles Hardinge, Unterstaatssekretär im Foreign Office 1906—1910.

ohne jede Beschränkung in bezug darauf, ob das Vorgehen Frankreichs in Marokko aggressiv ist oder nicht, so würde dies Bewußtsein Deutschland fast sicher davon abhalten, einen Konflikt zu provozieren, bei dem Deutschland seine gesamte Handelsmarine und beinahe seinen ganzen Außenhandel verlieren muß.

Wenn Frankreich im Stich gelassen wird, ist ein Abkommen oder ein Bündnis zwischen Frankreich, Deutschland und Rußland in naher Zukunft sicher. Dies wurde während der letzten sechs Jahre zweimal vorgeschlagen und stellt das Ideal des Kaisers dar, wobei Frankreich und Rußland Trabanten im deutschen System würden. In Rußland gibt es viele Politiker, die für einen solchen Plan eingenommen sind, darunter Graf Witte[34]. Diese sind für das französische Bündnis aus rein wirtschaftlichen Gründen und für eine Entente mit Deutschland aus Furcht vor dessen Feindschaft.

Wenn man infolge des Scheiterns der Konferenz Deutschland eine Entschädigung für seine Anerkennung der französischen Stellung in Marokko anbietet, um einen fast sicheren Krieg in der nahen Zukunft zu vermeiden, so scheint mir, daß unsere Forderung bezüglich Ägyptens ganz im Hintergrund gehalten werden und nicht im Zusammenhang mit unserer Zustimmung zu irgendeinem Abkommen zwischen Frankreich und Deutschland stehen sollte, da man dies in Frankreich als eine eigennützige Handlungsweise von unserer Seite auslegen würde, durch die wir uns in Ägypten größere Vorteile verschaffen wollten als diejenigen, die wir bereits durch unser Abkommen mit Frankreich über Ägypten und Marokko erlangt haben, und von dem die französische Regierung bisher so wenig Nutzen gehabt hat.

23. Febr. C. H.

13. Aufzeichnung Tschirschky[35], Schloß Friedrichshof: Eduard VII. und Hardinge über Deutschland und England. Gr. Pol. 21, II. 453—455.

Friedrichshof, 15. August 1906

Seine Majestät König Eduard[36] geruhten heute nach einigen einleitenden Bemerkungen mir zu sagen, daß er hohen Wert darauf lege, wenn ich mit Sir Ch. Hardinge, der vollkommen in seine politischen Ansichten eingeweiht sei, eine eingehende Aussprache haben würde. Der König fuhr fort, es seien ja leider, und zwar hauptsächlich durch Verschulden der Presse, Mißverständnisse in letzter Zeit zwischen uns aufgetaucht. Er sei aber überzeugt, daß in Zukunft alles glatt und gut gehen würde. Man habe das Verlangen gestellt, England solle mit Deutschland auch eine Entente abschließen; er könne sich aber nicht vorstellen, auf was diese

[34] Russischer Ministerpräsident 1905/06.

[35] Staatssekretär des Auswärtigen, 1907—1916 Botschafter in Wien.

[36] 1901—1910.

Entente Bezug haben solle; denn England und Deutschland hätten keine widerstreitenden Interessen, die einer Ausgleichung bedürften. "There are no frictions between us, there exists only rivalry." Der König machte weiter die eigentümliche Bemerkung, bei den englisch-deutschen Mißstimmungen hätten wohl noch Bismarcksche Einflüsse nachgewirkt.

Beim Abschied versicherte mich der König seiner Freude und Genugtuung über die Begegnung mit Seiner Majestät und die politische Aussprache mit uns. Er sei überzeugt, daß in Zukunft volle Harmonie zwischen uns herrschen werde.

Mit Sir Ch. Hardinge habe ich eingehend gesprochen. Er fragte mich, ob Graf Metternich über seine jüngste Unterredung mit Sir Edward Grey berichtet habe. Auf meine bejahende Antwort sagte er, ich würde daraus entnommen haben, daß der Minister den festen Willen habe — seiner inneren Überzeugung entsprechend — mit uns in Frieden und voller Freundschaft zu leben. Freilich dürfe man nichts übereilen, Zeit sei vor allem nötig, und wenn man bedenke, wie die Verhältnisse noch vor wenigen Monaten zwischen uns gelegen hätten, könne man mit dem bereits Erreichten wohl zufrieden sein. Rückhaltlose Offenheit im politischen Verkehr, wie sie zu seiner Freude neuerdings von beiden Seiten befolgt werde, sei dabei das erste Erfordernis. Man könne es England nicht verdenken, wenn es bestrebt sei, die Reibungsflächen mit fremden Staaten möglichst aus der Welt zu schaffen. Dies sei der Beweggrund für die Entente mit Frankreich gewesen, und aus dieser Überlegung heraus würde England alles tun, um auch mit Rußland bezüglich Afghanistans und Tibets zu einer Verständigung zu gelangen. Ich entgegnete Sir Charles, daß wir diese Politik Englands für durchaus gerechtfertigt hielten, und daß wir gegen eine Entente in diesem Rahmen zwischen England und den genannten beiden anderen Staaten nichts einzuwenden hätten. Worauf es uns allein ankäme, sei freie und uneingeschränkte Bewegung auf dem Gebiete des Handels, und diesen Grundsatz müßten wir ohne Schwanken durchführen. Sir Charles stimmte dem bei und kam dabei auf die Bagdadbahn zu sprechen, indem er bemerkte, er verstehe sehr wohl, daß Deutschland an diesem Unternehmen festhalte. Die Bagdadbahn sei ein rein deutsches Unternehmen, und England werde bei allen dasselbe betreffenden Fragen sich jederzeit vorher mit Deutschland zu verständigen suchen.

Auf die Entente mit Frankreich zurückkommend, sagte ich Sir Charles, daß England, falls ihm ernstlich an einem guten Einvernehmen mit Deutschland gelegen sei, nun seinerseits die Verpflichtung habe, dahin zu wirken, daß man in Frankreich von der Politik der Nadelstiche gegen uns und des Verhetzens ablasse. England würde sich damit ein großes Verdienst für die allgemeine Beruhigung erwerben. Sir Charles bemerkte,

König Eduard habe, als er auf der Durchreise dieses Frühjahrs in Paris gewesen sei, Herrn Bourgeois [37] offen gesagt, daß es sein fester Wille sei, mit Deutschland auf gutem und freundschaftlichem Fuße zu leben; daß er binnen kurzer Zeit wohl den Deutschen Kaiser sehen und ihm das sagen werde. Herr Bourgeois habe sein volles Einverständnis mit dieser Absicht des Königs erklärt. Ich sagte Sir Charles, es freue mich dies zu hören, es schiene mir aber noch nicht genügend, wenn auf den jeweiligen Minister des Auswärtigen eingewirkt werde; es handele sich in Frankreich um die Treibereien der nationalistischen Partei und des sehr starken Delcasséschen Anhanges. Diesen Leuten müsse vor allem englischerseits klargemacht werden, daß man diese Hetze mißbillige, und daß man bei eintretenden Reibungen nicht hinter Frankreich stehen werde. (Dies letztere habe ich auch dem König Eduard gesagt unter Hinweis auf den von Natur eifersüchtigen Charakter des französischen Volkes, der jede Annäherung zwischen uns und England mit verstärkter Hetzerei gegen uns beantworten werde. Der König gab dies unumwunden zu.)

Im weiteren Laufe der Unterhaltung machte ich Sir Charles auf die großen gemeinsamen Interessen aufmerksam, die Deutschland und England in der Welt hätten, z. B. die Aufrechterhaltung der Handelsfreiheit in China und das Interesse an dem Niederhalten der schwarzen Rasse in Südafrika. Freilich müßten solche Reden wie diejenige, die Mr. Lyttelton [38] neulich gehalten habe, der die Anwesenheit der 15 000 Mann deutscher Truppen in Südwestafrika zur Niederwerfung des Aufstandes als eine Gefahr für England hingestellt habe, in Zukunft nicht gehalten werden. Sir Charles bemerkte, dieser Gedankengang sei nicht in Mr. Lytteltons Kopf entsprungen; er habe nur eine in England weitverbreitete Ansicht damit ausgesprochen, die in vielen Kreisen, besonders auch militärischen, wie er sich selbst überzeugt hätte, ventiliert worden sei. Ich verbarg nicht mein Erstaunen darüber eine Äußerung zu hören, die auf so totaler Unkenntnis der tatsächlichen Verhältnisse beruhe. Der Kriegsschauplatz liege dort 700 km von der See ab, aller Proviant und alle sonstige Zufuhr müßte etappenweise auf dieser langen Strecke transportiert werden, und jeder, der den guten Willen hätte, sich ein klares Bild über die Verhältnisse zu schaffen, würde einsehen, daß wohl der größte Teil dieser 15 000 Mann zum Etappendienst verwendet werden müsse. Mir scheine diese ganze Furcht ein Resultat englischer Nervosität zu sein. Sir Charles entgegnete, er habe natürlich Mr. Lytteltons Ansicht nie geteilt, und er wolle

[37] Léon Bourgeois, französischer Außenminister, 1895/96 Ministerpräsident.

[38] Alfred Lyttelton, Mitglied des Unterhauses, 1903—1905 Kolonialsekretär im Kabinett Balfour.

zugeben, daß viele Gespensterseherei mitspiele. Jedenfalls würde aber die Zurückziehung eines Teils unserer Truppen von dort zur Beruhigung in England wesentlich beitragen. Diese Beruhigung konnte ich ihm dann auch in Aussicht stellen.

Die ganze Unterhaltung mit Sir Charles wurde in sehr freundschaftlichem Tone geführt, und ich habe Grund zu der Annahme, daß durch den Besuch des Königs und die offene Aussprache zwischen den beiden Monarchen und deren politischer Umgebung ein Schritt auf der Bahn vertrauensvoller und freundschaftlicher Annäherung an England getan ist.

14. Grey an Roosevelt[39]: Englands Ententepolitik und Deutschland. Werben um Amerika.
Trevelyan, Grey 147—149.

Dezember 1906

Nun ein Wort zu unserer Politik. Sie ist nicht antideutsch, aber sie muß von Deutschland unabhängig sein. Wir wünschen die Erhaltung und Festigung der Entente mit Frankreich, das jetzt sehr friedlich und weder aggressiv noch unruhig ist. Frankreich spielt ein ehrliches Spiel, und solange es zu einem andern Lande Vertrauen hat, ist es dessen guter Freund. Der schwache Punkt liegt darin, daß es eines Tages fürchten könnte, wir würden unsere Haltung ändern. Ich glaube, Deutschland hat bereits mehr als einmal versucht, ihm das einzureden.

Nach unserer Ansicht schafft die Entente mit Frankreich für beide Länder gute und zufriedenstellende Beziehungen mit Italien und Spanien. Das bedeutet, daß Frieden und Ruhe zwischen den vier westlichen Mächten Europas gesichert sind. Um diese Grundlage zu vervollkommnen, wollen wir ein Abkommen mit Rußland treffen, das die altüberlieferte Feindschaft beenden und eine Versicherung dafür sein wird, daß, wenn uns auch keine enge Freundschaft verbindet, wir auf keinen Fall Streitigkeiten miteinander haben werden.

Wenn das durchführbar ist und Deutschland diesem Abkommen zustimmt und keinen Versuch unternimmt, Unruhe zu stiften, werden wir dafür Sorge tragen, daß das Abkommen nicht zu seiner Herausforderung oder Schädigung benutzt wird.

Wenn auf der anderen Seite durch irgendein mißgünstiges Geschick oder durch einen Fehler unsere Entente mit Frankreich auseinandergehen würde, wird Frankreich mit Deutschland seine eigenen Abmachungen zu treffen haben. Und Deutschland wird wieder in der Lage sein, unser

[39] Theodore Roosevelt, Präsident der USA 1901—1909.

schlechtes Verhältnis mit Frankreich und Rußland zu erhalten und seine eigene Vorherrschaft auf dem Kontinent aufzurichten. Und dann wird früher oder später zwischen uns und Deutschland ein Krieg entbrennen, in den vieles andere verwickelt werden könnte.

Allein in der deutschen Diplomatie begegnet man jetzt vorsätzlichen Versuchen, zwischen anderen Ländern Unruhe zu stiften. Es werden Dinge gesagt, die geeignet sind, die Atmosphäre zu vergiften. Es ist das die unselige Hinterlassenschaft Bismarcks. Die wirtschaftliche Rivalität mit Deutschland und alles, was damit zusammenhängt, bereitet unserem Volk nicht viel Verdruß, und es bewundert seinen beständigen Fleiß und sein Organisationstalent. Aber es läßt sich nichts gefallen, wenn Zwietracht gesät wird. Man verdächtigt den Kaiser, aggressive weltpolitische Pläne zu verfolgen, und man sieht oder man glaubt zu sehen, daß Deutschland das Tempo seiner Rüstungen forciert mit dem Ziele, Europa zu beherrschen, und daß es dadurch den andern Ländern eine riesige und sinnlose Ausgabenlast aufbürdet.

Das A und O der Frage ist, daß wir die Entente mit Frankreich zur Sicherung des Friedens aufrechterhalten müssen, und Versuche von dritter Seite, sie zu sprengen, werden sie nur noch fester machen.

Österreich ist gegenwärtig keine Gefahr und kein Problem, außer für sich selbst. Welche Fragen sich erheben, wenn es seine inneren Schwierigkeiten nicht beseitigen kann, ist eine andere Sache.

Ich kann Ihnen keine Voraussage für die japanische Politik geben. Japan ist ein ziemlich zufriedenstellender Bundesgenosse gewesen: vorsichtig und anspruchslos. Aber die Japaner sind sehr zurückhaltend und ich habe nicht das Gefühl, ihre Haltung zu Fragen außerhalb des Bündnisses zu kennen.

Nun zu uns selbst.

Wir würden jeden Krieg verabscheuen, nicht etwa, weil wir schwach oder feige geworden sind, sondern weil wir für eine Generation genug Krieg gehabt haben. Vor dem Burenkrieg suchten wir geradezu einen Anlaß. Wir hätten mit Frankreich und mit Rußland wegen irgendeiner anderen Sache einen Krieg angefangen. Jede Regierung unseres Landes hätte in den letzten zehn Jahren des vergangenen Jahrhunderts aus geringstem Anlaß einen Krieg entfachen können. Das Volk hätte darüber gejubelt. Es war gleichsam, als dürstete es nach Sensationen, als wäre sein Blut in Wallung geraten. Die jetzige Generation hat genügend Erregung gehabt, hat ein wenig Blut verloren und ist gesund und normal. Ihre Instinkte sind gesund, glaube ich.

Wir haben die besten Absichten, obgleich es vielleicht zu viele Hitzköpfe gibt, und es besteht ein wahrhaft freundschaftliches Gefühl gegenüber den Vereinigten Staaten. Manche nennen das angelsächsisches Rassengefühl. Aber das trifft nicht ganz unser Verhältnis zu Amerika. Ihr Kontinent formt eine neue Rasse und einen neuen Menschen aus mannigfachen Kräften, gerade so wie in früheren Zeiten die Rasse dieser Insel aus vielen Elementen erwuchs. Darum beharre ich nicht auf diesem Rassegefühl. Aber die gemeinsame Sprache trägt dazu bei, uns einander näherzubringen, und ebenso die Religion, denn ich glaube, daß das religiöse Gefühl unseres Landes in seiner Art und Weise dem amerikanischen sehr verwandt ist. Darüber hinaus möchte ich behaupten, daß einige Generationen der Freiheit auf beiden Seiten einen Menschenschlag und eine Denkweise geformt haben, die die Dinge aus einer verwandten Schau betrachten und für alles, was nicht gerecht oder frei ist, nur Haß kennen.

15. a) Memorandum Crowe[40] über den gegenwärtigen Stand der britischen Beziehungen zu Frankreich und Deutschland (Auszug, der hauptsächlich historische Darlegungen und Detailfragen der englisch-deutschen Beziehungen ausläßt): Englands Außenpolitik und das deutsche Kaiserreich. — **b)** Hardinge an Grey. Brit. Dok. III. 645—685 bzw. Brit. Dok. III. 686.

Foreign Office, 1. Januar bzw. 25. Februar 1907

(a) Das englisch-französische Abkommen vom 8. April 1904 war das Ergebnis des ehrlichen und brennenden, in allen Klassen und Parteien der beiden Länder offen ausgesprochenen Wunsches, daß ein ernstlicher Versuch gemacht würde, die vielen Streitfragen, die eine Quelle beständiger Reibung zwischen ihnen gewesen waren, soweit wie möglich beizulegen. In England war das Verlangen nach gebesserten Beziehungen zu Frankreich anfangs nur eine neue Offenbarung des allgemeinen Bestrebens der britischen Regierungen, jede Gelegenheit zu benützen, um dem Idealzustand näherzukommen, mit allen andern Staaten in ehrenhaftem Frieden zu leben . . .

Der allgemeine Charakter der Außenpolitik Englands wird durch die unveränderlichen Verhältnisse seiner geographischen Lage an der Ozeanseite von Europa als eines Inselstaates mit ausgedehnten überseeischen Kolonien und abhängigen Gebieten bestimmt, dessen Bestehen und Fortdauer als unabhängiges Staatswesen untrennbar mit dem Besitz übermächtiger Seeherrschaft verbunden sind. Der ungeheure Einfluß eines solchen Übergewichtes ist in Kapitän Mahans klassischen Schriften geschildert. Niemand bestreitet das jetzt. Seemacht ist stärker als Land-

[40] Senior clerk im Foreign Office, Leiter der westlichen Abteilung.

macht, weil sie alles so durchdringt wie das Element, in dem sie sich bewegt und dem sie ihr Dasein verdankt. Ihr furchtbarer Charakter macht sich um so unmittelbarer fühlbar, als ein Seestaat im buchstäblichen Sinne des Wortes der Nachbar jedes zur See zugänglichen Landes ist. Es wäre daher nur natürlich, wenn die Macht eines die Meere beherrschenden Staates überall Eifersucht und Furcht einflößte und stets der Gefahr ausgesetzt wäre, von einem allgemeinen Weltbund vernichtet zu werden. Einem solchen Bund könnte keine einzelne Nation auf die Dauer standhalten, am allerwenigsten ein kleines Inselkönigreich, das nicht die militärische Stärke eines waffengeübten Volkes besitzt und für seine Nahrungszufuhr vom überseeischen Handel abhängt. Die Gefahr kann in der Praxis nur unter der Bedingung abgewendet werden — und wie die Geschichte lehrt, ist sie so abgewendet worden —, daß die nationale Politik des Insel- und Seestaates in einer Weise geleitet wird, die mit den allgemeinen Wünschen und den der ganzen Menschheit gemeinsamen Idealen harmoniert, sowie daß sie besonders mit den höchsten und vitalen Interessen einer Mehrheit oder möglichst vieler der anderen Nationen eng identifiziert wird. Nun ist das erste Interesse aller Länder die Erhaltung der nationalen Unabhängigkeit. Daraus folgt, daß England, mehr als irgendeine andere nichtinsulare Macht, ein direktes und positives Interesse an der Erhaltung der Unabhängigkeit der Nationen hat und daher der natürliche Feind jedes Landes, das die Unabhängigkeit anderer bedroht, und der natürliche Beschützer der schwächeren Staatswesen sein muß.

Unmittelbar nach dem Unabhängigkeitsideal haben die Nationen immer das Recht des freien Verkehrs und Handels auf den Weltmärkten geschätzt und in dem Verhältnis, wie England für den Grundsatz des größten Maßes allgemeiner Handelsfreiheit eintritt, stärkt es unzweifelhaft seine Macht über die interessierte Freundschaft anderer Nationen, zum mindesten insoweit, als es sie weniger besorgt vor einer Seeherrschaft in den Händen eines freihändlerischen England macht, als sie es einer übermächtigen schutzzöllnerischen Macht gegenüber wären. Das ist eine Seite der Freihandelsfrage, die leicht übersehen wird. Man hat mit Recht gesagt, daß jedes Land, wenn es die Wahl hätte, natürlich am liebsten selber die Meere beherrschte, daß es aber, da diese Wahl ausgeschlossen ist, diese Herrschaft lieber in den Händen Englands als eines andern Staates sehen würde.

Die Geschichte lehrt, daß die Gefahr, die die Unabhängigkeit dieser oder jener Nation bedrohte, sich gewöhnlich, zum mindesten teilweise, aus dem augenblicklichen Übergewicht eines zugleich militärisch kraftvollen, wirtschaftlich leistungsfähigen und von dem ehrgeizigen Streben nach Erweiterung seiner Grenzen oder Ausdehnung seines Einflusses beseelten

Nachbarstaates ergeben hat, wobei die Gefahr direkt im Verhältnis zum Grade seiner Macht und Leistungsfähigkeit sowie zur Spontaneität oder „Unvermeidlichkeit“ seiner Bestrebungen stand. Das einzige Mittel, um dem Mißbrauch eines aus einer solchen Lage gewonnenen politischen Übergewichts entgegenzuwirken, hat immer in der Gegnerschaft eines ebenso furchtbaren Rivalen oder einer Verbindung mehrerer Länder bestanden, die Verteidigungsligen bildeten. Das durch eine derartige Kräftegruppierung hergestellte Gleichgewicht ist technisch als das Gleichgewicht der Macht bekannt und es ist fast ein historischer Gemeinplatz geworden, Englands hundertjährige Politik mit der Aufrechterhaltung dieses Gleichgewichts zu identifizieren, die es dadurch bewirkte, daß es sein Gewicht bald in diese, bald in jene Waagschale warf, aber stets jeweils auf der der politischen Diktatur des stärksten Einzelstaates oder Verbandes entgegengesetzten Seite.

Wenn diese britische Politik richtig ist, nimmt die Gegnerschaft, in die England unvermeidlich gegen jedes eine solche Diktatur anstrebende Land getrieben werden muß, fast die Form eines Naturgesetzes an, wie es in der Tat von einem hervorragenden Schriftsteller, der über die nationale Politik Englands geschrieben hat, theoretisch dargelegt und historisch erläutert worden ist.

Durch Anwendung dieses allgemeinen Gesetzes auf einen besonderen Fall ließe sich der Versuch machen festzustellen, ob zu einer gegebenen Zeit irgendein mächtiger und ehrgeiziger Staat in einer Lage natürlicher und notwendiger Feindschaft gegen England ist oder nicht; und vielleicht könnte die gegenwärtige Lage Deutschlands danach geprüft werden. Jede derartige Untersuchung muß die Gestalt einer Nachforschung annehmen, ob Deutschland tatsächlich eine politische Hegemonie anstrebt mit dem Ziel, rein deutsche Ausdehnungspläne zu fördern und in der Welt der internationalen Politik ein deutsches Übergewicht (primacy) auf Kosten und zum Schaden anderer Nationen zu begründen . . .

Mit den Ereignissen von 1871 ging der Geist Preußens in das neue Deutschland über. In keinem anderen Lande ist bei allen Klassen der Bevölkerung die Überzeugung so tief in Leib und Seele eingewurzelt, daß der Schutz nationaler Rechte und die Verwirklichung nationaler Ideale absolut auf der Bereitwilligkeit jedes Bürgers beruhen, in letzter Instanz sich und seinen Staat für ihre Geltendmachung und Verteidigung einzusetzen. Mit „Blut und Eisen“ hatte Preußen seine Stellung in den Räten der Großmächte Europas geschmiedet. Zur gegebenen Zeit geschah es dann, daß mit dem Antrieb, den jeder Zweig nationaler Tätigkeit durch die neugewonnene Einheit und besonders durch die zunehmende Entwicklung des Überseehandels erhielt, der sich in stets wachsendem Umfang durch die jetzt kaiserlichen Häfen der früher „unabhängigen", aber politisch bedeutungslosen Hansastädte ergoß, das junge Reich seiner Tatkraft außerhalb Europas eine ganze Welt erschlossen fand, deren es vorher kaum Gelegenheit gehabt hatte, sich mehr als undeutlich bewußt zu werden. In deutschen Schiffen über den Ozean fahrend, begannen deutsche Kaufleute zum erstenmal die wahre Stellung von Ländern wie England, die Vereinigten Staaten, Frankreich und selbst die Niederlande zu ahnen, deren politischer Einfluß sich auf entfernte Meere und Kontinente erstreckt. Sie sahen, daß besonders die Kolonien und auswärtigen Besitzungen Englands diesem eine anerkannte und beneidenswerte Stellung in einer Welt verschafften, in der der Name Deutschland, wenn er überhaupt erwähnt wurde, kein besonderes Interesse erweckte. Die Wirkung dieser Entdeckung auf den deutschen Geist war merkwürdig und lehrreich. Hier war ein weit ausgedehntes Gebiet menschlicher Tätigkeit, für das der bloße Titel und Rang einer europäischen Großmacht an und für sich kein genügender Paß waren. Hier waren auf einem Feld von bedrückender Größe, vor der die Maße europäischer Länder völlig zusammenschrumpften, andere, auf die man vielleicht als auf verhältnismäßig kleine Leute einigermaßen herabgesehen hatte, zu Hause und herrschten, während Deutschland im besten Fall als geehrter Gast empfangen wurde. Hier bestand eine ausgesprochene Ungleichheit, mit einer starken Neigung zugunsten der See- und Kolonialmächte.

Ein solcher Zustand gefiel dem deutschen patriotischen Stolze nicht. Deutschland hatte seinen Platz als eine der führenden, wenn nicht gar als die erste der europäischen Kontinentalmächte errungen. Doch über den europäischen Großmächten und jenseits von ihnen schienen die „Weltmächte" zu stehen. Es war auf einmal klar, daß auch Deutschland eine „Weltmacht" werden mußte. Die Entwicklung dieser Idee und ihre Übertragung in die praktische Politik folgte mit eigenartiger Konsequenz dem Gedankengang, der die preußischen Könige bei ihren Bestrebungen beseelt hatte, Preußen groß zu machen . . .

Man kann keinen Augenblick in Frage stellen, daß die bloße Existenz und gesunde Tätigkeit eines mächtigen Deutschland ein unzweifelhafter Segen für die Welt ist. Deutschland verkörpert in hervorragendem Maße jene höchsten Eigenschaften und Tugenden guten Bürgertums — im weitesten Sinne des Wortes —, die den Ruhm und Triumph der modernen Zivilisation ausmachen. Die Welt wäre unermeßlich ärmer, wenn alles, was speziell mit deutschem Charakter, deutschen Ideen und deutschen Methoden verquickt ist, aufhörte, Macht und Einfluß zu haben. Für England besonders schaffen geistige und seelische (moral) Verwandtschaft eine Sympathie und Wertschätzung für das Beste, was im deutschen Geiste steckt, die es natürlicherweise dazu prädisponiert haben, im Interesse des allgemeinen Fortschritts der Menschheit alles zu begrüßen, was dazu dient, jene Macht und jenen Einfluß zu stärken — unter einer Bedingung: es muß Achtung für die Individualitäten anderer Nationen bestehen, die in ihrer Weise ebensolch wertvolle Mithelfer am Werk des menschlichen Fortschritts sind und ebenso berechtigten Anspruch auf freien Spielraum haben, um darin in Freiheit zur Entwicklung einer höheren Zivilisation beizutragen. England ist aus gesundem Instinkt immer für das ungehemmte Spiel und gegenseitige Einwirken der nationalen Kräfte eingetreten, wie es dem eigenen Entwicklungsprozeß der Natur am meisten entspricht. Kein anderer Staat hat dem Spiel der nationalen Kräfte in der inneren Organisation der verschiedenen unter dem Zepter des Königs vereinigten Völker je so weitgehend und so beharrlich freien Raum gewährt wie das britische Reich. Es ist vielleicht ebensosehr das gute Glück wie das Verdienst Englands, daß es bei dieser Auffassung von der Art, wie die Lösung der höheren Probleme des nationalen Lebens gesucht werden muß, nur dasselbe Prinzip auf das Feld der Außenpolitik anzuwenden brauchte, um zu der Theorie und Praxis zu gelangen, die für sein Verhalten als einer internationalen Staatengemeinschaft maßgebend sind.

Solange Deutschland also im Vertrauen auf seine eigenen nationalen Vorzüge und Kräfte um eine intellektuelle und moralische Führerschaft der Welt wetteifert, kann England nur bewundern, Beifall spenden und am Wettlauf teilnehmen. Wenn Deutschland jedoch glaubt, daß größeres relatives Übergewicht an materieller Macht, weitere Gebietsausdehnung, unverletzbare Grenzen und die Vorherrschaft zur See die notwendigen und präliminaren Besitztümer sind, ohne die alle auf eine solche Führerschaft gerichteten Bestrebungen scheitern müssen, dann muß England erwarten, daß Deutschland sicherlich danach trachten wird, die Macht aller Rivalen zu schwächen, seine eigene Macht durch Gebietserweiterungen zu stärken, das Zusammenwirken anderer Staaten zu verhindern und schließlich das britische Reich zu zerstückeln und zu verdrängen.

Nun ist es zwar durchaus möglich, daß Deutschland Pläne solch umwälzender Art bewußt nicht hegt und niemals hegen wird. Seine Staatsmänner haben sie öffentlich mit Entrüstung von sich gewiesen. Ihre Ableugnung mag vollkommen ehrlich und ihre Entrüstung gerechtfertigt sein. Wenn dem so ist, dann ist es höchst unwahrscheinlich, daß sie in irgendeinen bewaffneten Konflikt mit England geraten werden; denn wie diesem gegenwärtig keine Ursachen zu einem Streit zwischen den beiden Ländern bekannt sind, so fände England es auch schwierig sich vorzustellen, wo unter der angegebenen Voraussetzung ein solcher in Zukunft entstehen sollte. England sucht keine Händel und wird Deutschland nie Grund zu berechtigtem Groll geben.

Aber dies ist keine Sache, in der England unbesorgt irgendwelche Gefahr laufen kann. Die Versicherungen der deutschen Staatsmänner sind am Ende vielleicht nicht wahrer, als sich die Versicherungen über die englisch-französische Entente und die deutschen Interessen in Marokko erwiesen, oder sie können zwar ehrlich gemeint, aber unerfüllbar sein. Es wäre nicht ungerecht zu sagen, daß man ehrgeizige Pläne gegen seine Nachbarn in der Regel nicht offen verkündigt und daß daher das Fehlen einer derartigen Bekanntmachung und selbst die Erklärung unbegrenzten und allgemeinen politischen Wohlwollens an und für sich kein zwingender Beweis für oder gegen das Bestehen unveröffentlichter Absichten sind. Der Charakter (aspect) der bisherigen deutschen Politik, auf den bereits hingewiesen wurde, würde den Glauben rechtfertigen, daß eine weitere Entwicklung nach denselben allgemeinen Richtlinien keinen Bruch mit früheren Traditionen bedeuten würde und zum mindesten für möglich gehalten werden muß. Angesichts einer solchen Möglichkeit darf man wohl fragen, ob es richtig oder auch nur klug von England wäre, irgendwelche Opfer zu bringen oder andere, befreundete Nationen geopfert zu sehen, bloß um Deutschland Schritt für Schritt das Gebäude eines allgemeinen Übergewichts aufführen zu helfen, im blinden Vertrauen, daß Deutschland bei Ausübung eines solchen Übergewichts der ganzen Welt nur reine Segnungen zuteil werden lasse und das Wohlergehen und Glück aller anderen Völker fördern werde, ohne irgendeinem unrecht zu tun. Es gibt tatsächlich gewichtige Gründe, die es England besonders schwer machen, dies Vertrauen zu hegen ...

Man könnte folgern, daß der Antagonismus zu tief in der relativen Stellung der beiden Länder wurzle, um sich durch die Art zeitweiliger Notbehelfe überbrücken zu lassen, zu denen England so lange und so geduldig seine Zuflucht genommen hat. Bei dieser Auffassung müßte angenommen werden, daß Deutschland bewußt eine Politik verfolgt, die vitalen britischen Interessen im wesentlichen entgegenläuft, und daß ein bewaffneter Konflikt auf die Dauer nicht vermieden werden kann, außer dadurch, daß England entweder diese Interessen opfert, wodurch es seine Stellung als unabhängige Großmacht verlöre, oder daß es sich zu stark macht, um Deutschland Erfolgsaussicht in einem Krieg zu bieten. Das ist die Ansicht derer, die in der ganzen Richtung der Politik Deutschlands den schlüssigen Beweis dafür erblicken, daß es bewußt die Errichtung einer deutschen Hegemonie, zuerst in Europa und schließlich in der Welt, anstrebt.

Nach allem, was in den vorhergehenden Abschnitten gesagt worden ist, wäre es müßig zu leugnen, daß dies die richtige Auslegung der Tatsachen sein mag. Dafür liegt das weitere anscheinend bestätigende Zeugnis vor, daß eine solche Auffassung von Weltpolitik vielleicht die einzige ganz folgerichtige Erklärung für die Beharrlichkeit bietet, mit der Deutschland den Bau einer mächtigen Flotte zu dem eingestandenen Zweck betreibt, langsam, aber sicher eine Waffe zu schaffen, die geeignet ist, jeden denkbaren Feind, so furchtbar er zur See auch sein mag, niedergeduckt zu halten.

Indessen haftet dem Gedankengang augenscheinlich ein Fehler an. Wenn der deutsche Plan so weitreichend und so gründlich durchdacht wäre, wie diese Ansicht bedingt, dann müßte es selbst dem mittelmäßigsten deutschen Verstand klar sein, daß sein Erfolg ganz wesentlich davon abhängen muß, ob England blind dagegen bleibt und bei guter Laune erhalten werden kann, bis der Augenblick gekommen ist, um den verhängnisvollen Schlag gegen seine Macht zu führen. Es wäre für Deutschland nicht bloß der Mühe wert: es wäre seine gebieterische Pflicht, während der Entwicklung seiner Kräfte die Freundschaft Englands mit allen ihm zur Verfügung stehenden Mitteln zu gewinnen und zu erhalten. Kein ehrlicher Beurteiler könnte sagen, daß die deutsche Regierung diesen elementaren strategischen Grundsatz bisher auch nur entfernt befolgt hätte ...

Vielleicht läßt sich demnach das Problem noch auf andere Weise betrachten: man könnte vorbringen, daß der große deutsche Plan in Wirklichkeit nichts weiter ist als der Ausdruck einer vagen, verworrenen und unpraktischen Staatskunst, die sich über ihre eigene Bahn selbst nicht ganz klar ist. Ein nachsichtiger Kritiker könnte erläuternd hinzufügen, daß die wohlbekannten Geistes- und Temperamentseigenschaften, die den gegenwärtigen Herrscher Deutschlands im Guten oder Bösen auszeichnen, nicht unwahrscheinlicherweise in hohem Maße für den ziellosen, herrischen und oft unzweideutig aggressiven Geist verantwortlich seien, der gegenwärtig auf jedem Gebiet des deutschen öffentlichen Lebens, nicht nur in der Sphäre der auswärtigen Politik, erkennbar ist, und daß dieser Geist, sowohl daheim wie draußen, jene Kundgebungen der Unzufriedenheit und Sorge (alarm) hervorgerufen hat, mit denen die Welt vertraut wird; daß Deutschland in der Tat nicht wirklich weiß, worauf es hinzielt, und daß alle seine Exkursionen und sein Alarmieren, alle seine heimlichen Intrigen nicht der stetigen Ausgestaltung eines wohldurchdachten und unnachsichtig verfolgten Systems der Politik dienen, weil sie nicht wirklich zu einem solchen System gehören. Das ist eine für die deutsche Regierung nicht schmeichelhafte Hypothese und man muß zugeben, daß viel gegen ihre Gültigkeit vorgebracht werden könnte. Aber es bleibt richtig, daß sich auf Grund dieser Hypothese auch die meisten Tatsachen der gegenwärtigen Lage erklären ließen.

Man muß natürlich den Zeitraum der Kanzlerschaft Bismarcks ausschließen. Anzunehmen, daß ein solch großer Staatsmann sich über die Ziele seiner Politik nicht völlig klar war, wäre die reductio ad absurdum jeder Hypothese. Wenn man also die Hypothese für richtig halten soll, dann muß sich eine vernünftige Erklärung für das Verhalten Bismarcks gegen England nach 1884 und eine andere Erklärung für das Fortbestehen der deutschen Feindseligkeit nach seinem Sturz im Jahre 1890 zeigen. Es läßt sich dartun, daß diese Ansicht weniger absurd ist, als auf den ersten Blick erscheinen mag.

Bismarck litt an dem, was Graf Schuwalow[41] le cauchemar des coalitions nannte. Es steht außer Zweifel, daß er besonders den feindlichen Zusammenschluß Frankreichs und Rußlands gegen sein Land fürchtete und daß er als *ein* sicheres Mittel zur Begegnung dieser Gefahr England in den Dreibund hineinzubringen oder es wenigstens in einen selbständigen Zusammenstoß mit Frankreich und Rußland zu zwingen wünschte, der England unvermeidlich auf die Seite Deutschlands gebracht hätte. Er kannte Englands Abneigung gegen die Verstrickung in Bündnisse und gegen jede Politik einer entschlossenen Geltendmachung nationaler Rechte, wie sie England zu einer Macht gemacht hätte, mit der Frankreich und Rußland ernstlich rechnen müßten. Aber Bismarck hatte auch eine geringe Meinung von der Kraft englischer Minister, einem entschiedenen Druck zu widerstehen. Er glaubte anscheinend, er könne sie zwingen, zwischen Deutschland und einer allgemeinen Gegnerschaft gegen England zu wählen. Als ihm die koloniale Bewegung in Deutschland eine Gelegenheit bot, entschloß er sich höchstwahrscheinlich, England eindringlich vor Augen zu führen, daß in auswärtigen Angelegenheiten Milde und Mangel an Entschlossenheit keine Politik darstellen; daß es für England das Klügste und jedenfalls das am wenigsten Unangenehme sei, eine bestimmte Bahn in einer Richtung zu verfolgen, die ihm die Freundschaft Deutschlands sichern würde; und daß im Zusammengehen mit Deutschland sowohl Freisein von internationalen Störungen wie Sicherheit lägen, während die Ablehnung eines Zusammenwirkens unrühmliche Konflikte und die Aussicht brächten, Deutschland an der Seite Frankreichs und Rußlands zu dem besonderen Zweck zu finden, die britischen Interessen zu schädigen...

Entweder strebt Deutschland entschlossen eine allgemeine politische Hegemonie und maritime Überlegenheit an, die die Unabhängigkeit seiner Nachbarn und schließlich die Existenz Englands bedroht.

Oder Deutschland hat, frei von einer derart scharf ausgeprägten Ambition und für den Augenblick nur darauf bedacht, seine rechtmäßige Stel-

[41] Russischer Botschafter in Berlin 1885—1894.

lung und seinen Einfluß als eine der führenden Mächte im Rate der Nationen zu benutzen, das Bestreben, seinen Außenhandel zu fördern, die Segnungen deutscher Kultur auszubreiten, das Betätigungsfeld seiner nationalen Kräfte zu erweitern und überall in der Welt neue deutsche Interessen zu schaffen, wo und wann immer sich eine friedliche Gelegenheit darbietet, wobei es einer ungewissen Zukunft die Entscheidung überläßt, ob nicht der Eintritt großer Veränderungen in der Welt Deutschland eines Tages einen größeren Anteil an direkter politischer Aktion auf Gebieten zuweisen wird, die jetzt nicht zu seinen Besitzungen gehören, und zwar ohne jene Verletzung der feststehenden Rechte anderer Länder, die unter den jetzigen politischen Verhältnissen mit jeder solchen Aktion verbunden wäre.

In beiden Fällen wäre Deutschland augenscheinlich klug, eine solch mächtige Flotte zu bauen, wie es dies nur vermag.

Die vorstehenden Alternativen scheinen die Möglichkeiten einer Erklärung der gegebenen Tatsachen zu erschöpfen. Die angebotene Wahl ist begrenzt und nicht leicht so zu treffen, daß man der Gewißheit ganz nahekommt. Man wird bei näherer Überlegung jedoch sehen, daß für eine britische Regierung keine wirkliche Notwendigkeit besteht, definitiv zu entscheiden, welche der beiden Theorien über die deutsche Politik sie annehmen will. Denn es ist klar, daß der zweite Plan (einer halb unabhängigen, von der Staatskunst nicht ganz ununterstützten Entwicklung) in jedem Stadium in den ersten oder bewußt durchdachten Plan übergehen kann. Überdies würde, wenn der Entwicklungsplan sich je verwirklichen sollte, die Deutschland dadurch erwachsende Stellung offensichtlich eine ebenso furchtbare Bedrohung der übrigen Welt bedeuten, wie sie jede wohlerwogene Eroberung einer ähnlichen Stellung mit „bösem Vorbedacht“ darstellen würde.

Es ergibt sich also, daß das im einen Fall als sichtbarer Faktor vorhandene Gefahrenelement auch, obschon in einer Verkleidung, in den zweiten eindringt; und gegen diese — tatsächliche oder eventuelle — Gefahr erscheint dasselbe allgemeine Verhalten geboten. Es dürfte nicht schwer sein, dies Verhalten kurz in solcher Weise anzugeben, daß es die Zustimmung aller Personen erzwingt, die zu einer Urteilsbildung in dieser Sache befugt sind.

Solange England dem allgemeinen Grundsatz der Aufrechterhaltung des Gleichgewichts der Macht treu bleibt, wäre seinen Interessen nicht damit gedient, wenn Deutschland auf den Rang einer schwachen Macht herabgedrückt würde, da dies leicht zu einem französisch-russischen Übergewicht führen könnte, das für das britische Reich ebenso furchtbar, wenn nicht noch furchtbarer wäre. Es gibt keine bestehenden territorialen oder sonstigen deutschen Rechte, die England vermindert zu sehen wünschen könnte. Solange die Aktion Deutschlands daher die Grenze eines berechtigten Schutzes bestehender Rechte nicht überschreitet, kann es immer auf die Sympathie und das Wohlwollen, ja sogar auf die moralische Unterstützung Englands rechnen.

Es wäre ferner weder gerecht noch politisch klug, die Ansprüche auf eine gesunde Ausdehnung zu ignorieren, die ein kraftvolles und im Wachstum begriffenes Land wie Deutschland ein natürliches Recht hat, auf dem Felde legitimen Strebens geltend zu machen. Die freimütige Anerkennung dieses Rechtes hat England nie irgendeinem fremden Lande vorenthalten oder verweigert. Es darf daran erinnert werden, daß das Deutsche Reich seine bereits erfolgte Ausdehnung in nicht geringem Grade der Mithilfe oder dem nachgiebigen Geist Englands sowie dem britischen Grundsatz gleicher Möglichkeiten ohne Begünstigungen verdankt. Es kann keine gute Politik Englands sein, einen solchen Entwicklungsprozeß zu durchkreuzen, wo er nicht direkt mit britischen Interessen oder mit denen anderer Nationen kollidiert, an die England durch feierliche Vertragsverpflichtungen gebunden ist. Wenn Deutschland innerhalb der durch diese beiden Bedingungen vorgeschriebenen Grenzen Mittel und Wege findet, friedlich und ehrenhaft seinen Handel und seine Marine zu vermehren, Kohlenstationen oder andere Häfen zu erlangen, Landungsrechte für Kabel zu erwerben oder sich Konzessionen für die Beschäftigung deutschen Kapitals oder deutscher Industrien zu verschaffen, sollte es England nie in seinem Wege finden.

Es ist auch nicht Sache britischer Regierungen, sich dem zu widersetzen, daß Deutschland eine solch große Flotte baut, wie es sie zur Verteidigung seiner nationalen Interessen für notwendig oder wünschenswert halten mag. Es ist das Kennzeichen eines unabhängigen Staates, daß er solche Dinge selbst, frei von jeder äußeren Einmischung entscheidet, und es würde England mit seinen großen Flotten schlecht anstehen, einem anderen Staat vorzuschreiben, was in Angelegenheiten höchster nationaler Wichtigkeit gut für ihn ist. Abgesehen von der Frage von Recht und Unrecht kann auch geltend gemacht werden, daß wohl nichts mehr dazu angetan wäre, Deutschland zum Festhalten an seinen Schiffbauprogrammen zu drängen, als der Versuch eines derartigen Diktats. Und ebenso ist, wie man beiläufig erwähnen darf, wohl nichts geeigneter, in Deutschland den Eindruck der tatsächlichen Hoffnungslosigkeit einer niemals endenden Aufeinanderfolge kostspieliger Flottenprogramme zu erwecken als die auf sichtbarem Nachweis beruhende Überzeugung, daß England für jedes deutsche Schiff unvermeidlich zwei auf Stapel legen und so das gegenwärtige relative Übergewicht Großbritanniens erhalten wird.

Es wäre von wirklichem Vorteil, wenn der Entschluß, die berechtigte und friedliche Ausdehnung Deutschlands sowie seine Pläne der maritimen Entwicklung nicht zu hemmen, möglichst offenkundig gemacht und so autoritativ wie nur möglich verkündet würde, vorausgesetzt, daß man zugleich Sorge trüge, es ganz klarzumachen, daß diese wohlwollende Haltung auf das erste Anzeichen einer ungünstigen Beeinflussung britischer oder verbündeter Interessen einem entschlossenen Widerstand Platz machen wird. Dies allein würde wahrscheinlich mehr als irgendein anderes Verfahren bewirken, dauernd befriedigende Beziehungen zu Deutschland herbeizuführen.

Es ist nicht unwahrscheinlich, daß Deutschland in kurzem wiederum, wie es das bisher so oft getan hat, um ein „enges Einvernehmen" mit England ersuchen wird. Um diesem Fall Rechnung zu tragen, muß man sich als erstes überlegen, was mit diesem Verlangen eigentlich gemeint ist. Die englisch-französische Entente hatte eine sehr materielle Unterlage und ein greifbares Ziel — nämlich die Beilegung einer Anzahl tatsächlich bestehender ernster Streitfragen. Die jetzt im Gang befindlichen Bestrebungen Englands, zu einer Verständigung mit Rußland zu gelangen, sind durch eine ganz ähnliche Lage gerechtfertigt. Aber für eine englisch-deutsche Verständigung nach denselben Richtlinien fehlt der Raum, da auf demselben Fundament keine Verständigung erbaut werden könnte. Wie dargelegt wurde, schweben jetzt zwischen den beiden Ländern keine Fragen von Bedeutung. Jedes Einvernehmen muß daher dem Zweck und Umfang nach von ganz anderer Art sein. Der Wunsch Deutschlands kann auf eine Verständigung über ein Zusammenwirken zu besonderen, offensiven oder defensiven oder allgemein politischen oder wirtschaftlichen, durch gewisse geographische Grenzen umschriebenen Zwecken oder auf ein Abkommen enthaltsamer Art gerichtet sein, das die Beteiligten verpflichtet, gewisse Dinge oder Handlungen nicht zu tun oder sich nicht in sie einzumischen. Oder das begehrte Abkommen könnte eine Mischung einiger oder aller dieser verschiedenen Ingredienzien enthalten. Auf ein Offensiv- oder Defensivbündnis mit Deutschland einzugehen, besteht für England unter den herrschenden politischen Verhältnissen kein Anlaß und es wäre gegenwärtig kaum aufrichtig, eine derartige Möglichkeit als offene Frage zu behandeln. Die britische Zustimmung zu jeder anderen Form eines Zusammenwirkens oder Nichteinmischungssystems muß absolut von den Umständen, den besonderen Eigenschaften und von den Vorzügen aller Vorschläge abhängen, die etwa gemacht werden. England wird ebenso bereit sein, wie es das immer gewesen ist, alle Vorschläge dieser Art von dem Gesichtspunkt aus abzuwägen und zu erörtern, wie die britischen Interessen davon berührt werden. Deutschland muß damit zufrieden sein, in dieser Hinsicht genau dieselbe Behandlung zu erfahren wie jede andere Macht.

Es gibt keine unwahrere oder ungerechtere Idee, als daß England bei irgendeiner neueren Gelegenheit ein parti pris gegen Deutschland oder deutsche Vorschläge an sich bezeigt habe oder künftig wahrscheinlich bezeigen werde, oder sich irgendwie unfair verhielt, indem es jede Frage, die von Einfluß auf seine Beziehungen zu Deutschland war, streng nach ihrem Für und Wider (merits) behandelte. Diese Beschuldigung wurde in reichlichem Maß erhoben. Sie ist der eiserne Bestand aller inspirierten Tiraden gegen die britische Regierung, die direkt oder indirekt vom Berliner Preßbureau ausgehen. Aber niemand hat je auch nur den geringsten Beleg dafür beizubringen vermocht, der einer Nachprüfung standhielte. Die Sache ist natürlich die, daß, wie Herr Balfour bei einer gewissen Gelegenheit dem deutschen Botschafter gegenüber zu bemerken sich veranlaßt fühlte, die deutschen Mitteilungen an die britische Regierung gewöhnlich nicht von sehr angenehmem Charakter gewesen sind, und wenn sich dieser Charakter nicht erheblich ändert, ist es mehr als wahrscheinlich, daß derartige Mitteilungen in Zukunft unschmackhafte Antworten erhalten werden. Denn es gibt *einen* Weg, der, wenn die Erfahrung der Vergangenheit überhaupt ein Führer für die Zukunft ist, ganz gewiß zu keiner dauernden Besserung der Beziehungen zu irgendeiner Macht, am allerwenigsten zu Deutschland führen wird und der daher verlassen werden muß: das ist der mit liebenswürdigen britischen Zugeständnissen gepflasterte Weg — Zugeständnissen, die ohne jede Überzeugung gemacht werden, daß sie entweder berechtigt sind oder durch gleichwertige Gegendienste aufgewogen werden. Die vergeblichen Hoffnungen, daß Deutschland auf diese Weise „versöhnt“ und freundlicher gestimmt werden könne, müssen endgültig aufgegeben werden. Es mag sein, daß unverantwortliche Leute solche Hoffnungen noch immer aufrichtig hegen, Leute, die die Geschichte der englisch-deutschen Beziehungen während der letzten zwanzig Jahre nicht kennen, vielleicht unvermeidlicherweise nicht kennen, eine Geschichte, für die es keine bessere Bezeichnung geben kann als: die Geschichte einer systematischen Politik freiwilliger Zugeständnisse, einer Politik, die zu dem höchst enttäuschenden Ergebnis geführt hat, wie es durch den zwischen den beiden Ländern fast andauernd bestehenden Zustand der Spannung enthüllt wird. Männer in verantwortlicher Stellung, deren Aufgabe es ist, sich zu informieren und die Dinge so zu sehen, wie sie wirklich liegen, können nicht mit gutem Gewissen irgendwelche Illusionen darüber bewahren.

Auch hier wäre indessen die Annahme falsch, daß irgendeine Unterscheidung zum Nachteil Deutschlands beabsichtigt ist. Im Gegenteil wird dieselbe Regel natürlich im Falle aller andern Mächte gelten müssen. Es dürfte in der Tat von Nutzen sein, einen Blick auf die britischen Beziehungen zu Frankreich vor und nach 1898 zurückzuwerfen. Eine Durchsicht der amtlichen Akten wird zeigen, daß England seit 1882 eine wachsende Zahl französischer Forderungen und Verletzungen britischer Rechte stets im gleichen Geist bereitwilliger Nachgiebigkeit beantwortet hatte, der es in seinem Verkehr mit Deutschland beseelte. Die nicht unnatürliche Folge war, daß eine französische Regierung nach der andern England gegenüber eine Politik des „Ausquetschens" betrieb, bis die Krise im Faschoda-Jahr kam, als der Kampfpreis die Erhaltung der britischen Stellung am oberen Nil war. Der damalige französische Minister des Auswärtigen [42] argumentierte wie seine Vorgänger, daß der anscheinende Widerstand Englands nur lauwarm sei und vor der beharrlichen Drohung mit dem französischen Verdruß zusammenbrechen werde. Nichts wollte ihn überzeugen, daß England in einer derartigen Frage eine Haltung unbeugsamen Widerstandes annehmen würde. Diese in den Augen des französischen Kabinetts durch seine Folgerungen aus der britischen politischen Praxis gerechtfertigte irrige Vorstellung war es, die die beiden Länder an den Rand des Krieges brachte. Als das Faschoda-Kapitel mit der gerechten Schlappe Frankreichs geendet hatte, blieb dieses eine Zeitlang sehr mürrisch und die Feinde Englands freuten sich im Glauben, daß sich nun eine unüberbrückbare Kluft zwischen den beiden Ländern aufgetan habe. Doch in Wirklichkeit erwiesen sich die Ereignisse in Faschoda als Beginn eines neuen Kapitels der englisch-französischen Beziehungen. Diese wurden, nachdem sie einige Jahre lang ziemlich förmlich geblieben waren, seitdem durch keine unangenehmen Zwischenfälle gestört. Frankreich benahm sich korrekter und schien weniger mißtrauisch und unüberlegt zu sein, als seine Gewohnheit gewesen war, und kein neues Hindernis entstand auf dem Wege, der schließlich zum Abkommen von 1904 führte.

Obwohl Deutschland keiner solchen Zurückweisung ausgesetzt war, wie sie Frankreich im Jahre 1898 widerfuhr, scheinen die mit der Algecieraskonferenz im Zusammenhang stehenden Ereignisse auf die deutsche Regierung die Wirkung einer unerwarteten Enthüllung gehabt zu haben, die deutlich die Anzeichen eines neuen Geistes verriet, in dem England sein eigenes Verhalten gegen Frankreich einerseits und gegen Deutschland andererseits zu regeln gedenkt. Daß das Ergebnis eine sehr ernste Enttäuschung für Deutschland war, ist in reichlichem Maße durch die große Unruhe offenbar geworden, die die Unterzeichnung der Algecirasakte im Lande hervorgerufen hat, indem die amtlichen, halbamtlichen und nicht-

[42] Delcassé 1898—1905.

amtlichen Kreise in der Äußerung ihrer erstaunten Unzufriedenheit miteinander wetteiferten. Die seitdem verstrichene Zeit ist ohne Zweifel erst kurz gewesen. Aber während dieses Zeitraumes sind, wie bemerkt werden darf, unsere Beziehungen zu Deutschland wenn auch nicht gerade herzlich, so doch wenigstens praktisch frei von allen Symptomen einer direkten Reibung gewesen und man hat den Eindruck, daß Deutschland es sich jetzt zweimal überlegen wird, ehe es Anlaß zu einer neuen Mißhelligkeit gibt. In dieser Haltung wird es bestärkt werden, wenn es auf seiten Englands immer gleicher Höflichkeit und Rücksicht in allen Angelegenheiten von gemeinsamem Interesse begegnet, aber auch einer prompten und festen Weigerung, auf irgendwelche einseitigen Geschäfte oder Abmachungen einzugehen, sowie der unbeugsamsten Entschlossenheit, britische Rechte und Interessen in jedem Teile des Erdballs zu verteidigen. Es wird keinen sichereren oder rascheren Weg geben, um die Achtung der deutschen Regierung und der deutschen Nation zu gewinnen.

Vermerke

Herrn Crowes Memorandum sollte mit meinen Bemerkungen darüber an den Premierminister, an Lord Ripon [43], Herrn Asquith [44], Herrn Morley [45] und Herrn Haldane [46] gehen. — E. G.

Dies Memorandum von Herrn Crowe ist höchst wertvoll. Der Überblick über die gegenwärtige Lage ist sowohl interessant wie gedankenreich, und die damit verbundene Darstellung der diplomatischen Zwischenfälle vergangener Jahre ist als Richtschnur für die Politik höchst nützlich. Das ganze Memorandum enthält Aufschlüsse und Betrachtungen, die sorgsam studiert werden sollten.

Der Teil unserer auswärtigen Politik, mit dem es sich beschäftigt, umfaßt die wichtigsten Fragen (issues) und erfordert beständige Aufmerksamkeit. — E. Grey 28. Januar 1907

(b) Vor einigen Wochen gab ich Lord Sanderson eine Abschrift von Herrn Crowes Memorandum über unsere Beziehungen mit Deutschland, von dem ich glaubte, daß es ihn interessieren würde.

Einigermaßen zu meiner Überraschung hat er für Deutschland Partei ergriffen und ist mit dem beifolgenden Memorandum auf den Plan getreten, das von einigem Interesse ist, da es aus der Feder eines Beamten stammt, dessen Aufgabe es war, viele Jahre lang die Politik des Auswärtigen Amtes zur Durchführung zu bringen ...

[43] Geheimsiegelbewahrer 1905—1908.
[44] Schatzkanzler 1905—1908.
[45] Staatssekretär für Indien 1905—1910.
[46] Kriegsminister 1905—1912.

Ich beabsichtige nicht, sie Lord Lansdowne zu zeigen oder etwas Weiteres mit diesem Memorandum zu tun.

Vermerk

Es mag jetzt alles auf sich beruhen bleiben. — E. G. (Grey)

16. Sanderson, Bemerkungen über das gedruckte Memorandum Crowe über die Beziehungen zu Frankreich und Deutschland (Schlußausführungen): Englands Politik gegenüber Deutschland. Brit. Dok. III. 687—707.

Foreign Office, 21. Februar 1907

Bei Betrachtung der Tendenzen und Methoden der deutschen Politik müssen wir bedenken, daß das Reich seinen gegenwärtigen Platz unter den Großmächten Europas erst vor 35 Jahren, nach etwa 50jährigem hilflosen Sehnen nach einem geeinten nationalen Dasein, eingenommen hat. Es war unvermeidlich, daß eine Nation, die durch einen um den Preis großer Opfer errungenen Erfolg übermütig geworden war, sich etwas anmaßend und übereifrig benahm, ungeduldig, verschiedene langunterdrückte Bestrebungen zu verwirklichen und volle Anerkennung ihrer neuen Stellung zu beanspruchen. Die Regierung litt zugleich beständig an dem durch die Gegenwart von zwei mächtigen, eifersüchtigen und unzufriedenen Nachbarn im Osten und Westen verursachten Gefühl der Unsicherheit. Es kann nicht überraschen, daß sie sich, mit den Traditionen der preußischen Monarchie hinter sich, rastlos und ränkevoll bezeigt und ihre Zuflucht oft zu gewundenen Methoden genommen hat, die sich nicht durchweg als erfolgreich erwiesen haben.

Es läßt sich meines Erachtens nicht erwarten, daß Deutschland auf sein Streben nach überseeischen Besitzungen verzichten wird, die die Entwicklung seines Handels unterstützen und fördern und Möglichkeiten für eine überschüssige Bevölkerung bieten sollen. Aber mit der Zeit wird seine Art und Weise, diese Ziele zu verfolgen, wahrscheinlich weniger Anlaß zu Einwänden geben und die Volksmeinung, die in Deutschland im ganzen gesund und verständig ist, wird sich in wachsendem Maße heilsam zurückhaltend auswirken. Wenn der bloße Gebietserwerb an sich unmoralisch wäre, so wiegen, meine ich, die Sünden Deutschlands seit 1871 leicht im Vergleich zu den unsrigen, und man muß bedenken, daß von außen betrachtet ein Land, das jede Veränderung als eine mögliche Gelegenheit zur eigenen Gebietserweiterung ansieht, sich in nicht viel höherem Grade einer Kritik aussetzt als ein Land, das in jeder derartigen Veränderung eine Bedrohung seiner — vorhandenen oder potentiellen — Interessen erblickt und auf diese Theorie fortgesetzt Ansprüche auf Einmischung oder Entschädigung gründet. Es ist mir manchmal so vorgekommen, daß einem Ausländer, der unsere Presse liest, das britische Reich wie ein ungeheurer Riese erscheinen muß, der sich über den Erdball reckt, mit gichtisch-dicken, sich nach allen Richtungen streckenden Fingern und Zehen, denen man sich nicht nähern kann, ohne ihm ein Gekreisch zu entlocken. Diesem Empfinden hat treffend ein Mitglied einer Deputation aus Südafrika Ausdruck gegeben, das eine Ansprache an den verstorbenen Lord Salisbury mit der Bemerkung schloß: „Euere Lordschaft, man sagt uns, daß die Deutschen gute Nachbarn sind, aber wir ziehen es vor, überhaupt keine Nachbarn zu haben.“ Das ist ein Standpunkt, an dem keine Regierung mit Erfolg festhalten kann, und mir scheint, daß Herr Rhodes [47] besser beraten war, als er, um die Aufmerksamkeit der deutschen Regierung von den südafrikanischen Angelegenheiten abzulenken, dem Kaiser Wilhelm gegenüber „das gesegnete Wort Mesopotamien“ erwähnte und auf Gelegenheiten zur Entfaltung deutscher Tatkraft an einer anderen Stelle des Erdballs hinwies.

Die Lehre, die ich aus den Ereignissen der letzten Jahre ziehen würde, ist die, daß Deutschland ein hilfreicher, wenn auch etwas anspruchsvoller Freund ist, daß es ein gerissener und zäher Geschäftsmann und ein höchst unangenehmer Gegner ist. Es ist überempfindlich, insofern es bei allen Fragen, in denen es entweder als Großmacht oder wegen besonderer Interessen einen Anspruch zum Mitreden hat, konsultiert werden will, und es ist niemals klug, es bei solchen Gelegenheiten außer acht zu lassen. Seine Diplomatie ist, milde ausgedrückt, immer wachsam und jeder Verdacht, ignoriert zu werden, erregt ein in keinem Verhältnis zur Kränkung stehendes Maß von Zorn. So verdrießlich solche Auseinandersetzungen auch sein mögen, so ist es in der Regel doch weniger lästig, Deutschland sogleich zu Rate zu ziehen und offen zu erklären, innerhalb welcher Grenzen man seine Ansichten gelten lassen kann, als plötzlich in einem kritischen Augenblick einen Anspruch auf Einmischung zugeschleudert zu bekommen. Es wäre natürlich unsinnig, ihm irgendwelche Zugeständnisse von Bedeutung zu machen, außer im Wege eines Handelsgeschäfts und im Tausch für einen empfangenen Wert. Sein Motto ist immer gewesen: „Um nichts wieder nichts in dieser Welt und sehr wenig für einen Groschen.“ Aber ich glaube nicht, daß man mit Recht sagen kann, Deutschland sei undankbar für freundschaftliche Unterstützung. Es ist auf alle Fälle unklug, ihm mit einer Haltung reiner Obstruktion zu begegnen, wie sie von einem Teil unserer Presse befürwortet wird. Eine große und wachsende

[47] Premierminister der Kapkolonie 1890—1896.

Nation kann nicht zurückgedrängt werden. Es ist ganz und gar vernunftwidrig, daß Deutschland einen Streit mit uns wünschen sollte, wenn es auch wünschen mag, einem Streit mit mehr Aussicht auf Erfolg entgegensehen zu können, als sich das jetzt sagen läßt. Aber es wäre ein Unglück, wenn Deutschland sich zum Glauben geführt sähe, daß es den britischen Löwen überall auf seinem Wege finden werde, einerlei in welcher Richtung es sich auszudehnen sucht. Es muß Gegenden geben, in denen der deutsche Unternehmungsgeist ohne Schaden für wichtige britische Interessen ein Betätigungsfeld finden kann, und es dürfte klug erscheinen, Deutschland bei jeder Entwicklungspolitik, die diese Interessen gebührend berücksichtigt, auf unser Wohlwollen rechnen zu lassen.

17. Aufzeichnung Grey über eine Unterhaltung mit Clemenceau: Tripelentente und Deutschland. Grey, 25 Jahre. 265—268.

Foreign Office, 27. April 1908

Herr Clemenceau [48] unterhielt sich heute vormittags mit mir im Foreign Office.

Mit großem Nachdrucke vertrat er die Überzeugung, daß wir auf dem europäischen Kontinent gegen jede Macht einzuschreiten gezwungen sein würden, die dort eine vorherrschende Stellung erlangte, wie wir es zu Napoleons Zeiten waren.

Er meinte, wir müßten darauf vorbereitet sein. Er begreife, daß die allgemeine Wehrpflicht für uns nicht passe. Mr. Morley habe ihm erklärt, daß alle Leute in diesem Lande sich im Handel betätigten und daher nicht ein oder zwei Jahre opfern könnten, um eine militärische Schulung durchzumachen. Er denke jedoch, daß es für uns möglich wäre, ein Milizsystem nach Art der Schweiz einzuführen, das uns in den Stand setzen würde, im Bedarfsfalle auf dem Kontinente einzugreifen.

Er halte das für sehr wichtig. Das Schicksal Napoleons sei bei Waterloo und nicht bei Trafalgar entschieden worden. Und so würde es wieder sein müssen, wenn eine Kontinentalmacht nach der Vorherrschaft streben sollte, insoferne man überhaupt eine solche Hegemonie verhindern wollte.

Ich sagte ihm, die letzten unter Haldane durchgeführten Reformen hätten, wenn sie auch eine Herabsetzung der regulären Armee um etwa 20 000 Mann mit sich brachten, darauf abgezielt, den Freiwilligenformationen eine gründlichere Ausbildung angedeihen zu lassen und so aus ihnen verwendbare Glieder einer allgemeinen Organisation zu machen,

[48] Georges Clemenceau, französischer Ministerpräsident 1906—1909.

statt sie wie bisher als einen Haufen ohne eigentliche ernste Aufgabe bestehen zu lassen. Dieses von Haldane eingeführte System biete die Möglichkeit zu einem weiteren Ausbau.

Ich gab zu, daß uns dieses Wehrsystem noch nicht in die Lage setze, starke Kräfte ins Feld zu stellen, doch müsse man sich bei Beurteilung dieser Frage stets vor Augen halten, daß wir unsere Flotte auf der Höhe ihrer jetzigen Überlegenheit erhalten wollen.

Wir seien heuer zu dem Schlusse gekommen, daß wir etwa zwölf Monate Zeit hätten, zu beobachten, was Deutschland wirklich tue, nicht, was es sich vorgenommen habe, zu tun. Sollte es sich herausstellen, daß es in Durchführung seines Flottenbauprogrammes die erwarteten Fortschritte gemacht habe, so würden wir sicher im nächsten Jahre das unsrige in ausreichendem Maße erhöhen. Jede Regierung, die dies unterließe, würde sofort eine Flottenpanik in unserem Lande hervorrufen und weggefegt werden.

Zweifellos aber hege die Bevölkerung unseres Landes das Empfinden, es dürfe von ihr nicht verlangt werden, auch noch für die Erhaltung einer großen Armee aufkommen zu sollen, wenn sie schon bereit wäre — und ich wisse, daß sie dazu bereit sei —, jede für die Aufrechthaltung der Seeherrschaft notwendige Ausgabe zu bewilligen.

Clemenceau meinte, das sei ganz natürlich. Die Regierung aber müsse sich die tatsächliche Lage auf dem Kontinente und den Umstand vor Augen halten, daß jeden Augenblick an uns die Notwendigkeit herantreten könne, einschreiten zu müssen. Unter modernen Verhältnissen würde sich die Situation nicht so allmählich entwickeln, wie zu Napoleons Zeiten. Die Dinge würden sich überstürzen, und, wenn wir keine Vorbereitungen getroffen hätten, würde vielleicht am Kontinent alles schon vorüber sein, ehe wir imstande wären, einzuschreiten.

Ein solcher Fall werde vielleicht nicht so bald eintreten, vielleicht würde weder er noch ich ihn erleben. Anderseits aber könnte er sich jeden Tag einstellen. Der Deutsche Kaiser sei der unberechenbarste Faktor in Europa. Er sei impulsiv, sehr empfindlich in Fragen seines Prestiges und gebiete über eine ungeheuere Macht. Der Kaiser würde bestimmt fortfahren, Schiffe zu bauen, weil es an und für sich schon ein Eingeständnis einer Niederlage wäre, damit aufzuhören. Die Lage habe daher entschieden die Tendenz, sich zu verschlechtern.

Ich sagte, der Kaiser sei meiner Meinung nach zweifellos impulsiv und habe Freude an Sensationen, doch sehne er sich nicht nach großen Sensationen, und ich bezweifle, daß er danach veranlagt sei, eine wirklich große Krise heraufzubeschwören. Ich empfände es jedoch als richtig, ihn durch die Behandlung von Angelegenheiten, die unsere Interessen nicht beeinträchtigten, bei guter Laune zu erhalten, wie es im Falle des Nordsee-Abkommens geschehen sei.

Wenn ich auch zugeben müsse, daß die Lage bei dem Auftauchen unerwünschter Ereignisse zu Besorgnissen Anlaß bieten könnte, dächte ich doch, daß Rußland zu Lande als ein gewaltiges Gegengewicht gegen Deutschland angesehen werden dürfe.

Clemenceau meinte, es wäre sehr zu wünschen, daß Rußland zu einem solchen Gegengewicht werde. Augenblicklich jedoch besäße es weder eine kraftvolle Regierung noch Geld. Es würde noch auf unbestimmbare Zeit hinaus schwach bleiben. Beiläufig bemerkte er, wenn Rußland den Krieg mit Japan gewonnen hätte, so hätte es sich in der Zukunft ganz auf Asien geworfen und wäre dann aus der europäischen Politik völlig ausgeschieden.

Ich legte dar, daß vielleicht in den nächsten paar Jahren die Finanzlage Deutschlands eine schwierige werden und einen mäßigenden Einfluß ausüben könnte.

Clemenceau sagte, er glaube nicht, daß Geldmangel jemals militärische Vorbereitungen verhinderte.

Er sei der Ansicht, der Kaiser würde eine Einschränkung der Schiffsbauten als eine Niederlage ansehen und Deutschland werde deshalb fortfahren, Jahr für Jahr Geld aufzunehmen, um sein Programm durchführen zu können. Deutschland habe keine so große Staatsschuld wie Frankreich. Es sei wahr, daß Deutschland sich zu Anleihezwecken bemühe, eine Kotierung an der Pariser Börse zu erreichen; keine französische Regierung jedoch könnte eine solche Kotierung zulassen, da sie zu einem sofortigen Fallen der französischen und zum Steigen der deutschen Papiere führen würde.

Clemenceau fuhr dann fort, es sei seltsam, wie Deutschland stets Frankreich einzufangen trachte. Immer wieder werde den Franzosen gesagt, daß ihre Interessen viel mehr mit denen Deutschlands als mit denen Englands übereinstimmten, und daß eine Arbeitsgemeinschaft mit Deutschland für Frankreich das Richtige wäre.

Ich sagte ihm, ich wüßte, daß das gesagt werde. Auch an uns wolle sich Deutschland fortwährend anbiedern; so würden zum Beispiel immer wieder verschiedene Vereinigungen zu Besuchen ermutigt oder eingeladen, manchmal in einem ganz beklemmenden Umfang.

Ich könnte jedoch nicht begreifen, warum Deutschland, wenn es wirklich zu einer Verständigung mit Frankreich gelangen wollte, eine solche nicht vor der Algeciras-Konferenz gesucht habe, als Herr Rouvier am Ruder war.

Clemenceau meinte darauf, Deutschland begehe stets Schnitzer, indem es fortwährend laviere.

Als ein Beispiel für die Annäherungsversuche Deutschlands an Frankreich führte Clemenceau an: Als er kürzlich eine auf Elsaß bezügliche Rede zu halten gehabt habe, sei der deutsche Botschafter die erste Persönlichkeit gewesen, die ihn bei seiner Rückkehr nach Paris beglückwünscht habe.

Ich fragte Clemenceau, ob Elsaß-Lothringen nicht immer noch ein Hindernis für jedes wirkliche Rapprochement zwischen Frankreich und Deutschland darstelle.

Er sagte, das Hindernis bestehe und sei stärker denn je.

Ich sagte ihm, ich hätte gehört, daß es die Erwähnung dieses Namens gewesen sei, welche die Unterredung zwischen Herrn Etienne[49] und dem Deutschen Kaiser zu einem jähen Ende geführt habe.

Clemenceau bestätigte, daß dem so gewesen.

Die Bevölkerung Elsaß-Lothringens sei ihren Sympathien und ihrem Empfinden nach noch ebenso französisch, wie sie es immer gewesen. Solange dies der Fall wäre, könnte es zu keiner endgültigen Verständigung kommen, wenn sich auch sonst vielleicht ganz gute Beziehungen zwischen Frankreich und Deutschland herstellen und die laufenden Angelegenheiten in einer freundlichen Art erledigen ließen.

Im Laufe der Unterhaltung sagte mir Clemenceau, daß das wachsende Vertrauen der an der Spitze der französischen Armee stehenden Generale in die Widerstandsfähigkeit des Heeres gegen Angriffe einen großen Eindruck auf ihn gemacht habe. Man müsse sich jedoch vor Augen halten, daß eine rein defensive Kriegführung, wenn sie vielleicht auch das Richtige wäre, nicht dem Temperamente der Franzosen entspräche.

Frankreich neige jedoch derart zum Frieden, daß es zu einem Kriege mit Deutschland nur kommen könnte, wenn Frankreich völlig in seinem Rechte und nicht der Angreifer wäre. Clemenceau meinte ferner, die deutschen Generale befürchteten, daß der Kaiser im Kriegsfalle als oberster Kriegsherr selbst den Oberbefehl würde übernehmen wollen.

Clemenceau sprach mit mir auch über die Lage Italiens und hob hervor, wie wichtig es wäre, dieses bei guter Laune zu erhalten.

Ich setzte ihm auseinander, wir hätten unser Bestes getan, Italien zu gefallen, indem wir in dem Dreimächteabkommen zustimmten, daß bei einem Zerfalle Abessyniens sein Anteil auf unserer Seite des Landes liegen solle . . .[50]

[49] Französischer Kriegsminister 1905/06.

[50] Einzelheiten über Afrika und Balkan.

18. Izvolskij[51] an Benckendorff[52]: Hardinge über Rußlands Macht.

Benckendorff, Schriftwechsel I. 11—13.

18. Juni 1908

Während der Zusammenkunft unseres Kaisers mit König Eduard auf der Reede von Reval bin ich von Seiner Majestät empfangen worden und habe mit dem englischen Unterstaatssekretär für auswärtige Angelegenheiten Sir Charles Hardinge eine ganze Reihe längerer Unterredungen gehabt. Ich halte es für meine Pflicht, Ihnen zu Ihrer persönlichen Information vertraulich von einigen Einzelheiten dieses Gedankenaustausches Kenntnis zu geben.

Der allgemeine Eindruck, den diese Zusammenkunft hinterlassen hat, ist in politischer Hinsicht ein äußerst günstiger; König Eduard hat seine Genugtuung offen zum Ausdruck gebracht und erblickt in der Zusammenkunft eine Bestätigung und Befestigung des zwischen Rußland und England erzielten Übereinkommens sowie ein Pfand für die weitere Solidarität der beiden Regierungen. Mit besonderer Genugtuung betonte Seine Majestät die glückliche Wendung in unserer inneren Politik und die Zustimmung, die die Tätigkeit des Staatssekretärs Stolypin[53] in ernsten Kreisen Englands findet.

Die verschiedenen Erklärungen Hardinges zusammenfassend, muß ich vor allem betonen, daß seinerseits kein Versuch gemacht worden ist, den Boden konkreter Abmachungen, sowohl der schon bestehenden als der in Aussicht genommenen, zu verlassen und uns in allgemeine politische Kombinationen zu ziehen. Sir Charles bestätigte, daß das Londoner Kabinett unsere Ansicht durchaus teile, daß die Entrevue in Reval den anderen Staaten keinerlei Beunruhigung einzuflößen brauche; was speziell Deutschland anlangt, so wünscht die englische Regierung aufrichtig, die allerbesten Beziehungen zu ihm zu unterhalten, und glaubt nicht, daß in allernächster Zukunft diese Beziehungen sich aus irgendeinem Grunde verschärfen werden. „Trotzdem“, sagte mir Sir Charles Hardinge, „kann man sich nicht der Einsicht verschließen, daß, wenn Deutschland in demselben beschleunigten Tempo seine Rüstungen zur See fortsetzen wird, in sieben oder acht Jahren in Europa eine äußerst beunruhigende und gespannte Lage entstehen kann; dann wird zweifellos Rußland der Schiedsrichter der Lage sein; und aus diesem Grunde wünschen wir, im Interesse des Friedens und der Erhaltung des Gleichgewichts, daß Rußland mög-

[51] Russischer Außenminister 1906—1910.

[52] Graf Alexander Benckendorff, russischer Botschafter in London 1903—1917.

[53] Präsident des Ministerrates 1906—1911.

lichst stark zu Lande und zu Wasser ist." Diesen Gedanken hat Sir Charles mehrere Male wiederholt, wobei er augenscheinlich zu verstehen geben wollte, daß er nicht seine persönliche Meinung, sondern die bestimmte politische Überzeugung des Londoner Kabinetts zum Ausdruck bringe.

Zu den einzelnen Rußland und England interessierenden Fragen übergehend, sprach Sir Charles in warmen Ausdrücken von dem glücklichen Resultat der im vorigen Jahre unterzeichneten Übereinkommen, dank denen keine einzige in letzter Zeit zwischen Rußland und England entstandene Frage einen gefährlichen oder akuten Charakter angenommen habe. Seinen Worten zufolge hat nur dank der Konvention und der absoluten Loyalität, mit der Rußland seinen Verpflichtungen nachgekommen ist, der Zwischenfall an der afghanischen Grenze nicht zum Einrücken der indischen Truppen in Afghanistan geführt; das Londoner Kabinett schätzt unsere Haltung um so mehr, als von rein formaler Seite betrachtet die Konvention über Afghanistan, welche bis jetzt vom Emir nicht anerkannt wurde, noch nicht in Kraft getreten ist; die Handlungsweise Rußlands hat der englischen Zentralregierung die Möglichkeit gegeben, den Eifer der anglo-indischen Behörden zu dämpfen; jetzt ist das Londoner Kabinett ganz sicher, daß die Ereignisse an der afghanischen Grenze nicht zum Einrücken in Afghanistan führen werden. In einigen Wochen hofft Sir Charles das formale Einverständnis des Emirs zu erhalten und es uns mitteilen zu können.

Was Persien anlangt, so hat mir Sir Charles noch einmal wiederholt, daß seine Regierung fest entschlossen sei, in völligem Einvernehmen mit uns zu handeln. Unser Grenzzwischenfall flößt dem Londoner Kabinett keinerlei Beunruhigung ein; es erkennt vollkommen die Zweckmäßigkeit unserer Handlungen an . . .

19. Tirpitz an Georg Alexander v. Müller[54]: Flottenpolitik und Bündnisse.

Tirpitz, Dokumente 84.

Gastein, 17. Juli 1908

Ich schrieb Ihnen in meinem Briefe aus St. Blasien, daß starke Anzeichen vorhanden sind, für ein Herabgehen der Stimmung für die Flotte. Zu diesen rechne ich auch die Auffassungen, die *Graf Metternich* vertritt und die vielfach verbreitet sind und verbreitet werden. Graf Metternich schreibt keinen politischen Bericht über das Verhältnis Deutschlands zu

[54] Admiral, Marinekabinettschef 1906—1918.

England, der nicht andeutet: wir sollten aufhören mit Flottenentwicklung, sonst nimmt das England übel. Es sei der einzige Grund der Spannung. Er spricht es nicht direkt aus, daß wir die Entwicklung der Flotte stoppen sollen, aber es ist die notwendige Schlußfolgerung in seinen Berichten. Charakteristisch für seine Methode ist sein letzter Bericht vom 30. Juni d. J. über seine Unterredung mit Sir Charles Hardinge.

Es ist ein großes Kapitel, über welches sich unendlich viel sagen ließe; das läßt sich aber besser mündlich machen. Ich möchte nur ohne nähere Begründung die drei wesentlichsten Punkte bezeichnen, welche die Ansicht Graf Metternichs unrichtig erscheinen lassen.

1. Es ist *nicht* richtig, daß nur die Entwicklung unserer Flotte die antideutschen Stimmungen hervorrufe. Es ist ebenso die geschäftliche Konkurrenz und entspricht der geschichtlichen Politik Englands.

2. Wer garantiert uns, besonders wenn die imperialistischen Partei ans Ruder kommt, ein wohlwollendes oder auch nur ein faires Verhalten Englands? Sir Charles Hardinge und seine Freunde können das doch nicht.

3. Ein Aufhören in der Flottenentwicklung bedeutet für uns ein Abtreten von der Weltbühne.

Ungünstig für uns — ich lasse dahingestellt ob vermeidbar — ist die politische Isolierung. Für eine solche Situation werden wir nie eine ausreichende Flotte schaffen können. Vermeidbar aber ist die Fanfare, die vielfach in der Presse, von Keim[55] und seinen Leuten geblasen wird ...

20. Grey an die „Times". Bezugnahme auf Memorandum Crowe und Vermerk Hardinge (15. November 1908): England und die belgische Neutralität.

Brit. Dok. IX. 1. 2, 1263—1265.

Fallodon, 21. November 1932

Sir. — Eine in einigen Zeitungen erschienene äußerst summarisch gehaltene Wiedergabe des Abschnitts über die belgische Neutralität in dem kürzlich veröffentlichten Band der Britischen Dokumente hat den Anschein erweckt, als hätte ich von den britischen Verpflichtungen bezüglich der belgischen Neutralität eine zynische Auffassung gehegt. Dies war ganz und gar nicht der Fall.

Am 15. November 1908, fast sechs Jahre vor dem Krieg, arbeitete der verstorbene Sir Eyre Crowe ein „Memorandum" aus über „die belgische Neutralität und Großbritanniens Verpflichtung, sie zu verteidigen", das

[55] General, Vorsitzender des Wehr- und des Flottenvereins.

die rechtliche Seite des Falls eingehend und unparteiisch (fairly) darlegte und zu dem Schluß gelangte:

> Großbritannien ist zur Aufrechterhaltung der belgischen Neutralität verpflichtet, wann immer entweder Belgien oder eine der Garantiemächte beim Widerstand gegen ihre Verletzung Hilfe braucht und verlangt.

Dem fügte Lord (damals Sir Charles) Hardinge den Vermerk an:

> Die Verbindlichkeit besteht unzweifelhaft wie oben dargelegt, aber ob man von uns verlangen könnte, unsere Verpflichtung zu erfüllen und die Neutralität Belgiens dadurch zu schützen, daß wir uns ihrer Verletzung widersetzen, muß notwendigerweise von unserer Politik zu der Zeit und den gerade vorliegenden Umständen abhängen. Angenommen, Frankreich würde in einem Krieg gegen Deutschland die Neutralität Belgiens verletzen, dann ist es unter den gegenwärtigen Umständen zweifelhaft, ob England oder Rußland einen Finger rühren würde, um die belgische Neutralität aufrechtzuerhalten, während, wenn die Neutralität Belgiens von Deutschland verletzt würde, wahrscheinlich das Gegenteil der Fall wäre.

Dazu machte ich die folgende Bemerkung:

> Ich bin sehr verbunden für diese dienliche Aufzeichnung. Ich meine, sie faßt die Lage sehr gut zusammen, obschon Sir C. Hardinges Betrachtung ebenfalls treffend ist.

Es wird unterstellt (suggested), daß ich beim Gebrauch des Wortes „Aufzeichnung" („minute") ausschließlich Sir Charles Hardinges „Vermerk" („minute") im Sinn gehabt hätte. Der Zusammenhang läßt erkennen, daß sich der erste Teil dessen, was ich schrieb, auf Sir Eyre Crowes „Memorandum" bezog, welches das eigentliche mir vorliegende Dokument war und das „die Lage sehr gut zusammenfaßte". Es enthält im wesentlichen das Argument, das die Lage im August 1914 beherrschte.

Sir Charles Hardinges „Betrachtung" war indes treffend. Im Jahr 1908, als die Sache noch in der Ferne lag, mußten wir alle Hypothesen und möglichen Fälle erwägen. Die Generalstäbe sämtlicher Mächte pflegten hypothetische strategische Pläne zu entwerfen, wobei sie bloß die militärische Taktik in Betracht zogen und ihren Regierungen die Entscheidung überließen, ob vertragliche Rechte oder andere Erwägungen deren Annahme etwa verhinderten. Die von Sir Charles Hardinge angedeutete Hypothese konnte nicht ausgeschlossen werden, und zweifellos hätte sie, wenn zur Tatsache geworden, eine britische Regierung in eine äußerst schwierige und mißliche Lage versetzt. Wir wünschten daher jede Verletzung der belgischen Neutralität zu verhüten und darauf haben wir während der nachfolgenden Jahre beständig hingearbeitet. Von meiner

Hand liegt ein Vermerk vor vom 2. November 1912, in dem ich rundheraus erklärte:

> Wir werden die belgische Neutralität nicht verletzen, sofern sie nicht eine Macht, mit der wir uns im Krieg befinden, zuerst verletzt, und wenn der Zweck einer Verstärkung des belgischen Heeres der ist, einer Verletzung seiner (its) Neutralität Widerstand zu leisten, werden wird die Verstärkung begrüßen . . .

21. Conrad[56] an Moltke[57]: Österreich-Ungarn und Serbien, die deutsche Kriegsplanung. Conrad, Dienstzeit I. 631—634.

Wien, 1. Januar 1909

Die dermalige politische Lage legt eine Rücksprache meinerseits mit Euer Exzellenz nahe, und zwar in Hinsicht des immerhin denkbaren Falles, daß die Monarchie mit einer kriegerischen Verwicklung am Balkan, dann gegen Rußland und Italien zu rechnen und dabei Deutschland, dem casus foederis entsprechend, zur Seite haben würde. Der Minister des Äußeren[58] hat nach gepflogenem Einvernehmen mit Durchlaucht Fürst Bülow bei Seiner Majestät diesen Schritt beantragt.

Seine Majestät geruhten zuzustimmen und anzuordnen, daß ich dieses Einvernehmen zu eröffnen habe und daß dasselbe in Form von Briefen, die ich an Euer Exzellenz zu richten hätte und die sonst nur noch zur Kenntnis des Ministers des Äußern kommen würden, zu erfolgen hätte.

Ich hebe dabei hervor, daß es für die Klärung gewisser Fragen vorteilhaft wäre, persönlich und mündlich zu verkehren, und ich hiezu am liebsten selbst in unauffälliger Weise nach Berlin reisen würde, um im direkten Verkehr mit Euer Exzellenz alles Erforderliche festzustellen.

Der Minister des Äußeren Baron Ährenthal zeigte sich diesem Modus nicht abgeneigt, erachtete aber dafür, den Verkehr zunächst schriftlich einzuleiten.

Indem ich mir die Ehre nehme, dieses hiemit zu tun, bitte ich Euer Exzellenz um geneigte Bekanntgabe des dortseitigen Standpunktes.

Das Meritorische der Sache im Großen hervorhebend, möchte ich jetzt schon anführen:

Durch die Annexion Bosniens und der Herzegowina sind jene Fragen

[56] Österreichischer Generalstabschef Franz Conrad v. Hötzendorf 1906—1911, 1912—1917.

[57] Deutscher Generalstabschef Helmuth v. Moltke 1906—1914.

[58] Alois v. Aehrenthal, österreichischer Außenminister 1906—1912.

in Fluß gekommen, welche sich schon seit langem vorbereitet hatten und welche von den Gegnern der Monarchie in dem ihnen gelegenen späteren Moment zweifellos aufgeworfen worden wären, wenn nicht die Monarchie in dieser Hinsicht zuvorgekommen wäre.

Als nächste Konsequenz dieses Schrittes trat das auf großserbische Aspirationen zurückzuführende feindselige Auftreten Serbiens und Montenegros in die Erscheinung, und zwar teils materiell, teils moralisch unterstützt von anderen europäischen Staaten, so speziell auch von der Türkei, in welcher unter dem Einflusse des Jungtürkentumes die Feindseligkeiten vornehmlich in dem herrschenden Handelsboykott ihren Ausdruck fanden.

Eine entschieden unfreundliche Aufnahme fand, abgesehen von England, dieser Schritt der Monarchie ganz besonders in Italien und Rußland, bei letzterem vor allem als panslawistische Vormacht.

In Italien wurden seitens der Regierung beruhigende Versicherungen abgegeben, so daß bei der Leitung unseres auswärtigen Amtes die Überzeugung herrscht, dieser Staat werde gegen die Monarchie auch im Falle von Verwicklungen der letzteren am Balkan nicht feindselig oder mindestens nicht offensiv auftreten; weniger vertrauenerweckend zeigt sich die Haltung Rußlands, so daß mit der Möglichkeit gerechnet wird, Rußland werde im Falle eines ö.-u. Balkankrieges zu Gunsten der Gegner der Monarchie in kriegerische Aktionen treten, das ist gegen die Monarchie mobilisieren.

Tritt nun in diesem Falle Deutschland im Sinne des Vertrages von 1879 an die Seite der Monarchie, so wirft sich zunächst die Frage auf, ob diesfalls auch Frankreich gegen Deutschland losschlagen würde, beziehungsweise umgekehrt, wenn Deutschland sich veranlaßt sähe, gegenüber Frankreich das Prävenire zu spielen. Käme es also, die Neutralität Italiens vorausgesetzt, zu einem Kriege mit Frankreich, Rußland, Serbien und Montenegro auf der einen, Deutschland und die Monarchie auf der anderen Seite, so wäre es für das hierseitige Verhalten vor allem entscheidend, ob Deutschland mit entsprechend starken Kräften auf beiden Seiten gleichzeitig wirksam werden könnte oder ob es den Hauptschlag mit überlegenen Kräften zuerst gegen einen, dann gegen den anderen Gegner führen würde, sowie gegen welchen der beiden zuerst, weil dies auch für die Monarchie mitbestimmend würde, ob diese zuerst am Balkan rasch, energisch, daher mit hierfür ausreichenden, sonach starken Kräften abrechnen und dann erst sich im Vereine mit deutschen Hauptkräften gegen Rußland wenden wolle, oder aber, mit Reduzierung der gegen Serbien bestimmten Kräfte auf ein Minimum, von Haus aus den entscheidenden Schlag gegen Rußland zu führen habe.

Bei dieser Frage ist, abgesehen von der immer vorausgesetzten Neutralität Italiens, auch noch mit dem Verhalten Rumäniens, Bulgariens und der Türkei, sowie Griechenlands zu rechnen und ich muß dies so weit berühren, als es militärische Vorbereitungen erfordern.

Rumänien dürfte nicht nur nicht feindselig gegen den Zweibund (Deutschland und Österreich-Ungarn) auftreten, sondern auf Grund des Allianzvertrages aktiv an dessen Seite stehen. Diese aktive Mitwirkung stellt jedenfalls einen sehr willkommenen Kraftzuschuß dar, und zwar mit Rücksicht auf die Bindung der russischen Kräfte des Odessaer Militärbezirks.

Bulgarien hätte wohl allen Grund, diese Gelegenheit zu benützen, um mit der Türkei abzurechnen und seine mazedonischen Aspirationen zu realisieren, es besteht aber durchaus keine Gewähr dafür, daß nicht etwa ein Versuch bulgarischer Politik einen friedlichen Ausgleich mit der Türkei vorzieht. Ob dann diese ihre frei gewordenen Kräfte gegen die Monarchie wenden würde, ist fraglich, da nicht recht abzusehen ist, zu welchem politischen Zweck dies geschehen sollte. Es besteht daher hierorts die Anschauung, daß, wenn Bulgarien nicht in die Aktion tritt, die Türkei sich ebenfalls ruhig verhalten wird.

Griechenland, so gering vielleicht auch seine militärische Mitwirkung zu veranschlagen kommt, wäre immerhin als Verbündeter willkommen, da es doch einen Teil der türkischen Kräfte bindet und die Türkei von anderen Aktionen abhalten würde.

Der Zweibund Deutschland—Österreich-Ungarn hätte also mit den Kräften Frankreichs, Rußlands, Serbiens und Montenegros zu rechnen und wäre vor allem die Frage zu entscheiden, gegen welchen Teil in erster Linie der Hauptschlag zu führen wäre, mit welchen Kräften dies geschehen könnte, welche Kräfte daher gegen den zunächst sekundären Gegner gewendet werden könnten.

Bei dieser Frage kommt aber auch ganz besonders in Betracht, daß aller Voraussicht nach Rußland (und Frankreich) erst dann in feindselige Aktionen treten werden, wenn die Monarchie bereits zu einem kriegerischen Einschreiten gegen Serbien und Montenegro gezwungen war und mit starken Kräften dort engagiert ist.

Es rückt dies die Eventualität in den Vordergrund, zuerst einen raschen und entscheidenden Schlag gegen Serbien zu führen, um dann die frei gewordenen Kräfte gegen Rußland heranzuziehen.

Auf einen solchen Schlag ist, wenn ein Zurückweichen der serbischen Kräfte bis in die Gegend von Niš vorausgesetzt wird, kaum vor zwei Monaten vom ersten Mobilisierungstage an gezählt, zu rechnen, worauf noch etwa acht bis zehn Tage Aufmarsch zu den ö.-u. Bahnendpunkten, endlich die Dauer des Bahntransportes ins Kalkül zu stellen wären, was ergibt, daß auf diese doppelt zu verwertenden Kräfte kaum früher als nach drei Monaten gegen Rußland gerechnet werden könnte. Im Falle des sofortigen Hauptschlages gegen Rußland, bei ganz sekundärer Behandlung der Balkangegner, könnten diesseits etwa 40 Infanteriedivisionen zirka am 22. Mobilisierungstage in Ostgalizien versammelt sein.

Im Falle einer vorherigen entscheidenden Operation gegen Serbien würden jedoch etwa zu gleichem Termin (22. Mobilisierungstag) in Ostgalizien zirka 30 Infanteriedivisionen bereit sein, während auf weitere (anfänglich gegen Serbien engagierte) acht bis neun Infanteriedivisionen erst nach ungefähr drei Monaten vom ersten Mobilisierungstage zu rechnen wäre.

Während ersteren Falles die Versammlung der 40 Divisionen im Sinne einer Herbstoffensive gedacht ist, wäre es letzteren Falles außer von dem Kalkül über die russischen Maßnahmen ganz besonders auch von dem deutscherseits geplanten Verhalten abhängig, wo die Versammlung der 30 Divisionen zu erfolgen und wann die Offensive zu beginnen hätte.

Ein detailliertes Eingehen auf diese Verhältnisse erscheint mir nun erst möglich, sobald ich Euer Exzellenz Willensmeinung hinsichtlich der großen Züge der angeregten Fragen zu kennen die Ehre haben werde.

Am Schlusse dieses meines einleitenden Briefes kann ich jedoch nicht umhin, ein gewisses Mißtrauen in die Haltung Italiens sowie auch einzugestehen, daß ich es für nicht unmöglich halte, daß gerade Rußland aus triftigen sonstigen Gründen einen Krieg vermeidet, Italien aber den Moment benützt, gegen die Monarchie loszuschlagen, sobald diese am Balkan verwickelt ist und es ist für die diesseitigen operativen Vorbereitungen von höchster Wichtigkeit, zu wissen, welches militärische Verhalten Deutschland dabei einhält, sowie ob und wie es die Rückendeckung der Monarchie gegen Rußland militärisch durchführen würde.

Ich wäre Euer Exzellenz sehr verbunden, wenn ich auch in dieser Hinsicht Eurer Exzellenz' Anschauungen kennenlernen könnte und bitte die Versicherung meiner ausgezeichneten Hochachtung entgegen zu nehmen.

22. Moltke an Conrad: Die deutsche Kriegsplanung.

Conrad, Dienstzeit I. 379—384.

Berlin, 21. Januar 1909

Euer Exzellenz!

wertvolle Mitteilung habe ich mit dem lebhaftesten Interesse entgegengenommen. Für die Einleitung einer beiderseitigen Rücksprache über die möglichen, in Aussicht zu nehmenden militärischen Maßnahmen sage ich meinen verbindlichsten Dank. So sehr auch ich es vorgezogen haben würde, mit Euer Exzellenz in persönlichen und mündlichen Verkehr zu treten, so kann ich mich doch der Einsicht nicht verschließen, daß eine Zusammenkunft der unvermeidlichen Preßkommentare wegen zur Zeit leider nicht angezeigt erscheint. Daß wir uns sehr bald verständigen würden, ist mir, seit ich die Ehre habe, Euer Exzellenz zu kennen, nicht zweifelhaft.

Wie Euer Exzellenz zutreffend bemerken, kann es sich bei einem einleitenden schriftlichen Gedankenaustausch zunächst nur darum handeln, in großen Zügen sich über die grundlegenden Verhältnisse bei einer gemeinsamen kriegerischen Operation zu verständigen. Erst wenn über diese Klarheit herrscht, können Einzelheiten erwogen werden.

Vorweg bitte ich die Versicherung geben zu dürfen — wie es der Willensmeinung Seiner Majestät meines allergnädigsten Herrn entspricht — daß Deutschland, wenn durch einen russischen Angriff auf die Monarchie der Casus foederis eintritt, mit ganzer Kraft im Sinne des Vertrages von 1879 an der Seite Österreichs stehen wird. Über diesen Punkt herrscht auch bei den beiderseitigen Leitern der Politik volles Einvernehmen. Von der weiteren Entwicklung der politischen Lage werden die zu ergreifenden militärischen Maßnahmen bedingt werden.

Für diese Weiterentwicklung scheint mir bestimmend zu sein die Auseinandersetzung der Monarchie mit Serbien und Montenegro. Entweder wird dieselbe auf friedlichem Weg beglichen, dann dürfte eine weitergreifende politische Verwicklung nicht wahrscheinlich sein, oder sie muß mit Waffengewalt gelöst werden, dann ist eine solche möglich. Daß im letzteren Fall ein eventuelles Einschreiten Rußlands erwogen werden muß, hoben Euer Exzellenz mit Recht hervor.

Wenngleich ich es, unter Anbetracht der zur Zeit noch bestehenden militärischen Schwäche Rußlands, der in diesem Lande zwar niedergehaltenen, aber nicht erstickten revolutionären Bewegung, sowie des dringenden Geldbedürfnisses des Zarenreiches zwar für wahrscheinlich halte, daß die Regierung alles vermeiden wird, was das Reich in einen neuen Krieg verwickeln könnte, so ist es doch nicht ausgeschlossen, daß sie unter dem Druck der öffentlichen Meinung gezwungen sein kann, weiter zu gehen, als es dem eigenen Wunsche entspricht.

Ich meine also, man kann, ohne die mißliche Rolle eines Propheten spielen zu wollen, von dem soeben dargelegten „entweder — oder" ausgehend, der Erwägung über die weitere Entwicklung der Dinge folgende Grundlage geben:

Serbien, durch das Abkommen Österreichs mit der Türkei um eine weitere Hoffnung auf aktive Hilfe gebracht, durch die selbst heraufbeschworene wirtschaftliche Krisis in immer größere Schwierigkeiten gestürzt, treibt es zum Verzweiflungskriege mit Österreich. Daß der Augenblick kommen kann, wo die Langmut des Kaiserstaates den serbischen Provokationen gegenüber ein Ende haben wird, ist vorauszusehen. Dann wird der Monarchie kaum etwas anderes übrig bleiben, als in Serbien einzumarschieren.

Ich glaube, daß erst der Einmarsch Österreichs in Serbien ein eventuelles aktives Einschreiten Rußlands auslösen könnte. Mit diesem würde der Casus foederis für Deutschland gegeben sein. Die nun einsetzende gemeinsame kriegerische Aktion würde also — nach Euer Exzellenz Mitteilung — auf der Basis stehen, daß Österreich vorerst nur 30 Divisionen in Ostgalizien gegen Rußland versammeln kann.

Zu demselben Zeitpunkt, wo Rußland mobil macht, wird auch Deutschland mobil machen, und zwar seine gesamte Armee. Jetzt ist der Augenblick gekommen, wo auch die Haltung unserer weiteren Nachbarn in Betracht zu ziehen ist. Für Österreich handelt es sich um das Verhalten Italiens, für Deutschland um dasjenige Frankreichs.

Euer Exzellenz geben in dem Schlußpassus Ihres Briefes einem Mißtrauen in die Haltung Italiens Ausdruck und sind der Ansicht, daß dieses den Augenblick benützen könne, gegen die Monarchie loszuschlagen, während sie am Balkan verwickelt ist. Gewiß sind Euer Exzellenz besser als ich in der Lage, die Verhältnisse im Süden zu übersehen und zu beurteilen. Wenn ich daher auf diese mit einigen Worten eingehe, so bitte ich dies lediglich als Darlegung der Eindrücke aufnehmen zu wollen, die ich aus den auch von hier aus aufmerksam verfolgten italienischen Verhältnissen empfangen habe.

Wenn die italienische Regierung dem dortigen Auswärtigen Amt beruhigende Versicherungen übergeben hat und — wie Eure Exzellenz schreiben — bei der Leitung des letzteren die Überzeugung herrscht, dieser Staat werde gegen die Monarchie auch im Falle von Verwicklungen am Balkan nicht feindselig auftreten, so glaube ich, kann man sich dieser Ansicht vollkommen anschließen.

Der Zustand des italienischen Heeres, der durch die Tätigkeit der parlamentarischen Untersuchungskommission nicht gebessert, sondern nur noch mehr verwirrt worden ist, scheint mir wenig geeignet, einen Krieg für Italien wünschenswert, ja auch nur möglich zu machen. Die unglücklichen terrestrischen Katastrophen in Süditalien fordern dringend Friedensarbeit. Meine persönliche Ansicht ist es, daß Italien den Streit mit Österreich in absehbarer Zeit unter keinen Umständen suchen wird, und ich möchte glauben, daß Österreich ruhig seine Geschäfte am Balkan abwickeln kann, ohne von Italien gestört zu werden. Sollte indessen Österreich von Italien angegriffen werden, so kann ich versichern, daß Deutschland die Rückendeckung seines Bundesgenossen als selbstverständliche Pflicht ansehen wird.

Schwieriger liegen meiner Meinung nach die Dinge zwischen Deutschland und Frankreich.

Zwar ist der bei uns vorwaltende Eindruck, daß Frankreich einen Krieg nicht wünscht. Ob aber dieses Land, über ein der deutschen Streitmacht fast gleichzähliges Heer verfügend, ein mobiles Deutschland neben sich wird ertragen können, ohne auch seinerseits mobil zu machen, ist mir sehr fraglich. Zwei mobile Heere, wie das deutsche und das französische, werden aber nicht ohne Waffengang nebeneinander stehen können.

Inwieweit geschlossene Abmachungen Frankreich verpflichten, bei einem kriegerischen Zusammenstoß zwischen Deutschland und Rußland letzterem aktive Hilfe zu leisten, entzieht sich meiner Kenntnis. Daß solche Abmachungen existieren, halte ich für sicher, wie überhaupt das heutige Europa von gegenseitigen Verträgen, Ententen und Bündnissen so durchsetzt und durchfilzt zu sein scheint, daß wohl kaum einer der europäischen großen Staaten das Schwert ziehen kann, ohne daß damit dem gesamten Kontinent die Verpflichtung entsteht, einer über den anderen herzufallen.

Ich glaube also, daß Deutschland, wenn es gegen Rußland mobil macht, auch mit einem Kriege gegen Frankreich rechnen muß. Ob dieser Krieg nicht noch weitere Kreise ziehen und über das Meer hinausgreifen wird, will ich hier nicht erörtern.

Die Entscheidung Frankreichs dürfte schon während der Mobilmachungsperiode fallen, und es wird nur zu begrüßen sein, wenn so zeitig wie möglich Klarheit geschaffen wird.

Die hier angedeuteten Verhältnisse sind der gesamten europäischen Diplomatie bekannt genug und darin liegt vielleicht die Gewähr, daß keiner der Großstaaten wegen der serbischen Ambitionen die Kriegsfackel entzünden wird, die das Dach Gesamteuropas in Brand setzen kann. Daß daher Rußland schon aus solchen Erwägungen heraus bei einem kriegerischen Konflikt der österreichisch-ungarischen Monarchie mit Serbien sich ruhig verhalten wird, scheint mir durchaus nicht unwahrscheinlich.

Ich will aber diesen Erörterungen die Annahme zugrunde legen, daß es trotz alledem zum Kriege zwischen Österreich und Rußland kommt, Deutschland tritt dann im Sinne des Vertrages vom Jahre 1879 an die Seite der österreichisch-ungarischen Monarchie.

Erklärt Frankreich in diesem Falle neutral bleiben zu wollen, so würde der Kampf zwischen Rußland und den beiden Verbündeten keine allzu großen Schwierigkeiten für letztere haben, selbst wenn angenommen wird, daß ein Teil der österreichischen Kräfte zunächst in Serbien gefesselt ist. In diesem Falle müßten die russischen Armeen durch umfassende Operationen, die aus verschiedenen Richtungen zu führen sind, zum Kampfe gezwungen und vernichtet werden. Hierüber mit Euer Exzellenz in weitere Erwägung einzugehen, bin ich gerne bereit.

Anders aber liegen die Verhältnisse, wenn auch Frankreich sich am Kriege beteiligt.

Ich glaube mich mit den Ansichten Euer Exzellenz im Einklang zu befinden, wenn ich gemäß unseren Grundsätzen eine planmäßige Teilung der deutschen Kräfte gegen Frankreich und Rußland bei Beginn des Krieges für einen schweren Fehler halte. Um gegen einen der beiden Gegner Erfolge zu haben, müssen wir gegen den anderen uns auf das notwendigste Maß der Abwehr beschränken. Eine rasche Entscheidung herbeizuführen, muß unser vornehmstes Bestreben sein. Diese zu erreichen, ist gegen Rußland kaum möglich. Die Abwehr gegen Frankreich würde so starke Kräfte absorbieren, daß die zur Offensive gegen Rußland verbleibende Streitmacht nicht genügen würde, ihm die Entscheidung aufzuzwingen. Die weiten Operationsräume und die Ungunst des Geländes werden hier viel Zeit erfordern. Rußland wird bestrebt sein, ihm unbequemen Entscheidungen in das ungemessene Innere seines Gebiets hinein auszuweichen, und ist immer in der Lage, den Krieg endlos in die Länge zu ziehen.

Frankreich dagegen ist gezwungen, sofort eine Entscheidung anzunehmen, wenn Deutschland offensiv vorgeht. Schon Napoleon I. stellte als Grundsatz auf, daß französisches Gebiet dem Feinde nicht ausgesetzt werden dürfe. Die heutige Regierung dürfte noch weniger wagen, von diesem Grundsatze abzuweichen, wenn sie lebensfähig bleiben will. Es unterliegt keinem Zweifel, daß das französische Heer sich schon an der Grenze stellen wird, wenn es nicht selber zum Angriff übergeht. Eine Entscheidung muß daher kurze Zeit nach beendetem Aufmarsch fallen. Da das französische Heer sämtliche brauchbare Mannschaft des Landes umfaßt, so daß nicht einmal genügende Kräfte für die Ersatzformationen verfügbar bleiben, ist begründete Aussicht vorhanden, daß Deutschland, wenn ihm der Sieg beschieden sein sollte, in nicht zu langer Zeit starke Heeresteile zur nachhaltigen unmittelbaren Unterstützung haben wird. Ihr Abtransport zur Ostgrenze ist vorbereitet. Er vollzieht sich von den Einschiffungsorten aus in wenigen Tagen.

Nach pflichtmäßigem Ermessen werde ich demnach bei einem Kriege nach zwei Fronten Seiner Majestät meinem Allerhöchsten Herrn nur vorschlagen können, unter Belassung der nötigsten zur Deckung unserer östlichen Provinzen erforderlichen Kräfte, die Hauptmasse der deutschen

Streitmacht zunächst gegen Frankreich einzusetzen. Ich glaube, daß damit auch unseren Verbündeten die wirksamste Hilfe geleistet wird.

Nach den hier vorliegenden Nachrichten wird Rußland zunächst nicht mehr als 54 Divisionen Infanterie, 4 Schützenbrigaden, $21^{2}/_{3}$ Kavalleriedivisionen verfügbar machen können, von denen 29 Infanteriedivisionen, 2 Schützenbrigaden und 9 Kavalleriedivisionen gegen Deutschland, 25 Infanteriedivisionen (darunter 7 Reservedivisionen), 2 Schützenbrigaden und etwa 12 Kavalleriedivisionen gegen Österreich bestimmt sein dürften.

Selbst mit nur 30 Divisionen würde also Österreich mit Aussicht auf Erfolg den Kampf vorerst aufnehmen können, um so mehr, wenn Rumänien auf seine Seite tritt. Die erheblichen Schwierigkeiten der russischen Mobilmachung, die voraussichtliche Langsamkeit der russischen Operationen, die große Schwierigkeit, Änderungen in dem geplanten Aufmarsch vorzunehmen, der zunächst auch gegen Deutschland wird durchgeführt werden müssen, lassen es wahrscheinlich erscheinen, daß eine ausschlaggebende Entscheidung an der deutschen Westgrenze bereits gefallen sein wird, bevor die Ereignisse an der österreichisch-russischen Grenze zu einer solchen herangereift sind. Ich glaube demnach, selbst den Fall einer Einmischung Frankreichs vorausgesetzt, daß die Lage der verbündeten Reiche zwar als ernst, aber nicht als bedrohlich aufgefaßt zu werden braucht.

Euer Exzellenz würde ich zu Dank verpflichtet sein für eine weitere Auskunft, wie die Absichten der ö.-u. Heeresleitung mit der in vorstehendem entwickelten diesseitigen Auffassung in Einklang zu bringen sein würden.

Seine Majestät der Kaiser und Seine Durchlaucht der Fürst Reichskanzler haben von dem Inhalt des vorstehenden Schreibens Kenntnis erhalten.

23. Memorandum Hardinge über die Möglichkeit eines Krieges: Rußlands Außenpolitik und innere Lage. Deutschland als einziger Feind.

Brit. Dok. V. 2, 1373—1380.

April (?) 1909

Frage:

Gesetzt den Fall, daß in Rußland eine reaktionäre Regierung ans Ruder käme und Seiner Majestät Regierung befragt würde, ob sie bereit wäre, Rußland im Falle eines Krieges mit Deutschland und Österreich mit der Tat zu unterstützen: welche Antwort sollte man darauf geben?

Diese Frage besitzt einige Wichtigkeit, da sie eine Möglichkeit vorführt, deren Eintritt unwahrscheinlich ist. Die Stellung Herrn Stolypins, des liberalen Premierministers in Rußland, ist gegenwärtig ungeklärt. Er ist soeben von einer langen und schweren Krankheit genesen, und man erwartet, daß er um diese Zeit nach St. Petersburg zurückkehrt, um seine Obliegenheiten wiederaufzunehmen. Während seiner Abwesenheit ist die reaktionäre Partei in St. Petersburg, die leider viele Anhänger bei Hofe hat, sehr eifrig bestrebt gewesen, seine Stellung zu unterminieren, und die Reorganisation des Generalstabs der russischen Marine bietet Anlaß zu einem Konflikt zwischen dem Kaiser und der Duma, welcher, falls nicht irgendein Kompromiß ausgemittelt wird, schließlich zum Rücktritt Herrn Stolypins und zur Bildung einer reaktionären Regierung unter der Führung Herrn Durnowos[59] oder irgendeines andern Angehörigen der äußersten Rechten führen könnte. Sollte dies geschehen, so ist es wahrscheinlich, daß im Ministerium der Auswärtigen Angelegenheiten auf Herrn Iswolski Herr Goremykin[60] mit Herrn Hartwig[61] als Ministergehilfen folgen würde und daß allmählich eine auswärtige Politik, die sich mehr als die jetzige in Einklang mit den deutschen Bestrebungen innerhalb Europas befände, an Stelle der in jüngster Zeit von Rußland verfolgten Politik des Zusammenwirkens mit England und Frankreich gesetzt werden würde. Es ist wahrscheinlich, daß der neue Minister des Äußern den Kaiser an die abschlägige Antwort erinnern würde, die Seine Majestät bekommen habe, als die russische Regierung unter dem Zwange deutscher Drohungen versprechen mußte, bedingungslos der Annexion Bosniens und der Herzegowina zuzustimmen. Es würde darauf hingewiesen werden, daß man bei Rußlands Verbündetem, der durch innere Wirren geschwächt und nicht geneigt sei, um der slawischen Aspirationen im Nahen Osten willen in den Krieg zu ziehen, nicht auf ausreichende tatkräftige Unterstützung zählen könne, um Rußland zu der Hoffnung zu berechtigen, daß es aus dem Kampfe mit den Zentralmächten Europas letzten Endes siegreich hervorgehen würde. Was England anginge, so würde darauf hingewiesen werden, daß Seiner Majestät Regierung es wiederholt klargestellt hätte, daß ihre Mitwirkung sich streng auf die diplomatische Unterstützung Rußlands in den strittigen Balkanfragen beschränken würde. Die Haltung Englands und Frankreichs während der vergangenen Krise würde als Einverständnis (agreement) für die Neu-

[59] Innenminister 1905—1906.

[60] Ministerpräsident 1906 und 1914—1916.

[61] Direktor im Außenministerium bis 1906, Gesandter in Teheran bis 1909, in Belgrad bis 1914.

gestaltung der russischen auswärtigen Politik im Hinblick darauf angeführt werden, daß die Wiederholung einer solchen Demütigung, wie der jüngst erfahrenen, verhindert und die Beziehungen Rußlands zu den europäischen Zentralmächten verbessert werden sollte. Es bedarf keiner besonderen Einbildungskraft, weder um die Möglichkeit auszudenken, daß solche Ansichten dem Kaiser von einem reaktionären Minister des Äußern dringend nahegelegt werden würden, noch dazu, sich vorzustellen, wie der Kaiser in seinem Bestreben, sich gegen sein Bündnis mit Frankreich und seine neu erworbene Freundschaft mit England nicht unloyal zu bezeigen, als letzten Ausweg, bevor er in eine Politik willigte, die seinen persönlichen Empfindungen entgegen wäre, die Frage stellen würde, ob England bereit wäre, Rußland im Falle eines Krieges gegen Deutschland und Österreich mit der Tat beizustehen.

Um die Antwort festlegen zu können, die unter solchen Umständen zu geben wäre, ist es notwendig, einen raschen Blick auf die internationale Lage in Europa zu werfen, die klar herauszustellen und auf ihre (their) richtige Gesamtanschauung zu bringen, die vergangenen sechs Monate behilflich gewesen sind.

Es ist unnötig, sich hier auf eine Diskussion der deutschen Ziele und Absichten einzulassen, doch wird in diesem Memorandum die Voraussetzung gemacht, wie dies auch von amtlichen und nichtamtlichen Deutschen ganz offen erklärt worden ist, daß das hochstrebende Programm der deutschen Marine in der Absicht zur Durchführung gelangt, der britischen Flotte ihre Überlegenheit zur See streitig zu machen. Infolgedessen kann man Deutschland als unsern einzigen in Frage kommenden Feind in Europa ansehen, und, wenn wir wohlmeinend genug sind, um dafürzuhalten, daß seine Flotte nicht für eine Angriffsattacke im passenden Augenblick, wenn sie stark genug ist und unsere Flotte sich vielleicht in augenblicklichem Nachteil befindet, bestimmt ist, so kann doch keinerlei Zweifel darüber bestehen, daß es Deutschlands Absicht ist, seine Flotte im Zusammenwirken mit seinen riesigen militärischen Streitkräften zu benützen, um eine Vorherrschaftsstellung in Europa zu erringen, indem es einen Druck auf England ausübt, das, worüber man sich völlig im klaren ist, die einzige Macht ist, welche imstande wäre, jetzt, ebenso wie in der Vergangenheit, der Verwirklichung irgendeines solchen ehrgeizigen Plans wirksamen Widerstand entgegenzusetzen.

Die tatkräftige Unterstützung, die Deutschland während der vergangenen Krise Österreich hat angedeihen lassen, hat für Deutschland ein Recht darauf begründet, in Vertretung seiner Ansprüche Unterstützung der gleichen Art von seinem Verbündeten erwarten zu dürfen, und der Beschluß der österreichischen Regierung, mit dem Bau von Dreadnoughts zu beginnen, weist auf eine sehr nahe Beziehung zwischen den Bestrebungen des deutschen Kaiserreichs und der Doppelmonarchie hin. Die Bereitstellung der Flottenwerften in Österreich und der Bau dieser Schiffe wird notwendigerweise ein paar Jahre zur Vollendung brauchen, und es ist nicht unwahrscheinlich, daß diese Jahre mit der Lebensdauer des jetzigen Kaisers zusammenfallen werden, während welcher es nicht wahrscheinlich ist, daß irgendeine weitergehende Risikopolitik versucht werden wird. Wenn der Erzherzog Franz Ferdinand auf den Thron gelangt, darf eine aktivere Politik in engem Verein mit Deutschland erwartet werden.

Die Stellung Italiens als Mitglied des Dreibunds ist eine besonders schwierige, infolge der Schwäche seines Heers und seiner Flotte und des Umstands, daß die Sympathien seiner Regierung und seines Volkes voll und ganz England und Frankreich zugewandt sind. Italien kann man also in Ansehung Englands, Frankreichs und Rußlands in jedem Konflikt der nahen Zukunft als neutralen Faktor betrachten.

Die innere Lage in Rußland ist, obwohl sie eine wesentliche Besserung aufweist, noch nicht zur Konsolidierung gelangt, und, sich unter den gegenwärtigen Umständen auf einen Krieg einlassen, würde das Land wiederum den Revolutionären in die Hand werfen heißen. Trotzdem schon viel geschehen ist, um das russische Heer zu reorganisieren und die Mängel, die während das japanischen Krieges an den Tag getreten sind, auszugleichen, bleibt immer noch viel zu tun übrig, und es wird zumindest zwei oder drei weitere Jahre erfordern, bevor das russische Heer für einen Krieg gerüstet ist. Deshalb ist der Friede für die innere Ruhe und das Gedeihen Rußlands lebenswichtig.

Auch in Frankreich bietet die innere Lage Anlaß zur Beunruhigung, und, während das französische Volk auf seine Armee vertraut und stolz auf sie ist, wird allerseits zugegeben, daß die französische Flotte eine quantité négligeable ist.

So gibt es denn zwei starke, eng miteinander verbundene, die Mitte Europas einnehmende Militärmächte, imstande, zumindest gegenwärtig, eine militärische Vorherrschaft in Europa zu begründen; eine von ihnen ist auf bestem Wege, ein ehrgeiziges Flottenprogramm über dessen gewöhnlichen Durchschnitt hinaus zu ergänzen, und die andere ist im Begriffe, dem Beispiel ihres Verbündeten zu folgen und Dreadnoughts in das Mittelländische Meer einzuführen.

Im Osten und Westen dieser mächtigen Kombination verbleiben die beiden Verbündeten Rußland und Frankreich.[a]

[a] *Das Memorandum bricht hier ab. Ursprünglich stand nach „Frankreich" ein Beistrich, und die folgenden Sätze beendigten diesen Teil des Memorandums:*

Rußland und Frankreich sind so gut wie ohne Flotte und bis zur Regeneration des russischen Heeres nicht imstande, ohne Hilfe den Zentralmächten Widerpart zu bieten. Wäre England der Verbündete entweder Frankreichs oder Rußlands, so würden das politische Gleichgewicht und der Frieden des Kontinents wahrscheinlich erhalten bleiben, denn Deutschland würde einen Krieg mit Frankreich oder Rußland, der unvermeidlich die Vernichtung seines Seehandels bewirken würde, wahrscheinlich nicht auf sich nehmen. Daher erhebt sich die Frage, ob es zum Vorteil Großbritanniens gereichen würde, ein Bündnis mit Frankreich und Rußland zu schließen.

Würde ein Versprechen, im Kriegsfalle Tathilfe zu leisten, von Rußland angesucht und von England verweigert werden, so ist es beinahe unvermeidlich, daß Rußland durch seine militärische Schwäche dazu gezwungen werden würde, sich mit Deutschland zu einigen und seine Haltung den Zielen der Zentralmächte gegenüber zu modifizieren. Das bestehende Bündnis Rußlands mit Frankreich würde gegenwärtig jede Möglichkeit eines Wiederauflebens des Dreikaiserbundes ausschließen. Es ist wahrscheinlich, daß Rußland unter solchen Umständen seine in Asien England gegenüber eingegangenen Verpflichtungen aufrecht erhalten und anderweit eine freundliche Haltung bewahren würde, indes es sich innern Reformen und der Reorganisation seiner militärischen und Marine-Streitkräfte widmen würde.

Es würde unter solchen Umständen für Frankreich schwierig sein, allein zu stehen und dem politischen Druck Widerstand zu leisten, der bestimmt von Deutschland dahin geübt werden wird, daß es in den politischen Bannkreis der letzteren Macht einträte. Frankreich wünscht dringend den Frieden, und, da es sich über die gegenwärtige Schwäche des Zweibunds vollkommen im klaren ist, würde es sich letzten Endes lieber der deutschen Konstellation in Europa zuneigen, als eine isolierte Stellung auf dem Kontinente einnehmen wollen. Die Folge des Druckes, den Deutschland auf Rußland und Frankreich ausüben würde, wäre wahrscheinlich Forderung einer Neutralitätsgarantie seitens der beiden letztgenannten Mächte für den Fall eines Krieges zwischen Deutschland und England.

„von inneren Uneinigkeiten zerrissen und unfähig, ihr ohne Hilfe Widerpart zu bieten. Die einzige Macht, die letzten Endes imstande wäre, Frankreich und Rußland in einer unabhängigen Stellung zu erhalten und Frieden zu erzwingen, wäre England, solange es seine unbedingte Überlegenheit zur See wahrt und infolgedessen imstande ist, in Kriegszeiten deutschen Seehandel zu vernichten.“ *Diese Zeilen sind jedoch ausgestrichen. Der Rest des Memorandums existiert nur in flüchtigem Bleistiftkonzept.*

Diese Ansicht ist von Herrn Clemenceau als bereits ein Bestandteil (as already part) der auswärtigen Politik der reaktionären Regierung in Rußland vorausgesehen worden. Solange Herr Clemenceau und Herr Stolypin an der Spitze der Regierung in Frankreich, beziehungsweise Rußland, bleiben, ist es nicht wahrscheinlich, daß Deutschland die Frage einer solchen Garantie anschneiden wird.

Würden die oben geschilderten Umstände eintreten und würde England sich in einer isolierten Stellung innerhalb Europas befinden, so besteht deshalb noch kein Grund zur Beunruhigung hierzulande, solange die Defensivkräfte Englands in brauchbaren Zustand versetzt und in solchem erhalten werden und solange Englands Suprematie zur See voll aufrecht erhalten wird, so daß über den Ausgang eines Seekrieges mit Deutschland kein Zweifel möglich bleibt. Selbst für den Fall, daß Rußland und Frankreich sich einer Koalition gegen England anschließen sollten, was unter den gegenwärtigen Umständen undenkbar und deshalb nicht wert ist, ernsthaft in Erwägung gezogen zu werden, würden daher die nationale Sicherheit und Unabhängigkeit dieses Landes noch nicht Gefahr laufen, behelligt zu werden, sofern die obigen Bedingungen vollinhaltlich erfüllt sind. Sind sie nicht erfüllt, so wäre der einzige, nichtsdestoweniger unsichere, Weg, der im Interesse der nationalen Sicherheit zu verfolgen wäre, der, ein Bündnis mit Frankreich und Rußland zu schließen. Zu einem solchen Bündnis ist jedoch gegenwärtig die öffentliche Meinung in England nicht bereit, und es gibt einen sehr großen Teil der Bevölkerung, der ein Bündnis mit Rußland, solange dieses von einer reaktionären Regierung beherrscht wäre, übel vermerken würde.

Deshalb würde die Antwort auf die Frage, auf welcher dieses Memorandum aufgebaut ist, lauten, daß Seiner Majestät Regierung sich nicht dazu zu verpflichten vermag, unter den von der Frage vorausgesetzten Umständen Rußland mit der Tat beizustehen. Es wäre unvorsichtig, eine Verpflichtung dieser Art einer reaktionären Regierung gegenüber einzugehen, deren Sympathien auf Seiten Deutschlands sind, und es würde dies ein Bündnis sein, das trügerisch sein würde und zu England, dem Repräsentanten liberaler und konstitutioneller Regierung, im Widerspruch stünde, da es Seiner Majestät Regierung die Hände binden würde, ohne eine gleichartige Verbindlichkeit von seiten Deutschlands zu bedingen. Gleichzeitig darf man nicht vergessen, daß, trotzdem es von Zeit zu Zeit in Rußland eine reaktionäre Welle geben mag, das Rußland der Zukunft liberal und nicht reaktionär sein wird, und es wäre ein Fehler, künftigen englisch-russischen Beziehungen durch ein Bündnis zwischen England und einer reaktionären Regierung in Rußland zu präjudizieren, welches in keinem der beiden Länder mit Sympathie betrachtet werden würde, indes die Ansicht von der Notwendigkeit, daß in ein paar Jahren eine starke Mächtekombination sich zu dem Behufe bildet, einem Versuch zur Begründung der Dauerhegemonie Deutschlands in Europa Widerstand zu leisten, die allgemeine politische Lage beschattet. Außerdem erfaßt die öffentliche Meinung hierzulande, die durchaus mit der liberalen und konstitutionellen Entwicklung Rußlands sympathisiert, noch, trotzdem die Besorgnis in diesem Anbetracht allmählich wächst, nicht völlig die Gefahr, die Deutschlands ehrgeizige Pläne für Europa bedeuten, und eine Abmachung oder ein Vertrag, Rußland in einem Kriege mit Deutschland mit materiellen Machtmitteln beizustehen, würde gegenwärtig mit der allgemeinen Überzeugung in England nicht in Einklang stehen.

Es ist die Furcht vor der Gefährlichkeit der deutschen Absichten für den allgemeinen Frieden und die Unabhängigkeit Europas, die sowohl die in diesem Memorandum erwogene Frage als auch die unterbreitete Antwort inspiriert hat, aber es sei darauf hingewiesen, daß es für England eine noch ernstere und heimtückischere Gefahr gibt, die sorgsam im Auge behalten und vermieden werden muß.

Es ist durchaus verständlich, daß manche Leute nach dem Lesen dieser Erörterungen als Alternativpolitik die einer Verständigung mit Deutschland nahelegen würden, und die Grundlage eines solchen Abkommens ist Seiner Majestät Botschafter in Berlin [62] ganz kürzlich von Baron Kiderlen [63] schon vorgelegt worden, dem deutschen Gesandten in Bukarest und Vertrauten des Fürsten Bülow, der in letzter Zeit im Auswärtigen Amt in Berlin verwendet wurde. Die Grundlage des vorgeschlagenen Abkommens war die, daß entweder eine politische 'Entente' hergestellt werden sollte, die einen gesteigerten Flottenbau auf der einen oder andern Seite zu einer Quelle eher der Befriedigung als des Mißtrauens machen würde, oder daß eine Konvention geschlossen werden sollte, gemäß der die beiden Mächte sich für einen bestimmten Zeitraum verpflichten sollten:

1. Keinen Krieg gegeneinander zu führen.
2. Keiner Koalition gegen eine der beiden Mächte beizutreten, und
3. Eine wohlwollende Neutralität zu beobachten, falls eines der beiden Länder mit irgendeiner andern Macht oder irgendwelchen andern Mächten in Feindseligkeiten verwickelt werden sollte.

Ginge Seiner Majestät Regierung in eine derartige Falle, so würde Deutschland die Dauer des Abkommens eifrig zur Befestigung seiner Suprematie in Europa benutzen, während England mit gebundenen Händen Zuschauer bliebe. Beim Ablauf des Übereinkommens stünde es Deutsch-

[62] Edward Goschen, 1908—1914.

[63] Alfred v. Kiderlen-Wächter, Staatssekretär des Auswärtigen 1910—1912.

land frei, seine ganze Kraft der Bezwingung des einzigen übriggebliebenen unabhängigen Faktors in Europa zu widmen, und wenn England im Vertrauen auf eine Überfülle freundschaftlicher Versicherungen Deutschlands, an die zu glauben und die als aufrichtig hinzunehmen die öffentliche Meinung immer nur allzu bereit ist, es inzwischen versäumt hätte, eine absolut überwiegende Suprematie zur See aufrechtzuerhalten, so würde es reichlich das Schicksal verdienen, das unvermeidlich seiner warten und es zum erstenmal in seiner Geschichte zwingen würde, seinen Platz unter den Satelliten des deutschen Sternbilds einzunehmen. Obwohl es undenkbar ist, daß sich irgendeine Regierung je durch einen solch durchsichtigen Vorschlag wie den von Baron Kiderlen gemachten düpieren ließe, einen Vorschlag, der nicht ohne Fürst Bülows Wissen und Billigung vorgebracht worden wäre, so erscheint es doch angebracht, daß sein gefährlicher Charakter enthüllt werde und daß man sich die verheerenden Folgen, die seine Annahme zeitigen würde, vollkommen klarmacht.

24. Vermerke Crowe, Campbell[64], Hardinge und Grey: Vorschlag v. Kiderlen-Wächter einer deutsch-englischen Verständigung (16. April 1909).

Brit. Dok. VI. 1, 445—446.

19./20. April 1909

Der Wunsch der deutschen Regierung nach einer „Verständigung" mit England ist alten Datums. Bei Verfolgung dieses Zieles hat Deutschland sich seit 1884 stets unentwegt bemüht, uns in *eine* Schwierigkeit nach der anderen zu verstricken. Früher sollte die „Verständigung" den Charakter einer Erweiterung des Dreibundes haben.

Die vorliegende Anregung ist hinterlistiger, aber doch so offenkundig absurd, daß es kaum glaublich erscheint, daß ein verantwortlicher Staatsmann (official) wie Herr von Kiderlen ihn gemacht haben soll, abgesehen davon, daß die Mittel und Wege Berlins in letzter Zeit oft ganz absurd gewesen sind.

Zweck und Ziel der deutschen Außenpolitik sind, zwischen anderen Großmächten jede Verbindung zu vereiteln, in der Deutschland nicht der beherrschende Partner ist. Die Möglichkeit eines französisch-russischen Bündnisses bereitete Bismarck, wie Schuwalow sagte, Alpdrücken. Wir waren Zeugen der äußerst vielseitigen Methoden, die seine Nachfolger bei dem Bemühen angewandt haben, die Verständigung zuerst zwischen England und Frankreich und dann zwischen England und Rußland zu hinter-

[64] Hilfssekretär im Foreign Office.

treiben. Sowohl Frankreich und Rußland als auch England haben die traditionelle deutsche Behandlung des abwechselnden Einschüchterns und Schmeichelns erfahren. Die Wirkung war vom deutschen Gesichtspunkt aus enttäuschend. Die jetzige Aufforderung, ein Abkommen zu schließen, stellt einen erneuten Versuch in derselben Grundrichtung dar. Vermöge der Bestimmungen eines solchen Abkommens würde Deutschland imstande sein —

a) seine Flotte auf jeden gewünschten Umfang zu vergrößern;
b) ohne Furcht vor einer englischen Einmischung über Frankreich oder Rußland herzufallen;
c) jedem der weniger mächtigen Staaten seine Hegemonie aufzuzwingen und, falls dies Widerstand hervorruft, in dem Kampf tatsächlich auf die britische „wohlwollende Neutralität" zu rechnen;
d) sich in jedem Teil der Welt einzumischen, während England verhindert wäre, irgendwelchen ernsten Widerstand zu leisten.

Allerdings würden unserem Lande gleichzeitig analoge Vorteile zuteil werden. Da wir aber keinerlei Wunsch haben, eine Angriffspolitik zu betreiben, so sind diese papierenen Vorteile tatsächlich gleich Null für uns. Der ganze Vorschlag verdient keine ernsthafte Erwägung.

E. A. C.
19. Apr.

Es geht nicht und Deutschland muß das einsehen. Es erscheint mir daher wahrscheinlicher, daß dieser neue gegen uns gerichtete Pressefeldzug, wie Herr Spicer meint, bezweckt, Rußland von der Tripelentente abspenstig zu machen.

F. A. C.
20. Apr.

Meines Erachtens kann kein Zweifel darüber bestehen, daß die Wiederherstellung des „Drei-Kaiserbundes" (of the „Drei Kaiserbund") das Hauptziel der deutschen Außenpolitik ist, da man erkannt hat, daß auf Italien als Verbündeten kein Vertrauen gesetzt werden kann.

C. H.

Wir hatten eine Entente mit Deutschland oder es wurde viele Jahre angenommen, daß wir eine hätten. Graf Metternich klagte mir gegenüber einmal, daß die britischen Regierungen „sich auf Deutschland zu stützen" pflegten und dies nun nicht mehr täten. Während dieses ganzen Zeitraumes hat man uns auf schlechtem Fuß mit Frankreich und Rußland gehalten: wir standen bisweilen am Rande eines Krieges mit dem einen oder dem anderen; und Deutschland erhob Zoll von uns, wann es ihm paßte. Eine Entente mit Deutschland, wie sie Herr Kiderlen-Wächter skizziert, würde dazu dienen, die deutsche Hegemonie in Europa zu errichten, und würde nicht von langer Dauer sein, nachdem sie diesem Zweck gedient hätte. Es handelt sich in der Tat um eine Aufforderung, Deutschland eine europäische Kombination schaffen zu helfen, die sich gegen uns richten ließe, wenn es Deutschland paßte, in diesem Sinn Gebrauch von ihr zu machen.

E. G.

25. Hintze[65], St. Petersburg, an Wilhelm II.: Die russische Revolution und das Abkommen mit England. Verzicht auf Indien. Die Frage einer deutsch-russischen Allianz.
Archiv des Auswärtigen Amtes, England, Beziehungen zu Rußland, 83, Bd. 3.

St. Petersburg, 24. Juni 1909

Die inneren Wirren, *nicht* der Konstitutionalismus, machten die Verständigung mit England notwendig. Rußland braucht den Frieden; es räumte daher auf gütlichem Wege die, nach der Niederlage gegen Japan wahrscheinlichsten „Steine des Anstoßes" fort. Diese lagen unleugbar auf der englischen Seite; eine Verständigung mit England brachte auch Japan, das sehr gefürchtet wird, zur Ruhe. Die *Furcht* hat Rußland in Englands Arme getrieben und nicht, wie General Tatischtscheff[66] behauptet, die Sehnsucht, sich mit dem höchststehenden Kulturvolk zu verbinden. Deutschland gegenüber hegte man hier keine Besorgnisse; neben vielen anderen Gründen, weil ja Deutschland sich soeben als der „traditionelle Freund" erneut erwiesen hatte, und ein Notfall mit der „traditionellen Freundschaft" stets zu haben war. Wie Iswolsky diese Auffassung eingekleidet hat: Deutschland hat uns nichts zu nehmen und nichts zu bieten!

Im März des Jahres machte H. Iswolsky die seit 5 Monaten befürchtete Entdeckung, daß dem nicht so war, daß er sich mit seiner Einschätzung Deutschlands geirrt hatte.

Diese Erfahrung hat genügt, um das System des Zusammengehens mit England zu erschüttern. Aber sie hat es nicht zu Fall gebracht.

Dazu reichte offenbar diese *einzige* Erfahrung nicht aus. Die daraus zu ziehende Lehre würde besagen, daß Rußland erneut vor eine Sachlage gestellt werden muß, in der Deutschland als der kriegsbereite und be-

[65] Militärbevollmächtigter am russischen Hof, Kapitän z. See, 1908—1910.
[66] Russischer Militärbevollmächtigter beim deutschen Kaiser 1908—1913.

stimmende Faktor erscheint, England als der zurückweichende. Ein solches Verfahren läßt sich durchaus mit den *Formen* freundschaftlicher Schritte vereinen, die hier von der weitestgehenden Bedeutung sind, weit wichtiger als die Handlungen selbst. Mit anderen Worten „in Liebe und Güte ist das heutige Rußland vom Zusammengehen mit England nicht abzubringen, wohl aber durch die Not". Nicht allein die russische Diplomatie, die russische Nation sieht als den entscheidenden Faktor der heutigen Weltlage den Widerstreit zwischen Deutschland und England an. Einig sind alle Russen, gleichgültig welcher Partei, darin, aus diesem Gegensatz den möglichsten Nutzen für Rußland zu ziehen. Nur in der Art der Ausnutzung bestehen Verschiedenheiten qualitativer Natur. Doch kenne ich *keinen* Russen, der Rußlands Vorteil in der Teilnahme an einem Kriege zwischen Deutschland—England auf deutscher Seite sähe. Die deutschfreundlichsten gehen soweit, Neutralität zu versprechen, nicht weiter. Die deutschfeindlichsten erhoffen von dem Kriege die Vernichtung des Germanentums und sind bereit, mit England zu gehen. Vor der Hand kommt es auf das selbe hinaus: auf die Neutralität, weil Rußland militärisch und innerpolitisch schwach.

Es fragt sich nun, was kann das heutige Rußland und das Rußland nach einer gewissen Zeit der Ruhe, z. B. 10 Jahren, als *Verbündeter gegen England* leisten?

Diese Frage ist einer eingehenderen Untersuchung und Erörterung wert, als ich sie im Augenblick anstellen kann. Ich beschränke mich darauf, einige Punkte anzufügen, die feststehen, ohne Gemeinplätze zu sein.

Da erscheint mir als der wichtigste: an einen indischen Feldzug denkt in Rußland *niemand*. Auch in absehbarer Zeit wird niemand an einen indischen Feldzug anders als an ein Abenteuer, aussichtsloser als der Krieg gegen Japan, denken.

Die Gründe liegen auf der Hand. Es ist die völlige Preisgabe dieser Idee, die neben anderem zur Annäherung an England geführt hat. — Auf einer im Jahre 1907 nach Turkestan gemachten Reise habe ich einen Teil der Schwierigkeiten kennengelernt, mit denen ein russischer Feldzug in Indien zu kämpfen haben wird. Schon dieser Teil hat mir die Überzeugung beigebracht, daß die Russen in absehbarer Zeit dieser Schwierigkeiten nicht Herr werden werden. Sie wollen es ja auch gar nicht. Wie vor 1904 wird die Armee für den europäischen Krieg vorbereitet, organisiert und verteilt.

Was von der russischen Flotte noch vorhanden ist, ebenso die in übersehbarer Zeit zu gegenwärtigende Neubeschaffung ist für einen Verbündeten ohne Vorteil, eine gemeinsame Operation wird direkt gefährlich für ihn sein. Rußland mag mit Hilfe von Ausländern brauchbare Schiffe bauen. Um sie brauchbar zu bemannen, dazu gehört mehr Zeit als Deutschland warten kann, von anderen Momenten zu schweigen.

Wo kann Rußland also in absehbarer Zeit England anpacken?

Ich nehme keinen Anstand zu sagen, daß Rußlands militärischer Wert als Verbündeter gegen England wenig über Null zu beziffern ist.

Über den moralischen Wert des Bündnisses werden Berufene zu reden haben.

26. Memorandum Crowe zu Bethmann Hollwegs Vorschlägen (Auszug): England und Deutschland. Brit. Dok. VI. 2, 883.

20. Oktober 1910

Die allgemeinen Beziehungen zwischen England und Deutschland

Der Kanzler wirft kein neues Licht auf die Frage, was das in Aussicht genommene politische Abkommen enthalten soll. Aber aus früheren Mitteilungen wissen wir genug über seine Absichten, um uns die Notwendigkeit aufzuerlegen, beim Herantreten an diese Sache große Vorsicht zu üben. Um das Bedürfnis nach einem solchen Abkommen zu illustrieren, verweist der Kanzler darauf, daß die Beziehungen zwischen den beiden Ländern — die, wie er sagt, früher gut waren — jetzt viel zu wünschen übrig lassen. Dies ist nicht der Ort, um darzulegen, wie es gekommen ist, daß unsere Beziehungen nicht gut sind. Man tut indessen gut, sich daran zu erinnern, daß man recht viele Jahre zurückgreifen muß, um zu einem Zeitraum zu gelangen, in dem diese Beziehungen wirklich befriedigend waren, jedenfalls bis zum Krügertelegramm zurück, seit welcher Zeit die gegenseitige Feindseligkeit stetig zugenommen hat. Selbst dieses Telegramm wäre unerklärlich, außer als Folge eines Gefühls aufgespeicherter Erbitterung, was es, wie wir wissen, tatsächlich auch war. Deutschland mag geneigt sein, mit einiger Befriedigung auf die lange Periode zurückzublicken, während der es Großbritannien durch beständigen Druck und Drohungen dahin brachte, ihm wieder und wieder seinen Willen zu tun. Wir haben weniger Ursache, eine Wiederkehr jener Tage „guter Beziehungen" zu wünschen.

Der Kanzler hat daher recht, wenn er zu verstehen gibt, daß es nicht bloß oder auch nur hauptsächlich die Frage der Flottenrüstungen ist, was der derzeitigen Entfremdung zugrunde liegt. Der Bau der deutschen Flotte ist nur eines der Krankheitssymptome. Die politischen Ambitionen der deutschen Regierung und Nation: sie sind die Quelle des Unheils.

27. Aufzeichnung Tirpitz für den Immediatvortrag beim Kaiser: Der Risikogedanke der deutschen Flottenpolitik Tirpitz, Dokumente I. 184.

24. Oktober 1910

1. Agreementsverhandlungen regen eine Frage an, die vielleicht nicht akut, aber *historisch* von *allergrößter* Bedeutung ist.

2. Flottenpolitik Euerer Majestät hat zum Rückgrat, daß deutsche Flotte so stark sein muß, daß ein Angriff für England ein großes Risiko bedeutet. Auf diesem Risiko beruht die Weltmachtstellung des Deutschen Reiches und die Friede sichernde Wirkung unserer Flotte.

3. Läßt sich englische Flotte dauernd und grundsätzlich so stark machen und erhalten, daß Angriff auf Deutschland *kein Risiko,* so war die deutsche Flottenentwicklung *vom historischen Standpunkt* aus ein Fehler, die Flottenpolitik Euerer Majestät ein historisches Fiasko. Deutschlands Weltmachtstellung bliebe bei der nun einmal gegebenen politischen Situation nur eine solche von Englands Gnaden.

4. Es ist beachtenswert, daß in England mehr und mehr Stimmen laut werden, die als *Flottenprogramm* die Forderung aufstellen, Englands Flotte müsse so stark sein, daß ein Krieg mit Deutschland *kein Risiko* für sie bedeute. Diese Forderung wird an Stelle des alten Two Power Standard in die neue Form gegossen two keels to one — doppelt so stark als Deutschland.

5. Um das Rückgrat unseres Flottenprogramms und unserer Flottenpolitik zu *erhalten,* ist die Innehaltung einer bestimmten Relation zur englischen Flotte unerläßlich. Diese Relation ist in jeder Hinsicht das *Primäre.* (Erläuterung der Begründung zur Flottenvorlage 1900) Erst in *sekundärer* Weise beruht unser Flottengesetz auf bestimmten Formationen (zwei Doppelgeschwader), durchaus abhängig von dem primären Rückgrat. Organisation und Relation müssen sich *einander anpassen.*

6. In unserer Diplomatie wird häufig diese Grundlage verkannt, man schließt wohl auch manchmal die Augen vor ihrer historischen Tragweite. Hierin liegt m. E. eine Gefahr, daß wir uns die Zukunft verderben. Fürst Bülow stets abgelehnt, daß unsere Flotte irgendwie Rücksicht auf die englische Flotte genommen hätte. Als Motiv Handel usw. genannt, Staatssekretär des Reichsmarineamts nie ähnlichen Standpunkt eingenommen. Basis Begründung zum Gesetz 1900.

7. Eine *geeignete Relation* ist das *einzige* brauchbare Ziel jedes wirklichen Agreements.

Wir werden das bei allen Verhandlungen und bei allen großen Entwicklungsfragen der Flotte als unverrückbaren Leitstern vor Augen haben müssen, wenn wir uns nicht selbst aufgeben wollen . . .

28. Goschen, Berlin, an Grey (Auszug): Der deutsche Kaiser über Gleichgewicht, Hegemonie und Flotte. Brit. Dok. VI. 2, 994—996.

Berlin, 12. März 1911

Seine Majestät wandte sich hierauf der allgemeinen Politik zu und wiederholte viele alte Dinge. Er warf England vor, daß es sich an Rußland und Frankreich, statt an Deutschland angeschlossen habe, wobei er bemerkte, jedes Kind in Deutschland habe gewußt, daß dem französisch-russischen Bündnis eine Spitze gegen Deutschland gegeben worden sei, und das deutsche Volk im ganzen empfinde es noch sehr schmerzlich, daß England dieser Kombination beigetreten sei. Ich sagte, ich könne keinen Grund für schmerzliche Empfindungen erblicken. Wir hätten mit diesen beiden Ländern unbehagliche Streitpunkte gehabt, die beizulegen in unserem eigenen und im allgemeinen Interesse verständig und klug gewesen sei, und ferner sei, wie Seine Majestät wisse und wie die deutsche Presse oft hervorgehoben habe, das europäische Gleichgewicht ein von der britischen Nation angebeteter Fetisch und ein Grundsatz, für dessen Aufrechterhaltung sie in der Vergangenheit große Opfer gebracht und für den sie stets gekämpft habe. Seine Majestät bemerkte lächelnd, die gegenwärtige Gruppierung stelle, wie die Ereignisse gezeigt hätten, kein wirkliches Gleichgewicht der Kräfte dar. Ich entgegnete, dies sei eine Frage, auf die ich nicht eingehen möchte, die gegenwärtige Gruppierung halte sich jedenfalls zahlenmäßig die Waage und sei in den Augen der britischen öffentlichen Meinung daher eine befriedigende Regelung. Wenn wir überdies, wie Seine Majestät anzudeuten scheine, auf der schwächeren Seite stünden, so wäre das in Anbetracht der britischen Ideen und Überlieferungen kein Grund, sie fahrenzulassen. Seine Majestät lachte und sagte: „Nein! ihr solltet mit uns sein. Was mir fortwährend im Kopf herumgeht, ist dies: Die Griechen und Römer haben je ihre Zeit gehabt; die Spanier hatten die ihre und ebenso die Franzosen. Die lateinischen Rassen haben in der Tat ihren fairen Teil Macht und Einfluß in der Welt gehabt. Es ist jetzt an den Angelsachsen und Teutonen, an die Spitze zu treten; sie sollten sich nicht gegenseitig bekämpfen und wegen geringfügiger Fragen miteinander hadern, sondern sich die Hände reichen und die Führung der Welt übernehmen. Den Leuten in England hat es, obwohl sie jetzt, wie ich mit Vergnügen bemerke, die Dinge vernünftiger auffassen, lange beliebt, mich für eine Art Ungeheuer zu halten, das nur auf eine Gelegenheit warte, um über sie herzufallen. Sie und ich wissen, daß dies Unsinn ist. Warum sollte ich das tun? Ihre Leute behaupten, weil ich die Hegemonie Europas anstrebe. Es hat nie eine unsinnigere Idee gegeben. Ich kann Ihnen sagen, ich habe gerade genug zu tun, um mit meinem eigenen Land und mit meinem Reichstag fertig zu werden. Außerdem sind derartige Ambitionen gänzlich gegen die Tradition meines Hauses. Kein Hohenzoller hat je an Größenwahn gelitten; — zwei meiner Vorfahren haben zum Beispiel die polnische Krone ausgeschlagen und ich werde gewiß nicht der erste meines Hauses sein, der an dieser Krankheit leidet. Die Russen sind zu uns gekommen und nun müßt ihr kommen. Wir *müssen* eine politische Verständigung haben und darauf folgend eine Flottenabmachung, die auf eine Verminderung der Flottenausgaben hinwirkt." Als Seine Majestät einen Augenblick innehielt, wagte ich zu bemerken, daß unserer Ansicht nach zuerst eine Flottenabmachung zustande kommen sollte. Nach Darlegung seiner Gründe, warum seine Ansicht die richtigere sei, Gründe, die Ihnen jetzt wohlbekannt sind, erklärte Seine Majestät, daß, wenn wir nicht zu irgendeiner Verständigung gelangten, die Dinge so weitergehen würden, wie sie jetzt stünden, mit beständigen Zänkereien über Gegenstände von keiner wirklichen Bedeutung und einer bis zum Gefahrenpunkt mit Elektrizität geladenen Atmosphäre, wobei der kleinste Funke eine Explosion verursachen könne, „und", so setzte Seine Majestät hinzu, „wir wollen kein Waterloo, wo Deutsche und Engländer gegeneinander, statt Seite an Seite kämpfen und die Slawen und Gelben die *tertia gaudentia* sind".

Der Kaiser äußerte dann ein paar Worte über unseren Etat, und als ich sagte, ich hoffte, daß Seine Majestät bemerkt habe, wie maßvoll derselbe sei, meinte er lachend, daß ihm dessen Mäßigkeit nicht gerade aufgefallen sei. Seine Majestät machte auch einige Bemerkungen über den Zweimächte-Standard, den wir, wie er sagte, unmöglich aufrechterhalten könnten. „Nicht unmöglich, Majestät", erwiderte ich, „aber seine Aufrechterhaltung erfordert notwendigerweise ein gewisses Maß patriotischer Opfer, die zu bringen das Land meines Erachtens durchaus bereit ist." Er sagte: „Nein! Ihr habt zuviel darüber geredet, das war euer Fehler. Ihr hättet so viele Schiffe bauen sollen, als ihr brauchtet, ohne Gründe dafür anzugeben. Aber das fortwährende Geschrei über den Zweimächte-Standard hat andere Mächte veranlaßt, auf dem *qui vive* zu sein, und nun, wenn Sie nicht wollen, daß ich das Wort unmöglich gebrauche, so wird es euch doch auf alle Fälle sehr schwer fallen, diesen Standard aufrechtzuerhalten."

Sie werden ersehen, daß das meiste hier alte Kamellen sind und daß die Sprache Seiner Majestät sehr derjenigen glich, die Er vordem schon mir gegenüber geführt hat. Es ist beispielsweise nicht neu, daß er die „Slawen und Gelben" in eine Klasse zusammenfaßt, aber neu ist, daß er fast mit demselben Atemzug den Ausdruck gebraucht, „Rußland sei zu Deutschland gekommen".

29. Aufzeichnung Bethmann Hollweg[67] für Kiderlen-Wächter (Schlußabsatz): Deutsch-englisches Neutralitätsabkommen. Gr. Pol. 28, 409.

Berlin, 5. April 1911

Vom Standpunkte unserer eigenen Dispositionen aus kann ich die Möglichkeit eines englisch-deutschen Krieges nur für den Fall in den Bereich der Möglichkeit ziehen, daß wir in kriegerische Verwicklungen mit Rußland oder Frankreich geraten sollten und England aktiv die Partei unserer Gegner ergreift. Frankreich und Rußland aber sind vor einem Angriffskriege unsererseits gesichert. Unbeschadet unserer Verpflichtungen aus dem Dreibundsvertrage sind kriegerische Differenzen mit Rußland überdies durch die Potsdamer Besprechungen in weite Entfernung gerückt. Frankreich wird uns, selbst wenn es auf Rußland rechnen kann, nur unter der Voraussetzung englischer Hilfe angreifen. Wenn sich hiernach England und Deutschland gegenseitig Neutralität zusichern wollten, so würde im Endergebnis der gegenseitige und darüber hinaus der europäische Friedensstand in zuverlässigerer Weise gesichert werden, als es durch Schiedsgerichtsverträge geschehen kann. Gleichzeitig aber würde damit England für die Bemessung seiner Rüstungsausgaben eine Freiheit und Sicherheit erhalten, die über die Wirkungen des Nachrichtenaustausches und jedes praktisch denkbaren naval agreement weit hinausgreift. Da England uns wiederholt versichert, daß seine Freundschaften und Ententen weder direkt noch indirekt eine Spitze gegen Deutschland enthalten, würde ein derartiges den allgemeinen Friedensbestrebungen Englands angepaßtes Neutralitätsabkommen in keiner Weise in jene Ententen störend eingreifen.

30. Vermerke Crowe zu Bethmann Hollwegs Verständigungsvorschlag: Englands Gleichgewichtspolitik und Deutschland.
Brit. Dok. VI. 2, 1036—1040.

14. Mai 1911

Der allgemeine Inhalt der deutschen Antwort wurde in den Vermerken zu Sir E. Goschens Telegramm, das eine vorläufige Zusammenfassung des vorliegenden Berichtes enthielt, bereits besprochen und kritisiert.

Da sind jedoch einige neue Punkte, die Beachtung verdienen:

Es ist von Interesse, sich den allgemeinen Charakter der Gründe anzusehen, die dafür angeführt werden, daß die deutsche Regierung berech-

[67] Theobald v. Bethmann Hollweg, Reichskanzler 1909—1917.

tigt oder vielmehr gezwungen sei, nun ihr früheres Anerbieten betreffs einer unbedeutenden zeitweiligen Verlangsamung des Flottenbautempos innerhalb des Rahmens ihres Flottengesetzes zurückzuziehen. Man kann unmöglich verkennen, daß diese Gründe eine ebenso entscheidende Geltung gegen den Vorschlag gehabt hätten, als er zuerst gemacht wurde. Daraus folgt, daß, wenn man sie als triftig ansehen muß, entweder der ursprüngliche Vorschlag nicht ernst gemeint war, oder daß er, obwohl in gutem Glauben gemacht, tatsächlich von Anfang an undurchführbar war.

Von den vorgebrachten beiden Gründen klingt der erste auf die Unverletzlichkeit (sacrosanctity) einer geordneten Finanzwirtschaft gestützt, vielleicht ein wenig hohl, wenn man die Leichtigkeit, mit der die deutsche Regierung zeitenweise mit den Ziffern ihrer Flottenausgaben zu jonglieren scheint, und die außerordentlich elastischen Bestimmungen der finanziellen Verordnungen ihres Flottengesetzes in Betracht zieht.

Der zweite Grund ist sowohl gewichtiger als auch ominöser. Er bedeutet, wenn wahr, daß der Ring der Schiffswerften, Geschützgießereien und verwandter Industrien so mächtig ist, daß er die Regierung zwingt, den Interessen des Rings dadurch die „gebotene Rücksichtnahme“ zu erweisen, daß sie den Weg großer Rüstungsaufträge weiterbeschreitet. Der Grund erklärt nebenbei *eine* Seite der Volkstümlichkeit riesiger (swollen) Rüstungen in einem Lande, in dem die industrielle Organisation einen so hohen Stand der Leistungsfähigkeit erreicht hat wie in Deutschland.

Was das gewünschte politische Abkommen betrifft, so gestatte ich mir, einige weitere Betrachtungen zu Papier zu bringen:

Die deutsche Regierung betont nach wie vor, ohne daß sie selbst sich auf greifbare Vorschläge einläßt, die Notwendigkeit, bindende Garantien dafür zu erlangen, daß Deutschland, was auch geschehen mag, nicht angegriffen wird. Es ist ganz klar, daß es solche Garantien um so begieriger begrüßen würde, wenn sie sich nicht auf Großbritannien beschränkten, sondern Frankreich und Rußland einschlössen. Die Beteiligung dieser beiden Mächte an einer solchen Vereinbarung zu betreiben, bedeutet kein Zugeständnis an Großbritannien: es bedeutet eine Erweiterung der Forderung.

Eine Vereinbarung, die Enthusiasten ohne große politische Erfahrung sich vielleicht berechtigt fühlen würden als ein Übereinkommen zur Abschaffung des Krieges zwischen den drei Großmächten zu bezeichnen, könnte auf den ersten Blick als ein Triumph der internationalen Gerechtigkeit und des menschlichen Fortschrittes erscheinen. Ich glaube, eine solche Schlußfolgerung wäre ein Trugschluß. Kein Staat hat das Bestreben oder den Wunsch, zum Krieg zu schreiten. Das Bestreben ist darauf gerichtet, gewisse politische Ziele zu erreichen, die unter bestimmten Verhältnissen mit oder ohne Anwendung von Gewalt erreichbar sein mögen. Wenn ohne Anwendung von Gewalt, dann um so besser für den Staat, der das besondere Ziel anstrebt. Jede Macht muß es offensichtlich vorziehen, die Ziele ihrer Politik ohne die übermäßigen Opfer an Gut und Blut und ohne das weitverzweigte übrige Elend zu erreichen, welche ein Krieg zur Folge hat. Wird dies vollbracht, so wird man ohne Zweifel Befriedigung darüber empfinden, daß ein Krieg vermieden wurde. Wie aber, wenn das angestrebte und ohne Krieg erreichte Ziel eines ist, das an sich schon den Frieden der Welt, die Unabhängigkeit der freien Gemeinschaften, die Rechte und Freiheiten zivilisierter Völker gefährdet? In diesem Fall wirkt sich das Ausbleiben eines Krieges, da es das Ergebnis eines Verbotes kriegerischer Maßnahmen zur Verteidigung von Recht und Gerechtigkeit ist, nicht als Fortschritt der Zivilisation aus, sondern als Aufmunterung zur Eroberung und Unterdrückung. Die Abschaffung des Krieges wäre zu teuer erkauft worden. Eine ganz unerläßliche Vorbedingung jeder Verpflichtung, keine Gewalt mittels eines Angriffs zu gebrauchen, muß eine genügende Beschränkung der Gewalt auf der anderen Seite sein, um ihre Anwendung zu ungerechten Zwecken zu verhindern. Dies dürfte sich unter den zur Zeit obwaltenden politischen Verhältnissen wohl nicht erreichen lassen.

Deutschland verfolgte die offen zugegebene Politik, sich so stark zu machen, daß es in allen Dingen, in denen seines Erachtens deutsche Interessen im Spiel sind, seinen Willen durchsetzen kann. Dieser Ehrgeiz verdient keinen moralischen Tadel. Er inspiriert bis zu einem gewissen Grade die Politik jeder Großmacht, die dieser Bezeichnung würdig ist. Aber übereinstimmend lehrt die Erfahrung der Geschichte, daß, wenn dieser Ehrgeiz einmal vollkommen verwirklicht ist, die unbestrittene Suprematie *eines* Staates sich unheilvoll auf alle anderen auswirkt. Das ist der Grund, warum Großbritannien sich seit Jahrhunderten für das Gleichgewicht der Macht eingesetzt hat.

Nun wird ein Abkommen auf den Grundlinien, die Deutschland, wie wir wissen, wünscht, dieses zweifellos in den Stand setzen, das Gleichgewicht der Macht ganz wesentlich zu seinen Gunsten zu ändern. Allerdings würden sich theoretisch die anderen vertragschließenden Mächte in der gleichen Lage befinden. Von diesen anderen Mächten (England, Frankreich, Rußland) ist es zweifelhaft, ob gegenwärtig eine von ihnen auf eine Politik der Übermacht heiß erpicht ist. Großbritannien gewiß nicht. Und weder Frankreich noch Rußland haben, wenn sie es wären, die Streitkräfte, die Deutschland für einen solchen Zweck zur Verfügung stehen. Demnach wäre die Vereinbarung in der Praxis völlig einseitig, bloß zugunsten Deutschlands.

Deutschland hat, ganz abgesehen von der Anwendung von Gewalt, die Mittel, auf andere Staaten einen beträchtlichen Druck auszuüben. Mittels Tarifen, Schiffahrtssubsidien, finanzieller Kombinationen, Navigationsgebühren, Auswanderungs- und Grenzbestimmungen usw. übt es in der Tat gegenwärtig bereits einen solchen Druck auf Länder wie Holland, Belgien, die Schweiz, Dänemark, Schweden und Norwegen aus, daß es von ihnen oft eine Berücksichtigung deutscher Forderungen erzwingt, die gewiß nicht immer bereitwillig gewährt wird. Es ist bekannt, daß selbst bei Ländern in der Stellung Spaniens, Portugals oder Italiens die Furcht vor deutschem Verdruß sich mächtig dahin auswirkt, daß deutschen Ansprüchen und ehrgeizigen Bestrebungen Zugeständnisse gemacht werden, denen diese Länder sich in ihrem eigenen besseren Interesse lieber widersetzen möchten. Die Befürchtungen dieser und anderer Länder würden zweifellos erheblich beschwichtigt werden, wenn sie durch irgendein wunderbares Mittel vor der Anwendung von Gewalt seitens Deutschlands vollkommen gesichert wären. Aber Deutschland hat wenigstens nie Bedenken getragen, offen und laut zu verkünden, daß für es der Appell an die Waffen die *ultima ratio* ist, um sich das, was es für seine Rechte hält, zu wahren und um eine gebührende Rücksichtnahme auf sein Interesse und seine Stellung als Großmacht durchzusetzen.

Bei dieser Sachlage wäre es nur natürlich — und diese Annahme kann nicht als unbillig erachtet werden —, wenn Deutschland, falls es eine Zeitlang von aller Furcht vor einem Angriff seitens seiner drei mächtigsten Rivalen gänzlich (definitely) befreit wäre, die Gelegenheit benützen würde, um seine Stellung in anderen Ländern zu festigen und zu verstärken, indem es seinen politischen Einfluß ausdehnte, sich neue Interessen und Rechte schüfe und vor allem Stellungen von strategischem Wert und strategischer Bedeutung für den Fall irgendwelcher künftiger Kriege mit den drei anderen vertragschließenden Staaten erwürbe. Deutschland würde sicherlich alles aufbieten, um entweder durch Kauf oder Abtretung, oder als Gegenwert für einen Austausch von Kolonialbesitz, oder durch irgendwelche andere Mittel jene ausländischen Häfen, Inseln und Stützpunkte zu erlangen, die, wie man weiß, seit Jahren das Ziel seiner gierigsten nationalen Ambitionen gewesen sind: spanische Inseln, portugiesische Inseln, holländische Inseln, griechische oder türkische Inseln, marokkanische Häfen, ja geradezu jeden denkbaren Stützpunkt in Gebieten, die die Handelsstraßen der Ozeane und die Verbindungslinien mit den kolonialen Besitzungen anderer Mächte flankieren. Zu diesem Endzweck — und zu anderen — könnte Deutschland bei einer Abmachung, wie es sie zu wünschen scheint, ohne Furcht vor Einmischung alle ihm zu Gebote stehenden Mittel anwenden, um seinen Einfluß im Rate anderer

Regierungen zu festigen, damit es ihre Einwilligung in die notwendigen Geschäfte oder Transaktionen erlange oder ihre Feindschaft dagegen entwaffne.

Es ist durchaus denkbar, daß Deutschland auf diese Weise, und ohne irgendein ausdrückliches Vertragsrecht Großbritanniens, dessen Schutz man getrost einem Schiedsgerichtsverfahren anvertrauen könnte, zu verletzen, gleichzeitig mit einem weiteren raschen Ausbau seiner Flotte auswärtige Kohlenstationen und Flottenstützpunkte erwürbe, die keinen anderen Zweck haben könnten, als seine Hände bei einem Konflikt zur See zu stärken, und in deren Besitz es vielleicht — und mit begründeter (reasonable) Aussicht auf Erfolg — hoffen könnte, die britische Suprematie zur See, wenn nötig, anzufechten.

Wie berechtigt all das vom deutschen Gesichtspunkt aus auch sein mag, so kann es doch nicht ein Ziel der britischen Politik bilden, dies zu begünstigen oder verwirklichen zu helfen. Denn wenn und nachdem Deutschland seine Stellung auf diese Weise gestärkt haben wird: welche Aussichten werden dann Großbritannien, Frankreich, Rußland — oder wird in der Tat irgend etwas außer einer allgemeinen Vereinigung der ganzen Welt — beim Widerstand gegen ein deutsches Diktat haben? Was wird es dann nützen, wenn die Friedensfreunde sich rühmen dürfen, daß ein Krieg vermieden worden ist? Alles, was Deutschland je hoffen könnte durch einen Krieg zu erlangen, würde es ohne Krieg erreicht haben.

Wir können bereitwillig der *bona fides* der Beteuerung Deutschlands Glauben schenken, daß es von seiner Macht keinesfalls je Gebrauch machen würde, außer um dem Recht Geltung zu verschaffen, und daß niemand irgendeine Ungerechtigkeit von seiner Seite zu befürchten habe. Aber kann man denn glauben, daß das, was Deutschland für recht und ihm zustehend hält, auch in nichtdeutschen Augen immer so erscheinen wird?

Bis der Tag gekommen ist, da alle internationalen Streitigkeiten durch ein gerichtliches oder schiedsgerichtliches Verfahren geschlichtet werden, wird nur die Entschlossenheit, den eigenen Maßstab von Recht und Unrecht, notfalls mit Gewalt, zu verteidigen und aufrechtzuerhalten, einen Staat vor dem Verlust jenes wesentlichen Bestandteils seiner Souveränität sichern, der in der Fähigkeit (power) besteht, bei Anlässen höchster Wichtigkeit seinen eigenen Begriff von nationalen Rechten und Freiheiten zu verwirklichen. Für einen Staat beruht ein starkes Element der Sicherheit im Fehlen jeder konkurrierenden politischen Kraft oder auswärtigen Verbindung, die stark genug ist, diese Fähigkeit der Selbstbestimmung zu vernichten. Solange die Wahrscheinlichkeit besteht, daß die Fähigkeit, das nationale Leben nach den eigenen Nationalbegriffen von Recht und

Pflichten einzurichten, von der politischen Hegemonie *eines* Staates oder einer Staatengruppe bedroht wird, steht nur die Aufrechterhaltung des Gleichgewichts der Macht — und als mögliche Alternative irgendeine Art allumfassender föderalistischer Organisation zur Regelung der internationalen Beziehungen — zwischen der Unabhängigkeit der Nationen und ihrer — direkten oder indirekten — Unterwerfung unter die Obergewalt eines militärisch mächtigen und ehrgeizigen Staates.

Das Gleichgewicht der Macht besteht, wie der Ausdruck besagt, im Gleichgewicht tatsächlicher oder latenter Kräfte. Alles, was die Anwendung von Gewalt bei der Verteidigung nationaler Interessen gegen eine besondere Macht oder Gruppe von Mächten, was ihre Ziele oder wie ihre Handlungen auch sein mögen, verhindert, hebt das Gleichgewicht der Macht auf. Diese beiden Dinge sind nicht miteinander vereinbar.

Großbritannien würde das Gleichgewicht entscheidend an dem Tag umstoßen, an dem es durch Unterschrift das Recht preisgäbe, gegen irgendeinen besonderen Staat in der Stellung, die Deutschland zur Zeit einnimmt, Gewalt zu gebrauchen. Dies zu tun, ohne dafür irgendeine andere wirksame Methode zu setzen, um die Wahrung der britischen Rechte und Interessen und die Aufrechterhaltung der britischen Unabhängigkeit sicherzustellen, kann keine richtige Politik einer britischen Regierung sein.

31. Redlich[68], Tagebuch: Die Gesamtlage der Zentralmächte.

Redlich, Tagebuch I. 114—115.

5. Dezember 1911

... Ich gehe dann um ½5 Uhr zu Graf Aehrenthal, bei dem ich eine halbe Stunde bleibe. Ich finde ihn vollkommen ruhig, ja heiteren Gemütes. Seine Gesichtsfarbe ist leider recht wenig erfreulich. Er sagt mir: die äußere Lage sei sehr ernst, das müsse ausdrücklich gesagt werden. Er habe beim Kaiser recht behalten: der Kaiser habe entschieden. Die Politik der beiden Kaiser von Österreich und Deutschland sei die, durch den italienisch-türkischen Krieg die bestehenden Bündnisse nicht auflösen zu lassen. Dies sei die feste Absicht beider Monarchen. Diese Politik führe er durch und darum mußte Baron Conrad fallen, denn sein Vorgehen würde Italien unfehlbar in die Arme Frankreichs und Englands treiben, die darauf nur lauern. Es sei ganz verkehrt, in einer solchen internationalen Lage,

[68] Mitglied des österreichischen Abgeordnetenhauses, Universitätsprofessor.

wie der heutigen, Österreich-Ungarn zum vorzeitigen Ausspielen seiner Kräfte veranlassen zu wollen. Wir müssen in der Hinterhand bleiben, um unsere eigentlichen Interessen, die auf dem Balkan, fördern zu können. Aber auch die Rücksicht gegen das Deutsche Reich gebiete uns zuwartende Haltung. Was sollen die Deutschen sagen, wenn wir auf einmal das ganze politische System umstürzen und ihre östliche Flanke preisgeben! Es handelt sich auch gar nicht bloß um einen Krieg mit Italien, sondern auch um unsere Stellung gegenüber den Balkanstaaten und Rußland. Endlich aber sei nicht unsere Stellung zu Italien, sondern der Gegensatz zwischen England und Deutschland das dominierende Moment in der internationalen Lage. Diese Spanung werde in zwei bis drei Jahren voraussichtlich zu dem kaum noch vermeidbaren europäischen Kriege führen: für diese Zeit müssen wir unsere Kräfte aufsparen. Deutschland wolle noch den Nord-Ostsee-Kanal vertiefen und Cuxhaven besser befestigen. Dann werde es gerüstet sein. Wir aber haben unsere Armee bis dahin zu verstärken, unser Geld dafür aufzuwenden, nicht aber für illusorische Festungen in Südtirol. General Conrad sei gewiß ein sehr begabter und eigenartiger Mann. Beweis dafür sei, daß er aus dem schläfrigen Generalstabscorps des Grafen Beck ein so kriegerisches Corps gemacht habe. Im Herbst 1908 habe Conrad ihn ersucht, die Entscheidung bis März 1909 hinauszuschieben; diesmal sei ihm der Termin zum Losschlagen nicht früh genug! „Die Politik, die ich mache“, sagte er, „kann ich mit gutem Gewissen vor dem Kaiser und vor dem Lande verantworten. Ich habe nie ruhiger geschlafen als in diesen Wochen.“ Er kam dann auf die Schwierigkeiten seiner Stellung zu sprechen. „Ich muß hier und in Ungarn alles mittelbar machen, durch die beiden Regierungen“; nun hänge da alles von den Ministerpräsidenten ab: diese Stürgkh und Khuen seien ihm gewiß Freunde, aber sie hätten selbst alle Hände voll zu tun. Seine Politik sei: Friede und eine starke Armee. Darum sei das neue Wehrgesetz das Wichtigste, das müsse mit aller Energie durchgesetzt werden. Wenn die beiden Regierungen das jetzt, in dieser internationalen Lage nicht können, dann sind sie nicht wert zu existieren. Er wolle die Delegationen nicht vor Mitte April haben: nach Erledigung des Wehrgesetzes und wenn die jetzige diplomatische Situation überwunden sei. Die Landtage können auch später stattfinden. Das Wehrgesetz muß so bleiben, wie es ist. Die Generale haben zehn Jahre Zeit gehabt, es zu überlegen. Jetzt seien alle von gewissen Stellen ausgehenden Varianten nutzlos: zweijährige Dienstzeit und Erhöhung des Rekrutenkontingentes, das sei die Losung. Wenn man das fallenlassen wolle, dann werde er die Konsequenzen ziehen und demissionieren. Denn dann könne er keine erfolgreiche äußere Politik machen. Dagegen: welche Wirkung würde es draußen machen, wenn die Heeresvermehrung bewilligt wird! Wir sprachen dann noch sehr herzlich über Verschiedenes. Aehrenthal bat mich, noch vor Weihnachten zu ihm zu kommen. Morgen ist gemeinsamer Ministerrat und da will Aehrenthal seine Wünsche wegen der Armeereform darlegen. Er sagte unter anderem, daß Graf Khuen unbedingt gehen müsse und seine Majorität mit ihm, wenn man jetzt das Wehrgesetz fallen ließe. Der Kaiser ist wieder wohl, aber doch manchmal recht müde und altersgebeugt...

32. Nostitz[69] an Shilinski[70]: Englische Landungsarmee in Frankreich.

Russ. Dok. III. 2. 2, 430—432.

17. Januar 1912

Ich hatte ein Gespräch mit General Dubail, dem Chef des Stabes der Armee, über die in Aussicht genommene Landung von 150 000 Engländern in Frankreich, weil unser Militärattaché in Großbritannien in seiner Meldung vom 22. November 1911, diese Nachrichten eher in Abrede gestellt hatte.

General Dubail hat mir wieder ganz kategorisch die Glaubwürdigkeit der englischen Hilfe auf dem Festlande bestätigt und erklärt, er habe keinen Anlaß, den Engländern nicht zu glauben; jetzt seien außerdem die Admiralstäbe in Frankreich und in England in enge Beziehung getreten und arbeiteten gemeinsam an dieser Frage.

Der hiesige großbritannische Militärattaché hat mir in der vorigen Woche noch entschiedener die Glaubwürdigkeit einer Landung bestätigt. Unsere Unterredung begann anläßlich der Artikel, die in einigen englischen Blättern nicht zugunsten der Idee der Landung einer ständigen englischen Armee in Frankreich erschienen waren.

Er erklärte mir: „Diese Gerüchte sind sehr unangenehm, und sie entsprechen durchaus nicht der Wahrheit. Gerade heute erhielt ich aus dem Ministerium eine volle Bestätigung unserer Bereitschaft, Frankreich auf dem Festlande zu helfen, und Sie können das auf das entschiedenste wiederholen. So zu handeln wurde im Herbst beschlossen, und so wird es sein im Falle neuer Verwicklungen. Natürlich stehen außerhalb des Kriegsressorts nicht alle diesem Gedanken zustimmend gegenüber, und im Marineministerium waren manche dagegen. Aber diese Persönlichkeiten sind kürzlich abgelöst worden, und, um gerade in dieser Frage das Zu-

[69] Russischer Militärattaché in Frankreich.

[70] Chef des russischen Generalstabs 1911—1914.

sammenwirken von Armee und Flotte zu sichern, schuf man kürzlich den Admiralstab."

Der Kaiserliche Botschafter [71], dem ich im September die Nachrichten meldete, die ich von General Dubail bezüglich einer englischen Landung erhalten hatte (s. meinen Bericht vom 14. September 1911) hatte darüber eine Unterredung mit dem französischen Außenminister [72], der ihm alles bestätigte, was mir der Chef des Stabes der Armee mitgeteilt hatte.

Angesichts des oben Dargelegten sehe ich nicht den geringsten Anlaß, die reale Hilfe in Abrede zu stellen, welche England Frankreich im Falle eines Krieges mit Deutschland zu erweisen gedenkt, da doch die französische Regierung davon überzeugt ist.

Bei der Gelegenheit ist es interessant, eine Berechnung der Kräfte der beiden Gegner anzustellen.

Wie Eure Hohe Exzellenz wissen, gedenken die Franzosen gegen Italien nur geringfügige Kräfte (die Alpenschützen und eine Kolonialdivision) [a] zu belassen. Infolge der Expedition nach Tripolis kann man gegenwärtig sagen, daß noch mehr Gründe bestehen, so zu handeln. Andererseits wird das Bündnis mit England es ermöglichen, aus Afrika das 19. Korps zu überführen; die sechs englischen Divisionen aber kann man, da sie verstärkten Bestand haben werden, vier Korps gleichsetzen.

Folglich werden Engländer und Franzosen 25 Korps haben (die Reserveformationen lasse ich der Einfachheit halber unberücksichtigt). Die Deutschen aber werden gezwungen sein, drei bis fünf Korps gegen uns zu belassen. Außerdem werden sie ein oder zwei Korps zur Beobachtung der belgischen Armee abzweigen müssen, denn daß sie die belgische Neutralität verletzen werden, ist mehr als wahrscheinlich. Auf die Weise geht die Übermacht auf die Seite der Engländer und Franzosen über, sogar in dem Falle, daß Spanien sich Deutschland anschließen sollte.

Frankreich hat sich seit 1870 noch nie in einer so günstigen strategischen Lage befunden: seine Armee ist in sehr guter Verfassung (trotz aller Redereien ihrer Gegner und Verleumder), seine Finanzen lassen nichts zu wünschen übrig, auf den Patriotismus der Bevölkerung kann man durchaus rechnen, wie die Ereignisse des vorigen Jahres bewiesen haben. Frankreich hat zwei mächtige Verbündete, während der Dreibund, wie man sagt, „in allen Fugen kracht".

Schließlich muß man noch einen Faktor moralischer Art in Betracht ziehen.

[a] Auch diese Truppen werden nur einstweilig gegen Italien stehen bleiben, bis sich die politische Lage klärt. (Anmerkung des Originals.)

[71] Izvolskij in Paris 1910—1917.

[72] De Selves, 1911/12.

Die Generation, die in Frankreich den Krieg von 1870 miterlebt hat, hegte ein geheimes Gefühl der Angst vor den Deutschen. Die Erinnerung de l'année terrible hatte aus ihr für das ganze Leben Menschen gemacht, die geneigt waren, die Macht der deutschen Waffe zu überschätzen, und das geben Franzosen, die von Eigendünkel frei sind, zu. Aber die nächste Generation, das heißt alle Personen, die jetzt nicht über 45 Jahre alt sind, kennen dieses Gefühl überhaupt nicht. Viele von ihnen sind in Deutschland gewesen und konnten sich eine Meinung bilden über die negativen Seiten seiner Macht. « On n'a plus peur du Prussien en France », sagte kürzlich ein hoher Offizier zu mir.

Man muß ferner die Einsicht der Franzosen in Betracht ziehen, daß früher oder später der Krieg unvermeidlich ist.

Alles das zusammengenommen schafft eine sehr unruhige Atmosphäre, und meine Ansicht ist, daß, wenn Deutschland nicht seine Politik des Händelsuchens und des Einschüchterns Frankreich gegenüber ändert, der erste gewichtige Zwischenfall (in der Art des von Algeciras) jetzt einen Konflikt hervorrufen wird.

33. Nostitz an Shilinski (Auszug): Kriegspläne der Tripelentente.

Russ. Dok. III. 2. 2, 501.

1. Februar 1912

Da General Dubail abgegangen ist,[73] hielt ich es, mit Rücksicht auf das Gespräch, das ich kürzlich mit ihm hatte und über das ich Eurer Hohen Exzellenz in meinem Bericht vom 17. Januar d. J., Meldung erstattete, für notwendig, General Joffre zu bitten, das, was mir General Dubail gesagt hatte, zu bestätigen. Seine Exzellenz hat meine Bitte erfüllt.

Außerdem sagte mir General Joffre[74], im Kriegsministerium werde jetzt verstärkt gearbeitet, um vollkommen gerüstet zu sein, falls im Frühjahr Krieg ausbrechen sollte; alles, was die englische Landung betreffe, sei bis auf die kleinsten Einzelheiten vorbereitet, so daß die englische Armee an der ersten großen Schlacht teilnehmen werde; einen Marsch der Deutschen durch Südbelgien halte er für Frankreich für sehr günstig aus dem Grunde, weil das gestatten werde, den Krieg erstens, nicht im eigenen Lande zu führen, sondern, zweitens, auf einem Schauplatze, wo der Gegner über keine Befestigungsanlagen verfügt.

Weil ich wissen wollte, wie weit General Dubail General Joffre bezüg-

[73] Als Chef des französischen Hauptstabes.

[74] Generalstabschef seit 1911.

lich unserer Mitwirkung im Falle eines französisch-deutschen Krieges orientiert hatte, berührte ich diese Frage. Es ergab sich, daß der Chef des Generalstabes hinreichend unterrichtet war. Denn er äußerte keine Befürchtung, daß unsere angeblich späte Bereitschaft uns die Möglichkeit nehmen werde, Frankreich gleich von den ersten Tagen der Hauptoperationen auf dem französisch-deutschen Schauplatz an wirksame Hilfe zu leisten. Im Gegenteil, General Joffre sagte, es sei ihm bekannt, daß wir imstande sein würden, an unserer Grenze die deutschen Korps festzuhalten, welche sich jetzt dort befinden. Jedoch fügte Seine Exzellenz hinzu, er halte es für sehr erwünscht, daß die Deutschen das erführen . . .

34. Grey an Buchanan[75]: Die Mission Haldane.

Brit. Dok. VI. 2, 1105—1106.

Foreign Office, 7. Februar 1912

Sie wollen den Minister des Auswärtigen ganz vertraulich benachrichtigen, daß Besprechungen über Flottenausgaben, die vor einiger Zeit begannen, wie russischer Regierung damals mitgeteilt wurde, die aber zuerst durch Neuwahlen hier 1910 und dann durch Marokkokrise unterbrochen wurden, wieder aufgenommen werden.

Lord Haldane[76] ist zu einem privaten und inoffiziellen Besuch nach Berlin gefahren, da er einige Erkundigungen über Universitätsausbildung einzuziehen hat; er präsidiert hier einem Ausschuß für diesen Gegenstand. Aber er wird nichtformell einen offenen Meinungsaustausch mit deutschem Kanzler haben und herauszufinden trachten, ob günstige Aussicht auf Verhandlungen besteht, um die Beziehungen der beiden Länder auf einen weniger mißlichen Stand zu bringen.

Bis Lord Haldane berichtet, kann ich nicht sagen, wie die Aussichten sind, aber auf jeden Fall werden keine Entwicklungen eintreten, die unsere derzeitigen guten Beziehungen zu Rußland beeinträchtigen könnten. Frankreich hat mit Deutschland sein Abkommen über Marokko geschlossen und russischer Außenminister regelte letztes Jahr in Potsdam einige Fragen. Es ist sehr wünschenswert, daß wir, wenn möglich, auch einige unserer Fragen regeln, sonst könnten gegenwärtige Beziehungen zu Deutschland sich verschlechtern.

[75] Englischer Botschaftsrat in St. Petersburg 1910—1917.

[76] Lordgroßkanzler 1912—1915.

35. Benckendorff, London, an Sazonov: Persien und die englisch-russische Entente. England und Deutschland.

Benckendorff, Schriftwechsel II. 289—299.

London, 8. Februar 1912

Ich erlaube mir meine Beobachtungen über die Politik Englands, über die ich Euerer Exzellenz schon oft, aber nur fragmentarisch geschrieben habe, jetzt in einem Schreiben zusammenzufassen.

Ich kann keinen besseren Ausgangspunkt finden, als Sie an die Worte zu erinnern, die Grey vor ein paar Monaten an mich gerichtet hat.

Den Gedankengang entwickelnd, wie wichtig es sei, unsere Kooperation in Persien aufrecht zu erhalten, fügte der Minister fast wörtlich hinzu:

„An dem Tage, an dem unsere Kooperation, eine gegenseitige Unterstützung, schwer aufrecht zu erhalten wäre, würde auch unsere Konvention hinfällig werden. Der Bruch dieser Konvention würde auch den Zusammenbruch der Entente nach sich ziehen. Und verschwindet die Entente, so müßte die englische Politik an eine neue Orientierung denken, und man müßte dabei über die Schnelligkeit des Umschwunges in der öffentlichen Meinung nicht erstaunt sein."

Der Minister fügte hinzu: „In diesem Falle würde ich zurücktreten, denn es würde nicht erwünscht sein, daß ich im Amte bliebe."

Diese letzten Worte konnten nur bedeuten, daß er, was seine Person anlangt, diesen eventuellen Umschwung nicht billige; daß er ihn für die englischen Interessen schädlich halte und ihn nicht unterstützen würde.

Mit der ihm eigentümlichen Klarheit hatte Sir Edward Grey mit wenigen Worten eine Lage charakterisiert, die sich übrigens auf den damaligen Zeitpunkt nicht bezog. Wir haben es noch nicht mit diesem Umschwung zu tun, und die Konvention und die Entente können nicht nur erhalten bleiben, sondern noch tiefere Wurzeln fassen unter der Bedingung, daß die jetzige persische Krise in einer Weise gelöst wird, die den beiderseitigen Interessen Rußlands und Englands entspricht, und daß diese Lösung möglichst schnell gefunden wird — eben um die Entente zu erhalten.

Nicht über persische Fragen jedoch will ich heute Euerer Exzellenz schreiben. Ich wiederhole: wir haben es heute noch nicht mit dem Umschwung zu tun, den Sir Edward befürchtete. Man darf sich jedoch nicht einer Tatsache verschließen, die hier vor Augen liegt: die öffentliche Meinung beginnt, die politische Bilanz der Ententen zu ziehen. Trotz der politischen Reife und Erfahrung ist die englische Öffentlichkeit dieselbe wie überall: ihr Urteil geht nicht tief, es bleibt an der Oberfläche. Es handelt sich hier nicht nur um einige Sozialisten und Radikale, noch um eine von der andern Seite des Meeres ausgehende, verborgene und ständige Bearbeitung der Presse. Es handelt sich um ein Gefühl, das sich in ganz verschiedenen Kreisen bemerkbar macht, selbst in konservativen.

Man sieht nicht mehr klar, was unsere Politik in Persien will; ebenso versteht man nicht ganz unsere Beziehungen zu Deutschland. Diese Ungewißheit läßt manchmal wieder die Frage des Weges nach Indien aufleben. Man denkt an den Islam; man befürchtet den Eindruck einiger von uns getroffener Maßnahmen.

Was Frankreich anlagt, so haben die Umstände, die den Fall des Kabinetts Caillaux[77] herbeigeführt haben, obwohl sie übertrieben werden, die englische öffentliche Meinung in Erstaunen gesetzt und das bisherige unerschütterliche Vertrauen in die Loyalität Frankreichs zur Entente cordiale einigermaßen in Frage gestellt.

Vor allem aber muß die englische Öffentlichkeit jetzt, wo die europäischen Krisen ein Ende gefunden und die Gemüter sich beruhigt haben, zu ihrem Erstaunen feststellen, daß England zweimal dicht vor einem fürchterlichen Kriege gestanden hat, und zwar aus Gründen, die die Öffentlichkeit in übrigens kurzsichtiger Weise nur indirekt mit den englischen Interessen in Verbindung bringen kann, während anläßlich der Balkankrise die Rolle Frankreichs etwas zweifelhaft schien, ebenso wie Rußlands Stellung anläßlich der Marokkofrage nicht ebenso deutlich zutage getreten ist wie die Haltung Englands.

Die Ententen, die man bis jetzt für Friedensgarantien hielt, gelten dafür nicht mehr in demselben Maße, wie man zu Anfang geglaubt hatte. Und der Gedanke: „Wäre ein Übereinkommen mit Deutschland nicht doch vorteilhafter für England?“ dringt zu mir wie ein Echo von einer Seite, von der ich es nie erwartet hätte, und drückt eine Meinung aus, die noch vor sechs oder acht Monaten ganz unmöglich gewesen wäre.

Die von mir angeführten Worte gehen übrigens über den Instinkt der Öffentlichkeit und vor allem über die öffentlichen Äußerungen hinaus. Es ist wahr, daß sich bereits verschiedene wichtige Komitees gebildet haben, ebenso wie es richtig ist, daß bereits die gesamte liberale und ein Teil der konservativen Presse offen für eine Besserung der deutsch-englischen Beziehungen eintritt. Diese gewünschte Besserung bedeutet natürlich eine gewisse Entente, die jedoch die schon bestehenden Ententen nicht ausschließen würde. In diesem Sinne hat sich Lloyd George[78] in einer öffentlichen Rede ausgesprochen. Es würde aber gleichzeitig bedeuten, daß, wenn die Entente mit Rußland oder mit Frankreich (und die Entente mit Rußland gilt als entscheidend) versagen sollte, das Übereinkommen mit Deutschland weiter ausgebaut werden würde.

[77] Ministerpräsident 1911—1912.

[78] Schatzkanzler 1908—1916.

Erlauben Sie mir hier eine Erwägung einzuschalten. Es kann auf den ersten Blick merkwürdig erscheinen, daß die Feindseligkeit gegen Deutschland, die vor ein paar Monaten noch so stark war, daß sie im Augenblicke, als der Krieg drohte, fast einstimmig wurde, sich jetzt so schnell gelegt hat. Die Feindseligkeit besteht fort; Deutschland ist immer noch wenn nicht der Feind, so doch die Gefahr. Deutschland ist schuld daran, daß die Flotten beständig und periodisch verstärkt werden. Die Gemüter haben sich jedoch genügend beruhigt, um die Möglichkeit einer Wandlung zuzugeben, wenigstens genügend um den Bau von überzähligen Dreadnoughts unnötig zu machen. Der Grund, weshalb die Gemüter sich hier schneller als in Deutschland beruhigt haben, wo die antienglische Stimmung noch immer auf dem Höhepunkt steht, ist darin zu suchen, daß man hier in England das Gefühl hat, einen Erfolg errungen zu haben, während in Deutschland eher das Gegenteil der Fall ist. England wird dort beschuldigt, einen Mißerfolg Deutschlands herbeigeführt zu haben, der seither diplomatisch verschleiert worden ist. Der Erfolg beruhigt, der Mißerfolg erregt.

Abgesehen hiervon scheint mir die Erregung in Deutschland dadurch hervorgerufen zu werden, daß England hartnäckig auf dem Boden der Entente mit Rußland und Frankreich geblieben ist. Als Österreich die russischen Interessen auf dem Balkan unter dem Schutze Deutschlands bedrohte, hat England uns unterstützt und Deutschland die kalte Schulter gezeigt, als letzteres in der übrigens unbegründeten Hoffnung auf eine englische Neutralität die französischen Interessen in Marokko angegriffen hat. Man wiederholt immer wieder in Deutschland: „Immer ist England gegen uns." Man will nicht zugeben, daß England seine eigenen Interessen in Konstantinopel und in Saloniki, ebenso wie an der marokkanischen Küste zu verteidigen hatte.

Diese antienglische Stimmung in Deutschland bedeutet natürlich selbst für ein bedingtes Übereinkommen zwischen beiden Staaten eine große Schwierigkeit. Was würde aber geschehen, wenn eine der beiden Ententen, vor allem die mit Rußland, gelöst werden sollte? Die Antwort ergibt sich von selbst. Ich bin überzeugt, daß die Feindseligkeit gegen England verschwinden und sich ebenso schnell in eine versöhnliche Stimmung verwandeln würde, wie dies heutzutage bei einem Teile der englischen öffentlichen Meinung der Fall ist.

Man sagt, daß die persönlichen Gefühle Kaiser Wilhelms ganz besonders verletzt worden seien. Wenn dies der Fall ist, und ich glaube, es trifft zu, so ist dies dem soeben angeführten Grunde zuzuschreiben.

Wenn ein Bruch in einer der englischen Ententen eintreten sollte, so würde die Politik Deutschlands einen durchschlagenden Erfolg zu verzeichnen haben; denn dies ist das Ziel, welches sie seit dem Bestehen dieser Ententen verfolgt. Deutschland sucht die schwache Stelle der Rüstung, und ich bin nicht abgeneigt anzunehmen, daß es sie in Persien gefunden zu haben glaubt. Wenn mich nicht schon die Art und Weise, in der die deutsche Presse unsere Schwierigkeiten ausbeutet und übertreibt, hiervon überzeugen würde, so beweisen es mir meine Unterredungen mit dem Grafen Metternich und sein Urteil über diese Schwierigkeiten.

Ein offensichtlicher Gegensatz zwischen uns und England in Persien, eine unglückliche Abstimmung im englischen Parlament, hervorgerufen durch den Zufall unserer Verhandlungen, würde der politischen Karriere Sir Edward Greys ein Ende setzen und gleichzeitig die Erbitterung Kaiser Wilhelms besänftigen. Er könnte dann seine persönliche Aktion in England wieder aufnehmen, welche nie ganz aufgehört hat, und mit welcher er stets der öffentlichen Meinung seines eignen Landes vorausgeeilt war. Ich glaube mich in dieser Hinsicht nicht zu irren. Ich habe es zu oft direkt beobachten können. Dies wäre aber auch die natürlichste Sache der Welt. Deutschland hat sich hinsichtlich des sogenannten aggressiven Zieles der Politik der Entente völlig geirrt. „Der eiserne Ring", der sprichwörtlich geworden ist, beruht auf einem Irrtume. Soviel ich weiß, hat die russische Regierung nicht versucht, sich der Entwicklung der berechtigten Interessen Deutschlands, wenn sie nicht auf unsere Kosten gehen, zu widersetzen. Andererseits hat Sir Edward Grey, sowohl öffentlich als auch mir gegenüber, wie ich berichtete, sich stets gegen den Gedanken verwahrt, daß er Deutschland isolieren wolle. Jeder Versuch, hat er mir wiederholt, den Dreibund zu zerstören, ist ein Fehler. Seiner Ansicht nach würde die Isolierung Deutschlands eine tatsächliche Gefahr für den Frieden bedeuten.

Es ist aber nicht weniger wichtig, daß jedesmal, wenn die deutsche Regierung in stürmischer Weise die Interessen Deutschlands in Gebiete tragen wollte, in denen Interessen anderer Mächte bestanden, sie sich jedesmal nicht einer einzelnen Macht, sondern einer Mächtegruppe gegenüber sah.

Ist diese Gruppe einmal aufgelöst, so veränderte sich die ganze Lage. Deutschland könnte dann wählen, und dank seiner geographischen Lage und der ihm innewohnenden Kraft würde dies in Wirklichkeit die Vorherrschaft bedeuten.

Das Vorausgehende genügt, um die allgemeine Stimmung in England in der Frage der Ententen und der zukünftigen Beziehungen zu Deutschland so genau wie möglich zu schildern. Ich fasse meine Gedanken kurz zusammen: Es besteht allgemein der Wunsch, die Beziehungen zu bessern, doch nicht noch weiterzugehen. Die Notwendigkeit des Fortbestehens der Ententen wird zugegeben: diejenige mit Rußland, von der man mit weniger Nachdruck spricht, ist jedoch die wirkliche Grundlage. Ich glaube, daß die Entente mit Frankreich für England nicht mehr dieselbe hervorragende Bedeutung haben würde, wenn diejenige mit uns nicht mehr bestehen würde.

Aber es läßt sich nicht bestreiten, daß man allgemein das Gefühl hat, daß diese Ententen bis jetzt nicht das geboten haben, worauf man gehofft hatte, vor allen Dingen nicht die genügende Ruhe und die völlige Sicherheit.

Wenn ich mich so ausführlich über diesen Gegenstand verbreitet habe, so ist es aus dem Grunde geschehen, weil die englischen Kabinette, so treu sie den von ihnen übernommenen Verpflichtungen nachkommen — und ich glaube dies gilt von keinem mehr als vom jetzigen Kabinett — letzten Endes doch von der öffentlichen Meinung abhängen. Die Entscheidung liegt in den Händen der letzteren. Und wenn auch die öffentliche Meinung in England ihrer Regierung einen höheren Grad von Vertrauen entgegenbringt, als dies in andern Ländern der Fall ist, so soll man diese Tatsache nicht zu sehr übertreiben. Deshalb habe ich auch immer betont, wie wichtig es ist, Grey stets die Möglichkeit zu geben, öffentlich die Entscheidungen der Kaiserlichen Regierung in Angelegenheiten zu erklären, die die Entente betreffen, und daß die Lage, in der Grey sich persönlich befindet, bei den Entscheidungen, die wir treffen, stets mit berücksichtigt werden muß. Unsere eigene Handlungsfreiheit wird dadurch natürlich durchaus nicht beeinträchtigt, es ist aber, wie ich meine, die natürliche Folge einer jeden Entente und einer jeden Konvention.

Ich will dieses Schreiben nicht schließen, ohne einen Blick auf die Lage geworfen zu haben, die sich für Rußland und seine internationalen Beziehungen ergeben würde, wenn, entgegen allen Erwartungen, und ohne daß ein solches Ereignis zur Zeit vorauszusehen ist, das Abkommen über Persien aus dem einen oder andern Grund und die Entente mit England gelöst werden sollte. Es will mir scheinen, daß man sich in Rußland über diese Frage nicht genügend Rechenschaft abgibt: Ich glaube, man nimmt allzu leicht an, daß wir immer noch Deutschland haben könnten, wenn wir England oder sogar Frankreich verlassen sollten. Ich darf Euerer Exzellenz meine feste Überzeugung nicht verhehlen, daß dies für die Zukunft nicht zutreffend ist. Deutschland würde sich endgültig auf die Seite Englands stellen. Für Rußland würde sich eine Isolierung und eine Mächtegruppierung ergeben, deren Kerne aus England und Deutschland bestehen würde, was, ob diese es wollen oder nicht, wiederum zur unausbleiblichen Folge führen müßte, daß die russischen Interessen nicht mehr berücksichtigt werden würden.

Ich will nicht übertreiben und nicht irgend jemand einen Grad von

Macchiavellismus zuschreiben, an den ich nicht glaube. Ich war stets der Ansicht, daß übertriebener Argwohn in der Politik der schlechteste Berater ist. Ich glaube nicht, daß England unnützerweise seine Lage schwieriger gestalten würde, indem es sofort zur Politik der beständigen Reibungen mit uns zurückkehrte: dies ist der besondere Charakter der englischen Politik gewesen, ist es jetzt aber nicht mehr.

Andererseits habe ich Vertrauen zu den traditionellen und persönlichen Gefühlen Kaiser Wilhelms uns gegenüber. Bleiben die Ententen erhalten und werden unsere traditionellen und bis zu einem gewissen Grad befriedigenden Beziehungen zu Deutschland wiederhergestellt werden, so könnte ein zwischen Deutschland und England zu schaffender modus vivendi uns nur nützen, und keine andere Mächtegruppierung könnte uns größere Vorteile bieten. Selbst im Falle eines völligen Umschwunges, welcher einem Bruch zwischen England und Rußland folgen müßte, würde meiner Ansicht nach Kaiser Wilhelm bestrebt sein, die Beziehungen zu uns aufrecht zu erhalten.

Welches wäre aber die unabwendbare, tatsächliche Lage? Ich kann in diesem schon allzu langen Schreiben nur eine allgemein gehaltene Antwort geben, ohne in Einzelheiten einzugehen:

England befindet sich an der Spitze eines ungeheuren Kolonialreiches, welches seiner Tätigkeit, seinem Unternehmungsgeiste und seinem Kapital genügt; dieses Reich steht mitten in der Umformung und inneren Entwicklung, die oft mit außerordentlicher Geschwindigkeit vor sich geht, wie z. B. in Kanada und in Indien. England ist mit Ländereien gesättigt, so daß es, kaum, daß es ein neues Gebiet erworben hat — und wir wissen, um den Preis welcher Anstrengungen —, sich beeilt, ihm seine Autonomie zurückzugeben. England hat in Wirklichkeit kein anderes Ziel im Auge, als seine Verbindungswege und Handelsstraßen zu sichern, was oft ungeheuren Schwierigkeiten begegnet. Als Mittel hierzu hat es, sehr weise übrigens, den Frieden mit seinen früheren Rivalen, Frankreich und Rußland gewählt. Sollte dieses Mittel versagen, so bleibt ihm nur übrig, mit seinem hauptsächlichsten Rivalen, d. h. mit Deutschland, ein Übereinkommen zu treffen, sozusagen auf Grund eines noch zu findenden Kompromisses. Wie ich darlegte, scheint die englische öffentliche Meinung, wenn Rußland versagt, sich Deutschland zuwenden zu wollen.

Deutschlands Lage ist bis zu einem gewissen Grade derjenigen Englands entgegengesetzt. Als anläßlich der Marokkokrise der deutsche Botschafter dem englischen Minister erklärte: „Man teilt die Welt, wir sind mehr eingeengt als alle anderen, wir haben auch ein Anrecht auf einen Teil der Beute", so war in diesen Worten ein Stück Wahrheit enthalten.

Es ist kein Geheimnis, mit welchem Erfolge Deutschland nach seinen

Siegen und der Konsolidierung seiner Macht, seine inneren Kräfte entwickelt hat. Es ist sehr reich, aber seine Energie und sein Unternehmungsgeist sind größer als sein Reichtum: es braucht Kapital. England kann ihm dieses nur in unzulänglichem Maße zur Verfügung stellen, aber Frankreich wird es können; und wenn England sich dem einmal nicht mehr widersetzt, so würde der französische Markt für Deutschland nicht lange verschlossen bleiben. Obwohl es strebt, seine kolonialen Besitzungen zu vergrößern, geht Deutschland doch eher auf dem Wege der Durchdringung vor, indem es sich hauptsächlich großartigen Unternehmungen zuwendet, bei denen es jedoch stets auf den Widerstand Englands stößt. Es ist wahr, daß Rußlands Gewicht außerordentlich bedeutend ist, aber in überseeischen Fragen ist England, selbst wenn es isoliert vorgeht, das größte Hindernis.

Der schlagendste Beweis scheint mir die Bagdadbahn zu sein. Meiner Ansicht nach ist die Rolle, die dieses Unternehmen in der Weltpolitik spielt, viel bedeutender, als man auf den ersten Blick glauben könnte. Das Interesse, welches es in Deutschland hervorruft, umfaßt das ganze Land. Die Finanz fast ganz Europas, selbst Englands, beteiligt sich an diesem Projekt. Und doch ist es hauptsächlich England, welches Schwierigkeiten in den Weg legt.

Man wiederholt oft in England — und dies ist die Ansicht seiner führenden Politiker, sowohl der konservativen wie auch der liberalen Partei, sowohl der jetzigen Machthaber wie auch der früheren — daß eine der größten Schwierigkeiten bei einem englisch-deutschen Übereinkommen in dem Mangel einer Basis, im Mangel von Verhandlungsgegenständen besteht. Diese Ansicht scheint mir übertrieben zu sein; ich glaube, daß die Bagdadbahn leicht eine solche Basis bilden könnte. Es haben bereits verschiedene Ansätze zu Verhandlungen stattgefunden; die internationalen Verpflichtungen Englands, aber vor allem sein Mangel an gutem Willen haben niemals erlaubt, diese Verhandlungen fortzuführen. Es wäre anders, wenn England, unserer Unterstützung beraubt, sich entschließen würde, den nötigen guten Willen zu zeigen und seine jetzigen Ansprüche zu mäßigen, indem und weil es in einem Übereinkommen mit Deutschland eine jener Sicherungen erblicken würde, die es nötig zu haben glaubt.

Dies könnte sich auch ohne einen Bruch der Tripelentente ereignen, aber unter andern Bedingungen und ohne die oben geschilderten Folgen für uns nach sich zu ziehen.

Ist aber einmal die Entente gesprengt, so bedeutet dies für Deutschland, daß das eine Übereinkommen auch noch andere nach sich ziehen wird. Persien wird seinem Kapital und seiner Industrie geöffnet; Kleinasien fällt in seine Einflußsphäre. Es würde notwendigerweise auf den Widerstand Rußlands stoßen, aber diesmal wäre Rußland isoliert und, so mächtig es auch sein mag, muß man doch zugeben, daß es einstweilen für einen wirtschaftlichen Wettkampf noch schlecht gerüstet ist.

Durch ein Übereinkommen mit England würde der deutsche Einfluß in Konstantinopel einen Zuwachs erfahren; es ist wahr, Deutschland müßte diesen Einfluß mit England teilen, doch würde ihm immerhin der Löwenanteil zufallen, und es wäre erstaunlich, wenn die Türkei sich nicht ganz auf seine Seite stellen würde.

Ich möchte die Aufmerksamkeit Eurer Exzellenz durch eine Weiterführung dieser Parallele nicht ermüden, die man überall dort ziehen kann, wo englischer und deutscher Unternehmungsgeist aufeinanderstoßen, und wo Raum für Kompromisse ist.

Man muß endlich auch berücksichtigen, wie wichtig in den Augen der öffentlichen Meinung beider Länder die Frage der beständigen Vergrößerung der Flotten ist. Es ist wahr, es handelt sich um eine rein finanzielle Frage, aber gerade diese finanzielle Seite beschäftigt die deutschen und englischen Steuerzahler beständig und richtet ihre Aufmerksamkeit immer wieder auf denselben Punkt. Ich glaube, daß die Flottenfrage einen großen Einfluß auszuüben berufen ist. Ich glaube, sie kann durch kein diplomatisches Dokument eine direkte Lösung finden. Eine Besserung der Beziehungen der beiden Länder zueinander würde nicht genügen. Ich glaube, sie kann restlos nur als Folge eines vollständigen Einvernehmens gelöst werden.

Dies alles würde einen Vorteil Deutschlands bedeuten: für England ist das Geschäft schlecht. Auch würde es sich nur, wie ich glaube, gezwungen hierzu entschließen.

Zwei Ursachen bestimmen hauptsächlich in den Augen des vernünftigen Teiles der englischen öffentlichen Meinung und der Regierung den Wert der Entente mit Rußland: ein tiefgewurzeltes Vertrauen in Rußlands Zukunft und der zweifelhafte Vorteil einer Entente mit Deutschland.

Vom deutschen Standpunkt aus ist das Verhältnis ein anderes, und dieser Umstand wird, so will mir scheinen, den Gang der Ereignisse bestimmen, wenn die jetzige politische Konstellation sich verschieben sollte.

Dies war stets meine Ansicht; ich bin aber in derselben durch die Beobachtung der öffentlichen Strömungen in beiden Ländern seit den letzten Krisen noch bestärkt worden.

36. Memorandum Grey[a], Balmoral Castle: Rußland und die englische Flotte. Kriegsfall für England. Brit. Dok. IX. 1. 2, 1217—1218.

Balmoral Castle, 24. September 1912

Herr Sazonov fragte mich, was unsere Flotte tun könne, um Rußland schützen zu helfen, falls es auf Grund seines Bündnisses mit Frankreich in einen Krieg mit Deutschland verwickelt würde. Rußland setze voraus, daß Frankreich in Biserta Schiffe stationiert halten würde, um zu verhindern, daß die österreichischen und türkischen Schiffe gegen Rußland operierten, aber alles, was Rußland hoffen könne, mit seiner Ostseeflotte, wenn bereit, zu tun, sei, den Finnischen Meerbusen zu sperren, und einige seiner Städte müßten exponiert bleiben.

Ich sagte, die Frage der Verwendung unserer Flotte, wenn wir uns im Krieg befänden, gehe eigentlich die Flotten-Sachverständigen an. Ich bezweifelte, ob wir Schiffe in die Ostsee schicken würden, es sei denn, wir wären der Kontrolle über die Einfahrt sicher, und dies ließe sich, falls Deutschland Dänemark zu überrennen vermöge, vielleicht schwer sicherstellen. Aber natürlich würde unsere Flotte (wenn sie die deutsche Flotte nicht dazu kriegen könne, herauszukommen und sich zum Kampf zu stellen, was uns lieb wäre) die deutsche Nordseeküste einschließen und blokkieren und würde, wenn wir zum Krieg schritten, ihr möglichstes gegen Deutschland tun und jedwedem beistehen, der sich mit Deutschland im Krieg befände. In diesem Fall würde unsere Überlegenheit über die deutsche Flotte, die wir um jeden Preis aufrechterhielten, die französische Flotte völlig für das Mittelmeer freimachen.

Die Frage, ob wir zum Krieg schritten, hinge davon ab, wie der Krieg entstehe. Keine britische Regierung könne zum Krieg schreiten, sofern sie nicht die öffentliche Meinung hinter sich habe. Die öffentliche Meinung würde einen Angriffskrieg zum Zweck einer Revanche oder um Deutschland einzukreisen (hem in), nicht unterstützen und wir wünschten Schwierigkeiten zwischen Deutschland und andern Mächten, namentlich Frankreich, sobald sie auftauchten, behoben zu sehen. Falls sich Deutschland jedoch auf Grund seiner großen, ich möchte sagen, beispiellosen Stärke zu einem Versuch verleiten ließe, Frankreich zu erdrücken, dann sollten wir meines Erachtens nicht beiseitestehen und zuschauen, sondern alles in

[a] *Das Original dieses Memorandums, das von Sir Edward Grey eigenhändig geschrieben ist, trägt folgenden Vermerk von ihm:* Vom König gesehen. Premierminister nach seiner Rückkehr. Es sollte vorerst nicht als amtliches Schriftstück behandelt werden (It should at present not be made official), aber an Sir G. Buchanan und Sir F. Bertie sollte eine Abschrift gehen. Sir A. Nicolson und Lord Crewe sollten es sehen. E. G.

unserer Macht Liegende tun, um zu verhindern, daß Frankreich erdrückt werde. Das sei unser Empfinden zur Zeit der Algeciraskonferenz 1906 und wiederum im vorigen Jahr gewesen.

Deutschland habe den Wunsch nach irgendeinem Abkommen mit uns bezeigt, um sicherzustellen, daß wir unter keinen Umständen Partei gegen es ergreifen würden, wenn es sich im Krieg befände. Wir hätten aber beschlossen, freie Hand zu behalten. Wenn Deutschland die Politik des Festlands beherrschte, wäre das für uns sowohl wie für andere unangenehm, denn wir würden isoliert sein.

37. Buchanan, St. Petersburg, an Grey: Rußlands slawische Sympathien und England. Brit. Dok. IX. 1. 2, 1232—1234.

St. Petersburg, 9. Oktober 1912

Ich halte es für meine Pflicht, Ihre Aufmerksamkeit auf das tiefe Gefühl der Enttäuschung zu lenken, das hierzulande dadurch hervorgerufen wurde, daß Herrn Sazonovs Besuch in England anscheinend nicht die entscheidenden Ergebnisse zu erzielen vermochte, die man bezüglich der Balkanfrage von ihm erwartet hat. Auf die Veröffentlichung des amtlichen Kommuniqués über die Unterredungen in Balmoral folgte hier ein Ausbruch des Unwillens gegen England und es ist klar, daß eine russische öffentliche Meinung die jähe Verschärfung der Balkankrise, wenn auch noch so ungerechtfertigt, der mangelnden Unterstützung zuschreibt, die Rußland von seinen Genossen im Dreiverband empfing. Die Angriffe auf England wurden von der „Nowoje Wremja“ begonnen, die man an sich nicht allzu ernstlich in Betracht zu ziehen braucht. Aber derselbe Ton wurde bald von allen Gruppen der russischen Presse angeschlagen, und man muß ihm Beachtung schenken, wenn der „Golos Moskwy“, bisher der standhafteste Verfechter der Freundschaft mit England, so weit gegangen ist, die Preisgabe des Dreiverbands zugunsten einer Annäherung an Deutschland anzuregen.

Ich möchte den Äußerungen der Presse hierzulande keine übertriebene Bedeutung beimessen. Aber es gibt *eine* Frage in Rußland, in der man die öffentliche Meinung nicht außer acht lassen darf. In seinen slawischen Sympathien ist ganz Rußland einig, und sowohl der Kaiser selbst als auch seine Regierung wären einer wirklich nationalpanslawistischen Bewegung gegenüber machtlos.

Man hat hier allgemein das Empfinden, daß in Balmoral der Ernst der Lage auf dem Balkan nicht erkannt wurde und daß, selbst als die Ereignisse ihre Bedenklichkeit untrüglich offenbarten, England aus Furcht, sich in den Augen seiner muselmanischen Untertanen zu kompromittieren, immer noch der Ausübung eines Drucks auf die Türkei abgeneigt war.

Der plötzliche Umschwung der Stimmung gegen England ist um so bemerkenswerter, wenn man das gegenwärtige Mißtrauen mit der Begeisterung vergleicht, die Herrn Sazonovs Besuch vorausging. Doch es möchte scheinen, daß das Vertrauen des Volks auf England schwer erschüttert worden und ein sehr weitverbreiteter Zweifel am Wert der derzeitigen Entente für Rußland aufgetaucht ist. Es ist nicht leicht, sich die Empfindlichkeit Rußlands in der slawischen Frage klarzumachen. Die jüngsten Ereignisse auf dem Balkan haben diese Empfindlichkeit auf einen hohen Grad nervöser Spannung geschraubt, und man wird die Haltung Englands während der gegenwärtigen Krise aufmerksam verfolgen. Falls sich das Gefühl festsetzt, daß man sich nicht darauf verlassen kann, daß England Rußland in Dingen unterstützt, die dessen slawische Interessen und Sympathien berühren, dann werden die Aussichten auf die Dauerhaftigkeit der guten Beziehungen zwischen den beiden Ländern einen Stoß erleiden, dessen Auswirkung außerordentlich schwer zu beseitigen sein wird.

Vermerke

Ich wollte, ich könnte die gegenwärtige Stimmung in Rußland lediglich als eine vorübergehende Anwandlung übler Laune betrachten, die ein Regierungs-Kommuniqué rektifizieren und verscheuchen könnte. Wir werden uns demnächst schlüssig machen müssen, ob wir uns der Balkansache im Zusammenwirken mit Rußland annehmen und Gefahr laufen wollen, unsere muselmanische Meinung und die Türkei vor den Kopf zu stoßen: oder ob wir, um die letzteren zu versöhnen, den Dreiverband gefährden und wahrscheinlich in die Brüche gehen lassen sollen.

A. N. (Arthur Nicolson)

Herr Sazonov richtete in Balmoral sein Augenmerk auf die Ausübung eines Drucks auf die Balkanstaaten. Damals handelte es sich deshalb nicht darum, ihn in einer proslawischen Politik zu unterstützen, denn er vertrat sie nicht noch schien er zu meinen, daß Rußland diesen Kurs einschlagen werde.

Sollte Rußland diesen Kurs einschlagen, dann hängt viel von den Umständen ab, unter denen diese Politik verkündet wird. Sie kann mit einem Gefühlsausbruch in derselben Richtung hier zusammenfallen.

E. G. (Edward Grey)

38. Nicolson an Buchanan, St Petersburg: Englisch-russische Entente und Balkan. Indien. Brit. Dok. IX. 2. 1, 72—74.

Auswärtiges Amt, 22. Oktober 1912

Ich bin Ihnen sehr verbunden für Ihren Brief vom 17., der mit dem letzten Kurier kam. Ich bin recht bestürzt über den Ton, den die russische Presse gegen uns angeschlagen hat, und glaube, daß ihre Kritik in Wirklichkeit auf einem Verkennen unseres Verhaltens beruht. Es ist durchaus wahr, daß, als Sazonov hier war, der größere Teil seiner Unterredungen mit Grey persische und andere asiatische Fragen betraf, aber was den Balkan anlangt, so war alles, was er von uns wünschte, daß wir mit ihm gemeinsam einen Druck auf die Balkanstaaten (Balkans) ausübten, um sie vom Beginn von Feindseligkeiten abzuhalten. Wir waren vollkommen bereit, auf diese Vorschläge einzugehen, und als ich ihn fragte, ob seiner Meinung nach irgendwelche Aussicht auf ein Wiederaufleben des proslawischen Empfindens in Rußland bestehe, erklärte er mir, daß es in seinem Land keinen vernünftigen Menschen gebe, der auch nur im Traum daran dächte, wegen eines der slawischen Staaten zum Krieg zu schreiten. Die einzige Gefahr, die er voraussah, war die Möglichkeit einer aktiven Politik Österreichs, die dann das russische Empfinden aufrütteln könnte, aber dies Empfinden wäre, so verstand ich ihn, nicht pro-slawisch, sondern tatsächlich österreichfeindlich und deutschfeindlich. Offenbar verkannte er die Gefühle unter seinen eigenen Landsleuten völlig und ich halte es für durchaus möglich, daß, als er fand, daß er einen Irrtum beging und ihm der Vorwurf gemacht wurde, die Balkanfrage, als er in England war, fast unberührt gelassen zu haben, daß er die Schuld auf uns abzuwälzen trachtete. Es ist ganz richtig, daß wir auf die Gefühle unserer eigenen Muselmanen in Indien sehr sorgsam Rücksicht nehmen müssen und daß wir nicht unnötigerweise Schritte zu tun wünschen, die jene Gefühle möglicherweise verletzen oder auch aufreizen könnten. Indessen sind wir ebenso wie sonst jemand entschlossen, das Mögliche für die Einführung von Reformen und einer guten Verwaltung in den europäischen und asiatischen Provinzen der Türkei zu tun. Ich denke nicht, daß Rußland oder irgendein Land uns in dieser Richtung im geringsten hinterdreinzotteln finden würde. Es wäre in der Tat überaus verhängnisvoll, wenn im guten Einvernehmen mit Rußland ein ernstlicher Riß entstände. Ich verhehle mir nicht, daß dies Einvernehmen für uns von vitalerem Interesse ist als für Rußland, obschon man sie (them) dies natürlich nicht wissen zu lassen braucht. Sollten sich unsere Wege scheiden, so befänden wir uns in einer höchst mißlichen und schwierigen Lage, weil Rußland dann vollkommen freie Hand hätte, im Mittleren und Fernen Osten nach Belieben zu schalten, und wir ganz außerstande wären, es zurückzuhalten. Diese Tatsache allein würde das muselmanische Gefühl in Indien mehr verletzen und erregen als etwaige Versäumnisse unsererseits, indem wir uns für die türkische Sache nicht so kraftvoll und energisch einsetzten, wie sie dies von uns wünschen und wie es weder die öffentliche Meinung noch unsere eigenen Politik rechtfertigen würde. Ferner könnten wir, wenn wir uns von Rußland trennten, unsere Beziehungen zu Frankreich nicht auf demselben innigen und freundschaftlichen Fuß erhalten, auf dem sie zur Zeit stehen, und wir wären tatsächlich isoliert oder müßten der unterwürfige Freund Deutschlands werden, das uns in gar keiner Weise beistehen könnte, russischen Übergriffen im Mittleren und Fernen Osten Einhalt zu tun, da es erstens dazu nicht in der Lage wäre und zweitens nicht den Wunsch danach hätte, da sein großes Ziel darin besteht, eine enge Freundschaft mit Rußland zu erringen und aufrechtzuerhalten. Darum bin ich der Ansicht, daß ein gutes und inniges Einvernehmen mit Rußland der Schlußstein unserer auswärtigen Politik sein muß, und es wäre unglückselig, wenn ein Mißverständnis vorkäme, das dies Einvernehmen irgendwie schwächen oder beeinträchtigen würde. Ich weiß, Sie sind für diese Erwägungen ebenso empfänglich wie ich. Ich bin daher sehr froh, daß der König in diesem Augenblick an den Kaiser von Rußland geschrieben hat. Sein Brief war ganz vortrefflich und wird seinem Kaiserlichen Vetter sicherlich sehr gefallen. Es ist großes Pech, daß die neue Duma anscheinend größtenteils aus Leuten der Rechten und aus Reaktionären zusammengesetzt sein dürfte, da dies gewiß keinen für unser Einvernehmen günstigen Wind anfachen würde. Grey sprach mit Benckendorff über unsere Beziehungen zu Rußland und drückte die Hoffnung aus, daß, während wir durchaus bereit und von dem Wunsch beseelt seien, in allen den Balkan betreffenden Angelegenheiten mit Rußland zu gehen, die Russen das muselmanische Empfinden nicht durch einen widrigen Zwischenfall im Mittleren Osten, wie die vor nicht gar langer Zeit in Meschhed [79] vorgekommenen, unnötig reizen würden. Jedenfalls werden Sie, wenn Pilenko [80] Sie wieder einmal aufsucht, ihn beruhigen und für eine günstigere Auffassung über unsere guten Absichten gewinnen können. Ein wenig Propaganda in dieser Richtung wäre im jetzigen kritischen Zeitpunkt keineswegs unangebracht.

Ich möchte selbst bezweifeln, ob der Augenblick für eine Vermittlung sehr bald kommen wird. Es wäre gut, wenn wir sämtliche Kriegführenden sich ordentlich erschöpfen ließen, ehe wir einzugreifen versuchten, und

[79] Nord-Iran, Beschießung des Heiligtums.

[80] Professor Pilenko, Schriftleiter der „Nowoje Wremja".

wir würden sie dann weit vernünftiger finden, als sie es im gegenwärtigen Augenblick wären. Wann immer der Krieg vorüber ist — die wirklichen Schwierigkeiten werden meines Erachtens dann erst beginnen, und ich wäre durchaus nicht überrascht, wenn die jetzigen Balkanverbündeten einander bald in den Haaren lägen, wie das bei ihnen in der Vergangenheit immer der Fall war. Ich meine, daß Österreich im gegenwärtigen Augenblick eine sehr versöhnliche und maßvolle Gesinnung bezeigt und offensichtlich bestrebt ist, den Krieg in möglichst engen Grenzen zu halten . . .

39. Benckendorff, London, an Sazonov: Kriegsfall für England. Angriff ausgeschlossen. Kein Fehler Deutschlands und Österreichs.

Russ. Dok. III. 4. 1, 297—299.

London, 20. November 1912

Ihr persönlicher Brief vom 14. November[81] enthält recht ernste Worte. Glauben Sie wirklich, daß man von einer Lage träumen könnte, wo der Krieg noch der beste Ausweg wäre, gleichviel welches der Zustand der Geister bei uns sei? Ich kann mich wirklich an diesen Gedanken nicht gewöhnen. Was mich betrifft, so scheint mir, ich gestehe es ein, der Krieg immer der schlimmste unter den Auswegen. Denken Sie recht an alle äußeren und inneren Folgen. Abgesehen von dem Falle eines direkten Ultimatums, das nicht mehr tragbar ist. Das weiß ich wohl.

Ich kann Sie über England nicht völlig beruhigen. Ein Angriff, eine direkte Herausforderung Frankreichs könnte tatsächlich den alten Gärungsstoff schnell wieder entstehen lassen. Und in diesem Falle glaube ich, daß England Krieg führen würde. Aber ist der Fall wahrscheinlich? Ich bezweifle es. Ich hätte denselben Fall nicht unbedingt ausgeschlossen, wenn Rußland der Gegenstand einer solchen Behandlung wäre. Aber wir wenigstens, wir sind schon unmittelbar vor den Folgen gewarnt worden, wenn wir ins Feld zögen. Der Angriff ist demnach so gut wie ausgeschlossen.

Hier kennt man die Sinnesart bei uns. Man macht sich wohl darauf gefaßt, daß ein österreichischer Einfall nach Serbien hinein bei uns eine unwiderstehliche Bewegung auslöst. Man findet sie streng genommen berechtigt und natürlich, aber letzten Endes wäre für die englische öffentliche Meinung der Krieg doch einer unzureichenden und niemanden auf-

[81] *In den russischen Akten nicht aufgefunden, vielleicht Brief an Izvolskij v. 14. 11. 1912.*

regenden Ursache entsprungen. Hier ist, das darf man nicht vergessen, die plötzliche Begeisterung für die Sache der Balkanvölker nicht eine panslawistische Bewegung. Sie ist eine Regung der Bewunderung, die Sorge um eine gerechte Sache und eine große Genugtuung darüber, der Balkanfrage, dieser fortwährenden Ursache von Unruhen, ein Ende gemacht zu sehen. Aber diese Sache hat gesiegt. In die Schranken zu treten, um Serbien um einen Hafen zu bereichern, nein! Und dennoch ist es in den Augen der englischen öffentlichen Meinung das, was wir getan haben werden. Und (wie Sie es so richtig sagen), *sie* wird es sein, die entscheiden wird, Grey und Asquith, Lansdowne mit einbegriffen, würden nicht so viel verlangen. Also, die Dinge lassen sich nicht sonderlich an.

Während die Haltung Bulgariens fest, aber maßvoll und verständig scheint, sieht man in der Haltung Serbiens Vermessenheit, eine Art von Erpressungsversuch. Die absurde Angelegenheit der Konsuln verwirrt die Dinge noch. Was Österreich anbetrifft, ist es schon so weit, daß man die Mäßigung seiner Sprache anerkennt. Man findet Serbien über Gebühr herausfordernd und unzugänglich, selbst unsere Ratschläge mißachtend. Man spricht schon von Österreichs Langmut. Man billigt sie, aber man erkennt sie an. Grey mißbilligt allerdings Österreichs Starrsinn hinsichtlich der Bedingungen eines Hafens. Aber das Publikum kennt das wenig, und alles dieses schafft eine Sinnesart, die für uns nicht vorteilhaft ist. Wie ich Ihnen gesagt habe, die Dinge lassen sich schlecht an. Da ist etwas, was, wie ich Ihnen anderweitig sage, glauben Sie mir, eine große Rolle spielt. Das wird in unmittelbare Beziehung zu der, sonst unerklärlichen Haltung Serbiens gebracht. Dieses in den Kreisen der Regierung und der Diplomatie. Achten Sie wohl darauf. Und in Frankreich, wie steht es da? Was würde es sagen, wenn das Bündnis nicht wäre? Hier besteht kein Bündnis. Leider — in dem gegenwärtigen Augenblick.

Deshalb habe ich Ihnen gestern hinsichtlich Albaniens telegraphiert. Grey findet, daß, wenn man von Österreich ein neues Opfer verlangt, wir ihm etwas anbieten müßten, ein Zug um Zug, damit man nicht für diese neue Frage, die auftaucht, alles von neuem beginnen müsse.

Nicolson bleibt optimistisch, aber das wird er bis zur letzten Stunde bleiben.

Ich weiß, daß die Dinge sich noch ändern können. Dazu wäre ein Fehler seitens Österreichs oder Deutschlands erforderlich. Aber sie haben bisher kaum einen gemacht. Die Gemüter in Rußland spielen ihre Karte. Mir scheint, in Berlin herrscht schlechte Laune. Ich weiß in aller Welt nicht, warum. Da steckt etwas dahinter.

Um kurz zu wiederholen, die bulgarische und die griechische Regierung behalten bis auf weiteres die englischen Sympathien. Der Einzug in Konstantinopel wird als Irrsinn angesehen. Aber die serbische Regierung ist im Begriff, sie zu verderben. Das wirkt auf unsere Lage zurück. Unter diesen Bedingungen ins Feld zu ziehen, flößt mir, ich gestehe es Ihnen offen, kein Vertrauen ein.

Die Dinge gehen so schnell, und die Briefe so sachte, daß, wenn Sie diesen erhalten werden, vielleicht alles sich geändert hat, wundern Sie sich daher nicht, wenn ich Sie durch Telegramme ruiniere.

Das Kabinett bleibt. Tout cela a fini en queue de poisson. Seien Sie überzeugt, ich achte auf Petersburg ebensosehr wie auf London, ich bin mir bewußt, daß es leicht ist, aus der Entfernung weise zu sein, und daß Ihre Lage mit Schwierigkeiten gespickt ist. Aber ich glaube, wenn man uns betrachtet, unsere Interessen, die Gefahren, die wir laufen, so muß man Österreich alles zugestehen, was zu bewilligen menschenmöglich ist, damit es unbedingt im Unrecht sei, wenn es ablehnt. Ich rechne immer auf Ihre persönlichen Beziehungen zu Berchtold und auf die Gnade Gottes.

40. Grey an Paul Cambon[82]: Abkommen über den bewaffneten Beistand.
Brit. Dok. X. 2. 2, 995.

Foreign Office, 22. November 1912

In den letzten Jahren haben sich die französischen und britischen Fachmänner der Marine und des Heers von Zeit zu Zeit miteinander beraten. Es hat stets als ausgemacht gegolten, daß solche Beratungen nicht die Freiheit der beiden Regierungen einschränken, irgendwann in der Zukunft zu entscheiden, ob sie einander mit Waffengewalt unterstützen wollen oder nicht. Wir sind übereingekommen, daß eine Beratung zwischen Fachmännern nicht als eine Verbindlichkeit anzusehen ist oder angesehen werden darf, die die beiden Regierungen zum Vorgehen in einem Fall verpflichtet, der nicht eingetreten ist und vielleicht nie eintreten wird. So beruht zum Beispiel die derzeitige Verteilung der französischen beziehungsweise britischen Flotte nicht auf einer Verpflichtung, im Krieg zusammenzuwirken.

Sie haben jedoch darauf hingewiesen, daß es, wenn eine der beiden Regierungen ernstlichen Grund hätte, einen unprovozierten Angriff einer dritten Macht zu erwarten, möglicherweise wesentlich wäre zu wissen, ob sie sich in solchem Fall auf den bewaffneten Beistand der andern verlassen könne.

[82] Französischer Botschafter in London 1898—1920.

Ich bin damit einverstanden, daß, falls eine der beiden Regierungen ernstlichen Grund hätte, einen unprovozierten Angriff einer dritten Macht oder irgendein den allgemeinen Frieden bedrohendes Ereignis zu erwarten, sie unverzüglich mit der andern erörtern solle, ob beide Regierungen zur Verhütung einer Aggression oder zur Wahrung des Friedens zusammen vorgehen sollen und, wenn ja, welche Maßnahmen sie bereit wären gemeinsam zu ergreifen. Wenn diese Maßnahmen aktive Handlungen bedängen, würden die Pläne der Generalstäbe sofort in Betracht gezogen werden und die Regierungen würden dann beschließen, welche Folge ihnen gegeben werden soll.[83]

41. Lichnowsky[84] an Bethmann Hollweg (mit Randbemerkungen Wilhelms II.): Haldanes Warnung vor englischem Kriegseintritt. Gr. Pol. 39, 119—123.

London, 3. Dezember 1912

Lord Haldane besuchte mich heute, um mit mir die politische Lage zu besprechen. Während der längeren Unterredung betonte er wiederholt die Notwendigkeit, in der orientalischen Krisis zu einem Ausgleich der Gegensätze zu gelangen, da es unabsehbar sei, welche Folgen eine kriegerische Verwicklung, in die eine oder mehrere der Großmächte hineingezogen würden, haben könnte. England sei unbedingt friedlich und kein Mensch wolle hier den Krieg, schon aus wirtschaftlichen Gründen. Aber bei einem allgemeinen europäischen Wirrwarr, der sich doch aus dem Einmarsch Österreichs in Serbien ergeben könnte, falls Serbien nicht gutwillig die besetzte Adriaküste räumte, sei es kaum wahrscheinlich, daß Großbritannien der stille Zuschauer werde bleiben können[a].

Ich entgegnete, ich wolle nicht die Frage an ihn richten, ob das soviel hieße, als ob England alsdann gegen uns feindlich vorgehen würde[b]. Er erwiderte, daß das gewiß nicht die notwendige, wohl aber die mögliche Folge eines Krieges sein würde zwischen beiden kontinentalen Gruppen. Die Wurzeln, so drückte er sich aus, der englischen Politik lägen in der hier allgemein verbreiteten Empfindung, daß das Gleichgewicht der Gruppen einigermaßen aufrechtzuerhalten sei[c], England würde daher

[a] Erwartet niemand, die helfen den Galliern

[b] natürlich

[c] wird sich ändern!

[83] Der letzte Satz wurde von Grey weggelassen, als er den Brief am 3. 8. 1914 im Unterhaus bekanntgab.

[84] Karl Max Fürst v. Lichnowsky, Botschafter in London 1912—1914.

unter keinen Umständen eine Niederwerfung der Franzosen dulden können [d], die er, ein großer Bewunderer unseres Heerwesens und unserer militärischen Einrichtungen, mit einiger Sicherheit voraussieht. England könne und wolle sich nicht nachher einer einheitlichen kontinentalen Gruppe unter Führung einer einzigen Macht gegenübersehen [e].

Sollte also Deutschland durch Österreich in den Zwist hineingezogen werden, und dadurch in Krieg mit Frankreich geraten, so würden in England Strömungen entstehen, denen keine Regierung widerstehen könnte und deren Folgen ganz unberechenbar wären [f]. Die Theorie von dem Gleichgewicht der Gruppen bilde eben für Englands Außenpolitik ein Axiom [g] und habe auch zu der Anlehnung an Frankreich und Rußland geführt. Er könne mir verbürgen, daß man hier das beste Verhältnis mit Deutschland wünsche [h] und die Aufnahme, die zum Beispiel die Ausführungen Euerer Exzellenz und des Herrn von Kiderlen im Reichstage sowie meine neuliche Rede beim Festmahl der Royal Society gefunden, müßten mir die Richtigkeit dieser Ansicht beweisen [i]. Auch würde uns niemand hier den Krieg machen wollen, solange keine europäischen Verwicklungen [k] einträten. Die Folgen eines europäischen Krieges aber seien ganz unberechenbar, und könne er alsdann für gar nichts einstehen [l].

Lord Haldane kam auch auf die Politik Sir E. Greys und seinen Vorschlag zu sprechen. Er ist bekanntlich mit dem Foreign Secretary intim befreundet, und dieser wohnt sogar zeitweise bei ihm. Er bestätigte mir, daß Sir Edward nach Möglichkeit danach trachte, eine vermittelnde Haltung einzunehmen und es vermeide, als Parteigänger der Ententegruppe in dieser Krisis zu erscheinen [m]. Lord Haldane meint, die angeregte Vorbesprechung werde Russen und Österreicher zwingen, mit greifbaren Anträgen hervorzutreten, was bisher nicht geschehen, und befürwortet die Wahl von London als den geeignetsten Ort. Inzwischen müsse aber alles vermieden werden, was zu einer scharfen Sonderung der Gruppen (harden

[d] sie werden es doch müssen
[e] das ist eigentlich eine versteckte Drohung oder Kampfansage!
[f] richtig; haben wir schon berechnet
[g] sie ist ein Blödsinn! und wird England ewig zu unsrem Feinde machen
[h] bei solchen Auffassungen gänzlich nutzlos!
[i] alles Quatsch!
[j] ohne ernste Folgen
[k] die werden eintreten
[l] ich auch nicht!
[m] er bleibt aber doch Parteigänger der Gallo-Slaven gegen die Germanen!

the groups) führen könnte[n]. Dieselben müßten sich vielmehr möglichst in „Gelatine" verwandeln[o].

42. Kohlhaas[85] an Bethmann Hollweg: Revolutionsgefahr in Rußland und Kriegsbereitschaft.
Archiv des Auswärtigen Amtes, Rußland, Allg. Angelegenheiten 61, 121.

3. Dezember 1912

Die Frankfurter Zeitung hat unlängst (zweites Morgenblatt vom 20. November Nr. 322) unter der Überschrift „Rußland und der Balkankrieg" einen Artikel aus der Feder ihres St. Petersburger Korrespondenten veröffentlicht, der ein meines Erachtens völlig falsches Bild von der Stimmung und der innerpolitischen Situation des Landes gibt. Es wird dort behauptet, daß ein Krieg gegen Österreich, gegen die „Deutschen" überhaupt, in Rußland unzweifelhaft populär wäre, und auf diese Behauptung den Schluß gestützt, daß deshalb die stärkste Hemmung der Kriegspartei, die begründete Furcht vor inneren Unruhen, entfalle und die russische Regierung selbst im Fall eines unglücklichen Ausgangs dieses Krieges nichts anderes zu befürchten habe, als Aufstände in den Grenzprovinzen, die doch aussichtslos seien. Soviel mir bekannt ist, hält sich der jetzige Korrespondent der „Frankfurter Zeitung" noch kaum mehr als ein halbes Jahr in Rußland auf und dürfte schon aus diesem Grunde, zumal er des Russischen nicht hinreichend mächtig ist, bisher kaum in der Lage gewesen sein, ein selbständiges Urteil über die Volksstimmung und die ganze innere Lage Rußlands zu gewinnen, was hier ja ungleich schwieriger ist, als in westeuropäischen Ländern. Aus diesem Grunde könnte jener Artikel an sich unbeachtet bleiben; es scheint mir aber, daß er bei der Bedeutung des Blattes, wo er erschienen ist, gerade im gegenwärtigen Moment nicht ohne Widerspruch bleiben sollte.

Es unterliegt keinem Zweifel, daß ein Krieg gegen Österreich und

[n] Quatsch!

[o] weil England zu feige ist Frankreich und Rußland offen in diesem Falle sitzen zu lassen, und zu sehr neidisch ist auf uns und uns haßt, deswegen sollen andre Mächte ihre Interessen nicht mit dem Schwert verteidigen dürfen, da es dann trotz aller Versicherungen, trotz Marschall[86] und Lichnowsky doch gegen uns gehen will. Das richtige Krämervolk! Das nennt es Friedenspolitik! Balance of Power! Der Endkampf der Slaven und Germanen findet die Angelsachsen auf seiten der Slaven und Gallier.

[85] Generalkonsul in Moskau.

[86] Marschall v. Bieberstein, deutscher Botschafter in London 1912.

Deutschland über den engen Kreis der Kriegspartei am Hofe und im Generalstab hinaus von einem großen Teil des Offizierkorps und der höheren Beamtenschaft, vom größten Teil der russischen Presse und außerdem von den mehr lärmenden als zahl- und einflußreichen panslavistischen Gesellschaften in St. Petersburg und Moskau freudig begrüßt würde. Allein diese Kreise sind im Verhältnis nicht nur zum russischen Volke, sondern auch zu dem kulturell überhaupt in Betracht kommenden Teile desselben der Zahl nach ganz klein und sie stehen nur in höchst loser Fühlung mit den tatsächlichen Strömungen des russischen Lebens. Außerhalb dieser beschränkten und sozusagen isolierten Kreise wäre zur Zeit jeder Krieg unter irgendeiner Losung — auch unter der panslawistischen — durchaus unpopulär. Unpopulär bei den gebildeten Klassen natürlich nicht etwa deshalb, weil die alte Antipathie der liberalen Intelligenz und Bourgeoisie gegen das offizielle Deutschland und das angeblich von ihm gelenkte Österreich verschwunden wäre, sondern aus dem unlängst schon betonten Grunde, weil diese Teile der Bevölkerung, die sich heute wieder mehr als in all den letzten Jahren seit der Revolution ungeachtet aller Parteiunterschiede in einem großen gemeinschaftlichen oppositionellen Lager zusammengefunden haben, ihre ganze Aufmerksamkeit und ihre ganze Kraft auf den innerpolitischen Kampf gegen das reaktionäre Regierungssystem konzentrieren, der, wenn nicht alles trügt, in den nächsten Monaten die Woge der Opposition noch höher wird anschwellen lassen. Der unerwartete Umschwung nach links, der sich unter dem Drucke der das ganze Land beherrschenden Mißstimmung trotz aller Wahlmache der Regierung in der Gruppierung der neuen Duma vollzogen hat, beschäftigt heute schon die russische Presse und die überhaupt an der Politik Anteil nehmenden Schichten der Bevölkerung wieder ungleich mehr als der Balkankrieg und die damit zusammenhängenden Fragen.

Sieht es so in den politisch regsamsten Teilen des russischen Volkes aus, so fehlt es auch sonst überall an Anzeichen dafür, daß ein Krieg jetzt populär sein könnte. Die Geistlichkeit hat sich von vornherein von der panslawistischen Agitation völlig ferngehalten, teils wohl auf Befehl von Oben, teils aber auch, weil sie ebenfalls viel zu sehr mit ihren eigenen Angelegenheiten, insbesondere mit der Frage der Befreiung von der Vormundschaft des Heiligen Synods beschäftigt ist. Handel, Industrie und Großgrundbesitz wünschen nichts als Ruhe nach außen und nach Innen. Die Bauern in Zentralrußland stehen vor dem Rätsel der Stolypinschen Agrargesetzgebung, deren Durchführung für Millionen von ihnen die endgültige Loslösung vom Lande und die Verwandlung in landloses städtisches Fabrikproletariat zur unausbleiblichen Folge haben muß. Außerdem steckt, zumal der Russe ja wenig militärischen Geist hat, die frische Erinnerung an den japanischen Krieg, der ja zum größten Teil mit den Reservisten der großrussischen Gouvernements ausgefochten wurde, den Bauern Zentralrußlands noch in allen Gliedern. Über die Popularität eines auswärtigen Krieges bei der sozialistisch durchtränkten Arbeiterschaft bedarf es keines Wortes.

So fehlt es in allen Schichten der Bevölkerung an jedem Interesse, das einen Krieg populär machen könnte. Das Gerede von den slawischen Brüdern und vom Kreuzzug nach Zargrad zieht heute in Rußland nicht mehr, und auch der sogenannte Deutschenhaß ist, wo er überhaupt anzutreffen ist, doch tatsächlich nur ein künstliches, sozusagen literarisches Erzeugnis ohne tieferen Boden im russischen Volke.

Da also von der Popularität eines Krieges gegen Österreich und Deutschland nach meiner Überzeugung nicht die Rede sein kann, so entfällt auch die an diese Annahme geknüpfte Schlußfolgerung jenes Artikels. Ich möchte annehmen, daß die russische Regierung selbst und sogar die Großfürsten und Generäle der Petersburger Kriegspartei, wenn sie auch nach außen hin gerne den Mund etwas vollnehmen, die innerpolitische Lage doch ganz wesentlich anders und sorgenvoller ansehen, als der Korrespondent der „Frankfurter Zeitung". Sie wissen, daß das Heer und die Flotte von revolutionärer Propaganda verseucht sind, daß die Hochschulen heute noch die gleiche Rolle spielen, wie früher, daß die niedere Geistlichkeit und die Volksschullehrer politisch ganz unzuverlässig sind, daß die Bauern sich durch die im Gang befindliche Agrarreform vielfach als in ihren vitalen Interessen geschädigt betrachten, daß die Arbeiterschaft fester organisiert ist als vor 1905, daß jenseits der Grenzen Tausende von politischen Flüchtlingen nur auf den Zeitpunkt warten, um die revolutionäre Propaganda wieder offen in das Land zu tragen, daß die Opposition in den letzten Monaten riesige Fortschritte an Sammlung zu verzeichnen hat, daß, kurz gesagt, der ganze gegenwärtige Pseudokonstitutionalismus einzig und allein durch rücksichtslose Handhabung des althergebrachten Polizeiregimes aufrechterhalten wird.

Die russische Regierung, die das Alles genau kennt, wird sich ohne allen Zweifel ängstlich hüten, auf die angebliche Popularität eines Krieges gegen Österreich und Deutschland deshalb zu bauen, weil die undisziplinierte und unzuverlässige russische Presse heute ein solches Lied singt und die panslawistischen Kreise in Petersburg und Moskau Brandreden halten.

43. Georg Alexander v. Müller, Tagebuch: „Kriegsrat" des Kaisers.
G. A. v. Müller, Kaiser 124—125.

Berlin, 8. Dezember 1912

11 Uhr zum Kaiser ins Schloß befohlen, mit Tirpitz und den Chefs des Generalstabes und Admiralstabes zusammen. Der Kaiser erzählt aus einem telegraphischen Bericht des neuen Botschafters in London, Fürsten Lichnowsky, über die politische Lage. Haldane habe als Sprachrohr Greys dem Fürsten erklärt, daß England, wenn wir Frankreich angriffen, unbedingt Frankreich beispringen würde, denn England könne nicht dulden, daß die balance of power in Europa gestört würde. Se. Majestät begrüßte diese Mitteilung als erwünschte Klärung der Lage denjenigen gegenüber, die sich durch englische Pressefreundlichkeiten der letzten Zeit Englands sicher glaubten.

Se. Majestät habe sich folgendes Bild gemacht:

Österreich müsse den auswärtigen Slaven (Serben) gegenüber kraftvoll auftreten, sonst verliere es die Macht über die Serben der österreichisch-ungarischen Monarchie. Wenn Rußland die Serben stütze (Sassonoffs Erklärung, Rußland würde sofort in Galizien einrücken, wenn Österreich in Serbien einrücke) wäre der Krieg für uns unvermeidlich. Wir könnten aber hoffen, Bulgarien und Rumänien, auch Albanien und vielleicht auch die Türkei auf unserer Seite zu haben. Ein Bündnisangebot Bulgariens an die Türkei sei schon ergangen. Wir hätten den Türken sehr zugeredet.

Se. Majestät habe auch kürzlich dem Kronprinzen von Rumänien[87], der auf der Durchreise von Brüssel durch Berlin gekommen sei, sehr zur Verständigung mit Bulgarien zugeredet. Treten diese Mächte auf Österreichs Seite, dann seien wir soweit frei, daß wir den Krieg mit ganzer Macht gegen Frankreich führen könnten. Die Flotte müßte sich natürlich auf den Krieg gegen England einrichten.

Der von dem Chef des Admiralstabes im letzten Vortrag erörterte Fall eines Krieges mit Rußland allein werde nach der Haldaneschen Erklärung außer Betracht bleiben. Also gleich Unterseebootskrieg gegen englische Truppentransporte bzw. nach Dünkirchen, Minenkrieg in der Themse. An Tirpitz gerichtet: Schleunige Mehrbauten von U-Booten etc. — Empfehlung einer Konferenz aller Marinestellen.

General v. Moltke: „Ich halte einen Krieg für unvermeidlich und: je eher, desto besser." Wir sollten aber durch die Presse die Volkstümlichkeit eines Krieges gegen Rußland im Sinne der Kaiserlichen Ausführungen besser vorbereiten. Seine Majestät bestätigt dies und fordert Staatssekre-

[87] Ferdinand, Neffe König Karls I. (Carol), König Okt. 1914—1927.

tär v. Tirpitz auf, auch mit seinen Pressemitteln nach dieser Richtung zu wirken.

Tirpitz macht darauf aufmerksam, daß die Marine gern das Hinausschieben des großen Kampfes um 1½ Jahre sehen würde.

Moltke erwiderte: „Die Marine würde auch dann nicht fertig sein, und die Armee käme in immer ungünstigere Lage, denn die Gegner rüsteten stärker als wir, die wir mit dem Gelde sehr gebunden seien."

Das war das Ende der Besprechung. Das Ergebnis war so ziemlich Null.

44. Aufzeichnung Bethmann Hollweg: Rüstungen. Gr. Pol. 39, 145—148.

Berlin, 14. Dezember 1912

Seine Majestät der Kaiser hat dem Kriegsminister und dem Staatssekretär des Reichsmarineamts nach Auskunft des Generals von Plessen [88] durch diesen sagen lassen, sie sollten die momentane Bereitwilligkeit der gesamten Bevölkerung, für Rüstungszwecke alles und jedes zu bewilligen, ausnützen und Vorlagen vorbereiten, welche die noch vorhandenen Lükken in unseren Rüstungen schlössen.

Auf Befragen erklärte mir der *Kriegsminister* [89], seine Pläne seien vom militärischen Standpunkte aus folgende:

1. Die vom Reichsschatzsekretär ihm bereits zugestandene Dotierung eines Nachtragsetats für 1913 mit 7 Millionen Mark, um das Flugwesen auszubauen, sei ungenügend. Nach den Berechnungen des Generalstabes seien im ganzen 73 Millionen erforderlich, wovon auf 1913 rund 28 Millionen entfielen. Ob er sich dieser Forderung in voller Höhe anschließen werde, stehe noch dahin, immerhin glaube er, daß seine Forderung für 1913 nicht weit unter 28 Millionen herabgehen werde. Die Gesamtsumme müsse baldmöglichst bewilligt werden, da wir sonst keine Aussicht hätten, den Vorsprung Frankreichs auch nur einigermaßen einzuholen.

2. Die Heeresvorlage vom Frühjahr 1912 habe er in Übereinstimmung mit dem Chef des Generalstabs für ausreichend gehalten, wiewohl er bei seinen Forderungen natürlich auf die Finanzlage Rücksicht genommen habe. Jetzt sei die Sachlage verändert. Die Erstarkung der Südlsaven, namentlich der Serben, werde bei einem russisch-französisch-deutsch-österreichischen Kriege Österreich zwingen, starke Truppenmassen gegen Serbien stehen zu lassen. Die Hilfe, die uns Österreich gegen Rußland leisten könne, werde also eine stark verminderte sein. Das zwinge uns zu

[88] Generaloberst, Chef des Hauptquartiers 1892—1918.

[89] Josias v. Heeringen, 1909—1913.

weiteren Rüstungen. Dazu komme noch ein anderes Moment. Tatsächlich stellten wir lange nicht alle tauglichen Mannschaften ein. Deshalb müßten jetzt im Kriegsfalle zahlreiche ältere Jahrgänge an den Feind geführt werden, während junge an sich kriegstüchtige, aber unausgebildete zurückblieben. Das sei im Volke bekannt und erzeuge Unzufriedenheit und Beunruhigung. Durch die Treibereien des Wehrvereins und der Alldeutschen sei außerdem das Mißtrauen weiter Volkskreise in unsere Kriegsstärke geschürt worden, und er müsse befürchten, daß dieses Mißtrauen bereits Teile der Armee ergriffen habe. Er könne sich als Kriegsminister nicht dauernd von Seiner Majestät dem Kaiser und in der Öffentlichkeit den Vorwurf machen lassen, daß er ungenügend für die Stärke der Armee sorge. Wir hätten Menschenkräfte genug, um uns sehr viel stärker zu machen, als wir es gegenwärtig seien, und an dem erforderlichen Gelde fehle es im Lande auch nicht, auch wenn, wie er zugeben müsse, die bestehenden Reichssteuern nicht genügend Geld lieferten. Er müsse die Frage zur Entscheidung bringen, ob wir, weil momentan keine laufenden Einnahmen vorhanden seien, darauf verzichten wollten, uns so stark zu machen, wie wir sonst könnten, oder ob wir diese Stärkung vornehmen wollten, indem wir die dafür erforderlichen Mittel eventuell im Wege der Anleihe aufbrächten. Die Verstärkung unserer Rüstung werde nicht sowohl in der Aufstellung neuer Kaders bestehen, als in der Erhöhung der Etatsstärken, in der Bildung der noch fehlenden dritten Bataillone und Maschinengewehrabteilungen, der Bespannungsergänzung bei der Feldartillerie usw. Frühester Termin für die Durchführung dieser Verstärkungen sei der 1. Oktober 1913. Bis zum Mai 1913 müßten aber die entsprechenden Vorlagen Gesetz geworden sein, da noch beim Aushebungsgeschäft 1913 die erforderlichen Mannschaften ausgehoben werden müßten. Über den Kostenbedarf könne er noch nichts sagen, er glaube aber, daß auf 1913 etwa 400 Millionen entfallen würden.

Der Staatssekretär des Reichsmarineamts äußerte sich in folgender Weise:

Bereits seit dem Sommer werde er von Seiner Majestät zu einer Marinevorlage gedrängt. Er habe sich dazu bisher schweigend verhalten. Wenn aber jetzt eine Heeresvorlage gemacht werde, müsse er verlangen, daß auch eine Marinevorlage eingebracht werde. Diese werde neben relativ unbedeutenden Forderungen für das Flugwesen die Beschleunigung des Baues von Panzerkreuzern verlangen, ohne daß der Schiffsbestand im ganzen dadurch vermehrt werde. Auf diese Baubeschleunigung bei den Panzerkreuzern habe er bei der letzten Flottenvorlage nur wider Willen verzichtet. Die Baubeschleunigung werde sich ohne neues Gesetz lediglich durch den Etat bewerkstelligen lassen.

Ich habe den beiden Herren erwidert, daß ich ihnen gegenüber zu diesen auf den ersten Blick gänzlich undurchführbar erscheinenden Projekten einstweilen sachlich noch nicht Stellung nehmen wolle. Ich müsse aber mit allem Nachdruck verlangen, daß sie sich hinter meinem Rücken auch Seiner Majestät gegenüber nicht bänden, daß von Vorarbeiten, die sie innerhalb ihrer Ressorts etwa vornähmen, auch nicht das geringste in die Öffentlichkeit dringen dürfe, und daß ich irgendwelche Preßtreiberei zugunsten der Projekte unter keinen Umständen dulden könne.

45. Telegramm Bethmann Hollweg an Wilhelm II. (mit Randbemerkungen des Kaisers): Kriegsgefahr nur bei Provokation. Englands Haltung. Geheime russische Nachrichten. Keine Flottenvorlage. Gr. Pol. 39, 9—11.

Berlin, 18. Dezember 1912

Die Verhandlungen der Botschafter in London haben gestern begonnen und lassen nach allen Informationen, die hier eingezogen sind, ein günstiges Resultat erwarten. Bei der ruhigen und sachlichen Haltung Österreich-Ungarns und Italiens könnte eine kriegerische Lösung nur durch intransigente Haltung eines von Rußland oder Frankreich aufgestachelten Serbiens herbeigeführt werden.

Daß ein Krieg mit Rußland für uns auch einen Krieg mit Frankreich bedeutet, ist sicher. Dagegen ist es nach vielfachen Anzeichen zum mindesten zweifelhaft [a], ob England aktiv eingreifen würde, wenn Rußland und Frankreich direkt als die *Provozierenden* erscheinen [b]. Denn dann hätte die englische Regierung mit ihrer öffentlichen Meinung zu rechnen. Äußerungen wie die Haldanes und ähnliche deuten nur [c] darauf hin, daß England zugunsten eines niedergeworfenen Frankreich nachträglich — zunächst wohl diplomatisch [d] — eintreten würde. Unter allen Umständen haben wir [e] diese Chance, wenn *wir* jede Provokation vermeiden [f]. Wie

[a] Ich zweifle keinen Augenblick daran

[b] die werden sich schon hüten, daß es so aussieht!

[c] Haldane hat ausdrücklich erklärt, daß die Möglichkeit der Niederwerfung nicht geduldet werden würde, somit ist ein *sofortiges* Eingreifen Englands unbedingt *sicher*; nicht aber *nachträglich*!

[d] *keine Rede davon!* Das ist ein schwerer Trugschluß! Wird durch die tatsächlich kriegsbereit konzentrierten zum Auslaufen fertigen Flotten widerlegt

[e] nein!

wir können nach *unserer* Ansicht jede Provokation vermieden haben, und werden doch als *Provozierenden* dargestellt werden, sobald es den Gegnern und der von ihnen *gekauften* Presse paßt!

wir auf vertraulichem, aber glaubwürdigem Wege erfahren haben, hat der russische Botschafter in London Graf Benckendorff dieses Moment eindringlich in St. Petersburg hervorgehoben und darum wiederholt auch vor dem Schein einer Provokation [g] gewarnt, die er gern uns zuschieben möchte [h].

Unter diesen Umständen ist es dringend erwünscht, daß in der Öffentlichkeit während der gegenwärtigen Londoner Verhandlungen keine deutschen Pläne von Heer- und Flottenvermehrungen bekannt werden. Ein solches Bekanntwerden würde mit Leichtigkeit gegen uns als Provokation ausgenutzt werden können, würde uns, falls es jetzt zur kriegerischen Entscheidung kommt, noch keine Stärkung bringen, wohl aber geeignet sein, in weiten Kreisen das Vertrauen in die Stärke unserer jetzigen Rüstung zu erschüttern und den englischen Chauvinisten die erwünschte Gelegenheit geben, sofort gegen uns aktiv in einen Krieg einzugreifen [i].

Euere Kaiserliche und Königliche Majestät beehre ich mich daher alleruntertänigst zu bitten, die Militär- und Marineinstanzen dahin anzuweisen, daß etwaige Vorarbeiten für spätere Vorlagen absolut geheimgehalten und auch vor der Entscheidung innerhalb der Reichsressorts nicht zur Kenntnis der Bundesstaaten gebracht werden [k].

Nach den mir vorgelegten Zeitungsausschnitten und nach dem Verhalten von Einzelversammlungen von Wehr- und Flottenvereinen unter dem Vorsitz inaktiver Land- und Seeoffiziere wird bereits eine starke Agitation für eine erneute Flottennovelle betrieben [l]. Ich muß dieselbe im jetzigen Stadium der politischen Konstellation nach pflichtmäßigem Ermessen als durchaus inopportun und direkt bedenklich bezeichnen und bitte um Euerer Majestät Zustimmung, den Herrn Chef des Reichsmarineamts [m] in diesem Sinne zu verständigen. Die Gründe hierfür wollen Euere Maje-

[f] Es wird hier ein großer Wert auf *Provokation* gelegt. Eine solche läßt sich bei einigermaßen geschickter Diplomatie und geschickt geleiteter Presse *stets konstruieren* (Spanische Kronkandidatur zum Beispiel 1870) und muß *stets zur Hand gehalten werden.* Die Ansichten darüber werden stets auf beiden Seiten auseinandergehen!

[g] liegt schon in der Einbehaltung der Reserven und Rüstungen sowie *Ankäufen* bei uns!

[h] besten Dank!

[i] die alten Kamellen, die jedesmal gegen Vorlage bei uns vorgebracht werden! Genau so hieß es im vorigen Winter gegen unsre Novelle und ist doch nicht eingetreten!

[k] einverstanden

[l] ist bei der Gesamtlage sehr begreiflich und gut und anerkennenswert!

[m] der hat damit gar nichts zu tun!

stät aus meinen obigen Ausführungen allergnädigst ersehen. Eine offiziöse Propaganda [n] darf meines alleruntertänigsten Erachtens erst einsetzen, wenn bestimmte Pläne festgelegt sind, und nachdem die jetzige politische Krisis, auf deren Lösung neue Anforderungen keinen Einfluß mehr haben könnten, vorüber ist.

Euere Majestät wage ich alleruntertänigst zu bitten, mir Allerhöchstdero Zustimmung zu dem von mir vorgeschlagenen modus procedendi auszusprechen [o] und mir nach Euerer Majestät Rückkehr aus München Gelegenheit zum Vortrag über die Gesamtheit dieser Fragen, von denen die ganze künftige Politik anhängt [p], geben zu wollen.

Bemerkung Kaiser Wilhelms II. am Kopf des Schriftstücks:
Den 3 Kabinetten zur *sofortigen* Kenntnisnahme und *mündlichen* Information *sofort* an Kriegsminister und Reichsmarineamt sowie auch an Chef des Generalstabes und Admiralstabs. Alles *persön*lich durch die Chefs noch heute.
1. Marine Kabinett
2. Militär Kabinett
3. Chef Generalstabes
4. Chef Admiralstabes.

46. Aufzeichnung Bethmann Hollweg: Einverständnis des Kaisers.
Gr. Pol. 39, 11—12.

Berlin, 20. Dezember 1912

Herr von Valentini hat mir das anliegende, am 18. an Seine Majestät gerichtete Telegramm gestern in München mit dem Bemerken zurückgegeben, daß die auf dem Kuvert vermerkten Befehle Seiner Majestät ausgeführt seien. Er habe die allerhöchsten Randvermerke mit Seiner Majestät durchgesprochen und auf seine Bemerkung, Seine Majestät schiene danach mit den Ausführungen des Telegramms nicht einverstanden, die Antwort erhalten: Im Gegenteil, er sei vollkommen einverstanden. — Der nächste Zweck, daß Seine Majestät mit den Bundesfürsten nicht über Wehrvorlagen spreche, sei erreicht. Aus meinen Gesprächen mit den Bundesfürsten habe ich jedenfalls das Gegenteil nicht heraus gehört.

Bei der Fassung der Randvermerke haben ersichtlich Rücksichten auf Herrn von Tirpitz mitgesprochen.

[n] um eine solche dürfte es sich hier nicht handeln! Sondern unser Volk ist über die Lage tief erregt und gibt dem Gefühl hierzu Ausdruck

[o] ja, aber das ändert nichts an der Tatsache der später zu machenden Forderungen, die ich unbedingt haben will!

[p] aha!

47. Bethmann Hollweg an Eisendecher[90]: Der kaiserliche „Kriegsrat". Flottenpolitik und England. Fischer, Krieg 237—238.

20. Dezember 1912

Haldanes Eröffnung an Lichnowsky war durchaus nicht so ernst. Sie gab nur wieder, was wir längst wissen: *daß England nach wie vor die Politik der balance of power vertritt und sich deshalb für Frankreich einsetzen wird, wenn dieses in einem Kriege Gefahr läuft, von uns vernichtet zu werden.* S. M., der trotz seiner Politik verlangt, daß England uns um den Hals fällt, hat sich darüber entsetzlich erregt, sofort — natürlich hinter meinem und Kiderlens Rücken — mit seinen Getreuen von Heer und Flotte einen Kriegsrat abgehalten, die Vorbereitung einer Heeres- *und Flotten*vorlage anbefohlen und das sowie das Haldanesche Gespräch, phantastisch ausgeschmückt, Gott und der Welt ausposaunt. Allerdings war, wie ich *vermute,* eine Folge unserer diesjährigen Flottennovelle außer den kanadischen Dreadnoughts ein noch engerer Anschluß Englands an Frankreich. Will S. M. im Verein mit Tirpitz das Band ganz unzerreißbar machen, so wird ihm das mit Hilfe einer neuen Flottennovelle ohne Schwierigkeiten gelingen. Bei verständiger Politik erblicke ich dagegen in den Haldaneschen Äußerungen nichts Bedrohliches.

In der jetzigen Krisis hat England durchaus loyal und vertrauensvoll mit uns gearbeitet und namentlich auf Rußland mit bestem Erfolge kalmierend gewirkt. Es will eben keinen Kontinentalkrieg, weil es selbst in einen solchen verwickelt werden würde, selbst aber nicht fechten mag. Insofern haben seine Verpflichtungen gegen Frankreich vielleicht etwas Gutes. Aber wir dürfen keine nervöse Hampelmannpolitik treiben, sonst reißt den anderen doch einmal die Geduld.

48. Aufzeichnung Bethmann Hollweg: Belgische Neutralität und Durchmarsch. Geiss, Julikrise 575.

22. Dezember 1912

S. M. hat gestern in meinem Beisein dem General von Moltke Folgendes gesagt:

Der König von Belgien[91] habe ihm, dem Kaiser am 19. d. M. in München gesagt, er lege Wert auf die Versicherung, daß die belgische Heeresverstärkung gegen keine einzelne Macht gerichtet sei, wohl aber dazu

[90] Preußischer Gesandter in Karlsruhe 1884—1919.

[91] Albert I., 1909—1933.

dienen solle, im Falle eines Kontinentalkrieges die belgische Neutralität zu verteidigen. England habe vor einiger Zeit seinen Generalstabschef nach London eingeladen, um an englisch-französischen Besprechungen über militärische Kooperation im Kriegsfalle teilzunehmen. Er habe diese Teilnahme verboten, weil er unter allen Umständen strengste Neutralität wahren, diese aber auch im Notfalle verteidigen wolle.

S. M. hat dem König erwidert, sein Wunsch sei im Kriegsfalle lediglich darauf gerichtet, eine gesicherte rechte Flanke zu haben. General Moltke bemerkte S. M. gegenüber, er müsse sich die Situation zunächst überlegen. Unser Aufmarsch gegen Frankreich sei bekanntlich darauf basiert, daß wir durch Belgien vorrückten. An diesem Aufmarsch lasse sich jedenfalls nichts mehr ändern. Die belgische Heeresverstärkung müsse wohl zuerst tatsächlich durchgeführt werden. Vorher sei Belgien wohl zu schwach, seine Neutralität mit den Waffen zu wahren.

49. Georges Louis [92], Tagebuch: Krivošejn über Krieg und Revolution.

Louis, Carnets 48, aus dem Französischen übersetzt von Gertrud Hässig.

28. Dezember 1912

... Der Landwirtschaftsminister Krivošejn, den Kokovcov [93] daran hindert, Präsident des Ministerrats zu werden, sagt zu Marchand [94]: „Man hat den Zaren davon überzeugt, daß der Krieg eine Revolution im Lande herbeiführen würde. Doch wenn man dem Zaren dies sagt, so täuscht man ihn. Es ist meines Erachtens der Friede um jeden Preis, der eine Revolution hervorrufen kann.“ ...

50. Rodd [95] an Grey: Staatssekretär v. Jagow über die deutsche Außenpolitik und England.

Brit. Dok. X. 2. 2, 1068—1074.

Rom, 6. Januar 1913

Nachdem ich mit dem deutschen Botschafter [96], der nun demnächst Minister des Auswärtigen sein wird, einen langen ruhigen Abend von 8 bis 11 verbracht, wobei wir alle möglichen Themen erschöpfend besprochen

[92] Französischer Botschafter am Zarenhof 1909—1913.
[93] Präsident des Ministerrates 1911—1914.
[94] Korrespondent des „Figaro“ (Paris).
[95] Englischer Botschafter in Rom 1908—1919.
[96] Gottlieb v. Jagow 1909—1912, Staatssekretär des Auswärtigen 1913—1916.

haben, muß ich versuchen, Ihnen ein möglichst getreues Bild von der Einstellung zu geben, in der er an seine neue Arbeit geht, und zwar ungern geht, weil er hier glücklich und zufrieden war, wegen der großen Schwierigkeiten, die er voraussieht, und weil er etwas besorgt darüber ist, ob sich seine Gesundheit als ausreichend erweisen wird.

Zunächst über die gegenwärtige Krise, an deren Erörterung uns weniger lag, da er noch nicht ganz sicher ist, ob er sofort oder, wie er hofft, erst am 18. wird abreisen müssen. Er hat das Gefühl, daß er, wenn er morgen nach Berlin ginge, eher nur die schon eingeschlagene Bahn weiter verfolgen könnte, als leitend einzugreifen, und er glaubt, daß der Unterstaatssekretär, Zimmermann [97], die schwebenden Angelegenheiten durchaus befriedigend erledigen wird. Seine eigene Auffassung über Österreich ist, daß mit diesem, wegen des völligen Fehlens einer Führung dort, sehr schwer zurechtzukommen ist. Er denkt sehr gering von Graf Berchtolds [98] staatsmännischen Eigenschaften — meint sogar, er sei ein weiterer von Aehrenthals Mißgriffen —, obwohl man zu seiner Entlastung sagen sollte, daß er sein derzeitiges Amt keineswegs angestrebt hat. Deutschland muß Österreich Unterstützung gewähren, aber dies ist sehr schwierig, weil dessen Politik so wenig Konsequenz und Methode aufweist; die Ansichten wechseln von Tag zu Tag und seine Verbündeten wissen nicht, was sie zu erwarten haben. Er ist sich des Ernstes der Skutarifrage vollauf bewußt, denkt indes nicht, daß sich Österreich in diesem Punkt umstimmen läßt, wenn er auch glaubt, daß man einen Ausgleich finden kann und wird, indem man Montenegro greifbare materielle Zugeständnisse macht ohne die eigentliche Stadt Skutari, die immer als die Hauptstadt Albaniens gegolten hat — Zugeständnisse, die es zufriedenstellen sollten. Er pflichtet bei, daß man den gegenwärtigen Herrscher Montenegros halten müsse, um so mehr als es unerwünscht ist, daß Montenegro von Serbien verschlungen werde, da er meint, daß sich ein Volk unvermischten slawischen Bluts politisch nicht zu entwickeln vermöge, er hält aber die Söhne des Königs von Montenegro für unfähig oder charakterlos und bezweifelt, ob, wenn der König einmal nicht mehr da ist, Montenegro seine Selbständigkeit wird wahren können.

Was ihm wirkliche Sorge bereitet, ist das österreichische Reich selbst. Dort scheinen ihm alle Elemente der Auflösung vorhanden zu sein und rasch heranzureifen und er glaubt, die Zeit sei nicht so sehr fern, da es den Weg des ottomanischen Reichs gehen werde. Aus dem Zerfall könnte ein

[97] Arthur, Unterstaatssekretär 1911—1916, Staatssekretär des Auswärtigen 1916/17.

[98] Österreichisch-ungarischer Außenminister 1912—1915.

slawischer Staat oder Staatenbund hervorgehen, der zahlenmäßig stärker sein wird als der madjarische Bestandteil, und das deutsche Element wird an die Wand gedrückt werden. Dessen Angliederung an das Deutsche Reich wäre (von seinem preußischen Standpunkt aus) ein Nachteil, weil Deutschland schon zu viele Katholiken hat; die deutschen Katholiken nehmen ihre Religion sehr ernst und bilden, wie die Dinge liegen, ein imperium in imperio, das der dem Wesen nach germanischen Idee ergebenster (whole-hearted) Untertänigkeit gegen den Staat widerstrebt. Im Deutschen Reich einverleibt, würden die österreichischen Katholiken diese Partei in den Stand setzen, das fortschrittliche protestantische Element zu erdrücken. Diese mögliche Auflösung des österreichischen Reichs, oft, aber vielleicht nie mit solch gutem Grund ins Auge gefaßt, erfülle ihn als Deutschen mit Sorge, denn, sagte er, „die Österreicher sind die einzigen Freunde, die wir in Europa haben“ — die Italiener rechnete er offenbar dazu nicht.

Dies ist indes von fernerliegendem Interesse. Was Sie wohl eher hören möchten, sind seine Ansichten darüber, wie sich unsere gegenseitigen Beziehungen aufrechterhalten oder bessern lassen. Ich entnehme seinen Äußerungen, daß er abgesehen von den Eventualitäten, die sich aus der derzeitigen verwickelten Balkan-Regelung ergeben können, in naher Zukunft keinen besonderen greifbaren Anlaß zu Schwierigkeiten erblickt. Das Problem ist, wie sich eine gewisse geistige Einstellung wandeln läßt, die in den beiden Nationen Wurzel geschlagen hat und die als bedeutungslos hinstellen zu wollen zwecklos ist. Er glaubt nicht an ein Überstürzen der Dinge und an den Wahn, daß alles gut gehen wird, weil für den Augenblick eine détente besteht. Dafür sitzt die Sache zu tief. Er gibt offen zu, daß für uns die Schwierigkeit darin liegt, daß wir niemals haben erfahren können, was Deutschland eigentlich will, und der Grund dafür ist großenteils der, daß Deutschland es selber nicht weiß. Sein wirtschaftliches Aufblühen habe sich ungemein rasch vollzogen. Das Verlangen nach nationaler Ausbreitung sei Hand in Hand mit dieser wirtschaftlichen Entwicklung gewachsen, ein vorbedachter Ausbreitungsplan habe jedoch nicht bestanden. Bei den Deutschen selber habe sich jenes Verlangen (it) nicht zu fester Gestalt verdichtet und dessen Bekundung nehme mehr die Form des Unwillens darüber an, daß sie selbst die Gelegenheiten versäumten, die man inzwischen andere sich habe zunutze machen sehen. Die Marokkoaffaire sei, das gibt er unumwunden zu, eine Niederlage für Deutschland gewesen. Er behauptet, worin ich ihm allerdings nicht ganz beistimme, daß sich der deutsche Groll in dieser Hinsicht nicht gegen uns, sondern gegen Frankreich richtet, und er war, als ich an die Geschichte der neueren Zeit erinnerte, ebenso bereit zuzugeben, daß das deutsche

Verhalten der verantwortliche Faktor gewesen sei, der uns in engere Beziehungen zu Frankreich gebracht habe; es sei unter den gegebenen Verhältnissen unvermeidlich gewesen, daß wir uns in der Marokkofrage an die Seite Frankreichs stellten, und als Engländer hätte er das Marokkoabkommen gebilligt. Doch das sei nun abgetan und begraben. Man habe unterdessen die Lehre daraus gezogen, und dies bringe ihn auf einen Punkt, über den er eine sehr entschiedene Auffassung hege. Er bezweifle stark, ob sich das ottomanische Reich sogar in Asien noch lang werde halten können. Er sei überzeugt, daß das Ende einer Macht gekommen sei, die nur kraft aggressiver Eroberungen bestehe und höherer Entwicklung unfähig sei. Solange sie aber einen gewissen Anschein von Zusammenhalt und Autorität zu bewahren vermöge, glaube er, daß es im deutschen Interesse liege, die Überbleibsel des ottomanischen Reichs in Asien zu stützen, und er meine, unser Ziel sei gleicher Art. Indes betrachte er das Erlöschen der türkischen Herrschaft früher oder später als unvermeidlich. In Kleinasien und Syrien gebe es nicht dieselben Elemente für den Aufbau neuer Staaten, wie sie die europäische Türkei aufgewiesen habe. Zwar seien da die Armenier und allenfalls noch die Syrer. Beide Völker hätten die türkische Herrschaft satt, aber vielleicht werde keines von ihnen je imstande sein, sich so durchzusetzen, wie es die Balkanvölker getan. Seines Erachtens bestehe, wenn und sobald die türkische Herrschaft endgültig pleite mache, eine viel größere Wahrscheinlichkeit für eine Aufteilung. Rußland gehe darauf aus, das ganze Schwarze Meer zu umschlingen — uns spreche er von jedem Gelüst bezüglich Anatoliens und Syriens frei, ungeachtet gewisser Anzeichen für eine auf Angliederung an Ägypten gerichtete Bewegung in Syrien, aber Frankreich gefalle sich darin, in Syrien eine traditionelle Interessensphäre zu beanspruchen. Anderseits habe in Deutschland das Gefühl Wurzel gefaßt — wie weit es berechtigt sei, wolle er nicht erörtern, es genüge, daß man es nicht außer acht lassen könne —, daß Anatolien, wo Deutschland seine Handelsunternehmungen weithin ausgedehnt und das Bagdadunternehmen mit einer Art nationaler Begeisterung begonnen habe, als deutsche Interessensphäre nicht endgültig verschlossen werden dürfe. Er denke nicht, daß irgend jemand in Deutschland dort bereits etwas Konkretes oder Bestimmtes anstrebe. Aber der Punkt, zu dem er nun komme, sei der: sollten die Umstände eine Aufteilung Kleinasiens und Syriens in Interessensphären nahelegen, so würde ein unter Ausschluß Deutschlands und ohne dessen Zuziehung auf jenes Ziel hinarbeitender Ring der drei gewöhnlich als Dreiverband bezeichneten Mächte unvermeidlich den Krieg bedeuten. Ein zweites Marokko könne Deutschland in Anatolien nicht ertragen.

Ich fragte ihn, was für Bestrebungen er von unserer Seite in jenen Gebieten befürchten könne, und er erwiderte, er glaube nicht, daß wir welche hätten, er mißtraue jedoch Frankreich und Rußland, und wenn sich eine bestimmte Gruppierung der Mächte, wie die jetzt bestehende, herausbilde, brächten die Umstände es mit sich, daß sie für gemeinsame Zwecke zusammenarbeiteten. Ich bemerkte, wo wir ein Lebensinteresse zu haben glaubten, das sei im Persischen Golf. Herr von Jagow erklärte, er erkenne das vollauf an und auch Deutschland sei dazu durchaus geneigt. Sie seien auf einen angemessenen Handelsausgang für die Bagdadbahn bedacht; — diese möge ein kluges Unternehmen gewesen sein oder nicht — er selbst schien dafür nicht sehr begeistert zu sein —, aber sie habe die deutsche Einbildungskraft in ihren Bann gezogen. Was den Persischen Golf anlange, so bestehe da keine Schwierigkeit, unsere politische Vormachtstellung anzuerkennen. Ich sagte, meines Erachtens wäre, wenn wir uns über eine solche gegenseitige Verständigung einigen könnten, damit *eine* große Quelle des Mißtrauens beseitigt. Auch wies ich ihn nachdrücklich darauf hin, wie notwendig es sei, daß wir, um besser miteinander auszukommen, mehr über die deutschen Ziele und Ideale erführen. Es bestehe kein a priori-Entschluß unserseits, Deutschland überall Widerstand entgegenzusetzen, aber solange wir im Dunkeln tappten, sei es unvermeidlich, daß wir gegen Hindernisse anliefen, denen wir bei ein bißchen Licht auszuweichen vermöchten. Wäre Deutschland seit langem offener gegen uns gewesen, dann hätten sich viele Schwierigkeiten vermeiden lassen.

Jagow sagte, er führe den Beginn der Ära der Mißverständnisse auf das Jahr 1889 zurück. Bismarck habe nicht lange vor seinem Sturz einen Brief an Lord Salisbury geschrieben und ein gewisses von uns und Deutschland in der Ostpolitik einzuhaltendes Programm angeregt.[99] Lord Salisbury habe sehr kühl geantwortet, und als unmittelbar danach der Deutsche Kaiser voll Ideen und Begeisterung nach England kam, wollte Lord Salisbury nicht nach Windsor gehen, um mit ihm zusammenzutreffen und blieb wie Achilles in seinem Zelt in Hatfield. Dies habe Seine Majestät schwer gekränkt, und auf den daraus sich ergebenden Zustand der Gereiztheit ließen sich viele spätere Vorkommnisse einschließlich des unglückseligen Krüger-Telegramms zurückverfolgen. Im Grunde sei der Kaiser englischer als die Engländer, und sein Traum sei immer gewesen, Hand in Hand mit uns zu marschieren — jene Ergüsse seien in Wirklichkeit einem « dépit amoureux » zuzuschreiben. Wenn ihn irgendein Vor-

[99] *Gemeint ist vermutlich Bismarcks Antrag zu Beginn des Jahres 1889, der in seinem Erlaß an Graf von Hatzfeldt vom 11. Jan. niedergelegt ist. Der Antrag betraf indes nicht den Nahen Osten. Möglicherweise liegt eine Verwechslung vor mit Bismarcks Brief an Salisbury vom 22. Nov. 1887.*

fall, an dem wir beteiligt seien, ärgere, sei eine beliebte Redensart von ihm der Ausruf, „und das sagen sie von mir, von mir, dem Enkel der Königin Victoria!“, während seine Zuhörer erfreuter wären, wenn er unter den bestehenden Verhältnissen von sich als „der Deutsche Kaiser“ gesprochen hätte. Jagows eigene Neigungen deckten sich mit denen des Kaisers. Er glaubt vollauf und allein an den germanischen Stamm. Er denkt nicht, daß der unverfälschte Slawe je die Herrschaft erlangen wird — diesem fehlt das, was er „staatsbildender Geist“ nennt, nämlich die wesentlichen Eigenschaften, die einen Staat am Leben erhalten. Er meint, das russische Reich hätte es ohne die Tugenden des nichtslawischen Elements in den baltischen Provinzen und der Dynastie der Romanows zu nichts gebracht; und er ist der Ansicht, die lateinischen Nationen seien größtenteils am Ende ihrer Bahn angelangt und ihre Mentalität sei zu verschieden, als daß sich die germanischen Nationen je dauernd mit ihnen verbinden könnten. Die assimilierenden germanischen Nationen haben viel von jenen gelernt und sind imstande, das, was sie gelernt haben, nützlich zu verwerten. Es sollte für England und Deutschland nicht unmöglich sein, ihre Mißverständnisse aus dem Weg zu räumen, so schwierig auch die Aufgabe nach 20 Jahren immer weiteren Auseinandergleitens erscheinen mag, aber ihre Vergangenheit weist keine dem einen vom andern aufgezwungene Demütigung oder Katastrophe auf und daher gibt es zwischen ihnen keinen eingewurzelten nationalen Haß.

Schließlich kamen wir auf Flottenfragen zu sprechen, und in Erinnerung daran, wie scharf er sich zu mir einmal über Admiral Tirpitz geäußert hatte, fragte ich, wie er meine, daß er mit ihm auskommen werde. Vielleicht fühlt er sich jetzt, da sie Kollegen werden sollen, zu größerer Zurückhaltung verpflichtet. Auf jeden Fall sagte er, er glaube nicht, daß Tirpitz ein Politiker sei oder es sein wolle. Bei ihm habe sich aber die fixe Idee festgesetzt, seine Flotte zum vollkommensten Werkzeug zu machen, das Organisation und Zielbewußtsein ersinnen könne. All sein Denken sei darauf gerichtet, wie die Flotte, die großenteils seine Schöpfung sei, zu verbessern und zu vergrößern wäre, und mit diesem Ziel vor Augen sei er fähig, zur Überwindung von Widerständen Argumente vorzubringen, die zu gebrauchen tatsächlich gefährlich sei. Das besage nicht, daß Tirpitz Böses im Schilde führe, für ihn sei jedoch alles berechtigt, was seinem Zweck, der Verwirklichung seines Ideals einer Flotte, diene. Er persönlich habe die Übertreibungen der deutschen Flottenpolitik mißbilligt. Er möchte, daß sein Land eine ausreichend starke Rüstung zur See habe, aber es sei unsinnig, mit uns, denen die Flotte alles bedeute, wetteifern zu wollen. Beim gegenwärtigen Stand sollte Deutschland seiner Meinung nach das zur Zeit laufende Flottenprogramm durchführen, dann aber aufhören, und soweit sein Einfluß etwa reiche, werde er jede weitere Ausdehnung bekämpfen, selbst wenn wir das unsrige erweiterten. Man dürfe die beiden Programme nicht als in Wechselbeziehung zueinander stehend betrachten. Dennoch halte er es eigentlich nicht mit der Politik der Abkommen zur Einschränkung der Rüstungen, die dem nationalen Empfinden widerspreche.

Er fragte mich, ob ich dächte, daß die Konservative Partei, falls sie wieder ans Ruder käme, weniger als die Liberale Partei geneigt sein werde, auf ein besseres Einvernehmen mit Deutschland hinzuarbeiten. Ich erwiderte, meiner Ansicht nach befolgten wir in den auswärtigen Beziehungen eine konsekutive und konsequente Politik, und die politische Färbung der gerade am Ruder befindlichen Partei ändere daran nichts. Er fragte mich auch nach verschiedenen Leuten, ob sie wohl deutschfeindlich wären. Ich sagte, und er pflichtete mir bei, es sei meines Erachtens ein Fehler, einzelne Leute als deutschfreundlich oder deutschfeindlich abstempeln zu wollen. Wer dies tue, gelange leicht zu irrigen Voraussetzungen, und die Tatsache, daß die Bildung oder das Temperament eines einzelnen Menschen diesen mehr zu deutschen als zu französischen oder italienischen Studien hingezogen habe, bedeute nicht, daß er am Vorteil seines Vaterlands weniger Interesse habe als ein anderer. Jagow schien zu meinen, daß man in Deutschland zu eifrig auf diese Fragen eingegangen sei und daß wir uns für die Besserung der Beziehungen nach anderen brauchbareren Grundlagen umschauen müßten.

Ich fragte ihn, ob er es seinen früheren Erfahrungen nach schwierig gefunden habe, seine Ansichten dem Kaiser zu unterbreiten. Er sagte, das habe ihm keine Schwierigkeit bereitet, wenn sich Gelegenheit bot, Seine Majestät allein zu sprechen. Der Kaiser sei dann ein sympathischer und empfänglicher Zuhörer und lasse eine abweichende Ansicht sehr freundlich gelten. Keineswegs leicht sei es aber, wenn eine Anzahl anderer Personen zugegen sei. Der Kaiser besitze eine glänzende Schlagfertigkeit, die seinen Mitredner in Nachteil versetze, da dieser die Verpflichtung berücksichtigen müsse, Seine Majestät nicht vor Zeugen in Schatten zu stellen. Der Kaiser habe ihn bisher immer bereitwilligst angehört und kenne ihn von Kindheit an.

Er brachte seine hohe Würdigung der Botschaft zum Ausdruck, die Sie mich ermächtigt hatten, ihm zu übermitteln und sagte, es sei sehr ermutigend, auf Grund dieser Stimmungsäußerung zu beginnen, die er von seiten eines Mannes begrüße, dessen Freimut und Aufrichtigkeit er stets Anerkennung und Gerechtigkeit habe widerfahren lassen, und das um so mehr, als es eine seiner Erfahrung nach im diplomatischen Leben seltene Eigenschaft sei. Er gedenke nach Kräften alles zu tun, um jenes Einvernehmen zu fördern, an das er von ganzem Herzen als das richtige und normale Verhältnis glaube — und es kam ein leichter Anflug vom alten Junker, der in ihm steckt, zum Vorschein, als er bemerkte, „wenn wir nur zusammenstehen könnten, würden Sie sehen, wie die andern, Österreich, Italien und alle miteinander sich ducken würden!“

Vermerk

Sehr interessant.

E. G.

Vermerk des Königs Georg V.[1]

Höchst interessant und aufschlußreich.

G. R. I.

51. Grey an Rodd[2], Rom: Zu Jagows Darlegungen (vgl. Nr. 50).
Brit. Dok. X. 2. 2, 1075—1076.

London, 13. Januar 1913

Ihr Brief mit seiner Schilderung Ihres Gesprächs mit Jagow ist sehr interessant und dienlich.

Sie hatten ganz recht, zu sagen, in den vergangenen Jahren sei eine unserer Schwierigkeiten die gewesen, daß wir nie wußten, was Deutschland eigentlich will. Metternich pflegte vorwurfsvoll zu mir zu sagen, es habe eine Zeit gegeben, da wir uns an Deutschland anlehnten. Es ist durchaus richtig, daß wir dies zu tun pflegten; die französische Presse pflegte damals sogar vom „Vierbund“ — uns darin einschließend — zu reden. Während jener ganzen Zeit war die Haltung Deutschlands nie wirklich die eines Freundes. Die Deutschen pflegten Lord Salisbury anzudeuten, daß Deutschland, wenn es etwas haben wollte, dies bekommen müsse, weil wir uns, da wir mit Frankreich und Rußland auf schlechtem Fuß ständen, Händel mit Deutschland nicht leisten könnten. Eine solche Haltung ginge jetzt, da die Tage der Isolierung vorüber sind, nicht an. Wir müssen Freundschaft haben, wenn wir Freundschaft geben sollen.

Das Pressebüro in Berlin war immer ein Hindernis für gute Beziehungen zwischen uns. Ein Pressebüro wird dazu benutzt, Unheil zu stiften, und manche deutsche Diplomaten haben das Unheilstiften ausgiebig betrieben. Das war die schlechte Seite von Bismarcks Politik oder vielmehr eine schlechte Methode, deren er sich bei seiner Politik bediente.

[1] 1910—1936.

[2] *Auf diesem Brief ist vermerkt, daß er an den König und an den Premierminister gesandt wurde.*

Könnten wir nur zehn Jahre mit einem Mann wie Jagow, der die Politik Deutschlands wirklich leitete, zusammen schaffen, so stünden wir mit diesem am Ende der Zeit auf vertrautem Fuß und bis dahin durchweg auf zunehmend gutem Fuß.

Ich stimme durchaus bei, daß Frankreich, Rußland und wir Kleinasien nicht wie Marokko behandeln können. Wenn eine Aufteilung erfolgen soll, muß Deutschland gehörig dabei sein, und ich dächte nicht daran, es ausschließen zu wollen. Ja, wir könnten Deutschland wahrheitsgemäß dasselbe über Anatolien erklären, was wir Frankreich über Syrien erklärten: daß wir dort keine politischen Absichten haben. Sicherheit bezüglich des Persischen Golfs und seiner Küsten ist alles, was wir wollen, und das läßt sich sehr wohl mit der Entwicklung der deutschen Interessen in Einklang bringen.

Was die Flotte betrifft, so müssen wir der deutschen Flotte vorausbleiben; und jedes Jahr muß dem Parlament offen die Rechtfertigung für unsern Schiffbau dargelegt werden, was einen Vergleich mit der deutschen Flottenstärke bedingt. Da wir nur ein kleines Heer haben, können wir die Verteidigung Großbritanniens und der Hauptstadt des Reichs nicht auf diplomatische Abkommen oder Beziehungen stützen. Wäre unsere Flotte der deutschen Flotte nicht überlegen, so hinge unsere Unabhängigkeit völlig von Deutschlands gutem Willen ab; und selbst zugestanden, daß Leute wie Jagow eine solche Lage nicht ausnützen würde, so muß es doch andere geben, die sie ausnützen oder dazu von der öffentlichen Meinung Deutschlands gezwungen würden. Die preußische Mentalität ist derart, daß man ihr ebenbürtig muß entgegentreten können, um sich wirklich gut mit ihr zu stellen.

Deshalb das beharrliche und unvermeidliche Vergleichen hier der deutschen und britischen Flotte. Diese Vergleiche verübelt man in Deutschland als Beweis für die grundlose und unfreundliche Annahme unserseits, daß Deutschland uns feindlich gesinnt ist. Doch das ist nicht ihr wirklicher Beweggrund. Deutschland hat sowohl die größte Armee in der Welt als auch seine Flotte, aber die Flotte ist unser eines und einziges Verteidigungsmittel, und unser Leben hängt von ihr, und von ihr allein ab.

Ich werde Goschen eine Abschrift Ihres Briefs schicken und dieses Briefs von mir an Sie; so daß er, wenn Jagow mit ihm die Unterhaltung fortsetzen will, weiß, was er zu erwarten hat und in welchem Sinn er sich äußern soll.

Vermerk des Königs Georg V.

Eine vortreffliche Antwort auf Sir Rodds Brief.

G. R. I.

52. Grey an Buchanan, St. Petersburg: Rußlands Balkanpolitik und England.
Brit. Dok. IX. 2. 1, 634—636.

Foreign Office, 14. Januar 1913

Graf Benckendorff und Herr Cambon suchten mich heute zusammen auf. Graf Benckendorff äußerte sich mit großem Nachdruck über die albanische Frage . . .

Da er sehr ernst vom Empfinden der öffentlichen Meinung Rußlands über die serbische Frage sprach, sagte ich, es sei denn doch höchst unvernünftig, daß es einen großen Krieg geben solle wegen der Frage, ob Serbien zur Zeit so und so viele Quadratkilometer mehr oder weniger bekommen solle. Es stehe nun unbedingt fest, daß es am Schluß des jetzigen Kriegs ein großes Bulgarien und ein Serbien größer als zuvor geben werde. In ein paar Jahren, besonders nach dem Tod des Kaisers von Österreich, werde die slawische Stellung unendlich viel stärker sein, und die künftigen Auswirkungen der gegenwärtigen Umwälzung würden nicht im geringsten davon berührt werden, ob Serbien in diesem Augenblick ein bißchen mehr oder ein bißchen weniger erhielte. Graf Benckendorff hatte gesagt, wenn man jetzt keine gute Neuordnung schaffe, werde es andauernd Kämpfe und Mißhelligkeiten geben und in ein oder zwei Jahren käme es zum Krieg. Ich machte nachdrücklich geltend, daß wenn dem so sein solle, der Krieg lieber später als früher kommen möge. Vom russischen Standpunkt aus scheine mir, daß in jenem Teil Europas die Zeit in den nächsten paar Jahren durchweg für die Slawen arbeite.

Graf Benckendorff bestritt all das nicht, erklärte aber, die Erregung in Rußland sei so stark, daß dieses bezüglich Skutaris nicht nachgeben könne, ohne volle Zufriedenstellung Serbiens im östlichen Hinterland von Albanien.

Herr Cambon sagte, man werde sich Deutschlands und Italiens bedienen müssen, um in Wien die Differenz hinsichtlich der Ostgrenze Serbiens zu überwinden. Deutschland und der Kaiser, dessen sei er sicher, seien sehr darauf bedacht, den Krieg zu vermeiden.

Ich bemerkte, zweifellos müsse man all dies versuchen; aber selbst wenn alles fehlschlüge und Österreich und Rußland völlig auf den toten Punkt gerieten, könnte man die Sache dann nicht an irgendeinen internationalen Ausschuß überweisen, der die ethnographischen und geographischen Verhältnisse an Ort und Stelle untersuchen und einen Bericht erstatten würde?

Graf Benckendorff schloß diese Möglichkeit nicht aus.

Ich stellte Graf Benckendorff auch nachdrücklich vor, daß ich es, wenn ich ein russischer Journalist wäre, viel leichter fände, statt Artikel zu schreiben, um darzutun, daß die russische Politik eine Niederlage erlitten habe, in Artikeln aufzuzeigen, wie dadurch, daß Österreich den Sandschak an Serbien und Montenegro preisgab und ihnen gestattete, sich die Hände zu reichen und Österreich (her) auf immer von einem territorialen Zugang nach Saloniki abzuschneiden, die österreichische Politik, wie sie zu Graf Aehrenthals Zeit, vor vier Jahren, aufgefaßt wurde, eine Niederlage und Demütigung erlitten habe.

Graf Benckendorff bemerkte ziemlich vielsagend, es gebe immer noch Wege, auf denen Österreich einen territorialen Zugang nach Saloniki erlangen könnte. Ich erklärte, ich sähe nicht, wie dies geschehen könnte, es sei denn, daß die österreichischen Slawen sich mit Bulgarien in Serbien verbänden, in welchem Fall es so wäre, als hätten Bulgarien und Serbien sich Österreich oder einen Teil davon einverleibt.

53. Lichnowsky, London, an das Auswärtige Amt: Benckendorffs Warnung, Rußland sei in Albanienfrage entschlossen. Gr. Pol. 34. 1, 224—226.

London, 19. Januar 1913

Graf Benckendorff suchte mich soeben auf, um mir nachstehendes zu sagen: Die Lage fange an, ihn mit ernstlichen Besorgnissen zu erfüllen. Er habe in St. Petersburg immer zur Nachgiebigkeit geraten und werde deshalb von der russischen Presse als Deutscher und Katholik verschrieen und wie ein Verräter behandelt. Er habe erreicht, daß Rußland in allen bisherigen Fragen, namentlich in der serbischen, Zugeständnisse gemacht habe, der öffentlichen Meinung zum Trotz, und werde auch weiter versuchen, in der Frage Skutari in entgegenkommendem Sinne zu wirken. Aber die Grenze, bis an die die russische Regierung gehen könne, sei erreicht. Hierüber dürften wir uns keinen Zweifeln hingeben. Ganz Rußland sei über die österreichische Haltung im höchsten Grade gereizt und verstimmt. Man fände, daß trotz aller Nachgiebigkeit nicht die geringste Entspannung auf österreichischer Seite einträte, und daß Österreich-Ungarn fortfahre, eine kriegerische und intransigente Haltung einzunehmen. Der Eindruck, daß man in Wien darauf hinarbeite, den gesamten serbischen Volksstamm in Abhängigkeit zu bringen und später aus Albanien eine Art Protektorat zu machen, verstärke sich immer mehr. Der Kaiser, der bisher unbedingt friedliebend geblieben sei, sei nunmehr den Einflüssen, denen auch die St. Petersburger Gesellschaft anheimgefallen, erlegen. Der Kaiser empfinde die österreichische Haltung als eine persönliche Kränkung.

Auf Grund unserer Verwandtschaft wolle er vertrauensvoll mit mir reden, wie dies sonst bei amtlichen Gesprächen nur schwer möglich sei. Er bat mich aber dafür zu sorgen, daß unsere Unterhaltung nicht nach St. Petersburg gelange, da ihm dies peinlich wäre. Er wolle bestrebt sein, dahin zu wirken, daß es wegen Skutari nicht zum Bruch käme, aber er sehe die Möglichkeit einer Verständigung und der Vermeidung eines Krieges nur unter der Bedingung, daß Montenegro nicht auf Kosten Albaniens [3] entschädigt werde. Zugeständnisse im Hinterland müßten natürlich auf Kosten Serbiens erfolgen, und das sei für Rußland unannehmbar. Er glaube aber, daß die Möglichkeit, Montenegro und die öffentliche Meinung Rußlands durch Abtretungen des Skutarisees und der Skutariebene oder wenigstens Teilen derselben zu befriedigen, gegeben sei.

Ferner sei es unerläßlich, daß nicht nur Ipek und Prisren, sondern auch Diakowa an Serbien fallen. Auf diesem Punkt könne und werde man in Rußland auch nicht nachgeben, da sich sonst die Regierung zu offenkundig in Widerspruch mit der öffentlichen Meinung befinde. Die Duma trete demnächst zusammen, und die Regierung wäre machtlos gegen die täglich stärker werdenden serbischen Sympathien und die zunehmend antiösterreichische Stimmung. Auch sei die Frage der völligen Unabhängigkeit Serbiens auf der zu errichtenden Bahn, und zwar selbst in Kriegszeiten ein Punkt, von dem man in Rußland nicht abgehen könne.

Graf Benckendorff warnte nachdrücklich davor, die Haltung der russischen Regierung als Bluff zu bezeichnen. Die Lage sei überaus ernst, und die Regierung werde, falls man in Wien nicht einlenkt, zweifellos fortgerissen und in den Krieg hineingetrieben werden. Seine ganze Hoffnung setze er auf unseren Einfluß in Wien. Scheiterten die hiesigen Botschafterberatungen an der albanesischen Frage — und das sähe er voraus, falls wir nicht helfen —, so würde man in Rußland nicht anders können, als mit neuen Rüstungen zu antworten, beziehungsweise zu mobilisieren.

Mein russischer Kollege war sichtlich bewegt, als er mit mir sprach und habe ich nicht den geringsten Grund, an der Aufrichtigkeit seiner Ausführungen zu zweifeln. Ich suchte ihn zu beruhigen und entgegnete ihm, daß ich kaum annehmen könne, daß Rußland für Fragen von so untergeordneter Bedeutung einen Weltkrieg werde heraufbeschwören wollen. Er entgegnete: Für uns sind diese Fragen von geringer Bedeutung, nicht aber für Serbien und Montenegro. Für diese Länder sind es Lebensfragen, und die öffentliche Meinung Rußlands nimmt für sie eben Partei.

Ich habe mir seit Oktober erlaubt, darauf hinzuweisen, daß, falls wir alle österreichischen Wünsche zu den unsrigen machen und in Wien nicht deutlich zu verstehen geben, daß wir nicht wegen Serbien und Albanien in einen Weltkrieg geraten wollen, wir in denselben hineintreiben können.

[3] Offenbar irrtümlich statt „Serbiens".

Angesichts der Rolle, die dann zweifellos England zufiele, ist es auch heute meine Pflicht, meine früheren Ansichten zu wiederholen.

54. Bethmann Hollweg[4] an Lichnowsky, London[5]: Benckendorffs Warnung falsch. Österreichs Machtinteressen auf dem Balkan.

Gr. Pol. 34. 1, 227—228.

Berlin, 20. Januar 1913

Die Darstellung des Grafen Benckendorff von der derzeitigen politischen Lage entspricht in keiner Weise den Tatsachen. Alle unsere Nachrichten stimmen darin überein, daß von einer Bewegung in weiteren Kreisen Rußlands zugunsten der Balkanstaaten keine Rede ist. Sollte eine solche Bewegung entstehen, so würde sie künstlich hervorgerufen worden sein. Daß Österreich im Prinzip bereit ist, in die Abtretung von Teilen von Skutari-See und -Ebene an Montenegro zu willigen, dürfte auch in Petersburg nicht unbekannt sein. Auch hat man sich dort, wie wir bestimmt wissen, längst damit abgefunden, Skutari bei Albanien zu belassen. Ich kann daher in den Äußerungen des russischen Botschafters lediglich einen nicht einmal sehr geschickten Versuch erblicken, Ew. pp. im Hinblick auf die bevorstehende Diskussion der albanischen Frage in der Botschafterkonferenz zugunsten der weiteren Forderungen zu impressionieren, die Rußland dort bezüglich der Abgrenzung von Albanien zu erheben gedenkt. Es wäre mir erwünscht gewesen, wenn Ew. pp. dem verwandtschaftlichen Vertrauen des Grafen Benckendorff mit derselben verwandtschaftlichen Offenheit begegnet wären und ihm unter diesem Deckmantel bemerkt hätten, daß nach Ansicht vieler vorurteilsfreier Kenner der russischen Verhältnisse von einem Enthusiasmus für die slawischen Brüder auf dem Balkan so wenig die Rede sein könne, daß der Versuch einer Mobilisierung der russischen Armee zu einer Revolution und in der weiteren Folge zum Zusammenbruch des russischen Reiches führen könne. Sie würden ihn darauf haben hinweisen können, daß die Gestaltung der Verhältnisse auf dem Balkan für Österreich-Ungarn als Nachbarstaat ein reales Interesse erster Ordnung bilde im Gegensatz zu dem sentimentalen Interesse, das Rußland höchstens daran beanspruchen könne. Dieses Interesse weist unseren Bundesgenossen gebieterisch darauf hin, den Gefahren vorzubeugen, denen der Bestand der Monarchie durch das Hinneigen einer

[4] Reichskanzler 1909—1917.

[5] *Konzept von der Hand des Dirigenten der Politischen Abteilung, Wilhelm v. Stumm;* in diesem Amt 1909—1916, Unterstaatssekretär 1916—1918.

in den Anfängen bereits vorhandenen südslawischen Irredenta nach starken südslawischen Nachbarstaaten ausgesetzt sein würde. In dieser Hinsicht befindet sich Österreich-Ungarn in der Defensive. Daß es zur Zeit jedenfalls nicht daran denkt, den ganzen serbischen Volksstamm und Albanien in die Hand zu bekommen, erweist schon seine Haltung in der Sandschakfrage. Die Konzession, die die österreichisch-ungarische Regierung in dieser Frage gemacht hat, scheint Graf Benckendorff völlig vergessen zu haben, ganz abgesehen davon, daß von russischen Konzessionen mangels eines unmittelbaren russischen Interesses überhaupt nicht die Rede sein kann.

Ew. pp. geben schließlich erneut der Besorgnis Ausdruck, daß wir wegen Albanien und Serbien in einen Weltkrieg hineintreiben könnten. Unsere Politik wird die österreichischen Wünsche so weit unterstützen, als dies zur Erhaltung der Machtstellung unseres Bundesgenossen erforderlich erscheint. Daß sie dabei in Gegensatz zu der russischen Politik geraten kann, ergibt sich aus dem Umstande, daß die russische Politik die Beeinträchtigung dieser Machtstellung zum Ziel hat. Ich bitte Ew. pp., diese Gesichtspunkte in den kommenden Verhandlungen stets im Auge zu behalten.

55. Zwei Telegramme (**a**, **b**) Benckendorff, London, an Sazonov: Balkankonflikt und Kriegsbereitschaft. Benckendorff, Schriftwechsel III. 50—53.

London, 22. Januar 1913

(a) In Windsor habe ich den König über die allgemeine Lage sehr beunruhigt gefunden; Seine Majestät hat sich mit Cambon und mir offen darüber ausgesprochen. Nach der Meinung des Königs fällt, wenn die Botschafterkonferenz scheitert, die Verantwortung hierfür einzig und allein auf Österreich. Der König hatte soeben von einem Telegramm Cartwrights[6] Kenntnis erhalten, das von dem geschwächten Einfluß Berchtolds einerseits und andererseits von dem Einfluß und der steigenden Gunst des Generals Conrad bei dem Erzherzog Franz Ferdinand spricht. Der König glaubt, daß in Wien eine starke Kriegspartei bestehe.

Immerhin hat mich der König schon bei unserer ersten Begegnung mit ernster Besorgnis gefragt, welche Tragweite unsere in Konstantinopel ausgesprochene Drohung habe, daß die russische Neutralität, wenn die Feindseligkeiten wieder aufgenommen würden, vielleicht nicht würde aufrechterhalten werden können. Ich antwortete, daß ich über den Standpunkt der Kaiserlichen Regierung nicht genau unterrichtet sei, und daß meiner

[6] Englischer Botschafter in Wien 1908—1913.

persönlichen Ansicht nach vor allem zwei Fälle das Eingreifen der russischen Armee zur Folge haben müßten: 1. militärische Erfolge der Türkei, welche die durch den Krieg erreichten Resultate wieder in Frage stellen könnten; 2. bewaffnete Intervention Rumäniens. Der König antwortete, daß dies ganz natürlich wäre, daß man sich aber dessen zu Anfang enthalten müsse, weil das Ziel und das Ergebnis einer Wiederaufnahme der Feindseligkeiten der Fall Adrianopels sein würde. Ich messe dieser Bemerkung die größte Bedeutung bei; ich habe Grund zur Annahme, daß sie die Meinung aller Mächte darstellt. Ein verfrühtes Eingreifen könnte eine Veränderung in der Lage und der gegenwärtigen Haltung der europäischen Staaten hervorrufen, welche ich für denkbar vorteilhaft halte, was ich vor allem dem bei uns herrschenden Geist der Versöhnlichkeit zuschreibe, der jedoch nicht weitergehen könnte, ohne unsere Freunde und Verbündeten zu entmutigen, besonders wenn — wie ich dies voraussehe — die Abtretung Skutaris unvermeidlich werden sollte. Ich brauche Sie nicht darauf aufmerksam zu machen, daß die Haltung des Königs in bestimmterer Form die Meinung Greys wiedergibt, in welchen der König, wie er mir sagte, das größte Vertrauen setzt. Übrigens befanden sich in Windsor unter den Eingeladenen außer Cambon und mir noch die Minister Churchill [7] und Lloyd George, welche selbst in Gegenwart eines hervorragenden Mitglieds der konservativen Partei Lyttelton zusammen mit einem den Worten des Königs genau entsprechenden Sinn mit mir gesprochen und auf die militärische Unterstützung Englands direkt angespielt haben. Ich kann ihren Worten nicht die Bedeutung einer offiziellen politischen Erklärung beimessen, doch spiegeln auch sie unbestreitbar Greys Ansichten wieder. Bis jetzt hatte ich noch niemand in so bestimmten Ausdrücken reden hören und sehe den Grund in dem Umstand, daß Österreich für allein verantwortlich gehalten wird. Ich brauche Sie nicht darauf aufmerksam zu machen, in welch hohem Grad die Worte des Königs, wie ich sie in diesem und vor allem in dem folgenden Telegramm zitiert habe, wegen der konstitutionellen Stellung des Souveräns vertraulich zu behandeln sind.

London, 22. Januar 1913

(b) Der König hat Cambon am Montag nach dem Diner den letzten Besuch des Prinzen Heinrich von Preußen [8] geschildert. Cambon erzählte es mir. Gestern abend sagte mir der König in Gegenwart Cambons, er wolle mir das Gleiche erzählen und fügte hinzu: „Vertraulich".

Prinz Heinrich hat nur einige Stunden in Sandringham verbracht. Er

[7] Erster Lord der Admiralität 1911—1915.

[8] Bruder des Kaisers.

hat den König um die Erlaubnis gebeten, ihm eine Frage stellen zu dürfen. „Welches wäre im Fall eines Krieges die Haltung Englands?“ fragte er. Der König hat ihm geantwortet: „Unter gewissen Umständen wird England bestimmt mit Rußland und Frankreich zusammengehen.“ Nachdem der Prinz sein lebhaftestes Erstaunen ausgedrückt hatte, erwiderte er, die Sache wäre so wichtig, daß er seinen kaiserlichen Bruder sofort davon benachrichtigen müsse. Der König hatte nichts dagegen einzuwenden. Nach seiner Rückkehr nach Berlin hat der Prinz dem König geschrieben, daß der Kaiser ebenso erstaunt gewesen sei; er hat hinzugefügt, daß am Tag seiner Unterhaltung mit dem König Lord Haldane genau dasselbe dem Fürsten Lichnowsky gesagt habe. Der König sagte mir, daß in Verfolg des oben geschilderten Gesprächs der Prinz die Meinung geäußert hätte, daß ein fester Freundschaftsbund zwischen Deutschland und England unbesiegbar wäre und das politische Programm beider Länder bilden sollte. Der König gab zur Antwort, daß es sich für ihn und für England um eine Ehrensache handle, daß er in dieser Hinsicht nur einen relativen Unterschied zwischen unterschriebenen Bündnisverträgen und Freundschaften, welche nicht unterschriebene Bündnisverträge seien, machen könne, daß sein Vater während einer neunjährigen Regierung die Ententen mit Frankreich und Rußland gegründet habe, daß er nach einer nur zweijährigen Regierung nicht daran denken könne, sie zu erschüttern, und daß er beabsichtige, sie uneingeschränkt aufrechtzuerhalten. Der König hat hinzugesetzt, daß er seit diesem Tage von der mäßigenden Rolle des Berliner Kabinetts, die ihn sehr freue, ganz befriedigt sei.

56. Denkschrift, Beilage eines Briefes Berchtold an Conrad vom 8. Februar 1913: Österreich-Ungarn und der Zarismus.

Conrad, Dienstzeit III. 115—117.

Wien, 24. Januar 1913

Der Krieg mit Rußland.

Die Konsequenzen einer Niederlage der Monarchie in einem Kriege mit Rußland sind klar.

Hier wollen wir uns hauptsächlich mit der Eventualität eines Sieges Österreich-Ungarns beschäftigen, der bei der gegenwärtigen politischen Konstellation gewiß nicht ausgeschlossen ist.

Es ist begreiflich, daß dieser Sieg „als definitive Lösung aller unserer Schwierigkeiten angestrebt wird“.

Bevor man jedoch jemand angreift, muß man genau wissen, wer er ist, Freund oder Feind. Rußland ist in dieser Hinsicht ein doppeltes Wesen.

Rußland als *Nation* kann als Feind der Monarchie erscheinen, der russische *Zarismus* hingegen muß unbedingt als unser Freund gelten.

Was ist der Zarismus? Eine orthodoxe, russifizierende Autokratie, nach den Worten Kaiser Nikolaus' I. „ein Zar, ein Glaube, eine Sprache". Der Zarismus ist ein fremdes Produkt von byzantinischen, tatarischen (hauptsächlich) und preußischen Elementen, auf dem russischen demokratischen Volke aufgepflanzt. Paradoxale Tatarenherrschaft: Das russische Volk bezahlt seine Einigung mit seiner Freiheit.

Dieses gekünstelte und fremde Wesen des Zarismus ist bis heute geblieben. Er stellt vor allem etwas ganz anderes dar als das monarchische Prinzip z. B. in Österreich-Ungarn und Deutschland, welches, den Zeiten sich anpassend, als Verkörperung des tausendjährigen Zusammengehens und der Liebe zwischen Herrscher und Völkern erscheint. Trotz der Duma ist der Zarismus reaktionär und muß es bleiben; eine Evolution von oben wäre die einzige Lösung, aber der Kaiser hätte da mit mächtigen Elementen zu kämpfen und wird sich wohl erinnern, daß, während aus seinem Hause zwei Herrscher in Palastrevolutionen umgebracht und ein Thronerbe vom Vater zum Tode verurteilt wurde, nur ein Herrscher von revolutionärer Hand den Tod fand, und dies der „Zar-Befreier" [9] war.

Der Zarismus fußt also auf Interessen des Herrschers, des Adels und der Beamten, auf der Armee und auf den Gefühlen des Volkes (teilweise Loyalität, hauptsächlich orthodoxe Ignoranz).

Aus obigem erhellt, warum der Zarismus reaktionär und orthodox sein muß. Aber es wäre denkbar, daß er zwar russisch, aber nicht bei den Fremdvölkern russifizierend sei. Durch eine Autonomisierung Polens und Kleinrußlands könnten diese Länder — es will scheinen — nur fester an die russische Krone gekettet werden. Aber nur scheinbar, wie das Experiment Alexander I.[10] bezüglich Polens beweist. Dann tritt ein Circulus vitiosus ein. Polen Autonomie zu geben, ohne der russischen Nation wirkliche parlamentarische Freiheiten zu schenken, erscheint unmöglich. Und dann noch ein ökonomisches Moment: Was anfangen mit den vielen russischen Beamten, welche ihre Gehälter und erhöhte Gehälter in Polen beziehen?

Der Zarismus hat Rußland geschaffen, er kann ihm aber nicht eine normale Entwicklung sichern und dies ist seine Schwäche. Er ist ein Anachronismus. Er ist aber für die österreichisch-ungarische Monarchie *geradezu eine Rettung in der Not.* Ein modernes, liberales Rußland und noch mehr ein unabhängiges oder autonomes, liberales und zufriedenes Polen

[9] Zar Alexander II. 1855—1881.
[10] 1801—1825.

hätte auf unsere Slawen eine ganz andere Attraktionskraft als „Großserbien“. Der Zarismus ist geradezu das Gegengift, welches der russischen Schlange ihr Gift benimmt, denn trotz ihres Kokettierens mit dem Zarenreiche würden sich die Slawen der Monarchie bedanken, daß sie unter russische Herrschaft kommen. Dadurch, daß der Zarismus gezwungen ist, Polen und Kleinrussen schlecht zu behandeln, überläßt er uns gegen unsere Polen und — wenn wir wollten — gegen unsere Kleinrussen die schöne Rolle, und die Attraktion geht von uns aus, ohne daß wir dafür gezwungen werden, die ganze Monarchie zu slawisieren. Es wäre immerhin denkbar, daß wir mit einer deutschen Republik im Bündnis blieben, aber mit einer russischen Republik wäre die Monarchie zur ewigen Feindschaft gezwungen.

Auch vom Standpunkte Rumäniens ist der Zarismus für die Monarchie von größtem Belange, ist es doch die Furcht, russifiziert zu werden (wie Beßarabien), die es in unser Fahrwasser treibt.

Last but not least ist die Erhaltung des Zarismus vom dynastischen Standpunkte für die Monarchie erforderlich. Eine russische Republik würde auch in dieser Hinsicht verhängnisvoll wirken.

In *Rußland* gibt es wohl Hitzköpfe, die eine Zerstörung der Monarchie und eine Vereinigung aller Slawen anstreben. Besonnene Elemente wünschen aber keinesfalls die ungeheure Vergrößerung Deutschlands, welche hierdurch entstehen würde. Für den *Zarismus* ist aber der Fortbestand der Monarchie eine Notwendigkeit, denn seine Scheinpopularität braucht die Nähe eines Landes, wo das monarchische Prinzip wirklich populär ist und die Beziehungen zum ältesten legitimen regierenden Hause der Welt. Daher ist auch trotz ihrer nationalistischen Gesinnung, trotz der uns gemachten Vorwürfe, die galizischen Kleinrussen von den Polen schlecht behandeln zu lassen, die äußere rechte Partei in Rußland für Österreich-Ungarn und Deutschland und vielfach gegen die Westmächte.

Wie lange der Zarismus im Konflikt gegen den Liberalismus siegreich bleibt, ist fraglich. Aber aus obigem erscheint wahrscheinlich, daß, wenn keine äußere Krise ihn angreift, sein Leben wegen des „Circulus vitiosus“ noch ein zähes sein wird. Die Monarchie muß daher den Zarismus im eigenen Interesse unterstützen, und zwar nicht nur den reaktionären, sondern auch den russifizierenden Zarismus. Eine Autonomisierung Polens oder der Ukraine seitens Rußland wäre für uns verhängnisvoll, wie gesehen. Namentlich entspräche, wie bereits gesagt, die Wiedererrichtung Polens in keiner Form unseren Interessen. Im Rahmen Rußlands, im Rahmen der Monarchie oder auch ganz unabhängig würde dieses slawische Reich mit westlicher Kultur auf unsere Slawen eine gefährliche Attraktion ausüben (auch Komplikation wegen Deutschlands).

Daher könnte der Fall eintreten, wo die Monarchie den Zarismus eventuell sogar mit der Waffe unterstützen müßte, um den für uns wichtigen russischen status quo zu erhalten, der viel wichtiger ist, als der ehemalige status quo am Balkan.

Auch dürfen wir Rußland, solange es zaristisch bleibt, nur dann bekriegen, *wenn andere wichtigere Interessen vorhanden sind.*

Die gegenwärtige Lage erscheint dies durchaus nicht zu erfordern. Ein Sieg über Rußland wird die Revolution entfalten und wir werden unseren besten Freund, den Zarismus, verlieren. Die oft erwähnte, aber vorläufig unwahrscheinliche Eventualität einer Zergliederung des russischen Reiches würde aus obigen Gründen nichts helfen.

57. Aufzeichnung Bethmann Hollweg: Pläne der Tripelentente zur Aufteilung der asiatischen Türkei. Gr. Pol. 34. 1, 225—256.

Berlin, 25. Januar 1913

Ich habe die ernste Besorgnis, daß England dem Drängen Rußlands und Frankreichs, eine Liquidation der kleinasiatischen Türkei schon jetzt zum mindesten vorzubereiten, nachgeben wird. Die Depesche Lichnowskys Nr. 42 [11] klingt verdächtig. Wenn auch Sir Edward Grey „vorläufig" der Einteilung von Interessensphären nicht näher treten will, so wird er uns doch eines schönen Tages erklären, daß die Verhältnisse stärker gewesen seien als er, und wird uns dann vor ein fertiges Interessensphärenprogramm der Tripelentente stellen. Dabei wird sich die Tripelentente nicht damit gegnügen, die Interessensphären auf dem Papier abzugrenzen, sondern die Sache wird auf Okkupationen und sehr reale Protektorate hinauslaufen. Ich halte es für ein Unheil und eine Schwächung Deutschlands, wenn wir denselben Weg beschreiten müssen. Aber wir müssen uns klar sein, worauf wir hinaus wollen. Denn wie sich auch die Sache momentan gestalten mag, so wird doch die Liquidation der kleinasiatischen Türkei unter allen Umständen die Frage der Zukunft sein, es sei denn, daß sich die Großmächte vorher in einem kontinentalen Krieg zerfleischen. Ob wir bei einer Liquidation auf dem Standpunkt stehen bleiben können, daß wir nichts anderes wollen, als unsere wirtschaftlichen Interessen in Kleinasien in derselben Weise weiter pflegen wie bisher, ist mir zweifelhaft. Wollen wir aber eintretendenfalls darüber hinausgehen, so müssen wir meines Erachtens schon jetzt England eine entsprechende Andeutung machen.

[11] Grey über Aufteilung der asiatischen Türkei.

58. Cartwright, Wien, an Nicolson [12]: Österreich-Ungarn und Serbien.
Brit. Dok. IX. 2. 1, 727—728.

Wien, 31. Januar 1913

... Mir scheint, daß sich die Beziehungen zwischen Rußland und Österreich-Ungarn, statt irgendwelche Anzeichen einer Besserung aufzuweisen, von Tag zu Tag verschlechtern, amtlich vielleicht nicht, aber infolge der ständig wachsenden Feindseligkeit zwischen den beiden Nationen. Serbien wird eines Tags die europäischen Völker hintereinanderbringen (set Europe by the ears) und auf dem Festland einen allgemeinen Krieg herbeiführen, und wenn die französische Presse die serbischen Bestrebungen auch weiterhin so ermutigt wie während der letzten paar Monate, könnten die Serben den Kopf verlieren und irgend etwas Aggressives gegen die Doppelmonarchie unternehmen, das diese zwingen wird, Serbien die Daumenschrauben anzusetzen. Ich kann Ihnen nicht sagen, wie die Leute hier durch die fortwährende Plackerei, die jenes kleine Land unter Ermutigung Rußlands Österreich verursacht, gereizt werden. Man kann's bis zu einem gewissen Grad mit den Scherereien vergleichen, die wir durch die früher von der Transvaal-Republik unter der leitenden Hand Deutschlands gegen uns eingenommene feindselige Haltung zu ertragen hatten. Man wird von Glück sagen können, wenn es Europa gelingt, einen Krieg als Folge der gegenwärtigen Krise zu vermeiden. Wenn wieder mal eine serbische Krise entsteht, wahrscheinlich mit einem jüngeren Kaiser hier auf dem Thron, wird Österreich-Ungarn, dessen bin ich sicher, keinerlei russische Einmischung in den Streit dulden (refuse to admit of ...) und sich dranmachen, selber die Zwistigkeiten mit seinem kleinen Nachbarn, « coûte que coûte », auszutragen ...

59. Pourtalès [13] an Jagow: Rußlands slawophile Politik und ein Krieg gegen Österreich. Gr. Pol. 34. 1, 330—331.

St. Petersburg, 6. Februar 1913

Auf Ihren mit dem gestrigen Feldjäger erhaltenen Brief vom 2. d. M. möchte ich gleich heute antworten. Ich habe in meiner Berichterstattung seit vorigem Herbst immer hervorgehoben, daß die hiesige Regierung, welche einen Krieg zweifellos nicht wünscht, zwar gegenüber den bekann-

[12] *Auf diesem Brief ist von Sir Edward Greys Hand vermerkt, daß er an den König und an den Premierminister gesandt wurde.*

[13] Deutscher Botschafter in St. Petersburg 1907—1914.

ten von einigen Großfürsten und Großfürstinnen sowie einzelnen Militärs unterstützten Hetzereien der Panslawisten einen schweren Stand habe, daß sie aber nach meiner Überzeugung die Bewegung in der Hand behalten könne, solange nicht Österreich eine aggressive Politik gegen Serbien einschlage. Im Falle eines österreichischen Einmarsches in Serbien, so habe ich wiederholt betont, könne man für nichts einstehen. In diesem Falle sei die größte Gefahr vorhanden, daß die Hetzer die Oberhand gewinnen.

Diese Ansichten halte ich heute in ihrem vollen Umfang aufrecht. Ich bleibe dabei, daß der Kaiser, Sasonow und Kokowzow « pour tant et tant de raisons », wie sich Sasonow einmal vielsagend ausdrückte, den Krieg *nicht* wollen und alles tun werden, um ihn zu vermeiden. Ich möchte aber bestimmt annehmen und werde in dieser Annahme durch die zunehmende Nervosität Sasonows bestärkt, daß im Falle eines Vorgehens Österreichs gegen Serbien die zwar verhältnismäßig kleine, aber mächtige und sehr rührige Gruppe der panslawistischen Hetzer die ganze öffentliche Meinung mit sich fortreißen und die jetzigen Leiter der Regierung verdrängen würden, und daß dann der Krieg zum mindesten sehr wahrscheinlich werden würde. Die Frage, ob ein solcher Krieg wirklich rein russischen Interessen dienen würde, wird in diesem Falle ebensowenig erwogen werden wie die Rücksicht auf die Gefahren, denen Rußland bei einem Kriege im Innern des Reiches zweifellos entgegengehen würde. Die slawophile Gefühlspolitik würde dann einzig und allein ausschlaggebend sein und auch diejenigen Kreise ergreifen, die sich noch gestern über die übertriebenen Sympathien mit den slawischen Brüdern lustig machten. Ich möchte übrigens glauben, daß dasselbe auch der Fall sein würde, wenn etwa die Türken jetzt bei der Wiederaufnahme der Feindseligkeiten entscheidende Siege erringen sollten, was allerdings wohl wenig wahrscheinlich ist, oder wenn Rumänien sich verleiten lassen sollte, behufs Erreichung seiner Forderungen gegen Bulgarien in den Krieg einzugreifen. In diesen drei Fällen, besonders aber im Falle eines österreichischen Vorgehens gegen Serbien, würde es wahrscheinlich ebenso kommen wie bei den letzten von Rußland geführten Kriegen. Es würde gegen den Willen des Monarchen, seiner Regierung sowie der großen Majorität des russischen Volkes zum Kriege kommen. Es würden anonyme Kräfte sein, welche den Krieg herbeiführen würden, welcher dann auch besonders gegen Österreich in weiten Kreisen populär werden würde.

Ihr Brief ist darum für mich von besonderem Interesse, weil ich daraus ersehe, daß die Besorgnisse, welche Sasonow mir gegenüber in der letzten Zeit äußert, bezüglich Österreichs nicht so ganz der Begründung entbehren. Trotzdem glaube ich richtig zu handeln, wenn ich nach wie vor dies dem

Minister gegenüber nicht zugebe. Sasonow läßt übrigens keine Gelegenheit vorübergehen, wie Sie auch aus meinen letzten Berichten ersehen haben werden, ohne sich mit größter Anerkennung über unsere loyale und korrekte Politik auszusprechen. Er behauptet, sehr viel zu wissen über alles, was wir in den letzten Monaten zur Erhaltung des Friedens getan haben. Der Minister läßt dabei insbesondere auch Kiderlen, trotz einiger Verstimmung über eine etwas unsanfte Anrempelung in Berlin im vorigen Herbst, volle Gerechtigkeit widerfahren. Er lobt seine zielbewußte, kraftvolle und dabei maßvolle Politik . . .

60. Conrad an Berchtold: Österreich-Ungarn und Rußland. Präventivkrieg.
Conrad, Dienstzeit III. 117—119.

Wien, 10. Februar 1913

Ich beehre mich, E. E. meinen ergebensten Dank für die hochgeschätzten Zeilen vom 8. d. M.[14] zu übermitteln. Die interessanten Ausführungen derselben, sowie jene der beiliegenden Denkschrift lassen es um so bedauerlicher erscheinen, daß im Jahre 1908/9, entgegen meinen dringenden Vorstellungen, davon abgesehen wurde, den damals vorliegenden, so günstigen Moment einer Sicherheit gegenüber Rußland zur Bereinigung der serbischen Frage auszunützen. Ich kann nur aufrichtig wünschen, daß das von E. E. erhoffte erneuerte Eintreten eines solchen Momentes recht bald erfolge, weil ich die Gefahren, welche der Monarchie von serbischer Seite drohen, in ihren politischen Wirkungen mindestens ebenso hoch veranschlage, als die in der gedachten Denkschrift hinsichtlich Rußlands dargelegten.

Im übrigen vermute ich, daß bei Entwirrung der nach dem Friedensschluß mit der Türkei entstehenden Komplikationen auf der Balkanhalbinsel die Monarchie, wenn sie nicht völlig zurückweicht, vor die Frage eines kriegerischen Eingreifens gestellt werden wird, ob sie nun will oder nicht, daß daher für die militärisch Verantwortlichen die Pflicht erwächst, mit dieser Möglichkeit zu rechnen und auf dieselbe vorbereitet zu sein.

Ob in Hinkunft auf die Bundestreue Italiens zu rechnen sein wird, ob Rumänien nicht früher schon seine Bestrebungen auf Siebenbürgen lenken wird, bleibt ebenso eine offene Frage wie jene, ob unter diesen Umständen Rußland, und zwar nicht der Zarismus, sondern das nationale Rußland, trotz alledem von einem Eingreifen gegen die Monarchie absehen wird.

Ich besorge, daß die Monarchie dann einer noch weit mächtigeren

[14] Vgl. Nr. 56.

Koalition von Feinden gegenüberstehen wird als dermalen, einer Koalition, der sie militärisch nicht mehr gewachsen sein wird.

Daß es von größtem Vorteil wäre, wenn ein Bündnis der Monarchie mit Deutschland und Rußland zustande käme, war seit jeher meine Ansicht, und ich habe derselben in wiederholten Denkschriften Ausdruck gegeben. Ich will nicht untersuchen, inwieweit an dem Nichtzustandekommen eines solchen die Politik des Grafen Ährenthal, inwieweit daran die der Monarchie feindliche Strömung in Rußland Schuld trägt, aber das Faktum, daß es zu diesem Bunde bisher nicht gekommen ist, besteht; es ist daher das gegenwärtige, unter der Revolutionsfurcht stehende zaristische Rußland ebenso eine jede Aktion der Monarchie lähmende Tatsache, wie dies ein vom Zarismus befreites Rußland wäre. In dieser Hinsicht will bedacht sein, ob der in der Denkschrift betonte russische status quo nicht demselben Schicksal entgegengehen wird, wie jener auf dem Balkan, der als so sichere Basis der europäischen Politik deklariert worden war. Ob es daher geraten ist, unsere Interessen erneuert der Erhaltung eines solchen status quo zu opfern oder anzuvertrauen, mag dahingestellt bleiben. Es fragt sich überdies, ob ein an die Monarchie festgegliedertes Polen nicht ein ausreichender Schutz gegen ein derart revolutionär zerstückeltes Rußland wäre.

Ich resumiere nun: Wenn es Deutschland, Österreich-Ungarn, Italien, Rumänien (und vielleicht Bulgarien) im festen Zusammenstehen gelänge, die Macht der Tripelentente zu brechen, so dürfte für diese Mächte eine günstigere Zukunft winken, als wenn sie den Dingen einfach ihren Lauf lassen. Möglicherweise irre ich mich aber.

Schließlich möchte ich doch noch der Erwägung Raum geben, ob ein Vorgehen der Monarchie gegen Serbien dermalen *unbedingt* das Eingreifen Rußlands auslösen würde.

61. Bethmann Hollweg an Berchtold: Warnung wegen Gefahr eines Krieges mit Tripelentente. England. Gr. Pol. 34. 1, 346—348 [15].

Berlin, 10. Februar 1913

Euere Exzellenz bitte ich, meinen verbindlichsten Dank für die überaus interessanten Aufschlüsse über die Mission des Prinzen Hohenlohe [16] nach

[15] Das hier abgedruckte unsignierte Konzept wurde nach den bei Hugo Hantsch, Leopold Graf Berchtold, Graz 1963, I. 387 f. veröffentlichten Auszügen aus dem Originalbrief durch den Hrsg. unseres Bandes verbessert.

[16] Prinz Gottfried zu Hohenlohe-Schillingsfürst, österreichischer Oberstleutnant d. Res., 1914—1921 Botschafter in Berlin.

Petersburg entgegennehmen zu wollen, die Sie die Güte hatten, mir in dem Schreiben vom 5. d. Mts. zu geben. Seiner Majestät dem Kaiser meinem allergnädigsten Herrn habe ich entsprechende Meldung erstattet. Daß in letzter Zeit eine gewisse Nervosität, um nicht zu sagen Gereiztheit an einflußreichen und maßgebenden Stellen Rußlands und nicht zuletzt am Hofe Platz gegriffen, haben auch wir wiederholt zu beobachten Gelegenheit gehabt. Ich würde es mit großer Genugtuung begrüßen, wenn die Entsendung des Prinzen Hohenlohe die Wirkung hätte, dort zu beruhigen. Indessen wird meines Erachtens nicht übersehen werden dürfen, daß, wenn es auch dem Prinzen Hohenlohe dank des persönlichen Vertrauensverhältnisses, in dem er zum Zaren steht, gelungen sein sollte, höchstdenselben zu einer ruhigeren Auffassung der Lage zu gewinnen, die Gefahren, die der gegenwärtige Moment ganz zweifellos in sich birgt, noch nicht endgültig beseitigt sind. Ich möchte daran erinnern, daß stärkere russische Herrscher als Nikolaus II. es nicht vermocht haben, den auf sie eindringenden panslawistischen Strömungen auf die Dauer Widerstand zu leisten, und es fällt mir schwer, daran zu glauben, daß die bei dieser Gelegenheit gespendete eau bénite de cour [17] genügen sollte, um den bekannten Mangel an Willensstärke des Zaren auszugleichen.

Wie ich die Lage auf Grund von zuverlässigen Informationen kenne, werden die Kräfte, die hinter der panslawistischen Hetze stehen, die Oberhand gewinnen, wenn Österreich-Ungarn in einen Konflikt mit Serbien hineintreiben sollte. Daran würde auch ein größeres oder geringeres Verständnis für die Gesichtspunkte voraussichtlich nichts ändern, die in einem solchen Falle für das Vorgehen der k. und k. Regierung maßgebend sein würden. Auch muß man bei objektiver Prüfung zu dem Ergebnis kommen, daß es für Rußland bei seinen traditionellen Beziehungen zu den Balkanstaaten beinahe unmöglich ist, ohne einen ungeheuren Verlust an Prestige einem militärischen Vorgehen Österreich-Ungarns gegen Serbien tatenlos zuzusehen. Die Vertreter einer friedlichen Richtung, die wir in den Herren Kokowzow und Sasonow zweifellos erblicken dürfen, würden von dem Sturm der öffentlichen Meinung einfach fortgeweht werden, falls sie versuchen sollten, sich ihm entgegenzustellen. Die Folgen eines russischen Eingreifens liegen aber offenbar zu Tage. Sie würden auf einen kriegerischen Konflikt des von Italien voraussichtlich nicht mit großem Enthusiasmus unterstützten Dreibundes gegen die Mächte der Tripelentente hinauslaufen, bei dem Deutschland das ganze Schwergewicht des französischen und englischen Angriffes zu tragen hätte. Euere Exzellenz werden es verstehen, daß diese Perspektive es mir zur Pflicht macht, an

[17] Höfisches Weihwasser.

Euere Exzellenz die Bitte zu richten, mich über die Wege gütigst unterrichten zu wollen, die die Politik der k. und k. Regierung im weiteren Verlauf dieser Krisis zu gehen beabsichtigt. Ich möchte nicht unterlassen, bei dieser Gelegenheit auf ein Symptom hinzuweisen, das meines Dafürhaltens die allerernsteste Betrachtung verdient: Ich meine die Haltung der englischen Politik in der letzten Zeit. Während der Annexionskrisis stand England als treibendes Element hinter Rußland und verfolgte eine Prestigepolitik, die einen friedlichen Ausgleich damals auf das äußerste erschwerte. Heute bildet England ein vermittelndes Element, durch welches wir immer wieder vermocht haben, einen beruhigenden und hemmenden Einfluß auf Rußland auszuüben. Ich möchte das gegenüber den Stimmen betonen, die, wie ich weiß, laut geworden sind und unserem Streben, die enge Fühlungnahme mit England nicht zu verlieren, egoistische Motive unterschieben. Die englische Haltung gesellt sich den mancherlei Anzeichen zu, die darauf hindeuten, daß die Ententepolitik ihren Höhepunkt überschritten hat, und daß wir einer Neuorientierung der englischen Politik entgegensehen dürfen, wenn es uns gelingt, ohne Konflikte aus der gegenwärtigen Krisis herauszukommen. Es handelt sich natürlich um Entwicklungen, die sich in den ersten Anfängen befinden, und die einer gewissen Zeit bedürfen werden, um zu reifen. Eine gewaltsame Lösung aber, selbst wenn manche Interessen der österreichisch-ungarischen Monarchie auf eine solche hindrängen sollten, in einem Augenblick herbeizuführen, in dem sich uns eine wenn auch nur entfernte Aussicht eröffnet, den Konflikt unter für uns wesentlich günstigeren Bedingungen auszutragen, würde ich für einen Fehler von unermeßlicher Tragweite halten.

Herr von Jagow hätte sehr gewünscht, bald seinen Besuch in Wien machen und diese Fragen mit Euerer Exzellenz mündlich erörtern zu können. Die Notwendigkeit, sich in seine neuen Amtsgeschäfte einzuarbeiten sowie parlamentarische Pflichten machen ihm aber im gegenwärtigen Augenblick eine Reise nach Wien zu seinem lebhaften Bedauern unmöglich. Er würde sich sehr freuen, wenn bei sich bietender Gelegenheit und solange eine persönliche Zusammenkunft noch nicht ausführbar ist, in direkter Privatkorrespondenz ein Meinungsaustausch stattfinden könnte, der oft leichter zur Übereinstimmung führt als die Verdolmetschung amtlicher Erlasse durch die beiderseitigen Vertreter.

62. Moltke an Conrad (Auszug): Der strategische Aufmarsch der Mittelmächte.
Conrad, Dienstzeit III. 145.

Berlin, 10. Februar 1913

Die Führung eines großen Krieges des Dreibundes gegen die Tripelentente, ja selbst gegen Rußland und Frankreich allein, wird, um ihn für uns zu einem glücklichen Ende zu bringen, der Anspannung aller Kräfte und der Ausnützung aller Chancen bedürfen. Eine Zersplitterung der Kräfte trägt dabei mehr wie je eine Gefahr in sich. Bedarf Österreich aller seiner Kräfte, um den Kampf gegen Rußland durchzuführen, so gilt dasselbe für Deutschland im Kampfe gegen Frankreich. Ich würde daher befürworten, auch unsere im Osten bereitgestellten Truppen im Westen einzusetzen, wenn nicht die Rücksicht auf Österreich mich daran hinderte. Denn in dem Austrag des Streites zwischen Deutschland und Frankreich liegt meiner Überzeugung nach das Schwergewicht des ganzen europäischen Krieges, und auch das Schicksal Österreichs wird nicht am Bug, sondern an der Seine endgültig entschieden werden.

63. Conrad an Moltke (Auszug): Krieg und Rassenkampf.
Conrad, Dienstzeit III. 149—150.

Wien, 15. Februar 1913

... Ich glaube also, daß es das *gemeinsame* Interesse erheischt, auch gegen Rußland von Haus aus im Grenzraum, dann aber derart stark aufzutreten, daß ein Kampf nicht ohne Chance ist.

Zum mindesten sind die Vorbereitungen jetzt in diesem Sinne getroffen, und so erschiene mir schon aus technischen Gründen nicht möglich, dermalen noch davon abzugehen.

Daß bei der jetzigen politischen und militärischen Lage die Niederwerfung Frankreichs das erste Ziel bilden muß, gebe ich gerne zu, aber ich denke, daß zur Erreichung des letzteren die dermalen gegen Frankreich gerechneten deutschen Kräfte im Verein mit den italienischen genügen, um dieses Ziel zu erreichen.

Und nun bitte ich, auf E. E. so interessante politische Erwägungen eingehen zu dürfen, wobei ich aber hervorhebe, daß alles folgende nur meine rein persönlichen Anschauungen wiedergibt.

Es gibt gewiß nichts Schwierigeres und Verantwortungsvolleres, als an berufener Stelle über „Krieg“ oder „Frieden“ mit entscheiden, vielleicht sogar entscheiden zu müssen.

Erfahrung, Studium und Nachdenken haben wohl bei jedem von uns die klare Vorstellung von der tiefgreifenden Tragik des Krieges und von der Unsicherheit seines Ausganges sowie seiner Folgen gefestigt, und keiner von uns wird ohne gewissenhafteste Prüfung der Lage leichtfertig an diese Entscheidung treten. Wer jedoch an verantwortlicher Stelle steht, kann sich ihr nicht entziehen und muß ihr bei völliger Zurücksetzung der eigenen persönlichen Interessen pflichtgemäß obliegen.

Die Schwierigkeit für den dienstlich Berufenen liegt vor allem darin, weil es eben so folgenschwer werden kann, „für" den Krieg als „gegen" denselben zu entscheiden, indem eine versäumte Chance für einen unvermeidlichen Krieg die Führung desselben unter weit ungünstigeren Umständen zur Folge haben kann.

E. E. betonen nun selbst, daß Ihrer Ansicht nach über kurz oder lang ein europäischer Krieg kommen muß, in dem es sich in letzter Linie um einen Kampf zwischen Germanentum und Slawentum handeln wird und haben dabei sicherlich das Zusammengehen Deutschlands und Österreich-Ungarns im Auge.

Ich möchte dabei vor allem hervorheben, daß, wenn wir es bis zu dem Moment ankommen lassen, in dem die Gegnerschaft diese Form des Rassenkampfes angenommen hat, wir kaum mehr werden darauf zählen können, daß unsere Slawen, die 47 Prozent der Einwohner betragen, sich für den Kampf gegen ihre Stammesgenossen begeistern werden.

Jetzt waltet noch das Gefühl historischer Zusammengehörigkeit und der Kitt der Disziplin im Heere vor; ob dies im obgedachten Falle in Hinkunft auch noch zutreffen würde, ist fraglich. Die Monarchie darf also nicht die Gegensätze bis zum Rassenkampf gedeihen lassen, sondern sie muß trachten, Süd- und Westslawen kulturell und politisch von den Ostslawen zu trennen, sie dem Einfluß Rußlands zu entziehen.

Eine der ersten Bedingungen hierzu ist die Verhinderung des Anwachsens und der Souveränität eines selbständigen Groß-Serbiens, in dem Rußland den Hebel zur Zertrümmerung der Monarchie einsetzt.

Darin gipfelt für uns die serbische Frage.

Die Besetzung des schmalen eingekeilten Sandžaks, die Adriahafenfrage etc. sind demgegenüber ganz untergeordnete Angelegenheiten — für welch letztere *allein* das Schwert zu ziehen nicht dafür gestanden wäre. Mit dem Nachgeben Serbiens in diesen Richtungen ist daher für uns die serbische Frage nicht gelöst.

Sehen wir aber zu, wie Serbien sich selbständig entfaltet und zum kräftigen Verbündeten Rußlands sowie zum Attraktionspunkt unserer Südslawen wird, dann entsteht zweifellos jene slawische Gefahr, die schließlich an das Mark Deutschlands greift; auch letzteres wird sich daher klar werden müssen, in welchem Moment es dieser Gefahr begegnen will.

Dermalen hat man Italien *noch* zur Seite und ebenso Rumänien, wo aber alles auf zwei Augen steht und in Hinkunft zu Gunsten Rußlands umschlagen kann. Die Balkanstaaten sind durch den Krieg zwar moralisch wesentlich gestärkt, aber personell und materiell geschwächt, während sie in Hinkunft ihre militärischen Kräfte fast verdoppelt haben werden. Albanien würde jetzt durch einen Aufstand obendrein noch serbisch-montenegrinische Kräfte binden; ob es in naher Zukunft jenes militärische Gegengewicht gegen das verstärkte Serbien bilden wird, welches wir erhoffen, ist noch fraglich ...

64. Bertie[18] an Grey (Auszug)[19]: Frankreichs Aufrüstung und Nationalismus.
Brit. Dok. X. 2. 2, 1093—1095.

Paris, 19. Februar 1913

... Die Gründe für vermehrte Rüstungen wurden der Öffentlichkeit mit großer Überzeugungskraft und Geschicklichkeit dargelegt, namentlich vom „Temps", der seit einiger Zeit durch eine Reihe von Artikeln über deutsche Politik und Rüstungen aus der Feder seines soeben zum „Offizier" der Ehrenlegion ernannten Schriftleiters für auswärtige Politik, M. Tardieu, offenbar einer neuen Entwicklung der Militärpolitik den Weg bereitet hat.

Der bemerkenswerteste Umstand in der inneren Lage Frankreichs während der letzten zwölf Monate war das Wiederaufleben eines Geistes willensstarker Vaterlandsliebe. Monsieur Poincarés Ministerium und insbesondere Monsieur Millerand als Kriegsminister[20] haben viel zur Förderung dieses Geistes getan.

Eins der ersten Anzeichen der „nationalistischen" Welle, die jetzt über Frankreich hinwogt, war die außerordentliche Begeisterung der Volksmassen bei den von Monsieur Millerand wiedereingeführten wöchentlichen Zapfenstreichen durch die Straßen von Paris. Man betrachtet Monsieur Poincaré, mit Recht oder Unrecht, als Verkörperung des neuen Geistes in Frankreich, und seine derzeitige große Beliebtheit ist in hohem Grad diesem Umstand zuzuschreiben. Die Öffentlichkeit wird häufig daran erinnert, daß er aus Französisch-Lothringen stammt, und man sagt von ihm, er teile die Gefühle seiner lothringischen Landsleute, die für die patriotischsten aller Franzosen gelten.

[18] Englischer Botschafter in Paris 1905—1918.

[19] *Auf diesem Bericht ist vermerkt, daß er an den König und an den Premierminister gesandt wurde. Eine Abschrift ging an das Kriegsministerium.*

[20] 1912—1913.

Ebenso wie sich der letzte „nationalistische“ auf die Faschodaaffäre im Jahre 1898 folgende Aufschwung gegen Großbritannien richtete, so richtet sich der gegenwärtige, auf den Agadir-Zwischenfall folgende, gegen Deutschland. Die öffentliche Aufmerksamkeit wird jetzt beständig auf die beiden verlorenen Provinzen gelenkt, und wenn Regimenter auf den Straßen erscheinen, werden häufig Rufe « Vive l'Alsace-Lorraine! » laut. Theaterdirektoren nützen diesen Hang der öffentlichen Meinung aus und führen Schauspiele ultrapatriotischen Charakters auf. Ein Schauspiel im Theatre Réjane mit dem Titel „Alsace“, das ganz von der Frage „La Revanche“ handelt, ist gegenwärtig eins der beliebtesten Stücke in Paris, und die Tiraden darin gegen Deutschland werden von den Zuhörern mit stürmischem Beifall bedacht.

Das Ministerium rechnet zweifellos darauf, daß ihm der Strom der chauvinistischen Stimmung in Frankreich, die dem unsichern Stand der europäischen Lage entspringenden Befürchtungen und vor allem die durch die Ankündigung weiterer deutscher Heeresvermehrungen geweckten Gefühle die öffentliche Unterstützung verschaffen werden, sobald das Parlament um Genehmigung der zur Verstärkung der französischen Armee nötigen finanziellen Maßnahmen und möglicherweise von Anträgen ersucht wird, die aktive Dienstzeit in der einen oder andern Form zu verlängern.

Vermerke

Der Jingo-Geist, auf den Sir F. Bertie hinweist, ist eine ausgesprochene Gefahr für den Frieden Europas.

G. H. V. (Villiers) [21]
21. 2. 13

Vielleicht, aber die Minister müssen diesen Geist fördern und ausnützen, um die drückenden Maßnahmen durchzusetzen, die einige Gewähr für Gleichheit der Kampfkraft Frankreichs und Deutschlands bieten werden.

G. R. C. (Clerk) [22]
21. 2. 13

[21] Assistant Clerk im Foreign Office.

[22] Senior Clerk 1913—1919.

65. Nicolson an Grey: Französische Militärs über den baldigen Krieg wegen Rußland. Haltung Englands. Brit. Dok. IX. 2. 1, 834—835.

Auswärtiges Amt, 24. Februar 1913

Ich traf gestern abend General Wilson [23], der eben aus der Schweiz zurückgekehrt ist und auf der Durchreise durch Paris einige der leitenden Militärs sprach. Wie er mir sagt, sind die Soldaten der Ansicht, daß es für Frankreich weit besser wäre, wenn sich ein Konflikt nicht zu lange verzögerte. Ihre Gründe sind, daß, wenn er jetzt käme, er eine Folge der Balkanschwierigkeiten wäre und sie darum die rückhaltlose Unterstützung Rußlands würden erlangen können. Verzögerte sich ein Konflikt und bräche er schließlich wegen irgendeiner Schwierigkeit zwischen Deutschland und Frankreich allein aus, so hätten sie, trotz Vertrag, einige Zweifel, ob Rußland rückhaltlos auf ihre Seite träte. Sie stellten Wilson nachdrücklich vor, daß Rußland jetzt sowohl in seiner militärischen Organisation als auch in seiner finanziellen Verfassung überaus stark und daher in militärischem oder finanziellem Sinn von französischer Unterstützung weit weniger abhängig sei. Kurzum, Rußland könne jetzt gut für sich selber sorgen und wäre möglicherweise geneigt, seine eignen Wege zu gehen. (Dies ist meinen Wahrnehmungen nach nicht ganz die Ansicht der französischen Regierung, die Sorge hegt, sie könnte wegen Balkanangelegenheiten, an denen die französische Öffentlichkeit nicht sehr interessiert ist, in einen Krieg hineingezogen werden.) Er bemerkte ferner, er sei bei den Militärs einigen Zweifeln darüber begegnet, wie wohl unsere Haltung wäre — ob wir ihnen im Fall eines Zusammenstoßes wirklich materiellen Beistand zu Land leisten würden und ob dieser Beistand tatsächlich wirksam wäre und vor allem rechtzeitig käme.

General Wilson sagte, er habe natürlich nur Militärs und sonst niemand gesprochen und gebe mir bloß deren Ansichten wieder.

Ich sah auch Braham und er sagte mir, er sei ziemlich beunruhigt gewesen über einen Brief, den er vom „Times"-Berichterstatter in Paris erhalten habe. Er betonte stark den militärischen Geist, der Frankreich jetzt durchdringe und der seines Erachtens ziemlich gefährlich sei.

Vermerk

Die französische Regierung möchte wegen des Balkans offenbar nicht in einen Krieg hineingezogen werden und bemüht sich zu verhindern, daß Rußland deswegen einen Konflikt heraufbeschwört. Wir unsererseits können nicht Frankreichs Genosse beim Heraufbeschwören eines Konflikts um der Revanche willen sein.

E. G. (Grey)

[23] General, englischer Direktor militärischer Operationen 1910—1914.

66. Nicolson an Buchanan, St. Petersburg: Rußlands Rüstung. Österreichs Schwächung durch Balkanbund. Deutschlands Sorge.

Brit. Dok. IX. 2. 1, 846—847.

Auswärtiges Amt, 25. Februar 1913

Ihr heute morgen eingetroffenes geheimes Telegramm über die angekündigte Verstärkung des russischen Heers ist interessant und ich weiß, die deutsche Regierung rechnet nicht mehr darauf, daß Österreich in der Lage ist, ihr irgendwelchen tatsächlich wirksamen Beistand zu leisten, falls ein Konflikt entstehen sollte, und zwar infolge des Auftauchens und der Entwicklung des Balkanbunds, der fast eine Million Bajonette ins Feld zu stellen vermag und natürlich einen sehr beträchtlichen Teil des österreichischen Heers lahmlegen würde. Deutschland wird wegen seiner eigenen Lage wirklich besorgt, da es auf der einen Seite Rußland mit seiner stets wachsenden militärischen und finanziellen Stärke neben sich hat und auf der andern Frankreich, das jetzt für einen Krieg vollkommen bereit ist und wo ein kriegerischer Geist in vielleicht sogar etwas gefährlichem Grad herrscht. Unter diesen Umständen hat Deutschland die beharrlichsten Anstrengungen gemacht, uns auf seine Seite hinüberzuziehen, oder wenigstens eine Zusicherung von uns zu erlangen, daß wir, falls ein europäischer Konflikt ausbrechen sollte, neutral bleiben würden. Wir haben gewiß nicht die Absicht, uns in dieser Weise die Hände zu binden, und ich bezweifle nicht, daß Deutschland (she) St. Petersburg ebenso beflissen den Hof machen würde. Der Deutsche Kaiser äußerte neulich zu Granville,[24] er sei der Meinung, daß er eine göttliche Mission habe, den Frieden Europas zu wahren. Er rief mit sehr großem Nachdruck aus, er gedenke jeden, der diesen Frieden zu stören trachte, zu zerschmettern, und dies Zerschmettern würde weit ernster sein als das, was 1870 geschah. Angesichts des beunruhigten Zustands von Europa und der schwarzen am Horizont stehenden Wolken wünschte ich nur, daß wir selbst in kriegstüchtigerer Bereitschaft wären, als wir's sind. Indes ist unsere Flotte so gut wie nur möglich und der irgendeines andern Landes oder sogar jeder wahrscheinlichen Kombination unzweifelhaft weit überlegen. Doch möchte ich uns zu Land gern stärker und in der Lage wissen, ein ansehnliches Expeditionskorps zu entsenden und zu unterhalten, um unsern Freunden, falls sie es nötig hätten, beizustehen . . .

[24] Erster Sekretär der englischen Botschaft in Berlin 1911—1913.

67. Buchanan, St. Petersburg, an Grey[25]: Der Zar über Balkankrieg, England und Auflösung Österreichs-Ungarns. Brit. Dok. IX. 2. 2, 1077—1082.

St. Petersburg, 14. April 1913

Heute morgen hatte ich die Ehre, vom Kaiser in einer Audienz empfangen zu werden, die eine Stunde dauerte.

Nachdem Seine Majestät zum Ausdruck gebracht, wie sehr Er sich darauf freue, den König, den Er seit Seiner Majestät Thronbesteigung nicht mehr gesehen habe, bei der Hochzeit im Kaiserhaus in Berlin zu treffen, ging Er auf die internationale Lage über. Vieles, sagte Seine Majestät, habe sich seit der Audienz ereignet, die er (he) mir im Februar vorigen Jahres gewährt, als Er von möglichen Verwicklungen auf dem Balkan und von der Gefahr gesprochen habe, daß Ihn russische Sympathie für die Balkanslawen zum Handeln zwingen könnte, falls Serbien oder Bulgarien in einen Krieg mit der Türkei verwickelt würde. Zum Glück für den Frieden Europas seien die Balkanstaaten siegreich gewesen, denn wäre es anders gegangen und hätten sie ernstliche Rückschläge erlitten, wäre Er genötigt gewesen einzugreifen, selbst auf die Gefahr hin, einen europäischen Krieg heraufzubeschwören. So wie sich die Dinge gestaltet hätten, sei es nicht so schwierig gewesen, die russische öffentliche Meinung im Zaum zu halten. Die jüngsten Kundgebungen und die panslawistische Wühlerei stellten nicht die wirklichen Ansichten des russischen Volkes dar und seien ziemlich künstlich gemacht. Ja, sie würden zu dem Zweck betrieben, die Regierung in Verlegenheit zu setzen und ihren Sturz herbeizuführen. Die Mehrzahl der Russen wolle keinen Krieg, solange ihre eignen Interessen nicht angegriffen wären. Sie hätten sich über die Siege der Balkanverbündeten gefreut: doch die Größe dieser Siege beweise, daß die letzteren den Schutz oder das Eingreifen Rußlands nicht brauchten. Es habe ohne Zweifel Augenblicke gegeben, da der internationale Horizont sehr schwarz erschienen sei; und die Erörterungen, die über Diakowa und Skutari stattgefunden, hätten Ihm große Sorge bereitet. Österreich habe nach vielem Feilschen hinsichtlich des ersteren Orts nachgeben müssen, und Rußland gedenke an der Abmachung festzuhalten, die bezüglich des letzteren zustande gekommen sei. Ungleich manchen Seiner Untertanen, die sich einbildeten, daß Rußland es nur mit Österreich zu tun habe, sei Er Sich von Anfang an vollauf bewußt gewesen, daß Deutschland gemeinsame Sache mit Österreich machen werde: und Er habe nicht die Absicht, sich wegen einer elenden albanischen Stadt wie Skutari auf

[25] *Auf diesem Bericht ist vermerkt, daß er an den König gesandt wurde, an Herrn Asquith, an das Kabinett.*

einen Krieg mit diesen beiden Reichen einzulassen. Rußland habe sich natürlich für die Ansprüche und Interessen der Balkanslawen einsetzen müssen: und Er fürchte, daß Ihnen Rußlands (her) Beharrlichkeit bisweilen erhebliche Verlegenheit verursacht haben müsse.

Ich erwiderte, Seiner Majestät Regierung habe nie gewünscht, die Balkanstaaten der Früchte ihrer Siege beraubt zu sehen, und habe daher der russischen Regierung, die so viel unmittelbarer beteiligt sei als sie selbst, ihre Unterstützung gewährt. Dabei hätten Sie indes unablässig auf die Erhaltung des europäischen Friedens hingearbeitet, und da auch Seine Majestät bei mehr als einer Gelegenheit die Ansprüche Serbiens und Montenegros der Erreichung jenes Ziels untergeordnet habe, hätten die beiden Regierungen während der ganzen Krise treu zusammenzuwirken vermocht. Sie hätten mich, fügte ich hinzu, beauftragt zu erklären, daß das kürzlich von der russischen Regierung veröffentlichte Kommuniqué in England mit der größten Befriedigung aufgenommen worden sei und mehr als sonst etwas bewirkt habe, den Frieden zwischen den Großmächten zu sichern. Es habe zudem Seiner Majestät Regierung überzeugt, daß der Anteil, den England und Rußland an den seit Monaten im Gang befindlichen schwierigen Verhandlungen gehabt haben, die zwischen den beiden Ländern bestehenden freundschaftlichen Gefühle bekräftigen und stärken müsse.

Der Kaiser sagte, Er teile diese Ansicht vollkommen und Ihn mache der Gedanke glücklich, daß die Krise beigetragen habe, die beiden Regierungen in engere Fühlung miteinander zu bringen. Er würdige höchlich sowohl die getreue Unterstützung, die Sie Ihm gewährt hätten, als auch Ihre unermüdlichen Bemühungen um die Sache des Friedens.

Ich wiederholte sodann dem Kaiser das, was Sie mich beauftragt hatten in bezug auf die unermeßlichen Gewinne zu sagen, die den Balkanslawen demnächst erwüchsen, deren Bestrebungen durch die jetzt Albanien zuerkannten Grenzen nicht beeinträchtigt werden könnten. Hätte man eine solche Regelung, fügte ich hinzu, Rußland vor einem Jahr nahegelegt, dann wäre sie mit Begeisterung angenommen worden. Die Schaffung eines autonomen Albanien, auf der Österreich bestanden habe, bilde nur einen ärmlichen Gegenposten für die ungeheuren politischen Vorteile, die Rußland aus der Neuordnung der Dinge auf dem Balkan ziehen werde. Dem pflichtete Seine Majestät warm bei ...

Da sich das Gespräch dann der deutschen Militärvorlage und den Gegenmaßnahmen zuwandte, die Frankreich trifft, um der neuen militärischen Lage Rechnung zu tragen, fragte ich den Kaiser, ob Er glaube, daß der den beiden Ländern derart auferlegte finanzielle Druck so schwer sein werde, daß das eine oder andere von ihnen die Geduld verlieren und einen Krieg heraufbeschwören könnte, und ob, falls diese Gefahr wirklich bestände, die Mächte irgend etwas zu tun vermöchten, um sie abzuwenden. Der Kaiser erwiderte, (im Jahre) 1899 habe Er die Initiative zur Einberufung der Haager Friedenskonferenz ergriffen, aber Sein Vorgehen sei als auf eine allgemeine Abrüstung hinzielend mißdeutet worden. Es locke Ihn daher nicht, das Experiment zu wiederholen, und Er werde davon absehen, diesmal irgendwelche Vorschläge zu machen. Er verstehe durchaus die Gründe, die die geplante Verstärkung der deutschen Armee veranlaßt hätten; indes müsse sich die deutsche Regierung bewußt sein, daß sie nur ein Beispiel gebe, dem andere Staaten zu folgen genötigt wären. Sie werde wahrscheinlich keine Schwierigkeit haben, die Soldaten aufzutreiben, doch ob das Land die erhöhten Steuern lange tragen könne, sei eine andere Frage. Rußland hingegen stünden an Soldaten sowohl wie an Geld unerschöpfliche Hilfsquellen zur Verfügung; und ebenso wie Seiner Majestät Regierung die verhältnismäßige Stärke der britischen und deutschen Flotte auf sechzehn zu zehn festgesetzt habe, sei er auch entschlossen, dasselbe Verhältnis zwischen der russischen und deutschen Armee aufrechtzuerhalten. Es lasse sich unmöglich voraussehen, was geschehen werde, es sei aber sehr notwendig, sich im voraus für die Gefahr, falls sie auftauchen sollte, zu wappnen.

Von Österreich sprach der Kaiser ohne jede Schärfe, aber als einer Quelle der Schwäche für Deutschland und einer Gefahr für den Frieden wegen des Umstands, daß Deutschland es in seiner Balkanpolitik unterstützen müsse. Seine Majestät glaubt anscheinend, daß die Auflösung des österreichischen Reichs nur eine Frage der Zeit ist. Er sprach von dem Tag, an dem wir ein Königreich Ungarn und ein Königreich Böhmen errichtet sehen würden, während die Südslawen wohl von Serbien, die Rumänen Siebenbürgens von Rumänien aufgesaugt und die deutschen Provinzen dem Deutschen Reich einverleibt werden würden. Der Umstand, daß Deutschland dann kein Österreich haben werde, das es wegen des Balkans in einen Krieg verwickeln könne, würde, erklärte Seine Majestät, dem Frieden zugute kommen. Ich bekenne, daß ich außerstande war, dem Gedankengang des Kaisers zu folgen oder zu verstehen, wie Er zu diesem Schluß gelangte. Ich begnügte mich daher einzuwerfen, daß sich eine solche Veränderung auf der Karte Europas wohl schwerlich ohne einen allgemeinen Krieg vollziehen werde.

Da der Kaiser im Verlauf unseres Gesprächs auf unsere Beziehungen zu Deutschland zu sprechen kam, bemerkte ich, Seiner Majestät Regierung sei zwar entschlossen, ihr Einvernehmen mit Rußland unversehrt zu erhalten, zugleich jedoch bestrebt, zu Deutschland gute und freundliche Beziehungen zu pflegen. Seine Majestät erwiderte, genau dies sei auch Rußlands Standpunkt. Wenn Er, wie Er hoffe, der Hochzeit im Kaiserhaus in Berlin beiwohnen könne, werde Er von Kaiser Wilhelm ohne Zweifel wie bei früheren Gelegenheiten mit Fragen und Vorschlägen überschüttet werden. Er würde alsdann geduldig zuhören, während der Kaiser rede, und Sorge tragen, Sich nicht festzulegen, da Er immer gefunden habe, daß dies der sicherste Weg sei.

Ehe ich mich vom Kaiser verabschiedete, gab ich der Hoffnung Ausdruck, die beiden Regierungen würden in Persien ebenso herzlich, wie sie es auf dem Balkan getan, zusammenarbeiten und beide der gegenwärtigen persischen Regierung ihre Unterstützung gewähren. Seine Majestät erwiderte, er (he) sei sicher, daß sie das tun würden, wobei er lächelnd hinzufügte, er müsse gestehen, daß Er in letzter Zeit Persien ganz vergessen habe.

68. Nicolson an Buchanan, St. Petersburg: Rußlands Macht und England.
Brit. Dok. IX. 2. 2, 1109—1110.

Foreign Office, 22. April 1913

Vielen Dank für den durch den letzten Kurier erhaltenen Brief sowie für die vorausgesandte Abschrift Ihres Berichts über Ihre Audienz beim Kaiser (Emperor).[26] Beide waren sehr interessant, und was der Kaiser sagte, war durchaus befriedigend, besonders hinsichtlich der Beziehungen zwischen unserm Land und Rußland. Ich hoffe aufrichtig, daß unsere Beziehungen immer freundlich und vertraut bleiben werden, denn ich würde es mit wahrer Verzweiflung betrachten, wenn etwas geschähe, was unser Einvernehmen irgendwie beeinträchtigen würde. Rußland macht andauernd in jeder erdenklichen Weise Fortschritte und ist meines Erachtens bereits einer der gewaltigsten Faktoren in Europa. Außerdem kann es uns, wenn es unfreundlich wäre, in Mittelasien sehr große Verdrießlichkeiten und Verlegenheiten bereiten, und wir wären außerstande, ihm auch nur annähernd auf gleichem Fuß zu begegnen. Es ist daher meiner Ansicht nach wesentlich, daß wir uns stets freundschaftlich gegen es verhalten, und ich begreife nicht die Kurzsichtigkeit derer — und ich fürchte, es gibt ihrer noch viele —, die Rußland immer noch mit Abneigung und Argwohn betrachten. Seine Freundschaft ist für uns tatsächlich wichtiger als die Frankreichs und ich dringe ständig darauf, selbst auf die Gefahr hin, für einen verbohrten Russenfreund gehalten zu werden, daß wir uns etwaige gelegentliche Verdrießlichkeiten in Persien gefallen lassen sollten, um mit Rußland auf bestem Fuß zu bleiben.

[26] Vgl. Nr. 67.

69. Denkschrift Moltke „Verhalten Deutschlands in einem Dreibundkriege": Ost- oder Westaufmarsch. Belgiendurchmarsch und England.

Elze, Tannenberg 157—162.

(nach Februar 1913)[27]

Schon im Jahre 1871 beschäftigte sich der Generalfeldmarschall Grf. M. mit der Möglichkeit eines Krieges, den Deutschland gleichzeitig gegen Frankr. und Rußland zu führen haben werde. Der Fürst Bismarck bezeichnete einen Allianzvertrag zwischen unseren westlichen und östlichen Nachbarn als die größte Gefahr für Deutschland und sah die Hauptaufgabe einer vorsorgenden Politik darin, das Zustandekommen dieser Allianz zu verhindern. Er hatte zu dem Zweck den sogenannten Rückversicherungsvertrag mit Rußland geschlossen, der in der Ära Caprivi fallengelassen wurde. Bald darauf kam es zu dem von Bismarck gefürchteten Bündnis zwischen Rußland und Frankreich. Damit wurde Deutschland die Notwendigkeit auferlegt, sich auf einen Krieg nach zwei Fronten einzurichten.

Die Denkschriften des Feldmarschalls Moltke, die bis zum Jahre 1890 reichend sich mit dieser Lage beschäftigen, gehen durchweg von dem Gedanken aus, daß Deutschland sich gegen Frankreich defensiv verhalten müsse, um gemeinsam mit Österreich einen Offensivkrieg gegen Rußland führen zu können. Die Voraussetzungen, auf denen dieser Gedanke sich aufbaute, sind indessen nicht mehr zutreffend. Damals marschierte die russische Armee in Polen auf, man konnte mit einem russischen Aufmarsch rechnen, der wegen mangelhafter Bahnverbindungen soviel Zeit beanspruchte, daß Deutschland und Österreich bei schneller Offensive hoffen durften, Teile der Russen zu schlagen, bevor deren Hauptkräfte versammelt sein konnten. Das weitere Vorgehen der beiden Verbündeten sollte sich dann konzentrisch gegen Warschau richten. Anderseits war die französische Armee damals numerisch erheblich schwächer als heute, so daß man deutscherseits mit verhältnismäßig geringen Kräften eine Abwehr leisten konnte. Der Feldmarschall rechnete sicher mit einer französischen Offensive, er sagte: Die Franzosen wollen die verlorenen Provinzen wieder haben, sie müssen also kommen, um sie in Besitz zu nehmen. Unsere 30 Meilen lange Grenze gegen Westen können wir mit einer starken Defensive, unsere 120 Meilen lange Grenze gegen Osten nur durch die Offensive schützen.

Die Voraussetzungen für diese Kriegführung treffen, wie gesagt, heute nicht mehr zu.

[27] Genau läßt sich das Datum der Denkschrift nicht bestimmen.

Rußland hat nicht nur sein Eisenbahnnetz so ausgebaut, daß seine Mobilmachung sich erheblich schneller vollziehen kann als wie vor 20 Jahren, es hat auch seinen Aufmarsch aus Polen in die Linie Kowno—Grodno—Bialystok—Brest Litowsk verlegt und damit den verbündeten Deutschen und Österreichern die Möglichkeit genommen, die früher geplante gemeinsame, konzentrische Operation nach Polen hinein auszuführen. Eine deutsche Offensive würde sich heute gegen den Njemen und gegen den Narew mit seinen sumpfigen Uferstrecken und seinen befestigten Übergangsstellen richten müssen, während Österreich gegen Iwangorod—Kowel vorgehen muß. Eine gemeinsame Operation mit einheitlichem Ziel ist daher kaum mehr durchführbar. Selbst wenn Deutschland mit starken Kräften den Njemen oder Narew forciert haben würde, so könnten die Russen, indem sie in das Innere ihres ungeheuren Landes zurückweichen, den Krieg endlos hinziehen. Sie können zu einem Standhalten und zu einem Entscheidung bringenden Schlagen nicht mehr wie früher in ihrer Zentralstellung hinter der Weichsel gezwungen werden.

Frankreich hat in bewunderungswürdiger Weise seine Wehrkraft auf das Höchste angespannt und hat es erreicht, daß es bei 40 Millionen Einwohnern ein Heer aufstellt, das demjenigen, das Deutschland bei seinen 63 Millionen Einwohnern ins Feld stellen kann, numerisch gleich ist. Wollten wir also Kräfte im Osten einsetzen, die genügend stark sind, um hier einen Offensivkrieg unter den schwierigsten Gelände- und Verpflegungsverhältnissen zu führen, so würden uns im Westen nicht annähernd genug Kräfte verbleiben, um auch nur kurze Zeit das Vordringen der Franzosen aufzuhalten. Da der Krieg im Osten aber gar nicht abzusehen ist, würden wir nicht darauf rechnen können, daß es gelingt, dort entbehrlich werdende Truppen nach dem Westen zu überführen.

Will Deutschland sich daher nicht in die traurige Lage versetzen, in einem Kriege, der über seinen Fortbestand oder über seinen Untergang entscheiden wird, auf jede Initiative und Offensive zu verzichten und sich auf einen Defensivkrieg nach beiden Fronten zu beschränken, so muß der alte Gedanke des Vorgehens gegen Rußland und der Verteidigung gegen Frankreich fallengelassen werden. Solange es sein Heer nicht auf eine Stärke bringt, die der französischen Wehrkraft erheblich überlegen ist, kann es gegen Rußland nur die minimalsten Kräfte einsetzen, um sich mit voller Kraft gegen Frankreich zu wenden. Da das deutsche sowohl wie das französische Heer dicht an der Landesgrenze aufmarschieren, muß es hier zu rascher Entscheidung und damit, wenn die Entscheidung zu unseren Gunsten fällt, zu einem baldigen Freiwerden von Truppen kommen, die dann vielleicht noch im Osten eingesetzt werden können.

Es wird demnach zu befürworten sein: Offensive gegen Frankreich so stark wie möglich, Defensive gegen Rußland so schwach wie möglich.

Von dem Feldmarschall Grafen Schlieffen ist noch in seinem Todesjahr eine Denkschrift ausgearbeitet, die zu demselben Schluß kommt, nur befürwortet der Feldmarschall zugunsten der gegen Frankreich zu führenden Offensive das gesamte deutsche Heer im Westen aufmarschieren und gegen Rußland nichts stehenzulassen. Der Feldmarschall führt aus, daß Preußen im Jahre 1866 nichts gegen Frankreich stehenließ, sondern alle seine Kräfte gegen Österreich einsetzte. Ebenso habe Deutschland im Jahre 1870 nichts gegen Österreich stehenlassen. Da Preußen 1866 gegen Österreich, Deutschland 1870 gegen Frankreich infolge Einsetzens überlegener Kräfte rasche und glänzende Erfolge errungen habe, habe im erstern Fall Frankreich, im letztern Österreich nicht gewagt, in die offengelassenen Grenzen einzumarschieren. Er zieht die Schlußfolgerung, daß auch Rußland von einem Einmarsch in das offengelassene Ostpreußen Abstand nehmen werde, wenn Deutschland seine gesamte Macht gegen Frankreich einsetzen und rasche, glänzende Erfolge erringen würde. Diese Schlußfolgerung beruht aber ebenfalls auf einer nicht zutreffenden Voraussetzung. Es darf nicht außer acht gelassen werden, daß 1866 Frankreich und 1870 Österreich bei Beginn des Krieges neutrale Staaten waren, die zwar durchaus geneigt waren, an der Vernichtung Preußens resp. Deutschlands teilzunehmen, die aber durch die Erfolge des Siegers von einem Einschreiten abgehalten wurden. Kommt es dagegen heute zu einem Kriege zwischen Frankreich und Deutschland, so ist Rußland von vornherein durch seine Verträge verpflichtet, auf Seite Frankreichs an demselben teilzunehmen, also sofort mobil zu machen, bevor es zu einer Entscheidung gekommen ist, und es ist nicht einzusehen, wie Rußland durch einen deutschen Erfolg im Westen daran verhindert werden sollte, über die offene Grenze in unserem Osten vorzugehen. Es darf ferner nicht unbeachtet bleiben, daß Österreich, wenn es ohne deutsche Mitwirkung den Russen allein gegenüber belassen würde, in der begründeten Besorgnis vor großer Überlegenheit voraussichtlich nicht den Entschluß zu kräftiger Offensive finden, sondern sich auf einen Defensivkrieg beschränken würde, der den Russen die volle Freiheit des Handelns lassen muß. Wenn der Gedanke auch durchaus richtig ist, daß das Schicksal Österreichs letzten Endes nicht am Bug, sondern an der Seine entschieden werden wird, so ist doch vorauszusehen, daß ein auf der ganzen Linie siegreiches und in ununterbrochenem Vormarsch auf Berlin befindliches Rußland den Widerstand Frankreichs selbst nach schweren Niederlagen zum äußersten anspornen und schließlich doch deutsche Streitkräfte zum Schutz der Hauptstadt vom Westen zurückrufen wird. Ich halte deswegen die Belassung eines Teils unseres Heeres im Osten für geboten, so sehr er uns auch bei dem Entscheidungskampf im Westen fehlen wird. Kann Österreich darauf rechnen, daß die deutschen Truppen in Preußen den Abmarsch der russischen Njemen- und Narew-Armee nach Süden verhindern, so wird es voraussichtlich zu einer energischen Kriegführung entschlossen sein. Die Stärke der deutschen Truppen im Osten wird danach zu bemessen sein, daß das Heer im Westen noch stark genug bleibt, um hier einen Offensivkrieg noch mit Aussicht auf Erfolg führen zu können, denn für uns kommt alles darauf an, Frankreich in großen, entscheidenden Schlägen niederzuwerfen.

Frankreich hat seine Ostgrenze mit Befestigungen verbarrikadiert. Außer den vier großen, modern ausgebauten Festungen Verdun — Toul — Epinal — Belfort verhindert die Linie der sie verbindenden Sperrforts den Vormarsch deutscher Truppen in das Innere des Landes. Ein frontal gegen Westen geführter Angriff würde den Charakter des langwierigen Festungskrieges annehmen und eine rasch vorschreitende Offensive ausschließen. Je schwieriger aber die Aufgabe ist, die wir zu lösen haben, um so wichtiger wird eine rasche und energische Offensive. Um die Franzosen zu einem Kampf im offenen Felde zu zwingen, bleibt uns nur der Vormarsch durch Belgien, der eine Umgehung der befestigten französischen Front ermöglicht.

Die großen Schwierigkeiten, die mit einem Vormarsch durch Belgien verknüpft sind, dürfen nicht übersehen werden. Es ist nicht angenehm, den Feldzug mit der Gebietsverletzung eines neutralen Nachbarstaates zu beginnen. Wo es sich aber um die Existenz unseres Staates handelt, müssen alle Rücksichten auf andere zurücktreten. Es wäre dringend erwünscht, wenn wir mit Belgien zu einem Abkommen gelangen könnten, dahingehend, daß Belgien entweder sich uns anschließt, wofür ihm alle gewünschten Gebietserweiterungen im Westen zugestanden werden könnten, oder daß es sich wenigstens der Feindseligkeiten gegen unsere Truppen enthält. In diesem Fall würde Deutschland dem belgischen Staat seinen vollen Besitzstand garantieren. Wir wollen weder belgische Gebietsteile annektieren, noch überhaupt gegen Belgien Krieg führen, wir brauchen das Land nur als Durchmarschgebiet. Ich halte es aber von vornherein für ausgeschlossen, daß es unserer Diplomatie gelingt, ein solches Abkommen mit Belgien zustande zu bringen, vielmehr werden wir damit zu rechnen haben, daß Belgien einen deutschen Vormarsch durch sein Gebiet als casus belli auffassen und sich sofort auf die Seite unserer Gegner stellen wird. Damit erwächst uns ein neuer Gegner in Stärke von 4 Inf.- und 2 Kav.-Divisionen, mit Einschluß der Besatzungstruppen von Namur, Lüttich und Antwerpen etwa 150 000 Mann.

Aber nicht nur die belgische Armee werden wir zu bekämpfen haben. Eine Verletzung der belgischen Neutralität wird auch England zu unserem Gegner machen. Es ist für England eine Lebensfrage, zu verhindern, daß Deutschland sich an der ihm gegenüberliegenden Küste des Kanals festsetzt, damit die Möglichkeit weiterer maritimer Verstärkung gewinnt und zu einer Gefahr für das Inselreich wird, die dauernd alle Kräfte Englands fesseln und es unfähig machen würde, seine Weltherrschaft aufrechtzuerhalten. Deutschland würde noch so bündig und feierlich versichern können, daß es Belgien selbst im Falle eines glücklichen Feldzuges gegen Frankreich freiwillig wieder räumen wolle, in England wird kein Mensch diesen Versicherungen glauben. Nun wäre sehr zu überlegen, ob deutscherseits nicht um den Preis einer englischen Neutralität auf den Vormarsch durch Belgien verzichtet werden sollte, wenn nicht England keinen Zweifel darüber ließe, daß es aktiv auf der Seite unserer Gegner sich an dem Kriege beteiligen wird, ob wir durch Belgien marschieren oder nicht.

Ich würde es für außerordentlich gefährlich halten, wenn wir, veranlaßt durch vage Versicherungen Englands, auf die einzige Chance verzichten wollten, die uns einen raschen Feldzug gegen Frankreich ermöglicht. Wir würden uns die Schwierigkeit eines Frontalangriffs auf die starke französische Ostfront auferlegen und keine Gewähr haben, daß England nicht im gegebenen Moment doch eingreift. Schon eine Rußland und Frankreich wohlwollende Neutralität Englands würde unsere Seestreitkräfte binden und uns zwingen, Truppen zum Schutz unserer Küsten stehenzulassen. Da nach der politischen Haltung Englands, nach seinem engen Anschluß an die franko-russische Allianz nicht darauf gerechnet werden kann, daß es auf unsere Seite treten wird, haben wir keine Sicherheit ihm gegenüber. Nur eine aktive Teilnahme Englands am Kriege als Verbündeter des Dreibundes würde diese Sicherheit geben. Darauf ist in absehbarer Zeit nicht zu rechnen. England hält Deutschland für stärker als Frankreich. Es fürchtet eine Niederlage des letzteren und eine deutsche Hegemonie und es wird, getreu seiner auf die Erhaltung des europäischen Gleichgewichts gerichteten Politik alles tun, um eine Machtvergrößerung Deutschlands zu verhindern. Wir werden demnach auch England der Zahl unserer Gegner hinzuzurechnen haben.

England verfügt, abgesehen von seiner uns weit überlegenen Flotte, über eine wohlgerüstete Expeditionsarmee von 6 Inf.- und 1 Kav.-Division mit einer Gefechtsstärke von 132 000 Mann.

Nach den hier vorliegenden Nachrichten ist nicht daran zu zweifeln, daß zwischen Frankreich und England bindende Abmachungen über gemeinsame Operationen im Falle eines europäischen Krieges getroffen sind. Beide Staaten rechnen mit einem Vorgehen Deutschlands durch Belgien.

Es erscheint wahrscheinlich, daß englische Hilfstruppen in Dünkirchen, Calais oder Boulogne landen werden. Eine Ausschiffung in Antwerpen ist anscheinend aufgegeben, sie erschien zu gefährlich, solange die deutsche Flotte nicht aktionsunfähig gemacht ist. Hierin liegt ein Hinweis darauf, daß eine englische Landung schon zu Beginn des Krieges beabsichtigt ist. Jedenfalls haben wir damit zu rechnen, daß wir außer der belgischen Armee auch englische Hilfstruppen in Belgien zu bekämpfen haben werden. Alles dies macht es notwendig, den in Belgien vorgehenden deutschen Flügel so stark wie möglich zu machen. Die Zahl der deutschen Truppen reicht nicht aus, um mit einer umfassenden Bewegung im Norden einen Angriff auf die ganze französische Ostfront zu verbinden, so wünschenswert dies auch sein würde. Nach den bisher mit Italien getroffenen Abmachungen sollte eine italienische Armee in Stärke von 5 A.-K. und 2 Kav.-D. an den Oberrhein gefahren werden, die den Mangel an deutschen Streitkräften dort wenigstens einigermaßen ersetzt haben würde. Nachdem im Spätherbst des Jahres 1912 Italien erklärt hat, daß es, durch die Okkupation Libyens verhindert, diese Armee nicht mehr schicken könne, können wir im Elsaß nur minimale Truppen belassen. Wir werden mit den Kräften der französischen Front gegenüber im allgemeinen bei Metz abschließen müssen, um in Belgien stark genug zu sein.

Dem Vorführen großer Truppenmassen in Belgien steht es hindernd entgegen, daß die holländische Provinz Limburg bis in die Höhe von Aachen herunterreicht, während der für dieselben nötige Aufmarschraum sich noch über Aachen heraus nach Norden erstrecken muß. Es wäre demnach im Interesse eines wirkungsvollen Vormarsches in breiter Front zu erwägen, ob wir den rechten Flügel durch Limburg vorführen sollen. Damit würde auch die niederländische Neutralität verletzt und auch Holland würde auf die Seite unserer Gegner treten. Der Nachteil, den dies zur Folge haben würde, liegt weniger darin, daß wir dann auch mit den vier holländischen Divisionen in Stärke von etwa 70 000 Mann abzurechnen haben würden, als in folgendem.

Bei einem Kriege der Tripelentente gegen den Dreibund werden nicht nur die deutschen, sondern mehr oder weniger auch die österreichischen und italienischen Küsten blockiert sein, eine Einfuhr von Nahrungsmitteln würde besonders für Deutschland aufs äußerste erschwert werden. Solange Holland neutral bleibt, würde eine Einfuhr über dies Land unter amerikanischer Flagge möglich sein. Es ist kaum anzunehmen, daß England diese Flagge nicht respektieren würde. Machen wir uns Holland zum Feinde, so verstopfen wir auch noch diese letzte Luftröhre, durch die wir atmen können. Ich halte dies für so wichtig, daß es mir besser erscheint, die Schwierigkeiten für das Vorführen des deutschen rechten Flügels in den Kauf zu nehmen, als durch ein Vorgehen durch Limburg die niederländische Neutralität zu verletzen. Haben wir in Belgien Erfolge, so wird es möglich sein, mit Holland zu einer Regelung zu kommen, die es uns gestattet, wenigstens unsere rückwärtigen Verbindungen durch Limburg zu legen.

Es ist vorhin schon gesagt, daß man in Frankreich mit dem Vorgehen des deutschen rechten Flügels durch Belgien rechnet. In welcher Richtung dasselbe erfolgen und in welcher Stärke es unternommen werden wird, darüber wird in Frankreich von vornherein keine Gewißheit herrschen können. Im allgemeinen scheint man in Paris mit einem Vorgehen der Deutschen südlich der Maasstrecke Lüttich—Namur zu rechnen. Die Franzosen wollen gemeinsam mit den Belgiern und Engländern den schwenkenden deutschen Flügel zum Stehen bringen und mit starken Kräften die deutsche Front von Verdun her durchstoßen. Damit wird die deutsche Heeresleitung zu rechnen haben.

Für die Entwicklung des rechten Flügels ist der Besitz von Lüttich für uns von größter Bedeutung. Es sind alle Vorbereitungen zu treffen, um so schnell wie möglich die Festung zu nehmen. Erst dann können wir unsere Truppen in Belgien zur Entfaltung bringen.

Über die Grundgedanken der geplanten Operation und über die Vorbereitungen derselben durch den Aufmarsch hinaus lassen sich keine Erwägungen anstellen. Das Bestreben wird immer sein müssen, den feindlichen Flügel womöglich zu umfassen, den eigenen linken Flügel an Metz angelehnt zu halten.

70. Vermerk Grey[28]: Österreichs Zukunft. Brit. Dok. X. 1. 1, 462.

(21. November 1913 oder danach)

... Aber Österreich wird uns als Freund wenig nützen, wenn es in die Brüche geht. Man kann nicht vertrauensvoll nach einem Stern steuern, der sich auflösen könnte.

[28] Zum Brief des Botschaftsrats Russell an Nicolson vom 21. 11. 1913: Rußland trete für Freundschaft mit der Deutschland und Italien entfremdeten Donaumonarchie ein.

71. Erlaß Berchtold an Czernin[29]: Österreich-Ungarn und Rumänien. Balkanpolitik. Öst. A. VII. 588, 590—593.

26. November 1913

Durch die Berufung auf den Bukarester Gesandtenposten fällt Euer Exzellenz eine ebenso schwierige als für unsere künftigen Beziehungen zu Rumänien, ja unsere Balkanpolitik überhaupt, bedeutsame Aufgabe zu. In ihre Hauptelemente aufgelöst besteht diese Aufgabe darin, die zwischen Wien und Bukarest entstandenen Mißverständnisse durch die richtige Beleuchtung des Wesens und der Motive, unserer Haltung in der letzten Balkankrise aufzuklären, auf die leitenden Faktoren und die Öffentlichkeit Rumäniens im Sinne der Wiederaufnahme der Politik des engen Zusammengehens mit Österreich-Ungarn einzuwirken und auf jeden Fall eine baldige volle Klarstellung unseres Verhältnisses zu Rumänien herbeizuführen. Da ich das Tatsächliche als bekannt voraussetzen darf, so kann ich mich im folgenden darauf beschränken, Euer Exzellenz durch einige erläuternde Bemerkungen über meine einschlägige Auffassung zu orientieren ...

Was die Zukunft anbelangt, so müssen die Bemühungen Euer Exzellenz darauf gerichtet sein, den maßgebenden Kreisen Rumäniens klar zu machen, daß wir zwar fest entschlossen sind, am Bündnisse festzuhalten, daß wir aber hierbei auf vollste Gegenseitigkeit rechnen. Rumänien sollte sich dessen bewußt werden, daß die Vorteile des bestehenden Bundesverhältnisses immer noch in erster Linie auf seiner Seite liegen. Um dies zu illustrieren, genügt der Hinweis auf die geographische Lage Rumäniens und auf die Gefahren, die ihm in dem ja immerhin möglichen Falle des Zusammenschlusses der slavischen Balkanstaaten drohen würden, wenn ihm die heute durch das Bündnis gewährte Rückendeckung gegen Rußland fehlt. Für Rumänien, das sich heute schon von dem Anwachsen des slavischen Elementes am Balkan bedroht fühlt, ist der enge Anschluß an Österreich-Ungarn, das, ohne ein Gegner der Slaven als solche zu sein, gegen den Panslavismus jederzeit Front machen muß, ein Gebot politischer Notwendigkeit. Denn von Seite Rußlands kann Rumänien, selbst wenn es sich ganz in seine Arme werfen sollte, auf die Dauer nicht auf Schutz rechnen und eine rumänische Politik, die mit russischer Unterstützung auf die Einigung der Balkanslaven hinausliefe, müßte in ihren letzten Konsequenzen zu einer vollkommenen Isolierung Rumäniens führen. Die Struktur Österreich-Ungarns bringt es mit sich, daß zwischen unseren auswärtigen Beziehungen zu fast allen Nachbarn und den kor-

[29] Graf Ottokar Czernin, Gesandter in Bukarest 1913—1914, später Außenminister.

respondierenden nationalen Fragen im Inneren eine automatische Wechselwirkung besteht. Auf diese Wechselwirkung werden die beiden Regierungen der Monarchie, soweit Rumänien in Betracht kommt, sicherlich Rücksicht nehmen und dafür sorgen, daß Konflikte und Reibungen, die in Rumänien Empfindlichkeit und Erregung hervorrufen könnten, möglichst vermieden werden. Wie Graf Tisza[30] Euer Exzellenz zu Ihrer persönlichen Orientierung ja bereits mitgeteilt hat, ist die königlich ungarische Regierung übrigens eifrigst bemüht, einen Ausgleich der auf diesem Gebiete in Ungarn bestehenden Gegensätze und Schwierigkeiten herbeizuführen; daß die Rumänen in der Bukowina keinen Grund zu berechtigten Klagen besitzen, ist bekannt und bedarf keines speziellen Hinweises. Aber schon aus prinzipiellen Gründen können wir Rumänien ebensowenig wie einer anderen auswärtigen Macht das Recht zugestehen, durch einen Druck auf den Hebel unseres außenpolitischen Verhältnisses die politische Stellung seiner Konnationalen in der Monarchie zu beeinflussen. Hierdurch würden wir uns nicht nur eines Teiles unserer Selbständigkeit begeben, sondern auch eine gefährliche schiefe Bahn betreten, da das Beispiel und der etwaige Erfolg des einen Nachbars im Sinne einer Lizitation auf den anderen wirken müßte. Tatsächlich ist es auch zum Beispiel dem deutschen Kabinette in den dreiundeinhalb Jahrzehnten unseres Bündnisses niemals in den Sinn gekommen, unsere außenpolitischen innigen Beziehungen auszunützen, um auf das Verhalten der österreichischen oder ungarischen Regierung gegenüber den Deutschen in den beiden Staaten der Monarchie Einfluß zu nehmen. Euer Exzellenz wollen die beiden eben entwickelten Gesichtspunkte, falls das Thema Ihnen gegenüber in Bukarest berührt würde, in Ihren Erwiderungen berücksichtigen und nötigenfalls auch zum Ausdrucke bringen. Bei einem solchen Anlasse könnten Euer Exzellenz auch darauf hinweisen, daß die politische und ökonomische Situation der Rumänen in der Bukowina wie in Ungarn um vieles günstiger ist als diejenige ihrer Volksgenossen in Bessarabien und in Serbien und daß Rumänien seine nationale und kulturelle Fürsorge für die Stammesbrüder daher in erster Linie in jene beiden Richtungen lenken sollte. Im allgemeinen hat die notwendige Übereinstimmung der Orientierung unserer und der rumänischen Politik durch Jahrzehnte hindurch in erfreulicher Weise bestanden. In der jüngsten Vergangenheit hat sich jedoch — und zwar auf rumänischer Seite — eine Diskrepanz ergeben, ob vorübergehender oder dauernder Natur, wird erst die Zukunft lehren. Diese Diskrepanz betrifft Serbien und damit komme ich zu einem der wichtigsten, jedenfalls aber zum aktuellsten Punkte

[30] Ungarischer Ministerpräsident 1913—1917.

unserer Beziehungen zu Rumänien, der, wenn auch schon früher gestreift, hier noch eingehender erörtert werden muß. Rumänien hat es als ein imperatives Gebot seiner Interessen angesehen, in den zweiten Balkankrieg einzugreifen, um ein Übermächtigwerden Bulgariens zu verhindern. Man war sich in Bukarest unseres Interessengegensatzes zu Serbien bewußt und hat uns daher die Erklärung abgegeben, daß das Zusammengehen mit Serbien nur ad hoc stattfinde und mit der Niederringung Bulgariens als abgeschlossen anzusehen sei. Da uns an der Erhaltung der rumänischen Freundschaft gelegen war und da es sich vorläufig nur um ein Zwischenstadium handelte, konnten wir uns damit abfinden und die aus dem Vorgehen Rumäniens resultierende weitere bedeutende Stärkung Serbiens, wenn auch schweren Herzens, in den Kauf nehmen. In den Monaten, die seit dem Bukarester Frieden verflossen sind, hat sich die Haltung Rumäniens aber keineswegs in dem Sinne einer Lockerung der Beziehungen zu Serbien akzentuiert. Im Gegenteil, aus der scheinbar rein tatsächlichen und zufälligen Kooperation gegen Bulgarien hat sich eine Art von Solidarhaftung für die gemeinsamen Errungenschaften dieses Feldzuges entwickelt. Allerdings richtet sich diese Solidarität zunächst gegen Bulgarien. Immerhin ergibt sich daraus ein faktisches, wenn auch spezialisiertes Bundesverhältnis zwischen den beiden Staaten, das naturgemäß auch auf ihre allgemeine Politik zurückwirken muß. In Bukarest scheint man zu glauben, daß dieses dauernde Zusammengehen mit Serbien, das sich auch in mancherlei kleinen Anzeichen kundgibt, mit der Aufrechterhaltung des Bündnisses mit Österreich-Ungarn kompatibel sei und von uns auch nicht beanstandet werden würde. Diese Ansicht beruht auf einem Irrtume. Vor allem verkennt man in Bukarest — wenigstens gibt man sich den Anschein, es zu tun — das Wesen und den Grad unseres Gegensatzes zu Serbien. Man empfiehlt uns Mäßigung, Wohlwollen, wirtschaftliches und politisches Entgegenkommen. Solche Palliativmittel sind jedoch ungeeignet, unser Verhältnis zu Serbien dauernd zu sanieren. Zwischen uns und dem heutigen serbischen Staate steht das große südslavische Problem, das eine definitive Lösung fordert und immer dringender fordern wird. Diese Lösung — nach menschlicher Voraussicht kann sie angesichts der Zähigkeit, Konsequenz und Zuversicht, mit der Serbien auf die Realisierung der großserbischen Idee hinwirkt, nur eine gewaltsame sein — wird entweder von der heutigen staatlichen Gestalt Serbiens nur geringe Spuren zurücklassen oder Österreich-Ungarn in seinen Grundfesten erschüttern. Daß sich unser Gegensatz zu Serbien im Laufe der Zeit mildern oder ausgleichen könnte — woran man vielleicht in Bukarest denkt —, davon kann bei dieser Lage der Dinge keine Rede sein. Und wenn man dort etwa glaubt, daß Rumänien einem solchen Konflikte trotz des Bündnisses mit der Monarchie und der gegen Bulgarien gerichteten Entente mit Serbien als unbeteiligter Zuseher gegenüberstehen könnte, so übersieht man, daß Serbien zur Lösung des großserbischen Problems sicherlich nicht allein, sondern erst dann schreiten wird, wenn es der aktiven Unterstützung Rußlands sicher ist oder wenn es einen aus anderen Gründen zwischen uns und Rußland entstandenen Zusammenstoß hierzu benützen kann — beides Fälle, die nach dem Wortlaute des Bündnisvertrages den casus foederis darstellen und Rumänien zur Erfüllung seiner Bundespflicht nötigen würden. Man vergißt in Bukarest ferner, daß andererseits auch Bulgarien — nach der heutigen Situation zu schließen — eine so günstige Chance, wie sie ihm ein Konflikt zwischen uns und Serbien bieten würde, schwerlich vorübergehen ließe, ohne die Wiedereroberung Mazedoniens zu versuchen. Die Fortführung des neuesten Systems der Bündnispolitik mit der Monarchie und der Ententepolitik mit Serbien würde somit Rumänien im Falle eines Konfliktes zwischen uns und Serbien in eine schwere Interessen- und Pflichtenkollision versetzen und überhaupt an dem unlösbaren inneren Widerspruche kranken, daß das Königreich das ganze Gewicht seines politischen Einflusses durch Jahre hindurch zugunsten eines Staates einsetzen würde, gegen den es sich nach dem Wortlaute eines geheimen Bündnisses in einem gegebenen Augenblicke — zur nicht geringen Überraschung seiner eigenen Öffentlichkeit — mit den Waffen in der Hand wenden müßte. Wir dürfen uns nicht der Tatsache verschließen, daß die Fortsetzung einer solchen Politik seitens Rumäniens den Wert unseres geheimen Bündnisvertrages schließlich in Frage stellen könnte. Denn, ganz abgesehen davon, daß unsere und die rumänischen Tendenzen in allen Fragen, die Serbien betreffen, immer wieder aufeinander stoßen und fortwährende Reibungen erzeugen müßten, würden wir Gefahr laufen, um der Erhaltung der Freundschaft Rumäniens willen lange Zeit hindurch Opfer zu bringen, eventuelle Freunde zurückzuweisen, die Erstarkung offenkundiger Gegner zuzulassen, ohne eine wirklich sichere Gewähr dafür zu besitzen, daß die wahren oder vermeintlichen Interessen Rumänien in der Stunde der Entscheidung nicht einen Weg weisen, der sich von dem unseren trennt. Eine solche Garantie bietet uns nämlich der Bündnisvertrag nicht, solange die Tatsache der Allianz Rumäniens mit uns geheim gehalten wird und solange die öffentliche Meinung Rumäniens durch die als offizieller Programmpunkt der rumänischen Politik figurierende Solidarität mit Serbien hinsichtlich des Bukarester Friedens geradezu in die entgegengesetzte Richtung gedrängt wird. Ich will die persönliche Loyalität und Bündnistreue des deutschen Fürsten[31], der seit

[31] König Carol I. 1866—1914.

Jahrzehnten die Geschicke Rumäniens mit kluger und starker Hand lenkt, gewiß nicht in Zweifel ziehen. Aber in Rumänien mehr als in einem anderen Lande ist der Monarch, schon mit Rücksicht auf die fremde Herkunft der Dynastie, genötigt, in folgenschweren Entscheidungen der äußeren Politik auf die Stimme der großen Öffentlichkeit zu hören. Daß die Stimmung des rumänischen Volkes für uns nur dem äußeren Anstriche nach freundlich war, hat die jüngste Vergangenheit bewiesen. Solange eine solche Stimmung in der öffentlichen Meinung Rumäniens, speziell auch im Heere, vorherrscht, können wir nicht erwarten, daß die Kraft des Königs im gegebenen Augenblicke ausreichen werde, das rumänische Volk zur Erfüllung seiner Bundespflicht und zur Waffenbrüderschaft mit uns zu bewegen. Es würde wenig nützen, wenn wir vor diesen Erscheinungen die Augen schließen wollten. Wir müssen vielmehr in Bukarest eine offene Sprache führen und darauf dringen, daß das rumänische Volk über das bestehende Bundesverhältnis zur Monarchie und sohin darüber aufgeklärt werde, auf welcher Seite Rumänien im Falle großer Entscheidungen stehen wird und welche unüberschreitbaren Grenzen der Interessengemeinschaft mit Serbien gezogen sind. Erst wenn Seine Majestät der König und die rumänische Regierung durch ihre Zustimmung zu einer diesbezüglichen offiziellen Publikation den festen Entschluß, am Bündnisse mit uns unbedingt festzuhalten, bewiesen haben und die öffentliche Meinung Rumäniens diesen Entschluß durch ihr Einverständnis gewissermaßen ratifiziert hat, können wir in unseren Beziehungen zu Rumänien jene volle Gegenseitigkeit als hergestellt ansehen, die allein es uns ermöglichen würde, mit Beruhigung auf die Allianz mit Rumänien zu vertrauen und sie zum Pivot unserer Balkanpolitik zu machen . . .

72. Bericht Sazonov an den Zaren: Österreich-Ungarn und Balkan.
Iswolski, Schriftwechsel III. 374—383.[32]

St. Petersburg, 6. Dezember 1913

Die Ereignisse auf der Balkanhalbinsel haben eine sehr wenig dauerhafte Lage im Südosten Europas und im türkischen Kleinasien geschaffen. Sie stellen unser Außenministerium vor die Frage, welche Haltung es den neuen politischen Verhältnissen gegenüber einnehmen soll.

Infolge des Krieges zwischen den Balkanstaaten ist es der Türkei geglückt, bei Beendigung des Krieges einige Abänderungen zu ihrem Vor-

[32] Hier mit Verbesserungen nach Zajončkovskijs Publikation des russischen Urtextes durch den Hrsg. unseres Bandes.

teile zu erreichen und eine Grenzlinie zu erhalten, die für die Verteidigung der Hauptstadt und der Meerengen gegen einen feindlichen Angriff zu Lande günstiger verläuft. So ist die unmittelbar drohende Gefahr der Einnahme von Konstantinopel durch die Bulgaren etwas verringert worden, gleichzeitig aber die eines griechischen Angriffs zur See gewachsen. Andererseits haben die militärischen Niederlagen der Türkei, verbunden mit ihrer unsicheren Lage im Innern und dem traurigen Stand ihrer Finanzen, in allen europäischen Kabinetten die Überzeugung gezeitigt, daß man auf eine Wiederaufrichtung dieses Staates nicht allzusehr zählen kann und daß die Dauerhaftigkeit der türkischen Herrschaft sehr zweifelhaft ist.

Angesichts dieser Erwägungen rechnen alle Großmächte ohne Ausnahme schon jetzt mit der Möglichkeit einer endgültigen Auflösung des ottomanischen Kaiserreiches und sie fragen sich, wie sie ihre Rechte und Interessen in den verschiedenen Provinzen Kleinasiens vorher sichern könnten. Dadurch erklärt sich die erhöhte Tätigkeit Deutschlands, Italiens und sogar Österreichs, das bisher keinerlei Interessen in Kleinasien hatte, eine Tätigkeit, die darauf abzielt, die Grundlagen seiner politischen Forderungen bei der zukünftigen Aufteilung des ottomanischen Kaiserreiches zu schaffen und zu festigen.

Allerdings muß man die Einschränkung machen, daß schon seit zwei Jahrhunderten der völlige Zusammenbruch der Türkei angekündigt wird. Wenn aber dieses Reich noch den Beweis einer gewissen Lebensfähigkeit gibt, so muß man dennoch eingestehen, daß eine Reihe von Niederlagen, besonders diejenigen, die das ottomanische Reich gerade in der Zeit erleben mußte, als es an seiner militärischen Erneuerung arbeitete, beweisen, daß es an den nötigen Kräften für einen solchen Aufschwung fehlt. Wenn die außenpolitischen Umstände für die Türkei günstig sind, so wird sie noch lange ihr Dasein fristen können, da sie infolge der Uneinigkeit und Rivalität anderer sich verhältnismäßig sicher fühlen kann. Schwerlich aber wird sie Kraft genug haben, einen entscheidenden Schlag, der von außen kommt, abzuwehren. Obwohl der Wunsch nach Frieden bei den Großmächten augenblicklich zu überwiegen scheint, ist es dennoch unmöglich, für die Dauer der allgemeinen politischen Lage in Europa eine Garantie zu übernehmen. Diese Unsicherheit wird erhöht durch die geringe Stabilität der gegenwärtigen Verhältnisse auf der Balkanhalbinsel, die eine Folge des Friedens von Bukarest ist.

Die geschilderten Umstände stellen Rußland ohne Zweifel äußerst verwickelte und sehr schwierige Probleme. Es gehört nicht zu unseren unmittelbaren Interessen, irgendeinem Gebietszuwachs nachzujagen. Alle Bedürfnisse unserer inneren Entwicklung rücken die Aufgabe der Erhaltung des Friedens an die erste Stelle. Ohne diese wesentlichste und grundlegende Aufgabe zu vernachlässigen, dürfen wir trotzdem nicht die Augen vor der bedrohlichen internationalen Lage schließen. Diese drohenden Gefahren auszuschalten, hängt nicht von uns allein ab. Im Zusammenhang damit müssen wir uns ebenso wie die anderen Mächte mit dem Gedanken an die Notwendigkeit einer rechtzeitigen Sicherung unserer Rechte und Interessen beschäftigen, falls die Ereignisse uns zwingen sollten, sie mit Waffengewalt zu verteidigen.

Die Zweifel an der Dauer und Lebensfähigkeit der Türkei lassen für uns die historische Frage der Meerengen und der Bedeutung ihres Wertes für uns in politischer und wirtschaftlicher Beziehung wieder aufleben.

Man kann verschiedener Ansicht sein, ob es für Rußland notwendig ist oder nicht, den Besitz der Meerengen anzustreben. Wenn wir die Frage nach dem notwendigen Opfer zur Erlangung dieses Besitzes und nach dem Wert dieser Erwerbung stellen, so werden wir unvermeidlich auf sich widersprechende Argumente stoßen. Man kann die Orientierung der auswärtigen Politik in einer Frage von so hervorragender Bedeutung nicht auf einer strittigen Grundlage aufbauen. Die Meerengenfrage hat sich in letzter Zeit durch Verhältnisse verwickelt, die einerseits den wirtschaftlichen Wert der Meerengen für Rußland erhöht und andererseits die politischen und strategischen Schwierigkeiten vermehrt haben, die sich ihrer etwaigen Erwerbung entgegenstellen. Die Frage ist noch immer offen und die einzige Folgerung, die man augenblicklich ziehen kann, ist die, es werde sich schwerlich in Rußland ein Politiker von Verantwortlichkeitsgefühl finden, der im Falle einer Änderung des Status quo damit einverstanden sein würde, daß Rußland eine Lösung der Frage zuließe, die seinen Interessen zuwiderlaufen würde, mit anderen Worten, daß es unter gewissen Verhältnissen als untätiger Zuschauer den Ereignissen zusehen könne.

Ist der Besitz der Meerengen durch eine andere Macht als die Türkei vom Standpunkt der Interessen Rußlands aus zulässig?

Um diese Frage zu beantworten, muß man sich zunächst die gegenwärtige Lage ansehen: die Meerengen im Besitz der Türkei. Der Schutz der Meerengen, eine so schwierige und verwickelte Angelegenheit, wird gegenwärtig recht befriedigend entschieden. Die Türkei ist ein nicht sehr starker, aber auch nicht allzu schwacher Staat, unfähig, uns zu bedrohen, aber gleichzeitig gezwungen, auf das weit stärkere Rußland Rücksicht zu nehmen. Die Fehler des ottomanischen Kaiserreiches, seine Unfähigkeit, auf der Grundlage des Rechtes und der Zivilisation sich wieder aufzurichten, waren bis jetzt für uns von Vorteil, denn sie haben unter den Völkern, die dem Halbmond unterworfen sind, jene Sehnsucht nach dem orthodoxen Rußland wachgerufen, auf die sich unsere internationale Stellung im Orient und in Europa in grundlegender Weise stützt.

Wie dem auch sein mag, da die Lebensdauer der Türkei nicht gesichert ist, so sind wir genötigt, uns die Frage vorzulegen: Können wir uns nicht auf Ereignisse vorbereiten, die die Lage Konstantinopels und der Meerengen völlig ändern würden? Lassen wir die Frage nach dem positiven Wert der Besitzergreifung des einen und der anderen und die nach den dazu erforderlichen Opfern offen: Dürfen wir es zulassen, daß ein anderer Staat die Durchfahrt durch die Meerengen ganz in seine Gewalt bekommt?

Die Frage stellen, heißt sie verneinen. Die Meerengen einem mächtigen Staat zu überlassen, wäre gleichbedeutend damit, die ganze wirtschaftliche Entwicklung des südlichen Rußlands diesem Staat zu unterwerfen.

Nach den Bemerkungen des Finanzministers[33] zu dem Budgetentwurf für 1914 war das Ergebnis des russischen Handels für 1912 um 100 Millionen geringer als der durchschnittliche Ertrag der drei vorhergehenden Jahre. Die Ursache hierfür sieht das Ministerium in der ungenügenden Verwertung unserer Ernte. Die Schwierigkeiten der Getreideausfuhr, die teilweise dadurch hervorgerufen wurden, waren gleichzeitig auch eine Folge der zeitweisen Schließung der Meerengen für die Handelsschiffe aller Nationen. Darauf folgte im Frühjahr durch die Staatsbank eine Erhöhung des Diskonts um 1/2 Prozent auf alle nach drei Monaten fälligen Papiere. So hat also die vorübergehende Sperrung der Meerengen dem ganzen wirtschaftlichen Leben des Landes einen Schlag versetzt, und dadurch wird noch einmal mehr die ganze Wichtigkeit bewiesen, die diese Frage für uns hat. Wenn die Verwicklungen in der Türkei für Rußland schon gegenwärtig Verluste in Höhe von mehreren Millionen mit sich brachten, wo es uns gelungen ist, die Dauer der Sperrung der Meerengen zu beschränken, die tatsächlich nur eine verhältnismäßig kurze Zeit währte, was würde dann geschehen, wenn an Stelle der Türkei die Meerengen in den Besitz eines Staates kämen, der fähig wäre, sich den Forderungen Rußlands zu widersetzen? Und dafür ist es nicht einmal nötig, daß der die Meerengen haltende Staat die Kraft einer Großmacht besitzt. Hat er erst einmal in den Meerengen Fuß gefaßt, so wird ihm diese Kraft aus der ganz außergewöhnlich günstigen geographischen Lage erwachsen. Tatsächlich wird derjenige, der die Meerengen in Besitz hat, nicht nur den Schlüssel zum Schwarzen Meer und zum Mittelmeer in der Hand haben, er wird gleicherweise den für die Durchdringung Kleinasiens und die

[33] Graf Kokovcov, 1909—1914, gleichzeitig Ministerpräsident.

Oberherrschaft über die Balkanländer besitzen. Infolgedessen wird der Staat, der an den Küsten der Meerengen an die Stelle der Türkei treten wird, vermutlich danach trachten, dieselben Wege einzuschlagen wie die Türken zu ihrer Zeit.

Weiter oben wurde gesagt, daß wir die Besitzergreifung der Meerengen durch eine dritte Macht aus wirtschaftlichen Gründen nicht zulassen dürfen. Aber ist sie nicht vom politischen Standpunkt aus ebenso unzulässig? Würden die vorerwähnten Bestrebungen, die Hegemonie auf dem Balkan an sich zu reißen und Kleinasien zu durchdringen, nicht unvermeidlich zu einem heftigen Antagonismus zwischen Rußland und jedem neuen Staat führen, der an der Stelle der Türkei auftreten sollte? Die Unmöglichkeit für uns, einen neuen Staat sich an den Meerengen als unumschränkter Herrscher festsetzen zu sehen, hat zu dem Vorschlag geführt, zur Verhütung einer solchen Lage die Meerengen zu neutralisieren, die Befestigungen zu schleifen und die Anlage neuer zu verbieten. Diese Maßregel kann aber schwerlich als ausreichend erachtet werden. Jede juristische Form hat nur Wert zu Zeiten des Friedens. Kommt der Krieg, so bedarf sie der Kraft zu ihrer Verteidigung. Ein Krieg kann mit der Einnahme der Meerengen durch den Feind gewinnen und selbst das Fehlen von Befestigungen wird einer derartigen Operation nur günstig sein; ihr Erfolg hängt augenblicklich zu einem beträchtlichen Teile von der Schnelligkeit und der Überraschung ab. Deshalb müßten wir, selbst wenn wir irgendwelche Bedingungen aufstellen wollten, unter denen wir die Neutralisierung der Meerengen für uns möglich finden könnten, doch aus vorstehenden Erwägungen heraus unsere Land- und Seemacht des Schwarzen Meeres unbedingt in einer Weise verstärken, die genügen würde, um jeden Augenblick einer Besetzung der Meerengen durch irgendwelche andere Macht zuvorzukommen.

Zu Beginn des Balkankrieges gab es eine Zeit, in der Bulgarien Erfolge hatte und seine ehrgeizigen Heerführer die Absicht zeigten, Konstantinopel zu nehmen und die bulgarische Oberherrschaft über die Balkanländer aufzurichten. Die maßlosen Ansprüche Bulgariens einigten dessen jüngste Verbündete mit Rumänien und der Krieg endete mit einer bulgarischen Niederlage. Schwerlich aber wird man annehmen können, daß Bulgarien mit einem derartigen Ausgang sich zufriedengeben wird. Ist es nicht wahrscheinlicher, daß es die Gelegenheit suchen wird, wieder zu erlangen, was ihm genommen wurde? Der alte Traum einer Hegemonie und der Eroberung der Meerengen kann aufs neue lebendig werden. Das Glück ist wankelmütig und die Türkei unfähig, aus den Lehren des Schicksals zu lernen. Kein Mensch kann Tag und Stunde angeben, wann Bulgarien sich in einem wilden Angriff, zu dem die Bulgaren fähig sind, auf die Türkei stürzen wird. Dies könnte ein letzter und verderbenbringender Schlag für das ottomanische Kaiserreich sein.

Dreißig Jahre sind es her, daß der erhabene Wille des verewigten Kaisers Alexander III.[34] die Schwarzmeer-Flotte wieder erstehen ließ. Vor etwa sechzig Jahren begann die Schiffahrt mit Handelsdampfern auf dem Schwarzen Meer. Beide Unternehmungen sind verbunden mit dem Gedanken an die Macht Rußlands und die Möglichkeit, unsere Interessen an den Meerengen sicherzustellen. Hunderte von Millionen sind für diese Unternehmung ausgegeben worden, sowie für den Unterhalt des Heeres im Militärbezirk Odessa, das gemeinsam mit unserer Flotte operieren soll. Bekanntlich wurde schon 1895 aus Anlaß der armenischen Metzeleien die Frage der zeitweiligen Besetzung Konstantinopels durch unsere Truppen mit Wissen und Willen Englands, unseres damals gefährlichsten Rivalen, erwogen. Wir mußten auf diesen Plan verzichten im Hinblick auf die ungenügenden Transportmittel und die Mangelhaftigkeit der Mobilisierung zu Lande.

Achtzehn Jahre sind seitdem verflossen. Wir geben immer noch Hunderte von Millionen aus und sind unserem Ziele noch immer nicht um einen Schritt nähergekommen. Man baut Kriegsschiffe und gibt alljährlich große Summen für die Unterhaltung der Handelsflotte her. Und dennoch, wenn der Augenblick kommt, in dem es erwünscht sein könnte, zu einer bedeutungsvollen, irgendwie gearteten Landungsoperation zu schreiten, scheut die Regierung davor zurück, weil deren Durchführung fast ganz unmöglich ist.

Als es sich im vergangenen Jahre um einen etwaigen Vorstoß unserer Heere auf Konstantinopel handelte, wurde es klar, daß wir innerhalb von zwei Monaten in kleinen Transporten nur zwei Armeekorps übersetzen könnten und daß die Mobilmachungsvorarbeiten für die Transportschiffe wie diejenigen für die Bewegungen des Landheeres eine so lange Zeit in Anspruch nehmen würden, daß die Operation für niemand ein überraschender Schlag hätte bleiben können. Mit anderen Worten: das genannte Unternehmen schien ganz einfach unausführbar, ganz abgesehen davon, daß die numerische Stärke eines solchen Landungsheeres nicht im richtigen Verhältnis zu den Aufgaben gestanden haben würde, die es erfüllen sollte.

Übrigens handelt es sich jetzt nicht darum, daß ernstliche Unternehmungen gegen die Türkei unmöglich sind, sondern daß es uns sogar an den nötigen Mitteln fehlt, uns gegen den Schiffsbauplan zu wehren, der demnächst in der Türkei verwirklicht werden kann.

[34] 1881—1894.

Nach den zu verschiedenen Zeiten beim Außenministerium eingelaufenan Nachrichten müssen wir zu dem Schluß kommen, daß in den Jahren 1914 bis 1916 die türkische Kriegsflotte im Schwarzen Meer der unsrigen an Güte der Schiffe und Stärke ihrer Artillerie überlegen sein wird. Die hierauf bezüglichen Nachrichten sind in dem hier beiliegenden Anhang zusammengestellt, der das Verhältnis der türkischen Seestreitkräfte zu den unsrigen in den nächsten Jahren darzulegen versucht. Selbstverständlich ist das Marineamt für die Feststellung der Richtigkeit der in der Anlage gemachten Angaben verantwortlich, die teils verschiedenen Berichten der Kaiserlichen Botschaft in Konstantinopel, teils Vorschlägen unseres Marineamtes, die zu wiederholten Malen dem Außenministerium mitgeteilt wurden, entnommen sind.

Wenn auch einige Ungenauigkeiten in den Nachrichten haben mit unterlaufen können, so scheint ihr Inhalt im allgemeinen doch der Wirklichkeit zu entsprechen.

Es ist nicht nötig, besonders zu betonen, daß eine solche Lage nicht als erträglich angesehen werden kann. Nachdem Rußland jahrelang gewaltige Summen für die Schaffung einer starken Militärmacht im Becken des Schwarzen Meeres ausgegeben hat, kann es eine Lage nicht dulden, in der seine Übermacht zur See über die Türken schlecht gesichert werden kann. Die ungeheuren Beträge, die alljährlich aus staatlichen Mitteln zur Verteidigung des Schwarzen Meer-Beckens erhoben worden sind, zeigen, welche Bedeutung die Regierung dieser Verteidigung beimißt. Die Notwendigkeit, die neuen Verhältnisse zu prüfen, die unsern Seestreitkräften im Schwarzen Meer genau bestimmte Aufgaben zuweisen und die zu ihrer Durchführung zu ergreifenden Maßregeln angeben, ist noch gebieterischer. Rußland kann weder jetzt die Überlegenheit der Türkei zur See dulden, noch in Zukunft der Lösung der Meerengenfrage gegenüber gleichgültig bleiben. Wir können durchaus nicht sicher sein, daß diese Frage nicht in nächster Zeit aufgeworfen werden wird.

Die politische Vorsicht verlangt daher, daß wir uns aufmerksam für eine Aktion vorbereiten, die notwendig werden kann. Die Vorbereitung kann nur den Charakter eines bis ins einzelne ausgearbeiteten Programms haben, an dem verschiedene Departements teilnehmen müssen.

Man muß die eventuellen Maßnahmen zur Vergrößerung unserer Land- und Seemacht im Schwarzen Meer durchdenken. Was haben die Departements des Krieges und der Marine zu tun, um die Mobilisierung durch Anlage neuer Eisenbahnlinien und durch Verbesserung unserer Transportmittel in dem gewünschten Ausmaße zu beschleunigen? Welche Aufgaben können dementsprechend unsern Transportmitteln gestellt werden, und wie lange werden wir ungefähr Zeit haben, uns vorzubereiten? Ist es möglich oder nicht, unserem Heer und unserer Flotte die Aufgabe zu stellen, daß sie die Meerengen mit Gewalt nehmen und Konstantinopel besetzen, wenn die Umstände dies erforderlich machen sollten?

Ich komme auf die politische Seite unserer Vorbereitungen zurück. Es muß wiederholt werden, daß eine baldige Auflösung der Türkei uns nicht erwünscht sein kann, und daß es notwendig ist, im Rahmen einer diplomatischen Aktion das möglichste zu tun, um ein derartiges Ende hinauszuschieben.

Die angedeuteten Fragen verlangen die Erörterung der materiellen Maßnahmen, die zu ergreifen sind, um

1. die Mobilisierung eines Landungs-Armeekorps von numerisch ausreichender Stärke zu beschleunigen;
2. die notwendigen Verbindungswege für eine Mobilisierung instand zu setzen;
3. die Schwarzmeer-Flotte in einer Weise zu vergrößern, daß sie der ottomanischen Flotte überlegen und fähig ist, in Verbindung mit dem Heere die Meerengen zu bezwingen, um die vorübergehende oder, wenn notwendig, dauernde Besetzung durchzuführen;
4. unsere Transportmittel im richtigen Verhältnis zu dem Umfang unserer Landungsoperation zu vermehren.

Die letztere Frage hängt eng zusammen mit der Hebung unserer Getreideausfuhr im Schwarzen Meer. Bis jetzt wird diese leider zumeist durch fremde Handelsschiffe bewirkt. Der Nachteil, der uns aus diesem Verfahren erwächst, zeigte sich ganz deutlich im letzten Herbst, als sich die Frage der Durchfahrt von griechischen mit russischem Getreide beladenen Handelsschiffen durch die Meerengen erhob. Unsere Botschaft in Konstantinopel mußte sich sehr viel Mühe geben, um von der ottomanischen Regierung die Erlaubnis zur Durchfahrt dieser Schiffe zu erhalten und die dadurch entstandene Verzögerung hat unserm Getreidehandel schweren Schaden zugefügt.

Die Frage, welche Maßnahmen ergriffen werden könnten, um unserer Handelsflotte bei der Ausfuhr russischen Getreides eine bevorrechtete Stellung gegenüber fremden Schiffen zu sichern, hängt eng zusammen mit den Maßnahmen zur allgemeinen Belebung unserer Ausfuhr über die Häfen des Schwarzen Meeres. Es ist Sache des Industrie- und Handelsministeriums, anzugeben, was in dieser Hinsicht geschehen kann, um das politische Problem der Vermehrung unserer Transportmittel auf dem Schwarzen Meer zu lösen, ein Problem, dem das Außenministerium nur eine große Bedeutung beilegen kann. Unter den Maßnahmen zur Verstärkung unserer Verteidigungsmittel im Becken des Schwarzen Meeres und in den türkischen Grenzen muß der Ausführung des Bauplanes besondere

Beachtung gewidmet werden, der die Durchquerung des Kaukasus vorsieht.

Bis jetzt mußte das Außenministerium sich alle erdenkliche Mühe geben, um den Zeitpunkt für die Erbauung türkischer Eisenbahnen in der Nähe unserer Grenze möglichst hinauszuschieben. Die der russischen Diplomatie zugefallene undankbare Rolle besteht darin, sich zu bemühen, Konzessionen zur Nichterbauung von Verkehrswegen zu erlangen, während alle andern Großmächte im Wettbewerb untereinander der Türkei ihre Dienste zur Herstellung und Verbesserung dieser Wege anbieten. Natürlich können unsere Bemühungen bei der Türkei nur Verdacht erregen und sie veranlassen, der Frage der Bahnen, die Rußland unerwünscht sind, nur eine um so größere Aufmerksamkeit zu schenken. Deshalb wird es uns nicht leicht werden, für uns das Fehlen von Verkehrswegen in den uns angrenzenden türkischen Provinzen zu sichern. Ist erst einmal die Frage unserer eigenen Verkehrswege durch den Kaukasus befriedigend gelöst und vor allem die Durchquerungsbahn gebaut, die uns die schnellere Zusammenziehung unserer Truppen an der türkischen Grenze in sehr schätzenswerter Weise ermöglichen wird, so wird nicht nur der Ausbau des türkischen Eisenbahnnetzes für uns den Charakter einer Bedrohung verlieren, sondern vielmehr völlig in unserm Interesse sein. In diesem letzteren Falle werden die türkischen Eisenbahnen viel mehr uns zum Vordringen in der Türkei nutzen, als sie einen türkischen Einfall in den Kaukasus erleichtern. Im Verhältnis zur Türkei werden wir an Verkehrsstraßen ebenso überlegen sein, wie es unsere westlichen Nachbarn Rußland gegenüber sind, jedoch mit dem Unterschied, daß die Türkei nicht in der Lage ist, in Friedenszeiten diese Lücke durch ein großes Heer auszufüllen, wie wir es in unsern westlichen Provinzen tun.

Das sind die Hauptfragen, die bezüglich der Zukunft Kleinasiens und der zu ergreifenden inneren Maßnahmen zur Verteidigung russischer Interessen zu prüfen sind. Selbstverständlich haben unser Kriegs- und das Marineministerium das Recht, das Außenministerium zu fragen, was getan werden kann, um für uns in Zeiten, die von uns ein entschlossenes Handeln fordern können, die denkbar günstigsten politischen Voraussetzungen zu schaffen.

Ich wiederhole meinen weiter oben ausgesprochenen Wunsch, daß der Status quo möglichst lange unverändert bleibe. Ferner muß ich wiederholen, daß die Meerengenfrage schwerlich anders als auf dem Wege über europäische Verwicklungen einen Schritt vorwärts kommen kann. Diese Verwicklungen würden uns, nach den gegenwärtigen Verhältnissen zu urteilen, im Bunde mit Frankreich und möglicherweise, aber nicht ganz sicher, auch mit England finden oder mindestens gegenüber einer wohlwollenden Neutralität des letzteren. Im Falle von europäischen Verwicklungen würden wir auf dem Balkan auf Serbien und vielleicht auch auf Rumänien zählen können. Hierin liegt klar die Aufgabe unserer Diplomatie, die darin besteht, günstige Vorbedingungen zu einer möglichst innigen Annäherung an Rumänien zu schaffen. Dieses Unternehmen muß ebenso ununterbrochen wie vorsichtig und vorurteilsfrei vor sich gehen. Die Stellung Rumäniens unter den Balkanländern erinnert in vieler Beziehung an die Italiens in Europa. Diese beiden Mächte haben Größenwahnsinn, und da sie nicht Gewalt genug besitzen, ihre Pläne offen zu verwirklichen, so sind sie gezwungen, sich mit einer Zweckmäßigkeitspolitik zu begnügen, indem sie immer beobachten, auf welcher Seite die Macht liegt, um sich auf diese Seite zu schlagen.

Bei einer vorläufigen Abwägung der Kräfte würde es ebenso gefährlich gewesen sein, auf so zaudernde Elemente im voraus zu rechnen, wie es wenig verständig wäre, sie ganz außer Betracht zu lassen.

Zwei Faktoren spielen bei der Unsicherheit der gegenwärtigen Lage auf dem Balkan eine Hauptrolle. Der erste ist Österreich-Ungarn, wo die Nationalitätenbewegung zusehends wächst, hervorgerufen durch den Erfolg der Serben und der Rumänen, und durch den Eindruck, den diese Erfolge auf ihre Landsleute innerhalb der Grenzen der habsburgischen Monarchie gemacht hat. Der zweite liegt in der Unmöglichkeit für Bulgarien, sich bei den schmerzlichen Folgen des Bukarester Friedens zu beruhigen.

Diese beiden Staaten können sich entweder zu einem gemeinsamen Ziel, der Umänderung der Karte des Balkans, zusammenfinden oder sie treffen sich in feindlichen Lagern, wenn Bulgarien Hoffnung haben kann, Mazedonien auf andere Weise an sich zu bringen. Wie schwer es auch sein mag, Serbien und Bulgarien einander zu nähern, so können alle beide doch nur fortfahren, ihrem nationalen Ideal zuzustreben, wenn sie sich miteinander verbinden. Als Feinde werden beide Staaten sich wechselseitig paralysieren. Serbien kann sein weitgestecktes Ideal der Vereinigung des ganzen Serbenvolkes nur verwirklichen, wenn Bulgarien sich dem nicht widersetzt, ja ihm sogar hilft um den Preis der Herausgabe des verlorenen Mazedoniens. Dennoch kann kein Zweifel darüber bestehen, daß die eine oder andere Hypothese nur Wirklichkeit werden kann, wenn auch Rußland zu dieser Zeit für sich selbst der Realisierung seiner historischen Ziele zustrebt und mit diesen Staaten gemeinsam handelt. Denn für sich allein sind die Balkanstaaten unfehlbar Konflikten untereinander verfallen, die nur durch die Gegenwart Rußlands als tatkräftiger und leitender Macht vermieden werden können.

Nicht unter dem Gesichtspunkt abstrakter Träume oder der Begeisterung für eine Mission Rußlands müssen wir alle diese Verhältnisse erörtern. Wir müssen an die Zukunft denken und dem Rechnung tragen, daß die Erhaltung des für uns so sehnlichst erwünschten Friedens nicht immer in unserer Macht liegen wird. Deshalb sind wir genötigt, uns nicht auf die Aufgaben von heute und morgen zu beschränken, damit wir uns nicht dem Vorwurf aussetzen, den man so oft dem russischen Staatsschiff macht: daß es, ein Spiel der Winde, dahinsegelt, fortgerissen von der Strömung, ohne ein festes Steuer, unfähig seinen Kurs zu lenken.

Die hier dargelegten, so schweren und verwickelten Fragen erfordern ein eingehendes Studium, damit diese oder jene Entscheidungen in Übereinstimmung mit entsprechenden Maßnahmen unserer äußeren Politik getroffen werden können.

Indem ich diese Erwägungen der Allerhöchsten Prüfung unterbreite, nehme ich mir die Freiheit, Eurer Kaiserlichen Majestät gnädigste Erlaubnis zu erbitten, sie einer besonderen Konferenz zur Besprechung vorlegen zu dürfen.

73. Denkschrift Sazonov an den Zaren: Mission Liman v. Sanders. Gegenmaßnahmen der Tripelentente. Krieg mit Deutschland.

Konstantinopel u. Meerengen I. 77—80.

St. Petersburg, 5. Januar 1914

Die letzten Berichte des russischen Botschafters in Berlin[35] weisen auf die Doppelsinnigkeit und unzweifelhafte Unaufrichtigkeit der deutschen Staatsmänner in der Frage der Stellung des deutschen Generals, der zum Kommandeur des I. türkischen in Konstantinopel stationierten Armeekorps ernannt ist.[36] Von den widersprechenden Erklärungen in dieser Frage, die der deutsche Staatssekretär für auswärtige Angelegenheiten und der deutsche Botschafter in Konstantinopel abgegeben haben, ganz zu schweigen, haben beide durchblicken lassen, daß sie vermeiden, die Frist zu bestimmen, innerhalb der die Frage gelöst werden könnte, sondern vermeiden überhaupt, sich durch irgendwelche positive Versprechen zu binden.

Das Projekt der Mitteilung an die Presse, das Herr von Jagow unserem Botschafter überreicht hat, einschließlich der Klauseln, mit denen diese Übergabe begleitet wurde, daß nämlich die Mitteilung keinen Anlaß für eine Berufung auf irgendwelche Versprechen enthalte, ist vor allem eine

[35] Swerbejew, 1912—1914.

[36] General Liman von Sanders, Chef der deutschen Militärmission 1913—1914.

grelle Widerspiegelung der doppelsinnigen Handlungsweise des Berliner Kabinetts.

Man kann deshalb nicht umhin, die Zweifel des russischen Botschafters in Berlin zu teilen, daß die beabsichtigte Verschleppung der Unterhandlungen den Wunsch zeigt, Zeit zu gewinnen, um die Möglichkeit der vereinigten Aktionen der Entente zu vereiteln, nach der uns nur übrigbleiben wird, uns mit den vollendeten Tatsachen abzufinden.

Diese Mutmaßung erscheint uns um so wahrscheinlicher, da eine solche Taktik schon einmal mit Erfolg angewandt ist, nämlich in der Adrianopelfrage, wo Freiherr von Wangenheim[37] zuerst darauf bestand, keinen Druck auf die Türkei auszuüben, da es gelingen werde, die Türkei auf friedlichem Wege der Unterwerfung unter den Willen der Mächte geneigt zu machen; später aber begann er zu behaupten, die Hartnäckigkeit der Pforte könne nicht erschüttert werden.

Wenn man unsere Handlungsweise im Falle eines sehr wohl möglichen Mißerfolges unserer unmittelbaren Verhandlungen in Berlin und Konstantinopel durchdenkt, kann man nicht umhin, folgende Argumente aussprechen zu müssen:

Infolge des von Frankreich und England ausgesprochenen Wunsches haben wir beschlossen, die Folgen der Reise des Barons von Wangenheim nach Berlin und seines persönlichen Berichtes an den Kanzler abzuwarten. Jetzt könnten wir beide Mächte vertraulich mit dem Charakter der letzten Unterhandlungen unseres Botschafters in Berlin mit den deutschen Staatsmännern bekannt machen und sie darauf hinweisen, daß wir, ohne auf die Fortsetzung dieser Unterhandlungen zu verzichten, gleichzeitig mit ihrem Erfolg nicht besonders rechnen. Infolgedessen ist es notwendig, daß wir schon jetzt im voraus übereinkommen, in welchem Maße wir auf die Mitarbeit der beiden Mächte bei weiteren gemeinsamen Schritten rechnen können.

Man darf sich natürlich nicht den ganzen Ernst solcher Schritte verhehlen, wenn sie von den Ententemächten beschlossen werden sollten.

Wenn Rußland, Frankreich und England sich tatsächlich entschließen sollten, gemeinsam in Konstantinopel wegen der Unzulässigkeit des Armeekommandos in Konstantinopel seitens eines ausländischen Generals vorstellig zu werden, müssen sie bereit sein, ihre Forderungen durch entsprechende Zwangsmaßnahmen zu unterstützen. Wir haben also die Aufgabe, uns darüber zu informieren, ob Frankreich und England im Prinzip zu solchen Zwangsmaßnahmen geneigt sind, und worin solche Zwangsmaßnahmen bestehen könnten.

[37] Deutscher Botschafter in der Türkei 1912—1915.

Indem ich es unseren Kriegs- und Marinestellen überlasse zu bestimmen, welche Zwangsmaßnahmen ihnen am ehesten verwirklichbar erscheinen, nehme ich mir die Freiheit, meinerseits vorzutragen, daß es vom politischen Standpunkt aus vielleicht am zweckmäßigsten wäre, im Falle einer unbefriedigten Antwort der Pforte gleichzeitig und gemeinsam bestimmte Punkte in Kleinasien seitens Rußlands, Frankreichs und Englands zu besetzen, mit der Erklärung, daß die genannten drei Mächte diese Plätze solange besetzt halten werden, bis ihre Forderungen erfüllt sind.

Im Falle der Annahme des genannten Prinzips könnten England und Frankreich Häfen wie Smyrna und Beiruth besetzen; wir hätten die Auswahl zwischen der Besetzung von Trapezunt oder Bajesid oder könnten noch irgendeine andere Operation ausführen, wenn unsere Militär- und Marinestellen sie für zweckmäßig hielten.

Bei Lösung der genannten Frage darf man natürlich nicht vergessen, daß auf den Druck gegen die Pforte hin die Möglichkeit eines aktiven Auftretens Deutschlands zu ihrem Schutz nicht ausgeschlossen ist. In diesem Falle kann die Lösung der Frage aus Konstantinopel und der Türkei an unsere Westgrenze übertragen werden samt allen Folgen, die sich daraus ergeben.

Euerer Kaiserlichen Majestät untersteht die Annahme einer so verantwortungsvollen Entscheidung. Indem ich meine untertänigste Pflicht erfülle, halte ich mich für verpflichtet, nach bestem Wissen und Gewissen folgende Betrachtungen auszusprechen:

Im Falle einer Entscheidung dafür, daß die Verwirklichung unserer Forderungen bis ans Ende durchzusetzen ist, ist zweifellos, ohne die Gefahr ernster europäischer Komplikationen in Betracht zu ziehen, obwohl die Wahrscheinlichkeit besteht, daß die feste Entschlossenheit, die Haltung, die wir einnehmen werden, nicht aufzugeben, sich als genügend erweisen wird, um die uns gebührende Genugtuung zu erreichen. Sollte sich aber andererseits Rußland in einer so wesentlichen Frage, wie es das Kommando eines deutschen Generals über ein Armeekorps in Konstantinopel ist, mit der vollendeten Tatsache abfinden, wird unsere Nachgiebigkeit einer bedeutenden politischen Niederlage gleichkommen und kann die gefährlichsten Folgen nach sich ziehen. Vor allem wird uns diese Nachgiebigkeit nicht vor der wachsenden Aspiration Deutschlands und seiner Verbündeten schützen, die immer mehr und mehr einen unnachgiebigen und unversöhnlichen Ton in allen Fragen, die ihre Interessen berühren, anzunehmen beginnen. Andererseits *wird sich in Frankreich und England die gefährliche Überzeugung befestigen, daß Rußland um der Erhaltung des Friedens willen zu beliebigen Zugeständnissen bereit ist.* Wird sich eine solche Überzeugung bei unseren Freunden und Verbündeten befestigen, so kann die auch ohnehin nicht sehr fest zusammengefügte Einheit der Ententemächte endgültig erschüttert werden, und *jede der Mächte wird bestrebt sein, andere Sicherungen ihrer Interessen durch Vereinbarungen mit Mächten des gegnerischen Lagers zu suchen.* Ein solches Ergebnis wird anscheinend von Deutschland in Rechnung gestellt, das unter verschiedenen seltsamen Vorwänden gegen die von uns Deutschland vorgeschlagenen Kompensationen Einwände erhebt, Kompensationen im Sinne der Versetzung des englischen Admirals aus Konstantinopel, dem die Reorganisation der türkischen Flotte obliegt, an einen andern Ort. Das Berliner Kabinett rechnet vielleicht darauf, daß es sich auf unsere Kosten mit England verständigen wird, und mit solchen Aussichten läßt sich vielleicht die bevorstehende Reise des Freiherrn von Wangenheim nach London erklären.

Sollten sich die genannten Annahmen bestätigen, bliebe Rußland letzten Endes tatsächlich völlig politisch isoliert, da wir auf Frankreich kaum besonders werden rechnen dürfen, das auch ohnehin geneigt ist, die gemeinsamen politischen Interessen vorteilhaften Finanztransaktionen zum Opfer zu bringen.

Alle oben angeführten Erwägungen veranlassen mich alleruntertänigst Euerer Kaiserlichen Majestät die auf ihnen begründete Meinung vorzutragen, daß wir schon jetzt mit beiden Mächten in einen sehr vertraulichen Meinungsaustausch in dieser Frage treten müssen, falls unsere Kriegs- und Marineämter ihrerseits es für möglich halten sollten, uns der Gefahr ernster Verwicklungen auszusetzen, natürlich unter der Bedingung einer entsprechenden Entschlossenheit Frankreichs, uns mit allen seinen Kräften zu unterstützen, und der Entschlossenheit Englands, uns eine wesentliche Unterstützung zu gewähren. Sollte dieser Meinungsaustausch eine ausweichende Taktik unserer Freunde und Verbündeten ergeben, müßten wir natürlich in unseren weiteren Schritten mit dem sehr ernsten Risiko eines separaten Auftretens Rußlands rechnen. Sollten aber die Antworten Frankreichs und Englands als befriedigend anerkannt werden, müßten wir bei aller notwendigen Zurückhaltung und Vorsicht zur möglichsten Verhinderung von Verwicklungen unsere Interessen entschlossen bis ans Ende verteidigen.

Sollten die dargelegten Erwägungen Euerer Majestät als solche erscheinen, die Aufmerksamkeit verdienen, ersuche ich Majestät zur Prüfung dieser Erwägungen und Annahme dieser oder jener Entscheidungen eine besondere Beratung unter dem Vorsitz des Staatssekretärs Kokowzow, unter der Beteiligung des Kriegs- und des Marineministers, des Chefs des Generalstabes und meiner Person zu ernennen und mir zu erlauben, diesen Personen die Kopien dieser meiner alleruntertänigsten Denkschrift mitzuteilen.

74. Georges Louis, Tagebuch: Rußlands Macht. Krieg in zwei Jahren.
Louis, Carnet 94, aus dem Französischen übersetzt von Gertrud Hässig.

12. Januar 1914

Judet[38] sagte zu Poincaré[39]: „Izvolskij ist also immer noch in Paris. Sie hatten mir seinerzeit im Juni 1912 gesagt, wenn Herr Louis gehe, würde auch Herr Izvolskij gehen." Poincaré antwortete mir mit herausfordernder Miene: „Das habe ich gesagt, aber die Verhältnisse haben sich geändert. Es ist nicht mehr die Rede von einer Abreise Izvolskijs. Mit ihm kommt man gut aus."

Poincaré fügte noch hinzu: „Rußland hat eine gewaltige Zukunft. Seine Macht ist in voller Entwicklung. Es wird die Aktion, die Deutschland soeben in Konstantinopel gewonnen hat, nicht vergessen. In zwei Jahren wird es Krieg geben. Meine ganze Anstrengung zielt darauf hin, uns darauf vorzubereiten." ...

75. Journal einer russischen Sonderkonferenz: Liman-von-Sanders-Krise. Zwangsmaßnahmen der Tripelentente und etwaiger Krieg mit Deutschland. Englands Haltung. Stieve, Iswolski 234—246.

13. Januar 1914

Den Vorsitz führte: Der Vorsitzende des Ministerrates, Staatssekretär und Wirklicher Geheimrat Kokowtzow.

Es nahmen teil: der Kriegminister, Generaladjutant Suchomlinow[40], der Marineminister, Generaladjutant Grigorowitsch[41], der Außenminister, Hofmeister Sasonow, der Chef des Generalstabs, General der Kavallerie Shilinski ...

... Der Vorsitzende des Ministerrates gibt der Ansicht Ausdruck, daß der Zweck dieser Konferenz eine Bestimmung der Position wäre, die die Kaiserliche Regierung bei jeder Wendung, die die Dinge nehmen könnten, einzunehmen hätte.[42] Zur Prüfung der Voraussetzungen des Außenministeriums übergehend, weist Staatssekretär Kokowtzow auf die Notwendigkeit hin, sich zunächst darüber klar zu werden, welche Lösung der Frage über die deutsche Militärmission in der Türkei von Rußland als

[38] Französischer Journalist.
[39] Präsident der Republik seit 1913.
[40] 1909—1915.
[41] 1911—1917.
[42] Liman-von-Sanders-Krise.

zulässig anerkannt werden könnte und wogegen wir unter allen Umständen Einspruch erheben müßten. Diese Grundaufgabe ist in Punkt 4 [43] zum Ausdruck gebracht, der bei den weiteren Beratungen als Leitfaden dienen müsse. Der Vorsitzende des Ministerrates erklärt, daß der Standpunkt der Kaiserlichen Regierung zuerst während der Unterhandlungen in Berlin im Oktober 1913 festgelegt worden sei. Staatssekretär Kokowtzow glaubt, daß es das moralische Recht und die Pflicht der russischen Regierung wäre, von diesem Standpunkt nicht abzuweichen. Da der Inhalt der erwähnten Unterhandlungen dem Kriegs- und Marineminister, sowie dem Chef des Generalstabs nicht bekanntgeworden sein konnte, erachtet es Staatssekretär Kokowtzow für notwendig, die Konferenz mit den Einzelheiten der diesbezüglichen, im Alleruntertänigsten Bericht des Vorsitzenden des Ministerrats niedergelegten Verhandlungen bekanntzumachen. In den Unterredungen mit dem deutschen Kaiser und den Vertretern der deutschen Regierung hat er erklärt, daß Rußland gegenüber der Ausübung der Kommandogewalt über einen Truppenteil in Konstantinopel durch einen ausländischen Offizier nicht gleichgültig bleiben könnte, da hierdurch für eine Macht eine bevorzugte Stellung in der Türkei geschaffen würde, wodurch die Richtung der ganzen Frage des nahen Ostens verändert würde. Auf die erste These zurückgreifend, erklärt der Vorsitzende des Ministerrates, daß er auch jetzt es für notwendig hält, auf den von ihm seinerzeit dem deutschen Kaiser gegenüber ausgesprochenen Ansichten zu verharren.

Der Außenminister teilt der Konferenz den Inhalt der neu eingetroffenen Geheimtelegramme mit. Im Zusammenhang mit dem möglichen Rücktritt des Generals Liman vom Kommando des 1. Armeekorps, worauf im Telegramm des Gesandten in Konstantinopel verwiesen wird, fragt der Minister an, wie man sich zu verhalten hätte zur Führung einer nicht in Konstantinopel selbst, sondern in Skutari liegenden Division durch einen deutschen Offizier, da eine solche Lösung der Frage nach Kenntnis der russischen Vertreter in Berlin und Konstantinopel früher bereits in Erwägung gezogen worden ist.

Der Vorsitzende des Ministerrates, der Kriegs- und Marineminister, sowie der Chef des Generalstabes, sprechen sich dahin aus, daß eine solche Wendung der Dinge unzulässig wäre. Auf die Bemerkung des Generals der Kavallerie, Shilinski, daß, wenn ein deutscher Offizier auch nur das Kommando über eine Division innehätte, Deutschland die Meerengen beherrschen würde, weist Staatssekretär Kokowtzow darauf hin, daß die Möglichkeit eines Kommandos deutscher Offiziere in den die Meerengen

[43] Besetzung türkischer Hafenstädte.

schützenden Forts nunmehr in Fortfall gekommen sei, und daß man jetzt als feststehend betrachten könne, daß das Kommando über diese Befestigungen jedenfalls türkischen Offizieren gehören wird. Der letzte Umstand veranlaßt den Marineminister zu der Bemerkung, daß unter dem Vorwande des Fehlens eines Kommandeurs für irgendeinen Truppenteil, sich dennoch ein deutscher Offizier als stellvertretender Kommandierender erweisen könnte.

Der Vorsitzende des Ministerrates verweist auf den Zusammenhang zwischen der Fassung der ersten These und den erhaltenen Nachrichten über die Möglichkeit einer Ernennung des Generals Sanders zum Inspektor der türkischen Armee und auf die Notwendigkeit, die Stellungnahme der Regierung zu einem solchen Ausgang festzulegen, zu welchem Zweck man zunächst die Bedeutung des Ausdrucks „Inspektion" feststellen müsse.

Der Chef des Generalstabs bemerkte, daß es in der Türkei vier Inspektionen territorialen Charakters gebe, die dem Posten des Kommandierenden eines Militärbezirks entsprechen.

Der Vorsitzende des Ministerrates erklärt, daß, sollte dem General Sanders statt der allgemeinen Aufsicht über die türkische Armee eine Inspektion in territorialem Sinne übertragen werden, was dem Kommando über die Truppen eines Militärbezirks gleichkommt, eine solche Lösung für Rußland noch weniger annehmbar wäre als das Kommando über ein Armeekorps. Hierbei sei es nicht notwendig, im voraus zu bestimmen, ob wir gegen die Übertragung an einen deutschen General der territorialen Inspektion gleich wo oder nur in Konstantinopel selbst und den am Kaukasus angrenzenden Gebieten, d. h. den östlichen Bezirken Kleinasiens, Einspruch erheben würden. Der Vorsitzende des Ministerrates ist daher der Ansicht, daß die erste These infolge der neuen Umstände nach der Richtung ausgedehnt werden müßte, daß die dem General Sanders zu übertragende Inspektion nur dann für zulässig erachtet werden könne, wenn unter „Inspektion" die allgemeine Aufsicht über die Armee und nicht ein territoriales Kommando verstanden werden soll.

Diesem Gutachten schließen sich alle Teilnehmer der Konferenz an.

Nach Ansicht des Kriegsministers bilden alle zur Beratung stehenden Bedingungen für die Tätigkeit der deutschen Militärmission nur Teile der Frage. Was deren Kern betrifft, so darf es keinem Zweifel unterliegen, daß die Ankunft General Sanders nach Konstantinopel nicht eine Rückkehr zum System v. d. Goltz-Pascha [44] und seinen Instruktionsaufgaben bedeute. Die früheren Instrukteure bildeten nach Kenntnis des Kriegsministeriums das schlechteste Element der deutschen Armee. Auch Waffen

[44] Vizepräsident des türkischen Obersten Kriegsrates 1909—1910, 1913.

und Munition, mit denen Deutschland die Türkei vor dem Balkankriege versorgte, waren durchaus nicht von hoher Qualität. Nunmehr wird General Sanders von 40 Personen begleitet, die aus der Zahl der besten Offiziere des deutschen Heeres ausgewählt sind und noch weitere zirka 60 Mann von dieser Art werden angeworben. Nach Ansicht des Generaladjutanten Suchomlinow darf man sich nicht verhehlen, daß die gegenwärtige Militärmission ganz andere Aufgaben hat als die Tätigkeit v. d. Goltz-Paschas. Die Absichten Deutschlands, das die Organisation des türkischen Heeres energisch in die Hand nimmt, treten ihrerseits klar zutage. Die türkischen Truppen, deren Eigenschaften die deutsche Militärmission zu entwickeln haben wird, werden sich an unserer Kaukasusgrenze befinden und natürlicherweise gegen Rußland gerichtet sein. Der Kriegsminister hält es für gefährlich, Zeit zu verlieren, und für erwünscht, Maßnahmen zum Schutze gegen die bezeichnete, für Rußland ungünstige Änderung der Dinge zu treffen. Da nicht die Möglichkeit besteht, einerseits darauf zu rechnen, daß Deutschland freiwillig auf das begonnene Werk verzichtet, andererseits die aufgetauchten Hoffnungen auf ein feindseliges Verhalten zur deutschen Militärmission im türkischen Heere selbst angesichts der Massenentlassungen türkischer Offiziere sich als unbegründet erwiesen haben, möchte der Minister sich über die Möglichkeit unterrichten, auf die Türkei im Sinne einer Entfernung der Militärmission einzuwirken.

Der Außenminister gibt der Überzeugung Ausdruck, daß unsere, nicht durch Druck verstärkten Ratschläge in Konstantinopel erfolglos bleiben würden. Indem der Minister hierauf die Konferenz ersucht, zur Beratung von Mitteln zur Nötigung der Türkei überzugehen, teilt er mit, daß er in den Unterredungen mit dem französischen und englischen Gesandten in St. Petersburg eine gewisse Folgerichtigkeit in den etwaigen Schritten der Mächte des Dreiverbandes angedeutet hätte. Erstens erscheine es möglich, zu einem finanziellen Druck auf die Türkei zu greifen. Bei dem aufrichtigen Wunsch aller drei Mächte, ihn durchzuführen, könnte man die Erzielung eines wirklichen Resultates erhoffen, da die Türkei riesige Geldmittel brauchte, die in die Hunderte Millionen gingen, und kleine zufällige Zuwendungen in der Art des Darlehens des Bankhauses Perrier & Co. könnten für ihre zerrütteten Finanzen keine wesentliche Unterstützung bedeuten. Man muß jedoch im Auge behalten, daß die französische Regierung sich trotz ihres Wunsches nicht imstande erweisen könnte, einen finanziellen Boykott der Türkei unbeirrt durchzuführen, da sie nicht immer die Möglichkeit habe, in erwünschtem Sinne auf die französischen Finanzkreise einzuwirken. Zweitens müßte man für den Fall, daß die Maßnahmen finanziellen Charakters auf die Türkei nicht die gewünschte

Einwirkung ausüben sollten, ein Programm ausarbeiten, in dem Methoden zur Ausübung eines unmittelbaren Druckes auf die Pforte vorzusehen wären. Wir unsererseits müssen klarstellen, welcher Art Maßnahmen Rußland in Vorschlag bringen könnte, zu welchem Zwecke das Außenministerium die jetzt zur Beratung in der Konferenz vorgelegten Voraussetzungen ausgearbeitet hätte.

Der Vorsitzende des Ministerrates bittet den Außenminister, vor Besprechung der bezeichneten Druckmittel zwei Dinge zu beleuchten, die für die Bestimmung der weiteren Handlungsweise von grundlegender Bedeutung seien und dem Staatssekretär Kokowtzow wie folgt erscheinen: 1. Die deutsche Regierung sucht nach einem Ausweg aus der durch die Forderungen Rußlands geschaffenen Lage. Hierbei verweist das Berliner Kabinett auf die Notwendigkeit für Rußland, im Interesse einer günstigen Lösung der Frage an Deutschland keine kategorischen Erklärungen ultimativen Charakters zu richten, die Deutschland zwingen könnten, noch mehr auf seinem Standpunkt zu beharren, da man die Schwierigkeit der deutschen Regierung gegenüber der öffentlichen Meinung im eigenen Lande berücksichtigen müßte. 2. Die Unterhandlungen mit dem Berliner Kabinett, die jetzt schon zirka zwei Monate dauern, müßten so lange fortgesetzt werden, bis die Kaiserliche Regierung die Überzeugung gewinnt, daß es unmöglich sei, auf diesem Wege zu dem angedeuteten Ziele zu gelangen.

Der Außenminister schließt sich den vom Staatssekretär Kokowtzow formulierten Thesen an und erklärt, daß er gleichzeitig in seinen Unterhandlungen mit dem deutschen Gesandten in St. Petersburg darauf hingewiesen habe, daß es für die russische Regierung unmöglich sei, die Entscheidung der Frage über die deutsche Militärmission in Konstantinopel lange hinauszuschieben.

Zu den Maßnahmen für eine weitere Einwirkung übergehend, erachtet Staatssekretär Kokowtzow es für notwendig, festzustellen, daß die in der 7. These vorgesehenen Schritte vom Außenministerium in engster Fühlung mit den übrigen Mächten des Dreiverbandes geplant seien. Bevor dieser oder jener Beschluß gefaßt wird, müsse die Kaiserliche Regierung wissen, in welchem Maße ihr die Unterstützung Frankreichs zuteil werden wird und ob man auf eine aktive Beteiligung Englands an der Einwirkung auf die Pforte rechnen könnte.

Der Außenminister bestätigt, daß er in der Tat die Druckmittel in der Voraussetzung einer Zusammenwirkung aller Mächte des Dreiverbands vorgesehen habe und weist darauf hin, daß es ungeklärt erscheint, wie weit England bereit wäre, energisch zu handeln. Was Frankreich anbetrifft, so kann die russische Regierung auf eine tatkräftige Unterstützung bis aufs äußerste rechnen. H. Delcassé[45] hat dem Minister im Namen des französischen Außenministers versichert, daß Frankreich so weit gehen würde, wie Rußland es wünscht.

Der Vorsitzende des Ministerrates glaubt, daß es notwendig wäre, unter Fortführung der Unterhandlungen in Berlin gleichzeitig den Grad der Beteiligung des Londoner Kabinetts an etwaigen Schritten der Mächte des Dreiverbandes klarzulegen. Staatssekretär Kokowtzow vermerkt die besondere Lage Englands in der Frage des deutschen Kommandos in Konstantinopel durch die Anwesenheit des englischen Admirals als Instrukteur in der türkischen Residenz. England hat bisher nach Ansicht des Vorsitzenden des Ministerrates keinerlei wesentliche Unterstützung den Bemühungen des Petersburger Kabinetts geliehen und eher noch Deutschland den Widerstand gegen den Einspruch Rußlands erleichtert durch die Tatsache der Anwesenheit des Admirals Limpus in Konstantinopel. Deutschland hatte die Möglichkeit, bei den Unterhandlungen über die Abberufung des Generals Sanders aus Konstantinopel sich darauf zu berufen, daß die Zusammenziehung der Aufsicht über die türkische Flotte in den Händen des englischen Admirals die Befürchtungen keiner einzigen Macht hervorgerufen hätte. Als Graf Pourtalès das erwähnte Argument mit dem Admiral anführte, entgegnete ihm der Vorsitzende des Ministerrates, daß Rußland der Tatsache eines Kommandos über eine nahezu nicht vorhandene Flotte keine Bedeutung beimessen könne.

In Beantwortung der Erklärung des Staatssekretärs Kokowtzow, die vom Kriegsminister und Marineminister unterstützt wird und dahin geht, daß es erwünscht wäre, zunächst von England die Abberufung des Admirals zu erwirken, teilt der Außenminister mit, daß Sir Edward Grey sich schon früher hierzu bereit erklärt hätte und daß ein solcher Beschluß der großbritannischen Regierung jedenfalls wohl zu erreichen wäre, wenn dies zur Erleichterung einer Einwirkung in Berlin erwünscht sein sollte. Der Minister fürchtet jedoch einerseits, daß Admiral Limpus durch einen deutschen Chef ersetzt werden könnte und weist andererseits auf die in seinen Händen befindlichen Unterlagen hin, die zu der Annahme berechtigen, daß Deutschland nach Abberufung des englischen Admirals nichtsdestoweniger von der eingenommenen Position in der Frage der Militärmission nicht abweichen werde. Das Berliner Kabinett würde im Gegenteil sich der Abberufung des Admirals Limpus gegenüber ablehnend verhalten und hierin nur die Maßnahme einer realen Einwirkung erblicken, die Deutschlands Widerstand nur stärken würde.

Auf die angedeutete Folgerichtigkeit im Auftreten der Mächte des Drei-

[45] Französischer Botschafter in St. Petersburg 1913—1914.

verbandes zurückkommend, glaubt der Minister, daß für den Fall, daß die Unterhandlungen in Berlin resultatlos verlaufen sollten, diese nach Konstantinopel verlegt werden müßten, wobei die Einwirkung der Mächte schon auf die Türkei übertragen werden müßte.

Der Vorsitzende des Ministerrates führt die in den vom Außenministerium ausgearbeiteten Punkten aufgeführten Druckmittel an, und zwar: finanzieller Boykott, Abberufung der diplomatischen Vertreter und militärische Maßnahmen, und bemerkt, daß die Türkei das unmittelbare Objekt dieser Einwirkungen sein sollte, daß jedoch der Endzweck die Aufhebung des Vertrages zwischen der Pforte und Deutschland wäre. Da auf diese Weise die Interessen Deutschlands berührt würden, wären diese Maßnahmen geeignet, dessen Einmischung hervorzurufen.

Der Außenminister lenkt die Aufmerksamkeit der Konferenz auf die Möglichkeit, durch energisches und gleichzeitig vorsichtiges, einmütiges Handeln der drei Mächte einen Erfolg zu erzielen, wobei dies nach Ansicht des Ministers durchaus nicht unbedingt einen Krieg mit Deutschland zur Folge haben müßte. In Wirklichkeit würde Deutschland ein Auftreten Rußlands, das nur die Unterstützung von Frankreich allein hätte, nicht sonderlich gefährlich erscheinen. Beide Staaten wären wohl kaum imstande, Deutschland einen tödlichen Schlag zu versetzen, auch nicht im Falle militärischer Erfolge, die sich nie voraussagen lassen. Ein Kampf unter Beteiligung von England dagegen, könnte für Deutschland verhängnisvoll werden, das sich ganz klar über die Gefahr ist, bei einem englischen Eingreifen binnen sechs Wochen einer völligen sozialen inneren Katastrophe entgegengeführt zu werden. England ist für Deutschland gefährlich, und in diesem Bewußtsein ist die Ursache des Hasses zu finden, den die Deutschen gegenüber der wachsenden Macht Großbritanniens empfinden. In Verbindung mit den bezeichneten Umständen müßte die Kaiserliche Regierung, bevor sie entschiedene Schritte unternimmt, sich die Unterstützung des Londoner Kabinetts sichern, dessen aktive Teilnahme nach Ansicht des Ministers nicht gesichert erscheint. Unzweifelhaft erscheint das Eingreifen Großbritanniens im Falle einer für Rußland und Frankreich ungünstigen Wendung der militärischen Operationen. Diese Einmischung könnte entweder auf die Beendigung des vom Standpunkte der englischen Interessen unvorteilhaften europäischen Zusammenstoßes oder auf die Unterstützung derjenigen Staaten gerichtet sein, deren Niederlage den Aufgaben der englischen Politik widerspricht. Die vermerkte Notwendigkeit für die Kaiserliche Regierung, erst nach Sicherung einer aktiven Teilnahme Englands zu handeln, ist nicht anzuzweifeln und bildet die schwache Seite der Lage Rußlands in diesem Falle. Der Minister bringt zur Kenntnis der Konferenz, daß er in den Unterredungen mit dem großbritannischen Gesandten in St. Petersburg die Möglichkeiten einer Einwirkung auf die Pforte entsprechend dem Punkte 4 benannt hätte. In Erwiderung auf die Annahme einer Besetzung Trapezunts durch russische Landungstruppen, während England irgendeinen Küstenpunkt auf dem türkischen Territorium, beispielsweise Beirut oder Smyrna, besetzen könnte, äußerte Sir George Buchanan Zweifel an der Möglichkeit für England, mit der Flotte allein zu operieren in dem Falle, daß es notwendig sein sollte zu kämpfen, um den besetzten Punkt zu halten, zu welchem Zwecke bedeutende Landungstruppen notwendig sein würden.

Der Chef des Generalstabes gibt der Meinung Ausdruck, daß in dieser Frage nur von einer Aktion der Marine die Rede sein könne, da es für England bei den Schwierigkeiten des Transportes unmöglich sein würde, eine militärische Besetzung durchzuführen.

Der Marineminister verweist auf die bequeme Durchführbarkeit einer ausschließlichen Besetzung durch die Flotte unter dem Schutze der Schiffsartillerie.

Der Vorsitzende des Ministerrates ist der Ansicht, daß solche Maßnahmen unvermeidlich den Krieg mit Deutschland zur Folge haben würden und stellt die Frage: Ist der Krieg mit Deutschland erwünscht und kann Rußland ihn führen?

Der Außenminister schließt sich in Erwiderung hierauf der Ansicht des Staatssekretärs Kokowtzow an, daß im Prinzip ein Krieg mit Deutschland unerwünscht wäre. Was dagegen die Frage anbetrifft, ob Rußland gegenwärtig imstande wäre, gegen Deutschland zu kämpfen, so hält sich der Minister nicht für berufen, dies zu entscheiden.

Der Kriegsminister und der Chef des Generalstabes erklären kategorisch die volle Bereitschaft Rußlands zum Zweikampf mit Deutschland, von einem Zweikampf mit Österreich schon gar nicht zu reden. Ein solcher Zweikampf ist aber kaum wahrscheinlich; man würde es vielmehr mit dem Dreiverband zu tun haben.

Der Vorsitzende des Ministerrats kommt auf die Schritte zurück, die man, um das in seinen Augen unzulässige Wagnis zu vermeiden, wählen könnte und gibt der Ansicht Ausdruck, daß der finanzielle Boykott der Türkei als eine Maßnahme, die nicht die Gefahr eines Krieges mit Deutschland zur Folge haben würde, ernste Beachtung verdiene. Man dürfe jedoch keine übertriebenen Hoffnungen auf eine konsequente Durchführung dieser Maßnahme seitens der französischen Inhaber ottomanischer Papiere setzen. Die materiellen Verluste der letzteren bei Einstellung der Einlösung von Kupons durch die Türkei wäre geeignet, auch die feurigsten patriotischen Bestrebungen der Franzosen abzukühlen. Was die unmittelbaren Zwangsmethoden anbelangt, von denen auch die Einnahme von

Trapezunt genannt wurde, so hält Staatssekretär Kokowtzow es für erwünscht, sich ihrer zu enthalten, da sie gewagt und schwer zu verwirklichen wären, was sich bei der Beratung ähnlicher Maßnahmen im Sommer 1913 herausgestellt hätte, als die Besetzung Trapezunts angeregt wurde in Verbindung mit der Einwirkung auf die Türkei in der Adrianopelfrage.

Der Außenminister lenkt die Aufmerksamkeit der Konferenz auf die leicht durchzuführende Unterbindung der Zufuhr nach Kleinasien über den Hafen von Trapezunt, was sich in der Türkei äußerst fühlbar machen könnte.

Generaladjutant Grigorowitsch ergänzt diesen Vorschlag durch den Hinweis auf die durchaus im Bereiche des Möglichen liegende vorherige Einnahme von Sinope, das, als Basis benutzt, es ermöglichen würde, die Zufuhr über die Häfen des Schwarzen Meeres zu verhindern.

Staatssekretär Kokowtzow weist erneut auf die Unvermeidlichkeit einer Einmischung Deutschlands hin bei Verwirklichung derartiger Operationen. Die vorgesehenen Maßnahmen: Unterbrechung der Zufuhr, Manövrieren der Flotte oder die Besetzung von Bajasid, die an sich gefährlich wäre, angesichts der Unmöglichkeit den Ort zu verlassen — stellen im Grunde genommen Methoden eines realen Druckes auf die Türkei dar, um von ihrer Seite einen Verzicht auf die deutsche Mission zu erreichen, wodurch Deutschland leicht aus der neutralen Stellung herausgebracht werden könnte.

Die Ansicht des Staatssekretärs Kokowtzow wird von dem Außenminister nicht völlig geteilt, der seinerseits die Möglichkeit einer Nichteinmischung Deutschlands zuläßt. Dagegen hält er es für notwendig, mit einer etwaigen Teilnahme Englands an unseren Schritten zu rechnen und mit dem Umstande, daß bei einer Besetzung von Trapezunt durch uns, Erzerum, in dem die militärischen Hauptkräfte konzentriert sind, abgeschnitten sein würde und ganz Kleinasien von Rußland bedroht wäre. Die erörterte Besetzung von Bajasid wäre nach Ansicht des Ministers eine sehr wirksame Maßnahme, die imstande wäre, Deutschland von einem Eingriff zurückzuhalten. Diese, vom Kriegs- und Marineminister sowie dem Chef des Generalstabes geteilten Ansichten rufen von seiten des letzteren die Erklärung hervor, daß die Besetzung von Bajasid nicht als einzelne Maßnahme angeregt werden könne, da sie jedenfalls die Mobilisierung des kaukasischen Militärbezirks erfordern würde. Die militärischen Kräfte der Türkei in dem an den Kaukasus grenzenden Gebiet betragen ein auf 23 Bataillone beschränktes Armeekorps. In Bajasid liegen gegenwärtig anderthalb Bataillone. Angesichts der wichtigen Bedeutung dieses Flankenpunktes durch einen Angriff, auf welchen alle unsere letzten

Kriege gegen die Türkei eingeleitet wurden, würde es nicht möglich sein, ihn ohne Kampf zu nehmen, und eine Bewegung nach dieser Richtung wäre gleichbedeutend mit einer Eröffnung der kriegerischen Operationen gegen die Türkei. Auch eine Beschränkung auf die Besetzung dieses einen Punktes könnte nach Ansicht des Generals der Kavallerie Shilinski nicht zweckmäßig erscheinen. Gleichzeitig müßten Ardos, Deribaba und Karaderbent besetzt werden. Hierbei betont der Chef des Generalstabs, daß eine derartige Besetzung demonstrativer Art ohne allgemeinen Vormarsch nicht die Notwendigkeit nach sich ziehen müßte, den kaukasischen Kriegsschauplatz durch den Zufluß von Truppen aus den anderen Gebieten Rußlands zu verstärken, welche Verstärkung zum allgemeinen Mobilisationsplan für den Fall einse Krieges gegen die Türkei gehört. Für die beabsichtigte Operation einer Besetzung von Bajasid würde diese Maßnahme nicht erforderlich sein, in Erwägung, daß Rußland, indem es sich darauf beschränken würde, die Zahl der Truppen des kaukasischen Militärbezirks auf die Höhe der Kriegsbereitschaft zu ergänzen, über Truppen verfügen würde, die den Truppen des türkischen Armeekorps numerisch überlegen wären. Der Chef des Generalstabs fügt hinzu, daß die von ihm dargelegten Erwägungen sich auf die Berücksichtigung der gegenwärtigen Lage der Türkei stützen, die eifrig zum Kampfe gegen Griechenland an der anderen Front rüste. Um zu verhindern, daß die Türkei Truppen nach Kleinasien über das Schwarze Meer schafft, müßte man Konstantinopel bedrohen durch Heranführung unserer Schwarzen-Meer-Flotte an den Bosporus.

Nach Ansicht des Außenministers könnte die Demonstration beim Bosporus auch in anderer Beziehung eine Rolle spielen: es könnte Panik in der Residenz und eine Revolution hervorrufen, die die Frage der deutschen Militärmission mit lösen könnte.

Der Außenminister wiederholt, daß die Nötigungsmaßnahmen gegen die Türkei nur im engsten Zusammengehen mit Frankreich und England beabsichtigt wären, und möchte wissen, welche Stellung die Regierung einnehmen sollte, in dem Falle, daß sie sich der aktiven Unterstützung Englands und Frankreichs vergewissert hätte.

Staatssekretär Kokowtzow, der gegenwärtig einen Krieg für das größte Unglück für Rußland hält, spricht sich dahin aus, daß es äußerst unerwünscht wäre, Rußland in einen europäischen Konflikt zu verwickeln, welcher Ansicht sich die übrigen Mitglieder der Konferenz anschließen.

Der Außenminister sieht die Möglichkeit eines Mißlingens der Unterhandlungen voraus und fragt, welche Entscheidung in einem solchen Falle getroffen werden solle.

Der Vorsitzende des Ministerrats erklärt, daß er bereit sei, im Bestreben, Schritte zu vermeiden, die mit dem Risiko militärischer Komplikationen verbunden wären, sich für den finanziellen Boykott zu entscheiden, obgleich er keine genügende Gewähr für eine erfolgreiche Erreichung des Zieles biete. Er wiederholt, daß von wesentlicher Bedeutung in dieser Hinsicht die Interssiertheit französischer Inhaber von türkischen Staatspapieren sein werde. Staatssekretär Kokowtzow weist zum Zwecke einer Erleichterung des konsequenten finanziellen Boykotts der Türkei für die französische Regierung auf die Möglichkeit hin, daß Rußland sich verpflichten würde, auf dieser oder jener Grundlage mit Frankreich die Verantwortung für die rechtzeitige Einlösung der Kupons für die Inhaber türkischer Papiere zu teilen, die bisher auf dem französischen Markt zur Ausgabe gelangt seien.

Indem der Vorsitzende des Ministerrates das Fazit der zum Ausdruck gekommenen Erwägungen zieht in Übereinstimmung mit dem klargestellten Verhalten der Konferenz gegenüber den zur Beratung stehenden Fragen, faßt er das Gutachten der Konferenz in folgenden Thesen zusammen:

1. Es ist notwendig, die Vorstellungen in Berlin wegen der Unzulässigkeit vom Standpunkt der Interessen Rußlands, daß ein deutscher General einen Truppenteil in Konstantinopel kommandiert oder gar, daß ihm die Inspektion im Sinne der Kommandogewalt über diesen oder jenen Bezirk übertragen wird, fortzusetzen, wobei jedoch als zulässig anerkannt wird, daß dem Chef der deutschen Militärmission die Vollmachten für die allgemeine Inspektion des türkischen Heeres übertragen werden.
2. Die Unterhandlungen mit Berlin sind fortzusetzen, bis deren Erfolglosigkeit vollkommen klar zutage liegt.
3. Hierauf muß zu den geplanten Einwirkungsmaßnahmen außerhalb Berlins im Einvernehmen mit Frankreich und England übergegangen werden.
4. Sollte die aktive Beteiligung sowohl Frankreichs und Englands an gemeinsamen Schritten mit Rußland nicht gesichert sein, so erscheint es nicht möglich, zu Druckmitteln zu greifen, die einen Krieg mit Deutschland zur Folge haben könnten.

76. Bericht Sazonov an den Zaren: Österreich-Ungarns Nationalitäten und Rußland.
Russ. Dok. I. 1, 48—51.

20. Januar 1914

Die letzten Meldungen unserer Konsularvertreter in Österreich-Ungarn heben eine Änderung hervor, die sich in dem Verhalten der Regierungen der beiden Hälften der Monarchie gegen einige sie bewohnende Nationalitäten, namentlich gegen die Serben und Rumänen, unter dem Einfluß der letzten Ereignisse auf dem Balkan bemerkbar macht.

Nach den Worten unseres Generalkonsuls in Budapest hat das in Kroatien wieder auflebende Streben nach einer Vereinigung mit Serbien der ungarischen Regierung die Erkenntnis aufgenötigt, daß „keine Zeit mehr zu verlieren ist, daß vielmehr unbedingt durch Zugeständnisse eine sofortige Versöhnung mit Kroatien erreicht werden muß". Der Generalkonsul meldet, daß „von ungarischer Seite den Kroaten folgende Maßnahmen versprochen wurden: Einberufung eines kroatischen Kongresses, Abschaffung des Ausnahmezustandes, Wiedereinführung des Amtes des Banus, Presse- und Versammlungsfreiheit, Wiedereinführung der offiziellen slawischen Bezeichnungen der kroatischen Städte, und Einberufung einer Deputation des ungarischen und des kroatischen Parlaments, um die Sprachenfrage auf den kroatischen Eisenbahnen auf einer für beide Seiten annehmbaren Basis zu entscheiden. Die Mehrzahl dieser Maßnahmen ist bereits verwirklicht."

Gleichzeitig damit gab die ungarische Regierung den transsylvanischen Rumänen zu verstehen, sie sei bereit, den von ihnen geäußerten Wünschen Rechnung zu tragen, zu denen auch die Gewährung der Autonomie für Transsylvanien gehört. Aufmerksamkeit verdient hierbei die Bemerkung des Konsuls, daß die in einem oppositionellen Organ durchgesickerte Nachricht über die — angebliche — Zulassung der rumänischen Sprache bei der Abhaltung der Liturgie in einigen Teilen von Bessarabien und über die angebliche Eröffnung einer ganzen Reihe rumänischer Schulen im Gouvernement Bessarabien von fast allen hiesigen Zeitungen mit Schweigen übergangen wurde. Vielmehr erschien in einigen von ihnen, zum Beispiel in dem offiziösen „Pester Lloyd", zweimal eine die obige Nachricht nach den Worten der „Russischen Rundschau" dementierende Notiz.

Das Bestreben, mit den Nationalitäten schön zu tun, denen es bisher in der Monarchie durchaus nicht gut ging, und das gleichzeitige Verschweigen von Maßnahmen, die deren Sympathien Rußland zuwenden könnten, läßt erkennen, daß die Regierungskreise der österreichisch-ungarischen Monarchie sich über die Bedeutung der Nationalitätenfragen in internationaler Hinsicht und vor allem in Hinsicht auf Rußland durchaus klar sind.

Den aus Österreich-Ungarn einlaufenden Nachrichten über die Gärung unter den Nationalitäten muß man die Meldungen aus Serbien und Rumänien über das außerordentliche Anwachsen der Irredenta gegenüberstellen und, im Zusammenhang damit, die wachsende Übertragung der

Volkssympathien auf Rußland, das Land, auf dem alle Hoffnungen auf eine zukünftige Verwirklichung der nationalen Ideale beruhen.

Es läßt sich voraussehen, daß infolge dieser, wie historische Mächte wirkenden und den Staatsmechanismus der österreichisch-ungarischen Monarchie unterwühlenden Volksbewegungen der Monarchie in naher Zukunft vielleicht die Wahl zwischen zwei Wegen bevorstehen wird: entweder radikaler Umbau des Staatssystems, auf Grund eines Föderalismus der verschiedenen Nationalitäten oder ein Verzweiflungskampf, dessen Ziel die endgültige Befestigung der Herrschaft der deutsch-ungarischen Minderheit über alle anderen Nationalitäten des Reiches ist. Aus dem Schwanken zwischen den beiden Tendenzen erklärt sich die jetzige Unsicherheit der inneren wie der äußeren Lage Österreich-Ungarns, die unzweifelhafte Gefahren birgt, wie die Erfahrung des letzten Jahres gezeigt hat. In einem bestimmten Augenblick könnte, namentlich wenn Deutschland dazu geneigt wäre, in Österreich-Ungarn die kriegerische Strömung das Übergewicht erhalten, deren Anhänger behaupten, ein Krieg sei vielleicht der einzige Ausweg aus den unlösbaren inneren Schwierigkeiten.

Diese Strömung, ebenso wie auch die Vorherrschaft der deutschen Minderheit in Österreich-Ungarn wären nicht möglich, wenn die Regierung des Reiches nicht an der stärksten Nationalität Österreichs — der polnischen — eine Stütze fände. Den Polen gegenüber konnte Österreich-Ungarn bisher mit Erfolg die oben angedeutete, beliebte Methode anwenden: mit den Nationalitäten schön zu tun und gleichzeitig die eigene liberale Politik dem Verhältnis Rußlands zu denselben Nationalitäten entgegenzuhalten. Mit Erfolg benutzt man dabei die für die Polen charakteristische Sensibilität und ihre leichte Erregbarkeit. Im verflossenen Jahre, zur Zeit der schlimmsten Verschärfung der Beziehungen zwischen beiden Reichen, sparten die Österreicher nicht mit Versprechungen an die Polen, denen sie einzureden suchten, daß ein künftiger Krieg zur Befreiung und Einigung der Polen führen würde. Doch war bis in die letzte Zeit in den vernünftigen Kreisen der polnischen Gesellschaft nicht die Erkenntnis erloschen, daß die von den Österreichern ihnen vorgehaltenen Illusionen trügerisch seien, und daß eine nationale Politik unmöglich richtig einzustellen sei, außer in Verbindung mit der slawischen Welt, mit Rußland an der Spitze. Die Anhänger dieser Richtung konnten sich bis vor verhältnismäßig kurzer Zeit immer noch sagen, sie seien, trotz der für die Polen unangenehmen Aufrollung der Cholmer Frage [46], doch in gewissem Sinne der Über-

[46] Betr. das Cholmer Land, das 1909 von Russisch-Polen losgelöst und dem Gouvernement Kiew einverleibt, dann 1912 zu einem besonderen Gouvernement Cholm zusammengeschlossen worden war.

zeugung, daß nach Erledigung der Cholmer Frage das Königreich Polen auf die Gewährung einiger neuer Rechte auf dem Gebiet von Selbstverwaltung, Sprache und Schule rechnen dürfe.

Mit Genehmigung Eurer Kaiserlichen Majestät hatte der verstorbene Ministerpräsident P. A. Stolypin eine derartige Formulierung der Frage möglich und wünschenswert gefunden. Deshalb hat die kürzliche Abstimmung des Reichsrates in der Frage des Gebrauchs der polnischen Sprache in der städtischen Selbstverwaltung berechtigterweise gerade die vernünftigen Elemente der polnischen Gesellschaft erbittert, die darauf hinweisen, daß ihre Reihen sich unvermeidlich lichten, und daß sie vielleicht nicht mehr imstande sein werden, ihr Volk auf einen gesunden Weg zu leiten.

Wenn ich mich erkühne, Eurer Kaiserlichen Majestät über Fragen Bericht zu erstatten, die nicht unmittelbar zur Kompetenz des Außenministeriums gehören, so wage ich das zu tun, hoher Herrscher, in der tiefen Überzeugung, daß diese Fragen in untrennbarem Zusammenhang mit den Aufgaben und den Grundlagen der Außenpolitik Rußlands stehen. Wenn Rußland nicht auf die ihm von der Geschichte vorgezeichnete Rolle inmitten der slawischen Völker verzichten will, wenn wir andererseits nicht von der Beständigkeit der jetzigen politischen Lage und der Dauerhaftigkeit des Friedens überzeugt sein dürfen, so ist der Außenminister verpflichtet, Eurer Kaiserlichen Majestät alleruntertänigst zu melden, daß es wünschenswert ist, hinsichtlich der Nationalitätenfragen im In- und Auslande eine einheitliche, konsequente Politik festzulegen, ohne die eine erfolgreiche Durchführung der durch Euren machtvollen Willen vorgezeichneten Aufgaben schwierig sein würde.

Wenn man die polnische Frage im Zusammenhange mit unsern Beziehungen zu den beiden benachbarten germanischen Reichen betrachtet, so muß man sagen, daß es im höchsten Grade wünschenswert wäre, wenn die Polen genau wüßten, wieweit das Verhältnis der russischen Regierung zu ihnen fest bestimmt ist. Ich stehe dem Gedanken fern, daß alle Forderungen des polnischen Volkes im Königreich Polen erfüllt werden können. Ich bin mir auch darüber klar, welche Gefahr eine Steigerung dieser Forderungen bedeutet. Aber nach meiner Ansicht kommt es für die Lösung der Frage nicht auf die Berücksichtigung emotioneller und rasch vergänglicher Eindrücke an, sondern auf die Schaffung eines, die Polen mit dem russischen Staate verbindenden realen Interesses, das für die gemäßigten und vernünftigen Elemente eine feste Basis ergeben würde. Maßlose Forderungen werden nicht dadurch aus der Welt geschafft, daß man die Erfüllung auch vernünftiger Forderungen einfach ablehnt. Sie lassen sich leichter bekämpfen, wenn die Regierung sich selbst genau über die Grenzen klar ist, über die sie nicht hinausgehen will, und die Polen vorher auf sie aufmerksam macht. Nur von einer starken Regierungsgewalt durchgeführte Reformen erhalten nicht den Charakter erzwungener Zugeständnisse, und nur sie können die wünschenswerte Wirkung haben hinsichtlich jener internationalen Interessen, von denen ich in meiner Darlegung ausgehe.

Die in der österreichisch-ungarischen Politik zu beobachtenden neuen Strömungen in den Nationalitätenfragen wecken in mir den Gedanken, daß für uns die Zeit gekommen sei, erneut die Frage zu prüfen, in welchem Ausmaße vernünftige Wünsche der polnischen Gesellschaft auf dem Gebiete der Selbstverwaltung, der Sprache, der Schule und der Kirche allmählich bewilligt werden könnten, um dann die von Eurer Kaiserlichen Majestät gebilligten Entschlüsse an Ort und Stelle durchzuführen, ohne Abweichungen, die das erstrebte Ziel kompromittieren könnten.

Dieses Ziel besteht in meinen Augen darin, den Großmachtsaufgaben Rußlands zu dienen, die ihre notwendige Erfüllung nicht in den Grenzen eines engen und kurzsichtigen Nationalismus finden können, der niemals die Zustimmung Eurer Kaiserlichen Majestät gefunden hat. Diese Überzeugung verlieh mir auch die Kühnheit, meine Gedanken mit voller Aufrichtigkeit der Prüfung Eurer Kaiserlichen Majestät zu unterbreiten.

Falls die oben dargelegten Erwägungen die Billigung Eurer Kaiserlichen Majestät erhalten sollten, würde ich mich verpflichtet fühlen, sie dem Vorsitzenden des Ministerrats und dem Minister des Innern mitzuteilen.

77. Benckendorff, London, an Sazonov (Auszug): Englands Bündnisse. Indien (transpersische Bahn). Russ. Dok. I. 1, 226.

London, 11. Februar 1914

... Das Land ist weder auf ein Bündnis mit Frankreich vorbereitet, noch auf eins mit Rußland, und ist eher ermüdet bei dem Gedanken an sein Bündnis mit dem fernen Japan. Ich möchte hinzufügen, daß das jetzige Kabinett nach einer so langen Regierungszeit und inmitten einer Krise, welche entweder anhalten oder wohl mit dem Sturz des Kabinetts enden wird, in keiner Weise mehr genügend moralisches Ansehen für ein so wichtiges Geschäft besitzt.

Über die transpersische Bahn denken Nicolson wie Grey eigentlich wie Sie, wie Hardinge persönlich und wie ich. Aber Nicolson befürchtet, daß Sie sich nicht genügend Rechenschaft ablegen über die Schwierigkeit und über die Notwendigkeit, eine gerade Linie von Rußland nach Indien auf später zu verschieben. Nicolson sagte mir, im Schoße des „Committee of defence" habe sich Grey, mit der Unterstützung der hauptsächlichsten Minister, mit derselben Festigkeit und Überzeugung ausgesprochen, wie Nicolson selbst. Aber ganz abgesehen von dem alten englisch-indischen Geiste stieße man in dieser Frage noch auf denselben Insulanergeist mit seinen eingewurzelten Vorurteilen, der mehr als je sich dem Kanaltunnel widersetzt. Die öffentliche Meinung sei noch zu stark, um auf diplomatischem Wege gebrochen werden zu können . . .

78. Sazonov an Benckendorff, London: Rußland und England.
Russ. Dok. I. 1, 274—275.

19. Februar 1914

Leider habe ich nicht die Zeit, ausführlich auf Ihren privaten Brief zu antworten, für den ich Ihnen aufrichtigst danke.

Was ich von Ihnen über Buchanans Brief an Nicolson höre, hat mir Buchanan, der kein Geheimnis daraus macht, in allen Punkten selbst bestätigt. Soweit ich beurteilen kann, leidet er genauso wie ich unter der Entmutigung über die schwankende und unklare Politik des englischen Kabinetts, und noch mehr unter dem Bewußtsein, wie enorm schwierig, wenn nicht absolut unmöglich es ist, gegen die Gefährlichkeit der Lage etwas zu tun, indem man unseren Beziehungen zu London mehr Weite und eine solidere Basis gibt. Die radikale Regierung trägt den Erbmakel des Homerule und zahlreicher anderer Utopien, die ebenso gefährlich sind, und sie will ihn durch völlige Enthaltung von jeglicher Initiative im Gebiet der auswärtigen Politik gutmachen. In meinen Augen ist die Idee genauso falsch wie die Methode. Die Franzosen sind der gleichen Meinung, und auch einige Engländer — man nennt mir zwei oder drei Namen außer Buchanan — beginnen bereits klarer zu sehen; aber infolge von Greys seltsamer Verblendung bringt uns das alles nicht weiter, denn man muß sich doch sagen, daß der Weltfriede erst an dem Tage gesichert sein wird, an dem der Dreiverband, dessen reale Existenz nicht besser bewiesen ist als die Existenz der Seeschlange, sich in ein, in allen Zeitungen der Welt offen angekündigtes Defensivbündnis ohne Geheimklausel verwandelt hat. An dem Tage wird die Gefahr einer deutschen Hegemonie endgültig beseitigt sein, und jeder von uns wird sich ruhig seinen eigenen Angelegenheiten widmen können: die Engländer können eine Lösung der sie in Anspruch nehmenden sozialen Probleme suchen, die Franzosen können sich bereichern, gedeckt vor jeder Bedrohung von außen, und wir können uns konsolidieren und an unserer wirtschaftlichen Reorganisation arbeiten.

Ist das nur eine Schimäre? Nein! All das gehört ins Reich der Möglichkeiten, ich möchte sagen, der praktischen Notwendigkeiten; aber es kommt nicht dazu, und es wird vielleicht nie dazu kommen, weil die bizarre Mentalität der Radikalen, die von der Vergangenheit nur einige veraltete und morsche Vorurteile erhalten wollen, sich dem widersetzt.

Um die Frage näher anzupacken: was werden wir tun, wenn die Türken die Ionischen Inseln besetzen und wenn, wie es sicher ist, der Dreiverband sich weigert, zu Zwangsmitteln zu greifen? Werden wir sie gewähren lassen, auf die Gefahr eines neuen Balkankrieges hin, in den notgedrungen Serbien hineingezogen werden wird, und höchstwahrscheinlich hinterher auch Österreich? Sie wissen sehr wohl, was das für Europa und für uns im besonderen bedeuten würde. Ob England will oder nicht, es wird auch marschieren müssen, und vielleicht gerade in einem Augenblick, wo es nicht die geringste Lust dazu verspüren wird, und der ihm nicht günstig sein wird. Sich am stärksten fühlen und doch dauernd einem Gegner weichen, dessen Übermacht lediglich in seiner Organisation und in seiner Disziplin besteht, das ist nicht nur eine demütigende, sondern auch eine gefährliche Sache, wegen der Demoralisation, die ihre Folge ist.

Ich sage Ihnen da Dinge, die Sie ebensogut wissen wie ich; aber augenblicklich habe ich Ihnen nichts anderes zu sagen. Bringen Sie, wenn Sie es für nützlich und klug halten, dieses Thema so oft wie möglich zur Sprache! Ich weiß wohl, daß das eine undankbare und schwierige Aufgabe ist, aber die Sache ist die Mühe wert.

79. Journal einer russischen Sonderkonferenz (Auszug[a]): Die Meerengen, die Balkanstaaten, Maßnahmen für einen allgemeinen Krieg.

Russ. Dok. I. 1, 283—287, 296.

21. Februar 1914

Den Vorsitz führte der Außenminister Hofmeister Sasonow.

Es nahmen teil: Der Marineminister Generaladjutant Grigorowitsch; der Chef des Generalstabes, General der Kavallerie Shilinski; der Kaiserliche Botschafter in Konstantinopel Hofmeister Giers; der Gehilfe des Außenministers Hofmeister Neratow; der Generalquartiermeister des Generalstabes Generalleutnant Danilow; der Zweite Oberquartiermeister des Generalstabes Generalmajor Awerjanow; der mit Wahrnehmung der Geschäfte des Chefs des Admiralstabes Beauftragte, Kapitän ersten Ran-

[a] Vermerk des Zaren: „Billige vollkommen den Beschluß der Konferenz. Zarskoje Selo, 5. April 1914."

ges Nenjukow; der Chef der Abteilung des Nahen Ostens im Außenministerium in der Hofcharge eines Kammerherrn Fürst Trubezkoi; der Chef der zweiten Operationsabteilung des Admiralstabes Kapitän zweiten Ranges Nemitz.

Anwesend waren und verfaßten das Journal der Sonderkonferenz: der stellvertretende Leiter der Abteilung für den Nahen Osten im Außenministerium in der Hofcharge eines Kammerherrn Bjuzow und der Vizedirektor der Kanzlei des Außenministeriums mit der Hofcharge eines Kammerherrn Basili.

Nach Eröffnung der Sitzung erinnert der Außenminister die Mitglieder der Konferenz daran, daß er sich in seiner ihnen bekannten, im letzten November eingereichten alleruntertänigsten Aufzeichnung [47] verpflichtet gefühlt hatte, der Allerhöchsten Prüfung seine Erwägungen darüber zu unterbreiten, daß infolge der veränderten politischen Verhältnisse vielleicht schon für die nahe Zukunft die Möglichkeit des Eintretens von Ereignissen ins Auge gefaßt werden müsse, die die internationale Lage der Meerengen von Konstantinopel grundlegend ändern könnten, und daß es deshalb erforderlich sei, unter Mitwirkung der entsprechenden Ressorts, unverzüglich ein allseitiges Programm der Aktionen auszuarbeiten, das eine für uns günstige Lösung des historischen Problems der Meerengen verbürgen könnte. S. D. Sasonow teilt sodann mit, daß Seine Majestät der Kaiser gnädigst geruht habe, die in erwähnter Aufzeichnung dargelegten Erwägungen zu billigen und zu gestatten, sie einer Sonderkonferenz zur Erörterung zu unterbreiten. Der Minister habe sich daher an das Militär- und an das Marineressort gewandt — als die von den in dieser Aufzeichnung erwähnten Fragen am nächsten berührten Ressorts —, mit der Bitte, sich an deren Prüfung zu beteiligen, zum Zweck eines neuen Berichts an Seine Kaiserliche Majestät. Da der Kaiserliche Botschafter in Konstantinopel sich zur Zeit in Petersburg befinde, habe der Außenminister auch ihn zur Teilnahme an diesem Meinungsaustausch eingeladen.

Der Außenminister bemerkt, daß zwar im gegenwärtigen Augenblick der Eintritt wichtiger politischer Verwicklungen nicht wahrscheinlich sei, daß man aber selbst für die nächste Zukunft für eine Erhaltung der bestehenden Lage im Nahen Osten nicht bürgen könne. S. D. Sasonow spricht die feste Überzeugung aus, daß Rußland, falls die Meerengen durch die Macht der Ereignisse der Türkei verlorengehen sollten, keinesfalls zulassen könne, daß sich eine andere Macht an ihren Küsten festsetzt; Rußland könnte sich deshalb gezwungen sehen, Besitz von ihnen zu ergreifen, um am Bosporus und an den Dardanellen irgendeine den russi-

[47] Vgl. Nr. 72.

schen Interessen entsprechende Ordnung der Dinge herzustellen. Der Minister bemerkt, daß der Erfolg dieses Unternehmens stark von der Schnelligkeit seiner Ausführung abhängen werde, und er weist darauf hin, daß für die Lösung dieser Aufgabe außer dem Eingreifen der Seestreitkräfte auch eine Truppenlandung in Aussicht genommen werden müsse. S. D. Sasonow ersucht die Teilnehmer der Konferenz klarzustellen, was zur Vorbereitung eines etwaigen russischen Vorstoßes in den Meerengen bereits getan sei und was noch getan würden müsse. Der Minister schlägt vor, der Reihe nach, den fünf Punkten seiner alleruntertänigsten Aufzeichnung entsprechend, folgende Fragen zu behandeln:

1. Maßnahmen zur Beschleunigung der Mobilmachung eines hinreichend starken Landungskorps,
2. Maßnahmen zur Herrichtung der dafür nötigen Verkehrswege,
3. Maßnahmen zur Verstärkung unserer Transportmittel, um sie auf einen den Bedürfnissen einer Landung entsprechenden Stand zu bringen,
4. Maßnahmen, um die Schwarzmeerflotte auf solche Höhe zu bringen, daß sie der ottomanischen Flotte überlegen und, gemeinsam mit dem Landheer, der Aufgabe gewachsen ist, durch die Meerengen durchzubrechen, um sie, falls das nötig sein sollte, zeitweilig oder dauernd zu besetzen.
5. Die Frage der Verwirklichung der sogenannten Kaukasusbergbahn, die von den übrigen Maßnahmen zur Verstärkung der Verteidigungsmittel im Gebiet des Schwarzen Meeres und an der russisch-türkischen Grenze untrennbar ist.

Die Landungsarmee, ihre Zusammensetzung und ihre Mobilmachung

... Bezugnehmend auf den von ihm erwähnten Zusammenhang zwischen der für die Besitzergreifung der Meerengen erforderlichen Truppenstärke und der politischen und strategischen Situation äußert sich der Chef des Generalstabes darüber, auf welche Gegner wir bei diesem Unternehmen rechnen müssen. In erster Linie kommen die Türken in Betracht. Sie verfügen zur Zeit bei Konstantinopel über sieben Armeekorps. Nach dem neuen Plane Enver Paschas — dessen Verwirklichung übrigens noch sehr fraglich ist — beabsichtigen sie drei Korps auf dem europäischen Ufer der Meerengen zu belassen.

Dazu bemerkt der Außenminister, daß gegen das russische Unternehmen einer Besitzergreifung der Meerengen auch Griechenland oder Bulgarien auftreten könnten. Wegen ihrer historischen Feindschaft und der Interessengegensätze zwischen ihnen bestehe aber große Aussicht, daß, falls einer dieser beiden Staaten unser Gegner würde, der andere auf unsere Seite treten würde, so daß sie sich auf diese Weise gegenseitig paralysieren würden.

Auf die Frage, ob wir in diesem Falle auf die Unterstützung Serbiens rechnen könnten, antwortet S. D. Sasonow, man dürfe nicht annehmen, daß unsere Operationen gegen die Meerengen ohne einen europäischen Krieg vor sich gehen würden, und es sei damit zu rechnen, daß Serbien unter diesen Umständen alle Kräfte gegen Österreich-Ungarn einsetzen werde.

Der Chef des Generalstabes betont die Bedeutung, die ein serbisches Vorgehen gegen Österreich-Ungarn im Falle eines bewaffneten Zusammenstoßes zwischen Rußland und Österreich-Ungarn für uns haben würde. Nach den uns vorliegenden Nachrichten werde Österreich-Ungarn vier oder fünf Armeekorps gegen Serbien einsetzen müssen. General Shilinski lenkt sodann die Aufmerksamkeit auf die Wichtigkeit, die Rumäniens Stellungnahme in einem europäischen Krieg für uns in militärischer Hinsicht haben wird.

S. D. Sasonow antwortet, Rumänien sei zwar nicht formell dem Dreibund beigetreten, habe aber zweifellos mit Österreich ein gegen uns gerichtetes Militärabkommen geschlossen. Das bestätigt auch der Kaiserliche Botschafter in Konstantinopel, der durch seine frühere Dienststellung Rumänien gut kennt. Nach Ansicht des Außenministers gestatte aber die jetzt zu beobachtende günstige Wendung in der rumänischen Politik und in der öffentlichen Meinung des Landes bis zu einem gewissen Grade zu bezweifeln, daß Rumänien im Falle eines Krieges zwischen Rußland und Österreich wirklich gegen uns vorgehen wird. Positive Gründe für diese Annahme hätten wir allerdings nicht. Zur Frage unserer etwaigen Gegner an den Meerengen zurückkehrend, erklärt S. D. Sasonow, Deutschland und Österreich würden im Falle eines Zusammenstoßes zwischen Rußland und dem Dreibunde keine Truppen nach den Meerengen entsenden; im schlimmsten Falle könne Italien eine Landungsabteilung dorthin entsenden, doch wäre es für Italien gefährlich, seine Grenze gegen Frankreich zu entblößen.

Auf die Worte des Außenministers über die zur Zeit der Entscheidung der Meerengenfrage zu erwartende allgemeine Lage bezugnehmend, erklärt der Chef des Generalstabes, er sei überzeugt, daß ein Kampf um Konstantinopel kaum ohne einen allgemeinen europäischen Krieg möglich sei. General der Kavallerie Shilinski fühlt sich daher verpflichtet zu betonen, daß der Truppenaufwand für die Expedition gegen die Meerengen und die Durchführbarkeit des Unternehmens überhaupt von der allgemeinen Konjunktur bei Kriegsbeginn abhängen werde. Die für diese Expedition in Aussicht genommenen südlichen Korps könnten, wie Ja. G. Shilinski sagt, nur dann gegen Konstantinopel eingesetzt werden, wenn nicht an der Westfront gekämpft wird, oder wenn die Kriegslage dort für uns günstig sei. Andernfalls müßten diese Truppen an die Westgrenze dirigiert werden, denn ein erfolgreicher Ausgang des Kampfes an der Westgrenze würde auch die Meerengenfrage für uns günstig entscheiden. Weil nach dem für den Fall eines Krieges an der Westfront aufgestellten Plan alle Truppen aus den inneren Bezirken der an der Westfront operierenden Armee angehören müssen, erscheine es leider nicht möglich, die für ein Landungsunternehmen bestimmten südlichen Korps an dieser Front durch andere Truppen aus dem Inneren des Reiches zu ersetzen, um diese Korps unter allen Umständen gegen Konstantinopel verwenden zu können ...

... Der Chef der Zweiten Operationsabteilung des Admiralstabes Kapitän zweiten Ranges Nemitz ... erkennt zwar durchaus die Richtigkeit des Satzes an, daß wir auf dem Hauptkriegsschauplatz gegen den Hauptgegner stark sein und daß untergeordnete Aufgaben dagegen zurücktreten müssen; er würde sich auch den Ausführungen des Generalleutnants Danilow anschließen, wenn wir auf dem Wege zu den Meerengen und Konstantinopel wirklich denselben Hauptgegner wie an der Westfront, das heißt die deutsch-österreichischen Streitkräfte, vor uns hätten. Dann wäre unsere Aufgabe natürlich nur, die deutsche und die österreichische Armee zu zerschmettern; nach Diktierung unseres Willens in Berlin und Wien würden uns die Meerengen zufallen. In Wirklichkeit liegt aber nach der Ansicht des Admiralstabes die Sache ganz anders. Auf dem Wege zu den Meerengen haben wir nicht nur Deutschland und Österreich als ernstliche Gegner vor uns. Wie glücklich unsere Operationen an der Westfront auch verlaufen mögen, sie werden uns nie die Meerengen und Konstantinopel geben, die während unserer Kämpfe an der Westfront sehr wohl von fremden Flotten und Armeen eingenommen werden können. Kapitän Nemitz ist deshalb der Meinung, wir müßten eben gleichzeitig mit den Operationen an der Westfront Konstantinopel und die Meerengen mit Waffengewalt besetzen, um dadurch für den Augenblick der Friedensverhandlungen die vollendete Tatsache unserer Besitzergreifung zu schaffen. Nur in diesem Falle wird Europa mit einer Entscheidung der Meerengenfrage in dem für uns unumgänglich nötigen Sinne einverstanden sein. Wenn aus dem Bestande unserer jetzigen Armee für diese Aufgabe nicht die nötige Zahl von Truppen ausgeschieden werden kann, müssen speziell für diesen Zweck drei neue Korps aufgestellt werden. Ein solches neues Opfer für Rüstungen kann nicht als Rußlands Kräfte überschreitend gelten — wenn es die Erreichung unserer historischen Ziele verbürgen soll . . .

. . . Nach Erörterung der wichtigsten, aus der Notwendigkeit einer planmäßigen Vorbereitung der vielleicht in naher Zukunft erforderlichen Besetzung der Meerengen sich ergebenden Fragen spricht die Konferenz auf Antrag des Außenministers den allgemeinen Wunsch aus, die Regierung, d. h. sämtliche beteiligten Ressorts, mögen alle Maßnahmen treffen, welche die technische Durchführung des Unternehmens verlangt . . .

80. Benckendorff, London, an Sazonov: England und die Tripelentente.
Russ. Dok. I. 1, 328—330.

London, 25. Februar 1914

Danke tausendmal und sehr aufrichtig für Ihren Privatbrief. Er ist aus einem Guß und unterrichtet mich mehr als alles über Ihre Gedanken, was für mich wichtig ist.

Ich weiß alles wohl, was man gegen die Idee von zwei Dreibünden sagen kann, „ein Feuerkreis, der die Bombe platzen lassen wird usw. usw. usw.“, aber es gibt keine Politik ohne ein Körnchen Risiko im entscheidenden Augenblick, und ich für mein Teil schließe mich ganz und ohne Vorbehalt Ihrem Standpunkte an. Ich weiß — *das* wird nötig sein. Ich weiß — wie übrigens bei Beginn der Entente die meisten dachten —, daß *das* der natürliche Schluß ist. Viel mehr als zwei oder drei konsequente Engländer denken noch so, die Militärs und Marineleute größtenteils. Auf den „front benches“ fehlen sie nicht, obwohl sie dünn gesät sind auf seiten der Regierung: im Foreign Office machen, außer Nicolson und Buchanan, Hardinge und Mallet [48] einen Neuling nicht zu erwähnen, der eine Rolle zu spielen beginnt, Sir Eyre Gower [49] kein großes Geheimnis daraus. Sie werden sich wundern, daß ich überzeugt bin: wenn Grey könnte, täte er es morgen. Aber er gehört zu den Menschen, die selten von Dingen reden, bevor sie diese für spruchreif halten. Die Schwierigkeit ist aber ungeheuer. Zwischen den radikalen Utopien und der jetzigen völligen Interesselosigkeit des Landes für die Außenpolitik steht noch dieser schreckliche insulare Geist, der, obwohl schon erschüttert, doch noch zu allgemein ist. Erst am Abend vor einer gewaltigen Krise würden die Engländer von heute aufwachen. Sie finden es bequem, Grey zu vertrauen, und lassen ihn machen, fast ohne ihm Fragen zu stellen. Das hat sein

[48] Hilfsunterstaatssekretär 1907—1913.

[49] *So im Original; offenbar: Crowe.*

Gutes, aber auch sein Bedenkliches. Das Land schläft ein bei diesem Standpunkt. Selbst wenn es möglich wäre — was nicht der Fall ist —, die Dinge zu forcieren, zu überstürzen — unter diesen Verhältnissen wäre das schlecht getan. Das Staunen wäre derartig, daß sich eine Opposition erheben würde, die die von Ihnen und in diesem Falle von Grey erstrebten Resultate unwirksam machen würde. Es muß auch gesagt werden, daß sowohl in England wie in Rußland das Publikum die Resultate der Entente ungenügend findet. Man erwartete zuviel Greifbares, Direktes, man sieht das Indirekte nicht, man vergißt, daß Annäherungen — als Vorspiele von Bündnissen — zunächst einmal Zusammenstöße und Katastrophen vermeiden sollen. Es ist schwer, nicht andere Fälle kleiner Reibungen zu erwähnen, unwägbare und unvermeidliche Dinge, die zu einer ganz anderen Vorstellungsreihe gehören. Die Affäre von Zabern hat der deutschen Sache in England mehr geschadet, als alle Hegemoniebestrebungen in Berlin.

Trotzdem haben Sie sehr recht getan, die Idee zu lancieren, das Wort auszusprechen, den Keim zu säen. Ich werde ihn bestimmt nicht verderben lassen. Aber das Terrain muß erst vorbereitet werden. Um offen zu sprechen: da sind die Konventionen; wenn wir Ernst machen wollen, werden wir den Schnitt neu vergolden müssen. Ein sehr großes und sehr gewichtiges Publikum hat stets die englische Einflußsphäre in Persien im Vergleich zu der unseren zu mager gefunden. Das ist schwer zu leugnen. Auch in Tibet haben sich die Verhältnisse geändert; sie ändern sich täglich mehr zugunsten von China, und die Engländer sind durch die Konvention an Hand und Fuß gebunden; aber in Wahrheit: was ist Tibet für uns und wieviel wichtiger ist Tibet nicht für England als für uns? Wohl verstanden, Zug zum Zug. Aber mit einer gewissen Weite des Standpunktes da, wo die englischen Interessen offenbar überwiegen, ließe sich viel Terrain gewinnen für die transpersische, die ich für den richtigen Weg zu einem Bündnis ansehe. Immerhin, heute schon die Bedingung eines Bündnisses stellen, das hieße, zu schnell marschieren, das würde nicht gelingen. Ich sage Ihnen das alles, weil ich fest glaube, daß Buchanan bereits etwas Derartiges in der Tasche hat oder bald haben wird, um es Ihnen zu unterbreiten. Ich sehe in einem Abkommen dieser Art eine conditio sine qua non für eine wirkliche Festigung unserer Beziehungen in möglichst naher Zukunft.

Was Ihre Ansicht von Greys Verblendung anbetrifft, so gestatten Sie mir, nicht ganz Ihre Ansicht zu teilen. Die drohende deutsche Hegemonie beschäftigt ihn andauernd, allem Anschein zum Trotze, er verfolgt deren Fortschritte mit Sorge. Glauben Sie nicht, er sei blind! Weit entfernt! Er scheint viel unentschlossener, als er es in Wirklichkeit ist. Sein Geist ist anders eingestellt. Er ist entschieden verletzt, wenn nicht entmutigt über das Scheitern seiner Initiative, gerade weil sie energisch war; aber ich glaube vor allem, daß er anfängt, an seiner bisherigen ständigen Basis irre zu werden, der des europäischen Konzerts. Das ist ein starker Wahn, der ihn weit führen kann. In seinem letzten Telegramm darüber war üble Laune, was bei ihm selten vorkommt. Er hätte es vorgezogen, gar nichts zu tun. Aber je beträchtlicher diese Entwicklung ist, je wichtiger in seinen Augen wie in den unseren, um so mehr muß man ihm Zeit lassen. Wenn er sich einmal rasch entscheidet, dann hat er vorher sehr lange nachgedacht. Nur, glauben Sie mir, wenn Sie deutlich gesprochen haben, „stoßen" Sie ihn nicht! Er hat sehr stark das Gefühl, hier der Pfeiler und der geborene Kämpe der Entente zu sein, an die seine ganze Politik angeschweißt ist, ebenso wie seine Zukunft. Wiederholte Vorwürfe, da, wo es sich um kleine Mißverständnisse gehandelt hat, würden ihn sicherlich kränken. Er ist kein Mann der Initiativen und wiederholten Demarchen, vor allem nicht der Drohungen, es sei denn bei festen Entschlüssen für später und vor allem, ehe der Dreibund sich nicht ganz offenbar — was für das englische Publikum nötig ist — und deutlich ins Unrecht gesetzt hat. Er ist beinahe dabei, ihm Fallen zu stellen, wie Sie gesehen haben. Daß seine Partei und seine Utopien ihn behindern, ist offenbar, aber es gibt auch eine öffentliche Meinung. Was kann er tun ohne diesen Halt? Man muß hier die Karte bedienen, und wenn wir ernstlich arbeiten wollen, können wir nicht umhin, darauf Rücksicht zu nehmen. Ihnen geht es ebenso, aber unter den augenblicklichen Umständen, und die Verschiedenartigkeit der Verhältnisse berücksichtigend, trifft es für ihn mehr zu als für Sie. Sie vergleichen die Entente mit dem Dreibund. Aber ist nicht der wahre Unterschied der, daß der Dreiverband aus drei Mächten mit gleichen Rechten besteht, während der Dreibund sich aus einem Meister und zwei Gesellen zusammensetzt, die der Meister, je nach den Umständen, machen läßt oder aber zurückhält, bis er ihnen Befehl gibt? Einer Konstellation dieser Art könnten wir niemals angehören; deshalb, von anderen Motiven abgesehen, haben wir uns der anderen geweiht, trotz des in Wahrheit vielleicht schwächeren innern Zusammenhanges, der nur dadurch ausgeglichen werden kann, daß man den Charakter der Gruppe und die notwendig dauernd daraus resultierenden Kompromisse nicht aus den Augen verliert. Grey einfach Senf einzugeben, würde ich für ein etwas zweifelhaftes therapeutisches Mittel halten. Im Gegenteil, die richtige Basis ist, daß Sie und er sich weiter gut verstehen; das ist noch nötiger mit diesen ephemeren Ministern in Frankreich, die mit den Mondvierteln wechseln.

Von der inneren Lage kann ich Ihnen nichts sagen. Sie bleibt äußerst verwickelt und schwierig. Die Konservativen leben von der Hoffnung, daß das Kabinett "rides for a fall". Ich zweifle daran. Asquith bleibt im Parlament noch Herr der Lage . . .

81. Doulcet [50] an Doumergue [51]: Deutschland als Rußlands Feind.

Doc. Franç. IX. 591—593, aus dem Französischen übersetzt von Gertrud Hässig.

St. Petersburg, 14. März 1914

Der deutsch-russische Gegensatz verschärft sich mit überraschender Schnelligkeit. Ich kann behaupten, innerhalb von zwei Jahren einen reichlichen Umschwung der Gefühle des offiziellen Rußland gegenüber Deutschland erlebt zu haben.

Sicherlich blieben nur noch wenige Anhänger des ehemaligen Dreikaiserbündnisses, jenes Bundes der Monarchen und Dynastien, übrig. Letzter Repräsentant ist der in den Siebzigern stehende Prinz Meščersky [52]. Weit weniger selten waren die Leute, die, wie der Graf Witte, gemeinsam mit dem Bündnis mit Frankreich (das sich nach ihrer Meinung gegen England richtete) eine feste Freundschaft mit Deutschland aufrechterhalten wollten, eine Freundschaft basierend auf Universitätseinflüssen, gegenseitiger wirtschaftlicher Abhängigkeit und der Solidarität bei der Unterdrückung Polens. Die meisten Menschen wurden vom großen Strom des Nationalismus erfaßt, der ganz allgemein jeden ausländischen Einfluß auf den Märkten des Zarenreichs verhindern wollte. Dies bekam nicht speziell der preußische Nachbar, sondern eher der österreichische zu spüren, der (vor allem seit der bosnischen Krise des Jahre 1908) als Feind der Slawen betrachtet wurde. Alles, was die russische Seele an Feindseligkeiten besaß, konzentrierte sich beinahe ausschließlich auf Österreich. Sogar das Ultimatum des Grafen von Pourtalès im März 1909 wurde dem Wiener Kabinett zur Last gelegt und verursachte keinerlei Groll gegen Preußen. Herr Georges Louis hat viele Male die Beobachtung gemacht, daß, wenn er hierzulande von böswilligen Handlungen des Berliner Kabinetts berichtete, man ihm mit Beschwerden gegen Wien antwortete.

Der Balkankrieg hat alles verändert. Der glänzende Sieg der Slawen und das klägliche Schauspiel, das Österreich bot, haben den russischen Groll besänftigt. In dem Maße, wie sich die Ereignisse auf dem Balkan

[50] Französischer Geschäftsträger in St. Petersburg.

[51] Französischer Ministerpräsident und Außenminister 1913—1914.

[52] Herausgeber des „Graždanin".

abwickelten, bemerkte man in Petersburg, daß Wien schwach und daß dagegen die ganze Macht des Dreibunds in Berlin lag. Langsam fiel es den Leitern der russischen Politik wie Schuppen von den Augen. Sie durchschauten endlich das Doppelspiel Deutschlands, das sich hinter Österreich und Italien versteckte, aber allein die Macht ausübte und die Union dieser beiden so unruhigen und aggressiven feindlichen Verbündeten zusammenhielt. Es war im übrigen Aufgabe der französischen Botschaft, die Ereignisse in diesem Licht darzustellen. Mehr als jedem anderen gelang dies Herrn Delcassé. Zudem wurden alle Schleier über Berlin weggezogen, als der Kanzler — übrigens für sein maßvolles Verhalten bekannt — vor vollversammeltem Reichstag den unvermeidlichen Zusammenstoß von Slawentum und Deutschtum voraussagte. Zur selben Zeit erklärte der deutsche Botschafter in Konstantinopel[53] die asiatische Türkei für unantastbar, ohne Erlaubnis des Kaisers, und daß die deutsche Regierung ein neues Militärgesetz verlange, damit die vernichtete türkische Armee wieder ergänzt werden könne. Schon im März 1913 kündigte uns Zar Nikolaus das Programm an, womit die russische Armee fortschreitend verstärkt werden sollte.

Der Orient, der zum erstenmal die enge deutsch-russische Freundschaft zerstört hatte, machte sich nun daran, die deutsch-russische Feindschaft ins Leben zu rufen. Tatsächlich hatte sich fast hundert Jahre lang der preußische Hof nicht mit türkischen Angelegenheiten befaßt und konnte dadurch mit dem russischen Hof eng verbunden bleiben. Doch als auf dem Berliner Kongreß Deutschland für Österreich gegen Rußland auf dem Balkan Partei ergriff, wurde diese enge Bindung zerstört und somit die französisch-russische Allianz möglich. Österreich ist also seit 1913 vom Balkan ausgeschlossen und zählt nicht mehr in Konstantinopel. In der Türkei steht Rußland nur noch Deutschland im Wege, das das Schicksal Armeniens bestimmen will und es versteht, die türkische Armee zu kommandieren. Die Mission Sanders erwies sich als ein Symbol der neuen Situation, daher auch der gewaltige Eindruck, den sie machte. Herr Delcassé hat es Ihnen am 4. Januar dieses Jahres schon gesagt: „Rußland und Deutschland stehen sich fortan Aug in Auge gegenüber." Es handelt sich weder um England noch um Österreich, Deutschland wird zum Feind.

Von jetzt an enthüllen sich rasch die Folgen der Gegnerschaft. Rußland findet sich auch in Peking Deutschland gegenüber, das versucht, Yuan-Schi-Kai für sich zu gewinnen und die chinesische Armee mit Waffen zu beliefern. Auch in Schweden stößt es auf Deutschland, das die öffentliche Meinung aufwiegelt und die Schweden gegen Rußland bewaffnet. In

[53] Wangenheim.

Dänemark ist Deutschland ebenfalls und will Rußland die Tür zum Baltikum verschließen. Im ganzen Umkreis sieht sich Rußland von Deutschland umstellt. Die antideutschen Gefühle, einmal in der slawischen Seele erweckt, werden anhalten und sogar noch angeheizt werden durch Zwischenfälle, wie sie andauernde Reibereien zwischen zwei großen Nachbarstaaten mit sich bringen: Deutsche Angestellte in den Waffenfabriken, deutsche Bauern im Grenzgebiet, deutsche Flieger, deutsche Spione, Kündigung des deutschen Handelsvertrags usw. Und es besteht die Gefahr, daß sich alles morgen unter einer nationalistischen Regierung, die alle voraussehen, noch verschlimmern wird.

Die deutsche Botschaft sieht die Flut steigen und möchte Alarm geben. Sie veranlaßt (Herr Sazonow ist sich dessen sicher) einen Artikel in der „Kölner Zeitung" vom 2. März, wobei sie sich der alten preußischen Waffe der Drohung und Einschüchterung bedient. Aber damit legt sie Feuer ans Pulverfaß. Alle Russen vom Zar bis hinunter zu den Sozialisten fühlen sich verletzt. Der alte Fürst Meščerskij schreibt zum erstenmal in seinem Leben einen Artikel gegen Deutschland (Graždanin vom 22. Februar und 7. März). Auch die Reč, erklärte Freundin der deutschen Sozialdemokraten und Studenten, schleudert Blitze. Der Kriegsminister und der Präsident des Ministerrats [54] ermuntern von sich aus die Journalisten, und dies mit Zustimmung des Zaren. Der Außenminister muß sich vom ganzen Ministerrat verhöhnen lassen, weil er zur Mäßigung rät. Herr Sazonov zeigt sich übrigens in seiner politischen Klugheit gemäßigt. Er ist zur Einsicht gekommen wie Chamberlain [55], von dem er gern ein Wort über den Kaiser zitiert, „daß man mit dem Teufel nur speisen kann, wenn man mit einem langen Löffel bewaffnet ist". In Potsdam hat er loyal versucht, Deutschland Genüge zu tun und muß nun erkennen, daß es mit Deutschland kein Auskommen geben kann. Er wollte Deutschland seinen Teil zugestehen. Doch einem so gefräßigen und aggressiven Imperialismus, wie es der deutsche ist, kann man keinen Teil zugestehen. Man muß ihm alles oder nichts geben ...

[54] Goremykin, 1914—1916.

[55] Joseph Chamberlain, englischer Kolonialminister 1895—1903.

82. Buchanan, St. Petersburg, an Grey: Deutsch-russischer Pressefeldzug. Rußlands entschiedenere Haltung und Rüstung. Deutschlands Sorge.

Brit. Dok. X. 2. 2, 1243—1246.

St. Petersburg, 18. März 1914

Ich habe in früheren Schreiben über die Selbstbeherrschung der russischen Presse bei Erwiderung auf den in der Kölnischen Zeitung erschienenen herausfordernden Artikel und über ihren veränderten Ton berichtet, der ihre Äußerungen kennzeichnete, als der Plan eines Einschüchterungsfeldzugs von andern deutschen Presseorganen aufgegriffen wurde. Unter Betonung von Rußlands Friedenswunsch ließ die Presse deutlich durchblicken, daß Rußland sich nichts vorschreiben läßt und daß es im Vertrauen auf die Stärke seines Heeres bereit ist, allen Möglichkeiten zu trotzen.

In meinem Telegramm No. 70 vom 15. d. M. erwähnte ich die gleichzeitige Veröffentlichung zweier Artikel, von denen der in der „Rossia" die Ansichten des Ministers des Auswärtigen und der in der „Börsenzeitung" die des Kriegsministers widerspiegelte. Der erstere war in versöhnlicher Sprache gehalten und streckte eine mit einem Samthandschuh bekleidete Hand aus, während der letztere Herausforderung mit Herausforderung heimzahlte und auftrumpfend die gepanzerte Faust zeigte. Es ist vielleicht nicht überraschend, daß der Kriegsminister und der Außenminister verschiedene Methoden befürworten, um dem von der deutschen Presse auf Rußland unternommenen Angriff zu begegnen; aber es ist merkwürdig, daß beide am 10. dieses Monats vom Kaiser in Audienz empfangen wurden und daß zwei Tage später zwei sich derart widersprechende Artikel veröffentlicht worden sind. Nach einer Darstellung, die ich für zutreffend halte, äußerte General Suchomlinow, der den Kaiser nach Monsieur Sasonow sah, die Meinung, es sei notwendig, eine feste Haltung einzunehmen und Deutschland zu verstehen zu geben, daß Rußland bereit sei und den Krieg nicht fürchte. Der Kaiser stimmte anscheinend bei und ermächtigte den General, einen kräftig gehaltenen Artikel in diesem Sinn zu veröffentlichen. Nach einer andern mir vom französischen Gesandten (Minister)[56] gegebenen Darstellung wurde die Frage später in einem Ministerrat erörtert, in dem sich Monsieur Sasonow nachdrücklich gegen die Veröffentlichung eines solchen Artikels aussprach, ohne aber irgendeinen seiner Kollegen für das Einschlagen einer versöhnlicheren Taktik gewinnen zu können. Ob nun diese letztere Darstellung richtig ist oder nicht, es liegen gewichtige Zeugnisse vor, daß der Kaiser

[56] Maurice Paléologue, französischer Botschafter 1914—1917.

und die Mehrheit seiner gegenwärtigen Ratgeber dafür sind, die russische auswärtige Politik in eine neue Bahn zu lenken und eine festere und entschlossenere Haltung einzunehmen als die, die ihr während der jüngsten Balkankrise das Gepräge gab. Man macht geltend, daß Deutschland seine Versuche, Rußland auszunutzen, so lange fortsetzen wird, als es meint, dies ungestraft tun zu können; und der Umstand, daß die deutsche Presse jetzt das *mot d'ordre* erhalten hat, ihren russenfeindlichen Feldzug einzustellen, wird manchenorts der ungeschminkten Sprache des Artikels der „Börsenzeitung" zugeschrieben. Indes gab mir Monsieur Sasonow zu verstehen, daß die Schwenkung der deutschen Presse den Vorstellungen zu verdanken sei, die er durch den russischen Botschafter in Berlin erhoben habe; und er versuchte sogar zu leugnen, daß der fragliche Artikel wirklich vom Kriegsminister inspiriert worden sei. Wenn es auch nur natürlich ist, daß Seine Exzellenz die Anerkennung dafür einheimsen möchte, durch diplomatische und verbindliche Methoden das erreicht zu haben, was der Kriegsminister durch Säbelrasseln zu erreichen gedachte, so bleibt doch die Tatsache bestehen, daß, wenn Seine Exzellenz seine Stelle als Minister des Auswärtigen behalten soll, er seine Politik den Anschauungen wird anpassen müssen, die jetzt bei Hofe sowohl wie in Regierungskreisen Anklang finden.

Rußland ist entschlossen, sein Haus in Ordnung zu bringen und es durch eine starke Vermehrung seines Heers gegen jede Gefahr eines Angriffs von außen zu sichern. Bei einer Bevölkerung, die man zur Zeit auf ungefähr 180 000 000 schätzt, kann es aus fast unbeschränkten Hilfsquellen schöpfen, während seine Finanzen auf einem solch befriedigenden Stand sind, daß sie den Druck der durch diese militärischen Maßnahmen bedingten erhöhten Ausgaben kaum spüren werden. Die Regierung zieht die Duma ins Vertrauen und hat mit den hervorragenden Mitgliedern der verschiedenen Parteien Beratungen abgehalten, um die Genehmigung der notwendigen Kredite zu erleichtern. Seit seiner Ernennung zum Ministerpräsidenten war Monsieur Goremykin unverdrossen bemüht, zwischen der Regierung und jener Kammer bessere Beziehungen herzustellen; und wenn diese Bemühungen, wie man anscheinend mit Grund hoffen darf, von Erfolg gekrönt sind und er sich eine gut-arbeitsfähige Mehrheit zu verschaffen vermag, dann wird das die Hände der Regierung daheim sowohl wie auswärts stärken. Selbst der Reichsrat, der einzige zweifelhafte Faktor bei einer etwaigen Verbindung von Exekutive und Duma für die Durchbringung bescheidener Reformmaßnahmen, könnte kaum bei seiner gegenwärtigen obstruktiven Taktik verbleiben, wenn er weiß, daß diese Maßnahmen nicht nur die Unterstützung der Regierung, sondern auch die Billigung des Kaisers haben. Obwohl man unmöglich mit irgendwelcher Gewißheit über das, was hinter der Bühne vorgeht, reden kann, so gewinnt doch der Glaube Boden, daß Monsieur Goremykins Amtszeit länger währen wird, als man ursprünglich vermutete, und daß ihn Monsieur Kriwoschein, den man unverzüglich in St. Petersburg zurückerwartet, nicht sogleich als Ministerpräsident ablösen wird. Ob Monsieur Kriwoschein im Ackerbauministerium bleibt oder, wie man auch munkelt, schließlich an die Stelle des reaktionären Monsieur Maklakow als Innenminister tritt, er wird sicherlich seinen Einfluß geltend machen. Als überzeugter Nationalist befürwortet Monsieur Kriwoschein, eine kraftvolle Außenpolitik zu betreiben, und sofern sich Monsieur Sasonow nicht den veränderten Verhältnissen der Lage anpaßt, ist es zweifelhaft, ob er sich das Vertrauen des Kaisers noch lange erhalten wird.

Obgleich Monsieur Sasonow behauptet, den jüngsten Äußerungen der deutschen Presse nur geringe Bedeutung beizumessen, und obgleich die amtlichen Beziehungen zwischen den beiden Regierungen unverändert bleiben, ist es doch schwierig, die Zukunft vorauszusagen, bis die Beweggründe, die hinter diesem russenfeindlichen Feldzug stecken, klarer zutage liegen. Ob das Ziel der deutschen Regierung war, die öffentliche Meinung daheim auf eine neue Heeresvorlage vorzubereiten oder durch Ausübung eines Drucks in St. Petersburg die russische Regierung bei den herannahenden Verhandlungen über den neuen Handelsvertrag gefügiger zu machen, oder ob dieser Stimmungsausbruch bei der deutschen Presse lediglich als Widerhall der durch die letzte Balkankrise und den Zwischenfall von Sanders verursachten Reibung anzusehen ist, den wirklichen Grund für Deutschlands Besorgnis und nervöse Gereiztheit muß man in den Schritten suchen, die Rußland jetzt zur Stärkung seiner militärischen Stellung unternimmt. Die zeitweiligen Vorteile, die Deutschland durch seine letztjährige Heeresvorlage erlangt hat, werden binnen weniger Jahre von den Gegenmaßnahmen überschattet sein, die Rußland genötigt war zum Selbstschutz zu treffen. Bis zum Jahr 1917 wird es um ungefähr 460 000 Mann die Friedensstärke seines Heers vermehrt haben, die sich dann auf 1 750 000 Mann belaufen wird; während es in der Ostsee eine Flotte besitzen wird, die sich, obschon an sich nicht sehr gewaltig, dennoch als Dorn im Auge Deutschlands erweisen wird, falls dies Land mit England Kriege führte. Sofern also Deutschland nicht bereit ist, noch weitere finanzielle Opfer für militärische Zwecke zu bringen, werden die Tage seiner Hegemonie in Europa gezählt sein; denn selbst ohne die Mitwirkung Englands werden dann Rußland und Frankreich zusammen stark genug sein, um den vereinten Streitkräften des Dreibunds die Stirn zu bieten. Indes müssen noch drei kritische Jahre vorübergehen, ehe dies Ergebnis erzielt ist. Im Rüstungswettlauf hat Rußland einen längeren

Atem (more staying powers) als Deutschland; und da Deutschland dies weiß, besteht immer die Gefahr, daß es versucht sein könnte, einen Konflikt zu überstürzen, ehe Rußland für den Zusammenstoß vollauf bereit ist. Während dieser entscheidenden Jahre wird Rußland daher unserer Unterstützung bedürfen; und sollten wir ihm diese versagen, wenn es uns darum angeht, so wird England nicht mehr zu seinen Freunden zählen.

Vermerk

Ich persönlich bin der Meinung, daß Deutschland sein Äußerstes tun wird, um Rußland für sich zu gewinnen — wenn es findet, daß Drohungen mehr schaden als nützen — und daß die neuen Faktoren in Rußland nicht abgeneigt sein werden, Anträgen Gehör zu schenken — namentlich mit Rücksicht auf die innere Lage hier sowohl wie in Frankreich.

A. N. (Nicolson)
E. G. (Grey)

83. Buchanan, St. Petersburg, an Nicolson[57]: Deutschlands und Rußlands beherrschende Macht in Europa. Präventivkrieg?

Brit. Dok. X. 2. 2, 1246—1247.

St. Petersburg, 18. März 1914

Sie werden aus dem Telegramm, worin ich meine Unterredung mit Sasonow über die schwedische Gendarmerie berichtete, ersehen haben, daß es mir vollkommen mißlang, seinen Widerstand gegen die Verwendung dieser Truppe in Nordpersien zu überwinden. Ich habe an seine Zustimmung dazu nie geglaubt, da er uns, so unvernünftig auch seine Einwände sind, stets klar zu verstehen gegeben hat, daß die Kosakenbrigade die einzige Streitmacht sei, die Rußland dort dulden werde, falls die russischen Truppen zurückgezogen werden müßten.

Ich habe in einem Bericht ausführlich den deutschen Pressefeldzug behandelt.[58] Was Deutschland dabei zu gewinnen hoffte, ist mehr, als ich zu sagen vermag, da die einzige Folge die war, daß Rußland jetzt noch entschlossener als zuvor daran geht, seine Verteidigungsmittel zu verstärken und sich vor jeder möglichen Überraschung zu schützen. Der Grund dafür ist jedoch nicht weit zu suchen. Deutschland merkt, daß es, statt seine militärische Stellung durch die letztjährige Heeresvorlage verbessert

[57] *Auf diesem Brief ist vermerkt, daß er an den König gesandt wurde, an den Premierminister, an Lord Crewe, an Lord Morley. Der Vermerk ist von Sir E. Grey mit seinen Anfangsbuchstaben gezeichnet.*

[58] Vgl. Nr. 82.

zu haben, in drei Jahren viel schlechter dran sein wird als vorher. Frankreich hat infolgedessen auf die dreijährige Dienstzeit zurückgegriffen und Rußland wird bis dahin seine Armee um etliche 460 000 Mann vermehrt und deren Friedensstärke auf die ungeheure Zahl von 1 750 000 gebracht haben. Es ist deshalb nicht erstaunlich, daß Deutschland Zeichen nervöser Gereiztheit verrät. Die Frage überragenden (absorbing) Interesses ist, was es tun wird. Wird es eine weitere Heeresvorlage auftischen? Wenn ja, dann wird Rußland es übertrumpfen; und in diesem Rüstungswettlauf kann es Deutschland immer überflügeln. Rußland ist sich seiner latenten Stärke bewußt und entschlossen, sie zu gebrauchen. Es ist durchaus friedfertig und wird dies, glaube ich, bleiben, aber es hat die Schwäche und das Schwanken satt, die seine Politik während der Krise des letzten Jahrs kennzeichneten. Vielleicht sieht es auch, daß es nicht in allen Fällen auf unsere bewaffnete Unterstützung rechnen kann, und es mag den Wunsch hegen, stark genug zu sein, um unabhängig von uns vorzugehen. Kann Deutschland es sich leisten, zu warten, bis Rußland der beherrschende Faktor in Europa wird, oder wird es zuschlagen, solange sein Sieg noch in Reichweite ist? Ich will nicht versuchen, auf diese Frage eine Antwort zu geben, aber die Gefahr und die Versuchung sind beide da. Bis Rußland seine Rüstungen vollendet hat, wird es unserer Unterstützung bedürfen; und seine schließliche Haltung uns gegenüber wird davon abhängen, ob wir ihm in einer Krise, die im Verlauf der dazwischenliegenden Jahre etwa eintritt, fest zur Seite stehen . . .[59]

84. Commander Grenfell[60] an Buchanan: Russische Flotte.

Brit. Dok. X. 2. 2, 1252—1253.

St. Petersburg, 19. März 1914

Im Zusammenhang mit dem Pressefeldzug der letzten vierzehn Tage zwischen Rußland und Deutschland und dem jetzigen augenscheinlichen Entschluß der russischen Regierung, der Welt ihr vollkommenes Vertrauen zum gegenwärtigen und späteren befriedigenden Stand der russischen bewaffneten Macht zu verkünden, muß ich, namentlich was den besonderen Zeitpunkt von 1917 betrifft, bitten, Euerer Exzellenz vorstellen zu dürfen, daß es mir unmöglich ist, diese optimistische Einschätzung, jedenfalls was die maritime Lage anlangt, zu teilen.

Es besteht wenig Aussicht, daß das neue Flottenprogramm bis 1917

[59] Hofangelegenheiten.

[60] Englischer Marineattaché in St. Petersburg.

ausgeführt ist, aber selbst wenn dies durch irgendein Wunder doch geschehen sollte, so folgt daraus keineswegs, daß Deutschland sich ernstlich zu beunruhigen gedenkt. Ich stehe zufällig in äußerst guten persönlichen Beziehungen zu meinem deutschen Kollegen und habe eine ziemlich klare Vorstellung davon, in welchem Sinn er seiner Regierung über den Wert von Rußlands Marineentwicklung in der Ostsee berichtet. Er als Seemann hat ebenso wie ich den Grundfehler der russischen Admiralität erkannt, der darin besteht, daß sie ihre Hauptenergie und Geldmittel mehr der Steigerung rein materieller Stärke widmet als dem viel dringlicheren Problem, ein System ehrlicher Verwaltung aufzubauen und eine gut ausgebildete, tüchtige, gutbezahlte und zufriedene Mannschaft heranzuziehen. Deutschlands älterer Typ von Linienschiffen zusammen etwa mit seinen vier früheren Dreadnoughts der Nassau-Klasse werden reichlich genügen, um alle Seestreitkräfte, die Rußland (this country) vor dem Jahr 1918 besitzen dürfte, in Schach zu halten.

Die niederschmetternden Offenbarungen des japanischen Kriegs enthüllten nicht nur uns, sondern der ganzen Welt die tönernen Füße dieses schwerfälligen Kolosses; ist es daher vernünftig, sich einzubilden, daß innerhalb der nachfolgenden Zeitspanne von weniger als zehn Jahren, die sich ja politisch nicht so sehr durch Fortschritt als durch Reaktion auszeichneten, die alten verderblichen Einflüsse, die vordem am Werk waren, schon aufgehört haben, ihre schlimmen Früchte zu säen?

85. Goschen, Berlin, an Nicolson[61]: Jagow über Zerfall Österreich-Ungarns.
Brit. Dok. X. 2. 2, 1253—1255.

Berlin, 27. März 1914

In dem Bericht, worin ich meine Unterredungen mit Jagow über die Smyrna—Aidin- und die Bagdadbahn-Gesellschaft schilderte, war ich gerade bei einem recht interessanten Punkt angelangt, als ich aufhören mußte, weil ich fand, daß die ferneren Äußerungen Jagows nichts mit dem Gegenstand des Berichts zu tun hatten. Auch finde ich, daß sie nicht ausreichten, um einen weiteren Bericht anzufüllen, und daß es zudem vielleicht passender wäre, sie in einem Privatbrief zu verzeichnen. Jagow hatte soeben gesagt, unter den günstigen Umständen einer Zusammenarbeit Großbritanniens und Deutschlands in östlichen Angelegenheiten

[61] *Auf diesem Brief ist vermerkt, daß er an den König gesandt wurde, an den Premierminister. Der Vermerk ist von Sir E. Grey mit seinen Anfangsbuchstaben gezeichnet.*

räume er der Türkei als Reich ein Dasein von noch zwanzig Jahren ein: unter weniger günstigen Verhältnissen, worin er meinem Eindruck nach außer der Nichtzusammenarbeit Großbritanniens und Deutschlands das Eindringen Italiens in deutsche und britische Gehege einschlösse, schätze er ihre Lebensdauer viel kürzer ein.

Darauf fuhr er fort, es gebe einen Punkt, der ihm weit mehr Sorge bereitet habe als die Auflösung des ottomanischen Reichs, und zwar die Zukunft der Doppelmonarchie. Es sei ihm verhaßt, es auszusprechen oder daran zu denken, aber er könne die Furcht nicht von sich abschütteln, daß es sich zwischen den beiden Reichen um einen Wettlauf handle, welches zuerst in die Brüche ginge. Ich bemerkte, ich gehörte nicht zu denen, die glaubten, daß die Doppelmonarchie in dem Augenblick, da der bejahrte Kaiser das Zeitliche segnete, notwendigerweise auseinanderbreche. Er entgegnete, ihm liege nicht so sehr der Herrscherwechsel im Sinn; obwohl in einem abbröckelnden Bauwerk wie der Doppelmonarchie der Wechsel von einem beliebten und pittoresken Herrscher zu einem unbeliebten gewiß mancherlei Besorgnis wecke. Was ihn viel mehr ängstige, sei der Mangel an Zusammenhalt in der Monarchie, der sich tagtäglich deutlicher zeige. Die Leute in der Monarchie, die bisher einiges und jedenfalls das meiste Reichsgefühl gehabt hätten, seien die Deutsch-Österreicher. Aber auch diese fielen dem ‚Nationalitäts'-Fieber zum Opfer und begännen, dem Beispiel der andern Nationalitäten in Österreich zu folgen und ausschließlich ihre eigenen Interessen zu wahren und die des Reichs zu vernachlässigen. Dies sei das beunruhigendste aller Symptome, da die Deutsch-Österreicher immer das beste und zuverlässigste Element im Staat und eigentlich der Hauptfaktor gewesen seien, der das Reich zusammengehalten habe. Im übrigen strebe Ungarn eifriger denn je danach, seine Selbständigkeit zu kräftigen und seine verschiedenartigen Völker zu madjarisieren; die Bewohner der serbischen Provinzen gravitierten nach Serbien und die ungarischen Rumänen nach Rumänien hin, während die Slowaken und Kroaten um Anerkennung als Sondernationalitäten rängen. Wenn man darüber nachdenke, sei es fast ein Chaos, und er könne manchmal nicht umhin, den Bündniswert eines Lands in einem solchen Zustand abzuwägen.

Ich glaube seine Worte ziemlich richtig wiederholt zu haben, aber auch wenn es nicht durchweg seine Worte sind, so gibt doch das, was ich niedergeschrieben, das Wesentliche seiner Äußerungen durchaus richtig wieder.

Ich frage mich, ob man in politischen Kreisen diese Ansichten allgemein hegt, denn wenn ja, würde das nicht nur die ungeheuren Vermehrungen im deutschen Heer und ihre (their) Empfindlichkeit wegen der Steigerungen der militärischen Stärke Frankreichs und Rußlands erklären, sondern auch das jüngste Herausstreichen der Witte-Gespräche und die vielen ballons d'essai, die man kürzlich in bezug auf eine neue Gruppierung der europäischen Mächte hat aufsteigen lassen. In diesem Fall wären die Tiraden der letzten Zeit gegen Rußland nur als Blendwerk anzusehen. Ich selbst glaube indes, daß Jagows Bemerkungen die Folge einer zeitweiligen Niedergeschlagenheit waren, die manchmal Österreichs Freunde heimsuchen muß. Aber es unterliegt keinem Zweifel, daß, wenn die Deutsch-Österreicher tatsächlich anfangen zu demoralisieren und in Zukunft kein verläßliches Bollwerk gegen die Slawen bilden werden, dies für die Leiter der deutschen Politik eine Quelle beträchtlicher Sorge sein muß . . .

86. Nicolson an Goschen, Berlin: Gefahr deutsch-russischer Annäherung.
Brit. Dok. X. 2. 2, 1255—1256.

Foreign Office, 30. März 1914

Für Ihren hochinteressanten Brief vom 27. bin ich Ihnen überaus verbunden. Ihr Gespräch mit Jagow war von sehr großem Interesse und bestätigt meines Erachtens die von mir in einem amtlichen Vermerk verzeichnete Ansicht über die Wahrscheinlichkeit einer bevorstehenden Änderung in den Beziehungen zwischen Rußland und Deutschland. Ich weiß sehr wohl, daß dies eine phantastische Erklärung zu sein scheint zu einem Zeitpunkt, da Rußland durch den Pressefeldzug, der gegen es gerichtet worden, äußerst verstimmt und gekränkt ist, und ohne Zweifel ist Deutschland nicht erfreut über die Stellungnahme Rußlands zu den Angriffen, die in der deutschen Presse mit solcher Stoßkraft geführt wurden. Aber man kennt ja deutsche Methoden; und ich glaube einerseits, Deutschland fürchtet tatsächlich die Möglichkeit oder sogar Wahrscheinlichkeit, daß es sich binnen kurzem in isolierter und kritischer Lage befinden wird, sofern es nicht einen ganz andern Kurs als den bisher eingehaltenen steuert. Anderseits dürfen wir nicht vergessen, daß Rußland nie einen Streit ernstlicher Art mit Deutschland hatte, sondern daß im Gegenteil Rußland und Deutschland in kritischen Augenblicken in der Geschichte der beiden Länder einander gegenseitig unterstützt und eng zusammengearbeitet haben. Ferner muß Rußland fühlen, daß sein Verbündeter sowohl als auch sein Freund in überaus ernste Krisen verstrickt und, vorläufig wenigstens, vollkommen machtlos sind, in der europäischen Politik als irgendwie wirksame Faktoren aufzutreten. Dies geht hinsichtlich Frankreichs vielleicht ein wenig zu weit, aber was uns anlangt, so finde ich doch, daß man uns, wenn sich die Lage in der gegenwärtigen Richtung noch erheblich weiterentwickelt, in auswärtigen Angelegenheiten tatsächlich nur wenig Gewicht beimessen wird. Auf jeden Fall ist, ob nun Frankreich und wir ein leistungsfähiger Verbündeter und Freund wären oder nicht, völlig klar, daß wir beide in den Augen Rußlands einem revolutionären und verderblichen Kurs zusteuern. Es wäre dann wirklich sonderbar, wenn Rußland fände, daß es in seinem Interesse läge, mit Ländern in solchem Zustand und mit so zweifelhaften und dunkeln Zukunftsaussichten verflochten zu sein. Es wäre naturgemäß geneigt, nach jener zentralen Großmacht hin zu gravitieren, die wenigstens äußerlich als stabil erscheint und in der das monarchische System fest verankert ist. Damit will ich nicht sagen, daß Rußland sein Bündnis mit Frankreich zu kündigen oder sein Einvernehmen mit uns zu lösen gedenkt, aber ich meine doch, es müsse fühlen, daß es sicherer ginge, wenn es zu Deutschland in einem viel besseren Verhältnis stünde als in letzter Zeit. Natürlich war ein Hindernis für die Besserung dieser Beziehungen der Beistand, den Deutschland den Zielen und der Politik Österreichs zu leihen notwendig fand; ist es aber wahr, daß Deutschland zu zweifeln beginnt, ob Österreich eigentlich ein Land sei, das im bisherigen Maß unterstützt zu werden verdient, so sehe ich denn doch die Wahrscheinlichkeit voraus, daß Rußland und Deutschland sich die Hände reichen werden. Dies werden Sie freilich wohl als bloße Grübelei betrachten, aber ich glaube tatsächlich, daß wir die Möglichkeiten, die ich anzudeuten wagte, sehr sorgsam erwägen und im Auge behalten sollten . . .[62]

87. Sazonov an Izvolskij, Paris: Verwandlung der Tripelentente in einen „neuen Dreibund". Französische Vermittlung. Russ. Dok. I. 2, 136—137.

2. April 1914

In Ihrem Briefe vom 18. März d. J. berührten Sie die Frage einer engeren Konvention zwischen Rußland und England und äußerten den Wunsch, meinen Standpunkt in dieser Angelegenheit zu erfahren, insbesondere im Hinblick darauf, daß die Leiter der französischen und der englischen Außenpolitik während des bevorstehenden Pariser Besuchs des Königs Georg V. diese Frage leicht berühren könnten.

Daher halte ich es für meine Pflicht, Ihnen zu sagen, daß ich die weitere Festigung und Entwicklung der sogenannten „Tripelentente" und wenn möglich ihre Verwandlung in einen neuen Dreibund als eine Aufgabe von aktueller Bedeutung betrachte. Ein derartiges Bündnis würde die internationale Position Rußlands, Frankreichs und Englands vollständig

[62] Englische Innenpolitik u. a.

sichern, da die erwähnten Mächte keine Eroberungsabsichten haben, auch niemanden bedrohen, sondern das beste Unterpfand für die Erhaltung des Friedens in Europa seien.

Zwischen Frankreich und England sind bereits einige Schritte auf dem Wege zur Ausarbeitung einer möglichen gegenseitigen Hilfe und einer genaueren Fixierung der beiderseitigen Verpflichtungen unternommen worden. In der gleichen Richtung müssen offenbar auch wir vorgehen. Dabei könnte die Erörterung der einschlägigen Fragen vielleicht mit den spruchreif gewordenen Verhandlungen über eine ganze Reihe von Angelegenheiten verbunden werden, die die russischen und englischen Interessen auf verschiedenen Gebieten nahe berühren.

Leider ist, wie Ihnen bekannt, die innere Situation in Großbritannien augenblicklich derart, daß sie die Aufmerksamkeit der Königlichen Regierung und der englischen Gesellschaft vollständig in Anspruch nimmt. Unter solchen Umständen ist der Boden für internationale Vereinbarungen, insbesondere für solche, die vom englischen Standpunkte aus so heikler Natur sind, recht ungünstig, und man muß in der Verfolgung des gesteckten Ziels notgedrungen sehr vorsichtig sein.

Trotzdem teile ich Ihre Ansicht, daß es nicht nutzlos wäre, wenn die Herren Poincaré und Doumergue die persönliche Zusammenkunft mit König Georg und seinem Minister benutzten, um ihnen gegenüber vertraulich darauf hinzuweisen, daß eine engere Konvention zwischen Rußland und England auch in Frankreich als ein glückliches Ereignis begrüßt werden würde, das für alle drei Teilnehmer an der jetzigen Tripelentente in gleicher Weise wünschenswert sei. Die Fixierung der Bedingungen, unter denen eine solche politische Konvention geschlossen werden könnte, müßte selbstverständlich Gegenstand direkter Verhandlungen zwischen St. Petersburg und London sein. Vielleicht würde es jedoch die französische Regierung für angängig halten, Sir Edward Grey den Vorschlag zu machen, uns gemeinsam den Inhalt der zwischen Frankreich und England geschlossenen und von Ihnen erwähnten politischen Konvention mitzuteilen. Diese Konvention könnte der Ausarbeitung einer ähnlichen Konvention zwischen Rußland und England als Basis dienen.

88. Buchanan, St. Petersburg, an Grey (Auszug)[63]: Der Zar über englisch-russisches Marineabkommen, Meerengen und Deutschland. Persien.

Brit. Dok. X. 2. 2, 1266—1271.

St. Petersburg, 3. April 1914

Da der Kaiser mich heute morgen in Audienz zu empfangen geruhte, hatte ich die Ehre, mit Seiner Majestät ein langes Gespräch über die allgemeine politische Lage zu führen.[64]

. . . Es sei die alte Geschichte. Europa sei in zwei Lager gespalten und es sei unmöglich, das Konzert zum Zusammenspiel zu bringen.

Dies veranlaßte Seine Majestät zu erklären, Er sähe zwischen England und Rußland gern ein engeres Band der Eintracht geknüpft, wie es ein Bündnis rein defensiver Art wäre. Als ich bemerkte, ich fürchtete, daß dies augenblicklich undurchführbar sei, sagte der Kaiser, wir könnten wenigstens eine Abmachung treffen ähnlich der, die zwischen Seiner Majestät Regierung und der Regierung der Französischen Republik bestehe. Ich entgegnete, mir seien die Bestimmungen dieser Abmachung nicht bekannt. Seine Majestät sagte, auch Er kenne sie nicht, glaube aber, daß wir, wenn wir auch keine regelrechte Militärkonvention mit Frankreich hätten, doch besprochen und vereinbart hätten, was jedes Land bei gewissen Fällen tun solle. Auf meinen Einwand, die Entsendung eines Expeditionskorps, um mit dem russischen Heer zusammenzuwirken, sei aus sachlichen Gründen ausgeschlossen, erklärte der Kaiser, selbst wenn das anginge, hätte es gar keinen Zweck, da Er daheim übergenug Soldaten habe. Es könnte aber von Vorteil sein, im voraus das Zusammenwirken der britischen und russischen Flotten zu verabreden. Bis zum Jahr 1917 hoffe Er, in der Ostsee 8 Dreadnoughts zu haben, und im Kriegsfall müßten die Deutschen zu deren Überwachung mehr als diese Anzahl Schiffe absondern. Er würde nie die Entsendung einer britischen Flotte in die Ostsee beantragen wegen der Gefahren, denen sie durch Minen im Belt und durch Angriffe einer überlegenen deutschen durch den Kieler Kanal fahrenden Flotte ausgesetzt wäre. Das Vorhandensein einer russischen Flotte in der Ostsee würde indes die Lage für die britische Flotte in der Nordsee erleichtern. Gegenwärtig, fuhr Seine Majestät fort, beschränke sich unser Einvernehmen auf Persien, und Er sei entschieden der Meinung, daß dies Einvernehmen erweitert werden sollte entweder durch irgendeine Art Abmachung, wie

[63] *Auf diesem Bericht ist vermerkt, daß er an den König gesandt wurde; an den Premierminister, an Lord Crewe, nach Paris, Berlin, Wien, Rom, Konstantinopel und Teheran.*

[64] Zar über irische Frage und Balkan.

Er sie angedeutet habe, oder durch eine schriftliche Formel, die die Tatsache des englisch-russischen Zusammengehens in Europa verzeichnete.

Ich erklärte dem Kaiser, ich könne mich hierüber nicht im Namen Seiner Majestät Regierung äußern, persönlich würde ich aber jede Vereinbarung begrüßen, die geeignet sei, die englisch-russischen Beziehungen zu festigen. Ich könne indes nicht umhin mich zu fragen, ob England, angenommen, es wäre im vorigen Jahr der Verbündete Rußlands gewesen, diesem wirksamere Dienste zu leisten vermocht hätte, als es sie ihm als sein Freund tatsächlich geleistet habe. Mehreremal während der langwierigen Balkankrise sei es in der Lage gewesen, in Berlin und Wien eine Vermittlerrolle zu spielen; und gerade dank seinem freundschaftlichen Eingreifen sei eine mehr oder weniger befriedigende Regelung der serbischen Hafenfrage zustande gekommen und habe Österreich bezüglich Diakowas und Dibras nachgegeben, die einer freundschaftlichen Schlichtung der überaus wichtigen Skutari-Frage den Weg versperrten. Es sei meines Erachtens zweifelhaft, ob wir so viel in Berlin oder Wien hätten erreichen können, wenn wir als Verbündeter Rußlands an jene beiden Regierungen herangetreten wären; wogegen dieser der Umstand, daß wir nur ein Freund seien, der sich vielleicht in einen Verbündeten verwandelte, falls Deutschland und Österreich Rußland einen Krieg aufzwängen, viel geneigter mache, auf uns zu hören. Wenn Rußland in der Frage von Adrianopel habe nachgeben müssen, so sei dies nicht so sehr auf irgend etwas zurückzuführen, das Seiner Majestät Regierung getan oder unterlassen habe, als vielmehr auf den Wunsch der französischen Regierung, daß Rußland sich jedes Vorgehens enthalte, das möglicherweise ein deutsches Eingreifen heraufbeschwören könnte. In der Frage der deutschen Militärmission nach Konstantinopel habe Seiner Majestät Regierung in Berlin ihre freundschaftlichen Dienste abermals mit sehr beträchtlichem Erfolg aufgeboten.

Der Kaiser gab die Wahrheit meiner Äußerungen über die Franzosen und die Adrianopler Frage zu und erkannte auch die vielen Dienste an, die Seiner Majestät Regierung Rußland während der Krise leistete. An dem von mir vorgebrachten Argument könne, sagte er, etwas sein, Er sähe es aber doch lieber, wenn unser gegenwärtiges Einvernehmen einen präziseren und bestimmteren Charakter trüge.

Da sich das Gespräch dann den in der „Nowoje Wremja“ veröffentlichten Vorschlägen hinsichtlich einer neuen Mächtegruppierung zuwandte, über die ich in meinem Schreiben No. 93 vom 31. v. M. berichtet habe, bemerkte der Kaiser, Graf Witte habe ein schlechtes Gedächtnis und dem Kaiser Wilhelm Dinge in den Mund gelegt, die er selber gesagt habe. Der Gedanke eines Bündnisses, wie es Graf Witte angeregt, sei zur Zeit lächerlich. Österreich möge einer Auflösung entgegengehen oder nicht, er glaube nicht, daß Deutschland den Gang zu beschleunigen wünsche. Man nehme, fuhr Seine Majestät darauf fort, gemeinhin an, daß Deutschland und Rußland nichts auseinanderhalte. Das treffe indes nicht zu. Da sei die Frage der Dardanellen. Zweimal in den letzten zwei Jahren seien die Meerengen kurze Zeit gesperrt worden mit der Folge, daß der russische Getreidehandel sehr schwere Verluste erlitten habe. Auf Grund von Nachrichten, die Ihm aus einer geheimen Quelle über Wien zugegangen, habe Er Anlaß zu glauben, daß Deutschland in Konstantinopel eine Stellung anstrebe, die es in den Stand setze, Rußland im Schwarzen Meer völlig einzuschließen. Sollte es diese Politik durchzuführen versuchen, so würde Er dem mit Seiner ganzen Macht entgegentreten müssen, selbst wenn ein Krieg der einzige Ausweg wäre. Der Kaiser sagte nichts weiter zur Aufklärung darüber, welche Schritte Deutschland vorhätte, um die Politik zu verwirklichen, die Seine Majestät ihm zuschreibt. Als ich kurz danach bemerkte, wir folgten, obwohl wir entschlossen seien, unserm Einvernehmen mit Rußland treu zu bleiben, dem Beispiel, das Seine Majestät uns gegeben, als Er das Potsdamer Abkommen geschlossen habe, und wir trachteten, unser Verhältnis zu Deutschland freundschaftlicher zu gestalten, sagte der Kaiser, wir täten daran ganz recht und auch Er wünsche mit Deutschland gut zu stehen . . .[65]

Zum Schluß sprach Seine Majestät nochmals Seinen Wunsch aus nach Aufrechterhaltung möglichst enger Beziehungen zwischen den beiden Ländern.

NS. Herr Sasonow, den ich heute nachmittag sah, erzählte mir, das, was der Kaiser über Deutschland und die Meerengen geäußert, gründe sich auf geheime militärische Nachrichten, die vielleicht zutreffend seien und vielleicht auch nicht. Es unterliege indes keinem Zweifel, daß Deutschland eine moralische Schutzherrschaft über die Türkei anstrebe, und wenn ihm dies glücke, würde es sie eines Tags in eine tatsächliche umwandeln. Rußland werde nie aggressiv gegen die Türkei vorgehen, solange diese ein unabhängiger Staat bleibe, aber es würde nie dulden, daß sie in die Abhängigkeit einer andern Macht geriete.

Sodann auf die Frage unseres Einvernehmens zurückkommend erklärte Seine Exzellenz, man müsse diesem, wenn ein Bündnis ausgeschlossen sei, auf jeden Fall einen solch bestimmten Charakter geben, daß Deutschland wüßte, ihm würden, wenn es sich auf eine aggressive Politik einließe, bei gewissen Eventualitäten die vereinigten Streitkräfte Englands, Frankreichs und Rußlands entgegentreten. Eine solche Verständigung würde,

[65] Persische Differenzen zwischen Rußland und England.

so behauptete Seine Exzellenz, den Frieden Europas verbürgen, weil Deutschland die britische Flotte zu sehr fürchte, um einen Krieg zu riskieren, in dem ihm diese Flotte gegenüberstünde.

Vermerke

...

Der einzige Punkt, der meines Erachtens eine bestimmte Entscheidung in nicht zu ferner Zeit erheischt, ist der einer Verständigung über ein Zusammenwirken zur See der beiden Länder im möglichen Fall eines Kriegs mit Deutschland.

Die gleichartige Verständigung mit Frankreich, auf die der Kaiser verwies, bezieht sich einzig auf die Maßnahmen, die die Marineleitung der beiden Länder ergreifen *würde*, falls und sobald sich ihre Regierungen zu gemeinsamen kriegerischen Operationen entschlössen. Das heißt: befänden sich die beiden Länder mit Deutschland im Krieg, dann würden ihre beiderseitigen Seestreitkräfte nach einem im voraus festgelegten Plan verteilt und eingesetzt.

Ich wüßte kein etwaiges Bedenken gegen die Erörterung einer ähnlichen nichtformellen Vereinbarung zwischen der britischen und russischen Marineleitung. Sie verpflichtet keine der beiden Seiten, sie setzt keinen „casus foederis" fest, während sie vor der ernsten Gefahr schützt, plötzlich mit einer ferngelegenen Regierung Pläne in einem kritischen Augenblick improvisieren zu müssen, da jede Verzögerung die schwerwiegendsten Folgen zeitigen kann.

E. A. C. (Crowe)
8. April

Ein Gedankenaustausch mit den beiderseitigen Marinestäben, ohne die Regierungen irgendwie zu binden, wie es mit Frankreich geschah, könnte in Betracht gezogen werden und böte zweifellos große Vorteile.

A. N. (Nicolson)
M. (Morley)

Sir G. Buchanan hat seinen Teil des Gesprächs sehr gut geführt.

Wenn die Franzosen einwilligten, könnten wir die Russen wissen lassen, was sich auf beiden Seiten zwischen der Heeres- und Marineleitung abgespielt hat, wir schöben aber besser jede Erörterung so lange als möglich hinaus.

E. G. (Grey)
16. 4. 14

89. Benckendorff, London, an Sazonov: Curzon und das englisch-russische Bündnis. Keine „splendid isolation" mehr. Russ. Dok. I. 2, 163—164.

London, 7. April 1914

Gestern besuchte mich Herr de Fleuriau[66], der in Abwesenheit des Herrn Cambon die französische Botschaft leitet. Wir sprachen davon, daß die Regierungsübernahme durch die Konservativen über kurz oder lang erfolgen müsse, und waren uns darin einig, daß der wahrscheinlichste Kandidat für das Außenministerium in diesem Augenblick Lord Curzon[67] sei. In seiner ganzen Haltung wiesen zahlreiche Symptome darauf hin, daß er sich selbst als solchen betrachtet, was ohne die mehr oder weniger deutliche Zustimmung Lord Lansdownes nicht der Fall sein könnte. Ich weiß nicht, ob Sie sich erinnern, daß ich vor mehreren Jahren über eine Unterredung berichtet habe, die ich mit Lord Curzon hatte. Er hat damals seine Ansicht über die Entente mit Rußland folgendermaßen resümiert: „Ich finde, daß der Wortlaut der Konventionen für Rußland zu vorteilhaft oder vielmehr für England zu unvorteilhaft ist; da ich aber ein Anhänger der Entente bin, werde ich das Opfer eines von England abgeschlossenen schlechten Geschäfts bringen, wenn die Entente bestehen bleibt und Erfolg hat." Seitdem habe ich keine direkte Unterredung mit Lord Curzon mehr gehabt außer einer einzigen vor zwei Jahren bei ihm auf dem Lande. Dort bat er mich am Vorabend einer Rede, die er im Hause der Peers halten sollte und die er tatsächlich gehalten hat, um einige Auskünfte über den Plan zur transpersischen Bahn. Ich gab sie ihm soweit als möglich, er trug ihnen Rechnung, machte mich aber darauf aufmerksam, daß er den Plan, diese Linie mit der indischen zu verbinden, nicht billige. Er erklärte, der Plan sei verfrüht und daher müßten daraus mehr Schwierigkeiten und Reibungen als wirkliche Vorteile erwachsen. Ich weiß nicht, wie er heute darüber denkt. Aber Lord Curzon legt offenbar Wert darauf, sich mir zu nähern. Ich habe Herrn de Fleuriau kein Geheimnis daraus gemacht. Andererseits verhehlte ich ihm nicht, daß wegen seiner Antezedentien das Auftreten Lord Curzons im Foreign Office von der russischen öffentlichen Meinung nicht gern gesehen werden würde.

Herr de Fleuriau antwortete mir, in Frankreich würde es wahrscheinlich ebenso sein. Dann fragte er mich, ob Herr Cambon vor seiner Abreise Zeit gehabt hätte, mir eine Unterredung zu erzählen, die Lord Curzon ganz kürzlich mit Sir Arthur Nicolson gehabt hätte. Als ich verneinte, erzählte er mir, was folgt. Herr Cambon hat die Erzählung von Sir Arthur Nicolson selbst.

[66] Sekretär der französischen Botschaft 1904—1921.

[67] Vizekönig von Indien 1899—1905.

Es scheint, daß Lord Curzon sich seit einiger Zeit mehr und mehr für die Auswärtigen Angelegenheiten interessiert, so sehr, daß er, soweit als möglich, im Foreign Office selbst Erkundigungen einzieht. Das gab den Anlaß zu der Unterredung. Sir Arthur Nicolson soll gesagt haben, er sei jederzeit ein Verfechter der englisch-russischen Entente, und sein Dienst würde mit dem Tage aufhören, wo diese Entente wieder in Frage gestellt würde. Lord Curzon antwortete, er teile seine Ansicht über diese Entente vollkommen. Sir Arthur fuhr fort, der Friede Europas würde erst dann gesichert sein, wenn diese Entente sich in ein Bündnis verwandelt haben würde. Das sei seine persönliche Überzeugung. Lord Curzon hätte geantwortet, er teile auch hierin seine Ansicht. Aber er fügte hinzu, er sehe nicht recht, wie ein Außenminister mit einem Bündnisvertrag mit einer Kontinentalmacht in der Tasche vor das Parlament hintreten könne.

Diese Unterredung scheint mir bedeutungsvoll, weil sie die Situation so exakt wie möglich schildert. In England denken mehr Leute an dieses Bündnis als man glauben möchte. Darin ist ein unbestreitbarer Fortschritt zu verzeichnen. Noch wagt niemand den Vorurteilen der Öffentlichkeit die Stirn zu bieten, und in England gehen Evolutionen dieser Art langsam vor sich. Wir stehen nicht mehr bei der „splendid isolation", wir sind schon weit davon entfernt. Wir stehen noch nicht bei den Bündnissen. In diesem Sinne zählt das Bündnis mit Japan nicht, es wird nur noch aufrechterhalten, um Japan zu halten. Ich habe hierüber häufig akademische Unterhaltungen gehabt; das Resultat ist immer dasselbe gewesen. Ich habe allerdings nicht diejenigen als Partner gewählt, von denen ich wußte, daß sie erklärte Gegner sein würden. Diese Bewegung zeigt sich auch in der Presse. Die „Times", die mit unerwartetem Erfolg zu einem populären Blatte geworden ist, drängt mehr und mehr auf einen engeren Zusammenschluß der Entente, ohne aber das Wort „Bündnis" auszusprechen ...[68]

90. Cambon[69] an Doumergue: Jagow über Zusammenarbeit der drei Kolonialmächte Deutschland, England, Frankreich in Zentralafrika.

Doc. franç. X. 168—169, aus dem Französischen übersetzt von Gertrud Hässig.

Berlin, 13. April 1914

... Auch war mir eine Unterhaltung von Nutzen, die ich neulich im Hause von Herrn von Jagow nach einem Essen im engsten Kreise mit

[68] Innere Krise Englands.

[69] Französischer Botschafter in Berlin 1907—1914.

ihm hatte, um mit ihm mich zu unterhalten, ohne anderes anzuzeigen als einen Austausch rein persönlicher Ansichten.

Ich sagte dem Staatssekretär, daß Herr Solf [70] Angehörigen meiner Botschaft gegenüber geäußert habe, daß eine Verständigung zwischen Frankreich, Deutschland und England in bezug auf die öffentlichen Unternehmungen in Zentralafrika von Interesse wäre. Ich fragte ihn auch, ob, wie ich mich schon selbst gefragt hätte, diese Idee Herrn Solfs persönliche Ansicht sei.

Herr von Jagow betrachtete mich aufmerksam und erwiderte: „Ich werde offen mit Ihnen reden, aber nur zu Ihnen und nicht in meiner Eigenschaft als Außenminister. Ich bin überzeugt, daß es, sogar um der Aufrechterhaltung des Friedens willen, nötig ist, Deutschland eine Expansion zu gewähren, wozu es seine Bevölkerungsentwicklung zwingt. Dies ist der Grund für alle Agitationen und ehrgeizigen Pläne in unserem Land. Im Interesse des Friedens sind wir verpflichtet, diese Expansion auf dem einzigen Kontinent, der der Kolonisation noch offen steht, zu suchen. Andererseits weist alles darauf hin, daß nur die großen Nationen imstande sein werden, der Konkurrenz auf dem Weltmarkt standzuhalten. Die Kleinen werden in Zukunft verschwinden oder Satelliten der Großen werden müssen. Es wäre deshalb richtig, wenn diejenigen Großmächte, die Interessen in Afrika haben, nämlich Deutschland, Frankreich und England, sich über ihre Entwicklungsprogramme untereinander verständigen würden, damit sie sich nicht in einem Gebiet entgegenwirken, wo unsere alten Meinungsverschiedenheiten gar nicht existieren. Ich hatte Dr. Solf auf diese Gedanken hingewiesen und ihn gebeten, darüber nachzudenken. Vielleicht hat er etwas vorzeitig darüber gesprochen."

Ich antwortete Herrn von Jagow, daß ich nicht einsehen könne, weshalb Belgien in Belgisch-Kongo seiner Aufgabe nicht gewachsen sein sollte.

„Lassen Sie sich eines Besseren belehren", erwiderte er, „es wird dort unterliegen, sogar finanziell, diesem Umstand müssen weitblickende Geister Rechnung tragen."

„Das hindert nicht daran", fügte ich hinzu, „daß Frankreich, Deutschland und England über ähnliche Fragen miteinander reden könnten, ohne daß Belgien zur Beratung hinzugezogen würde. Ich gehe sogar noch weiter: Belgien allein könnte eine solche Aussprache herausfordern. Deutschland könnte es nicht tun, ohne überall Mißtrauen zu erwecken."

„Das wäre sehr schwierig", antwortete mir Herr von Jagow, „denn dann würde Belgien die Rechnung bezahlen, doch die Stunde ist noch nicht gekommen. Es muß sich eine günstige Gelegenheit bieten. Der ganze Vor-

[70] Staatssekretär des Reichskolonialamts 1911—1918.

schlag hängt gegenwärtig noch in der Luft. Ich habe Ihnen nichts gesagt und ich habe auch keinen festen Plan." Ich antwortete Herrn von Jagow: „Ihrer Bitte entsprechend werde ich dem, was Sie mir eben sagten, keinen offiziellen Wert beimessen."

Nichtsdestoweniger dachte ich, daß die Sondierung uns wertvolle Information über die Auffassungen der kaiserlichen Regierung einbrachte. Deshalb habe ich Wert darauf gelegt, es hier als absolut geheim zu berichten.

91. Buchanan, St. Petersburg, an Nicolson[71]: Englisch-russisches Abkommen. Der Zwang für England wegen Indien.

Brit. Dok. X. 2. 2, 1272—1273.

St. Petersburg, 16. April 1914

... Was der Kaiser und Sasonow anscheinend wollen, ist ein schriftliches Übereinkommen, das der Welt klarmachte, daß, falls Rußland in einen Verteidigungskrieg verwickelt würde, England ihm bewaffneten Beistand leisten würde. Sie machen geltend, daß die Veröffentlichung eines Abkommens dieser Art den Frieden Europas sichern würde, weil die Deutschen Rußland niemals einen Krieg aufzwängen, wenn sie wüßten, daß sie es sowohl mit der britischen Flotte als auch mit dem russischen Heer zu tun bekämen; doch da ein solches Übereinkommen eigentlich auf ein Schutzbündnis hinausliefe, denke ich nicht, daß viel Aussicht auf Zustimmung Seiner Majestät Regierung dazu besteht. Das Flottenabkommen, von dem der Kaiser als einer Alternative zu einem Bündnis sprach, ist vielleicht eher angängig, da wir, ohne uns zu verpflichten, Rußland für den Fall, daß es sich im Krieg befände, zur See zu unterstützen, in einen Gedankenaustausch eintreten könnten über einen kombinierten Flottenfeldzugsplan, falls ein Krieg ausbräche, in den beide Länder verwickelt würden. Die beiden Flotten wären dann in der Lage, wirksam zusammen zu operieren, ohne abwarten zu müssen, bis sich die Marinestäbe nach Ausbruch der Feindseligkeiten miteinander hätten beraten können.

Ein anderer Weg wäre vielleicht der, durch einen Notenaustausch den Rahmen des englisch-russischen Abkommens von 1907 zu erweitern, das die einzige amtliche Urkunde unseres Einvernehmens darstellt, um auf diese Weise ein englisch-russisches Zusammengehen in Europa sowohl wie

[71] *Auf diesem Brief ist vermerkt, daß er an den König gesandt wurde, an den Premierminister, an Lord Crewe, an Lord Morley. Der Vermerk ist von E. Grey mit seinen Anfangsbuchstaben gezeichnet.*

in Asien zu gewährleisten. Die Schwierigkeit hierbei wäre, eine Formel ausfindig zu machen, die uns einerseits nicht auf ein regelrechtes Bündnis festlegte und die anderseits keinen so platonischen Charakter trüge, daß sie alles eigentlich auf dem alten Fleck beließe. In einer Unterredung, die ich vor ein paar Tagen mit Sasonow hatte, kam er wieder auf die Sache zurück und bemerkte, sofern nicht irgend etwas geschehe, werde der Dreiverband bald eine quantité négligeable sein. Deutschland, behauptete er, sei darauf erpicht, in der Türkei seine Hegemonie zu errichten, und eines Tags werde es die Dinge zu weit treiben, mit der Folge, daß wir alle in einen Krieg hineingezogen würden. Wir hätten ein Bündnis mit Japan geschlossen; dies Bündnis habe sich freilich gegen Rußland gerichtet. Aber warum könnten wir dann nicht ein Abkommen mit Rußland treffen, das uns beide gegen einen deutschen Angriff sicherte. Die Form dieses Abkommens sei ihm einerlei; wenn wir jedoch den Frieden zu erhalten wünschten, müßten wir der Welt die Solidarität des Dreiverbands verkünden.

Ich bin mir vollauf all der Schwierigkeiten bewußt, die einem derartigen Abkommen entgegenstehen, aber ich kann mich nicht des Gefühls erwehren, daß wir große Gefahr laufen, wenn wir nichts zur Festigung unseres Einvernehmens tun. Rußland wird rasch so mächtig, daß wir uns seine Freundschaft fast um jeden Preis erhalten müssen. Wenn es die Überzeugung gewinnt, daß wir als Freund unzuverlässig und nutzlos sind, könnte es eines Tags einen Handel mit Deutschland eingehen und seine Handlungsfreiheit in der Türkei und Persien wiedererlangen. Unsere Lage wäre dann recht übel . . .

92. Aufzeichnung Nicolson[72]: Französische Vermittlung wegen englisch-russischen Bündnisses oder Abkommens Brit. Dok. X. 2. 2, 1274—1275.

Foreign Office, 17. April 1914

Herr de Fleuriau sagte, er möchte mit mir über eine ganz vertrauliche Angelegenheit sprechen. Herr Doumergue sei von Herrn Sasonow mit dem Vorschlag angegangen worden, daß während Ihres Pariser Besuchs ersterer mit Ihnen über eine Erweiterung des Rahmens des englisch-russischen Einvernehmens entweder durch dessen Umwandlung in ein Schutzbündnis oder durch den Abschluß einer Marinekonvention reden

[72] *Auf dieser Aufzeichnung ist vermerkt, daß sie an den König gesandt wurde, an den Premierminister, an Lord Crewe, an Lord Morley. Die Aufzeichnung ist von Sir Edward Grey mit seinen Anfangsbuchstaben gezeichnet.*

solle. Herr de Fleuriau wußte nicht, ob Herr Doumergue dieser Anregung Folge leisten werde — aber er, Herr de Fleuriau, meinte, daß Sie auf ein Gespräch darüber gefaßt sein sollten.

Herr de Fleuriau bemerkte, er entnehme Herrn Paléologues Berichten, daß der Kaiser sowohl wie Herr Sasonow mit Sir G. Buchanan über die Sache gesprochen hätten — und er ersehe, daß ein Meinungsaustausch stattgefunden habe. Ich erklärte Herrn de Fleuriau ganz vertraulich, daß der Kaiser sowohl als auch Herr Sasonow die Sache „berührt" hätten (ich gebrauchte das Wort effleuré), ein Meinungsaustausch habe jedoch nicht stattgefunden, da wir noch keinen Bescheid gegeben — und daß die Angelegenheit sehr sorgsamer Erwägung bedürfe. Ich sagte, ehe wir Herrn Sasonow eine Mitteilung machten, angenommen wir täten das überhaupt, müßten wir uns natürlich vergewissern, ob die französische Regierung einwilligen würde, daß wir St. Petersburg wissen ließen, was sich zwischen unsern beiderseitigen Stäben der Marine und des Heeres abgespielt habe.

A. N.

Es ist eine sehr heikle Angelegenheit, und die Ankündigung ist mir lieb; aber es ist möglich, daß es die Franzosen sind, die den Russen den Gedanken beigebracht haben. Merkwürdig ist, daß die Russen mehr anregen, als die Franzosen von uns erlangt haben.

E. G. (Grey)

93. Paléologue, St. Petersburg, an Doumergue: Drängen des Zaren auf englisch-russisches Abkommen wegen Kriegsgefahr im Orient.

Doc. franç. X. 200, aus dem Französischen übersetzt von Gertrud Hässig.

St. Petersburg, 18. April 1914

Ich weiß aus sicherer privater Quelle, daß die letzte Unterredung, die der Zar vor seiner Abreise auf die Krim mit seinem Außenminister hatte, ausschließlich der Frage einer englisch-russischen Allianz galt.

Bei der Prüfung etwaiger früher oder später auftretender Gefahren, die sich aus einem Konflikt zwischen Rußland und Deutschland ergeben könnten, soll Seine Majestät vor allem die Möglichkeit wieder aufkommender Feindseligkeiten zwischen Griechenland und der Türkei in Erwägung gezogen haben. In diesem Fall würde die ottomanische Regierung zweifellos die Meerengen sperren. Rußland könnte eine solche Maßnahme, die sowohl seinem Handel als auch seinem Prestige nachteilig wäre, nicht dulden. „Um die Meerengen wieder zu öffnen", soll der Zar gesagt haben,

„würde ich sogar Gewalt anwenden." Würde sich aber dann nicht Deutschland als Beschützer der Türkei aufspielen?

In dieser etwaigen Intervention Deutschlands sieht Zar Nikolaus die hauptsächliche Gefahr neuer Verwicklungen, die den Orient bedrohen könnten. Deshalb wünscht er so lebhaft den Abschluß eines englisch-russischen Abkommens, um dadurch zu verhindern, daß die Türkei auf den Beistand Deutschlands rechnet oder sich ihn gar im Voraus sichert.

Ich erlaube mir, Euere Exzellenz daran zu erinnern, daß Zar Nikolaus mir gegenüber erklärt hat, er wäre dem Herrn Präsidenten der Republik dankbar, wenn er bei seinen Besprechungen mit König Georg die Motive zur Sprache brächte, die seiner Meinung nach engere englisch-russische Beziehungen rechtfertigten.

Sollte es der Herr Präsident der Republik nicht für opportun halten, den Zar persönlich vom Resultat seiner Vermittlung zu unterrichten?

Ich weiß, daß auch Herr Sazonov für alles, was Sie ihm über Ihre Gespräche mit Sir Ed. Grey anvertrauen wollten, sehr empfänglich wäre.

94. Swerbejew, Berlin, an Sazonov: Deutschland und die anderen Dreibundmächte. Zwang zur Rüstung wegen Schwäche der Donaumonarchie.

Russ. Dok. I. 2, 275—276.

Berlin, 23. April 1914

... Ich konnte schon wiederholt in meinen Briefen die Unzufriedenheit vermerken, die sich in Berlin bekundet sowohl wegen der egoistischen Politik Österreich-Ungarns als auch insbesondere wegen der Schritte, welche das Wiener Kabinett allein, mitunter auch mit Italien zusammen, unternimmt, und welche die deutsche Regierung vor ein „fait accompli" stellen. Der jetzige Winter war reich an solchen Schritten, und noch unlängst erzählte Zimmermann, in Abwesenheit des Staatssekretärs, Sir Edward Goschen von einem neuen Schritt, den Österreich und Italien unternommen hätten aus dem Wunsche heraus, die griechischen Truppen möglichst schnell aus dem Epirus abzuberufen. Die Ansicht des Berliner Kabinetts hierüber sei angeblich erst in allerletzter Minute eingeholt worden.

Es ist mir indessen nicht gelungen, aufzuklären, ob dieser Schritt wirklich getan worden ist und wo, ob in Athen oder in den Hauptstädten der Dreibundmächte. Jagow, den ich vorsichtig darüber befragte, antwortete, er wüßte nichts davon. Aber das Wesentliche liegt eigentlich nicht hierin, sondern in den Kommentaren, mit denen der in seinen Ausdrücken nicht immer zurückhaltende Zimmermann seine Erzählung begleitete. Die Dreiverbandsmächte, sagte er, verabreden sich stets untereinander, der Dreibund dagegen geht gewöhnlich ganz anders vor. Wenn Österreich-Ungarn etwas ausgedacht hat, beeilt es sich, seinen Gedanken auszuführen. Italien zieht manchmal nach der anderen Seite, und Deutschland, das über den beabsichtigten Schritt erst in letzter Minute befragt oder benachrichtigt wird, ist meist genötigt, wohl oder übel seine Verbündeten zu unterstützen. Alles das sagte er offenbar sehr gereizt.

Von dem ungleich vorsichtigeren Staatssekretär mußte ich auch, wenn Sie sich zu erinnern belieben, zwar nicht so scharfe, aber darum nicht weniger bittere Klagen über die unkorrekte Handlungsweise des Wiener Kabinetts hören, das nur österreichisch-ungarische Interessen berücksichtige, die oft mit den deutschen Interessen nichts gemein hätten . . .[73]

Außer allem, was ich oben dargelegt habe, hat Deutschland, wie mir scheint, noch einen weiteren Anlaß, seinem Verbündeten zu grollen, und dieser Anlaß ist meiner Ansicht nach der wichtigste. Das schon an sich wegen seiner gemischten Bevölkerung schwache Österreich-Ungarn ist durch eine Reihe von politischen Fehlern, die im Jahre 1908 mit der Angliederung Bosniens und der Herzegowina begannen, noch schwankender und schwächer geworden. Die Feindschaft der Nationalitäten, die in Österreich-Ungarn wohnen, hat sich in den letzten Jahren erheblich verschärft, die Disziplin in der Armee hat nachgelassen, ganz zu schweigen von dem unbefriedigenden Stande seiner Finanzen.

In ihrer gegenwärtigen Situation kann die Doppelmonarchie kaum als ein Deutschland gleichberechtigter Faktor des Dreibundes gelten, und sie kann für Deutschland schwerlich der mächtige Helfer sein, auf den zu rechnen Deutschland berechtigt wäre. Das alles sieht man anscheinend in Berlin ganz klar ein, und die deutsche Regierung, welche die Schwäche ihres Verbündeten sieht, ist wohl oder übel gezwungen, alle ihre Kräfte anzuspannen, um die Mannschaftsstärke und den Kriegsbestand ihrer Armee zu verstärken und damit den Ausfall wettzumachen, der sich jetzt in Österreich-Ungarn bemerkbar macht. Das alles wird indessen die Leiter der deutschen Politik nicht hindern, auch fernerhin in strenger Einheit mit der Habsburger Monarchie vorzugehen und ihr Ansehen und ihre Interessen jedesmal zu verfechten, wenn ihnen Gefahr drohen würde.

[73] Weitere Differenzen in Kleinasien und auf dem Balkan.

95. Bunsen[74] an Nicolson (Auszug): Der serbische Gesandte über Zerfall der Donaumonarchie. Brit. Dok. X. 1. 1, 521.

Wien, 24. April 1914

... Vor einigen Tagen hatte ich ein langes Gespräch mit Herrn Jowanowitsch, dem serbischen Gesandten. Er glaubt an den Zerfall der Doppelmonarchie, der den Serben ihre Gelegenheit geben würde. Um sich auf diesen Fall vorzubereiten, muß Serbien seiner Ansicht nach so rasch als möglich die bulgarisch-mazedonischen Elemente assimilieren, die den Hauptteil der Bevölkerung in seinen annektierten Gebieten südlich von Üsküb bilden; und dann Bulgarien durch eine Grenzberichtigung versöhnen. Bis dahin werden Serbien und Montenegro sich, wie er annimmt, verschmolzen haben. Die Balkanslawen würden so eine geschlossene Masse bilden, imstande, sich gegen Österreich-Ungarn zu behaupten und Zutritt zur Adria durch Albanien zu verlangen, falls Albanien so lange besteht. Deutschland, meint er, wird den deutschen Teil Österreichs verschlucken und seine Macht bis Triest ausdehnen. Die einzige Art und Weise, einen solchen Ausgang zu verhüten, wäre seiner Meinung nach die, daß Österreich gemeinsame Sache mit den Slawen machte und so dem deutschen Vordringen nach Süden eine unüberwindliche Schranke entgegenstellte.

Wie all dem auch sein mag, ich denke, es ist klar, daß Serbien die durch den Bukarester Frieden bewirkte Neuordnung nur als Abschlagszahlung hinnimmt und nicht zufrieden sein wird, bis es ans Meer gelangt. Die montenegrinische Küste bietet, selbst wenn die beiden Länder vereinigt wären, nicht die nötigen Dienlichkeiten, und zwar wegen der Schwierigkeit, eine Eisenbahn über die Berge zu bauen. All dies würde darauf hinweisen, daß Albanien im Osten einen sehr unruhigen Nachbarn haben wird. Daß es vom Norden sowohl wie vom Süden bedroht ist, wissen wir bereits ...

96. Nicolson an Bunsen, Wien: Abkommen mit Rußland „fast um jeden Preis" wegen Indien. Brit. Dok. X. 2. 2, 1275—1277.

Foreign Office, 27. April 1914

... Der Pariser Besuch verlief sehr glücklich und der dem König und der Königin bereitete Empfang übertraf alle Erwartungen. Es ist durchaus unwahr, wenn die deutsche und österreichische Presse behauptet, daß uns direkt oder indirekt Vorschläge gemacht worden seien, unser gegen-

[74] Englischer Botschafter in Wien 1913—1914.

wärtiges Einvernehmen in ein Bündnis umzuwandeln. Die Franzosen begreifen vollkommen, daß ein solches Bündnis nicht möglich ist und für keine Regierung hier durchführbar wäre. Es ist durchaus wahr — aber ich weiß nicht recht, wie die Blätter bestimmte Kenntnis davon haben —, daß der Kaiser von Rußland und Sasonow unser Einvernehmen mit Rußland gern erweitert und vielleicht bindender gestaltet sähen. Dabei ging, wie ich Ihnen privatim sagen darf, die Absicht einfach und einzig dahin, unsere beiderseitigen Marineleitungen sollten sich über ihr Vorgehen in gewissen möglichen Fällen verständigen. Ich weiß nicht, ob ein Meinungsaustausch zwischen den beiden Marineleitungen wirklich praktische Ergebnisse zeitigen würde. Ich kann mir natürlich schon denken, daß Rußland seine Flottenstreitkräfte in der Ostsee gern durch ein britisches Flottenkontingent verstärkt sähe. Wenn wir uns mit Deutschland im Krieg befänden, wäre es uns ganz unmöglich, Schiffe in die Ostsee zu detachieren, erstens weil wir unsern Bestand in der Nordsee nicht verringern könnten, und zweitens wäre es ein überaus gewagtes Unternehmen, Schiffe nach der Ostsee zu verbringen, wo man sie ohne große Schwierigkeit einkapseln könnte. Militärische Hilfe braucht Rußland von uns natürlich nicht, selbst angenommen, wir wären in der Lage, solche zu leisten. Es hat übergenug Soldaten. Dennoch dürfte man meines Erachtens in Petersburg ein wenig enttäuscht sein, wenn wir nicht einigermaßen den Beweis liefern, daß wir darauf bedacht sind, unseren Beziehungen zu Rußland eine präzisere und bestimmtere Form zu geben. Es ist sehr schwer ersichtlich, wie sich dies bewerkstelligen ließe, aber ich fürchte — und ich weiß, daß die Franzosen von derselben Befürchtung verfolgt werden —, daß, wenn wir nicht die Bande mit Rußland enger zu knüpfen versuchen, dieses unser überdrüssig werden und uns über Bord werfen könnte. In solchem Fall befänden wir uns in äußerst mißlicher Lage, da es uns im Mittleren und Fernen Osten, gelinde ausgedrückt, unendlich viel Verdruß bereiten könnte, ohne daß wir Wiedervergeltung zu üben vermöchten. Ich will damit nicht sagen, daß Rußland uns notwendigerweise wirklich feindselig gesinnt würde, aber selbst wenn es unsern Wünschen gegenüber nur gleichgültig würde, so entstünde eine Lage, die wir eigentlich nicht meistern (cope) könnten. Es würde in Persien, an den Grenzen Afghanistans sowie in der Mongolei ganz nach Belieben schalten, und wir wären völlig außerstande, zur Mäßigung seiner Haltung, wie diese auch immer sei, irgendwelche Schritte zu unternehmen. Es könnte, ohne feindselig oder auch nur, wenn Sie wollen, unfreundlich zu sein, unserm Ansehen unermeßlichen Schaden zufügen und unsere politische Stellung in Indien und den angrenzenden Ländern ernstlich erschüttern. Dies bedeutet für mich ein solches Alpdrücken, daß ich mir Rußlands Freundschaft fast um jeden

Preis erhielte. Vom rein politischen Gesichtspunkt aus, und abgesehen von der hiesigen öffentlichen Meinung, unterliegt es freilich keinem Zweifel, daß der richtige Weg für uns der wäre, unsere beiden Einvernehmen in feste Bündnisse umzuwandeln, und ich bin, obschon man sich natürlich in Berlin und Wien gewaltig den Kopf zerbräche, ganz sicher, daß ein solches Vorgehen zweifellos mehr als sonst etwas zur Wahrung des Friedens in Europa beitrüge. Eine enge Verbindung von Frankreich, Rußland und uns würde einen derart mächtigen Faktor ausmachen, daß es keine andere Gruppe je wagen würde, mit uns anzubändeln. Wie die Dinge gegenwärtig stehen, laufen wir bei den überaus lockeren Banden, die uns an Frankreich und Rußland knüpfen, immer Gefahr, durch irgendein unerwartetes Ereignis getrennt zu werden. Zudem erregt die Ungewißheit unserer Haltung nicht nur bei unseren Freunden Besorgnis, sondern sie weckt auch bei andern Parteien die Hoffnung, daß sie ein so gebrechliches Gebilde wie das des Dreiverbands zerschlagen können. Indes ist die Frage eines Bündnisses natürlich so lange ausgeschlossen, als die englische Öffentlichkeit so gesinnt bleibt wie zur Zeit, und es lohnt sich daher kaum, ein solches ernstlich in Betracht zu ziehen ...

97. Izvolskij, Paris, an Sazonov: Pariser Zusammenkunft über englisch-russisches Abkommen. Russ. Dok. I. 2, 311—313.

Paris, 29. April 1914

Nach Empfang Ihres sehr vertraulichen Briefes vom 2. April d. J., habe ich nicht verfehlt, mich über seinen Inhalt unverzüglich zuerst mit Herrn Doumergue und dann auch mit Herrn Poincaré gleich nach seiner Ankunft in Paris, d. h. einige Stunden vor dem Eintreffen des englischen Königspaares, auseinanderzusetzen. Beide versprachen mir nochmals, den ersten günstigen Augenblick auszunutzen, um König Georg und Sir Edward Grey darauf hinzuweisen, daß ein engeres Abkommen zwischen Rußland und England erwünscht sei, und dem englischen Außenminister eine gemeinsame Mitteilung des zwischen Frankreich und England bestehenden politischen Abkommens an uns vorzuschlagen. Dieses Abkommen könne der Ausarbeitung eines analogen Abkommens zwischen Rußland und England als Unterlage dienen.

Der erste Tag des hiesigen Aufenthaltes der englischen Gäste war vollständig mit offiziellen Visiten, Empfängen und Feierlichkeiten ausgefüllt, so daß keinerlei geschäftliche Unterredungen stattfanden. Am zweiten Tage konnte Herr Doumergue nur ganz flüchtig, auf dem Wege zur Truppenschau in Vincennes, mit Sir Edward Grey verhandeln. Am Donnerstag dagegen fand im Außenministerium eine lange Beratung statt, an der von französischer Seite die Herren Doumergue, Paul Cambon und de Margerie [75] teilnahmen und von englischer Seite Sir Edward Grey und sein persönlicher Sekretär Sir William Tyrell [76]. Herr Poincaré hatte seinerseits ein vertrauliches Gespräch mit König Georg und Sir Edward Grey. Am Abend desselben Tages beim Empfang im Außenministerium teilten mir sowohl Herr Poincaré als auch Herr Doumergue aufs genaueste und fast mit denselben Worten das Ergebnis der erwähnten Unterredungen mit.

Der Gedankenaustausch zwischen den französischen und den englischen Staatsmännern hat vor allem die Beziehungen zwischen Frankreich und England zum Gegenstand gehabt. Beim Eintritt in diesen Gedankenaustausch haben beide Parteien einmütig anerkannt, daß die zwischen beiden Ländern bestehenden Abkommen keinerlei formaler Änderungen oder Ergänzungen bedürfen, und daß Frankreich und England, indem sie nach wie vor konsequent und loyal auf alle auftretenden politischen Fragen die sogenannte „Entente cordiale" anwenden, eben dadurch mit jedem Tage die sie verbindenden Bande stärken und erweitern. Hierbei wurde auch anerkannt, daß Rußland sowohl von Frankreich als auch von England aufs engste in ihre gemeinsame Politik einbezogen wird. Dieser Gedanke ist, wie Sie natürlich bemerkt haben, durchaus klar in dem hier und in London nach der erwähnten Beratung veröffentlichten Communiqué an die Presse zum Ausdruck gelangt. Herr Doumergue sagte mir, jedes Wort dieses von Herrn Cambon redigierten Communiqués sei nicht nur von ihm selbst, sondern auch von Sir Edward Grey sorgsam abgewogen und geprüft worden. Sir Edward Grey habe es durchaus gebilligt, daß Rußland darin erwähnt werde, und daß das Communiqué einen Hinweis darauf enthalte, daß das Ziel der drei Mächte die Aufrechterhaltung nicht nur des „Friedens", sondern auch des „Gleichgewichts" sei. Ich halte es für meine Pflicht, das von mir bereits telegraphisch übermittelte französisch-englische Communiqué nochmals in einem Zeitungsausschnitt beizufügen.

Nach beendeter Erörterung der verschiedenen auf der Tagesordnung stehenden laufenden politischen Fragen ging Herr Doumergue zu der Frage der russisch-englischen Beziehungen über und setzte Sir Edward Grey die zwischen ihm und mir vereinbarten Wünsche auseinander. Zugunsten eines engeren russisch-englischen Abkommens führte er hierbei hauptsächlich zwei Argumente an: 1. die Bemühungen Deutschlands, uns

[75] Vizedirektor im französischen Außenministerium.

[76] Privatsekretär 1907—1915.

dem „Dreiverbande" abspenstig zu machen, der angeblich eine unzuverlässige und schwache politische Kombination sei, und 2. die Möglichkeit, durch den Abschluß eines Marineabkommens zwischen uns und England einen Teil der englischen Seestreitkräfte für energische Aktionen nicht nur in der Ost- und Nordsee, sondern auch im Mittelmeer frei zu bekommen. (Herr Doumergue wies Sir Edward Grey u. a. darauf hin, daß wir nach zwei Jahren über ein starkes Dreadnoughtgeschwader in der Ostsee verfügen würden.) Sir Edward Grey erwiderte Herrn Doumergue, er persönlich stehe den von ihm geäußerten Gedanken durchaus sympathisch gegenüber und sei durchaus bereit, mit Rußland ein Abkommen nach Analogie der zwischen England und Frankreich bestehenden Vereinbarungen zu schließen. Er verhehlte jedoch Herrn Doumergue gegenüber nicht, daß nicht nur in der Regierungspartei, sondern sogar unter den Mitgliedern des Kabinetts Elemente vorhanden seien, die gegen Rußland voreingenommen und einer weiteren Annäherung an Rußland wenig geneigt seien. Trotzdem gab er der Hoffnung Ausdruck, daß es ihm gelingen werde, Herrn Asquith [77] und die übrigen Regierungsmitglieder zur Annahme seines Standpunktes zu bewegen, und schlug folgenden modus procedendi vor: zuerst könnten beide Kabinette — das Londoner und das Pariser — nach gegenseitiger Vereinbarung dem Petersburger Kabinett alle zwischen England und Frankreich bestehenden Abkommen mitteilen, nämlich: 1. die Militär- und die Marinekonvention, die durch die General- und Admiralstäbe ausgearbeitet worden sind und die, wie Ihnen bereits bekannt ist, sozusagen bedingten Charakter tragen, und 2. das politische Abkommen, das die Form eines Briefwechsels zwischen Sir Edward Grey und dem französischen Botschafter in London hat. In diesen Briefen heißt es, daß, wenn England und Frankreich im Verlauf der Ereignisse sich zu einem gemeinsamen aktiven Vorgehen entschließen sollten, sie die erwähnten Konventionen „in Betracht ziehen würden". Gleichzeitig mit dieser Mitteilung könnten das Londoner und das Pariser Kabinett bei uns anfragen, wie wir uns zu dem in ihr berührten Gegenstande verhalten würden, und das würde uns wiederum Gelegenheit geben können, in einen Meinungsaustausch mit England über den Abschluß eines entsprechenden russisch-englischen Abkommens zu treten. Nach Sir Edward Greys Idee könnte zwischen uns und England nur eine Marinekonvention und keine Militärkonvention abgeschlossen werden, da alle Landstreitkräfte Englands bereits im voraus verteilt seien und offenbar nicht mit den russischen kooperieren könnten. Sir Edward Grey fügte hinzu, er werde gleich nach seiner Rückkehr nach London den erwähnten Plan Herrn Asquith und

[77] Englischer Premierminister 1908—1916.

seinen übrigen Kollegen zur Prüfung unterbreiten. Auf die Frage des Herrn Doumergue, ob er nicht der Ansicht sei, daß es wünschenswert wäre, den Abkommen zwischen Rußland, Frankreich und England nicht die Form von Parallelabkommen zu geben, sondern die eines einheitlichen Abkommens „zu dritt", antwortete Sir Edward Grey, er persönlich schließe eine derartige Möglichkeit nicht aus, jedoch könne hiervon erst später im Zusammenhange mit der technischen Ausarbeitung des in Aussicht genommenen russisch-englischen Abkommens die Rede sein.

Alle drei Personen, die an der Beratung teilnahmen — die Herren Doumergue, Cambon und de Margerie —, sagten mir, sie wären äußerst erstaunt gewesen über die von Sir Edward Grey klar und bestimmt ausgedrückte Bereitwilligkeit, den Weg einer engeren Annäherung an Rußland zu beschreiten. Ihrer Überzeugung nach haben die von ihm gemachten Vorbehalte bezüglich Herrn Asquith und der übrigen Kabinettsmitglieder nur eine formale Bedeutung. Wenn er nicht im voraus von ihrem Einverständnis überzeugt gewesen wäre, so hätte er nicht so konkrete Vorschläge gemacht.

Aus dem Dargelegten kann man, wie mir scheint, den Schluß ziehen, daß die in Ihrem Briefe vom 2. April/20. März berührte Angelegenheit ins richtige Gleis gebracht worden ist. Die Herren Poincaré und Doumergue versprachen mir, daß Herr Cambon die Ausführung des von Sir Edward Grey in Aussicht genommenen Planes aufs gewissenhafteste verfolgen werde. Meinerseits machte ich unseren Botschafter in London, den Grafen Benckendorff, während seines hiesigen Aufenthaltes mit allen Einzelheiten der Angelegenheit bekannt. Er ist gleichfalls der Ansicht, es sei aller Grund vorhanden, auf eine weitere günstige Entwicklung der Angelegenheit zu rechnen.

Während des hiesigen Aufenthaltes des englischen Königspaares hatte ich Gelegenheit, mich mehrmals und recht lange sowohl mit König Georg als auch mit Sir Edward Grey zu unterhalten. König Georg äußerte mir gegenüber in den wärmsten Ausdrücken seine persönliche Anhänglichkeit an Seine Majestät den Kaiser, ohne auf die Einzelheiten des in Aussicht genommenen Aufbaues der bestehenden russisch-englischen Abkommen einzugehen. Er drückte mir gegenüber aufs bestimmteste seine Zustimmung zu diesem Plane aus. Mit Sir Edward Grey berührte ich gleichfalls nicht die Einzelheiten der Angelegenheit, jedoch hat mich alles, was ich von ihm hörte, davon überzeugt, daß wir in ihm den aufrichtigsten Anhänger einer umfassenderen und engeren Annäherung zwischen Rußland und England besitzen . . .

98. Grey an Bertie, Paris: Unterredung mit Doumergue und Poincaré über englisch-russisches Marineabkommen. Brit. Dok. X. 2. 2, 1277—1279.

Foreign Office, 1. Mai 1914

Am 23. v. M. hatte ich am Quai d'Orsay eine lange Unterredung mit Herrn Doumergue. Sir William Tyrrell war mitgekommen, und Herr Cambon und Herr Margerie waren auch zugegen.

Herr Doumergue sprach des längern und mit großem Nachdruck von der Notwendigkeit, etwas zu tun, um die Beziehungen zu Rußland sicherer zu gestalten. Er nahm offenbar an, daß Deutschland große Anstrengungen machen werde, um Rußland vom französischen Bündnis abzusprengen, und daß ihm dies möglicherweise gelänge. In diesem Fall wären Frankreich und England auf sich allein angewiesen; denn Italien, das einmal das am wenigsten zuverlässige und wirksame Mitglied des Dreibunds gewesen, nehme jetzt Österreichs Platz darin ein. Italien gehe ehrgeizigen Bestrebungen im Mittelmeer nach, und Deutschland zeige sich geneigt, Italiens Stellung im Dreibund dadurch zu festigen, daß es im Mittelmeer ein deutsches Geschwader halte. Rußland ersehne ein besseres Einvernehmen mit uns, und es sei wesentlich, daß wir etwas täten. Die Franzosen wüßten, daß ein Bündnis zwischen Britannien und Rußland ausgeschlossen sei, aber könnten wir nicht wenigstens versprechen, mit Rußland nötigenfalls die Angelegenheiten zu erörtern?

Ich sagte, ich hielte es, wenn die Franzosen zustimmten, nicht für unmöglich, daß wir der russischen Regierung genau den Stand der Dinge zwischen Frankreich und uns mitteilten. Wir könnten sie über das Schreiben, das ich Herrn Cambon gegeben, und über die Besprechungen unterrichten, die zwischen den Stäben des Heers und der Marine stattgefunden. Rußland vermöchte sich dann ein genaues Bild davon zu machen, wie die Dinge stünden und welchen Spielraum sie für Erörterungen mit ihm ließen. Es würde ersehen, daß die französische sowohl wie die britische Regierung vollkommen freie Hand hätten zu entscheiden, ob sie im Kriegsfall einander unterstützen wollten oder nicht. Rußland würde auch erkennen, daß die britische Regierung, wenn sie sich überhaupt zum Eingreifen in einen Festlandskrieg entschlösse, ihre militärischen Streitkräfte nur an der französischen Grenze einsetzen könnte; und daß deshalb militärische Besprechungen seitens Rußlands und Englands keinen Zweck hätten. Anläßlich dieser Mitteilung könnten wir Rußland nach seinen Wünschen fragen.

Herr Doumergue pflichtete dem bei und bemerkte, Rußland wolle, was uns anlange, keine militärische Abmachung.

Ich erklärte, die Sache würde sich dann auf eine Aussprache zwischen den russischen und britischen Marinestäben beschränken. Dabei könne nicht gar viel herauskommen, aber es wäre immerhin etwas, und ich wolle bei meiner Rückkehr nach London den Premierminister darüber befragen und sehen, ob wir einer solchen Aussprache zustimmen könnten.

Ich darf Euere Exzellenz, obschon ich diese Einzelheit Herrn Doumergue gegenüber nicht berührte, unterrichten, daß im Krieg das Einlaufen der britischen Flotte in die Ostsee — sofern dies nicht ganz am Ende des Kriegs nach praktisch errungenem Sieg geschähe, um den « coup-de-grâce » zu geben — nicht für gefahrlos erachtet würde, aus Furcht, die Flotte könnte in eine Falle geraten und ihre Verbindungslinien abgeschnitten sehen. Wenn also Flottenbesprechungen mit Rußland stattfänden, würden sie, soweit ich es beurteilen kann, einfach darauf hinauslaufen, Rußland wissen zu lassen, daß unsere Seestreitkräfte außerhalb der Ostsee eingesetzt würden und daß Rußland seine eigenen Seestreitkräfte am besten innerhalb der Ostsee verwenden könnte.

Später am Abend nach der Tafel sprach Herr Poincaré mit mir und äußerte sich befriedigt über das, was ich, wie er gehört habe, Herrn Doumergue erklärt hätte.

Im Verlauf der Unterredung mit Herrn Poincaré und Herrn Doumergue legte ich dar, daß es für uns bei Rußland schwieriger sei als bei Frankreich — ich wolle nicht sagen, Verpflichtungen einzugehen, denn wir hätten Frankreich gegenüber keine Verpflichtungen —, sondern Rußland Hoffnung auf unsern Beistand zu machen. Ob wir in einen Festlandskrieg eingriffen oder ihm fernblieben, hinge von der öffentlichen Meinung in Großbritannien zur Zeit des Kriegsausbruchs ab. Falls Deutschland einen wirklich aggressiven und bedrohlichen Angriff auf Frankreich unternehme, werde die öffentliche Stimmung in Großbritannien es möglicherweise rechtfertigen, daß die Regierung Frankreich helfe. Es sei indes nicht wahrscheinlich, daß Deutschland einen aggressiven und bedrohlichen Angriff auf Rußland unternähme; und selbst wenn es dies täte, wäre man in Großbritannien geneigt zu sagen, obwohl Deutschland anfangs vielleicht Erfolge davontrüge, seien die Hilfsquellen Rußlands doch so groß, daß Deutschland sich auf die Dauer erschöpfen werde, ohne daß wir Rußland beistünden. Außerdem sei die französische Regierung eine freie Regierung, die russische Regierung aber nicht; und das beeinflusse die Sympathie der öffentlichen Meinung in Großbritannien.

Als ich diese letztere Bemerkung zu Herrn Poincaré machte, sagte er, die gleiche Schwierigkeit bestehe hinsichtlich der französischen Stimmung für Rußland.

Dazu äußerte ich, das sei mir bekannt, aber in Frankreich empfinde man ein Bündnis mit Rußland als nützlich, während in England die Sache eine viel weitergehende Aufklärung erheischte.

Herr Poincaré bemerkte, ein Bündnis werde nicht angeregt, denn zwischen England und Rußland könne nichts in Frage kommen, was über das zwischen England und Frankreich Bestehende hinausginge.

Ich fand, daß alle in der Politik Bewanderten, sowohl Amtspersonen als auch Männer wie die HH. Clemenceau und Delcassé, einen ungeheuern Eindruck hatten von der wachsenden Stärke Rußlands und seinen unermeßlichen (tremendous) Hilfsquellen sowie von seiner potentiellen Macht und seinem Reichtum.

99. Benckendorff, London, an Sazonov: Pariser und Londoner Gespräche über englisch-russisches Marineabkommen. Widerstände in der liberalen Partei. Geheimhaltung. Russ. Dok. I. 2, 348—350.

London, 5. Mai 1914

In Paris, wo ich mich nur wenige Tage aufzuhalten gedachte, zuerst durch ein leichtes Unwohlsein und dann durch die kurze Krankheit und den Tod meines Vetters P. P. Tolstoi zurückgehalten, war ich bei dem Pariser Besuch des Königs und der Königin von England zugegen, ohne irgendwie daran teilzunehmen.

Ein dauernder Kontakt mit meinem Kollegen in Paris hat mir erlaubt, den Gedankenaustausch mit Sir Edward Grey zu verfolgen, zu dem auf Ihren Wunsch die französische Regierung den Anstoß gab. Herr Cambon hat seinerseits die Güte gehabt, mich von allen Vorgängen zu unterrichten.

Ich habe daher dem nichts hinzuzufügen, was Herr Iswolski Ihnen hierüber gemeldet haben wird.

Bei meiner Rückkehr nach London sagte mir Herr Cambon, Sir Edward Grey habe ihm erneut bestätigt, was er von sich aus persönlich den Herren Poincaré und Doumergue gesagt hätte. Sir Edward Grey habe hinzugefügt, daß nach seiner Rückkehr das Kabinett täglich zusammentrete wegen der irischen Angelegenheiten und wegen des Budgets, und es sei ihm noch nicht möglich gewesen, sich mit seinen Kollegen zusammen mit den schwierigen Tagesfragen zu beschäftigen, die die auswärtigen Angelegenheiten und die Pariser Besprechungen beträfen. Er habe diese Fragen 8—10 Tage zurückstellen müssen. Sir Edward hatte indessen dem Premierminister über seine Reise Bericht erstattet. Ohne das Kabinett zunächst noch zu verpflichten, hatte Mr. Asquith geantwortet, er sehe keine unüberwindliche Schwierigkeit gegen die Ausführung der Pläne, von denen in Paris die Rede gewesen war. Dieselben Worte hat seitdem

Mr. Asquith Herrn Cambon gegenüber selbst wiederholt. Dieser hat den Premierminister sehr günstig gestimmt gefunden.

Es handelt sich demnach um eventuelle militärische Vereinbarungen zwischen Rußland und England, wie sie zwischen England und Frankreich bestehen. Diese letzteren Vereinbarungen würden uns durch die beiden Regierungen sehr vertraulich mitgeteilt werden, worauf die Kaiserliche Regierung der englischen einen analogen Vorschlag zu machen hätte, welcher der Natur der Sache nach sich mehr auf die Flotten als auf die Landarmeen beziehen würde.

So weit stehen die Dinge heute. So werden sie stehenbleiben, solange diese Frage nicht im Ministerrat besprochen und entschieden sein wird. Es läßt sich nicht voraussehen, ob alle Minister von vornherein ohne jeden Widerstand ihre Zustimmung geben werden. Immerhin wird sich, woran ich kaum zweifle, die entschiedene Ansicht der wahren Führer des Kabinetts durchsetzen, und dann werden die regulären Verhandlungen beginnen können.

Bis dahin gedenke ich, meinen französischen Kollegen in erster Linie handeln zu lassen, da faktisch die französische Regierung die Frage aufgerollt hat. Wenn das so vorgezeichnete Resultat erzielt werden sollte, hätten wir, glaube ich, die Hauptsache erreicht, nämlich den bisher zu sehr rein moralischen und friedfertigen Ideenkreis der Entente durch etwas Greifbareres zu ersetzen.

Mein Aufenthalt in Paris und das Schauspiel, dem ich dort beigewohnt habe, haben mich von neuem in der Ansicht bestärkt, daß ein Bündnis oder irgendeine öffentliche Vereinbarung nicht möglich ist, und daß, selbst wenn die englische Regierung sich dazu bestimmen lassen könnte, die Ergebnisse ganz andere sein würden als die, welche man erwarten könnte. Es ist außer Zweifel, daß der dem Könige und der Königin in Paris bereitete Empfang äußerst warm gewesen ist, wärmer, sagte man mir dort, als bei früheren englischen Besuchen. Die englische Öffentlichkeit hat diesen Empfang ernsthaft anerkannt.

Wenn unter diesen Umständen ein förmliches Bündnis zwischen Frankreich und England als unmöglich erkannt worden ist, so gilt dasselbe noch mehr für ein Bündnis zwischen Rußland und England.

Ich bezweifle, daß sich eine stärkere Garantie für ein militärisches Zusammengehen im Kriegsfalle finden lassen kann als der Geist dieser Entente, wie er sich enthüllt hat, verstärkt durch die bestehenden militärischen Vereinbarungen.

Wenn man die Phasen dieser Entente kurz rekapituliert, so habe ich für mein Teil keine beobachtet, wo England in bedrohlichen Augenblicken auch nur den Anschein erweckt hätte, zu zögern. Ließe sich nicht auch beobachten, daß dasselbe auch bei der englisch-russischen Entente der Fall gewesen ist, trotz der Schwierigkeit, Lösungen für alle täglich auftauchenden Fragen zu finden, wo die russischen und die englischen Interessen in gleicher Weise berührt werden, und auch ungeachtet dessen, daß unsere Entente mit England aus Gründen, die zu lang und zu kompliziert sind, um einzeln aufgezählt zu werden, nicht so tiefe Wurzeln geschlagen hat wie in Paris und in London?

Der Grund ist darin zu suchen, daß ein noch so vorsichtiges, aber öffentliches Bündnis in England vornehmlich, aber nicht ausschließlich, bei der liberalen Partei auf einen so starken und so offenkundigen Widerstand stoßen würde, daß ein großer Teil der angestrebten politischen Ergebnisse paralysiert werden würde. Ich glaube, daß unter diesen Umständen ein Bündnis nichts wert ist, es würde den Garantien, die England Rußland und Frankreich bietet, nur sehr wenig hinzufügen und würde dagegen der Agitation zugunsten Deutschlands, auf die Deutschland mehr Wert legt als je, einen viel günstigeren Boden geben.

Um meinen Gedanken zu resümieren, möchte ich sagen, daß selbst *der* Engländer, der am festesten davon überzeugt ist, daß ein Konflikt mit Deutschland früher oder später unvermeidlich werden wird, vor dem Gedanken zurückschrecken wird, England an bestimmte Bündnisverträge zu binden mit Verpflichtungen, deren Folgen und Bedingungen er nicht übersehen kann.

PS. Nachdem dieser Brief geschrieben war, begaben Herr Cambon und ich uns zu Sir Edward Grey, um über verschiedene Fragen zu verhandeln. Ich habe gestern über diese Zusammenkunft telegraphisch berichtet. Es fehlt mir die Zeit, Briefe abzufassen, welche die Telegramme bestätigen.

Am Schluß dieser Zusammenkunft sagte Sir Edward Grey uns in Beantwortung einer Frage des Herrn Cambon, es sei ihm zu seinem Bedauern im Laufe dieser Woche nicht möglich gewesen, dem Ministerrat die Pläne vorzulegen, die eine geheime Mitteilung der zwischen Frankreich und England bestehenden Abmachungen, über welche die Herren Poincaré und Doumergue sich mit ihm in Paris unterhalten hätten, an die Kaiserliche Regierung betreffen. Er sagte uns, es hätten zwei Kabinettsratssitzungen täglich stattgefunden, die teils den irischen Angelegenheiten gegolten hätten und besonders dem am Montag eingebrachten Budget. Er wiederholte uns bei dieser Gelegenheit, er persönlich begünstige diesen Plan, er habe dem Premierminister davon gesprochen, und Mr. Asquith teile seine Ansicht.

Wie mein Pariser Kollege habe ich Ihnen hierüber nichts telegraphiert. Wie er bin auch ich der Meinung, daß man in einer so außerordentlich geheimen und delikaten Angelegenheit nicht vorsichtig genug sein kann.

Als wir Sir Edward Grey verließen, wies Herr Cambon mich auf diese Seite des Problems hin. Er sagte mir, schon um des militärischen Geheimnisses willen müsse man sich darauf gefaßt machen, daß die Militärbehörden auf der einen wie auf der anderen Seite des Kanals ihr Geheimnis nur mit einigem Zögern preisgeben würden.

100. **a)** Aufzeichnung Bethmann Hollweg für Jagow, **b)** Bethmann Hollweg an Tschirschky: Österreichs Sonderpolitik, Gefahr für Dreibund.

Gr. Pol. 38, 349—351.

Berlin, 8. Mai 1914

(**a**) Ich halte eine klare Aussprache in Wien für dringend erforderlich. Wien beginnt sich in seiner gesamten Politik etwas stark von uns zu emanzipieren und muß meo vota rechtzeitig am Zügel gehalten werden.

Falls Sie zustimmen, bitte ich, mir den Erlaß nach Wien vor Abgang zur Kenntnis vorzulegen.

Berlin, 8. Mai 1914

(**b**) Euer pp. lasse ich anbei Abschrift eines Berichts des Kaiserlichen Botschafters in Rom [78] über eine Unterredung mit dem dortigen österreichisch-ungarischen Botschafter zur gefälligen Kenntnis zugehen.

Wenn die Absichten des Herrn von Mérey [79] in Wien maßgebend bleiben sollten — so wie es sein Rat in Abbazia gewesen zu sein scheint —, so würde das Bundesverhältnis zwischen der Donaumonarchie und Italien schweren Gefährdungen ausgesetzt sein. Ich brauche nicht hinzuzufügen, daß durch eine derartige Krise im Dreibund auch wir in ernste Mitleidenschaft gezogen würden, und daß wir also ein durchaus berechtigtes Interesse an der Vermeidung solcher Eventualitäten haben. Wir müssen um der Erhaltung des Dreibundes willen darauf dringen, daß zwischen unseren Bundesgenossen eine Verständigung über die drohende montenegrinische Frage herbeigeführt wird. Ich kann mir die diesbezüglichen Ausführungen Herrn von Flotows nur zu eigen machen. Ob es gelingen wird, Montenegro *gegen* den politischen und finanziellen Einfluß Rußlands dauernd zu Österreich hinüberzuziehen, mag allerdings fraglich erscheinen. Der österreichischen Politik pflegt es leider auch für solche Aufgaben an der nötigen Geschmeidigkeit zu fehlen. Jedenfalls müßte für den Fall, daß derartige Versuche scheitern sollten, eine vorherige Verständigung zwischen den Kabinetten von Wien und Rom über die Frage territorialer

[78] v. Flotow, 1913—1915.

[79] Österreichischer Botschafter in Rom.

Veränderungen an der Adria erzielt werden. Der Ausbruch eines Konflikts zwischen Österreich und Italien — bei dem auch Serbien gegen die Donaumonarchie stände —, würde für Rußland zweifellos Anlaß zum Eingreifen bieten, wir würden vor die Frage gestellt, zwischen unseren Alliierten optieren zu müssen oder bei passiver Haltung Österreich-Ungarn einem Angriff von zwei Seiten preiszugeben. Es würde das einen völligen Zusammenbruch des Dreibundes und unseres bisherigen politischen Systems bedeuten.

Euer pp. ersuche ich daher, den Grafen Berchtold gelegentlich — ohne jedoch der Unterredung zwischen Herrn von Flotow und von Mérey Erwähnung zu tun — auf die Frage anzusprechen und ihn darauf hinzuweisen, daß eine Verständigung mit Italien auch für unsere Interessen unerläßlich erscheint. Was die bisher vom Marquis di San Giuliano [80] vertretene These betrifft, daß er eine Zuteilung des montenegrinischen Küstengebiets an Albanien nicht zulassen könne, so habe ich den Kaiserlichen Botschafter in Rom bereits mit Instruktionen versehen, dem Minister die Unhaltbarkeit dieses Standpunktes darzulegen.

101. Cambon, London, an Doumergue: Englands Bereitschaft zum Marineabkommen mit Rußland.

Doc. franç. X. 371—373, aus dem Französischen übersetzt von Gertrud Hässig.

London, 16. Mai 1914

Wie ich Eurer Exzellenz mit meinem Telegramm Nr. 87 vom 14. des Mts. mitgeteilt habe, hat das englische Kabinett Sir Ed. Grey ermächtigt, den russischen Botschafter von dem Brief in Kenntnis zu setzen, den mir der Staatssekretär des Auswärtigen am 22. November 1912 gesandt hat. Dieser Brief setzt sich mit etwaigen Ereignissen auseinander, die dazu führen könnten, daß die zwischen den Generalstäben Frankreichs und Englands ausgehandelten Übereinkünfte in die Tat umgesetzt werden müßten.

Die Schnelligkeit, mit der diese Entscheidung den Wunsch des Zaren befriedigte, hat, muß ich sagen, meine optimistischsten Erwartungen übertroffen.

Wie Sie schon aus meinem Telegramm Nr. 83 vom vergangenen 30. April erfahren haben, hat Sir Ed. Grey gleich nach seiner Rückkehr aus Paris den Premierminister über unsere diesbezüglichen Besprechungen

[80] Italienischer Außenminister 1910—1914.

in Kenntnis gesetzt. Er hat Herrn Asquith Ihren Vorschlag unterbreitet, den Briefwechsel zwischen ihm und mir der russischen Regierung zu übermitteln. Damit soll die Existenz bedingter Übereinkünfte zwischen dem französischen und dem englischen Generalstab bestätigt und vorgesehen werden, daß im Fall friedensbedrohender Umstände die beiden Regierungen sich über die Zweckmäßigkeit einer Inkraftsetzung der Übereinkünfte beraten. Herr Asquith zeigte sich persönlich geneigt, diesen Vorschlag anzunehmen wie auch den anderen, den Sie ebenfalls mit ihm besprochen haben, der den Abschluß eines Abkommens zwischen dem russischen und dem englischen Generalstab vorsieht, wie er schon zwischen dem englischen und dem französischen Generalstab besteht.

Nachdem Sir Ed. Grey Herrn Asquith für die beiden Vorschläge gewonnen hatte, hatte ich Gelegenheit zu einer Begegnung mit ihm. Ich machte ihn darauf aufmerksam, daß die deutsche Diplomatie und der Berliner Hof Aktivitäten entfalteten, um Rußland von Frankreich und England zu trennen. Ich wies auf den deutschen Einfluß in der nächsten Umgebung des Zaren und in den politischen Kreisen in St. Petersburg hin. Ich habe nichts versäumt, um den Premierminister davon zu überzeugen, wie sehr unsere beiden Regierungen daran interessiert seien, diese deutschen Einflüsse zu unterbinden, die aber von unserer Seite indirekte Unterstützung erhalten würden, wenn die britische Regierung entsprechende Winke sowohl des russischen Kabinetts als auch des Zaren selbst einfach übersehe. Meine Argumentation, die auf Erwägungen anläßlich eines früheren Gesprächs mit Sir Arthur Nicolson basiert — ich berichtete Ihnen davon in meiner Depesche Nr. 162 vom vergangenen 1. April —, hat, wie mir schien, Herrn Asquith beeindruckt, denn er hat mehrmals meiner Ansicht zugestimmt.

Einige Tage später sprach Sir Ed. Grey zu meinem russischen Kollegen von der tiefen Genugtuung, die er beim Empfang der englischen Majestäten in Paris empfunden habe. Ferner unterrichtete er Graf Benckendorff summarisch von der Unterhaltung, die Sie mit ihm betreff der anglorussischen Beziehungen geführt hätten, und daß Ihre diesbezüglichen Vorschläge beim Premierminister auf günstige Voraussetzungen gestoßen seien.

Nun war aber noch das Kabinett zu Rate zu ziehen, und diese Beratung machte mir Sorgen, wenn man an die Zahl der Minister mit ihren verschiedenen Anschauungen denkt und an den bekannten Widerwillen englischer Staatsmänner, den Bindungen, zu denen ihr Land durch Vertrag verpflichtet ist, noch neue hinzuzufügen. Sir Ed. Grey ließ mich vorgestern wissen, das Kabinett habe ihn ermächtigt, den russischen Botschafter über den Briefwechsel zwischen der französischen und der englischen

Regierung auf dem Laufenden zu halten und — sollte die russische Regierung dies wünschen — Verhandlungen zwecks einer Entente zwischen der russischen und der englischen Admiralität aufzunehmen. Die Bedingungen, die die englische Regierung stellt, daß nämlich die Verhandlungen in London stattfinden und der französische Marineattaché daran teilnehmen soll, können den Abschluß nur erleichtern, indem man uns erlaubt, daran teilzunehmen. Außerdem begünstigen sie die Übereinstimmung der unter den drei Mächten vereinbarten Bestimmungen zur Regelung ihrer eventuellen militärischen Zusammenarbeit.

Hinsichtlich des Einsatzes der Landstreitkräfte hielt das britische Kabinett Verhandlungen zwischen den beiden Generalstäben für überflüssig, da man nicht einsieht, zu welchem Ziel sie führen sollten, zumindest in bezug auf militärische Operationen in Europa. Als Sir Ed. Grey mir das Ergebnis der Kabinettsberatung mitteilte, sagte er wörtlich: „Die Entsendung einer englischen Armee auf den Kontinent bezieht sich nur auf die Grenzen Frankreichs."

Es kann deshalb mit dem Abschluß eines Flottenabkommens zwischen den Generalstäben der englischen und der russischen Admiralität und einem Briefwechsel der Kabinette Londons und Petersburgs gerechnet werden, der dem Briefaustausch zwischen Sir Ed. Grey und mir entspricht. Dies ist ein beachtliches Ergebnis weniger seiner militärischen als seiner politischen Tragweite wegen. Das englisch-russische Abkommen wird dadurch nur gestärkt, und Rußland wird gegen die Versuchung, auf die deutsche Seite abzuschwenken, abgesichert. So beurteilte es auch Graf Benckendorff, als ich mit ihm über Sir Ed. Greys Mitteilung sprach. Ich fragte, ob er über diese Bedeutung schon nach St. Petersburg telegraphiert habe. Er antwortete, Herr Izvolskij, der sich neuerdings einige Tage in London aufhielt, und er seien übereingekommen, zur Übermittlung der diesbezüglichen Nachrichten nach St. Petersburg nicht den Telegraph zu benutzen. Es gibt tatsächlich nur zwei telegraphische Verbindungen nach Rußland, die eine geht durch Deutschland, die andere geht von Skandinavien aus. Mein russischer Kollege und Herr Izvolskij sind beide der Ansicht, man müsse die Gefahr eines Bekanntwerdens vermeiden und sich deshalb allein der Kuriere bedienen, um das russische Kabinett über den Gang der Verhandlungen auf dem Laufenden zu halten. Dies ist eine Vorsichtsmaßnahme, die auch wir nachahmen sollten.

102. Benckendorff, London, an Sazonov: Englische Einwilligung in Abkommen mit Rußland. Russ. Dok. I. 3, 21—22.

London, 19. Mai 1914

Sir Edward Grey sah heute Herrn Cambon und mich bei sich. Was mein französischer Kollege mir schon vorher gesagt hatte, bestätigte mir der Staatssekretär, nämlich, daß der englische Ministerrat die Antwort gebilligt hat, die er Herrn Doumergue von sich persönlich aus in Paris gegeben hatte, als der französische Minister mit ihm von den Beziehungen zwischen Rußland und England gesprochen und darauf hingewiesen hatte, wie nützlich für den Notfall eine vorherige militärische Abmachung zwischen den Regierungen sein würde. Es handle sich zunächst nur darum, der Kaiserlichen Regierung beiderseits die beiden vertraulichen und geheimen Schriftstücke mitzuteilen, die im Jahre 1912 zwischen der französischen und der englischen Regierung ausgetauscht worden seien.

Sir Edward Grey hob hervor, der Wortlaut dieser Schriftstücke zeige, daß zwischen den beiden Mächten keine Allianz geschlossen worden sei; sie hätten vor allem den Zweck gehabt, den Geist der militärischen Abmachungen in das rechte Licht zu setzen, die zwischen den Armee- und den Marinebehörden vorher gemeinsam studiert worden seien für den Fall, daß ein aktives Zusammenwirken der englischen und der französischen Land- und Seestreitkräfte notwendig werden würde.

Sir Edward betonte, daß ohne solche vorherige Abmachungen ein sofortiges Zusammenwirken selbst beim besten Willen und der politischen Entente zwischen beiden Regierungen auf gefährliche technische Schwierigkeiten stoßen würde.

Sir Edward fügte hinzu, die englische Regierung habe keine Einwendungen dagegen zu machen, daß ein Abkommen in demselben Geiste, wie er in dem Schriftwechsel zwischen Herrn Cambon und ihm zum Ausdruck komme, zwischen dem russischen und dem britischen Admiralstabe vereinbart und abgeschlossen werde. Er erblicke in einem derartigen Abkommen dieselben praktischen Vorteile, die er in den Abmachungen mit Frankreich erblickt habe. Er sagte uns, daß er an ein Marineabkommen denke, weil dieses durch die Natur der Dinge gegeben sei, und weil er im übrigen zu wissen glaube, daß dies auch der Wunsch gewesen sei, den die Kaiserliche Regierung ausgesprochen habe.

Danach übergab Sir Edward Grey mir eine Abschrift des Schreibens, das er am 22. November 1912 an den französischen Botschafter gerichtet hatte; Herr Cambon übergab mir seinerseits mit Ermächtigung seiner Regierung eine Abschrift des Briefs, den er am folgenden Tage an den Staatssekretär gerichtet hatte.

Ich habe die Ehre, Abschriften davon hier beizufügen.

Auf meine Frage erklärte Sir Edward Grey, das zweckmäßigste wäre, wenn man unseren Marineattaché in London [81] ermächtigte, sich mit der englischen Admiralität in Verbindung zu setzen. Der Erste Lord der Admiralität sei ebenso wie seine Kollegen von der Regierung von unserm Plane unterrichtet. Die englische Admiralität hätte die Abkommen, welche die Marine beträfen und von Frankreich und England gemeinsam geprüft worden seien, zu ihrer Verfügung. Was die übrigen Abmachungen betreffe, so bleibe es Frankreich, unserem Verbündeten, überlassen, nach seinem Gutdünken Gebrauch von ihnen zu machen.

Indem ich Sir Edward Grey für seinen freundschaftlichen Willen dankte, den er gezeigt hatte, beschränkte ich mich darauf zu erwidern, daß ich Eurer Exzellenz unverzüglich die Abschriften der beiden Schriftstücke übermitteln und Ihnen genau berichten würde, was er mir bei Überreichung seines Schreibens gesagt habe.

103. Jagow, Gespräch mit Moltke: Moltke wegen russischer Rüstung für Präventivkrieg. Jagows Ablehnung. Zechlin, Motive 92—93.

(Frühjahr 1914) [82]

Am 20. Mai und 3. Juni 1914, den kurz aufeinanderfolgenden Geburtstagen des Kaisers von Rußland und Königs von England fanden zu Ehren derselben Déjeuners bei unseren Majestäten im Neuen Palais zu Potsdam statt, in denen die respectiven Botschafter — und deshalb auch ich als Staatssekretär d. A. A. — geladen waren. Bei einem derselben — ich weiß nicht mehr, ob am 20. 5. oder am 3. 6. — an dem auch der Generalstabschef v. Moltke teilnahm, sagte mir dieser, er würde gern mit mir Einiges besprechen, ob ich nicht in seinem Automobil mit ihm nach Berlin zurückfahren wollte. Ich nahm die Einladung an.

Unterwegs entwickelte mir Moltke seine Auffassung unserer militärischen Lage. Die Aussichten in die Zukunft bedrückten ihn schwer. In 2—3 Jahren würde Rußland seine Rüstungen beendet haben. Die militärische Übermacht unserer Feinde wäre dann so groß, daß er nicht wüßte, wie wir ihrer Herr werden könnten. Jetzt wären wir ihnen noch einigermaßen gewachsen. Es bleibe seiner Ansicht nach nichts übrig, als einen Präventivkrieg zu führen, um den Gegner zu schlagen, so lange wir den Kampf noch einigermaßen bestehen könnten. Der Generalstabschef stellte

[81] Volkov, Kapitän.

[82] Undatiert, Archiv des Auswärtigen Amtes.

mir demgemäß anheim, unsere Politik auf die baldige Herbeiführung eines Krieges einzustellen.

Moltke war nicht der Mann, den nach Kriegslorbeeren gelüstet hätte. Bei unserem ersten Gespräch, zu Beginn des Jahres 1913, hatte ich wahrnehmen können, daß er der Eventualität eines Krieges mit großem Ernst, aber abwehrend entgegen sah. Seine jetzige Auffassung mußte mir um so mehr Anlaß zum Denken geben. Moltke war ein Mann, der es mit seiner Verantwortung sehr ernst nahm, der aber wohl etwas unter dem Gefühl litt, seiner Stellung nicht ganz gewachsen zu sein — es fehlt ihm an strategischer Genialität. Wenn er jetzt für den Krieg plädierte, so mußte das ein Ausfluß allzu großer Sorge um die wachsende Übermacht sein.

Ich entgegnete ihm, daß ich mich nicht dazu verstehen könnte, einen Präventivkrieg heraufzubeschwören und erinnerte an das Bismarcksche Wort, man könne der Vorsehung nicht in die Karten sehen. Den Ernst unserer Lage verhehlte ich mir zwar nicht. Ich habe auch nie den Gedanken eines Präventivkrieges prinzipiell und a limine verurteilt. Ein solcher kann unter Umständen als Defensivkrieg — so wie es Moltke auch jetzt ansah — zur unvermeidlichen Aufgabe einer vorausschauenden Politik werden. Erscheint ein Krieg unvermeidlich, so soll man sich den Moment nicht von dem Feind diktieren lassen, sondern ihn selbst bestimmen. Auch der fanatischste Friedensfreund wird, wenn er nicht ein ganz hirnverbrannter Doktrinär ist, diese Regel anerkennen. Selbst Bismarcks Kriege gegen Österreich und Frankreich waren im Grunde Präventivkriege gewesen. Aber abgesehen davon, daß der geeignete Moment vielleicht schon verpaßt war (bei dem Zusammenschluß der Tripel-Entente und 1908/09, wo Rußland notorisch noch nicht wieder kampffähig war), hoffte ich noch, unser Verhältnis zu England würde sich so weit bessern lassen, daß ein allgemeiner Krieg ziemlich ausgeschlossen oder doch weniger gefährlich sein würde. Denn wenn mit Englands Teilnahme nicht mehr zu rechnen war, würden die Russen und Franzosen ohne diese Rücklehnung kaum versucht sein, einen Waffengang mit uns zu provozieren. Deutschland aber würde bei friedlicher Weiterentwicklung seiner wirtschaftlichen Stellung automatisch immer stärker und schwerer besiegbar. Abgesehen von der Abwehr unserer Feinde gab es für uns keine „Kriegsziele", wie Eroberungen usw., die die schweren Blutopfer rechtfertigen könnten. Schließlich war ich hinsichtlich eines Krieges auch aus internen Gründen nicht frei von Sorge: wegen der Persönlichkeit des Obersten Kriegsherrn. Und der Kaiser, der die Erhaltung des Friedens wollte, würde dem Kriege immer auszuweichen suchen und ihn nur führen, wenn er ihm von unseren Feinden aufgezwungen würde.

Moltke insistierte nach meiner Ablehnung nicht weiter auf seiner Anregung. Der Gedanke eines Krieges war ihm an sich, wie schon gesagt, nicht sympathisch.

Als der Krieg dann, unvorhergesehen und von uns *nicht* gewollt, wirklich ausbrach, war Moltke — durch die zweite Kur in Carlsbad im selben Jahre allerdings physisch mitgenommen — sehr nervös und stand sichtlich unter einer starken Depression.

Ich habe auch im Juli 1914 gehofft, daß ein allgemeiner Krieg sich würde vermeiden lassen. Aber ich kann nicht leugnen, daß für den Fall, daß dies nicht möglich wäre, die Erinnerungen an die Äußerungen Moltkes bei obiger Unterredung mir einiges Vertrauen in einen günstigen Ausgang gegeben hat.

Die Ereignisse haben Moltke gewissermaßen recht gegeben. Nur durfte er nicht die Fehler machen, die zu der Niederlage an der Marne führten!

104. Paléologue, St. Petersburg, an Doumergue: Revolution in Rußland und Krieg.

Doc. franç. X. 405—409, aus dem Französischen übersetzt von Gertrud Hässig.

St. Petersburg, 21. Mai 1914

„Rußland ist keineswegs kriegerisch; der voranstehende Grund dafür ist, daß es die Revolution im eigenen Haus hat . . . Wenn Zar Nikolaus in den Krieg ziehen wollte, sollte er sich wohlweislich seine Kaiserkrone mit einem Band befestigen, sonst könnte sie der Revolutionssturm wegreißen." So sprach gestern vor dem deutschen Reichstag der sozialistische Abgeordnete Wendel und beantwortete damit eine Frage, die sich auch hier viele Leute stellen: „Würde ein Krieg nicht das Signal für die Revolution bedeuten?"

Die Frage ist für uns zu folgenschwer, als daß ich die Ausführungen des Abgeordneten Wendel ohne Überprüfung passieren lassen könnte.

In was für einem Zustand befinden sich also die revolutionären Kräfte in Rußland? Und riskiert unser Verbündeter, in seinen militärischen Anstrengungen durch eine Volkserhebung gelähmt zu werden?

Dies ist eine jener schwierigen Fragen, die auch ein praktisch denkender Mensch — ein "matter of fact man" sagen die Engländer — zu beantworten sich nicht getraute, da unbekannte, verwickelte und sich stets ändernde Faktoren dabei im Spiele sind. Nichtsdestoweniger lassen sich einige allgemeine Tatsachen feststellen, aus denen sich eine praktische Lösung ableiten ließe.

Zum ersten müssen wir fragen, wie sich die revolutionären Kräfte zusammensetzen. Man erkennt deutlich zwei Kampfgruppen: das intellektuelle Proletariat und das Arbeiterproletariat.

Das intellektuelle Proletariat hat seine Anhänger in der Studentenschaft, unter den Professoren, Medizinern, Chemikern, Ingenieuren und Juristen; sie sind Nihilisten. Wenn man die Theoretiker unter ihnen ausschließt und nur die aktiven und kampffähigen Revolutionäre zählt, so beschränkt sich ihre Gruppe auf 5—6000 Führer und Soldaten. Übrigens herrscht in ihren Reihen keinerlei Disziplin und es besteht kein Zusammenhalt zwischen den einzelnen Gruppen. Sie haben ein vages Programm voller krankhafter Träumereien, naiver Utopien und pessimistischer Spekulationen. In einigen ihrer Anhänger zeigt sich jedoch eine heroische Kraft, absolute Selbstaufopferung und sogar Märtyrertum. Unter solchen Bedingungen ist es der nihilistischen Partei möglich, von Einzelnen ausgeführte Attentate zu organisieren, aber eine große soziale Umwälzung vermag sie nicht herbeizuführen. Sie gesteht sich übrigens selbst ein, daß sie müde und enttäuscht ist. Der gescheiterte Putsch im Jahre 1906 hat sie entkräftet. Die Erschöpfung zeigt sich in einem ungewöhnlichen Anwachsen von Selbstmorden und Neurasthenie unter den Studenten.

Dagegen wächst das Arbeiterproletariat schnell und organisiert sich. Dies ist die logische Folge der gewaltigen Entwicklung, die Rußland seit einigen Jahren erlebt. Die meisten Industriezentren, St. Petersburg, Reval, Moskau, Lodz, Warschau, Odessa, Baku usw., sind dem revolutionären Sozialismus verpflichtet. In dieser Armee, die man auf etwa 500 000 Mann schätzt, ist die Disziplin perfekt. Das einfache Programm lautet: „Die Revolution bis zum Ende durchführen", d. h. bis zur gänzlichen Vernichtung des autokratischen Despotismus. An der Spitze der Partei steht ein leitendes Komitee, dessen Macht um so mehr anerkannt und dessen Befehlen um so mehr gefolgt wird, je weniger man Ort, Sitz und Personen kennt. Diese Geheimorganisation, die bisher allen polizeilichen Nachforschungen entgangen ist, entspricht sehr der Einbildungskraft des russischen Volkes, das das Geheimnisvolle liebt. Während sich die Kampfmittel des intellektuellen Proletariats auf theoretische Propaganda und Einzelattentate beschränken, besitzt das Arbeiterproletariat im Generalstreik eine fürchterliche Waffe. Ich habe Eure Exzellenz schon mehrmals auf die häufigen russischen Streiks aufmerksam gemacht, die plötzlich ausbrechen, ohne daß man weiß, wo der Befehl dazu ausgegeben wurde. Das sind denn auch „Mobilmachungsübungen", die jedesmal Erfolg haben. Zu der Avantgarde der Arbeiterarmee gehört der „Bund" der polnischen Juden, der sich von keinerlei Nationalgefühl leiten läßt und eine rein anarchistische Doktrin verfolgt. Die Arbeiter aus den polnischen Ghettos sind als erste zum Kampf gegen das Zarentum angetreten, in welchem sie den hauptsächlichen Unterdrücker von altersher sehen. Sie sind es auch, die der Sache der Revolution die mutigsten, zähesten und erbittertsten Kämpfer liefern. Der „Bund“ hat geheime Druckereien, eine „Streik-Kasse“ und 35 000 Mitglieder. Er rühmt sich, aus seinen eigenen Reihen 53 % aller politischen Hälftlinge, die die sibirischen Zuchthäuser bevölkern, zu stellen.

Das intellektuelle Proletariat und das Arbeiterproletariat, weit davon entfernt, miteinander zu sympathisieren, verachten sich gegenseitig. Doch beide zusammen bilden sie eine ungeheure Macht der Revolution und des Umsturzes.

Wer sind nun, angesichts dieser Macht, die Kräfte des Widerstands und der Unterdrückung?

Da ist zunächst der Zar. Gewiß geniert sich die obere Gesellschaft nicht, an der Person des Zaren Kritik zu üben. Man wirft ihm vor, er lebe viel zu zurückgezogen in seinem Schloß Carskoe Selo, er sei zu sehr an seine Familie gebunden und allzu leicht okkulten Einflüssen und dem Hofschranzentum zugänglich. Doch ist die Autorität des Zaren über die oberen Klassen hinaus intakt. Die Bauern und sogar die Arbeiter (außer den Juden) machen ihn nicht für ihre Nöte verantwortlich, „denn — so sagen sie — die Bürokraten verheimlichen ihm die Wahrheit“. Bis zum heutigen Tag konnte auch die Revolutionspropaganda im russischen Volk nicht die Illusion der Monarchie und den autokratischen Fetischdienst zerstören. Man konnte es an jenem Unglückstag, dem 22. Januar 1905, sehen, als 200 000 St. Petersburger Arbeiter mit Ikonen und Bildnissen des Zaren vor den Winterpalast zogen, um ihr „Väterchen“ zur Hilfe gegen ihre Ausbeuter zu bitten. Sie wurden mit Gewehrschüssen empfangen. Noch besser sah man es letztes Jahr während der Feiern zum 300jährigen Jubiläum der Romanovs, die in ganz Rußland begeisterte Loyalität hervorriefen. Das Ansehen des Zaren verschafft also der Regierung immer noch ein respektables palladium.

Nach dem Monarchen nun zur Polizei. Sie ist, was sie immer war, die große Triebkraft des Staates: Eine gewaltige und geschickt zentralisierte Bürokratie, ein Korps von 38 000 Gendarmen, ein Geheimdienst, der sog. „Ochrana“, der seine Agenten überall hat, ein jährliches Budget von 162 Millionen Francs, dazu kommt noch eine Zuteilung von 25 Millionen für „Ausgaben, die nur dem Zaren bekannt sind“ — dies sind die Aktionsmittel zu gewöhnlicher Zeit. In unruhigen Zeiten versetzt ein Ukas des Zaren diese oder jene Stadt „in den Zustand verstärkten Schutzes“ (das ist der Normalzustand der Großstädte wie Petersburg, Moskau, Warschau und Odessa). Die Polizei ist dann allmächtig. Sie verhaftet, interniert und deportiert auf Grund „administrativer Maßnahmen“ jede Person, die ihr für die allgemeine Sicherheit verdächtig erscheint. Verbrechen und Verschwörungen werden vor das Kriegsgericht gebracht. Für die Ordnung auf den Straßen sorgen die Kosaken, eine stolze Kavallerie von 250 000 Mann, ein echtes Janitscharenheer, das am liebsten mit dem Säbel und der „Nagaika" (Lederpeitsche) umgeht.

Das ist aber noch nicht alles. Neben der staatlichen Polizei gibt es noch eine Art Privatpolizei, die vielleicht die furchtbarste Waffe des konservativen Gesellschaftssystems ist. Es handelt sich hier um eine weitverbreitete geheime Gesellschaft, eine Art Liga gegen die Revolution, die geheimen Kontakt zur Regierung hält. Sie besitzt eigene Zeitungen, die aus geheimen Quellen unterstützt und von der „Ochrana" kontrolliert werden. Sie verteilt Schriften und Broschüren, die die Feinde der Religion, des Zaren und des Staates dem Volksfanatismus preisgeben. Sie war es auch, die in den Jahren 1905/06 unter der Leitung des Generals Bogdanovič die „Union des russischen Volkes" mobilisierte und die entsetzlichen „Schwarzen Banden" losließ. Sie war es ebenso, die damals mit der nachweisbaren Mitwirkung der Polizei die Judenpogrome, die Massaker in Warschau, Kiew und Odessa in Szene setzte. Unser Wohlfahrtsausschuß wäre neidisch gewesen auf so ein schönes Werkzeug für Repressalien und Unterdrückung.

Schließlich gibt es noch als oberstes Hilfsmittel die Armee. Sie hat eine Friedensstärke von 1 300 000 Mann, 30 000 davon bilden die kaiserliche Garde. Alle Auskünfte, die unsere Militärattachés gesammelt haben, und alle meine persönlichen Informationen bestätigen übereinstimmend perfekte Loyalität bei Offizieren und Mannschaften. Wahrscheinlich war die Katastrophe in der Mandschurei der alleinige Grund für die Meutereien der Jahre 1905/06. Die anarchistische Propaganda scheint die Armee nicht infiziert zu haben.

Eure Exzellenz haben nun den vergleichbaren Stand der revolutionären und der reaktionären Kräfte vor Augen. Sie werden ohne Zweifel mit mir übereinstimmen, daß die letzteren die ersteren bei weitem übertreffen.

Wenn ich mich auf das Gebiet der reinen Hypothese zu begeben wagte und mir vorzustellen versuchte, was passieren würde, wenn der Zar eines Tages die Generalmobilmachung anordnen würde, müßte ich zum Schluß kommen, daß das Arbeiterproletariat vom Revolutionssturm erfaßt würde. In den großen Industriezentren würde es Putschversuche geben, tollkühne Männer würden da und dort Brücken sprengen oder einen Zug an der Abfahrt verhindern. Doch jedes wichtigere Unternehmen würde sofort im Keime erstickt. Man erzählte mir unlängst eine bezeichnende Anekdote: Während des Eisenbahnerstreiks im Jahre 1905 in Moskau weigerte sich ein Lokomotivführer, seine Maschine in Gang zu setzen.

Nach zwei vergeblichen Aufforderungen jagt ihm der Gendarmerieoberst, der zugleich Bahnhofskommandant ist, eine Kugel durch den Kopf. Ein zweiter Lokomotivführer wird herangebracht. Die gleiche Weigerung führt zum gleichen Ende. Ein dritter widersetzt sich ebenfalls, er wird, wie die beiden andern, niedergestreckt. Erst der vierte Lokomotivführer, der auf die Lokomotive gehoben wird, gibt nach, der Zug setzt sich in Bewegung. Ich kann mich bei Euer Exzellenz für die Wahrheit dieser Geschichte nicht verbürgen. Die Tatsache, daß man sie hierzulande für wahrheitsgetreu und mit vielen anderen Vorkommnissen vergleichbar hält, läßt uns vorausahnen, mit welch unversöhnlicher Härte man im Falle einer nationalen Gefahr Revolutionäre behandeln würde. Man hat oft gesagt, daß es nicht die Revolutionen sind, die Regierungen stürzen, sondern daß die Regierungen sich selbst aufgeben. Die russische Regierung würde nie aufgeben. Beim ersten Schlag ihrer Gegner würde sie erbarmungslos zurückschlagen, ja sie würde vielleicht sogar dem Angriff zuvorkommen. Seit 40 Jahren gab es unzählige Attentate auf den Zaren, auf den Präsidenten des Ministerrats, den Innenminister und den Polizeidirektor. Nach dem Tod Alexanders II. im Jahre 1881 brüsteten sich die Nihilisten, sie wollten demnächst in St. Petersburg die Kommune errichten. Nach dem Sturm im Jahre 1905/06 waren bei der Revolutionspartei Hoffnung und Gewißheit noch größer geworden. Dennoch besteht das unumschränkte Herrschertum weiter. Eine Regierung, die die Hekatomben nicht fürchtet, hat große Macht.

Es geht nicht darum, ob uns die Auffassung des russischen Staats von Unterdrückungsmaßnahmen unmenschlich erscheint. Wir brauchen, damit die Allianz wirksam werden kann, ein starkes Rußland. Ich glaube bestätigen zu können, daß es stark ist . . . auf seine Weise.

Wenn die Gefahr eines Tages kommen sollte, wird sie eher von der Reaktion als von der Revolution herkommen, nicht als Einleitung zum Krieg, sondern mitten im Frieden. Das russische Volk verträgt eine gewaltige Dosis Absolutismus, denn es ist kein „politisches Volk“, wie dies die westlichen Nationen verstehen. Die gegenwärtige Dosis übersteigt seine Aushaltefähigkeit nicht. Doch es bildet sich eine öffentliche Meinung, die sich allmählich selbständig macht. Gewisse Mißbräuche seitens der höchsten Regierungsgewalt, gewisse herausfordernde Handlungen der Behörden und gewisse Unduldsamkeiten der orthodoxen Kirche würde sich das Land, wie es früher geschah, nicht mehr gefallen lassen. Wollte man ihm den schwachen Anteil an Freiheit, den es genießt, den ersten Anfang einer Charta, die man ihm im Jahre 1905 gewährt hatte, nehmen, dann — aber nur dann — müßte man eine allgemeine Explosion befürchten.

105. Tschirschky, Wien, an Jagow (Schlußabsatz): Zerfall der Donaumonarchie und Deutschland Gr. Pol. 39, 364.

Wien, 22. Mai 1914

Wie oft lege ich mir in Gedanken die Frage vor, ob es wirklich noch lohnt, uns so fest an dieses in allen Fugen krachende Staatengebilde anzuschließen und die mühsame Arbeit weiter zu leisten, es mitfortzuschleppen. Aber ich sehe noch keine andere politische Konstellation, die uns einen Ersatz für das immerhin noch vorhandene Plus bieten könnte, das in der Allianz mit der mitteleuropäischen Macht liegt. Denn *ohne* diese Allianz müßte unsere Politik notgedrungen auf eine Aufteilung der Monarchie hinzielen. Ob wir dafür carte blanche von England erhalten würden, selbst wenn dieses mit uns in ein wirklich festes Verhältnis hätte gebracht werden können, ist zu bezweifeln, ebenso auch, ob eine Angliederung der deutschen Provinzen an uns auf die Dauer für uns günstig wirken würde. Die Frucht muß, wie mir scheint, noch weiterreifen. Die Zeit wird am besten zeigen, ob es jemandem noch gelingen wird, die disparaten Kräfte der Länder der Monarchie wieder stärkend zusammenzufassen. Mißlingt dieser Versuch, so wird dann sicherlich die Decomposition sehr schnell vor sich gehen und wir müssen dann unsere Politik danach einrichten.

106. Journal einer Konferenz bei dem Chef des russischen Admiralstabes: Englisch-russisches Marineabkommen. Russ. Dok. I. 3, 73—75.

26. Mai 1914

Am 26. Mai fand beim Chef des Admiralstabes eine Konferenz statt zum Gedankenaustausch über die bevorstehenden Verhandlungen bezüglich des Abschlusses eines Abkommens zwischen Rußland und England wegen identischer Operationen ihrer Seestreitkräfte im Falle gemeinsamer Kriegshandlungen Rußlands und Englands unter Beteiligung Frankreichs. Bei dieser Konferenz waren zugegen: der Chef des Admiralstabes, Vizeadmiral Russin; der Gehilfe des Außenministers, Hofmeister Neratow; der Gehilfe des Chefs des Admiralstabes, Kapitän I. Ranges Nenjukow; der Direktor der Kanzlei des Außenministeriums, Wirklicher Staatsrat im Range eines Hofmeisters, Baron Schilling; der Marineattaché in England, Flügeladjutant Kapitän I. Ranges Wolkow, und der Vizedirektor der Kanzlei des Außenministeriums, Kollegienrat, Kammerherr Basili.

Die Konferenz betonte vor allem, wie sehr es erwünscht sei, ein solches Abkommen abzuschließen, sowohl vom speziellen Standpunkt der Kriegsmarine, als auch insonderheit vom allgemeinpolitischen Standpunkt aus; nach allseitiger Beratung der Frage kam die Konferenz zu folgenden Schlüssen:

Vor allem wurde erklärt, unser Marineabkommen mit England müsse, wie die französisch-russische Marinekonvention, übereinstimmende, aber getrennte Kriegshandlungen unserer und der englischen Seestreitkräfte im Auge haben.

Bei den strategischen Zielen, die wir von unserem Standpunkt aus im Falle eines Krieges der Mächte der Tripelentente mit denen des Dreibundes hervorheben, muß man unterscheiden: einerseits die Kriegshandlungen zur See im Bereich der Ost- und der Nordsee, und andererseits den Kampf der Seestreitkräfte im Mittelmeer. In diesen beiden Bereichen müssen wir danach streben, von England eine Kompensation dafür zu erhalten, daß wir einen Teil der deutschen Seestreitkräfte auf uns ziehen. Auf dem nördlichen Kriegsschauplatz erfordern unsere Interessen, daß England einen möglichst großen Teil der deutschen Flotte in der Nordsee festhält. Dadurch würde die erdrückende Überlegenheit der deutschen Flotte über die unsrige ausgeglichen und es vielleicht möglich werden, günstigenfalls eine Landung in Pommern vorzunehmen. Sollte es sich als möglich erweisen, zu dieser Operation zu schreiten, so würde ihre Ausführung erhebliche Schwierigkeiten bieten wegen der schwachen Entwicklung unserer Transportmittel in der Ostsee. Die englische Regierung könnte uns hierin einen wesentlichen Dienst erweisen, wenn sie einwilligte, vor Eröffnung der Kriegshandlungen eine solche Menge Handelsschiffe in unsere Ostseehäfen zu überführen, daß unser Mangel an Transportschiffen ausgeglichen würde.

Die seetechnische Situation im Mittelmeer berührt ebenfalls unsere Interessen sehr wesentlich. Denn wenn die österreichisch-italienischen Kräfte dieses Meer beherrschen, sind Angriffe der österreichischen Flotte im Schwarzen Meere möglich, und das würde für uns ein gefährlicher Schlag sein. Deshalb erscheint es von unserem Standpunkt aus sehr wichtig, ein dauerhaftes Übergewicht der Kräfte der Tripelentente über die österreichisch-italienische Flotte im Mittelmeer herzustellen. Bei der vorhandenen Überlegenheit der österreichisch-italienischen Seestreitkräfte über die französischen wäre es erwünscht, daß England durch Belassung der nötigen Zahl von Schiffen im Mittelmeer die Herrschaft der Kräfte der Tripelentente in diesem Meere sicherstellt, wenigstens bis die Entwicklung unserer eigenen Flotte uns erlaubt, diese Rolle zu übernehmen. Es wäre auch erwünscht, das Einverständnis Englands zu erhalten, daß unsere Schiffe die englischen Häfen im östlichen Mittelmeer als Stützpunkte benutzen dürften, ebenso wie Frankreich, kraft der Marinekonvention, uns das

Recht eingeräumt hat, uns auf seine Häfen im westlichen Mittelmeer zu stützen. Sollte im Zusammenhang mit der Situation im Mittelmeer die Rede auf die Meerengen kommen, so müßte man, ohne die politische Frage des Bosporus und der Dardanellen zu berühren, militärische Maßnahmen in den Meerengen, die nur zeitweilig sein sollen, als eine von unseren eventuellen strategischen Operationen im Kriegsfalle ins Auge fassen.

Außer dem oben Dargelegten erklärte die Konferenz es für erwünscht, durch das geplante Marineabkommen mit England die Ordnung der Beziehungen zwischen unseren Seestreitkräften und den englischen in allen Einzelheiten festzulegen. Dazu wird es notwendig sein, sich über die Ausarbeitung eines Systems von gemeinschaftlichen Signalen und speziellen Chiffren, über die Organisation des Austausches von Radiotelegrammen und über die Mittel des Verkehrs zwischen den Admiralstäben Rußlands und Englands zu verständigen.

Außerdem sei es erforderlich, darüber Vereinbarungen zu treffen, daß unser Marineressort mit dem englischen sowohl über die Flotten dritter Mächte als auch über die eigenen Flotten Nachrichten austauscht, und insbesondere, daß sie technische Daten über Vorrichtungen und Erfindungen austauschen, die bei der Marine verwendet werden.

Nach Ansicht der Konferenz müßte man auch nach dem Muster der französisch-russischen Marinekonvention einen periodischen Gedankenaustausch zwischen den Chefs unseres und des englischen Admiralstabes einführen zur Begutachtung von Fragen, welche die Marineressorts beider Staaten angehen, und zur Prüfung gemeinsam beabsichtigter Maßnahmen.

Die Konferenz ging dann vom Inhalt des geplanten Abkommens zu der Frage über, in welcher Weise es abgeschlossen werden sollte, und erklärte den Vorschlag der englischen Regierung für durchaus zweckentsprechend, das Abkommen solle von unserm Marineattaché in England und dem englischen Marineressort unter Beteiligung des französischen Marineattachés in London ausgearbeitet und dann den Regierungen zur Genehmigung eingereicht werden. Bei dem engen Zusammenhang zwischen dem Plan gemeinschaftlicher Kriegshandlungen, den der englische und der französische Generalstab ausgearbeitet habe, und unserer eventuellen Kooperation mit der englischen Flotte sei es notwendig, daß der Wortlaut des englisch-französischen Marineabkommens uns mitgeteilt werde, wie dies ja auch anscheinend geplant sei.

Zum Schluß erklärte die Konferenz, sie sei von der Notwendigkeit überzeugt, daß unser Marineattaché in London den Kaiserlichen Botschafter in London über den gesamten Gang der Verhandlungen auf dem laufenden hielte; der Botschafter werde ihn seinerseits tunlichst unterstützen.

107. Oberst House, Berlin, an Woodrow Wilson: Tirpitz über deutsche Flotte und England. Jingoismus in Europa. Frankreich und Rußland gegen Deutschland. House, Dokumente 24.

Berlin, 29. Mai 1914

Ich war über die hiesige Lage reichlich gut unterrichtet, als ich in Deutschland ankam. Fürst Münster[83] und Graf Moltke[84] waren meine Reisegefährten, und ich konnte Moltke gut kennenlernen.

Münster ist das, was wir einen Reaktionär nennen würden; ich überließ ihm das Sprechen. Moltke ist im Gegenteil vielleicht der einzige deutsche Adlige, der ein unbefangenes Urteil hat und die Lage so wie wir ansieht. Er bot mir wertvolle Aufschlüsse, die nur dazu beitrugen, mich in der Ansicht zu bestärken, daß eine Besserung der Verhältnisse nahezu unmöglich sei.

Ich habe den Kaiser noch nicht gesehen, bin aber für Montag zum Frühstück nach Potsdam geladen. Es ist ungewiß, welche Gelegenheit zum Sprechen sich mir da bieten wird . . .

Ich habe mit Jagow, dem Staatssekretär für auswärtige Angelegenheiten, und Admiral von Tirpitz lange Unterredungen gehabt. Jagow ist ein kluger Diplomat ohne viel Eigenart. Tirpitz ist der Vater der verstärkten Flotte, ist kraftvoll und angriffslustig. Keiner von beiden hat überragendes Talent.

Es war mir nahegelegt worden, mit Tirpitz wegen seiner wohlbekannten Gegnerschaft gegen Ansichten, wie wir sie hegen, nicht zu sprechen; aber da ich fand, daß er, nach dem Kaiser, die kraftvollste Persönlichkeit in Deutschland ist, suchte ich ihn doch auf. Wir verbrachten eine außerordentlich interessante Stunde, und ich glaube, einen gewissen Eindruck hinterlassen zu haben; keinen zu großen, aber doch genügend groß, um mir die Aufnahme von Besprechungen in London zu ermöglichen . . .

Die Lage ist ungewöhnlich. Es herrscht der völlig toll gewordene Militarismus[85]. Wenn nicht jemand, der in Ihrem Namen handelt, eine Verständigung auf ganz neuem Grunde zustande bringt, so wird es eines Tages zu einer fürchterlichen Katastrophe kommen. Niemand in Europa vermag es zu vollbringen. Es herrscht hier zu viel Haß, zu viel Eifersucht. Wenn England jemals damit einverstanden ist, werden Frankreich und Rußland über Deutschland und Österreich herfallen[86]. England möchte

[83] Früherer deutscher Botschafter in Paris.

[84] Vetter des Generalstabchefs.

[85] Im Original an Wilson in "jingoism" geändert (Arthur Link, Wilson, Princeton 1956, II. 315).

[86] will close.

Deutschland nicht gänzlich zerschmettert sehen, denn es hätte dann mit seinem alten Feinde Rußland zu rechnen; aber wenn Deutschland auf einer überwältigenden Flotte besteht, wird England keine Wahl haben.

Die beste Aussicht auf Frieden bietet eine Verständigung Englands und Deutschlands über die Flottenrüstungen, wenn auch eine zu starke Annäherung zwischen den beiden für uns einen gewissen Nachteil bedeutet . . .

108. Flotow, Rom, an das Auswärtige Amt: Italiens Drohung der Anlehnung an die Tripelentente wegen Albaniens. Gr. Pol. 36. 2, 665.

Rom, 2. Juni 1914

Dem Gewicht der militärischen Gründe Seiner Majestät des Kaisers gegen Entsendung kleiner Detachements nach Durazzo kann ich mich nicht entziehen und habe sie heute von mir aus dem Marquis di San Giuliano gegenüber geltend gemacht. Der Minister geriet in heftige Erregung, erklärte, Land, Kammer und Ministerium, insbesondere auch Herr Salandra [87] seien darüber einig, daß Italien mit Österreich nicht allein in Albanien bleiben dürfe. Wenn Italien in einem so entscheidenden Moment nicht auf deutschen Beistand rechnen könne, während Frankreich sogar seine Hilfe zusage, so bedeute das Gefahr für Allianz. Er sei dann gezwungen, sich mehr an Tripelentente anzulehnen.

Ich bat den Minister, nicht so große Worte bei einer Situation anzuwenden, die sie nicht erfordere. Meines Erachtens würde die Situation in Albanien für Österreich und Italien gar nicht so bedenklich sein, wenn die beiden Regierungen ihre Organe dort mehr in Ordnung hielten. Minister konnte das nicht leugnen, erklärte aber Abberufung des Gesandten Aliotti unmöglich, da dieser im Augenblick der populärste Mann in Italien sei . . .

109. Lerchenfeld [88] an Hertling [89]: Bethmann Hollweg über die politische Lage, besonders England. Präventivkrieg und Sozialdemokratie. Bayer. Dok. 111—113.

Berlin, 4. Juni 1914

Wie ich gestern schon berichtete, war ich bei Herrn von Bethmann, den ich seit dem Tode seiner Frau nicht gesehen hatte. Ich fand ihn weich,

[87] Italienischer Ministerpräsident 1914—1916.
[88] Graf Lerchenfeld, bayerischer Gesandter in Berlin 1880—1919.
[89] Graf Hertling, bayerischer Ministerpräsident 1912—1917.

aber gefaßt und aufrecht, fest entschlossen, seinen Dienst wie bisher zu leisten.

Abgesehen von dem, was der Reichskanzler mir über Mexiko und Albanien mitteilte, sprach er auch über die allgemeine politische Lage und zwar diesmal, wie ich besonders unterstreichen will, durchaus nicht optimistisch. Ich will damit nicht gesagt haben, daß Herr von Bethmann bei seinen Mitteilungen im diplomatischen Ausschuß oder bei früheren Gesprächen mit mir und meinen Kollegen absichtlich die Stellung Deutschlands in der Welt zu rosig geschildert hat. Aber ich kann die Kritik nicht ganz unterdrücken, daß in Beurteilung der Gesinnung anderer Mächte, namentlich Englands und Rußlands, der Leiter unserer Politik oft von einer unberechtigten Vertrauensseligkeit erfüllt gewesen ist. Man hatte manchmal den Eindruck, als wenn jede Versicherung freundschaftlicher Gesinnung vom Reichskanzler für bare Münze hingenommen würde, und als ob Verständigungen über untergeordnete Dinge von ihm viel zu hoch in ihrer Wirkung auf die allgemeine Politik eingeschätzt würden. Manchesmal klang sogar eine gewisse Zuversicht durch, daß es gelingen werde, unsere Beziehungen zu England und Rußland völlig umzugestalten. Einen gewissen Erfolg in der Besserung der Beziehungen kann man dem Reichskanzler gewiß nicht absprechen. An die Stelle des geradezu gespannten Verhältnisses zu den Staaten, auf die es zur Zeit ankommt, sind dank der größeren Ruhe, die die deutsche Politik im Vergleich zu der Aera Holstein charakterisiert und durch das Vertrauen, das die Person des leitenden Staatsmanns sich überall erworben hat, normalere und korrektere Beziehungen getreten. Aber die Grundrichtung der englischen und russischen Politik uns gegenüber hat Herr von Bethmann nicht zu ändern vermocht. Das hat sich bisher jedesmal gezeigt, so oft Fragen auftauchten, die das tiefere politische Leben jener Staaten berührten. So ist es Herrn von Bethmann trotz wiederholter Versuche nie gelungen, einen Neutralitätsvertrag mit England abzuschließen und was Rußland betrifft, so hat dessen Behandlung der Anstellung des Generals Liman in der Türkei mit aller Deutlichkeit gezeigt, auf wie geringes Entgegenkommen Deutschland in Petersburg zu rechnen hat, sobald es sich um eine Kernfrage der russischen Politik handelt. Daß in der Liman-Angelegenheit England sofort auf die russische Seite getreten ist, hat dieses Bild unlieb vervollständigt.

Es scheint, daß solche Erfahrungen ihren Eindruck auf den Reichskanzler nicht verfehlt haben, denn seine gestrigen Ausführungen waren von der früheren Vertrauensseligkeit völlig frei, ja er bezeichnete rund heraus unsere auswärtige Lage als keine schöne.

Was England betrifft, so lauteten seine Ausführungen ungefähr dahin: Zu allen Zeiten habe die britische Macht immer gegen die stärkste Macht auf dem Kontinent gestanden. Zuerst gegen Spanien, dann gegen Frankreich, später gegen Rußland, jetzt gegen Deutschland. England wolle keinen Krieg. Er — der Reichskanzler — wisse bestimmt, daß die englische Regierung in Paris wiederholt erklärt habe, daß sie keine provokatorische Politik und keinen vom Zaune gebrochenen Krieg gegen Deutschland mitmache. Aber das hindere nicht, daß, wenn es zum Kriege käme, wir England nicht auf unserer Seite finden würden. Ob, fuhr der Reichskanzler fort, nicht von seinem Vorgänger versäumt worden sei, sich mit England seinerzeit zu verständigen, wolle er dahingestellt lassen. England habe sich — das stehe fest — angeboten, aber er glaube noch immer, daß die englische Freundschaft auch damals nur um den Preis zu erlangen gewesen wäre, daß Deutschland keine starke Kriegsflotte baue. Ob uns dieser Verzicht möglich gewesen wäre, darüber sei es heute müßig zu sprechen.

Ich erwiderte, daß, wenn England wirklich die Erhaltung des Weltfriedens wolle, es nicht mit Frankreich und Rußland, sondern mit uns gehen müßte. Die platonischen Verwarnungen vor einem Aggressivkriege hätten keinen Wert, wenn bei den Ententemächten das Vertrauen auf eine Unterstützung wach erhalten würde. Solche Gerüchte, wie daß eine Kooperation der russischen mit der englischen Flotte für den Kriegsfall vereinbart werden solle, seien, wenn sie unwidersprochen bleiben, durchaus geeignet, den kriegerisch gesinnten Elementen den Rücken zu stärken. Wenn es zum Kriege komme, so würde England die Schuld daran tragen. Der Reichskanzler gab dies bis zu einem gewissen Grade zu.

Ich bemerkte dann weiter, daß bei dem Rüstungsfieber in Rußland und Frankreich und vor allem bei der teils auf Unverstand, teils auf Gewissenlosigkeit beruhenden Pressehetze in allen Ländern es über kurz zum Kriege kommen müßte, wenn irgendwo ein Mann erstünde, der die Verantwortung auf sich nehmen wollte, zuerst das Schwert zu ziehen.

Der Reichskanzler pflichtete dem mit dem Hinzufügen bei, daß zu allem anderen der moderne Krieg das Rätsel aufgeben würde, wie man die Bevölkerung in Kriegszeiten ernähre. So rasch wie der Krieg von 1870 werde bei der Verwendung der Millionenheere der künftige Kampf sich nicht abspielen. Von Frankreich drohe kaum die Gefahr. Man werde trotz der Beschlüsse von Paris die dreijährige Dienstzeit durchführen. Aber den Krieg wolle man in Frankreich nicht. Rußland sei gefährlicher. Dort könne der Slaventaumel die Köpfe so verdrehen, daß Rußland eines Tages Dummheiten macht. Die Unterredung kam dann auf den von vielen Militärs geforderten Präventivkrieg. Ich sprach die Ansicht aus, daß für diesen der rechte Augenblick schon versäumt sei. Der Reichskanzler bestätigte dies, indem er die militärische Lage im Jahre 1905 als diejenige bezeichnete, die für uns die größten Chancen geboten hätte. Aber der Kaiser habe keinen Präventivkrieg geführt und werde keinen führen. Es gebe aber Kreise im Reich, die von einem Krieg eine Gesundung der inneren Verhältnisse in Deutschland erwarten, und zwar im konservativen Sinne. Er — der Reichskanzler — denke aber, daß ganz im Gegenteil ein Weltkrieg mit seinen gar nicht zu übersehenden Folgen die Macht der Sozialdemokratie, weil sie den Frieden predigt, gewaltig steigern und manche Throne stürzen könnte.

Der Reichskanzler kam dann auf Rüstungsfragen, insbesonders die strategischen Bahnen zu sprechen . . .

110. Bethmann Hollweg an Lichnowsky, London: Rußlands Kriegsneigung. Deutsch-englische Zusammenarbeit. DD I. 3—5.

Berlin, 16. Juni 1914

Ew. Durchlaucht wird es nicht entgangen sein, daß der, wie wir wissen, zutreffend auf den Kriegsminister General Suchomlinow zurückgeführte Artikel der „Birschewija Wjedomosti" in Deutschland beträchtliches Aufsehen erregt hat. In der Tat hat wohl noch niemals ein offiziös inspirierter Artikel die kriegerischen Tendenzen der russischen Militaristenpartei so rücksichtslos enthüllt, wie es diese Presseäußerung tut. Um den französischen Chauvinismus auf die Dauer stärken zu können, ist er wohl zu plump geschrieben. Dagegen sind die Rückwirkungen auf die deutsche öffentliche Meinung unverkennbar und bedenklich.

Waren es bisher nur die extremsten Kreise unter den Alldeutschen und Militaristen, welche Rußland die planvolle Vorbereitung eines baldigen Angriffskrieges auf uns zuschoben, so beginnen sich jetzt auch ruhigere Politiker dieser Ansicht zuzuneigen. Die nächste Folge ist der Ruf nach einer abermaligen sofortigen umfangreichen Verstärkung der Armee. Dadurch wird, wie die Dinge nun einmal bei uns liegen, der Wettbewerb auch der Marine wachgerufen, die niemals zu kurz kommen will, wenn etwas für die Armee geschieht. Da, wie ich *ganz vertraulich* bemerke, S. M. der Kaiser sich schon ganz in diese Gedankengänge eingelebt hat, besorge ich für den Sommer und Herbst den Ausbruch eines neuen Rüstungsfiebers bei uns.

So wenig sich bei der Unsicherheit der russischen Verhältnisse die wirklichen Ziele der russischen Politik mit einiger Sicherheit im voraus erkennen lassen und so sehr wir auch bei unsern politischen Dispositionen in Rechnung stellen müssen, daß Rußland noch am ehesten von allen europäischen Großmächten geneigt sein wird, das Risiko eines kriegerischen

Abenteuers zu laufen, so glaube ich doch nicht, daß Rußland einen baldigen Krieg gegen uns plant. Wohl aber wünscht es, und man wird ihm das nicht übelnehmen können, bei einem Wiederausbruch der Balkankrisis, gedeckt durch seine umfangreichen militärischen Rüstungen, kräftiger als bei den letzten Balkanwirren auftreten zu können. Ob es alsdann zu einer europäischen Konflagration kommt, wird ausschließlich von der Haltung Deutschlands und Englands abhängen. Treten wir beide alsdann geschlossen als Garanten des europäischen Friedens auf, woran uns, *sofern wir von vornherein dieses Ziel nach einem gemeinsamen Plane verfolgen,* weder die Dreibunds- noch die Ententeverpflichtungen hindern, so wird sich der Krieg vermeiden lassen. Andernfalls kann ein beliebiger, auch ganz untergeordneter Interessengegensatz zwischen Rußland und Österreich-Ungarn die Kriegsfackel entzünden. Eine vorausschauende Politik muß diese Eventualität bei Zeiten ins Auge fassen.

Nun liegt es auf der Hand, daß eine erhöhte Tätigkeit der deutschen Chauvinisten und Rüstungsfanatiker einer solchen deutsch-englischen Kooperation ebenso hinderlich sein würde, wie eine nicht dezidierte, den französischen und russischen Chauvinismus im geheimen begünstigende Haltung des englischen Kabinetts. Auf einen seinem Bevölkerungszuwachs entsprechenden Ausbau seines Heeres wird Deutschland nie verzichten können. An eine Erweiterung des Flottengesetzes wird nicht gedacht. Wohl aber wird ganz im Rahmen des Flottengesetzes die Mehrindienststellung von Auslandskreuzern, die Armierung und Bemannung der Schlachtschiffe usw. dauernd steigende Aufwendungen erheischen. Es ist aber ein großer Unterschied, ob solche Maßnahmen als notwendige Folge allmählicher ruhiger Entwicklung in Erscheinung treten, oder ob sie panikartig unter dem Druck einer aufgeregten und von Kriegsbesorgnis erfüllten öffentlichen Meinung vorgenommen werden.

Daß Sir Edward Grey den Gerüchten von einer englisch-russischen Marinekonvention im Unterhause mit Entschiedenheit entgegengetreten ist und sein Dementi in der „Westminster Gazette“ noch hat unterstreichen lassen, ist durchaus erfreulich. Hätten sich diese Gerüchte bewahrheitet, und zwar auch nur in der Form, daß die englische und russische Marine ihre Kooperation für den Fall festlegten, daß in einem zukünftigen Kriege England und Rußland gemeinsam gegen Deutschland fechten sollten — ähnlich den Abmachungen, die England zur Zeit der Marokkokrisis mit Frankreich getroffen hat —, so wäre dadurch allerdings nicht nur der russische und französische Chauvinismus stark gereizt worden, sondern es hätte auch bei uns eine nicht unberechtigte Beunruhigung der öffentlichen Meinung Platz gegriffen, die ihren Ausdruck in einem navy scare und einer abermaligen Vergiftung der sich langsam bessernden Beziehungen zu

England gefunden hätten. Inmitten der nervösen Spannung, in der sich Europa seit den letzten Jahren befindet, wären die weiteren Folgen unübersehbar gewesen. Jedenfalls wäre der Gedanke an eine gemeinschaftliche, den Frieden verbürgende Mission Englands und Deutschlands bei etwa auftauchenden Komplikationen von vornherein in verhängnisvoller Weise gefährdet worden.

Ew. Durchlaucht ersuche ich ergebenst, Sir Edward Grey meinen besonderen Dank für seine offenen und geraden Erklärungen zu sagen und daran anschließend in zwangloser und vorsichtiger Weise diejenigen allgemeinen Betrachtungen zum Ausdruck zu bringen, die ich vorstehend angedeutet habe.

Ihrem gefälligen Bericht über die Aufnahme, der Sie bei Sir Edward Grey begegnen, sehe ich mit besonderem Interesse entgegen.

111. Oberst House, Tagebuch: Gespräch mit dem deutschen Kaiser. Persien. Meerengen. Russisch-englische Entente. House, Dokumente 28.

17. Juni 1914

Auf Sir Edward hatte das Gehörte [90] sichtlich Eindruck gemacht; wir besprachen jede Einzelheit der europäischen Lage, besonders in bezug auf Deutschland und England. Er stimmte mit mir in der Anschauung überein, daß die französischen Staatsmänner jeden Gedanken an Vergeltung und an die Wiedergewinnung Elsaß-Lothringens aufgegeben hätten, daß sie mit der gegenwärtigen Stellung Frankreichs zufrieden seien . . .

Wir sprachen von den Schwierigkeiten, Verhandlungen in Fluß zu bringen. Ich dachte daran, mich mit dem Kaiser irgendwie in Kiel zu treffen; aber dieser Gedanke wurde nicht weiter verfolgt.

Mit der größten Offenheit und Aufrichtigkeit wurde über die Beziehungen zwischen Rußland und Großbritannien gesprochen. Sir Edward führte aus, Großbritannien und Rußland berührten sich an so vielen Punkten der Welt, daß sie irgend einer Verständigung dringend bedürften.

Ich dachte, England sollte Deutschland die Mitwirkung bei der Aufschließung Persiens gestatten. Er sagte, das könnte ein guter Schachzug sein, den einen gegen den andern auszuspielen, aber bei der Angriffslust der Deutschen wäre das gefährlich. Sir Edward dachte sehr billig über die Notwendigkeit einer Flotte für die Deutschen, die ihrem Handel entspräche und auch zum Schutze gegen Rußland und Frankreich ausreichte.

[90] Über den Besuch von House in Berlin.

Ich erwähnte den militärischen Geist in Deutschland und die Hochspannung im Volke und gab meiner Sorge Ausdruck, daß leicht ein Funke zu einer Flamme angefacht werden könnte. Nach meiner Meinung würde Deutschland, wenn es einmal losschlüge, rasch schlagen; Unterhandlungen und Verhandlungen würde es nicht geben; glaubte es einmal, daß eine Schwierigkeit im Wege friedlicher Verhandlungen nicht überwunden werden könnte, so würde Deutschland es gar nicht auf solche ankommen lassen, sondern losschlagen. Ich glaubte, daß der Kaiser und die meisten seiner nächsten Ratgeber keinen Krieg wollten, weil sie die Entwicklung des deutschen Handels und das Wachstum des deutschen Wohlstandes wünschten, aber die Armee sei militaristisch, angriffslustig und zum Kriege jederzeit bereit.

Ich sagte ihm, in Deutschland herrsche der von mir geteilte Eindruck, daß die isolierte Lage England auf die Dauer keinen Schutz gewähren werde; die modernen Erfindungen hätten alle Verhältnisse so geändert, daß die Deutschen glaubten, England würde in Bälde wie ihre kontinentalen Nachbarn in Schlagweite sein. Sir Edward erwiderte: „Der Gedanke ist also, daß England in derselben Lage wie die Festlandsmächte sein würde.“ Ich erwiderte: „Ganz so.“

Ich äußerte meine Ansicht über die Stärke der Deutschen in den Lüften und was sie auf diesem Gebiete schon jetzt vollbringen könnten. Ich erklärte die Rolle, die wir als Friedensstifter spielen wollten, und warum wir glaubten, daß wir das besser träfen als sie. Ich hielt ihm vor, daß der gegenwärtige deutsche Reichskanzler wann immer gehen und durch Tirpitz ersetzt werden könnte und daß dann eine Lösung viel schwerer zu finden sein würde ...

112. Czernin, Bukarest, an Berchtold: Rumäniens Abkehr vom Bündnis und die Einkreisung der Donaumonarchie — Öst. A. VIII. 173—176.

Bukarest-Sinaia, 22. Juni 1914

Es ist gar kein Zweifel, daß der Tag von Konstanza [91] einen Meilenstein bildet in dem Lebenslauf des rumänischen Staates — und vielleicht auch in dem der Monarchie. Noch nach vielen Jahren wird man an ihn zurückdenken und sich seiner erinnern. Nicht daß es wahrscheinlich scheint, daß irgendwelche positive, konkrete Abmachungen, Verträge oder Bündnisse dort geschlossen worden wären (ich bin überzeugt, die Russen haben vorerst gar keine konkreten Vorschläge gemacht, wenn sie vielleicht

[91] Besuch des Zaren Nikolaus II. und Sazonovs in Rumänien.

auch „gesprächsweise“ auf Siebenbürgen hingewiesen haben dürften) — aber der seit Jahresfrist latent vorhandene, der in der Luft liegende Zustand — die seit einem Jahre erwartete Schwenkung Rumäniens zur Tripel-Entente ist in den Augen der Öffentlichkeit am Tage von Konstanza vollzogen worden. Wenn auch noch so wenig Faktisches, Greifbares vorerst das Resultat der Entrevue sein mag — ganz Rumänien rechnet vom Tage von Konstanza an mit einer neuen Politik; das war die russische Absicht und darin liegt die Bedeutung des Zarenbesuches. Aber auch abgesehen davon lassen gewisse Äußerungen der hiesigen maßgebenden Faktoren erkennen, auf welchen Ton die Reden mit dem Zaren und Sasonow gestimmt waren. Denn wenn hier offen erklärt wird, „Rumäniens Mission sei die Erhaltung des Friedens“ — und wenn Rumänien und Rußland gewissermaßen eine Art Allianz zur Erhaltung des europäischen Friedens geschlossen haben und wenn Sasonow gleichzeitig erklärt, „er fürchte, Wien werde friedestörend gegen die Serben vorgehen“ — so heißt das doch auf deutsch: Rumänien wird, wenn wir, durch die Serben oder andere Friedensstörer gezwungen, zu den Waffen greifen, sich gegen uns stellen. Der Herr Minister des Äußern Porumbaru war etwas zu redselig! Der französische Gesandte [92], die Seele der gegen uns gerichteten Aktion, hat, wie ich aus positiv verläßlicher Quelle weiß, gesagt: „die Sache ginge ausgezeichnet — fast zu schnell, Poklewski [93] würde noch etwas verderben, wenn er so ungestüm vorgehe. Dies sei seine einzige Sorge.“ Es ist ganz merkwürdig, daß dieses bei allen seinen Fehlern so intelligente rumänische Volk fast ausnahmslos eine Politik herbeisehnt, die doch früher oder später sein größter Schaden sein muß — und würde man die Beweggründe der hiesigen Politiker nicht kennen, so erschiene diese russophile Tendenz völlig unverständlich. Vorerst ist der bei uns immer noch nicht geglaubte Haß der Rumänen gegen Budapest und seit vorigem Jahre auch gegen Wien ein starkes Motiv für den Wunsch, zur Entente abzuschwenken. Aber das allein ist es nicht. Seit vorigem Jahre und der Haltung der Monarchie während des Krieges hat sich hier — wie auch an manchen anderen Stellen Europas — der feste Glaube eingebürgert, daß die Monarchie ein dem Untergange und der Auflösung verfallener Körper ist, daß wir bei der Aufteilung der Türkei nichts von ihr geerbt haben als ihr Schicksal — daß mit anderen Worten in nächster Zeit die Habsburgische Monarchie zur europäischen Auktion gelangen wird. Hier setzt die russische und die französische Wühlarbeit ein und die in jeder Form in der infamsten, verlogensten und perfidesten Art immer und

[92] Blondel, französischer Gesandter in Bukarest 1907—1916.

[93] Russischer Gesandter in Bukarest seit 1913.

immer wieder kolportierten Nachrichten und Gerüchte geben diesem Gedanken rastlos neue Nahrung: „hängt Euch nicht an einen dem Tode geweihten Körper“ — „verlaßt das sinkende Schiff, so lange es noch Zeit ist“ — „bindet Euer Schicksal nicht an das der Monarchie; Wien kann Euch nur mit in das Unglück reißen, wogegen die Entente Euch bei der Aufteilung durch das Geschenk Siebenbürgen belohnen wird“ — so ähnlich lauten die immer und immer wieder besonders von dem Vertreter Frankreichs lancierten Schlagworte. Und dieser französische Vertreter war der einzige aller fremden Gesandten, welcher in Konstanza vom Zaren einen hohen Orden erhalten hat — nachdem er kurz vorher einen serbischen in Empfang genommen. Ist das nicht deutlich? — spricht das nicht Bände? Der russische Orden für Herrn Blondel ist direkt eine Beleidigung für die Monarchie, eine bewußte und gewollte Brüskierung ihrer Gefühle. Wenn diese russisch-französische Wühlarbeit es erreicht haben wird, daß die vereinten serbisch-rumänischen Streitkräfte von Petersburg aus in Bewegung gesetzt werden können — wenn mit anderen Worten ungefähr unsere gesamte Armee im Süden gebunden erscheint — dann wird Rußland wohl den Augenblick für gekommen erachten, ein ernstes Wort mit uns zu sprechen. — Vor uns vollzieht sich am hellichten Tage, offen und deutlich, sonnenklar, mit schamloser Dreistigkeit, Schritt für Schritt, die Einkreisung der Monarchie; — unter russisch-französischer Patronanz schweißt sich ein neuer Balkanbund zusammen, dessen heute noch anscheinend komplizierter Zweck sich bald in verblüffender Einfachheit lösen wird — gegen die Monarchie. Und wir stehen daneben mit verschränkten Armen und betrachten interessiert den Fortgang dieses Aufmarsches! Man wird mir wohl aus der Umgebung Euer Exzellenz darauf antworten, ich sähe zu schwarz — so schlecht stünde die Sache nicht (obwohl Oberst von Hranilovič [94] und Baron Haymerle [95] genau so berichtet haben wie ich und obwohl es damals noch kein „Konstanza“ gegeben hat) — und wenn auch, so ließe sich eben nichts dagegen machen. Auf den ersten erwarteten Einwurf möchte ich, falls er erfolgt, ohne jede persönliche Kränkung die dringendste Bitte stellen, Euer Excellenz möchten mich durch einen Gesandten ersetzen, der das Vertrauen der maßgebenden Kreise in dem Grad besitzt, daß man ihm das glaubt, was er hier hört, sieht und pflichtgemäß meldet. Einen Gesandten, der nur nach Wien und Budapest lauscht und berichtet, was wohl den Ansichten der Herren Beamten aus den Ministerien entspricht — einen solchen Gesandten werden Euere Excellenz auch Selbst nicht wollen, und er hätte wirklich nicht viel Zweck. Aber

[94] Österreichischer Militärattaché in Bukarest 1911—1914.

[95] Österreichischer Legationsrat in Bukarest 1912/13.

unter den Beamten Euer Excellenz gibt es ja viele ausgezeichnete Männer, die Ihr Vertrauen in vollem Maße besitzen und vielleicht würde einem solchen Manne das geglaubt werden, was bei mir als Phantasie belächelt wird. Hält man mich aber für fähig, das zu sehen, was um mich herum vorgeht oder bestätigt mein rasch zu ernennender Nachfolger meine Diagnose und hat sich bei uns endlich einmal die Überzeugung durchgedrungen, daß der gegen uns gerichtete rumänisch-serbische Balkanbund unaufhaltsam ist, wenn wir nicht raschestens eingreifen, daß aber auch jetzt noch in zwölfter Stunde nichts verloren ist, wenn wir endlich handeln — dann käme die Frage in Betracht was man denn machen kann und soll: denn dann ist es doch einfach unmöglich, daß wir tatenlos zusehen, bis wir von allen Seiten umzingelt und wehrlos sind. Vor allem müßte man Deutschland aufklären, dessen Politik die unverständlichste Kurzsichtigkeit involviert, die noch da war, und welches dank der bewußt entstellten und verdrehten Berichterstattung meines deutschen Kollegen es erreicht, die Dinge nicht zu sehen, wie sie sind. Warum könnte nicht ein Spezialdelegierter nach Berlin reisen und Seine Majestät den Deutschen Kaiser über die Situation aufklären, wenn der Wechsel an der Berliner Botschaft eine momentane Ingerenz dieser Stelle nicht zulassen sollte. Die Deutschen müssen doch verstehen, daß auch für sie eine ernste Gefahr herannaht, wenn unsere gesamte Armee gegen Rumänien und Serbien gebunden und sie selbst allein den Kampf gegen Rußland und Frankreich aufnehmen müssen. Ist Deutschland endlich so weit gebracht (und es wird dies vielleicht erleichtert, dadurch daß der hiesige deutsche Gesandte [96] jetzt auf Urlaub geht und der Geschäftsträger Graf Waldburg die feste Absicht hat, die volle Wahrheit zu berichten) — dann müßte man gemeinsam mit Berlin, am besten durch Berlin Rumänien endlich vor ein kategorisches „entweder-oder“ stellen — wie ich meine, ungefähr in dem Sinne in welchem ich vorsichtig tastend bereits einmal mit Seiner Majestät dem König gesprochen habe (mein Bericht v. 29. April l. J.) welcher aufgebaut ist auf den Ideen, die Seine Majestät der Deutsche Kaiser mir vorigen Herbst selbst als richtige Politik empfohlen hat: ein Schutz- und Trutzbündnis der Monarchie mit Rumänien und Serbien gegen Bulgarien — das heißt, der offene Anschluß Rumäniens und Serbiens an den Dreibund. Dieser Vorschlag ist dermaßen günstig für Rumänien, er fordert so große Opfer unserseits (müssen wir doch alles vergessen, was uns die Serben angetan haben und sie tale quale in Kauf nehmen) — daß die Ablehnung durch Rumänien der volle Beweis wäre, daß Rumänien unwiederbringlich verloren und auf gar keine Art wieder zu gewin-

[96] v. Waldhausen, 1912—1914.

nen ist. Der König Karol Selbst hat das sofort gefühlt, denn als ich das erste und einzige Mal dieses Thema rein theoretisch und als meine persönliche Idee mit Ihm besprach, war Sein erster Einwand: in Wien und vor allem in Budapest werde man eine solche Politik niemals zugeben. Und seit dem Tage dieser Unterredung datiert ja das deutliche Bestreben Seiner Majestät des Königs durch kleine Aufmerksamkeiten und Liebenswürdigkeiten nach Wien (meine Dekoration, meine Audienz in Konstanza, Bericht v. 12. l. M., etc.) ein weiteres Drängen zu verhindern. Der König fühlt selbst, daß ein Refus auf diese günstige Proposition auch den begeistertsten Anhänger unwandelbarer Rumänentreue von dem Gegenteil überzeugen muß, und da Er Sein Doppelspiel weiter spielen möchte, würde Ihn eine solche Aktion genieren. Geht Rumänien auf diese erwähnte Proposition ein — nun gut, so ist es gebunden, so weit ein Staat überhaupt gebunden werden kann; im gegenteiligen Falle ist der eklatante Beweis erbracht, daß Rumänien unter allen Umständen verloren ist und dann hat ein weiteres „Klagen“ und „Sich-nach-Rumänien-Sehnen“ doch keinen Zweck. Dann muß man tant bien que mal eine andere Politik machen. Vor wenigen Monaten wäre ein solcher klärender Schritt noch viel leichter und viel erfolgversprechender gewesen; Konstanza hat das Bild natürlich neuerlich verschlechtert. Je weiter Rumänien sich mit der Tripel-Entente einläßt, desto schwieriger dasselbe wieder zu uns herüberzuziehen. — Aber es ist die alte Geschichte der Sibyllinischen Bücher. Das Geschäft wird immer teuerer und jeder Tag, jede Woche, die wir versäumen, ist ein unwiederbringlicher Verlust. Ich weiß nicht, wie oft ich Euere Excellenz bereits mit Abhandlungen dieser Art belästigt habe, die Gefahr aber, die ich in meiner exponierten Stellung natürlich besser sehe als in Wien, zu verschweigen, würde ich für eine Gewissenlosigkeit halten, zu welcher ich mich niemals hergeben werde. Ein zu Aufklärungszwecken weit vorgeschobener Patrouillenführer sieht den Aufmarsch im Hauptquartiere unbekannter feindlicher Truppen. Er schickt Meldung auf Meldung in das Hauptquartier. Er bittet und beschwört, man möge ihm glauben oder man möge Jemand anderen senden, der sich von der Wahrheit der Meldungen überzeugt — denn wenn die Vereinigung der feindlichen Kräfte vollzogen ist, dann ist es zu spät und man muß handeln, bevor der eiserne Ring um die eigene Armee geschlossen ist. Wie diesem Patrouillenführer zu Mute ist, wenn alle seine Warnungen und Bitten ungehört verhallen, das will ich nicht weiter ausführen, aber Euer Excellenz werden mir zugeben, daß seine militärische Disziplin auf eine harte Probe gestellt wird, wenn anders er überhaupt noch ein Gefühl und ein Herz für sein bedrohtes Vaterland hat.

113. Conrad an Berchtold: Abrechnung mit Serbien/Montenegro. Rückschau und Ausblick. Conrad, Dienstzeit III. 694—697.

Wien, 22. Juni 1914

Mit Bezug auf die Unterredung, zu welcher mich E. E. am 21. d. M. abends beriefen, möchte ich in Anbetracht der Wichtigkeit des erörterten Themas das Nachfolgende schriftlich zusammenfassen.

Vor allem bin ich jedesmal, wenn sich die Frage der momentanen politischen Situation der Monarchie aufwirft, genötigt auf die Genesis zurückzugreifen, welche der jetzigen Lage zu Grunde liegt, weil nur im Zusammenhang mit dieser Genesis eine richtige Beurteilung möglich erscheint.

Schon zur Zeit meiner ersten Ernennung zum Chef des Generalstabes habe ich im Winter 1906/07 darauf hingewiesen, daß das entscheidende Problem für die Monarchie auf dem Balkan und vor allem in der Lösung der südslawischen (besser gesagt serbischen) Frage liegt. Als Etappe zu dieser Lösung erwies sich *damals* die vorhergehende Niederwerfung Italiens erforderlich, um nach dieser freie Hand gegen Serbien zu erhalten.

Auf diese Handlung wurden daher auch alle militärischen Maßnahmen gestellt. Sie blieben ungenützt.

Als hierauf die Annexionskrise 1908/09 das Vorgehen gegen Serbien in erste Linie stellte, betrieb ich mit allen mir in meiner Stellung zu Gebote stehenden Mitteln das Übergehen zur Tat, das ist zur Führung des Krieges gegen Serbien und Montenegro zwecks Lösung der serbischen Frage, in einem für die Monarchie vorteilhaften Sinne.

Aber auch diese ausnehmend günstige Gelegenheit blieb unbenützt; ich wurde von allen übrigen Räten Seiner Majestät überstimmt.

Es war damals schon klar, daß die Vergeltung für dies Unterlassen nicht ausbleiben würde. Sie kam rascher als ich dachte; und zwar mit dem Balkankrieg 1912, in welchem unsere Gegner, unser Zögern richtig ausnützend, zur Tat übergingen, und zwar mit vollem Erfolge.

Ich habe damals — E. E. dürften sich wohl dessen erinnern — nahegelegt, eine große Entscheidung hinsichtlich der Richtung der Politik der Monarchie zu treffen, nämlich *entweder* sich mit Serbien solidarisch zu erklären, ihm den Antrag gemeinsamer Balkanpolitik für die Zukunft zu stellen um den Preis der Eingliederung in die Monarchie, *oder* wenn sich dies (wie wahrscheinlich) als unerreichbar erweist, zur offenen Feindschaft überzugehen und diese in die Tat umzusetzen, d. h. gegen Serbien und Montenegro den Krieg zu führen.

E. E. werden ja auch alle meine und überhaupt auch die von allen anderen militärischen Stellen betriebenen Maßnahmen in Erinnerung haben, die darauf abzielten, diesen Krieg zu führen und die zunächst in der vollen Mobilisierung des 15. und 16. Korps (als den langsamst zu mobilisierenden) ihren ersten Ausdruck gefunden haben.

Im Sinne der Gegnerschaft zu Serbien wurde nun auch die Errichtung des selbständigen albanesischen Staates vorgeschlagen, der für mich — wie ich dies wiederholt schriftlich und mündlich vertrat — nur die Bedeutung einer militärischen Schwächung Serbiens und Montenegros hatte für den Fall des von mir und den übrigen militärischen Räten unentwegt vertretenen kriegerischen Vorgehens gegen diese beiden Staaten.

Nur in diesem Zusammenhang sah ich die Bedeutung der Forderung nach einem selbständigen Albanien. Obwohl nun die Aktion Serbiens und insbesondere die Aktion Montenegros wiederholt drastische Anlässe zum kriegerischen Eingreifen der Monarchie geboten hatten, erfolgte dieses Eingreifen nicht — — — ja noch mehr, die Politik der Monarchie legte sogar die ganze Angelegenheit in die Hände aller übrigen Mächte, band sich damit selbst die Hände und setzte die Schaffung Albaniens als Zweck, während nach meiner Auffassung diese Schaffung nur als Anlaß und als Unterstützung für den eigentlichen Zweck, das ist: *die Abrechnung mit Serbien und Montenegro*, zu gelten gehabt hätte.

Diese Abrechnung erfolgte nicht, und es blieb nur das Verlegenheitsobjekt zurück, nämlich: Albanien.

Hätte die Monarchie durch Eingreifen gegen Serbien und Montenegro ihren festen Willen zur Tat bekundet und demselben kriegerischen Nachdruck verliehen, dann wäre wahrscheinlich auch eine andere Konsequenz ausgeblieben, nämlich das plötzliche Hervortreten Rumäniens und dessen wohl nicht mehr zu verkennende Absage an die Monarchie, die jetzt durch Rumäniens offenen Anschluß an Rußland erneut Ausdruck gefunden hat.

Der im Vorstehenden kurz geschilderte Hergang der politischen Ereignisse hat dazu geführt, daß die Monarchie nunmehr an ihrer Nordost-, Ost- und Südostfront von ausgesprochen aggressiven, positive Ziele verfolgenden Gegnern (Rußland, Rumänien, Serbien, Montenegro) umgeben ist, daß sie im Südwesten einen unverläßlichen Verbündeten (Italien) und nur an der Nordwestgrenze einen verläßlichen Alliierten hat, der jedoch durch zwei mächtige Nachbarn (Rußland und Frankreich) bedroht ist, wenn ich schon von England ganz absehe.

Die dermalige Lage der Monarchie gipfelt daher darin, daß sie auf große, über ihre Weiterexistenz abschließende Entscheidungen gefaßt sein muß, daß sie daher alle ihre militärischen Kräfte für diese große Entscheidung entwickeln und ungeschmälert bereithalten muß und diese Kräfte nur für einen großen entscheidenden Zweck einsetzen darf, dies aber auch sofort entschlossen tun muß, wenn ihre wirklichen Existenzinteressen bedroht sind, oder wenn ihr der Gang der Dinge wieder eine Situation zuführt, welche ihr, wie dies 1908/09 so sehr der Fall war, Chancen bietet, ihre Interessen durch eine positive Tat zu fördern.

Damit komme ich nun auf den eigentlichen Ausgangspunkt unserer Besprechungen zurück, nämlich auf das Verhalten der Monarchie gegenüber den Vorgängen in Albanien und fasse meine Ansicht wie folgt zusammen:

Ablehnung jedweder militärischen Okkupation, welche weitere Kräfte der Monarchie binden, bzw. zu einer solchen Bindung führen würde;

Verwahrung gegen jedwede derartige Okkupation seitens anderer Mächte, widrigenfalls direktes Vorgehen gegen diese Mächte (seien dies nun Serbien, Montenegro oder Italien);

jedwede sonstige Unterstützung Albaniens durch Geld, Waffen, Munition, Schiffe, vornehmlich aber durch Instruktoren, um endlich eine der albanesischen Regierung verläßlich zur Verfügung stehende bewaffnete Macht zu schaffen, analog wie es Rußland so erfolgreich mit Montenegro tut, und wie ich es bei E. E. wiederholt seit dem vergangenen Winter — aber leider stets erfolglos — beantragt habe.

In dieser Hinsicht erwähne ich nochmals, daß dermalen schon zirka dreißig k. u. k. Offiziere zur Verfügung stehen, welche etwas albanesisch gelernt haben und bereit sind, diese Mission anzutreten.

Ehe ich dieses Schreiben beende, möchte ich noch kurz auf die wichtigsten jener militärischen Maßnahmen zurückkommen, die ich im Hinblick auf den großen Existenzkampf der Monarchie für die dringendsten erachte; sie sind:

Schaffung der *Reservearmee,* daher eheste Einbringung und Durchsetzung der bezüglichen Vorlage, und zwar hinsichtlich Rekruten und Geld, Beschleunigung der *Artilleriebewaffnung*;

beschleunigter Ausbau der *strategisch wichtigen Bahnen* (Bosnien, Herzegowina, Dalmatien, dann gegen Rußland, Serbien und Rumänien);

permanente Befestigung der Südostgrenze, und zwar sofort und derart, daß die Bauten an allen Stellen gleichzeitig beginnen. Hierin sehe ich nicht nur eine unabweisbare militärische Notwendigkeit, sondern auch einen politischen Akt, weil ich der Überzeugung bin, daß dieses entschlossene Auftreten der Monarchie in Rumänien eine gewisse Ernüchterung hervorrufen wird, und überhaupt der Überzeugung bin, daß Schwäche immer, Kraftäußerung niemals üble Folgen zeitigt.

Ich verkenne nicht, daß all dies große finanzielle Opfer bedingt, aber die bedrohte Existenz des Staates erheischt sie, und die Erwägung, daß für Marinezwecke erst jüngst 426 Millionen glattweg bewilligt wurden, läßt diese Forderungen um so mehr gerechtfertigt erscheinen, als über die

Existenz der Monarchie nur im Landkrieg, niemals aber auf dem Wasser entschieden werden wird.

Ich bitte schließlich E. E., Ihren vielvermögenden Einfluß bezüglich der von mir geforderten und vertretenen militärischen Vorkehrungen geltend zu machen.

114. Bunsen, Wien, an Grey: Großserbien. Brit. Dok. X. 1. 1, 544.

Wien, 22. Juni 1914

... Mein serbischer Kollege Jowanowitsch, den ich recht gern habe, ist sehr besorgt (nervous), daß sein Land in den griechischen Streit hineingezogen werden könnte. Er fürchtet, daß sich ein Krieg, wenn es dazu käme, nicht leicht auf das Meer beschränken ließe, und daß Bulgarien nicht die Kraft hätte, sich einem türkischen Vormarsch durch sein Gebiet zu widersetzen, wenn es auch in seinem eigenen Interesse alles tun würde, um die Türken fernzuhalten. Jowanowitsch ist überzeugt, daß Serbien sich früher oder später zu dem Großserbien seiner Träume auswachsen wird; daß es ans Meer gelangen und sich über die österreichischen slawischen Provinzen ausbreiten wird. Er meint, dies sei ein unwiderstehlicher Trieb (tendency) und die Zeit arbeite für Serbien, von dem es höchst unklug wäre, die Ereignisse zu beschleunigen. Er ist daher ganz gegen eine Wiederaufnahme der Feindseligkeiten auf dem Balkan, wodurch die friedliche Entfaltung der innern Kräfte Serbiens gehemmt würde ...

115. Vortragsaufzeichnung Sazonov für den Zaren: Zusammenkunft in Konstanza. Rumäniens Annäherung an Rußland. Russ. Dok. I. 3, 293—299.

24. Juni 1914

Nachdem ich das Glück gehabt hatte, am 14. Juni d. J. bei der Allerhöchsten Zusammenkunft Eurer Kaiserlichen Majestät mit dem König von Rumänien in Konstanza zugegen zu sein, begab ich mich, den mir Allerhöchst erteilten Weisungen gemäß, nach Bukarest und hatte auf diese Weise die Möglichkeit, mich persönlich von dem gewaltigen Eindruck zu überzeugen, den der Besuch Eurer Kaiserlichen Majestät und der Erhabenen Familie in Rumänien auf alle Schichten der dortigen Bevölkerung gemacht hat.

Ich will nicht von der Freude und der tiefen Dankbarkeit sprechen, die der König bei dieser Gelegenheit geäußert hat, auch nicht von der Begeisterung der Truppen und der Volksmenge, die sich in den Straßen drängte.

Ich möchte aber hervorheben, daß an dem Empfange in Konstanza nicht nur die Regierungskreise, sondern auch Vertreter der Opposition beteiligt gewesen sind, die dadurch gewissermaßen besonders unterstreichen wollten, daß der Besuch des russischen Zaren ein Fest für ganz Rumänien sei, das ihn ohne Unterschied der Parteien begrüßen wollte. Daß eben dies der Sinn der Tatsache war, daß in Konstanza außer sämtlichen Mitgliedern der Regierung Vertreter der verschiedensten Institutionen und auch die bedeutendsten Führer der gegenwärtigen Kammerminderheit erschienen waren, wurde mir durch meine Unterredungen mit allen Staatsmännern und Politikern deutlich bestätigt, mit denen ich Gelegenheit hatte, zusammenzutreffen.

Wenn ich von den allgemeinen Eindrücken zum Inhalt meiner Gespräche mit einzelnen Persönlichkeiten übergehe, in deren Händen gegenwärtig die Leitung der rumänischen Politik liegt, so muß ich vor allem der Worte gedenken, deren mich König Carol in wiederholten Unterredungen gewürdigt hat.

Seine Majestät verhehlte mir nicht, welches Glück er über das für sein Land so erfreuliche Ereignis empfunden habe. Er äußerte ferner seine tiefe Dankbarkeit für die uneigennützige und versöhnliche Politik, die Rußland, den Allerhöchsten Weisungen Eurer Kaiserlichen Majestät entsprechend, während der jüngsten Krise auf dem Balkan innegehalten hat; das habe in bedeutsamem Maße zu der endlich eingetretenen Befriedung der Halbinsel beigetragen. Rumänien war, wie der König sagte, glücklich, auch seinerseits tatkräftige Hilfe in dieser Richtung zu leisten, und es würde auch weiterhin stets gern mit Rußland zusammenarbeiten, um den Frieden und die Ordnung auf dem Balkan aufrechtzuerhalten. Eine derartige Zusammenarbeit findet König Carol um so natürlicher, als Rußland und Rumänien durch die Gemeinsamkeit ihrer Interessen an einer für beide Staaten gleich wichtigen Stelle verbunden seien, nämlich in ihrer Eigenschaft als Küstenstaaten des Schwarzen Meeres, die außer durch die türkischen Meerengen keinen Ausgang für den Seehandel besitzen.

Der König sagte mir, er habe von Eurer Kaiserlichen Majestät mit besonderer Befriedigung gehört, daß in dieser Hinsicht zwischen Rußland und Rumänien eine Übereinstimmung des Vorgehens festgelegt werden müsse zur Erreichung der gleichen Zwecke, nämlich den Handelsverkehr durch die Meerengen gegen alle Eventualitäten zu schützen. Seine Majestät teilt vollkommen diese Meinung und hat mich gebeten, in diesem Sinne mit den Mitgliedern seiner Regierung zu sprechen.

Der König, der nicht ein einziges Mal auf Österreich-Ungarn zu sprechen kam, berührte dagegen wiederholt die Frage unserer Beziehungen zu Deutschland und bemühte sich, mir bei dieser Gelegenheit glaubhaft zu machen, daß Kaiser Wilhelm einer Annäherung Rußlands und Rumäniens und besonders der Fundierung der guten Beziehungen zwischen den beiden regierenden Häusern dieser Staaten sympathisch gegenüberstände. Wie der König sagte, habe der Deutsche Kaiser dem Prinzen Carol persönlich zu seiner Reise nach Petersburg zugeredet und ihm wiederholt gesagt, daß der künftige Gebieter von Rumänien sich bald dem russischen Kaiser vorstellen müsse, dessen Einfluß im Nahen Osten so groß sei.

Ich konnte nicht umhin, den König auf eine ganze Reihe von Ursachen hinzuweisen, die ohne unsere Schuld unsere Beziehungen zu Deutschland in letzter Zeit etwas abgekühlt hätten. Seine Majestät äußerte sein aufrichtiges Bedauern darüber, fügte aber hinzu, daß diese Mißverständnisse sich hoffentlich als vorübergehend erweisen würden, und daß die frühere Einmütigkeit bald wiederhergestellt sein werde. Er hob dabei hervor, daß die Idee der Entsendung des Generals Sanders nach Konstantinopel auf den Kaiser persönlich zurückgegangen sei; dadurch erkläre sich auch eine gewisse Reizbarkeit desselben in dieser Frage, sobald die genannte Mission von unserer Seite auf starken Widerstand gestoßen sei.

Von dem jüngsten Besuch Talaat Beys [97] in Rumänien sagte mir der König, dieser türkische Staatsmann habe auf ihn den Eindruck eines gemäßigten und besonnenen Mannes gemacht, doch müsse er anscheinend mit den unruhigen Mitgliedern des türkischen Kabinetts rechnen, und zwar vor allem mit Enver Pascha [98] und Dschemal Bey [99], deren unterirdischer Arbeit er die Verschärfung der Situation in Albanien zuschreibt.

Hinsichtlich dieses Staates erkennt der König zwar die Gefahr, die seinem Neffen droht, er hat aber doch Hoffnung für die Zukunft und die Zuversicht, daß es dem Prinzen Wied schließlich doch gelingen werde, sich auf dem Throne zu befestigen.

Bei den anderen Balkanstaaten beschränkte sich der König auf wenige Worte. Besonders sympathisch äußerte er sich über Serbien; er erklärte, Rumänien könne eine Schwächung dieses Königreiches nicht ruhig hinnehmen. Weniger herzliche Ausdrücke gebrauchte Seine Majestät, als er über die Griechen sprach. Nur bei Veniselos machte er eine Ausnahme; sein Verbleiben an der Regierung ist ihm eine Garantie für die ruhige Entwicklung Griechenlands.

Was die Bulgaren betrifft, so lobte der König die Kriegstüchtigkeit ihrer Soldaten; er verhehlte aber nicht seine Abneigung gegen König Ferdinand.

[97] Türkischer Innenminister seit 1909.
[98] Türkischer Kriegsminister seit 1914.
[99] Türkischer Marineminister seit 1914.

Von den Staatsmännern, deren Bekanntschaft ich machen konnte, nimmt seiner Stellung nach im gegenwärtigen Augenblick den ersten Rang Bratianu[1] ein, der in dem von ihm gebildeten Kabinett zwar das Portefeuille des Kriegsministers übernommen hat, in Wahrheit aber fast ganz allein die gesamte Außenpolitik Rumäniens leitet.

Bratianu wiederholte annähernd das, was ich schon vom Könige gehört hatte: daß es wünschenswert sei, unsere Betätigung für die Aufrechterhaltung des Friedens auf dem Balkan in Übereinstimmung zu bringen; er betonte, daß es seiner Ansicht nach notwendig sei, die Unverletzlichkeit der Bestimmungen des Bukarester Friedensvertrages zu sichern.

Ich hielt es nicht für angebracht, mich durch irgendwelche unwiderrufliche Zusagen nach dieser Richtung zu binden, und zog es vor, die letzte private Frage mit Schweigen zu übergehen, ging aber dafür ausführlich auf den Gesamtcharakter der gegenseitigen Beziehungen zwischen uns und Rumänien ein. Ich machte Bratianu darauf aufmerksam, daß es niemals ernsthafte Gründe für Mißverständnisse zwischen den beiden Nachbarstaaten gegeben habe, und daß uns lediglich diejenigen, denen das Vorteil brächte, künstlich zu entfremden trachteten und Mißtrauen zwischen uns säen wollten, indem sie auf der einen Seite behaupteten, daß Rußland feindliche Absichten gegen Rumänien habe, auf der anderen, daß Rumänien sein Geschick endgültig an die Dreibundmächte gebunden habe. Seit wir uns aber davon überzeugt hätten, daß unsere Interessen und die Interessen Rumäniens nicht nur nicht konträr, sondern in vieler Hinsicht sogar identisch seien, hätten wir ganz bestimmt — und zwar nicht nur in Worten, sondern auch durch die Tat — gezeigt, daß wir bereit seien, mit Rumänien Hand in Hand zu gehen, und zwar auch in solchen Fällen, wo wir dafür bis zu einem gewissen Grade auf unser traditionelles Bestreben verzichten mußten, die Interessen Bulgariens zu unterstützen. Ich betonte, wir hätten diesen Weg eingeschlagen, ohne eine vorherige Klärung der Frage abzuwarten, ob Rumänien seinerseits mit gleicher Offenheit mit uns zusammengehen könne, und ob es nicht etwa durch internationale Verpflichtungen gebunden sei, welche die Möglichkeit einer vertrauensvollen Zusammenarbeit mit uns ausschlösse.

Bratianu antwortete mir, Rumänien sei in keiner Weise verpflichtet, an irgendeinem Kriege teilzunehmen, sofern nicht seine eigenen Interessen unmittelbar berührt würden. Er fügte hinzu, durch die Fehler der österreichisch-ungarischen Diplomatie hätten sich die Beziehungen zwischen Rumänien und der Doppelmonarchie in der letzten Zeit abgekühlt; die Bedingungen aber, die sich aus der Nachbarschaft der beiden Länder er-

[1] Rumänischer Ministerpräsident 1914—1918.

gäben, nötigten sie zwangsläufig, darauf bedacht zu sein, es nicht zu einer übermäßigen Verschärfung ihrer gegenseitigen Beziehungen kommen zu lassen.

Da ich diese Antwort nicht klar genug fand und Bratianu zu präziseren Erklärungen veranlassen wollte, stellte ich ihm direkt die Frage: Welches würde Rumäniens Haltung sein im Falle eines bewaffneten Zusammenstoßes zwischen Rußland und Österreich-Ungarn, wenn Rußland durch die Umstände genötigt sein sollte, die Kriegshandlungen zu beginnen?

Bratianu erklärte, Rumäniens Haltung werde in einem solchen Falle davon abhängen müssen, welche Umstände Rußland veranlassen würden, die Kriegshandlungen gegen Österreich-Ungarn zu eröffnen, ferner davon, was in einer solchen Situation den Interessen Rumäniens am besten entsprechen würde. Der Minister, der von meiner Frage sichtlich betroffen war, fragte mich nun seinerseits, ob ich es für möglich hielte, daß derartige Umstände in naher Zukunft eintreten könnten, und ob ich im Zusammenhange damit an die Wahrscheinlichkeit eines allgemein-europäischen Krieges glaube. Ich beeilte mich, Bratianu zu beruhigen, indem ich ihm sagte, ich hätte Grund, die Erhaltung des Friedens in Europa zu erhoffen; was aber einen bewaffneten Zusammenstoß Rußlands mit Österreich-Ungarn auf Rußlands Initiative hin betreffe, so könnte ich mir einen solchen Zusammenstoß vorstellen nur in dem Falle, daß Österreich auf Grund der albanischen Frage oder unter irgendeinem andern Vorwande gewillt sein sollte, Serbien anzugreifen, um dieses Königreich empfindlich zu schwächen, wogegen wir wahrscheinlich nicht gleichgültig bleiben könnten.

Bratianu bemerkte, daß sich in einem derartigen Falle unsere Wege wieder treffen würden, denn Rumänien habe auch keinerlei Interesse daran, eine Schwächung Serbiens zuzulassen.

Der allgemeine Schluß, den ich aus diesen Gesprächen gezogen habe, ist der, daß Rumänien durch keinerlei Verpflichtungen gebunden ist, welche es zwingen könnten, unter allen Umständen gemeinsam mit Österreich gegen uns vorzugehen, daß es aber in der Tat, für den Fall eines Krieges zwischen uns und Österreich-Ungarn, bemüht sein wird, sich der Partei anzuschließen, die sich als die stärkere erweisen und in der Lage sein wird, ihm die größten Vorteile in Aussicht zu stellen.

Zu den weiteren Fragen, in denen die Gemeinsamkeit der Interessen Rumäniens und Rußlands am klarsten hervortritt, gehört vor allem die Frage der Freiheit des Handelsverkehrs durch die Meerengen. Ich erwähnte bereits, was mir König Carol über diesen Punkt gesagt hat. Bratianu kam ebenfalls auf diesen Gegenstand zu sprechen, und weil gegenwärtig infolge der Verschärfung der griechisch-türkischen Beziehungen die Gefahr besteht, daß die russischen und die rumänischen Interessen im

Gebiet der Meerengen verletzt werden, beschlossen wir, diesen Umstand zu benutzen, um durch eine gemeinsame Aktion zur Verteidigung dieser Interessen bei dieser Gelegenheit gleichzeitig die zwischen unsern beiden Regierungen erzielte Einmütigkeit zu dokumentieren. So wurde gemeinsam der Text eines identischen Telegramms ausgearbeitet, in welchem der russische und der rumänische Vertreter in Konstantinopel beauftragt wurden, nach gegenseitigem Einvernehmen die Pforte darauf aufmerksam zu machen, daß eine weitere Zuspitzung der Beziehungen zwischen der Türkei und Griechenland zu einer neuen Schließung der Meerengen führen könne, und daß dadurch wesentliche Interessen anderer Staaten, namentlich derjenigen, die an das Schwarze Meer grenzen, betroffen werden würden, die demgegenüber nicht gleichgültig bleiben könnten.

Das gemeinsame Vorgehen Rußlands und Rumäniens in dieser Frage rechnet mit dem indirekten Nutzen des Eindrucks, den es auch außerhalb der Türkei machen muß, und es kann zur Genüge damit motiviert werden, daß die geographische Lage beider Länder sie an der vorliegenden Frage in besonderer Weise interessiert. Für Rumänien konnte aber ein solches Auftreten zusammen mit einer Großmacht nur erwünscht sein, denn es schmeichelte der Eitelkeit des Königreiches und erhöhte noch sein Ansehen unter den übrigen Balkanstaaten.

Im Zusammenhang mit der Möglichkeit eines offenen Bruches zwischen der Türkei und Griechenland bestätigte mir Bratianu noch einmal, was er bereits früher dem Kaiserlichen Gesandten in Bukarest anläßlich der kürzlich von Talaat Bey abgegebenen Erklärung gesagt hatte: daß Rumänien keinen Landkrieg zwischen den genannten Mächten zulassen werde . . .[2]

Indem ich aus allem, was ich während meines dreitägigen Aufenthaltes in Rumänien gesehen und gehört habe, das Fazit ziehe, fühle ich mich verpflichtet, Eurer Kaiserlichen Majestät zu melden, daß ich auf meiner Reise die allerbesten Eindrücke gewonnen habe, die Zeugnis davon ablegen, daß Rumänien uns günstig gesinnt ist, und die uns gestatten, auf eine Weiterentwicklung unserer freundnachbarlichen Beziehungen zu hoffen.

116. Grey an Goschen, Berlin: Unterredung mit Lichnowsky. Englisch-russische Beziehungen und Rußlands Politik. Brit. Dok. XI. 1, 8—11.

Auswärtiges Amt, 24. Juni 1914

Ich sah heute den deutschen Botschafter, ehe er auf etwa 10 Tage nach Deutschland fuhr.

[2] Russisch-rumänische Detailfragen.

Er sprach ziemlich ausführlich über meine neuliche Erwiderung im Unterhaus, wobei er offenbar auf die Antwort anspielte, die ich auf eine Anfrage betreffs einer angeblichen neuen Marineabmachung mit Rußland gegeben hatte, wenn der Botschafter solch eine Abmachung auch nicht mit Namen erwähnte. Er sagte, daß die von mir abgegebene Erklärung große Befriedigung in Berlin ausgelöst und eine beruhigende Wirkung gehabt habe. In Deutschland befürchte man kriegerische Absichten Rußlands. Der Botschafter selbst teile diese Besorgnisse nicht, da er an die feindseligen Absichten Rußlands nicht glaube. Doch sei unlängst in der „Nowoje Wremja" ein Artikel gestanden, der einen sehr feindseligen Ton gegen Deutschland angeschlagen hätte. Die Alldeutschen seien wirklich besorgt, und wenn auch Herr von Bethmann Hollweg diese Ansichten ebensowenig teile wie Fürst Lichnowsky selbst, so habe er doch das Gefühl, daß sich in Deutschland die Gefahr einer neuen Rüstungspanik entwickeln könne. Herr von Bethmann Hollweg habe den Fürsten Lichnowsky beauftragt, mir seine Hoffnung auszudrücken, daß wir etwaige neue Entwicklungen oder Schwierigkeiten auf dem Balkan ebenso offen miteinander besprechen würden, wie das mit den während der letzten Balkankrise entstandenen Schwierigkeiten geschah, und daß wir in derselben engen Fühlung zu bleiben vermöchten.

Ich bemerkte zum Fürsten Lichnowsky, daß es mir etwas schwer falle, mit ihm über unsere Beziehungen zu Frankreich und Rußland zu sprechen; ich könne sehr leicht und durchaus der Wahrheit entsprechend sagen, daß kein Bündnis und keine Vereinbarung bestünden, die uns zum Handeln verpflichteten, und daß alle Abmachungen dieser Art, die wir mit Frankreich und Rußland geschlossen hätten, veröffentlicht worden seien. Auf der anderen Seite wünschte ich den Botschafter nicht irrezuführen, indem ich den Glauben in ihm erweckte, daß unsere Beziehungen zu Frankreich und Rußland weniger herzlich und intim seien, als sie es tatsächlich sind. Obgleich wir nicht wie Verbündete durch Verpflichtungen gebunden seien, hätten wir uns doch von Zeit zu Zeit so vertraut wie Verbündete miteinander besprochen. Diese Intimität sei aber nicht aggressiv gegen Deutschland ausgewertet worden. Wie er wisse, sei Frankreich jetzt höchst friedfertig gesinnt.

Der Botschafter pflichtete dem wärmstens bei.

Wie er selbst gesagt habe, verfolge Rußland keine aggressive deutschfeindliche Politik und denke nicht daran, Deutschland mit Krieg zu überziehen. Zwar sei es ganz richtig, daß Rußland an der Entwicklung auf der Balkanhalbinsel sehr interessiert und oft darüber besorgt sei; aber diese Besorgnis entspringe keiner deutschfeindlichen Stimmung. Als zum Beispiel der Kaiser von Rußland kürzlich Rumänien besuchte, habe die russische Regierung den Besuch nicht als politische Angelegenheit mit uns besprochen oder irgendwie versucht, uns politisch in die Sache hineinzuziehen. Ich würde von ganzem Herzen das erwidern, was Herr von Bethmann Hollweg gesagt habe, daß wir uns nämlich über neu in die Erscheinung tretende Entwicklungen ebenso offen wie zuvor unterhalten und sie im selben Geiste erörtern sollten, wie wir das während der Balkankrise getan hätten. Wir wollten so fortfahren, wie wir aufgehört haben, als jene Krise vorbei war. Ich sei sehr darauf bedacht, nichts von dem Boden zu verlieren, den wir damals zu Gunsten guter Beziehungen zwischen uns gewonnen hätten. Die britische Regierung gehöre der einen Mächtegruppe an, aber nicht, um die Schwierigkeiten zwischen den beiden europäischen Gruppen zu vergrößern; wir wünschten im Gegenteil zu vermeiden, daß neuauftauchende Fragen die Gruppen als solche in Gegensatz zueinander brächten. So hätten wir zum Beispiel im Falle des deutschen Militärkommandos in Konstantinopel, der uns zu Beginn dieses Jahres einige Besorgnisse verursacht habe, unser möglichstes getan, um eine direkte Aussprache zwischen Deutschland und Rußland darüber herbeizuführen und zu verhindern, daß der Fall zum Gegenstand formeller Vorstellungen einer Gruppe in Konstantinopel gemacht werde, und um keine Gelegenheit dafür zu bieten, daß die beiden Gruppen als solche in Gegensatz zueinander gebracht würden und sich dann voneinander trennten.

Fürst Lichnowsky stimmte dem von Herzen zu. Er meinte, unsere Zugehörigkeit zu der einen Gruppe sei gut und er betrachte unsere Intimität mit Frankreich und Rußland ohne jede Besorgnis, weil er sicher sei, daß sie im Sinne des Friedens zur Geltung gebracht würde.

Ich entgegnete, daß er mit dieser Ansicht ganz recht habe. Wir würden niemals eine aggressive Politik verfolgen, und falls wir je einen europäischen Krieg erlebten und uns daran beteiligten, so würde das nicht auf Seiten des Angreifers sein, weil die öffentliche Meinung dagegen wäre.

Fürst Lichnowsky erklärte ohne Einschränkung, daß er über unsere Absichten ebenso dächte, wie ich es ihm eben auseinandergesetzt hätte.

Zum Schlusse kam er wieder auf die Befürchtungen seiner Regierung zurück, daß in Deutschland eine neue Rüstungspanik aufleben könne. Er fügte hinzu, er habe Herrn von Bethmann Hollweg offen gesagt, daß es gewisse Dinge gäbe, die freundschaftliche Beziehungen mit uns unmöglich machten.

Ich vermute, daß er damit eine Zusatznovelle zum deutschen Flottengesetz meinte, aber ich habe diesen Punkt nicht weiter verfolgt.

Ich sagte, ich hätte bemerkt, daß unsere Zugehörigkeit zur einen Gruppe, sowie unsere Intimität mit Frankreich und Rußland in verflossenen Jahren in Deutschland dazu benutzt worden seien, um Stimmung für Rüstungsausgaben zu machen, und es bestände immer die Gefahr, daß das wieder geschähe. Indessen hoffte ich aufrichtig, daß Artikeln der „Nowoje Wremja“ keine allzu große Bedeutung beigelegt zu werden brauchte; denn wie er einen deutschfeindlichen Artikel habe lesen müssen, von dem ich bisher nichts gehört, sei mir erst gestern Abend ein Artikel der „Nowoje Wremja“ zu Gesicht gekommen, der wegen der englisch-persischen Ölkonzession einen heftigen Angriff auf uns enthielt.

Um zu betonen, daß Rußland keine wirklich deutschfeindliche Politik betreibe, erwähnte ich im Verlaufe der Unterhaltung, daß es drei Personen gäbe, durch die wir die Gesinnung der russischen Regierung kennenlernten: 1. den Grafen Benckendorff, den Fürst Lichnowsky gewiß als nicht deutschfeindlich anerkennen werde; 2. Herrn Sasonow, der manchmal durch Angriffe der russischen Presse auf seine Person besorgt sei, ob die Tripel-Entente nicht ungünstig vom Dreibund absteche und sich in der Diplomatie als weniger feste Kraft erweise, der aber nie den Wunsch durchblicken lasse, den Dreiverband für eine aggressive Politik gegen Deutschland gebrauchen zu wollen, und der ihn lediglich als Gegengewicht benutze; und 3. den Kaiser von Rußland, von dem Fürst Lichnowsky sicher wisse, daß er keine aggressive Politik gegen Deutschland, oder in der Tat gegen sonst jemand begünstige.

117. Lichnowsky, London, an Bethmann Hollweg: Unterredung mit Grey. Rußland und deutsch-englisches Einvernehmen. Gr. Pol. 39, 630—633.

London, 24. Juni 1914

Ich benutzte meinen heutigen Besuch, um Sir Edward Grey den Dank Euerer Exzellenz für seine offenen und geraden Erklärungen im Unterhause auszusprechen, durch welche er den Gerüchten über ein angebliches englisch-russisches Marineabkommen entgegengetreten ist. Ich knüpfte hieran die Bemerkung, daß Euere Exzellenz seine Ausführungen um so lebhafter begrüßt hätten, als dieselben nicht unwesentlich dazu beitrügen, die Befürchtungen zu zerstreuen, welche namentlich in neuester Zeit weite Kreise des deutschen Volkes hinsichtlich unserer auswärtigen Lage erfaßt hätten. In erster Linie sei es Rußland, welches dieser Beunruhigung und den daraus hervorgehenden Bestrebungen für eine weitere Vermehrung unserer Rüstungen Nahrung zuführe, und ich könne in dieser Hinsicht ganz besonders auf den Artikel der „Nowoje Wremja“ [3] verweisen, wel-

[3] *Es liegt wohl eine Verwechslung mit dem Artikel der „Birshewija Wjedomosti“ vom 13. Juni vor.*

cher in Deutschland unliebsames Aufsehen erregt hätte. Angesichts der Möglichkeit, daß ein Balkankrieg wiederum ausbräche und daß Rußland sich alsdann zu einer etwas aktiveren Auslandspolitik entschlösse, erschien es uns von größter Wichtigkeit, daß die intime Fühlungnahme, welche zwischen uns während der letzten Krise bestand, auch allen zukünftigen Ereignissen gegenüber aufrechterhalten bliebe, um auf Grundlage gemeinsamer Verabredung einer kriegerischen Politik begegnen zu können. Ich wies den Minister ferner darauf hin, daß nur durch die Aufrechterhaltung der bisherigen deutsch-britischen Intimität, gepaart mit unserer Überzeugung, daß er auch in Zukunft bestrebt sein werde, kraft seines weitreichenden Einflusses in Paris und Petersburg allen abenteuerlichen Regungen entgegenzutreten, es der Kaiserlichen Regierung möglich sein werde, das auch bei uns zeitweise überhandnehmende Rüstungsfieber niederzuhalten und den Rahmen der bestehenden Wehrgesetze einzuhalten. Ich vermied es dabei absichtlich, auf unser Flottengesetz näher einzugehen, da ich dieses heikle Thema mit dem Minister seit meiner Ankunft in London noch nie berührt habe, und er auch es bisher sorgsam unterlassen hat, diesen Gegenstand mit mir zu erörtern.

Der Minister nahm meine Eröffnungen mit sichtlicher Befriedigung zur Kenntnis und sagte, daß es ebenso sein Bestreben sei, mit uns auch ferner Hand in Hand zu gehen und allen auftretenden Fragen gegenüber in enger Fühlung zu bleiben. Er habe in dieser Absicht soeben mit mir die gegenwärtige orientalische Lage besprochen und glaube, daß dieser Weg für unsere beiderseitigen Ziele der geeignete sei. Was Rußland beträfe, so habe er nicht den geringsten Grund, an den friedlichen Absichten der russischen Regierung zu zweifeln. Daß Graf Benckendorff hier keine deutschfeindliche Politik betreibe, brauche er mich nicht erst zu versichern. Kaiser Nikolaus und Herr Sasonow sprächen sich stets in friedlichem Sinne Sir George W. Buchanan gegenüber aus; nur sei nicht zu leugnen, daß Herr Sasonow den Wunsch hege, gewissermaßen als Gegengewicht gegen den festgefügten Block des Dreibundes den Dreiverband etwas kräftiger in die Erscheinung treten zu lassen. Was aber den Artikel der „Nowoje Wremja" beträfe, auf den ich angespielt hätte, so sei er ihm, dem Minister, überhaupt nicht bekannt. Lachend fügte er hinzu, er habe erst gestern abend einen heftigen Angriff des gedachten Blattes gegen Großbritannien zu Gesicht bekommen wegen des persischen Ölabkommens. Was aber Frankreich anlange, so wisse er aus guter Quelle und würde in dieser Auffassung auch durch fremde, zum Beispiel amerikanische Nachrichten bestärkt, daß die Franzosen nicht die geringste Lust zu einem Kriege verspürten.

Es bestünden, so sagte mir Sir Edward, keine nicht veröffentlichten Abmachungen zwischen Großbritannien und den Verbandsgenossen. Er könne mir dies wiederholen, wie er es im Parlament erklärt habe, und er freue sich, hinzufügen zu können, daß von ihm aus niemals etwas geschehen werde, um diesem Verhältnis eine gegen Deutschland gerichtete Spitze zu geben. Er glaube auch, daß in den letzten Zeiten bei uns über diese Frage eine befriedigtere Auffassung Platz gegriffen habe. Er wolle aber mit mir ganz offen sein und wünsche nicht, daß ich mich zu irrigen Auffassungen verleiten ließe, und möchte daher die Gelegenheit benutzen, um mir zu sagen, daß trotz obiger Tatsachen sein Verhältnis zu den beiden Genossen nach wie vor ein sehr intimes sei, und dasselbe nichts von seiner früheren Festigkeit eingebüßt habe. Über alle wichtigen Fragen stände er mit den betreffenden Regierungen in dauernder Fühlungnahme.

Ich dankte dem Minister für seine vertrauensvollen Eröffnungen, die er in freundschaftlich-gemütlicher Form vortrug, und erwiderte, daß für uns kein Grund vorläge, daran Anstoß zu nehmen, solange er seinen mächtigen Einfluß zugunsten des Friedens und der Mäßigung zum Ausdruck brächte.

118. Sazonov an Benckendorff, London: Persien und England. Englisch-russisches Marineabkommen. Russ. Dok. I. 3, 301—303.

24. Juni 1914

Ich danke Ihnen sehr für Ihre Briefe vom 12. und 17. Juni. Sie sind gerade zurecht gekommen, um mir das Bild unserer Mißverständnisse mit der englischen Regierung wegen der persischen Angelegenheiten zu vervollständigen. Ich habe es für gut gehalten, von dem größten Teil von ihnen Abschriften anfertigen zu lassen, um sie dem Kaiser zu unterbreiten, dem ich in meinem unmittelbar bevorstehenden Vortrage die Angelegenheit im einzelnen darlegen werde.

Wenn es sich nur darum handelte, den Übereifer einiger von unseren Konsuln zu bremsen, so wäre die Sache nicht sehr schwierig; aber es handelt sich leider um mehr, und dieses Mehr, das mich beunruhigt, ist, daß ich schon seit einiger Zeit davon überzeugt bin, daß die englisch-russische Rivalität in Persien wieder auflebt. Weder Grey, noch irgendein anderer Engländer wird das zugeben, aber es ist so.

Das Abkommen von 1907 hat England nicht die Vorteile gebracht, die es, vom Standpunkt seiner örtlichen Interessen aus, von ihm erwartete; denn das Hauptinteresse, die politische Sicherheit seiner indischen Grenze, hat seit unserer Annäherung aufgehört, Gegenstand ständiger Sorgen jeder englischen Regierung zu sein, und ist in das Stadium historischer Erinnerung übergegangen. Die Engländer fühlen sich in Sicherheit, aber andererseits beginnen sie, es inne zu werden, daß ihr Handel und vor allem ihr Einfluß in Persien abnimmt, um unserem Handel und unserem Einfluß Platz zu machen.

Daher die Besorgnis, auf die Sie mich hinweisen, und die sich auf so viele verschiedene Arten kundtut. Daher auch ihr Wunsch, das Abkommen von 1907 zu revidieren, denn eben darum geht es in diesem Augenblick.

Soweit ich sie, in Ermangelung jeder präzisen Auskunft, verstehe, ist es weniger die Erweiterung ihrer eigenen Zone, die sie im Auge haben, als eine wirtschaftliche Beschlagnahme der neutralen Zone durch Eisenbahnkonzessionen und Ausbeutung von Bergwerken. Das sind die Punkte, wo die Schwierigkeiten zwischen uns entstehen werden; denn wenn ich fest entschlossen bin, ihnen im Norden alle Zugeständnisse zu machen, die mit unseren Interessen als angrenzende Macht vereinbar sind, so werde ich ihnen schwerlich die neutrale Zone überlassen können, wo unsere Handelsinteressen sich von Tag zu Tag mehr festigen.

Ob sie von unserer Seite einen Widerstand erwarten? Ich weiß es nicht, da ich die Frage mit Buchanan niemals freimütig erörtert habe, aber ich würde es aufrichtig wünschen, denn das würde mir die Verhandlungen, die jetzt beginnen sollen, und wegen derer Buchanan den Gedanken, auf Urlaub zu gehen, hat aufgeben müssen, sehr erleichtern.

Wie dem auch sei, ich werde mit offenen Karten spielen, und für Zweideutigkeiten wird kein Platz sein. Zwischen Leuten, die sich verständigen wollen, handelt es sich nicht darum, zu finassieren, und Sie wissen, wie sehr die Sorge, vertrauensvolle Beziehungen zu England zu unterhalten, jederzeit meine politischen Sorgen beherrscht hat.

Ich hoffe, die englische Regierung wird den guten Willen anerkennen, den ich einer Revision, oder vielmehr — denn man muß wohl dieses Wort gebrauchen — der Annullierung unseres Abkommens wegen Tibet entgegengebracht habe. Ich habe mich in dieser Frage von Überlegungen leiten lassen, die der speziellen Situation Englands als Tibets Nachbarstaat entsprangen. Sie verstehen wohl, daß ich den gleichen Anspruch geltend machen werde, wenn es sich darum handeln wird, von unseren Rechten in Persien zu sprechen.

Ich hoffe, die Engländer werden sich vernünftig zeigen und es vor allem erreichen, die „Times"-Kampagne, von welcher Seite sie immer kommen mag, einzuschüchtern; die Korrespondenzen aus Teheran machen hier einen miserablen Eindruck.

Meine letzten Informationen über den Gang der Wahlen zum Medschilis[4] kündigen einen fast völligen Mißerfolg an. Anscheinend hat sich nicht

[4] Persisches Parlament.

nur Aserbeidschan, angeblich unter russischem Einflusse, geweigert, die Abstimmung vorzunehmen, sondern auch die große Mehrheit der anderen persischen Provinzen. So greifbare Tatsachen müßten wohl den Engländern über den tatsächlichen Zustand des Landes die Augen öffnen und sie veranlassen, einige von ihren Utopien aufzugeben. In Ihren Unterredungen mit Grey sollten Sie dieses Argument nicht verschmähen.

Wolkows Bericht, von dem Sie mir Abschrift übersandten, hat auf mich keinen guten Eindruck gemacht. Seit dem Bestehen des Dreiverbands hat es immer auf seiten der französischen Regierung peinliche Indiskretionen gegeben. Dieses Phänomen ist dutzendmal zutage getreten, und im vorliegenden Falle liegt wirklich kein Grund vor, sich zu erregen.[5]

Der Empfang, den Grey und das englische Kabinett den französischen Vorschlägen bereitet haben, war so, daß wir den baldigen Abschluß eines Abkommens unserer Generalstäbe erwarten konnten. Die heute deutlich werdende Tendenz, diesen Abschluß hinauszuschieben, ist nicht dazu angetan, uns zu beruhigen. Ich kann Ihnen nicht verhehlen, daß es mir äußerst schwer, wenn nicht unmöglich sein wird, die Zustimmung des Kaisers zu den sehr beträchtlichen Zugeständnissen zu erbitten, die wir bereit sind, England in Tibet zu gewähren, wenn es sich der Unterzeichnung des Marineabkommens entzieht, zu dem Frankreich die Initiative ergriffen hat.

Mein heutiges Lied hat den Charakter eines Klagegesanges bekommen. Um seine Traurigkeit zu mildern, muß ich es damit abschließen, daß ich Ihnen, wenn es noch nötig ist, das Versprechen erneuere, meinem Entschluß, unsere freundschaftlichen Beziehungen zu England zu pflegen und enger zu gestalten, bis zu den letzten Grenzen des Möglichen treu bleiben zu wollen. Dieses Ziel bringt einige Opfer mit sich, die zu bringen wir durchaus bereit sind. Mögen die Engländer nicht zu große Opfer von uns verlangen!

Der Kaiser, den ich eben gesehen habe, wird Buchanan morgen empfangen. Was wird der Brief des Königs uns bringen? Ich hoffe, es nächstens zu erfahren.

Ich habe zu Seiner Majestät im Sinne meines Briefes an Sie gesprochen, unter Anwendung jeder möglichen Schonung, um nicht einen ungünstigen Eindruck zu schaffen.

Immerhin war er ziemlich besorgt, als ich ihn verließ. Er billigt meinen Beschluß, mich in den Fragen formaler Art, wie in der Frage der Haltung der Konsuln und in anderen vom gleichen Kaliber, nicht unzugänglich

[5] Bezugnahme auf den Verrat der englisch-russischen Verhandlungen durch den russischen Botschaftssekretär in London v. Siebert.

zeigen zu wollen, aber er fragt sich, ob die Engländer es nicht darauf abgesehen haben, uns der Vorteile zu berauben, die wir in unserer Zone so mühsam erworben haben, oder unseren bisher ziemlich glücklichen Bemühungen, neue Gewinne in der neutralen Zone zu erzielen, ein Ende zu machen.

Wenn wir wissen werden, woran wir mit der Haltung Englands sind, werde ich unsern Standpunkt in einem Antwort-Aide-mémoire zusammenfassen lassen, das ich Buchanan übergeben, und von dem ich Ihnen eine Abschrift zugehen lassen werde.

Mögen die Engländer Kuweit nicht vergessen, den ganzen Persischen Golf, Afghanistan und Beludschistan. Erinnern Sie sie bei Gelegenheit an die Rolle, zu der diese Länder verdammt sind. Von London nach Teheran ist es weit, aber von Moskau nach Täbris ist die Entfernung nicht sehr groß.

119. Grey an Buchanan, St. Petersburg: Nachrichten über englisch-russisches Abkommen. Brit. Dok. X. 2. 2, 1314—1315.

Foreign Office, 25. Juni 1914

Ich bemerkte heute zum Grafen Benckendorff, daß durch die hartnäckigen Gerüchte über eine maritime Vereinbarung zwischen Rußland und England ungeheurer Schaden angerichtet werde. Deutsche wie Professor Schiemann[6] erhielten, wie ich hörte, von Freunden in Paris und St. Petersburg Nachrichten, daß trotz allem, was ich im Unterhaus gesagt hätte, ein Marineübereinkommen bestünde; und man nehme sogar an, daß es eine Abmachung betreffs Öffnung der Meerengen enthalte. Ohne Zweifel stamme die Information von nicht amtlichen Personen, die die Tatsachen nicht kennten und sie anders auffaßten, als sie in Wahrheit seien. Im Unterhaus werde man eine Anfrage wegen Öffnung der Meerengen für Kriegsschiffe an mich richten, und ich beabsichtigte zu antworten, daß diese Angelegenheit während der letzten fünf Jahre nicht verhandelt worden sei und die Verträge in Kraft blieben, daß aber von Zeit zu Zeit, jedoch nicht während der letzten fünf Jahre, die Frage der Bedingungen, unter denen die Meerengen für Kriegsschiffe geöffnet werden könnten, mit uns besprochen worden sei. Wie Graf Benckendorff sich erinnern werde, hätten wir diese Frage mit Herrn Iswolsky erörtert, als er im

[6] Theodor Schiemann, der als Übersetzer der russischen Dokumente vom Verrat Kenntnis hatte und in der „Kreuzzeitung" direkte Fragen an England stellte, s. Hölzle, Der Geheimnisverrat und der Kriegsausbruch 1914, Göttingen 1973, 15.

Jahre 1908 in London war. Seitdem hätten wir nicht mehr darüber gesprochen. Die beharrlichen Gerüchte würden großen Schaden in Deutschland anrichten. Sie könnten dort hinsichtlich der deutschen Flotte zu einer neuen „Novelle“ führen und unsere guten Beziehungen zu Deutschland beeinträchtigen, die sich während der letzten Balkankrise stark gebessert hätten und die ich zu erhalten wünschte. Ich setzte Graf Benckendorff von den Hauptpunkten meiner gestrigen Unterhaltung mit dem Fürsten Lichnowsky [7] über unsere Beziehungen zu Frankreich und Deutschland in Kenntnis. Ich wüßte, daß Fürst Lichnowsky über diese Beziehungen ebenso dächte wie ich.

Graf Benckendorff war mit meinen ihm von mir mitgeteilten Bemerkungen zu Fürst Lichnowsky durchaus einverstanden und äußerte seine lebhafte Freude darüber, da Fürst Lichnowsky einen ausgezeichneten Gebrauch davon machen werde.

120. Buchanan, St. Petersburg, an Grey: Vorsprache beim Zaren wegen Persien. Brit. Dok. X. 2. 2, 1308—1310.

St. Petersburg, 25. Juni 1914

Ich hatte die Ehre, gestern vom Kaiser in Audienz empfangen zu werden und ihm den Brief zu überreichen, den der König mir befohlen hatte Seiner Majestät persönlich einzuhändigen.

Nachdem der Kaiser mir die Abschnitte darin, die sich auf Persien bezogen, vorgelesen und er geäußert hatte, er habe tags zuvor das dem Grafen Benckendorff übergebene Memorandum gelesen, erkundigte er sich, ob die Lage in Nordpersien Seiner Majestät Regierung erst seit kurzem solch ernste Sorge bereitet habe.

Ich erwiderte, die ihr durch jene Lage bereitete Besorgnis sei zwar in letzter Zeit drückend geworden, aber allmählich angewachsen. Im Sommer vorigen Jahrs hätte ich persönlich einen offenen Meinungsaustausch über Persien befürwortet, da ich damals schon befürchtete, daß sich aus dem Gang der Ereignisse in Nordpersien früher oder später eine Lage herausbilden werde, die sich für das englisch-russische Einvernehmen als unheilvoll erweisen könnte. Seitdem hätten sich die Ereignisse rasch entwickelt, und Nordpersien sei nun eigentlich in jeder Hinsicht eine russische Provinz. Hierbei bat ich Seine Majestät, glauben zu wollen, daß wir keinen Augenblick die Versicherungen anzweifelten, die er uns über seinen festen Vorsatz gegeben habe, sich keinen Teil persischen Gebiets anzu-

[7] Vgl. Nr. 117.

gliedern. Wir erhöben keine Beschwerden, wir verzeichneten nur nackte Tatsachen. Unvorhergesehene Ereignisse hätten zur Besetzung gewisser Bezirke in Nordpersien durch russische Truppen geführt, und nach und nach habe man die ganze Verwaltungsmaschinerie den russischen Konsuln überantwortet. Der Generalgouverneur von Aserbeidjan sei eine bloße Drahtpuppe, die die Befehle des russischen Generalkonsuls entgegennehme und ausführe, und das gleiche müsse man von den Gouverneuren in Rescht, Kaswin und Djulfa sagen. Sie seien samt und sonders Organe der russischen Regierung und handelten völlig unabhängig von der Zentralregierung in Teheran. Umfangreiche Ländereien in Nordpersien würden durch Methoden erworben, die weder gesetzlich noch vertretbar seien, eine große Zahl von Persern wandle man in russische Schutzbefohlene um, und die Steuern würden von den russischen Konsuln unter Ausschluß der Organe der persischen Finanzverwaltung eingezogen. Das vorstehende System werde aus Ispahan und sogar auf die neutrale Zone ausgedehnt. Wir hätten nicht im geringsten den Wunsch, Rußlands vorherrschende Interessen und Stellung im Norden anzufechten, aber die Methoden, durch die jene Vorherrschaft behauptet werde, und die Versuche, die man mache, sie auf die neutrale Zone auszudehnen, seien es, die uns die Frage aufdrängten, ob für uns nicht die Zeit gekommen sei, Maßnahmen zum Schutz unserer eigenen bedeutenden Interessen in jener Zone und im Persischen Golf zu treffen. Ich hätte mich erkühnt, mich Seiner Majestät gegenüber so offenherzig zu äußern, weil ich das Empfinden hätte, daß die ganze Frage des englisch-russischen Zusammengehens nicht nur in Persien, sondern auch in Europa auf dem Spiel stehe. Die Handlungen der russischen Konsuln hätten kumulative Wirkung, und obwohl die Konsuln ohne Zweifel von dem löblichen Wunsch beseelt seien, die russischen Interessen in Persien zu fördern, vergäßen sie, daß die von ihnen betriebene Politik ungünstig auf die englisch-russischen Beziehungen in der ganzen Welt zurückwirken müßte. Seine Majestät sei darüber im Bilde, daß ohne die Unterstützung des Parlaments Seiner Majestät Regierung, so sehr sie es auch wünschen möge, außerstande wäre, das englisch-russische Einvernehmen so eng und vertraut zu erhalten, wie es gegenwärtig sei. Die Sympathien der Liberalen sowohl wie der Konservativen Partei würden durch die Geschehnisse in Nordpersien allmählich entfremdet, und es sei Ihnen unmöglich, das Vorgehen der russischen Konsuln zu verteidigen oder dieses so hinzustellen, als stünde es im Einklang mit den im englisch-russischen Abkommen von 1907 niedergelegten Grundsätzen der persischen Unabhängigkeit und Integrität.

Der Kaiser, der während unserer ganzen Unterredung von über einer Stunde Dauer in der huldvollsten und freundlichsten Weise mit mir sprach, erklärte, er begrüße von Herzen einen offenen Meinungsaustausch, da geeignet, die Gefahr eines möglichen Mißverständnisses in der Zukunft zu beseitigen. Er verstehe durchaus die Beweggründe, die den König veranlaßten, ihm zu schreiben ...[8]

121. Buchanan, St. Petersburg, an Grey: Englisch-russisches Marineabkommen. Drängen Rußlands. Brit. Dok. X. 2. 2, 1318—1319.

St. Petersburg, 25. Juni 1914

Ich übersende Nicolson Vorabzug eines Berichts, worin ich ausführlich über die Audienz berichtet habe, die ich gestern beim Kaiser[9] nach dem Frühstück hatte, das Seine Majestät in Zarskoje dem Admiral Beatty und dessen Offizieren gab. Der Kaiser behielt mich über eine Stunde bei sich, und obwohl ich sehr offenherzig sprach, war sein Benehmen doch durchweg überaus huldvoll und freundlich, und er ist offenbar aufs höchste bestrebt, sein möglichstes zu tun, um seine Konsuln im Zaum zu halten. Er befürwortet die Aufteilung der Neutralen Zone, ist aber, denke ich, bereit, jeden vernünftigen Vorschlag anzunehmen, den Sie diesbezüglich etwa vorbringen. Sein Hauptziel und -bestreben ist, mit England gut Freund zu bleiben.

Im Verlauf der Audienz berührte er die Frage der Flottenbesprechungen, die zwischen den beiden Regierungen stattfinden sollen, und beklagte ebensosehr wie Sie die Indiskretion (leakage), die in Paris in der Sache erfolgt ist. Auf einer später am Nachmittag von der Großfürstin Kyrill gegebenen Gartengesellschaft, der der Kaiser beiwohnte, sagte mir Sasonow, er habe von Benckendorff gehört, daß diese Besprechungen aufgeschoben werden sollten, bis Prinz Louis von Battenberg[10] gegen Mitte oder Ende August nach Zarskoje komme. Er bat mich, Sie dringend zu ersuchen, sie sogleich beginnen zu lassen. Wolkow, der russische Marineattaché, genieße das volle Vertrauen seiner Regierung und habe alle nötigen Weisungen erhalten. Er wäre, erklärte er, sehr enttäuscht, wenn diese Besprechungen um einige Monate hinausgeschoben würden, zumal er sich am 14. August zum Gebrauch einer Kur ins Ausland begeben und wahrscheinlich erst Anfang Oktober zurückkehren werde. Obschon er kein Flottensachverständiger sei, möchte er doch das Endergebnis dieser Besprechungen kennenlernen, ehe er auf Urlaub gehe. Ich sagte, ich wüßte

[8] Persische Angelegenheiten.

[9] Vgl. Nr. 120.

[10] Erster Seelord der Admiralität, dessen Frau eine Schwester der Zarin war.

nichts über das, was geschehe, hielte es indes für möglich, daß zur Vermeidung der Gefahr etwaiger weiterer Indiskretionen dem Prinzen Louis die Mission übertragen worden sei, während seines Besuchs beim Kaiser die Besprechung zu leiten.

Kurz darauf zog mich der Kaiser ins Gespräch, und als ich ihm die Äußerungen Sasonows wiederholte, bemerkte Seine Majestät, er meine allerdings, daß die Vorbesprechungen sofort beginnen sollten und daß Prinz Louis die letzte Hand daran legen könnte, wenn er nach Peterhof komme. Etwas später bat er mich, Sasonow, den er in der Ferne sah, herzubringen, und er wiederholte ihm, was er eben zu mir gesagt hatte. Da er bemerkte, daß Sasonow nicht erfreut dreinschaute, wandte er sich wieder an mich und fragte, was ich dächte. Ich erwiderte, Herr Sasonow möchte in die Ferien gehen und sähe die Sache lieber vor seiner Abreise im reinen. Sasonow legte daraufhin dar, er möchte die Flottenfrage, die Tibetfrage und die persische Frage sämtlich bis Anfang August erledigt sehen. Der Kaiser warf lachend ein, die Flotten- und die Tibetfrage seien nicht eng miteinander verknüpft, es wäre aber vielleicht gut, alle diese schwebenden Fragen sogleich ins reine zu bringen. Er bäte mich daher, Ihnen vorzustellen, daß es ratsam wäre, wenn wir die Flottenbesprechung unverzüglich begännen und gleichzeitig unsere Aussprache über Persien und Tibet fortführten. Könnten wir zu einer Vereinbarung über alle diese Fragen gelangen, dann vermöchten wir behaglich in unsern Betten zu schlafen ohne die Besorgnis, daß im englisch-russischen Einvernehmen ein Riß entstehe, obwohl er befürchte, daß ich meinen Urlaub bis zum Herbst würde verschieben müssen. Ich entgegnete, ich sei zu jedem persönlichen Opfer bereit, solange wir nur alle denkbaren Zwistigkeitsursachen zwischen den beiden Regierungen aus dem Weg räumen könnten.

Nach dem, was Sasonow sagte, vermute ich, daß seine Haltung in bezug auf Tibet und Persien durch unsere Haltung in der Flottenfrage beeinflußt werden dürfte.

Vermerk

Ich glaube, die Besprechungen sind jetzt auf der Admiralität im Gang.

E. G. (Grey)
29. 6. 14

122. Sazonov an Benckendorff, London: Gefahr für die englisch-russischen Beziehungen. Garantieangebot für Indien. Russ. Dok. I. 3, 311—312.

25. Juni 1914

In Ergänzung zu meinem persönlichen Brief [11], den Sie gleichzeitig mit diesem erhalten werden, beeile ich mich, kurz vor Abfertigung des Kuriers Eurer Erlaucht mitzuteilen, daß ich gestern abend wieder eine lange Unterredung mit dem großbritannischen Botschafter gehabt habe, den ich auf die ernste Gefahr einer Abkühlung unserer Beziehungen zu England wegen der persischen Angelegenheit hinwies. Dabei äußerte ich die Vermutung, der Argwohn und die Beunruhigung, die sich in letzter Zeit in England bemerkbar machten, hätten ihre Ursache darin, daß die frühere Sorge um die Integrität der englischen Besitzungen in Indien wiederauflebe. Sir George Buchanan gab mir zu, daß meine Vermutungen in hohem Grade zutreffend seien. Infolgedessen hielt ich es für nötig, ihm noch einmal alle Beweise zu wiederholen, welche zeigen, wie unbegründet derartige Befürchtungen sind, und deutete ihm sogar die Möglichkeit an, nötigenfalls, wenn die Engländer es wünschten, der Regierung und öffentlichen Meinung Großbritanniens hierüber in positivster Form beruhigende Zusicherungen zu geben.

Einstweilen beschränkte ich mich auf diese Andeutung, aber mir würde es durchaus als möglich erscheinen, späterhin, je nach dem Verlauf unserer weiteren Verhandlungen, England anzubieten, ihm eine Garantie seiner indischen Besitzungen zu geben, die nicht geringer zu sein brauchte als diejenige, welche Japan ihm im J. 1902 gegeben hat.

Im gegenwärtigen Augenblick scheint mir die nächste Aufgabe der möglichst rasche Abschluß unseres geplanten Abkommens in Marinefragen. Zu diesem bemerke ich beiläufig, in Beantwortung Ihres Briefs vom 2. Juni, daß ich der einen oder der anderen Benennung dieses Abkommens keine große Bedeutung beimesse; ich überlasse Ihnen in dieser Beziehung die Wahl entsprechend den Erfordernissen an Ort und Stelle. Wichtig ist nur, den Abschluß des Abkommens nicht hinzuziehen, und in diesem Sinne geruhte Seine Kaiserliche Majestät sich persönlich gestern in meiner Gegenwart dem großbritannischen Botschafter gegenüber zu äußern.

Zum Schluß halte ich es für meine Pflicht zu erwähnen, daß Sir George Buchanan gestern eines besonderen Allerhöchsten Empfangs gewürdigt worden ist, um Seiner Majestät einen eigenhändigen Brief König Georgs einzuhändigen. Dieser Brief ist in sehr freundschaftlichen Ausdrücken gehalten und teilt die Hoffnung Seiner Majestät mit, daß die wechsel-

[11] Vgl. Nr. 118.

seitigen Beziehungen Rußlands und Englands durch die Situation in Persien keine Trübung erleiden werden.

123. Zimmermann an Bethmann Hollweg: Lichnowsky und das englisch-russische Marineabkommen. DD I. 10—11.

Berlin, 27. Juni 1914

Bei der Unterredung ist, wie zu erwarten stand, Lichnowsky wiederum völlig von Grey eingewickelt worden und hat sich von neuem in der Auffassung bestärken lassen, daß er es mit einem ehrlichen, wahrheitsliebenden Staatsmann zu tun hat. Es wird nichts anderes übrigbleiben, als L. einige, natürlich recht vorsichtige Andeutungen über uns *aus Petersburg* zugehende geheime, aber unbedingt zuverlässige Nachrichten zu machen, die über das *Vorhandensein* fortdauernder politischer und militärischer Abmachungen zwischen England und Frankreich und über bereits angeknüpfte, auf das gleiche Resultat hinzielende Verhandlungen zwischen England und Rußland keinerlei Zweifel aufkommen lassen [a].

124. a)/b) Benckendorff, London, an Sazonov: Sicherheit Indiens. England gegen Deutschland. Marineabkommen. Persien. Russ. Dok. I. 4, 4—7.

London, 28. Juni 1914

(a) . . . Das, was sie [12] durch die Entente haben, ist die Sicherheit Indiens und der Persische Golf, während wir die Herren eines sehr großen Teils von Persien sind, der sich in einem gewissen Umfange noch vergrößern läßt. Aber die wichtigste von uns erworbene Garantie ist die gegen ein englisch-deutsches Abkommen. Zwei Worte der Aufklärung über diesen Gegenstand. Dadurch, daß das Kabinett und Grey geräuschvolle, aber sekundäre Faktoren ausschalten, bleiben sie Herren der entschiedenen Mehrheit der Liberalen und der entschiedenen Mehrheit der Unionisten. In der Öffentlichkeit haben die deutschen Bemühungen unbestreitbare Fortschritte gemacht, aber für den Mann von der Straße ist der einzige Krieg, der populär wäre und es bleiben würde, der Krieg mit Deutschland.

[a] *Am Rand die urschriftliche Rückäußerung des Reichskanzlers:* Lichnowsky kommt Montag 5 Uhr zu mir. Ich möchte vorher die Situation noch einmal mit Ihnen besprechen. B. H. 27.

[12] Die Engländer. Zuvor über die englisch-russischen Differenzen wegen Persien.

Das ist die Analyse des Bodens, auf dem Grey seine Batterien zusammenstellt. Er ist seiner Sache sicher, und deshalb haben wir alles Interesse daran, ihm zu helfen, wenn wir es können. Wenn das Kabinett fiele, kämen die Unionisten zur Macht. Die Situation bliebe immer noch dieselbe, aber die Unionisten würden die spezifisch englischen Rechte und Interessen mit größerer Zähigkeit verteidigen, vielleicht weniger geschickt, ich möchte sagen, blinder. Wir haben keine Vorteile davon, wenn dieses Kabinett vor dem Abschluß unserer Verhandlungen fällt.

Ich schreibe Ihnen anderwärts über das Marineabkommen. Der Sturm, eine Folge der Indiskretionen, ist in Berlin, fürchte ich, viel stärker, als Sie es in Ihrem Briefe darstellen. Ich schrieb Ihnen anderwärts wohl ausreichend darüber. Es ist keine Rede davon, daß England ausweicht. Es handelt sich hauptsächlich darum, das Datum der Reise des Prinzen Louis von Battenberg festzustellen, und mit Rücksicht auf die Aufregung in Berlin und die Indiskretionen wäre es besser, wenn dieses Datum auf einen nicht zu nahen Termin gelegt würde.

Noch einmal, lassen Sie mich Ihnen sagen, wenn Sie es erreichen, in Nordpersien die gewünschte Ordnung in die Dinge zu bringen, so steht nichts dem entgegen, daß die Entente in einem meine Erwartungen übersteigenden Maße enger geknüpft wird. Der Unterschied in Greys Ton in dieser Hinsicht ist nicht mißzudeuten, und gleichzeitig würde eine Revision oder Modifikation der Konvention durch eine Verhandlung, die sich vielleicht hinziehen kann, unter Vorzeichen beginnen, so gut, wie wir sie nur je hätten erhoffen können. Hintergedanken, Vorwände und der Geist feindseliger Rivalität — glauben Sie mir, davon bleibt keine Spur übrig, solange die Entente bestehen bleibt, und sie hat keinen Grund, *nicht* bestehen zu bleiben. Übrigens ist es klar, daß zwischen Mächten wie Rußland und England die Beziehungen zwangsläufig entweder freundschaftlich oder gespannt sind — es gibt kaum ein Mittelding . . .[13]

London, 30. Juni 1914

(b) Dieser Brief war vor Greys gestriger Rede geschrieben. Ich glaube, sie bestätigt alles, was ich Ihnen sagte. Er wiederholt in der Öffentlichkeit, was er mir bezüglich der künftigen Ausdehnung der A. P. Oil Company gesagt hat. Er definiert den Ausdruck „persische Unabhängigkeit" als relativ in dem Sinne, daß er *vor* der Konvention aufgestellt worden sei, und daß darauf nicht zurückzukommen sei. Er gibt unsere volle Vorherrschaft für den Norden zu, soweit sie vereinbar ist mit der Souveränität und der relativen Unabhängigkeit, die nötig ist, damit Persien in der

[13] Persische Finanzen.

Konvention die Rolle spielen kann, die ihm von den beiden Regierungen zugewiesen wurde. Er zitiert zwar gewisse Tatsachen, für die er in keiner Weise die russische Regierung, auch nicht ihre Absichten verantwortlich macht. Andererseits macht er einen Unterschied zwischen dem politischen Einfluß und den wirtschaftlichen Fragen im Süden von Ispahan. Er hält die Zeit für gekommen, um sich in freundschaftlichem Ideenaustausch mit der russischen Regierung hinsichtlich dieser letzten Fragen in der neutralen Zone auseinanderzusetzen. Er schlägt keine Änderung der Konvention vor, aber er hält den Augenblick für gekommen, sie genauer zu präzisieren.

Das ist für die Öffentlichkeit. In Wirklichkeit will er sich nicht nur nicht nach Norden ausdehnen. Das Gegenteil ist der Fall, und er weiß sehr wohl, wenn wir nicht dort säßen, müßte er sich dort festsetzen, und wäre es nur, um Deutschland fernzuhalten. Das wäre in jeder Hinsicht mit sehr großen Gefahren für England verbunden, was er durchaus nicht wünscht, und wovor er sich sehr fürchtet. Die Befestigung der Stellung Englands an der Küste, eine bestimmte wirtschaftliche Teilung der neutralen Zone, darum handelt es sich. Buchanans Telegramme über die Audienz, die der Kaiser ihm zu bewilligen geruht hat,[14] und sein letztes Gespräch mit Ihnen haben einen sehr guten Eindruck gemacht. Besser und für unsere Interessen angemessener konnte es gar nicht kommen. Die entscheidende Frage ist — wie Sie sehr wohl verstanden haben — abgesehen von der notwendigen Voraussetzung, daß die Angelegenheiten in unserer Sphäre wieder in Ordnung gebracht werden, das Wirtschaftsproblem in der neutralen Zone.

Das ist eine Tatsache, aber eine Tatsache ohne Hintergedanken irgendwelcher anderen Art. Wenn man die Dinge so nimmt, sehe ich, unter der Bedingung, daß sowohl England wie wir im Hinblick auf ein höheres Interesse uns am Einsatz beteiligen, nichts Unlösbares und auch nichts Tragisches. Der Gedanke, an unseren Erhabenen Herrn zu schreiben, entstammt der persönlichen Initiative des Königs, welcher Grey übrigens sofort seinen Beifall gezollt hat. Hier ist die Aufnahme durch den Kaiser sehr hoch gewürdigt worden. Wenn es mir gestattet ist, über diesen Gegenstand ein Urteil auszusprechen, so möchte ich sagen, daß der souveräne Gesichtspunkt zweier Souveräne mit einer ihnen allein zukommenden Autorität klar ausgedrückt wurde. Die persischen Angelegenheiten dürfen nicht auf die zwischen Rußland und England bestehenden Beziehungen einwirken! Mir scheint, so läßt sich das resümieren. Der Rest ist Sache der Diplomatie — damit der Faden sich nicht nur nicht zu straff spannt, son-

[14] Vgl. Nr. 120.

dern daß er sich vielmehr entspannt. Er war gespannt, allzu gespannt, das fühle ich seit langem. Vielleicht haben hier auch Mißverständnisse obgewaltet; mein Ziel ist es, sie zu zerstreuen; ich tue das mit allem Vertrauen. Aber damit die Diplomatie Erfolg haben kann, muß sie nicht nur in Petersburg und in London tätig sein, sondern auch in Teheran. Von da sind die Schwierigkeiten gekommen. Wenn diese Bedingung nicht erfüllt wird, die ich für wesentlich halte, kann die Arbeit der Minister gelähmt werden.

Mein Brief ist schon viel länger geworden, als ich gedacht hatte.

Entschuldigen Sie mein Gekritzel, aber es gibt Dinge, die zu intim sind, als daß ich mich entschließen könnte, sie zu diktieren.

125. Benckendorff, London, an Sazonov: Sicherheit Indiens. Englisch-russisches Marineabkommen. Russ. Dok. I. 4, 20—22.

London, 29. Juni 1914

Ich habe die Ehre gehabt, den sehr vertraulichen Brief Eurer Exzellenz vom 25. Juni zu empfangen.[15]

Die Antwort, die Ihnen Sir George Buchanan gab, als Sie ihm gegenüber erwähnten, daß in England plötzlich und ohne jede Berechtigung die Besorgnisse wegen der Sicherheit Indiens wieder aufgelebt seien, ist zwar richtig, bedarf aber doch eines in wenigen Worten zu formulierenden Kommentars.

Die Sicherheit Indiens resultiert aus der politischen Entente zwischen Rußland und England; daraus folgt, daß das englische Publikum und die englische Regierung, in vollem Vertrauen auf die Loyalität unserer Absichten, keine Besorgnis dieser Art hegen, solange die Entente besteht. Daraus folgt selbstverständlich, daß, wenn die Entente aufhören würde zu bestehen, die Befürchtungen für die Sicherheit Indiens wieder aufleben würden. Es handelt sich also um eine Hypothese, aber um eine Hypothese, an die man nur dann denkt, wenn die Entente infolge der Schwierigkeiten in Persien gefährdet zu sein scheint.

Das hindert aber nicht, daß, wenn bei Gelegenheit gewisser vorauszusehender Modifikationen unserer gegenwärtigen Vereinbarungen eine Formel gefunden werden könnte, die der Sicherheit Indiens einen noch unmittelbareren Ausdruck gäbe, dann nichts natürlicher wäre, um die Bande einer Entente fester zu knüpfen, die, dessen bin ich sicher, den Absichten des Londoner Kabinetts entspricht. Die letzten Unterredungen, die ich in dieser letzten Zeit mit Sir Edward Grey gehabt habe, liefern dafür ebenso

[15] Vgl. Nr. 122.

klare wie überzeugende Beweise. Der heutige Kurier wird Ihnen ein neues Anzeichen dafür bringen.

Ich werde alle Anstrengungen machen, um die Verhandlungen zwischen Kapitän Wolkow und der englischen Admiralität zu beschleunigen. Ich sehe nicht nur kein Anzeichen dafür, daß die englische Regierung Bedenken trägt, den in Paris angenommenen Plan auszuführen. Ich glaube im Gegenteil, daß die Wichtigkeit der Sache seither der Regierung klarer geworden ist als im Anfang. Sie sieht darin eine praktische Notwendigkeit, und eine natürliche Konsequenz der Entente. Wenn die Sache sich bisher in die Länge gezogen hat, so hat das, wie man mir übrigens gleich angekündigt hat, seinen Grund darin, daß die Regierung den Prinzen Louis von Battenberg beauftragen will, die Angelegenheit in St. Petersburg zu Ende zu führen. Das Datum dieses streng privaten Besuches, über dessen Plan nichts in die Öffentlichkeit dringen sollte, ist noch nicht festgesetzt. Dieses Datum hängt natürlich nur in sehr geringem Maße von der Wahl des Prinzen Louis selbst ab.

Ein Umstand, der anscheinend nur untergeordnete Bedeutung hat, in Wahrheit aber wichtiger und unheilvoller ist, als es auf den ersten Blick erscheint, hat in einem gewissen Grade den Gang der Kapitän Wolkow übertragenen vorläufigen Verhandlungen verlangsamt. Ich meine die begangenen Indiskretionen. Zwar kamen sie sehr wahrscheinlich aus Paris und sind daher nicht weiter verwunderlich. Es muß jedoch bemerkt werden, daß das englisch-französische Abkommen schlechterdings niemals durchgesickert ist.

Es scheint mir diesmal kaum zweifelhaft, daß die Erregung in Berlin sehr groß gewesen ist. Sie werden in meiner heutigen Expedition finden, was Sir Edward Grey darüber denkt. Ich habe sichere persönliche Gründe anzunehmen, daß er sich nicht täuscht. Es könnte sein, daß Sir Edward Grey wünscht, daß diese Erregung sich etwas legt, bevor er weiterschreitet. Es ist in der Tat für ihn nicht leicht, gleichzeitig zu dementieren und zu verhandeln, eine Rolle, die er sowohl Deutschland, wie auch einem beträchtlichen Teile seiner eigenen Partei und der englischen Presse gegenüber spielen müßte.

Selbstverständlich wird Ihre erneute Aussprache mit dem englischen Botschafter einen heilsamen Einfluß ausüben.

Angesichts der gegenwärtigen Absichten der englischen Regierung ist es doppelt bedauerlich, daß gerade jetzt Schwierigkeiten in Persien entstanden sind, und ich kann Sie versichern, daß Sir Edward Greys Besorgnisse im Augenblick den Charakter des Bedauerns annehmen. Ich glaube, er ist sehr geneigt, sein Möglichstes zu tun, um die Schwierigkeiten aus der Welt zu schaffen. — Ich möchte zu diesem Brief, den ich in privater Form schließe, nur noch hinzufügen, daß es, wenn der Augenblick naht, wo wir mit England wirtschaftliche Fragen zu diskutieren haben werden, deren Lösung nicht leicht sein wird, dringend notwendig ist, daß diese heiklen Verhandlungen erst beginnen, wenn die Schwierigkeiten mehr spezifisch politischer Natur beseitigt sind. Ich glaube nicht, daß man die beiden Fragen vermengen darf; die politischen müssen vorangehen. Es wäre ein Irrtum anzunehmen, daß sie als Vorwand dienen, um die anderen anzuschneiden. Sie haben sich im allerungünstigsten Augenblick aufgedrängt.

Nach dem, was Sie mir die Ehre erwiesen zu schreiben, glaube ich, daß sie leichter lösbar sind, als Sie denken. In den letzten Tagen hat mir Sir Edward Grey mehrfach wiederholt, daß zwei Punkte die wichtigsten seien: „das Gesicht der persischen Regierung zu wahren", indem wir uns nicht an ihre Stelle setzen — und alles zu vermeiden, was einer Gesundung des persischen Staatsschatzes hinderlich sein könnte.

Ich glaube, es würde für uns am vorteilhaftesten sein, wenn wir diesen Weg beschritten, der unsere tatsächliche Macht, die so ausgedehnt wie möglich sein soll, in keiner Weise beeinträchtigt.

Gestatten Sie mir, Ihnen zu wiederholen, daß man an dieser Stelle wird ansetzen müssen.

126. Tschirschky, Wien, an Bethmann Hollweg (mit Randbemerkungen Wilhelms II.): Berchtold über Sarajevo. DD I. 12—13.

Wien, 30. Juni 1914

Graf Berchtold sagte mir heute, *alles* deute darauf hin, daß die Fäden der Verschwörung, der der Erzherzog zum Opfer gefallen sei, *in Belgrad zusammenliefen*. Die Sache sei so wohl durchdacht worden, daß man absichtlich ganz jugendliche Leute zur Ausführung des Verbrechens ausgesucht habe, gegen die *nur mildere Strafe verhängt werden könne*[a]. Der Minister sprach sich sehr bitter über die serbischen Anzettelungen aus. Hier höre ich, auch bei ernsten Leuten, vielfach den Wunsch, *es müsse einmal gründlich mit den Serben abgerechnet werden*[b]. Man müsse den Serben zunächst eine Reihe von Forderungen stellen und, falls sie diese nicht akzeptierten, energisch vorgehen. *Ich benutze jeden solchen Anlaß, um ruhig, aber sehr nachdrücklich und ernst vor übereilten Schritten zu warnen*[c]. Vor allem müsse man sich erst klar darüber werden, was man

[a] hoffentlich nicht
[b] jetzt oder nie
[c] wer hat ihn dazu ermächtigt? das ist sehr dumm! geht ihn gar nichts an, da

wolle, denn ich hörte bisher nur ganz unklare Gefühlsäußerungen. Dann solle man die Chancen irgendeiner Aktion sorgfältig erwägen und sich vor Augen halten, daß Österreich-Ungarn nicht allein in der Welt stehe, daß es Pflicht sei, neben der Rücksicht auf seine Bundesgenossen die europäische Gesamtlage in Rechnung zu ziehen und speziell sich die Haltung Italiens und Rumäniens in allen Serbien betreffenden Fragen vor Augen zu halten [d].

127. Franz Joseph I. an Wilhelm II. (mit Denkschrift vom 1. Juli 1914 als Beilage): Sarajevo — serbisches Komplott. Rumänien und Bulgarien. Neuer Balkanbund. Schlag gegen Serbien. Einkreisung der Donaumonarchie durch Rußland. Öst. A. VIII. 250—261.

2. Juli 1914

Ich habe aufrichtig bedauert, daß Du genötigt warst, Deine Absicht, zur Trauerfeier nach Wien zu kommen, aufzugeben. Ich hätte Dir sehr gerne persönlich meinen herzlichen Dank für Deine wohltuende Anteilnahme an meinem schweren Kummer ausgesprochen.

Du hast mir durch Dein warmes, mitfühlendes Beileid wieder bewiesen, daß ich in Dir einen treuen verläßlichen Freund besitze und daß ich in jeder ernsten Stunde auf Dich rechnen kann.

Es wäre mir auch sehr erwünscht gewesen, die politische Lage mit Dir zu besprechen; da dies jetzt nicht möglich gewesen ist, erlaube ich mir, Dir die anruhende von meinem Minister des Äußern ausgearbeitete Denkschrift zu senden, die noch vor der furchtbaren Katastrophe in Sarajevo verfaßt wurde und jetzt nach diesem tragischen Ereignisse besonders beachtenswert erscheint.

Das gegen meinen armen Neffen verübte Attentat ist die direkte Folge der von den russischen und serbischen Panslawisten betriebenen Agitation, deren einziges Ziel die Schwächung des Dreibundes und die Zertrümmerung meines Reiches ist.

Nach allen bisherigen Erhebungen hat es sich in Sarajevo nicht um die Bluttat eines Einzelnen, sondern um ein wohlorganisiertes Komplott gehandelt, dessen Fäden nach Belgrad reichen, und wenn es auch vermut-

es lediglich Österreichs Sache ist, was es hierauf zu tun gedenkt. Nachher heißt es dann, wenns schief geht, Deutschland hat nicht gewollt! Tschirschky soll den Unsinn gefälligst lassen! Mit den Serben muß aufgeräumt werden, **und** zwar **bald.**

[d] versteht sich alles von selbst, und sind Binsenwahrheiten.

lich unmöglich sein wird, die Komplizität der serbischen Regierung nachzuweisen, so kann man wohl nicht im Zweifel darüber sein, daß ihre auf die Vereinigung aller Südslawen unter serbischer Flagge gerichtete Politik solche Verbrechen fördert, und daß die Andauer dieses Zustandes eine dauernde Gefahr für mein Haus und für meine Länder bildet.

Diese Gefahr wird noch dadurch erhöht, daß auch Rumänien, trotz des bestehenden Bündnisses mit uns, sich mit Serbien eng befreundet hat und auch im eigenen Lande eine ebenso gehässige Agitation gegen uns duldet, wie Serbien es tut.

Es wird mir schwer, an der Treue und den guten Absichten eines so alten Freundes, wie Carl von Rumänien es ist, zu zweifeln, er selbst hat aber meinem Gesandten im Laufe der letzten Monate zweimal erklärt, daß er angesichts der erregten und uns feindlichen Stimmung seines Volkes nicht in der Lage wäre, im Ernstfalle seinen Bundespflichten nachzukommen.

Dabei fördert die gegenwärtige rumänische Regierung ganz offen die Bestrebungen der Kulturliga, begünstigt die Annäherung an Serbien und strebt mit russischer Hilfe die Gründung eines neuen Balkanbundes an, der nur gegen mein Reich gerichtet sein könnte.

Schon am Beginne der Regierungszeit Carls haben ähnliche politische Phantasien, wie sie jetzt von der Kulturliga verbreitet werden, den gesunden politischen Sinn der rumänischen Staatsmänner getrübt, und es hat die Gefahr bestanden, daß das Königreich eine Abenteurerpolitik treiben würde. Damals hat Dein seliger Großvater in energischer zielbewußter Weise durch seine Regierung eingegriffen und hat Rumänien so den Weg gewiesen, auf welchen es zu einer Vorzugsstellung in Europa und zu einer verläßlichen Stütze aller Ordnung geworden ist.

Jetzt droht dieselbe Gefahr dem Königreiche; ich befürchte, daß Ratschläge allein nicht mehr helfen werden und daß Rumänien nur dann dem Dreibunde erhalten werden kann, wenn wir einerseits das Entstehen eines Balkanbundes unter russischer Patronanz durch den Anschluß Bulgariens an den Dreibund unmöglich machen und andererseits in Bukarest klar und deutlich zu erkennen geben, daß die Freunde Serbiens nicht unsere Freunde sein können, und daß auch Rumänien nicht mehr mit uns als Bundesgenossen wird rechnen können, wenn es sich nicht von Serbien lossagt und die gegen den Bestand meines Reiches gerichtete Agitation in Rumänien nicht mit aller Kraft unterdrückt.

Das Bestreben meiner Regierung muß in Hinkunft auf die Isolierung und Verkleinerung Serbiens gerichtet sein. Die erste Etappe auf diesem Wege wäre in einer Stärkung der Stellung der gegenwärtigen bulgarischen Regierung zu suchen, damit Bulgarien, dessen reelle Interessen mit den unsrigen übereinstimmen, vor der Rückkehr zur Russophilie bewahrt bleibt.

Wenn man in Bukarest erkennt, daß der Dreibund entschlossen ist, auf Bulgarien nicht zu verzichten, jedoch bereit wäre, Bulgarien dazu zu veranlassen, sich mit Rumänien zu verbinden, und dessen territoriale Integrität zu garantieren, so wird man dort vielleicht von der gefährlichen Richtung zurückkommen, in welche man durch die Freundschaft mit Serbien und die Annäherung an Rußland getrieben worden ist.

Wenn dies gelingt, könnte der weitere Versuch gemacht werden, Griechenland mit Bulgarien und der Türkei zu versöhnen, es würde sich dann unter der Patronanz des Dreibundes ein neuer Balkanbund bilden, dessen Ziel darin bestehen würde, dem Vordringen der panslawistischen Hochflut ein Ziel zu setzen und unseren Ländern den Frieden zu sichern.

Dies wird aber nur dann möglich sein, wenn Serbien, welches gegenwärtig den Angelpunkt der panslawistischen Politik bildet, als politischer Machtfaktor am Balkan ausgeschaltet wird.

Auch Du wirst nach dem jüngsten furchtbaren Geschehnisse in Bosnien die Überzeugung haben, daß an eine Versöhnung des Gegensatzes, welcher Serbien von uns trennt, nicht mehr zu denken ist, und daß die erhaltende Friedenspolitik aller europäischen Monarchen bedroht sein wird, solange dieser Herd von verbrecherischer Agitation in Belgrad ungestraft fortlebt.

Denkschrift, 1. Juli 1914

Nach den großen Erschütterungen der letzten zwei Jahre haben sich die Verhältnisse am Balkan soweit geklärt, daß es nun möglich ist, die Ergebnisse der Krise einigermaßen zu übersehen und festzustellen, inwieferne die Interessen des Dreibundes, insbesondere die der beiden zentralen Kaisermächte, durch die Ereignisse tangiert wurden und welche Schlußfolgerungen sich für die europäische und Balkanpolitik dieser Mächte ergeben.

Wenn man die heutige Situation mit jener vor der großen Krise unbefangen vergleicht, muß man konstatieren, daß das Gesamtergebnis, vom Standpunkte Österreich-Ungarns sowie des Dreibundes aus betrachtet, keineswegs als günstig bezeichnet werden kann.

Die Bilanz weist allerdings einige Aktivposten auf. Es ist gelungen, als Gegengewicht gegen das Vordringen Serbiens ein selbständiges albanesisches Staatswesen zu schaffen, das nach einer Reihe von Jahren, wenn seine innere Organisation vollendet sein wird, immerhin auch als militärischer Faktor in den Kalkul des Dreibundes eingestellt werden kann. Die Beziehungen des Dreibundes zu dem erstarkten und vergrößerten griechischen Königreiche haben sich allmählich so gestaltet, daß Griechenland, trotz seines Bündnisses mit Serbien, nicht unbedingt als Gegner anzusehen ist.

Hauptsächlich ist aber infolge der Entwicklung, die zum zweiten Balkankrieg geführt hat, Bulgarien aus der russischen Hypnose erwacht und kann heute nicht mehr als Exponent der russischen Politik gelten. Die bulgarische Regierung strebt im Gegenteile an, in ein näheres Verhältnis zum Dreibund zu treten.

Diesen günstigen Momenten stehen jedoch nachteilige gegenüber, die schwerer als jene ins Gewicht fallen. Die Türkei, deren Interessengemeinschaft mit dem Dreibunde von selbst gegeben war und die ein starkes Gegengewicht gegen Rußland und die Balkanstaaten dargestellt hatte, ist aus Europa fast ganz verdrängt worden und hat eine wesentliche Einbuße an ihrer Großmachtstellung erlitten. Serbien, dessen Politik seit Jahren von feindlichen Tendenzen gegen Österreich-Ungarn geleitet wird und das ganz unter russischem Einflusse steht, hat einen Zuwachs an Gebiet und Bevölkerung erreicht, der die eigenen Erwartungen weit übertroffen hat; durch die territoriale Nachbarschaft zu Montenegro und das allgemeine Erstarken der großserbischen Idee, ist die Möglichkeit einer weiteren Vergrößerung Serbiens im Wege der Union mit Montenegro nahe gerückt. Endlich hat sich im Laufe der Krise das Verhältnis Rumäniens zum Dreibunde wesentlich geändert.

Während die Balkankrise somit zu Resultaten geführt hat, die an sich schon für den Dreibund keineswegs günstig sind und den Keim einer speziell für Österreich-Ungarn unerwünschten weiteren Entwicklung in sich schließen, sehen wir andererseits, daß die russische und französische Diplomatie eine einheitliche und planmäßige Aktion eingeleitet hat, um die errungenen Vorteile weiter auszugestalten und einzelne, von ihrem Standpunkte nachteilige Momente entsprechend zu modifizieren.

Ein kurzer Überblick über die europäische Lage läßt klar erkennen, weshalb die Tripel-Entente — richtiger der Zweibund, denn England hat seit der Balkankrise aus erklärlichen und sehr bezeichnenden Gründen eine reservierte Haltung eingenommen — sich mit den zu ihren Gunsten eingetretenen Verschiebungen am Balkan nicht zufrieden geben konnte.

Während die Politik der beiden Kaisermächte und bis zu einem gewissen Grade auch jene Italiens eine konservative ist und der Dreibund einen rein defensiven Charakter besitzt, verfolgt die Politik Rußlands wie Frankreichs gewisse, gegen das Bestehende gerichtete Tendenzen und ist das russisch-französische Bündnis, als Produkt des Parallelismus dieser

Tendenzen, in letzter Linie offensiver Natur. Daß die Politik des Dreibundes sich bisher durchsetzen konnte und der Friede Europas vor Störungen durch Rußland und Frankreich bewahrt blieb, war auf die militärische Superiorität zurückzuführen, welche die Heere des Dreibundes, vor allem Österreich-Ungarns und Deutschlands, gegenüber jenen Rußlands und Frankreichs unzweifelhaft besaßen, wobei das Bündnis Rumäniens mit den Kaisermächten ein hoch zu bewertender Faktor war.

Der Gedanke, die christlichen Balkanvölker von der türkischen Herrschaft zu befreien, um sie dann als Waffe gegen Zentraleuropa zu gebrauchen, ist seit altersher der realpolitische Hintergrund des traditionellen Interesses Rußlands für diese Völker. In neuerer Zeit hat sich hieraus die von Rußland ausgegangene, von Frankreich verständnisvoll aufgenommene Idee entwickelt, die Balkanstaaten zu einem Balkanbund zu vereinigen, um auf diese Weise die militärische Superiorität des Dreibundes aus der Welt zu schaffen. Die erste Vorbedingung für die Verwirklichung dieses Planes war, daß die Türkei aus den von den christlichen Balkannationen bewohnten Gebieten verdrängt werde, damit die Kraft dieser Staaten vermehrt und nach Westen hin frei werde. Diese Vorbedingung ist durch den letzten Krieg im großen und ganzen erfüllt worden. Dagegen ist nach dem Ausgange der Krise eine Spaltung der Balkanstaaten in zwei annähernd gleich starke gegnerische Gruppen, die Türkei und Bulgarien einerseits, die beiden serbischen Staaten, Griechenland und Rumänien andererseits, eingetreten.

Diese Spaltung zu beseitigen, um alle Balkanstaaten oder doch die entscheidende Mehrzahl zur Verschiebung des europäischen Kräfteverhältnisses verwenden zu können, bildete die nächste Aufgabe, die sich nach dem Abschluß der Krise Rußland und mit ihm Frankreich stellte.

Da zwischen Serbien und Griechenland ein Bündnis bereits bestand und Rumänien sich mit diesen beiden Staaten wenigstens hinsichtlich der Resultate des Bukarester Friedens solidarisch erklärt hatte, handelt es sich für die Zweibundmächte im Wesen darum, den tiefen Gegensatz Bulgariens zu Griechenland und vor allem zu Serbien in der mazedonischen Frage auszugleichen; ferner, eine Basis zu finden, auf welcher Rumänien bereit wäre, ganz ins Lager des Zweibundes abzuschwenken und selbst mit dem mißtrauisch beobachteten Bulgarien an einer politischen Kombination teilzunehmen; endlich, wenn möglich, eine friedliche Lösung der Inselfrage herbeizuführen, um eine Annäherung oder den Anschluß der Türkei an die Balkanstaaten anzubahnen.

Über die Grundlage, auf welcher sich nach den Absichten der russischen und französischen Diplomatie die Ausgleichung dieser Gegensätze und Rivalitäten vollziehen und der neue Balkanbund aufbauen soll, kann kein Zweifel bestehen. Ein Bündnis der Balkanstaaten kann sich unter den heutigen Verhältnissen, da eine gemeinsame Aktion gegen die Türkei nicht mehr in Betracht kommt, nur gegen Österreich-Ungarn richten und nur auf der Basis eines Programmes zustande gebracht werden, das in letzter Linie auf Kosten der territorialen Integrität der Monarchie allen Teilnehmern durch eine staffelweise Verrückung der Grenzen von Ost nach West Gebietserweiterungen in Aussicht stellt. Eine Einigung der Balkanstaaten auf einer anderen Grundlage ist kaum denkbar, auf dieser Basis aber nicht nur nicht ausgeschlossen, sondern auf bestem Wege, zur Tatsache zu werden.

Daß Serbien unter russischem Druck darauf eingehen würde, für den Eintritt Bulgariens in ein gegen die Monarchie gerichtetes, auf den Erwerb Bosniens und der angrenzenden Gebiete abzielendes Bündnis in Mazedonien einen angemessenen Preis zu bezahlen, ist wohl nicht zu bezweifeln.

Größer sind die Schwierigkeiten in Sofia.

Rußland hat Bulgarien Vorschläge auf der eben erwähnten Basis schon vor dem zweiten Balkankrieg gemacht und sie nach dem Bukarester Frieden wiederholt. Bulgarien, das offenbar von Vereinbarungen mit Serbien gründlich abgeschreckt war, hat es jedoch abgelehnt, auf die russischen Pläne einzugehen und verfolgt seither eine Politik, welche auf alles eher als auf eine friedliche Verständigung mit Serbien unter der Ägide Rußlands abzielt. Man hat in St. Petersburg das Spiel aber keineswegs verloren gegeben. Im Innern des Landes arbeiten russische Agenten am Sturze des heutigen Regimes und gleichzeitig ist die Zweibund-Diplomatie eifrig bemüht, eine völlige Isolierung Bulgariens herbeizuführen, um es hierdurch den russischen Anboten zugänglich zu machen.

Da Bulgarien nach dem Friedensschlusse bei der Türkei Anlehnung gesucht und gefunden und da sich bei der Pforte andererseits die Neigung gezeigt hatte, ein Bündnis mit Bulgarien einzugehen und sich dem Dreibunde zu nähern, so ist russisch-französischer Einfluß seit einiger Zeit am Bosporus eifrig am Werk, um dieser Politik der Türkei entgegenzuarbeiten, letztere zum Zweibund hinüberzuziehen und auf diese Art Bulgarien entweder durch völlige Isolierung oder durch Einwirkung der Türkei zu einer neuen Orientierung zu veranlassen. Meldungen aus Konstantinopel, die durch die Reise Talaat Beys nach Livadia eine gewisse Bestätigung erfahren haben, besagen, daß diese Bemühungen, wenigstens was die Türkei betrifft, nicht ohne Erfolg geblieben sind. Es ist Rußland gelungen, durch den Hinweis auf die angeblichen, den kleinasiatischen Besitzstand bedrohenden Aufteilungspläne anderer Mächte das historische Mißtrauen der Türkei von sich abzulenken und mit wirksamer Unterstützung Frankreichs, das die Finanzlage der Türkei auszunützen verstand, zu erreichen, daß anstatt eines Zusammengehens mit dem Dreibund der Gedanke einer Annäherung an die andere Mächtegruppe von den türkischen Staatsmännern in ernste Erwägung gezogen wird.

Auf die Tätigkeit der russischen und französischen Diplomatie ist auch die Reise Talaat Beys nach Bukarest zurückzuführen, durch welche eine rumänische Vermittlung in der Inselfrage herbeigeführt, gleichzeitig aber auch durch die Anbahnung freundschaftlicher Beziehungen zwischen Konstantinopel und Bukarest die Einkreisung Bulgariens gefördert werden sollte.

Einstweilen hat sich eine Wirkung dieser Einkreisungsbestrebungen auf die bulgarische Politik noch nicht gezeigt, vielleicht deshalb, weil man in Sofia noch keinen Anlaß hatte, gegen die Absichten der Türkei mißtrauisch zu werden. Jedenfalls ist aber die Erwartung Rußlands vollkommen gerechtfertigt, daß eine völlige Isolierung am Balkan wie in Europa Bulgarien schließlich nötigen würde, seine bisherige Politik aufzugeben und auf die Bedingungen einzugehen, die ihm Rußland für die Wiederaufnahme in seinen Schutz und Schirm auferlegen würde.

Mazedonien spielt in der inneren und äußeren Politik Bulgariens eine proeminente Rolle. Wenn es sich für die dortigen Machthaber herausstellen sollte, daß der von Rußland proponierte friedliche Ausgleich und das Bündnis mit Serbien der einzige Weg ist, wenigstens Teile Mazedoniens für die bulgarische Sache zu retten, wird trotz der erlittenen Enttäuschungen keine bulgarische Regierung es wagen können, diese Kombination zurückzuweisen. Nur eine Aktion, die Bulgarien den russischen Drohungen und Lockungen gegenüber das Rückgrat stärkt und das Land vor Isolierung bewahrt, könnte verhindern, daß Bulgarien schließlich auf die Balkanbundpläne eingeht.

Was nun Rumänien anbelangt, so hatte dort die russisch-französische Aktion schon während der Balkankrise mit voller Intensität eingesetzt, sie hatte die öffentliche Meinung durch erstaunliche Verdrehungskünste und durch geschickte Anfachung der unter der Oberfläche stets fortglimmenden großrumänischen Idee in eine feindselige Stimmung gegen die Monarchie hineingetrieben und die auswärtige Politik Rumäniens zu einer mit seinen Bundespflichten gegenüber Österreich-Ungarn kaum in Einklang stehenden militärischen Kooperation mit Serbien veranlaßt.

Diese Aktion ist seither keineswegs zum Stillstand gekommen, sie wurde und wird vielmehr mit allem Nachdruck und mit so eindrucksvollen und demonstrativen Mitteln, wie dem Besuche des Zaren am rumänischen Hofe, fortgesetzt.

Parallel damit vollzog sich ein immer tiefer gehender Umschwung in der rumänischen öffentlichen Meinung und es kann heute nicht daran gezweifelt werden, daß viele Kreise der Armee, der Intelligenz und des Volkes für eine neue Orientierung Rumäniens gewonnen sind, für eine Politik des Anschlusses an Rußland, die sich die „Befreiung der Brüder jenseits der Karpathen" zum Ziele zu setzen hätte. Es ist klar, daß damit das Terrain für den Eintritt Rumäniens in einen etwaigen künftigen Balkanbund in der wirksamsten Weise vorbereitet ist.

Das offizielle Rumänien hat bisher dem Einflusse dieser populären Strömungen und den russisch-französischen Werbungen soweit widerstanden, daß von einem offenen Übergang ins Lager des Zweibundes und zu einer ausgesprochenen Politik gegen Österreich-Ungarn derzeit noch nicht gesprochen werden kann. Es ist aber unleugbar, daß in der auswärtigen Politik Rumäniens eine bedeutsame Schwenkung eingetreten ist, die — ganz abgesehen von allen Perspektiven auf eine künftige, in gleicher Richtung fortschreitende Entwicklung — schon jetzt auf die politische und militärische Situation Österreich-Ungarns, ja des ganzen Dreibundes, in beträchtlichem Maße zurückwirkt.

Während nämlich früher, trotz der Geheimhaltung des Allianzverhältnisses kein positiver Anhaltspunkt vorlag, an der Erfüllung der aus dem Akkord mit den Dreibundmächten entspringenden Verpflichtungen durch Rumänien zu zweifeln, haben kompetente rumänische Stellen in letzter Zeit mehrfach die öffentliche Erklärung abgegeben — wogegen die Dreibundmächte infolge der Geheimhaltungsklausel des Bündnisvertrages keine Rekriminationen erheben konnten — daß der leitende Gedanke der rumänischen Politik das Prinzip der freien Hand sei. Ebenso hat König Carol mit der Offenheit, die seiner vornehmen Gesinnung entspricht, dem k. und k. Gesandten erklärt, solange Er lebe, werde Sein Streben zwar dahin gehen, daß die rumänische Armee gegen Österreich-Ungarn nicht ins Feld ziehe, allein gegen die öffentliche Meinung des heutigen Rumänien könne Er nicht Politik machen und es sei daher im Falle eines Angriffes Rußlands gegen die Monarchie trotz des bestehenden Bündnisses an eine Aktion Rumäniens an der Seite Österreich-Ungarns nicht zu denken. Um einen Schritt weiter ist — bezeichnenderweise unmittelbar nach dem Zarenbesuche in Konstanza — der rumänische Minister des Äußern gegangen, indem er in einem Interview unverblümt zugab, daß eine Annäherung Rumäniens an Rußland erfolgt sei und daß eine Interessengemeinschaft zwischen den beiden Staaten bestehe.

Das Verhältnis Österreich-Ungarns zu Rumänien ist somit gegenwärtig dadurch charakterisiert, daß die Monarchie ganz auf dem Boden des Bündnisses steht und nach wie vor bereit ist, Rumänien, wenn der casus foederis eintreten sollte, mit ganzer Macht zu unterstützen, daß Rumänien aber sich von den Bündnispflichten einseitig lossagt und der Monarchie lediglich eine neutrale Haltung in Aussicht stellt. Selbst die bloße Neutralität Rumäniens ist der Monarchie nur durch eine persönliche Zusage König Carols garantiert, die natürlich lediglich für die Dauer seiner Regierung von Wert ist, deren Einhaltung aber überdies davon abhängt, daß der König die Leitung der auswärtigen Politik stets vollkommen in der Hand behält. Daß dies in Zeiten nationaler Erregung des ganzen Landes die Kraft des Monarchen übersteigen könnte, kann um so weniger negiert werden, als König Carol sich heute schon auf die Volksstimmung beruft, um die Unmöglichkeit der vollen Erfüllung der Bundespflichten seitens Rumäniens zu begründen. Es darf schließlich auch nicht übersehen werden, daß Rumänien schon heute mit dem erbittertsten Gegner der Monarchie am Balkan, mit Serbien, durch Bande der Freundschaft und Interessengemeinschaft verknüpft ist.

Die Monarchie hat sich bisher darauf beschränkt, die Schwenkung der rumänischen Politik in Bukarest in freundschaftlicher Weise zur Sprache zu bringen, sich im übrigen aber nicht veranlaßt gesehen, aus dieser immer deutlicheren Kursänderung Rumäniens ernste Konsequenzen zu ziehen; das Wiener Kabinett hat sich hierzu in erster Linie dadurch bestimmen lassen, daß die deutsche Regierung die Auffassung vertrat, es handle sich um vorübergehende Schwenkungen, Folgeerscheinungen gewisser Mißverständnisse aus der Zeit der Krise, die sich automatisch zurückbilden würden, wenn man ihnen gegenüber Ruhe und Geduld bewahrt. Es hat sich aber gezeigt, daß diese Taktik ruhigen Abwartens und freundschaftlicher Vorstellungen nicht die gewünschte Wirkung hatte, daß sich der Prozeß der Entfremdung zwischen Österreich-Ungarn und Rumänien nicht zurückgebildet, sondern im Gegenteil beschleunigt hat. Daß von dieser Taktik auch für die Zukunft eine Wendung im günstigen Sinne nicht zu erwarten ist, dafür spricht schon der Umstand, daß die gegenwärtige Situation der „freien Hand“ für Rumänien durchaus vorteilhaft und nur für die Monarchie nachteilig ist.

Es drängt sich nun die Frage auf, ob Österreich-Ungarn das Verhältnis zu Rumänien noch durch eine offene Auseinandersetzung sanieren könnte, indem es das Königreich vor die Wahl stellt, entweder alle Brücken zum Dreibund abzubrechen oder — etwa durch Bekanntmachung seiner Zugehörigkeit zum Dreibunde — ausreichende Bürgschaften dafür zu geben, daß die aus der Allianz entspringenden Verpflichtungen auch von seiner Seite voll und ganz erfüllt werden würden. Eine solche Lösung der Frage, die eine dreißigjährige Tradition wieder aufleben ließe, würde sicherlich den Wünschen Österreich-Ungarns am meisten entsprechen. Unter den gegebenen Verhältnissen ist es aber leider wenig wahrscheinlich, daß sich

König Carol oder irgendeine rumänische Regierung, selbst gegen eine eventuelle Erweiterung des gegenwärtigen Bündnisvertrages, dazu bereit finden würde, der herrschenden Volksstimmung zum Trotz Rumänien öffentlich als Bundesgenossen des Dreibundes hinzustellen. Ein kategorisches aut-aut seitens der Monarchie könnte daher zum offenen Bruch führen. Ob es dem deutschen Kabinette durch ernste und nachdrückliche Vorstellungen, eventuell verbunden mit einem Anerbieten im obigen Sinne, gelingen würde, Rumänien zu einer Stellungnahme zu veranlassen, die als eine verläßliche Garantie für seine dauernde und volle Bundestreue angesehen werden könnte, läßt sich von Wien aus nicht leicht beurteilen, erscheint aber wohl gleichfalls als zweifelhaft.

Unter diesen Umständen kann die Möglichkeit praktisch als ausgeschlossen gelten, das Bündnis mit Rumänien wieder so verläßlich und tragfähig zu gestalten, daß es für Österreich-Ungarn das Pivot seiner Balkanpolitik bilden könnte.

Es wäre nicht nur zwecklos, sondern bei der politischen und militärischen Bedeutung Rumäniens eine nicht zu verantwortende Sorglosigkeit, die wichtige Interessen der Reichsverteidigung aufs Spiel setzen würde, wenn sich die Monarchie gegenüber den in Rumänien zutage getretenen Erscheinungen weiterhin mehr oder weniger passiv verhalten und nicht ohne Aufschub die erforderlichen militärischen Vorbereitungen und politischen Aktionen einleiten würde, um die Wirkungen der Neutralität und eventuellen Feindseligkeit Rumäniens aufzuheben oder wenigstens abzuschwächen.

Der militärische Wert des Bündnisses mit Rumänien bestand für die Monarchie darin, daß sie im Konfliktsfalle mit Rußland gegen dieses von der rumänischen Seite her militärisch völlig freie Hand gehabt hätte, während ein ansehnlicher Teil der russischen Heeresmacht durch den Angriff der flankierenden rumänischen Armee gebunden worden wäre. Das heutige Verhältnis Rumäniens zur Monarchie hätte jedoch, würde jetzt zwischen ihr und Rußland ein bewaffneter Konflikt ausbrechen, so ziemlich das Gegenteil zur Folge. Rußland hätte nun auf keinen Fall einen Angriff Rumäniens zu befürchten und würde gegen Rumänien kaum einen Mann aufstellen müssen, während Österreich-Ungarn der rumänischen Neutralität nicht ganz sicher und deshalb gezwungen wäre, ein entsprechendes Aufgebot an Truppen gegen das jetzt an seiner Flanke befindliche Rumänien zurückzubehalten.

Die bisherigen militärischen Vorkehrungen Österreich-Ungarns für den Fall eines Konfliktes mit Rußland basierten auf der Voraussetzung der Kooperation Rumäniens. Ist diese Voraussetzung hinfällig, ja nicht einmal eine absolute Sicherheit vor einer rumänischen Aggression gegeben, so muß die Monarchie für den Kriegsfall andere Dispositionen treffen und auch die Anlage von Befestigungen gegen Rumänien in Betracht ziehen.

Politisch handelt es sich darum, Rumänien durch Taten zu beweisen, daß wir in der Lage sind, für die Balkanpolitik Österreich-Ungarns einen anderen Stützpunkt zu schaffen. Sachlich und zeitlich deckt sich die zu diesem Zweck einzuleitende Aktion mit der Notwendigkeit, gegen die von den Zweibundmächten betriebene Errichtung eines neuen Balkanbundes wirksame Maßnahmen zu ergreifen. Das eine wie das andere kann bei der heutigen Lage am Balkan nur dadurch erreicht werden, daß die Monarchie auf die schon vor einem Jahre gestellten und seither mehrfach wiederholten Anerbieten Bulgariens eingeht und mit diesem in ein vertragsmäßiges Verhältnis tritt. Gleichzeitig müßte die Politik der Monarchie danach trachten, ein Bündnis zwischen Bulgarien und der Türkei zustande zu bringen, wofür in beiden Staaten bis vor kurzem noch so günstige Dispositionen herrschten, daß ein Vertragsinstrument, wenn es auch später nicht unterzeichnet wurde, bereits ausgearbeitet war. Auch in dieser Hinsicht könnte eine Fortsetzung der bisherigen abwartenden Haltung, zu welcher sich die Monarchie durch eine viel weitergehende Rücksichtnahme auf das Bündnis, als sie in Bukarest an den Tag gelegt wurde, bestimmen ließ, von nicht wieder gut zu machendem schweren Nachteil sein. Weiteres Zuwarten und namentlich das Unterbleiben einer Gegenaktion in Sofia würde den intensiven und planmäßigen Bestrebungen Rußlands und Frankreichs vollkommen freies Spiel lassen. Die Haltung Rumäniens drängt die Monarchie geradezu mit Notwendigkeit dahin, Bulgarien jene Anlehnung, die es seit langem sucht, zu gewähren, um den sonst kaum abzuwendenden Erfolg der russischen Einkreisungspolitik zu vereiteln. Dies muß aber eben geschehen, solange der Weg nach Sofia und auch nach Konstantinopel noch offen steht.

Der Vertrag mit Bulgarien, dessen nähere Bestimmungen noch eingehender zu prüfen sein werden, wird im allgemeinen natürlich so abzufassen sein, daß er die Monarchie nicht in Widerstreit mit ihren vertragsmäßigen Verpflichtungen Rumänien gegenüber zu bringen vermag. Auch wäre dieser Schritt der Monarchie vor letzterem nicht geheim zu halten, da ja darin keine Feindseligkeit gegen Rumänien gelegen ist, wohl aber eine ernste Warnung, durch die sich die maßgebenden Faktoren in Bukarest der ganzen Tragweite einer dauernden einseitigen politischen Abhängigkeit von Rußland bewußt werden könnten.

Bevor Österreich-Ungarn aber an die in Rede stehende Aktion herantritt, legt es den größten Wert darauf, mit dem Deutschen Reiche ein volles Einvernehmen herzustellen, und zwar nicht nur aus Rücksichten, die der Tradition und dem engen Bundesverhältnis entspringen, sondern vor allem deshalb, weil wichtige Interessen Deutschlands und des Dreibundes überhaupt hier mit im Spiele sind und weil eine erfolgreiche Wahrung dieser in letzter Konsequenz gemeinsamen Interessen nur zu erwarten ist, wenn der einheitlichen Aktion Rußlands und Frankreichs eine ebenso einheitliche Gegenaktion des Dreibundes, insbesondere Österreich-Ungarns und des Deutschen Reiches, entgegengesetzt wird.

Denn wenn Rußland, von Frankreich unterstützt, die Balkanstaaten gegen Österreich-Ungarn zu vereinigen trachtet, wenn es die bereits erreichte Trübung des Verhältnisses zu Rumänien zu vertiefen bestrebt ist, so richtet sich diese Feindseligkeit nicht allein gegen die Monarchie als solche, sondern nicht zuletzt gegen den Bundesgenossen des Deutschen Reiches, gegen den durch seine geographische Lage und innere Struktur exponiertesten, Angriffen am meisten zugänglichen Teil des zentraleuropäischen Blocks, der Rußland den Weg zur Verwirklichung seiner weltpolitischen Pläne sperrt.

Die militärische Superiorität der beiden Kaisermächte durch Hilfstruppen vom Balkan her zu brechen, ist das Ziel des Zweibundes, aber nicht das letzte Ziel Rußlands.

Während Frankreich die Schwächung der Monarchie anstrebt, weil es hiervon eine Förderung seiner Revanchebestrebungen erwartet, sind die Absichten des Zarenreiches noch weit umfassender.

Wenn man die Entwicklung Rußlands in den letzten zwei Jahrhunderten, die stetige Erweiterung seines Gebietes, das enorme, alle anderen europäischen Großmächte weit überflügelnde Anwachsen seiner Volkszahl und die gewaltigen Fortschritte seiner wirtschaftlichen Ressourcen und militärischen Machtmittel überblickt und bedenkt, daß dieses große Reich durch seine Lage und durch Verträge vom freien Meer noch immer so gut wie abgeschnitten ist, dann begreift man die Notwendigkeit des der russischen Politik seit jeher immanenten aggressiven Charakters.

Man kann Rußland vernünftigerweise territoriale Eroberungspläne gegen das Deutsche Reich nicht zumuten; trotzdem sind die außergewöhnlichen Rüstungen und kriegerischen Vorbereitungen, der Ausbau strategischer Bahnen gegen Westen etc. in Rußland sicherlich mehr noch gegen Deutschland als gegen Österreich-Ungarn gerichtet.

Denn Rußland hat erkannt, daß die Verwirklichung seiner, einer inneren Notwendigkeit entspringenden Pläne in Europa und Asien in erster Linie höchst wichtige Interessen Deutschlands verletzen und daher auf dessen unausweichlichen Widerstand stoßen müßte.

Die Politik Rußlands ist durch unveränderliche Verhältnisse bedingt und deshalb eine stetige und weitausblickende.

Die manifesten Einkreisungstendenzen Rußlands gegen die Monarchie, die keine Weltpolitik treibt, haben den Endzweck, dem Deutschen Reiche den Widerstand gegen jene letzten Ziele Rußlands und gegen seine politische und wirtschaftliche Suprematie unmöglich zu machen.

Aus diesen Gründen ist die Leitung der auswärtigen Politik Österreich-Ungarns auch davon überzeugt, daß es ein gemeinsames Interesse der Monarchie wie nicht minder Deutschlands ist, im jetzigen Stadium der Balkankrise rechtzeitig und energisch einer von Rußland planmäßig angestrebten und geförderten Entwicklung entgegenzutreten, die später vielleicht nicht mehr rückgängig zu machen wäre.

Die vorliegende Denkschrift war eben fertiggestellt, als die furchtbaren Ereignisse von Sarajevo eintraten.

Die ganze Tragweite der ruchlosen Mordtat läßt sich heute kaum überblicken. Jedenfalls ist aber, wenn es dessen noch bedurft hat, hierdurch der unzweifelhafte Beweis für die Unüberbrückbarkeit des Gegensatzes zwischen der Monarchie und Serbien sowie für die Gefährlichkeit und Intensität der vor nichts zurückschreckenden großserbischen Bestrebungen erbracht worden.

Österreich-Ungarn hat es an gutem Willen und Entgegenkommen nicht fehlen lassen, um ein erträgliches Verhältnis zu Serbien herbeizuführen. Es hat sich aber neuerlich gezeigt, daß diese Bemühungen ganz vergeblich waren und daß die Monarchie auch in Zukunft mit der hartnäckigen, unversöhnlichen und aggressiven Feindschaft Serbiens zu rechnen haben wird.

Um so gebieterischer tritt an die Monarchie die Notwendigkeit heran, mit entschlossener Hand die Fäden zu zerreißen, die ihre Gegner zu einem Netze über ihrem Haupt verdichten wollen.

128. Aufzeichnung Berchtold über Unterredung mit Tschirschky: Scharfes Vorgehen gegen Serbien. Bedenken Tschirschkys. Öst. A. VIII. 277.

3. Juli 1914

Im Laufe einer Unterredung mit dem deutschen Botschafter am 2. Juli l. J. habe ich auf die nunmehr durch das Drama von Sarajevo neuerlich zutage getretenen äußerst bedenklichen Folgen der systematischen großserbischen Wühlarbeit hingewiesen und hierbei bemerkt, daß diesem gefährlichen Treiben nur durch rücksichtsloses Vorgehen gegen Serbien ein Ende bereitet werden könnte. Dies sei ebensosehr von unserem Interesse geboten wie von jenem Deutschlands. Die heutige Semliner Meldung, wonach 12 Mordbuben unterwegs seien mit der Absicht, ein Attentat auf Kaiser Wilhelm auszuüben, werde doch vielleicht in Berlin die Augen öffnen über die Gefahr, die von Belgrad aus droht. Herr von Tschirschky stellte letzteres nicht in Abrede und versicherte, daß, seiner Ansicht nach, nur ein tatkräftiges Vorgehen gegen Serbien zum Ziele führen könne. Wie ich wisse, habe Deutschland mehrmals während der Krise erklärt, daß es hinsichtlich der Balkanpolitik stets hinter uns stehen werde, wenn sich dies als notwendig erweisen sollte. Auf meine Bemerkung, daß mir dies wohl wiederholt versichert worden sei, daß ich aber in der Praxis nicht immer die Unterstützung des Berliner Kabinettes gefunden habe und daher nicht wisse, inwieweit ich auf dasselbe zählen könnte, entgegnete der Botschafter, daß er — ganz privat gesprochen — die Haltung seiner Regierung damit erkläre, daß unsererseits viel von Ideen gesprochen werde, daß aber niemals ein fest umschriebener Aktionsplan formuliert werde und Berlin nur, im Falle ein solcher aufgestellt würde, voll und ganz für uns eintreten könnte. Kürzlich habe ihm Prinz Hohenlohe von der Notwendigkeit gesprochen, mit Serbien abzurechnen. Er habe dem Prinzen erwidert, dies wäre ja „ganz schön", nur müßte man wissen und klarstellen, wie weit man gehen wolle, was man im gegebenen Falle mit Serbien anzufangen gedenke, ferner müsse Vorsorge getroffen sein für eine möglichst günstige diplomatische Situation, wobei man sich insbesondere über die Haltung Italiens und Rumäniens vergewissert haben müßte . . .

129. Szögyény [16] an Berchtold: Unterstaatssekretär Zimmermann für energisches Vorgehen, doch ohne Demütigung. Öst. A. VIII. 295.

Berlin, 4. Juli 1914

Unterstaatssekretär fragte mich heute gesprächsweise, ob mir etwas von einem von den Zeitungen gebrachten Schritt k. u. k. Regierung in Belgrad bekannt sei, was ich verneinte. Herr Zimmermann versicherte, er fände ein energisches entschiedenes Vorgehen der Monarchie, auf deren Seite heute die allgemeinen Sympathien der gesamten gesitteten Welt wären, gegen Serbien ganz begreiflich, doch würde er diesbezüglich große Vorsicht empfehlen und raten, an Serbien keine demütigenden Forderungen zu stellen.

[16] Botschafter in Berlin 1892—1914.

130. Szögyény, Berlin, an Berchtold: Unterredung mit dem Kaiser. Unterstützung gegen Serbien und im Kriegsfall gegen Rußland. Neuer Balkanbund. Öst. A. VIII. 306—307.

Berlin, 5. Juli 1914

Nachdem ich Kaiser Wilhelm zur Kenntnis gebracht habe, daß ich ein Allerhöchstes Handschreiben Seiner k. und k. Apostolischen Majestät, welches mir Graf Hoyos[17] heute überbrachte, ihm zu überreichen habe, erhielt ich eine Einladung der deutschen Majestäten zu einem Déjeuner ins Neue Palais für heute mittags. Das Allerhöchste Handschreiben und das beigeschlossene Memorandum habe ich Seiner Majestät überreicht. In meiner Gegenwart las Kaiser mit größter Aufmerksamkeit beide Schriftstücke. Zuerst versicherte mir Höchstderselbe, daß er eine ernste Aktion unserseits gegenüber Serbien erwartet habe, doch müsse er gestehen, daß er infolge der Auseinandersetzungen unseres Allergnädigsten Herrn eine ernste europäische Komplikation im Auge behalten müsse und daher vor einer Beratung mit Reichskanzler keine definitive Antwort erteilen wolle. Nach dem Déjeuner, als ich nochmals Ernst der Situation mit großem Nachdrucke betonte, ermächtigte mich Seine Majestät, unserem Allergnädigsten Herrn zu melden, daß wir auch in diesem Falle auf die volle Unterstützung Deutschlands rechnen können. Wie gesagt, müsse er vorerst Meinung des Reichskanzlers anhören, doch zweifle er nicht im geringsten daran, daß Herr von Bethmann Hollweg vollkommen seiner Meinung zustimmen werde. Insbesonders gelte dies betreffend eine Aktion unsererseits gegenüber Serbien. Nach seiner (Kaiser Wilhelms) Meinung muß aber mit dieser Aktion nicht zugewartet werden. Rußlands Haltung werde jedenfalls feindselig sein, doch sei er hierauf schon seit Jahren vorbereitet, und sollte es sogar zu einem Krieg zwischen Österreich-Ungarn und Rußland kommen, so könnten wir davon überzeugt sein, daß Deutschland in gewohnter Bundestreue an unserer Seite stehen werde. Rußland sei übrigens, wie die Dinge heute stünden, noch keineswegs kriegsbereit und werde es sich gewiß noch sehr überlegen, an die Waffen zu appellieren. Doch werde es bei den anderen Mächten der Tripelentente gegen uns hetzen und am Balkan das Feuer schüren. Er begreife sehr gut, daß es Seiner k. und k. Apostolischen Majestät bei seiner bekannten Friedensliebe schwer fallen würde, in Serbien einzumarschieren; wenn wir aber wirklich die Notwendigkeit einer kriegerischen Aktion gegen Serbien erkannt hätten, so würde er (Kaiser Wilhelm) es bedauern, wenn wir den

[17] Alexander Graf Hoyos, Legationsrat und Kabinettschef im österreichischen Außenministerium 1912—1917.

jetzigen, für uns so günstigen Moment unbenützt ließen. Was Rumänien betreffe, so werde er dafür sorgen, daß König Carol und seine Ratgeber sich korrekt verhalten werden. Das Eingehen in ein Vertragsverhältnis mit Bulgarien „sei ihm keineswegs sympathisch"; nach wie vor habe er nicht das geringste Vertrauen zu König Ferdinand [18] noch zu seinen früheren und jetzigen Ratgebern. Trotzdem wolle er nicht die geringste Einwendung gegen die Eingehung eines vertragsmäßigen Anschlusses der Monarchie an Bulgarien erheben, doch müsse dafür Vorsorge getroffen werden, daß der Vertrag keine Spitze gegen Rumänien enthalte und — wie dies auch im Memorandum hervorgehoben werde — Rumänien zur Kenntnis gebracht werde. Kaiser Wilhelm beabsichtigt, sich morgen früh nach Kiel und von dort auf seine Nordlandsfahrt zu begeben; früher wird aber Seine Majestät mit Reichskanzler in der in Rede stehenden Angelegenheit noch Rücksprache pflegen und hat er ihn zu diesem Zwecke von Hohenfinow für heute abends in das Neue Palais bestellt. Jedenfalls werde ich Gelegenheit finden, im Laufe des morgigen Tages mich mit dem Reichskanzler zu besprechen.

131. Falkenhayn [19] an den Parlamentarischen Untersuchungsausschuß über Besprechung am 5. Juli 1914. DD I. XI.

(ohne Datum)

Auf die Anfrage vom 5.[20] — mir heute zugegangen — beehre ich mich zu erwidern: *Zu der Frage II des Beweisbeschlusses:* S. M. der Kaiser und König hat mich am 5. Juli 1914 nachmittags, wenn ich nicht irre, durch den Fernsprecher, in das Neue Palais befohlen und nach meiner Ankunft dort sofort empfangen. Es waren außerdem zugegen Generaloberst von Plessen und General der Infanterie Freiherr von Lyncker.[21] S. M. las mir Teile des bekannten Handschreibens des Kaisers Franz Joseph sowie des wohl ebenso bekannten Memorandums der österreichischen und ungarischen Regierung vor, wies darauf hin, daß aus dem offenbar festen Entschluß Österreich-Ungarns, der großserbischen Propaganda nunmehr ein Ende zu machen, sehr ernste Folgen entstehen könnten, und richtete im Anschluß daran die Frage an mich, ob das Heer für alle Fälle bereit sei.

Meiner Überzeugung entsprechend bejahte ich dies ohne jede Einschrän-

[18] 1908—1918.

[19] Preußischer Kriegsminister 1913—1915.

[20] *Die Anfrage trug das Datum vom 5. Dezember 1919.*

[21] Chef des Militärkabinetts 1913—1914.

kung ganz kurz und fragte meinerseits nur noch, ob irgendwelche Vorbereitungen zu treffen seien. S. M. lehnte ebenso kurz ab und entließ mich.

Abgesehen von der Begrüßung und Verabschiedung ist in der Besprechung kein anderes Wort gefallen.

Zu Frage IV: Militärische Vorbereitungen und Rüstungen haben vor der Überreichung des Ultimatums an Serbien auf meine Anordnung nicht stattgefunden.

132. Falkenhayn an Moltke: Österreich-Ungarns Vorgehen gegen Serbien. Vorläufig keine Kriegsgefahr. DD I. XII.

Berlin, 5. Juli 1914

Heute nachmittag beorderten mich S. M. der Kaiser und König nach dem Neuen Palais, um mir mitzuteilen, daß Österreich-Ungarn entschlossen scheine, die auf der Balkanhalbinsel gegen Österreich angezettelten Umtriebe nicht länger zu dulden und zu diesem Ende erforderlichenfalls zunächst in Serbien einzurücken; sollte Rußland dies nicht dulden wollen, so sei Österreich nicht gewillt nachzugeben.

S. M. glaubten diese Absicht aus den Worten des österreichischen Botschafters entnehmen zu sollen, als dieser heute mittag ein Memorandum der Regierung zu Wien und ein Handschreiben des Kaisers Franz Joseph überreicht hatte.

Dies Gespräch habe ich nicht mit angehört, kann mir also kein Urteil darüber erlauben. Dagegen haben S. M. das Handschreiben wie das Memorandum vorgelesen, und aus ihnen habe ich, soweit es bei der Schnelligkeit des Vorganges möglich war, zu einer Ansicht darüber zu kommen, die Überzeugung von einem festen Entschluß der Wiener Regierung nicht gewonnen. Beide schildern die allgemeine Lage der Doppelmonarchie infolge der panslawistischen Treibereien sehr düster. Beide halten es auch für nötig, daß schleunigst etwas dagegen geschieht. Von einem kriegerischen Austrag sprechen aber beide nicht, vielmehr deuten sie „energische" politische Schritte z. B. den Abschluß eines Vertrages mit Bulgarien an, für die sie sich die Unterstützung des Deutschen Reiches sichern wollen.

Diese Unterstützung soll mit einem Hinweis darauf zugesagt werden, daß es in allererster Linie Sache Österreich-Ungarns sein würde, die in seinem Interesse erforderlichen Schritte zu tun.

Der Herr Reichskanzler, der auch in Potsdam war, scheint ebensowenig wie ich daran zu glauben, daß es der österreichischen Regierung mit ihrer immerhin gegen früher entschiedeneren Sprache Ernst ist. Wenigstens hat er nicht nur keine Bedenken gegen den Antritt der Nordlandreise erhoben, sondern ihn sogar empfohlen. Sicherlich werden in keinem Fall die nächsten Wochen eine Entscheidung bringen. Ehe der Vertrag mit Bulgarien geschlossen sein wird, vergeht lange Zeit. Ew. Exz. Badeaufenthalt wird also kaum eine Abkürzung zu erfahren brauchen. Immerhin hielt ich es, obwohl ich keinen Auftrag dazu habe, für angezeigt, Sie über die Zuspitzung der Lage zu unterrichten, damit Überraschungen, die schließlich immer einmal eintreten könnten, nicht ganz unvorbereitet kommen.

133. Bunsen, Wien, an Grey: Der russische Botschafter Schebeko über die Kriegsgefahr bei Aktion gegen Serbien. Feindliche Stimmung in Österreich. Brit. Dok. XI. 1, 55—58.

Wien, 5. Juli 1914

Ich habe mich heute mit dem russischen Botschafter, Herrn Schebeko,[22] über die erbitterte Stimmung, die hier gegen Serbien herrscht, und über ihre möglichen Folgen unterhalten. Herr Schebeko bezweifelt, ob die Feindseligkeit tief ins österreichische Volk greift, wenn sie auch die oberen Gesellschaftskreise sicherlich durchdringt. Er kann nicht glauben, daß sich das Land in einen Krieg stürzen lassen wird; denn ein isolierter Kampf mit Serbien wäre unmöglich und Rußland würde gezwungen sein, die Waffen zur Verteidigung Serbiens zu ergreifen. Darüber könne es keinen Zweifel geben. Ein serbischer Krieg würde einen allgemeinen europäischen Krieg bedeuten. Österreich fühle die wirtschaftlichen Folgen seiner Mobilisation von 1913 noch zu schmerzhaft, um leichtfertig die viel größeren Opfer auf sich zu nehmen, die notwendig wären, wenn es tatsächlich in einen Krieg verwickelt werden würde. Herr Schebeko meinte, Österreich könne nicht erwarten, jenseits seiner Grenzen eine freundliche serbische Bevölkerung vorzufinden. Österreich habe in jedem Stadium des Balkankonfliktes serbische Hoffnungen vereitelt. Indem es die Serben von der Adria vertrieb, indem es auf der Ausschließung Skutaris von Montenegro bestand und indem es sich in jeder Grenzfrage antiserbisch verhielt, habe es eine Stellung eingenommen, die jeden Serben zwinge, es als Feind zu betrachten. Österreich beschuldige jetzt ganz ungerechtfertigterweise Serbien, den Anschlag, dem der Erzherzog Franz Ferdinand in Serajewo zum Opfer fiel, wenn auch nicht tatsächlich gefördert, so doch durch seine Gleichgültigkeit indirekt begünstigt zu haben. Dies werde in Rußland als sehr unfair erachtet. Keine Nation könne die Tat eines Meuchelmörders

[22] 1913/14.

mehr verabscheuen als die russische, denn Rußland habe schwer unter politischen Morden gelitten. Aber das Land, in dem ein Anschlag ausgeheckt wird, für seine Ausführung verantwortlich zu machen, sei eine neue Lehre und er glaube nicht, daß sich die österreichische Regierung durch ein paar heftige Zeitungsartikel veranlaßt sehen würde, danach zu handeln. Er sagte mir jedoch, daß Herr Jowanowitsch, der serbische Gesandte, zu Herrn Baron Macchio, dem stellvertretenden Unterstaatssekretär im Ministerium des Äußern, eindringlich von der Gefahr gesprochen habe, das serbische Nationalgefühl zu sehr aufzurütteln, indem man den Anschein erwecken lasse, als teile die Regierung die in einigen Volkskreisen gegen die serbische Regierung gehegten Verdächtigungen.

Herr Schebeko beklagte die Schwierigkeit, die ihm, wie den meisten seiner Kollegen — mich eingeschlossen — bei den Versuchen begegnen, dem Grafen Berchtold, vor dem wir alle eine große persönliche Achtung haben, eine auch nur einigermaßen genaue Erklärung seiner Ansicht über internationale Angelegenheiten zu entreißen. Man überläßt es uns, die Haltung des österreichisch-ungarischen Auswärtigen Amtes aus ein paar vagen Bemerkungen des Grafen Berchtold, aus Zeitungsartikeln und aus Unterhaltungen mit anderen Leuten zu erraten, die mehr oder weniger enge mit öffentlichen Angelegenheiten verbunden sind.

Soweit mir Anzeichen über diese Frage zugegangen sind, weisen sie sicherlich, und zwar selbst am Ballplatz, auf das Bestehen einer sehr verärgerten Stimmung gegen Serbien hin und ich vermag augenblicklich Herrn Schebekos Neigung an den Glauben nicht zu teilen, daß die Handelskreise und allgemein die Mittelklassen Österreich-Ungarns gleichgültig in der Sache seien. Ich fürchte, man hat Grund, fast alle Schichten der Bevölkerung gerade jetzt als von blinder Wut gegen die Serben erfüllt zu betrachten, und ich habe aus guter Quelle gehört, daß viele Leute, die gewöhnlich ganz maßvolle und vernünftige Ansichten über auswärtige Angelegenheiten haben, sich nun in dem Sinne äußern, daß Österreich schließlich gezwungen sein werde, einen Beweis seiner Stärke zu geben, indem es über das Vergangene ein- für allemal mit Serbien abrechnet und einen Schlag führt, der Serbien künftig zur Machtlosigkeit verkümmert. In militärischen Kreisen herrschen diese Ansichten sicher vor, und es wäre vielleicht nicht klug, die Möglichkeit ganz auszuschließen, daß die Volksentrüstung über das schreckliche Verbrechen vom 28. Juni die Regierung zwingen könnte, eine Haltung einzunehmen, die wieder aufzugeben ihr nicht leicht werden würde.

Inzwischen werden täglich umfangreiche Polizeimaßnahmen getroffen, um die serbische Gesandtschaft, die serbischen Kirchen und andere Gebäude vor Angriffen zu schützen. Herr Jowanowitsch wurde durch die

Bitten seines Hausbesitzers, der die Zerstörung seines Eigentums befürchtete, bewogen, seine Nationalflagge einzuziehen, während die anderen Botschaften und Gesandtschaften ihre Flaggen zum Zeichen der Trauer noch auf Halbmast wehen ließen.

Herr Dumaine[23], mein französischer Kollege, ist voll ernster Sorgen. Sein Land sympathisiert bekanntlich mit serbischen Aspirationen und er ist in der Lage zu wissen, was Serben in Wien sagen und tun. Er hat während der letzten Wochen wiederholt mit mir über die Gefahren der Situation gesprochen und befürchtet, daß sie möglicherweise rasch zu Komplikationen führen würden, aus denen leicht ein Krieg entstehen könnte.

Auf die Nachricht von der Mordtat äußerte ich zu meinem deutschen Kollegen die Besorgnis, daß sich die Beziehungen zwischen Österreich und Serbien jetzt schwieriger denn je gestalten würden. Herr von Tschirschky sagte nachdrücklich, daß diese Beziehungen schlecht sein müßten und daß nichts sie zu bessern vermöge. Er fügte hinzu, daß er vergeblich versucht habe, Berlin von dieser fundamentalen Wahrheit zu überzeugen. Einige Leute in Deutschland glaubten immer noch an die Wirksamkeit einer versöhnlichen Politik Österreichs Serbien gegenüber. Er selbst wisse das besser. Es entzieht sich meiner Kenntnis, ob Seine Exzellenz mit diesen Worten auf die Ansichten seines Souveräns anspielte, aber ich habe Österreicher erzählen hören, die Gelegenheit hatten, Kaiser Wilhelm über diese Frage sprechen zu hören, daß Seine Majestät sich von Anfang an nicht von der Weisheit der österreichischen Politik, Serbien von der Adria fernzuhalten, überzeugen ließ und daß er seinen Glauben nicht verhehlt, Österreich hätte besser getan, die normale Ausdehnung Serbiens ans Meer als Ergebnis des ersten Balkankrieges zuzulassen.

Herr Schebeko sagte mir heute, daß die Doppelmonarchie seiner Meinung nach große politische Klugheit an den Tag legen würde, wenn sie sich entschlösse, die Südslawen innerhalb der Monarchie versöhnlich zu behandeln. Solch ein Kurs würde die extremen Elemente in Rußland entwaffnen und mehr als alles andere die Aufrechterhaltung freundschaftlicher Beziehungen zwischen Rußland und Österreich-Ungarn erleichtern.

Herzog von Avarna, mein italienischer Kollege, hat diese Ansichten ebenfalls mehr als einmal zu mir geäußert, aber ich muß gestehen, daß ich wenigen Österreichern begegne, die sie teilen, und es wäre ohne Zweifel für Graf Berchtold, den man so sehr mit der Politik, Serbien innerhalb der engsten Grenzen zu halten, identifiziert, sehr schwierig, jetzt einen anderen Kurs einzuschlagen.

[23] Französischer Botschafter in Wien 1912—1914.

134. Szögyény, Berlin, an Berchtold: Bethmann Hollwegs präzisierte Antwort.
Öst. A. VIII. 319—320.

Berlin, 6. Juli 1914

Streng geheim. Zu meinem Telegramme Nr. 237 von gestern. Hatte soeben in Begleitung des Grafen Hoyos mit Reichskanzler und Unterstaatssekretär eine lange Unterredung, die Herr von Bethmann Hollweg mit den Worten einleitete, Kaiser Wilhelm habe ihn beauftragt, vorerst mündlich seinen Höchsten Dank für Allerhöchstes Handschreiben auszusprechen und werde letzteres in einigen Tagen persönlich beantworten. Auch sei er (Reichskanzler) von seinem kaiserlichen Herrn ermächtigt worden, mir Stellungnahme deutscher Regierung zu dem Handschreiben und der Denkschrift wie folgt zu präzisieren: Deutsche Regierung erkenne die Gefahren, welche sich für Österreich-Ungarn und somit auch für den Dreibund einerseits aus den Balkanbundplänen Rußlands ergeben: sie sehe auch ein, daß wir bei dieser Sachlage den formellen Anschluß Bulgariens an den Dreibund herbeiführen wollen, lege aber Wert darauf, daß dies — wie ja beabsichtigt — in einer Form geschehe, welche unsere Verpflichtungen gegenüber Rumänien nicht tangiere. Deutscher Gesandter in Sofia [24] wurde daher sofort ermächtigt, falls er von seinem österreichisch-ungarischen Kollegen dazu aufgefordert werde, mit der bulgarischen Regierung in diesem Sinne zu verhandeln. Gleichzeitig beabsichtigt er (Reichskanzler), Gesandten in Bukarest anzuweisen, ganz offen mit dem König von Rumänien zu reden, ihn von den Verhandlungen in Sofia in Kenntnis zu setzen und ihn zugleich darauf aufmerksam zu machen, daß Höchster eine Fortdauer der gegen uns gerichteten Agitation in Rumänien unterdrücken sollte. Auch werde Herr von Bethmann Hollweg dem König sagen lassen, daß er (Kanzler) uns bisher stets Rat erteilt hätte, uns mit Serbien zu vertragen, daß er aber nach den jüngsten Ereignissen einsehe, daß dies nunmehr nahezu ausgeschlossen sei; dieser Tatsache sollte auch Rumänien Rechnung tragen. Unser Verhältnis zu Serbien betreffend stehe deutsche Regierung auf dem Standpunkt, daß wir beurteilen müßten, was zu geschehen hätte, um dieses Verhältnis zu klären; wir könnten hiebei — wie auch immer unsere Entscheidung ausfallen möge — mit Sicherheit darauf rechnen, daß Deutschland als Bundesgenosse und Freund der Monarchie hinter ihr stehe. Im weiteren Verlaufe der Konversation habe ich festgestellt, daß auch Reichskanzler, ebenso wie sein kaiserlicher Herr ein sofortiges Einschreiten unsererseits gegen Serbien als radikalste und beste Lösung unserer Schwierigkeiten am Balkan ansieht. Vom inter-

[24] Michahelles, 1913—1916.

nationalen Standpunkt hält er den jetzigen Augenblick für günstiger als einen späteren; er ist ganz damit einverstanden, daß wir weder Italien noch Rumänien vorher von einer eventuellen Aktion gegen Serbien verständigen. Dagegen soll Italien durch die deutsche und durch unsere Regierung schon jetzt von der Absicht in Kenntnis gesetzt werden, den Anschluß Bulgariens an den Dreibund herbeizuführen. Bezüglich dieser Verhandlungen meinten Reichskanzler sowie Unterstaatssekretär, es wäre vorteilhafter, vorderhand nur mit Bulgarien zu verhandeln und abzuschließen und es der Zukunft zu überlassen, ob sich dann Türkei und eventuell auch Griechenland mit Bulgarien verbinden. Reichskanzler bemerkte hierbei, daß angesichts der großen Interessen Deutschlands in der Türkei der Anschluß von diesem Lande besonders erwünscht wäre. Bezüglich der oberwähnten Démarche des deutschen Vertreters bei König Karl würde Herr von Bethmann Hollweg für nützlich finden, wenn Graf Czernin einige Tage nach derselben und nach Eintreffen der diesbezüglichen Antwort des Königs in Berlin in ähnlichem Sinne mit Höchstdemselben sprechen würde. Am Schlusse der Unterredung erkundigte sich der Kanzler nach dem gegenwärtigen Stand der Dinge in Albanien und warnte eindringlichst vor irgendwelchen Plänen, durch welche unser Verhältnis zu Italien und der Bestand des Dreibundes gefährdet werden könnte. Herr von Tschirschky wird streng geheim von unserer Unterredung in Kenntnis gesetzt.

135. Hopmann[25] an Tirpitz: Der Kaiser über die Entscheidung.

Mil. gesch. Mitt. 45

6. Juli 1914

Euer Excellenz

beehre ich mich gehorsamst zu berichten, daß Admiral v. Capelle[26] heute Vormittag in das neue Palais nach Potsdam befohlen worden ist, wo ihm Seine Majestät bei einem etwa halbstündigen Spaziergang etwa Folgendes gesagt hat:

Kaiser Franz Joseph hat S. M. gestern durch den österreichischen Botschafter ein Promemoria überreichen lassen, in dem ausgeführt wird, die Untersuchungen über das Serajewoer Attentat hätten zweifelsfrei ergeben, daß hohe serbische Beamte, aktive Offiziere, ja vielleicht sogar Mitglieder des Königshauses von dem Mordplan vor dessen Ausführung Kenntniß

[25] Kapitän z. See, Chef der Zentralabteilung im Reichsmarineamt.

[26] Unterstaatssekretär des Reichsmarineamtes 1914/15.

gehabt hätten. Die österreichische Regierung werde mit der Forderung um weitgehendste Genugtuung an Serbien herantreten und, sobald diese nicht erfüllt würde, ihre Truppen in Serbien einmarschieren lassen. S. M. hält ein Eingreifen Rußlands zur Deckung von Serbien für nicht wahrscheinlich, weil der Zar die Königsmörder nicht unterstützen werde und weil Rußland zur Zeit militärisch und finanziell völlig kriegsunfertig sei. Das Gleiche gelte, besonders in finanzieller Beziehung, für Frankreich. Von England hat S. M. nicht gesprochen. Er hat dem Kaiser Franz Joseph sagen lassen, daß er sich auf ihn verlassen könne. S. M. glaubt, daß sich die Situation in 8 Tagen durch Nachgeben Serbiens klären würde, hält es aber doch für erforderlich, auch für einen anderen Ausgang gerüstet zu sein. Er hat deshalb bereits gestern mit dem Reichskanzler, dem Chef des Generalstabes, dem Kriegsminister und dem Stellvertreter des Chefs des Admiralstabes gesprochen. Maßnahmen, die geeignet sind, politisches Aufsehen zu erregen oder besondere Kosten zu verursachen, sollen vorläufig vermieden werden ...[27]

136. Grey an H. Rumbold[28]: Vorsprache Lichnowskys. Vorgehen gegen Serbien, russische Rüstung und Marineabkommen mit England. Kriegsgefahr.
Brit. Dok. XI. 1, 43—45.

Auswärtiges Amt, 6. Juli 1914

Der deutsche Botschafter drückte sich heute sehr warm über die Befriedigung und das Vergnügen aus, die der Kieler Besuch des britischen Admirals dem Kaiser, sowie überhaupt allgemein bereitet haben.

Ich erwiderte, mir sei bekannt, daß der Besuch große Befriedigung und Freude auf unserer Seite bereitet hätte.

Der Botschafter fuhr dann fort, sich mir gegenüber privatim, wie er sagte, aber in sehr ernster Weise über die Besorgnisse und den Pessimismus zu äußern, die ihm in Berlin begegnet seien. Er erklärte, daß der Mord am Erzherzog Franz Ferdinand eine sehr starke serbenfeindliche Stimmung in Österreich hervorgerufen habe; obschon er Einzelheiten nicht wußte, war ihm als Tatsache bekannt, daß die Österreicher etwas beabsichtigten, und es sei nicht unmöglich, daß sie militärisch gegen Serbien vorgehen würden.

Ich bemerkte, daß sie doch gewiß nicht daran dächten, sich irgendwelche Gebiete anzueignen?

[27] Unterrichtung der Marineleiter.
[28] Englischer Botschaftsrat in Berlin.

Der Botschafter entgegnete, daß sie kein Verlangen danach hätten, weil sie nicht wüßten, was sie mit dem Land anfangen sollten. Er glaubte, ihre Idee sei, daß sie irgendeine Genugtuung im Sinne einer Demütigung Serbiens haben müßten. Die Lage sei für Deutschland äußerst schwierig; sage es den Österreichern, daß nichts geschehen dürfe, dann würde ihm vorgeworfen, daß es sie stets zurückhalte und nicht unterstütze; lasse es andererseits aber den Dingen ihren Lauf, dann bestünde die Möglichkeit sehr ernster Verwicklungen. Der Botschafter hoffte aufrichtig, daß wir, falls sich Verwicklungen einstellten, unsern Einfluß aufbieten würden, um die Gemüter in St. Petersburg zu beschwichtigen.

Ein zweiter Grund für die Besorgnisse und den Pessimismus in Berlin seien die Befürchtungen Deutschlands wegen der Haltung Rußlands, namentlich im Zusammenhang mit der jüngsten Verstärkung der russischen Heeresmacht. Ihm wurde mitgeteilt, daß Rußland jetzt einen Friedensstand von einer Million Mann habe, und in Deutschland herrsche der Eindruck, daß die Stimmung Rußlands gegen Deutschland sehr ungünstig sei.

Drittens habe man die Auffassung, daß es eine Marinekonvention zwischen Rußland und England gäbe. Er habe seiner Regierung alles berichtet, was ich ihm kürzlich, gerade vor seiner Urlaubsreise nach Deutschland, über unsere Beziehungen zu Rußland und Frankreich gesagt hätte [29], und er habe seiner Regierung versichert, daß sie sich auf jedes Wort verlassen könne und daß auf unserer Seite keine geheime Vereinbarung bestünde. Die deutsche Regierung nehme die Erklärung entgegen, daß es zwischen der britischen und russischen Regierung nichts dergleichen gäbe, aber sie habe die Empfindung, daß dennoch ein Einvernehmen zwischen den britischen und russischen Marinebehörden bestehen könnte. Wenn eine derartige Verständigung für ein Zusammengehen gegen Deutschland vorliege, so würde sie die chauvinistische Strömung in Rußland stärken, die Stimmung der Alldeutschen ganz unwiderstehlich machen, sie würde zu einer Erweiterung des deutschen Flottengesetzes führen, was sonst nicht beabsichtigt sei, und würde ferner allgemein die guten Beziehungen zwischen England und Deutschland beeinträchtigen. Das sei ihm in Berlin ganz nachdrücklich eingeprägt worden.

Der Botschafter ging so weit zu bemerken, in Deutschland habe man, und zwar insbesondere auf Grund des zweiten und dritten Punktes, die er heute nachmittag mir gegenüber erwähnt habe, einigermaßen das Gefühl, daß ganz sicher Verwicklungen eintreten würden und daß es darum besser wäre, Österreich nicht zurückzuhalten und das Übel lieber jetzt als später

[29] Vgl. 117.

herankommen zu lassen. Er betonte mehr als einmal nachdrücklich, daß er ganz persönlich und über sehr heikle Dinge spräche, aber ihm läge daran, mit mir in Verbindung zu bleiben. Obgleich er die Ansicht mancher Leute in Berlin nicht teile, daß Rußland schlecht gegen Deutschland gesinnt sei, wäre er doch so besorgt, daß er gefühlt hätte, er müsse sofort nach seiner Rückkehr aus Deutschland mit mir sprechen. Er bezeichnete Herrn von Bethmann Hollweg als pessimistisch.

Der Botschafter sagte, er habe in Berlin erklärt, daß England, obgleich es an der Gruppe des Dreiverbandes festhalten würde — denn es müsse das Gleichgewicht der Mächte aufrecht erhalten und könne Frankreich nicht vernichten lassen — doch nicht wünschte, die beiden Gruppen sich voneinander trennen zu sehen. Ich bestätigte dies wärmstens.

Ich bemerkte, daß ich die Aufzeichnung über das, was ich ihm unlängst vor seiner Reise nach Berlin über unsere Beziehungen zu Frankreich und Rußland gesagt habe, heraussuchen und ihm zeigen würde. Seit der Erledigung der Frage des deutschen Militärkommandos in Konstantinopel hätten wir keine Anzeichen aus St. Petersburg gehabt, daß die Russen hinsichtlich Deutschlands besorgt, gereizt oder feindselig gesinnt seien. Ich erinnerte ihn daran, was ich ihm zur Zeit des deutschen Kommandos in Konstantinopel über die große Empfindlichkeit Rußlands über diesen Punkt sagte, aber seitdem die Sache geregelt worden sei, hätte ich aus St. Petersburg nichts Ungünstiges in bezug auf Deutschland gehört. Ich sei über die Mitteilungen des Botschafters hinsichtlich der Art und Weise, wie sich die serbenfeindliche Stimmung in Österreich auswirken könne, beunruhigt. Wenn Verwicklungen entstünden, würde ich allen mir zu Gebote stehenden Einfluß aufbieten, um Schwierigkeiten zu verringern und aus dem Wege zu räumen und um ein etwa auftauchendes Gewitter am Ausbruch zu verhindern. Es freute mich, daß er mit mir gesprochen habe, und ich möchte den ganzen Inhalt seiner Äußerungen später, nachdem ich Zeit gehabt darüber nachzudenken, nochmals mit ihm durchsprechen.

137. Jagow an Fürst Gebhard von Blücher: Englands enge Verbindung mit Rußland, daher kein weiteres Drängen auf deutsch-englische Verständigung. Archiv des Auswärtigen Amtes, Nachlaß Jagow Bd. 7.

6. Juli 1914

Heute von der Hochzeitsreise hierher zurückgekehrt fand ich Deinen guten Brief vom 2. vor. Bis die Lage in England sich geklärt hat, dürfte wohl noch einige Zeit vergehen, und ist demnach also fürs Erste nicht auf eine Reise T.s[30] zu rechnen, vielleicht bist Du so gut, Alfred S. dementsprechend zu verständigen, denn er wollte, glaube ich, den erwarteten Besuch seiner Mutter so legen, daß sie nicht gerade mit uns caramboliert hätte. Er wird sie also wohl *jetzt* kommen lassen wollen.

Ferner möchte ich Dich bitten, die Angelegenheit T. gegenüber jetzt nicht weiter zu berühren. Die Anregung ist von Dir, bzw. von mir ausgegangen, ich würde mich auch nach wie vor sehr freuen, mich mit T. über viele Fragen auszusprechen. Wenn *wir* aber immer wieder darauf zurückkommen, könnten die Engländer den Eindruck gewinnen, daß wir darauf drängten und ihnen nachliefen. Nichts wäre mir unerwünschter. Du weißt, daß ich eine Annäherung an England oder wenigstens eine Ausmerzung aller Differenzen für die einzig vernünftige Politik im Interesse *beider* Länder halte. Aber die Engländer (und namentlich auch Grey) sind nun einmal so *eng* mit der Tripelentente verbandelt, daß sie selbst den Schein einer Abweichung von diesem Kurse ängstlich vermeiden, und jede zu weitgehende Avance von uns sie nur kopfscheu machen würde. Mögen sie die Politik machen, die sie wollen. Ich bleibe meiner Überzeugung treu, mit Gewalt läßt sich aber nichts machen, und wenn die Briten bei Rußland ihr Heil zu finden glauben, so kann und will ich sie nicht davon abhalten. Sie müssen sich selbst die Frage beantworten, ob es den Zwecken ihrer Weltpolitik dient, wenn sie den Kamm des Panslavismus schwellen machen. Ich möchte es vor allen Dingen vermeiden, irgend etwas zu tun, was den englischen Staatsmännern den Soupçon geben könnte, als wollten wir sie aus ihren Bahnen drängen, oder als wollten — wie gesagt — wir ihnen nachlaufen. Kommt T. also *von selbst* auf die Begegnung zurück, so bin ich gern bereit ihn zu treffen, wenn nicht — dann nicht.

Die Katastrophe von Sarajevo ist furchtbar, dieses Habsburg-Lothringerhaus ist wirklich ein Atridengeschlecht, es schreitet von Katastrophe zu Katastrophe. Die politische Wirkung ist wohl schwer zu übersehen, weil man zu wenig weiß, was der neue Thronfolger ist und verspricht. Das Leben des alten Kaisers geht zur Neige, seine nie sehr starke Willens- und Entschlußkraft ist wohl schon ziemlich erschöpft — und der Nachfolger ist sehr jung. Inzwischen lockert sich das Reich immer mehr und verliert nach innen und außen an Konsistenz und Ansehen. Es bedarf einer starken Hand, um die Kräfte wieder zu sammeln; wird die der junge Prinz haben? Für heute lebe wohl, habe noch tausend Dank für Deine freundliche Vermittlung und laß einmal wieder von Dir hören. Mit herzlichen Grüßen stets der Deine

[30] William Tyrrell, der Anfang April Jagow wissen ließ, daß er gerne an einem geheimen Ort mit ihm zusammenkommen wolle, doch kurz darauf wegen der englisch-russischen Verhandlungen absagte.

138. Pallavicini[31] an Berchtold: Einkreisung der Donaumonarchie. Deutsche Bündnishilfe. Öst. A. VIII. 323—324.

Konstantinopel-Jeniköj, 6. Juli 1914

Den mir gütigst übermittelten Privatbrief des k. u. k. Gesandten in Bukarest vom 22. v. M. habe ich mit verbindlichstem Danke erhalten. Die in diesem Schreiben niedergelegten Ansichten über das Verhältnis Rumäniens zum Dreibunde und speziell zu uns stimmen mit meinen eigenen Anschauungen vollkommen überein, die ich anläßlich meines jüngsten Aufenthaltes in Budapest und Wien mit nahezu den gleichen Ausdrücken, deren sich Graf Czernin bedient, Euerer Exzellenz zu entwickeln wiederholt Gelegenheit gehabt habe. Und dies war vor Konstanza! Heute, wo wir über das Ergebnis dieser Entrevue uns wohl irgendeiner Illusion nicht mehr hingeben können, ist die Situation noch viel klarer und deutlicher . . .

Man muß sich, meiner Ansicht nach, fragen, ob es nicht an der Zeit ist, den Ring, der sich immer enger um uns schließt, durch ein, allerdings sehr gewagtes Spiel, zu sprengen. Bei längerem Zuwarten kann die Situation vielleicht für uns noch schlechter werden. Es ist ja richtig, daß die Türkei und Bulgarien durch die Kriege geschwächt sind, aber trotzdem wäre ihre Kooperation, auf die man heute aller Wahrscheinlichkeit nach noch zählen könnte, in Rechnung zu stellen. Meiner Meinung nach müssen wir jetzt unter allen Umständen einen Entschluß fassen: entweder den gordischen Knoten, der sich immer enger um uns schlingt, durch eine energische Aktion, wobei ich aber nicht unbedingt an Krieg denke, zerhauen, oder, wenn man dies nicht will oder nicht kann, eine Verständigung mit Rußland zu suchen und zwar auf der Basis des Dreikaiserbündnisses. Letzteres wäre, glaube ich, möglich, wenn wir und Deutschland uns entschlössen, Rußland im nahen Osten vollkommen freie Hand zu lassen und auf jede Politik, sei es am Balkan, sei es in Klein-Asien rückhaltlos zu verzichten. Wenn Deutschland sich in energischer Weise vor diese zwei Alternativen gestellt sieht, wird man sich in Berlin vielleicht doch entschließen, die erstere zu wählen und dann — in der Orientpolitik uns freie Hand lassend — mit uns durch Dick und Dünn zu gehen.

[31] Markgraf Pallavicini, österreichischer Botschafter in Konstantinopel.

139. Riezler[32], Tagebuch: Bethmann Hollweg über die Bündniszusage an Österreich-Ungarn. Gefahr des englisch-russischen Marineabkommens und der russischen Rüstung. Innere Lage Deutschlands.

Riezler, Tagebücher 181—184.

Hohenfinow, 7. Juli 1914

Gestern mit dem Reichskanzler herausgefahren. Das alte Schloß, die wundervollen ungeheuren Linden, die Alleen wie ein gotisches Gewölbe. Überall lastet noch der Tod der Frau.[33] Melancholie und Beherrschung in Landschaft und Menschen.

Abends auf der Veranda unter dem Nachthimmel langes Gespräch über die Lage. Die geheimen Nachrichten, die er mir mitteilt, geben ein erschütterndes Bild. Er sieht die englisch-russischen Verhandlungen über eine Marinekonvention, Landung in Pommern sehr ernst an, letztes Glied in der Kette. Lichnowsky viel zu vertrauensselig. Der ließe sich von den Engländern hereinlegen. Rußlands militärische Macht schnell wachsend; bei strategischem Ausbau Polens die Lage unhaltbar. Österreich immer schwächer und unbeweglicher; die Unterwühlung von Norden und Südosten her sehr weit vorgeschritten. Jedenfalls unfähig, für eine deutsche Sache als unser Verbündeter in den Krieg zu ziehen. Die Entente weiß das, wir infolgedessen völlig lahmgelegt.

Ich ganz erschrocken, so schlimm sah ich die Lage nicht an. Die geheimen Nachrichten bekommt man ja nicht, wenn man nicht ganz richtig zur Zunft gehört — und alles hochpolitische und noch dazu militärische ist „ganz geheim".

Der Kanzler spricht von schweren Entscheidungen. Ermordung Franz Ferdinands. Das amtliche Serbien beteiligt. Österreich will sich aufraffen. Sendung Franz Josefs an den Kaiser mit Anfrage wegen casus foederis. Unser altes Dilemma bei jeder österreichischen Balkanaktion. Reden wir ihnen zu, so sagen sie, wir hätten sie hineingestoßen; reden wir ab, so heißt es, wir hätten sie im Stich gelassen. Dann nähern sie sich den Westmächten, deren Arme offen stehen, und wir verlieren den letzten mäßigen Bundesgenossen. Diesmal ist es schlimmer wie 1912, denn diesmal ist Österreich gegen die serbisch-russischen Umtriebe in der Verteidigung. Eine Aktion gegen Serbien kann zum Weltkrieg führen. Der Kanzler erwartet von einem Krieg, wie er auch ausgeht, eine Umwälzung alles Bestehenden. Das Bestehende sehr überlebt, ideenlos, „alles so sehr alt geworden". Heydebrand[34] habe gesagt, ein Krieg würde zu einer Stär-

[32] Legationsrat, dem Reichskanzler vom Auswärtigen Amt aus attachiert.

[33] Bethmanns Frau, am 11. 5. 1914 gestorben.

[34] Führer der Konservativen im Reichstag.

kung der patriarchalischen Ordnung und Gesinnung führen. Der Kanzler empört über solchen Unsinn. Überhaupt ringsherum Verblendung, dicker Nebel über dem Volke. In ganz Europa das gleiche. Die Zukunft gehört Rußland, das wächst und wächst und sich als immer schwererer Alb auf uns legt.

Der Kanzler sehr pessimistisch über den geistigen Zustand Deutschlands. Elender Niedergang der politischen Oberfläche. Die Individuen als solche immer kleiner und unbedeutender, nirgends wird etwas Großes und Gerades gesagt. Versagen der Intelligenz, der Professoren. Mein Einwand: Zeit der Spezialentwicklung, aber der Kollektivgröße. Die neue Schönheit noch nicht gesagt.

Der Kanzler ein Kind der ersten Hälfte des XIX. Jahrhunderts und einer besseren Bildung. Seltsam, daß er mit der alten Humanitätsgesinnung, seinem Ernst und seiner Unfähigkeit zu aller Scheinbarkeit in dem neudeutschen Milieu zur Macht gelangen und sich gegenüber Parlamentariern und Schiebern behaupten konnte. Er ist indes keineswegs eindeutig. Seine Gerissenheit wohl ebenso groß wie sein Ungeschick. Beides vermischt und sich abwechselnd.

140. Nicolson an Grey: Warnung vor Abbruch der Marineverhandlungen mit Rußland. Randbemerkung Grey: Kein Einfluß.

Nicolson, Verschwörung 427—428.

7. Juli 1914

Ich hoffe, daß Sie mir gestatten werden, Ihnen gegenüber eine Bemerkung über jenen Teil des gestrigen Gesprächs zwischen Ihnen und dem Fürsten Lichnowsky zu machen, der sich mit einer maritimen Verständigung mit Rußland befaßte. Seine Worte kamen einer Warnung gleich, daß, falls wir irgendein maritimes Abkommen mit Rußland schlössen, das unangenehme Folgen haben würde, und wir können daher annehmen, wir müßten, sollen diese Folgen vermieden werden, alle maritimen Unterredungen mit Rußland abbrechen. Kurzum, wir sollen es unterlassen, die elementarsten Vorsichtsmaßnahmen zu treffen und irgendwelche Verständigungen zu besprechen, die unter gewissen Umständen zu unserem Schutz notwendig sein könnten. Dieses Ersuchen oder diese Anregung von einer Macht an die andere gestellt, ist ziemlich stark und wirkt besonders merkwürdig, wenn sie von einer Macht ausgehen, die, ganz gerechtfertigterweise, mit ihren Bundesgenossen Geheimabkommen schließt — Abkommen, von denen wir nicht wissen können, ob sie nicht gewisse, unter bestimmten Umständen gegen uns gerichtete Maßnahmen enthalten. Wir dürfen nicht vergessen, daß noch vor ein oder zwei Jahren Deutschland in Rußland drang, es möge für den Fall von Feindseligkeiten zwischen Deutschland und England neutral bleiben — genau wie es sich im Falle eines französisch-deutschen Konfliktes unserer Neutralität zu versichern versuchte. Deshalb denkt Deutschland selbstverständlich auch an die Zukunft und versucht jede mögliche Gefahr oder gegen es gerichtete Kombination zu verhindern, seien diese nun nahe oder fern. Uns aber will es anscheinend diese Freiheit nicht lassen. Es ist meine aufrichtige Hoffnung, daß wir nicht in diese Falle gehen, sondern unsere Hände freihalten und unsere Freundschaften unversehrt bewahren werden.

Randbemerkung Grey:
Selbstverständlich werden Lichnowskys Worte weder unsere Besprechungen mit Rußland und Frankreich noch unser Verhältnis zu ihnen beeinflussen. Die schwierige Frage ist, ob ich Lichnowsky nichts sagen oder ob ich ihm gegenüber zugeben soll, daß wir derartige Besprechungen mit Frankreich und Rußland gepflogen haben und vielleicht noch pflegen werden. Ich werde noch mit Ihnen darüber reden.

141. Protokoll des österreichisch-ungarischen Ministerrats für gemeinsame Angelegenheiten: Aktion gegen Serbien. Lage in Bosnien. Deutschlands Beistand. Einwände Tiszas. Prot. des Gemeins. Ministerr. 141—150.

Wien, 7. Juli 1914

Gegenwärtige: der k.k. Ministerpräsident Graf *Stürgkh*, der kgl. ung. Ministerpräsident Graf *Tisza*, der k.u.k. gemeinsame Finanzminister Dr. Ritter von *Biliński*, der k.u.k. Kriegsminister FZM. Ritter von *Krobatin*, der k.u.k. Chef des Generalstabs G.d.I. Freiherr von *Conrad*, der Vertreter des k.u.k. Marinekommandanten Konteradmiral von *Kailer*.

Protokollführer: Legationsrat Graf *Hoyos*.

Gegenstand: Bosnische Angelegenheiten. Die diplomatische Aktion gegen Serbien.

Der *Vorsitzende* eröffnet die Sitzung, indem er bemerkt, der Ministerrat sei einberufen worden, um über die Maßnahmen zu beraten, welche zur Sanierung der anläßlich der Katastrophe in Sarajevo zutage getretenen innerpolitischen Übelstände in Bosnien und der Herzegowina angewendet werden sollten. Es gäbe seiner Ansicht nach verschiedene interne Maßnahmen in Bosnien selbst, deren Anwendung ihm gegenüber den krisenhaften Zuständen geboten erscheine; vorerst sollte man sich aber klar werden, ob der Moment nicht gekommen sei, um Serbien durch eine Kraftäußerung für immer unschädlich zu machen. Ein solcher entscheidender Schlag könne nicht ohne diplomatische Vorbereitungen geführt werden, daher habe er mit der deutschen Regierung Fühlung genommen. Die Besprechungen in Berlin hätten zu einem sehr befriedigenden Resultate geführt, indem sowohl Kaiser Wilhelm als Herr von Bethmann Hollweg uns für den Fall einer kriegerischen Komplikation mit Serbien die unbedingte Unterstützung Deutschlands mit allem Nachdrucke zugesichert hätten. Nun müßten wir noch mit Italien und Rumänien rechnen und, da sei er in Übereinstimmung mit dem Berliner Kabinet der Ansicht, daß es besser wäre zu handeln und etwaige Kompensationsansprüche abzuwarten.

Er sei sich klar darüber, daß ein Waffengang mit Serbien den Krieg mit Rußland zur Folge haben könnte. Rußland treibe aber gegenwärtig eine Politik, die, auf lange Sicht berechnet, den Zusammenschluß der Balkanstaaten, inbegriffen Rumänien, zum Zwecke hat, um dieselben sodann im geeignet scheinenden Momente gegen die Monarchie ausspielen zu können. Er sei der Ansicht, daß wir uns darüber Rechenschaft geben müssen, daß unsere Situation sich einer solchen Politik gegenüber immer mehr verschlechtern müsse, um so mehr, als ein untätiges Gewährenlassen bei unseren Südslaven und Rumänen als Zeichen der Schwäche ausgelegt werden müßte und der werbenden Kraft der beiden angrenzenden Staatswesen Vorschub leisten würde.

Die logische Folge, die sich aus dem Gesagten ergebe, wäre, unserern Gegnern zuvorzukommen und durch eine rechtzeitige Abrechnung mit Serbien den bereits in vollem Gange befindlichen Entwicklungsprozeß aufzuhalten, was später zu tun nicht mehr möglich sein würde.

Der kgl. ung. *Ministerpräsident* stimmt damit überein, daß die Lage sich in den letzten Tagen durch die in der Untersuchung festgestellten Tatsachen und durch die Haltung der serbischen Presse verändert habe und betont, daß auch er die Möglichkeit einer kriegerischen Aktion gegen Serbien für näher gerückt halte. Er würde aber einem überraschenden Angriff auf Serbien ohne vorhergehende diplomatische Aktion, wie dies beabsichtigt zu sein scheine und bedauerlicherweise auch in Berlin durch den Grafen Hoyos besprochen wurde, niemals zustimmen, weil wir in diesem Falle, seiner Ansicht nach, in den Augen Europas einen sehr schlechten Stand hätten und auch mit großer Wahrscheinlichkeit mit der Feindschaft des ganzen Balkans — außer Bulgariens — rechnen müßten, ohne daß Bulgarien, welches gegenwärtig sehr geschwächt sei, uns entsprechend unterstützen würde.

Wir müßten unbedingt Forderungen gegen Serbien formulieren und erst ein Ultimatum stellen, wenn Serbien sie nicht erfülle. Diese Forderungen müßten zwar harte, aber nicht unerfüllbare sein. Wenn Serbien sie annehme, würden wir einen eklatanten diplomatischen Erfolg aufzuweisen haben und unser Prestige würde am Balkan steigen. Nehme man unsere Forderungen aber nicht an, so würde auch er für eine kriegerische Aktion sein, müsse aber schon jetzt betonen, daß wir mit einer solchen zwar die Verkleinerung, nicht aber die vollständige Vernichtung Serbiens bezwecken dürften, weil einerseits diese von Rußland ohne einen Kampf auf Leben und Tod niemals zugegeben werden könnte und weil auch er als ungarischer Ministerpräsident es niemals zugeben könnte, daß die Monarchie einen Teil von Serbien annektiere.

Es sei nicht Sache Deutschlands zu beurteilen, ob wir jetzt gegen Serbien losschlagen sollten oder nicht. Er persönlich sei der Ansicht, daß ein Krieg im jetzigen Augenblicke nicht unbedingt geführt werden müsse. Gegenwärtig müsse man damit rechnen, daß die Agitation gegen uns in Rumänien eine sehr starke sei, daß wir, angesichts der aufgeregten öffentlichen Meinung, mit einem rumänischen Angriffe würden rechnen müssen und auf jeden Fall eine beträchtliche Macht in Siebenbürgen würden halten müssen, um die Rumänen einzuschüchtern.

Jetzt, wo Deutschland erfreulicherweise die Bahn zum Anschluß Bulgariens an den Dreibund freigegeben habe, eröffne sich uns ein vielversprechendes Gebiet zu einer erfolgreichen diplomatischen Aktion am Balkan, indem wir durch den Zusammenschluß Bulgariens und der Türkei und deren Anschluß an den Dreibund, ein Gegengewicht gegen Rumänien und Serbien schaffen und dadurch Rumänien zur Wiederkehr zum Dreibunde zwingen könnten. Auf europäischem Gebiete müsse man auch berücksichtigen, daß das Kraftverhältnis Frankreichs zu Deutschland sich wegen der niedrigeren Geburtszahlen immer verschlechtern werde und daß Deutschland daher in der Zukunft immer mehr Truppen gegen Rußland disponibel haben würde.

Dies seien alles Momente, die bei einer so verantwortungsvollen Entschließung, wie sie heute gefaßt werden solle, bedacht werden müßten und daher müsse er wieder darauf zurückkommen, daß er sich trotz der Krise in Bosnien, die übrigens auch durch eine energische Verwaltungsreform im Inneren saniert werden könnte, nicht unbedingt für den Krieg entschließen wolle, sondern auch einen entsprechenden diplomatischen Erfolg, der eine starke Demütigung Serbiens mit sich brächte, für geeignet halte, unsere Stellung zu verbessern und uns eine ersprießliche Balkanpolitik zu ermöglichen.

Der *Vorsitzende* bemerkt hierzu, die Geschichte der letzten Jahre hätte gezeigt, daß diplomatische Erfolge gegen Serbien zwar das Ansehen der Monarchie zeitweilig gehoben, aber die tatsächlich bestehende Spannung in unseren Beziehungen zu Serbien sich nur noch verstärkt hätte. Weder unser Erfolg in der Annexionskrise noch jener bei Schaffung Albaniens, noch das spätere Nachgeben Serbiens infolge unseres Ultimatums im Herbste vorigen Jahres, hätte an den tatsächlichen Verhältnissen etwas geändert. Eine radikale Lösung der durch die systematisch von Belgrad aus betriebene großserbische Propaganda aufgeworfenen Frage, deren zersetzende Wirkung bei uns bis nach Agram und Zara gespürt werde, sei wohl nur durch ein energisches Eingreifen möglich.

Bezüglich der vom königl. ungar. Ministerpräsidenten erwähnten Gefahr einer feindseligen Haltung Rumäniens bemerkt der Vorsitzende, daß derzeit eine solche weniger zu befürchten sei als für die Zukunft, wo sich die rumänisch-serbische Interessengemeinschaft immer mehr herausbilden werde. König Carol habe allerdings gelegentlich Zweifel in der Richtung ausgesprochen, gegebenenfalls seiner Bundespflicht gegenüber der Monarchie durch aktive Hilfeleistung nachkommen zu können. Dagegen sei es kaum anzunehmen, daß er sich zu einer kriegerischen Operation gegen die Monarchie hinreißen lassen, beziehungsweise einer darauf hinausgehenden Stimmung der öffentlichen Meinung nicht Widerstand leisten könnte. Übrigens komme auch die Furcht Rumäniens vor Bulgarien in Betracht, welche ersteres in seiner Bewegungsfreiheit selbst unter den heutigen Verhältnissen einigermaßen behindern müßte.

Was die Bemerkung des ungar. Ministerpräsidenten bezüglich des Kräfteverhältnisses zwischen Frankreich und Deutschland anbelange, so glaube er darauf hinweisen zu sollen, daß der verminderten Bevölkerungszunahme Frankreichs, die in ungleich höherem Verhältnisse gesteigerte Bevölkerungszunahme Rußlands gegenüberstehe, so daß die Behauptung, daß Deutschland in der Zukunft immer mehr disponible Truppen gegen Frankreich [35] haben werde, wohl nicht stichhaltig erscheine.

Der k.k. *Ministerpräsident* bemerkt, der heutige Ministerrat sei eigentlich zu dem Zwecke einberufen worden, um über die in Bosnien und der Herzegowina zu ergreifenden inneren Maßregeln zu beraten, die geeignet wären, einerseits die jetzige Untersuchung wegen des Attentates erfolgreich zu gestalten und andererseits der großserbischen Bewegung in Bosnien entgegenzuwirken. Nun müßten diese Fragen neben der Hauptfrage zurücktreten, ob wir die innere Krise in Bosnien durch eine Kraftäußerung gegen Serbien lösen sollen.

Diese Hauptfrage sei durch zwei Momente gerade jetzt aktuell gewor-

[35] *Richtig: Rußland.*

den: erstens, weil der Landeschef für Bosnien und Herzegowina auf Grund seiner Kenntnis der bosnischen Verhältnisse von der Voraussetzung ausgehe, daß keine Maßregeln im Inneren einen Erfolg haben könnten, wenn wir uns nicht entschließen, nach außen einen kräftigen Schlag gegen Serbien zu führen. Auf Grund dieser Wahrnehmungen des Generals Potiorek müsse man sich die Frage stellen, ob die von Serbien ausgehende schismatische Tätigkeit aufgehalten werden könnte und ob wir die beiden Provinzen überhaupt halten könnten, wenn wir nicht gegen das Königreich vorgehen.

In den letzten Tagen habe die ganze Situation ein anderes Gesicht bekommen und sei jetzt eine psychologische Situation geschaffen, die seiner Ansicht nach unbedingt zu einer kriegerischen Auseinandersetzung mit Serbien hindränge. Er stimme mit dem königl. ungar. Ministerpräsidenten zwar darin überein, daß wir und nicht die deutsche Regierung beurteilen müßten, ob ein Krieg notwendig sei oder nicht: er müsse aber doch bemerken, daß es auf unsere Entschließung einen sehr großen Einfluß ausüben sollte, wenn an der Stelle, welche wir als treueste Stütze unserer Politik im Dreibunde ansehen müßten, uns, wie wir gehört, rückhaltlose Bündnistreue zugesagt und überdies nahegelegt werde, sofort zu handeln, nachdem man dort angefragt habe, Graf Tisza sollte diesem Umstande doch Bedeutung beimessen und in Erwägung ziehen, daß wir durch eine Politik des Zauderns und der Schwäche Gefahr laufen, dieser rückhaltlosen Unterstützung des deutschen Reiches zu einem späteren Zeitpunkte nicht mehr so sicher zu sein. Es sei dies das zweite Moment, welches bei den zu fassenden Beschlüssen neben dem Interesse an der Herstellung geordneter Verhältnisse in Bosnien berücksichtigt werden sollte.

Wie der Konflikt begonnen werden solle, sei eine Detailfrage und wenn die ungarische Regierung der Ansicht sei, daß ein überraschender Angriff, sans crier gare, wie Graf Tisza sich ausgedrückt hätte, nicht gangbar sei, so müsse man eben einen anderen Weg finden: doch würde er dringendst wünschen, daß, was immer geschehe, rasch gehandelt werde, unsere Volkswirtschaft vor einer längeren Periode der Beunruhigung bewahrt bleibe. Alles dies seien Details neben der prinzipiellen Frage, ob es unbedingt zu einer kriegerischen Aktion kommen solle oder nicht und da sei vor allem das Interesse und das Ansehen und der Bestand der Monarchie maßgebend, deren südslavische Provinzen er für verloren halten würde, wenn nichts geschehe.

Daher sollte man heute prinzipiell beschließen, daß es zum Handeln kommen wird und soll. Auch er teile die Meinung des Vorsitzenden, daß die Situation durch einen diplomatischen Erfolg in keiner Weise gebessert werden könnte. Wenn daher der Weg einer vorhergehenden diplomatischen Aktion gegen Serbien aus internationalen Gründen betreten werde, so müßte dies mit der festen Absicht geschehen, daß diese Aktion nur mit einem Kriege enden dürfe.

Der *gemeinsame Finanzminister* bemerkt, Graf Stürgkh habe sich darauf berufen, daß der Landeschef den Krieg wünsche. General Potiorek stehe seit zwei Jahren auf dem Standpunkte, daß wir eine Kraftprobe mit Serbien bestehen müßten, um Bosnien und die Herzegowina behalten zu können. Man dürfe nicht vergessen, daß der Landeschef, der an Ort und Stelle sei, die Sachen besser beurteilen könne. Auch Herr von Biliński hegt die Überzeugung, daß der Entscheidungskampf früher oder später unvermeidlich sei. Er habe nie daran gezweifelt, daß Deutschland im Ernstfalle bei uns stehe und habe schon im November 1912 diesbezüglich von Herrn von Tschirschky die bündigsten Zusicherungen erhalten. Die jüngsten Ereignisse in Bosnien hätten bei der serbischen Bevölkerung eine sehr gefährliche Stimmung erzeugt, insbesondere das Serbenpogrom in Sarajevo habe dazu geführt, daß *alle* Serben sehr erregt und erbittert seien und daß man daher auch nicht mehr entscheiden könne, wer unter den Serben noch loyal und wer Großserbe sei. Im Lande selbst werde man diese Situation nie sanieren können, das einzige Mittel hierzu sei eine endgültige Entscheidung darüber, ob die großserbische Idee eine Zukunft habe oder nicht.

Wenn auch der kgl. ung. Ministerpräsident sich jetzt mit einem diplomatischen Erfolge zufrieden geben würde, so könne er dies vom Standpunkte der bosnischen Interessen nicht tun. Das Ultimatum, welches wir im vorigen Herbste an Serbien richteten, habe die Stimmung in Bosnien verschlechtert und den Haß gegen uns nur gesteigert. Dort erzählt man sich allgemein im Volke, daß König Peter kommen und das Land befreien werde. Der Serbe ist nur der Gewalt zugänglich, ein diplomatischer Erfolg würde in Bosnien gar keinen Eindruck machen und wäre eher schädlich als etwas anderes.

Der kgl. ung. *Ministerpräsident* bemerkt, er habe zwar die höchste Meinung von dem derzeitigen Landeschef als Militär: was die Zivilverwaltung anbelange, so könne man aber nicht leugnen, daß sie vollständig versagt habe und daß da eine Reform unbedingt durchgeführt werden müßte. Er wolle jetzt hierauf nicht näher eingehen, zumal es auch nicht der Moment sei, um große Veränderungen vorzunehmen, er müsse nur feststellen, daß bei der Polizei die unbeschreiblichsten Zustände herrschen müssen, um es möglich zu machen, daß 6 oder 7 der Polizei bekannte Gestalten sich am Tage des Attentates auf der Route des ermordeten Thronfolgers mit Bomben und Revolvern bewaffnet aufstellen könnten, ohne daß die Polizei einen einzigen beobachtete oder fortschaffte. Er sehe nicht ein, warum die Verhältnisse in Bosnien nicht durch eine gründliche Reform der Verwaltung wesentlich gebessert werden könnten.

Der k.u.k. *Kriegminister* ist der Ansicht, daß ein diplomatischer Erfolg keinen Wert habe. Ein solcher Erfolg werde nur als Schwäche ausgelegt. Vom militärischen Standpunkte müsse er betonen, daß es günstiger wäre, den Krieg sogleich, als zu einem späteren Zeitpunkte zu führen; da sich das Kräfteverhältnis in der Zukunft unverhältnismäßig zu unseren Ungunsten verschieben werde. Was die Modalitäten des Kriegsbeginnes betreffe, so müsse er hervorheben, daß die beiden großen Kriege der letzten Jahre, sowohl der russisch-japanische Krieg als auch der Balkankrieg, ohne vorherige Kriegserklärung begonnen worden seien. Er sei der Ansicht, daß man vorerst nur die gegen Serbien vorgesehene Mobilisierung durchführen und mit der allgemeinen Mobilisierung zuwarten sollte, bis erkennbar sei, ob Rußland sich rühre oder nicht.

Wir hätten schon zwei Gelegenheiten versäumt, um die serbische Frage zu lösen und jedesmal die Entscheidung hinausgeschoben. Wenn wir es jetzt wieder täten und auf diese neuerliche Provokation gar nicht reagierten, so würde dies in allen südslavischen Provinzen als Zeichen der Schwäche aufgefaßt werden und wir würden eine Stärkung der gegen uns gerichteten Agitation herbeiführen.

In militärischer Hinsicht wäre es wünschenswert, wenn die Mobilisierung sofort und möglichst heimlich durchgeführt würde und eine Sommation an Serbien erst nach vollendeter Mobilisierung gerichtet werden könnte. Dies wäre auch wegen der russischen Streitkräfte günstig, da die russischen Grenzkorps wegen der Ernteurlaube gerade jetzt nicht die vollen Stände haben.

Es entspinnt sich hierauf eine Diskussion über die Ziele einer kriegerischen Aktion gegen Serbien, wobei der Standpunkt des kgl. ungar. Ministerpräsidenten, daß Serbien zwar verkleinert, mit Rücksicht auf Rußland aber nicht ganz vernichtet werden dürfe, angenommen wird. Der k.k. *Ministerpräsident* betont, daß es sich auch empfehlen dürfte, die Dynastie Karageorgevich zu entfernen und einem europäischen Fürsten die Krone zu geben sowie ein gewisses Abhängigkeitsverhältnis des verkleinerten Königreiches zur Monarchie in militärischer Hinsicht herbeizuführen.

Der kgl. ung. *Ministerpräsident* ist noch immer der Ansicht, daß eine erfolgreiche Balkanpolitik für die Monarchie durch den Anschluß Bulgariens an den Dreibund möglich wäre und verweist auf die furchtbare Kalamität eines europäischen Krieges unter den derzeitigen Verhältnissen. Es möge nicht übersehen werden, daß allerhand Zukunftseventualitäten denkbar seien — wie Ablenkung Rußlands durch asiatische Komplikationen, Revanchekrieg des wiedererstarkten Bulgariens gegen Serbien usw. —, welche unsere Stellung gegenüber dem großserbischen Probleme wesentlich günstiger gestalten könnten, als dies heute der Fall ist.

Der *Vorsitzende* bemerkt hierzu, daß man allerdings verschiedene Zukunftsmöglichkeiten ausdenken könne, die eine uns günstige Situation ergeben würden. Er befürchte aber, daß für eine solche Entwicklung keine Zeit vorhanden sei. Man müsse mit der Tatsache rechnen, daß von feindlicher Seite ein Entscheidungskampf gegen die Monarchie vorbereitet werde und daß Rumänien der russischen und französischen Diplomatie Helfersdienste leiste. Man dürfte nicht annehmen, daß die Politik mit Bulgarien uns einen vollen Ersatz für den Verlust Rumäniens bieten könne. Rumänien sei aber seiner Ansicht nach nicht wiederzugewinnen, solange die großserbische Agitation existiere, da diese auch die großrumänische Agitation zur Folge habe und Rumänien ihr erst dann entgegentreten könnte, wenn es sich durch die Vernichtung Serbiens am Balkan isoliert fühlen und einsehen würde, daß es nur am Dreibunde eine Stütze finden könne. Auch dürfe man nicht übersehen, daß bezüglich des Anschlusses Bulgariens an den Dreibund noch nicht der erste Schritt geschehen ist. Wir wissen nur, daß die jetzige bulgarische Regierung vor Monaten diesen Wunsch ausgesprochen habe und damals auch im Begriffe stand, eine Allianz mit der Türkei einzugehen. Letzteres sei bisher nicht erfolgt, die Türkei vielmehr seither mehr unter russischen und französischen Einfluß geraten. Die Haltung des Ministeriums Radoslawoff gebe allerdings keinen Grund, daran zu zweifeln, daß dasselbe auch heute noch entschlossen sei, positiven Vorschlägen, die von uns in der angedeuteten Richtung in Sofia gemacht werden könnten, ein williges Ohr zu leihen. Als sicheren Baustein in unserer Balkanpolitik könne man diese Orientierung aber derzeit noch nicht einschätzen; dies um so weniger, als die gegenwärtige bulgarische Regierung doch auf sehr schwacher Grundlage stehe, der Anschluß an den Dreibund von der stets bis zu einem gewissen Grade unter russischem Einfluß stehenden öffentlichen Meinung desavouiert und das Ministerium Radoslawoff über den Haufen geworfen werden könnte. Auch sei zu bedenken, daß Deutschland die bulgarische Aktion vorderhand nur unter der Bedingung angenommen habe, daß die Abmachungen mit Bulgarien keine Spitze gegen Rumänien haben dürften. Es werde nicht leicht sein, diese Bedingung ganz zu erfüllen und könnten daraus für die Zukunft unklare Situationen sich ergeben.

Es wird hierauf in längerer Debatte die Kriegsfrage weiters eingehend diskutiert. Am Schlusse dieser Erörterungen kann konstatiert werden:

1. Daß alle Versammelten eine tunlichst rasche Entscheidung des Streitfalles mit Serbien im kriegerischen oder friedlichen Sinne wünschen;

2. daß der Ministerrat bereit wäre, sich der Ansicht des königl. ungar. Ministerpräsidenten anzuschließen, wonach erst mobilisiert werden solle, nachdem konkrete Forderungen an Serbien gerichtet und dieselben zurückgewiesen, sowie ein Ultimatum gestellt worden ist.

Dagegen sind alle Anwesenden mit Ausnahme des königl. ungar. Ministerpräsidenten der Ansicht, daß ein rein diplomatischer Erfolg, wenn er auch mit einer eklatanten Demütigung Serbiens enden würde, wertlos wäre und daß daher solche weitgehende Forderungen an Serbien gestellt werden müßten, die eine Ablehnung voraussehen ließen, damit eine radikale Lösung im Wege militärischen Eingreifens angebahnt würde.

Graf *Tisza* bemerkt, daß er bestrebt sei, dem Standpunkte aller anderen Anwesenden entgegenzukommen und daher auch insoferne eine Konzession machen würde, als er zugeben wolle, daß die an Serbien zu richtenden Forderungen sehr harte sein sollten, jedoch nicht solcher Art, daß man unsere Absicht, unannehmbare Forderungen zu stellen, klar erkennen könne. Sonst hätten wir eine unmögliche rechtliche Grundlage für eine Kriegserklärung. Der Text der Note müsse sehr genau studiert werden und er würde jedenfalls Wert darauf legen, die Note zur Einsicht zu erhalten, bevor sie abgesendet werde. Auch müsse er betonen, daß er für seine Person genötigt wäre, die Konsequenzen daraus zu ziehen, wenn sein Standpunkt nicht berücksichtigt werde.

Hierauf wird die Sitzung bis zum Nachmittag unterbrochen.

Beim Wiederzusammentritte des Ministerrates ist auch der Chef des Generalstabes und der Stellvertreter des Marinekommandanten anwesend.

Der *Kriegsminister* ergreift auf Wunsch des Vorsitzenden das Wort, um an den Chef des Generalstabes nachstehende drei Fragen zu richten:

1. Ob es möglich wäre, nur gegen Serbien zu mobilisieren und erst nachträglich, wenn sich die Notwendigkeit dazu ergibt, auch gegen Rußland,

2. ob man zur Einschüchterung Rumäniens größere Truppenmengen in Siebenbürgen zurückhalten könnte und

3. wo man den Kampf gegen Rußland aufnehmen würde. Der Chef des Generalstabes gibt auf diese Anfragen geheime Aufklärungen und ersucht darum, daß dieselben nicht in das Protokoll aufgenommen werden mögen.

Es entspinnt sich auf Grund dieser Aufklärungen eine längere Debatte über die Kräfteverhältnisse und den wahrscheinlichen Verlauf eines europäischen Krieges, die sich wegen ihres geheimen Charakters nicht zur Aufnahme in das Protokoll eignet.

Am Schlusse dieser Debatte wiederholt der kgl. ung. *Ministerpräsident* seinen früheren Standpunkt hinsichtlich der Kriegsfrage und richtet einen neuerlichen Appell an die Anwesenden, sie möchten ihre Entscheidung sorgfältig prüfen.

Es werden hierauf die Punkte besprochen, welche als Forderungen an Serbien in der Note aufgenommen werden könnten.

Es wurde bezüglich dieser Punkte im Ministerrate kein definitiver Beschluß gefaßt, sie würden nur aufgestellt, um ein Bild darüber zu erlangen, welche Forderungen gestellt werden könnten.

Hierauf verläßt der Chef des Generalstabes und der Vertreter des Marinekommandanten den Ministerrat, der sich mit der inneren Situation in Bosnien und den daselbst zu ergreifenden Maßnahmen befaßt. Hierzu ergreift der *gemeinsame Finanzminister* das Wort und erklärt, er habe aus Konferenzen, die er in den letzten Tagen mit Parteiführern gepflogen, die Überzeugung gewonnen, daß eine Auflösung des Landtages nicht ratsam wäre, weil sie mit politischen Verlusten verbunden wäre. Jetzt könne man wegen der allgemeinen Erregung der Gemüter keine Sitzungen abhalten und er wolle daher den Landtag schließen und erst im September für eine kurze Session einberufen. Er hoffe, daß es dann möglich sein werde, das Budget und die Kmetenvorlage votieren zu lassen; dies hänge in erster Linie davon ab, daß Dimovich — wie er hoffe — die Parteileitung der regierungsfreundlichen Serben nicht aus der Hand gebe und so den Bestand der gegenwärtigen Regierungsmajorität ermögliche. Mit der Schließung des Landtages hörten die Diäten und auch die Immunität der Abgeordneten auf, so daß der diesbezügliche Wunsch des Landeschefs und auch des Kriegsministers erfüllt werde, auch wenn er den Landtag nicht auflöse. Herr von Biliński bespricht sodann eine Reihe anderer Maßregeln, welche er für zweckmäßig hält, darunter die Auflösung des großen serbischen Vereines Posveta.

Der kgl. ung. *Ministerpräsident* will jetzt keine größeren Veränderungen vorschlagen. Er verweist neuerlich auf die Zustände in der Polizei von Sarajevo und erklärt, der Niedergang des administrativen Apparates in Bosnien sei die direkte Folge der seit einigen Jahren bestehenden präponderierenden Stellung des Landeschefs, der als Militär unmöglich jene Erfahrung in administrativer Hinsicht besitzen könnte, die für eine gute Verwaltung notwendig sei.

Der *gemeinsame Finanzminister* verteidigt den Landeschef auch als Administrator, gibt aber zu, daß es wünschenswert wäre, wenn die Zivilverwaltung von der Militärverwaltung ganz getrennt und ein Statthalter wie in Dalmatien neben den Armeeinspektor eingesetzt würde.

Es werden sodann an der Hand eines Vorschlages des k.u.k. Kriegsministers spezielle Maßnahmen besprochen, welche in Bosnien verfügt werden sollen.

Hierbei tritt die übereinstimmende Ansicht aller Anwesenden zutage, daß einige Vorschläge General Krobatins anzunehmen wären, andere aber zu weit gehen, daß es aber im allgemeinen nicht möglich sei, über interne Verwaltungsmaßregeln Definitives festzustellen, bevor über die Hauptfrage, ob der Krieg gegen Serbien geführt werden soll, eine Entscheidung gefallen sei.

Der *Vorsitzende* konstatiert, daß wenn auch noch immer eine Divergenz zwischen den Ansichten aller Teilnehmer und jener des Grafen Tisza bestehe, man sich nähergekommen sei, nachdem auch die Vorschläge des königl. ungar. Ministerpräsidenten aller Wahrscheinlichkeit nach zu der von ihm und den übrigen Mitgliedern der Konferenz für notwendig gehaltenen kriegerischen Auseinandersetzung mit Serbien führen werden.

Graf Berchtold teilt dem Ministerrate mit, daß er die Absicht habe, am 8. d. M. nach Ischl zu reisen und Seiner k. und k. Apostolischen Majestät Vortrag zu erstatten. Der kgl. ung. *Ministerpräsident* bittet den Vorsitzenden, Seiner Majestät auch einen von ihm zu verfassenden alleruntertänigsten Vortrag über seine Auffassung der Lage zu unterbreiten.

Nachdem ein Communiqué für die Presse aufgesetzt worden ist, hebt der Vorsitzende die Sitzung auf.

142. Sazonov an Hartwig[36]: Rat zur Zurückhaltung.

Russ. Dok. I. 4, 116—117.

7. Juli 1914

Die letzten Ereignisse in Österreich, die zu einer so großen Verschärfung der serbenfeindlichen Stimmung geführt haben, veranlassen uns, der serbischen Regierung zu raten, äußerste Vorsicht in bezug auf die Fragen walten zu lassen, die geeignet sind, diese Stimmung noch mehr zu verstärken und eine gefährliche Situation zu schaffen.

Wir glauben deshalb, daß es erwünscht wäre, mit den Verhandlungen über die serbisch-montenegrinische Annäherung, die schon die Aufmerksamkeit der österreichisch-ungarischen und sogar der deutschen Regierung auf sich gelenkt hat, zu warten.

Ich bitte Sie, unsere Ansicht vertraulich Paschitsch[37] mitzuteilen.

[36] Gesandter in Belgrad 1909—1914.

[37] Serbischer Ministerpräsident 1912—1918.

143. Oberst House, London, an Wilhelm II.: Gespräche in Frankreich und England über Friedenserhaltung. Englands Bindung an Frankreich und Rußland. House, Dokumente 32—33.

London, 7. Juli 1914

Eure Kaiserliche Majestät wird sich zweifellos unserer Unterredung in Potsdam und der Tatsache erinnern, daß ich mit des Präsidenten Zustimmung und Gutheißung nach Europa kam, um festzustellen, ob im Interesse der Erhaltung des Friedens und eines aus der Beschränkung der Rüstungen hervorgehenden wirtschaftlichen Aufschwungs eine bessere Verständigung zwischen den Großmächten zustande gebracht werden könnte oder nicht.

Mit Rücksicht auf die hervorragende Stellung, die Eure Majestät innehaben, und Ihren wohlbekannten Wunsch nach Aufrechterhaltung des Friedens kam ich, wie Eure Majestät wissen, geradeswegs nach Berlin.

Ich werde die huldreiche Aufnahme meiner Sendung im allgemeinen, die meisterhafte Darlegung der heute in der ganzen Welt herrschenden Verhältnisse und die prophetischen Ausblicke Eurer Majestät in die Zukunft niemals vergessen.

Ich erhielt von Eurer Majestät jede nur denkbare herzliche Zustimmung zu des Präsidenten Absichten, und ich verließ Deutschland glücklich in dem Glauben, daß Eurer Majestät großer Einfluß dem Frieden und der Entwicklung des Welthandels zugute kommen werde.

In Frankreich trachtete ich die Gefühle und Hoffnungen des Volkes in bezug auf Deutschland zu erkunden. Bei Verlassen Frankreichs kam ich zu dem Schlusse, daß seine Staatsmänner jeden Gedanken an Vergeltung oder Wiedergewinnung der zwei verlorenen Provinzen aufgegeben haben. Das Volk hegt wohl noch in beiden Belangen Hoffnungen, aber die besser unterrichteten Regierenden würden ganz zufrieden sein, wenn sie ihrer Unabhängigkeit, wie sie jetzt besteht, sicher sein könnten.

Dann ging ich, Sire, nach England — mit großen Hoffnungen, in denen ich nicht enttäuscht wurde.

Ich wandte mich zuerst an Sir Edward Grey und fand ihn entgegenkommend in höchstem Maße. Nach einer zweistündigen Besprechung trennten wir uns mit der Abmachung, in wenigen Tagen erneut zusammenzukommen. Ich schloß daraus, daß er sich mit dem Premierminister und seinen Kollegen beraten wollte.

Zu unserer nächsten Besprechung, die wieder zwei Stunden dauerte, brachte er den Lord-Kanzler [38], Earl Crewe [39] und Sir William Tyrrell

[38] Haldane. [39] Staatssekretär für Indien.

mit. Seither habe ich den Premierminister und so gut wie jedes wichtige Mitglied der britischen Regierung getroffen. Ich bin überzeugt, daß sie eine Verständigung, die den Grundstein zur Sicherung eines dauernden Friedens legen könnte, wünschen.

England muß notwendigerweise vorsichtig vorgehen, um nicht die Empfindlichkeit Frankreichs und Rußlands zu verletzen; aber mit dem Wandel der Gefühle in Frankreich sollten sich auch die Beziehungen zwischen Deutschland und jenem Lande bessern, was England jetzt gerne fördern will.

Während so manches erreicht wurde, bleibt noch die Schaffung der Möglichkeit zu einem leichteren und offeneren Gedankenaustausch über die beiderseitigen Absichten zu wünschen übrig. Niemand kennt die Erregung, die jetzt durch die ganze Welt geht, besser als Eure Majestät, und niemand ist in einer glücklicheren Lage, eine heilsame und vernünftige Verständigung zwischen den Staatsmännern der westlichen Völker im Interesse der Bewahrung unserer Zivilisation zustande zu bringen.

Wenn diese Mitteilung, wie Eure Majestät wissen, auch nicht amtlich ist, so ist sie doch in Übereinstimmung mit den wohlbekannten Gedanken des Präsidenten und in der, wie mir zu verstehen gegeben wurde, von der britischen Regierung gehegten Hoffnung gemacht, daß darauf eine Antwort Eurer Majestät erfolge, die einen weiteren Schritt vorwärts gestatten würde.

Gestatten mir Eure Majestät, daß ich mit einem Satze aus einem mir zugekommenen Briefe des Präsidenten schließe:

„Ihr Pariser Brief, den Sie mir unmittelbar nach Ihrer Abreise von Berlin geschrieben haben, bereitet mir einen Wonneschauer des größten Vergnügens. Sie haben, wie ich hoffe und glaube, ein großes Werk in Angriff genommen, und ich freue mich aus tiefstem Herzensgrunde darüber.“

144. Riezler, Tagebuch: Möglichkeiten der Entwicklung.

Riezler, Tagebücher 184.

Hohenfinow, 8. Juli 1914

Botschaft Kaiser Franz Josef durch Hoyos überreicht. Hoyos bei Zimmermann. Vielleicht entschließt sich der alte Kaiser doch nicht, meint der Kanzler. Kommt der Krieg aus dem Osten, so daß wir also für Österreich-Ungarn und nicht Österreich-Ungarn für uns zu Felde zieht, so haben wir Aussicht, ihn zu gewinnen. Kommt der Krieg nicht, will der Zar nicht oder rät das bestürzte Frankreich zum Frieden, so haben wir doch noch Aussicht, die Entente über diese Aktion auseinanderzumanövrieren.

145. Szögyény, Berlin, an Berchtold: Deutsche Ungeduld wegen Aktion gegen Serbien. Öst. A. VIII. 357.

Berlin, 8. Juli 1914

Staatssekretär ist gestern von seinem Urlaube zurückgekehrt. Ich habe ihn bisher nicht sprechen können, doch hatte ich gestern und heute Gelegenheit, von Unterstaatssekretär und verschiedenen maßgebenden Persönlichkeiten des Auswärtigen Amtes die Anschauung vertreten zu hören, daß man hier mit Ungeduld unseren Entscheidungen entgegensehe, da man Auffassung habe, daß jetzt der richtige Moment wäre — ein Moment, der so günstig nicht mehr so leicht wiederkehren würde — gegen Serbien energisch aufzutreten. Im Auswärtigen Amte wurde mir erzählt, daß man aus einem Bericht Herrn von Tschirschkys ersehen habe, daß derselbe mit einer gewissen „Lauheit" gegenüber Euer Excellenz aufgetreten sei. Man habe ihm darauf von hier aus einen Verweis erteilt. Gleichzeitig wurde mir im Auswärtigen Amte der Wunsch geäußert, daß von Wien aus in der ausländigen, insbesondere englischen Presse bereits jetzt Stimmung gegen Serbien gemacht werde.

146. Grey an Buchanan, St. Petersburg: Unterredung mit Benckendorff über deutsche Warnung. Englisch-russisches Marineabkommen. Brit. Dok. XI. 1, 53—55.

Auswärtiges Amt, 8. Juli 1914

In einer ganz inoffiziellen Unterredung mit Graf Benckendorff brachte ich heute die Befürchtung zum Ausdruck, daß die österreichische Regierung durch die Macht der öffentlichen Meinung in Österreich dazu getrieben werden könnte, eine Demarche hinsichtlich Serbiens zu machen, da die österreichische öffentliche Meinung durch die Ermordung des Erzherzogs Franz Ferdinand sehr stark gegen Serbien erregt worden sei. Die Sache läge so, daß die Stellung des Grafen Berchtold schwach sei und die österreichische Regierung weggefegt werden könnte.

Graf Benckendorff erwiderte, daß ihm die Erregung in Österreich bekannt sei, aber er sähe nicht ein, worauf man eine Demarche gegen Serbien stützen könne.

Ich erklärte, ich wisse nicht, was beabsichtigt sei. Ich vermöchte nur anzunehmen, daß irgendeine Entdeckung, die vielleicht im Laufe der Untersuchung gegen die in den Mord am Erzherzog verwickelten Leute gemacht würde — zum Beispiel, daß die Bomben in Belgrad beschafft worden seien — in den Augen der österreichischen Regierung den Grund bilden könnte, die serbische Regierung der Nachlässigkeit zu beschuldigen. Aber ich äußerte dies nur als einen Einfall und eine Mutmaßung meinerseits.

Graf Benckendorff entgegnete, er hoffe, daß Deutschland Österreich zurückhalten werde. Er könne nicht glauben, daß Deutschland einen Streit übereilt herbeiführen wolle.

Ich bemerkte, daß nach meinen Informationen die Berliner Behörden sehr beunruhigt und besorgt seien. Die Meinung habe sich in ihnen festgesetzt, daß die Stimmung in Rußland sehr deutschfeindlich sei. Sie hätten auf Grund der Besprechungen zwischen den russischen und britischen Marinebehörden irgendwie Nachrichten aus Paris oder St. Petersburg erhalten und bildeten sich zweifellos ein, daß viel mehr hinter diesen Besprechungen stecke, als tatsächlich der Fall sei. All dies könnte die deutschen Behörden zur Ansicht verleiten, daß ein Coup gegen sie vorbereitet werde, um in einem günstigen Augenblick ausgeführt zu werden. Natürlich liege kein Grund für solch eine Annahme vor. Ich erzählte Graf Benckendorff, was ich dem Fürsten Lichnowsky zu dessen Beruhigung gesagt habe.[40]

Graf Benckendorff bestätigte nachdrücklich, daß er, seitdem die Frage des deutschen Militärkommandos in Konstantinopel geregelt worden sei, aus Petersburg keinerlei Anzeichen der Feindschaft gegen Deutschland gehabt habe. Aber er fügte hinzu, daß die Vermehrung der russischen Armee und die größere Kriegsbereitschaft Rußlands unzweifelhafte Tatsachen wären, die möglicherweise einigen Geistern in Deutschland den Gedanken eingeben könnten, daß es besser sei, jetzt, bevor sich die Lage mehr zu ungunsten Deutschlands verschöbe, einen Konflikt zu haben. Er vermöge jedoch nicht zu glauben, daß der Deutsche Kaiser und seine Regierung derartige Gedanken wirklich hegten.

Ich sagte, es wäre sehr wünschenswert, wenn die russische Regierung in der ihr am besten erscheinenden Weise alles in ihrer Macht tun wollte, um Deutschland zu beruhigen und es zu überzeugen, daß kein Coup gegen es vorbereitet werde. Ich dächte oft bei diesen Dingen, daß es besser sei, wenn die ganze Wahrheit bekannt wäre. Die Schwierigkeit bestünde darin, den Leuten die Wahrheit zu sagen und sie glauben zu machen,

[40] Vgl. Nr. 136.

daß sie wirklich die volle Wahrheit wüßten. Sie wären zum Glauben geneigt, daß viel mehr an einer Sache wäre, als man ihnen gesagt habe.

Graf Benckendorff bemerkte, daß er Herrn Sasonow schreiben würde. Nach seinen Äußerungen war er über die in Berlin herrschenden Befürchtungen gut unterrichtet; er war sich auch der Gefahr, die namentlich im jetzigen Augenblick der österreichischen Erregung gegen Serbien in dieser Stimmung liegt, und ebenso der Tatsache durchaus bewußt, wie erwünscht es sei, die schreckliche Lage zu verhüten, die entstünde, wenn die serbische Frage gewaltsam aufgerollt werden sollte.

147. Benckendorff, London, an Sazonov: Unterredung mit Grey. Deutsche Einkreisungssorgen. Russ. Dok. I. 4, 141—144.

London, 9. Juli 1914

Ich hatte gestern eine Unterredung mit Grey, der er offenbar eine gewisse Wichtigkeit beilegt, denn er hatte mich bereits am Abend vorher ad hoc eingeladen. Es wurde von Themen nur das erörtert, was er selbst aufs Tapet brachte, den letzten Schluß ausgenommen, wo es sich auch nur um die Antwort auf eine Frage handelte, die ich ihm vorlegte. Grey sprach und reflektierte abwechselnd; die Unterredung dauerte fast eine Stunde. Hier gebe ich das Resumé.

Einleitend sagte Grey, die Nachrichten, die er aus Wien erhielte, gefielen ihm nicht, die öffentliche Meinung erhitze sich sehr: “Spirits run very high, higher than ever before.” Es sei die Rede von einer Demarche in Belgrad, von deren Inhalt er noch nichts wisse, aber man wolle Berchtold dazu drängen, “to put his foot down”. Berchtold befinde sich in einer sehr schwierigen Lage, und er könne sich vielleicht als zu schwach für die Verhältnisse erweisen. Die serbische Presse habe anfangs unvorsichtige Artikel gebracht, und das kompliziere die Dinge für ihn. Ich fragte ihn, ob er nicht auf die friedliche Gesinnung des Kaisers Franz Joseph rechne, der, wie ich sicher glaubte, jetzt, wo er bereits mit einem Fuße im Grabe stehe, vor einem Kriege zurückschrecken würde. Grey antwortete mir, man müsse unterscheiden zwischen Prestige — nie sei das des österreichischen Monarchen größer gewesen — und Autorität. Er habe stets die Beobachtung gemacht, daß nicht nur Monarchen, sondern auch Staatsmänner gegen das Ende ihrer Tage an Prestige gewännen, was sie an Autorität einbüßten, denn, sagte er, man schaut weiter. Mit einem Wort, fügte er hinzu, es bleibt Berchtold, und der ist schwach. Ich antwortete, das, was ich höre, sei sehr ernst, denn wenn Österreich aus dem begangenen abscheulichen Verbrechen Kapital schlüge, würde die öffentliche

Meinung Rußlands nicht zurückbleiben. Deshalb, erwiderte Grey, fasse ich die Lage sehr ernst auf. Ich sagte ihm, Deutschland habe doch auch noch ein Wort mitzusprechen, und ich könne nicht glauben, daß Kaiser Wilhelm den Krieg wolle. Er erwiderte mir, er denke ebenso wie ich, obwohl seine Eindrücke von der Stimmung in Berlin, Eindrücke, die aus zahlreichen Quellen geschöpft sind, im allgemeinen nicht sehr gut seien. Während der letzten Jahre habe man dort dauernd von einer englischen oder russischen „Einkreisungspolitik" gesprochen, ohne wirklich daran zu glauben, sondern nur zu dem Zweck, im Parlament Rüstungen durchzusetzen. Durch das Reden darüber habe sich die Überzeugung festgesetzt und mache Fortschritte. Man hat sich dort in den Kopf gesetzt, Rußland habe aggressive Absichten, es rüste, es verhandle bald mit Rumänien, bald mit England wegen einer Militärkonvention, und denke zum mindesten an den Krieg, so daß es unklug sein würde, auf Deutschland jetzt ebenso zu rechnen, wie im letzten Jahre. Grey fragte mich, ob Sie nicht etwas tun könnten? Ich fragte ihn, was wohl das Ergebnis einer Unterredung von Ihnen mit dem deutschen Botschafter sein würde, in der Sie offen friedliche Absichten aussprechen würden. Grey antwortete mir: „In der Tat, das kann kaum zu etwas führen." Er fügte hinzu, es wäre wichtig, Deuschland gegenüber in der Führung der Tagesgeschäfte größte Besonnenheit walten zu lassen, und den geringsten Zwischenfall zu vermeiden. Grey sagte mir, er habe mit Lichnowsky gesprochen. Er sagte mir, der Botschafter sei zwar für seine Person überzeugt, daß die in Berlin verbreiteten Gerüchte übertrieben seien, aber er habe doch die Tatsache bestätigt, daß die öffentliche Meinung erregt sei und mißtrauisch hinsichtlich Rußlands. Grey hat ihm geantwortet: er sei der erste gewesen, der die deutsche Regierung darauf aufmerksam gemacht habe, daß die Affäre Liman in Konstantinopel ein großer Fehler gewesen sei, der in Rußland einen bedauerlichen Eindruck gemacht habe, der sehr ernst zu bewerten und berechtigt gewesen sei. Aber er könne ihr bezeugen, daß er, seit diese Affäre beigelegt sei, kein einziges Symptom von Feindseligkeit Rußlands gegenüber Deutschland bemerkt habe und keine einzige Tatsache oder Absicht, die Dinge zu komplizieren, vielmehr das Gegenteil. Bei einer anderen Gelegenheit habe er Lichnowsky bereits gesagt, es stimme vollkommen, daß man zwischen England, Frankreich und Rußland alles in voller Intimität bespreche; wenn man aber in Berlin den Besuch unseres erhabenen Herrn in Rumänien als eine Etappe der Einkreisungspolitik angesehen habe, so sei das absurd; die Intimität unserer Beziehungen bedeute keineswegs, daß wir uns über die speziellen gegenseitigen Beziehungen eines jeden von uns zu seinen Nachbarn beraten müßten. Gelegentlich des Besuches in Konstanza habe Rußland sich mit niemand beraten, es habe auch niemanden zum Beraten gehabt, und es habe keinerlei verabredeter feindlicher Plan dahinter gesteckt; vielmehr sei das gemeinsame Bestreben zweier aneinandergrenzender Länder, wie Rußland und Rumänien, einer jahrelangen Spannung ein Ende zu machen, völlig natürlich, da es im Interesse des einen wie des anderen Partners liege. Ich entgegnete, mir kämen alle diese deutschen Einkreisungssorgen auch jetzt noch sehr wenig aufrichtig vor. Aber tatsächlich könnte es geschehen, daß neben dieser bequemen und leicht auszunutzenden Theorie die militärische Lage, die nicht mehr die gleiche ist, an sich betrachtet, Deutschland zu denken gibt. Sie kann Deutschland zur Besonnenheit bewegen, sie kann es aber auch veranlassen, die Ereignisse zum Bruch zu bringen. Ich faßte die militärische Lage zusammen: Rußland bedeutend stärker an Menschen und an Eisenbahnen, Frankreich genau so wie es war, Rumänien verdächtig, England noch mehr. Grey antwortete mir: „Ja. Das sind meine Eindrücke davon, und ich möchte, daß Herr Sasonow sie erfährt. Unsere Unterredung ist, wohl verstanden, ultrakonfidentiell, aber ich glaube, wir müssen daran denken." Grey meint, je mehr Deutschland sich beruhigt, desto weniger wird es Österreich unterstützen. Wenn es unruhig ist, so ist das gefährlich.

Grey fügte zwei Erwägungen hinzu. Er erinnerte mich an ein Privatgespräch, in dessen Verlauf ich ihm gesagt hatte (was ich Ihnen, glaube ich, auch schrieb), daß nach meiner Idee der Dreibund einen Vorteil über die Tripelentente habe, nämlich den, ein Oberhaupt zu besitzen. Er sagte mir, er habe diese Meinung geteilt, aber es sei folgendes zu erwägen: je mehr sich die militärische Situation zu Deutschlands Ungunsten verändere, um so wertvoller werde für Deutschland das Bündnis mit Österreich und um so mehr Gewalt bekomme infolgedessen Österreich über Deutschland.

Grey sagte mir noch, er wisse aus sehr ernst zu nehmenden militärischen Quellen, daß nach Deutschlands Ansicht der Schwerpunkt der militärischen Operationen sich ziemlich rapide vom Westen nach dem Osten verschiebt. Noch vor einigen Jahren war Frankreich der erste und wichtigste deutsche Zielpunkt, weil das durch den Krieg geschwächte Rußland einen geringeren Defensivaufwand erforderte. Heute würde es ganz anders sein. Rußland würde allmählich der Hauptzielpunkt werden.

Alles in allem, fragte ich Grey, finden Sie die Situation also ernst? Grey antwortete mir, der Gedanke, daß dieses schreckliche Verbrechen unerwartet einen allgemeinen Krieg mit allen seinen Katastrophen hervorrufen könne, nachdem es im letzten Jahre mit soviel Mühe gelungen war, ihn zu vermeiden, und die Dinge im ganzen genommen sich anscheinend langsam wieder einrenkten, „ließe einem die Haare zu Berge stehen". Aber die Situation gibt mir zu denken, das wollte ich Sie wissen lassen. So zu handeln, daß Deutschland sich beruhigt, scheint Grey heute das Wichtigste zu sein. Ich sagte ihm, ich würde Ihnen nicht telegraphieren, sondern in privater Form schreiben, und würde diese lange Unterredung schildern, so gut es mir möglich sei.

Grey hat dieselbe Frage mit Cambon berührt. Ich glaube, kürzer.

Bevor ich mich verabschiedete, fragte ich Grey, ob er Nachrichten von Buchanan habe. Er sagte mir, Buchanan habe telegraphiert, er habe Ihnen ein Aide-mémoire oder eine Paraphrase über die A. P. Oil-Company überreicht, und Sie hätten gesagt, es sei nicht nur die Gegenwart, sondern auch die Zukunft, über die die russische öffentliche Meinung beruhigt werden wolle. Grey sagte mir, er werde daran denken, und er werde zuerst mit Asquith und Churchill darüber sprechen.

Vielleicht ist Grey ein wenig pessimistisch, aber seine Argumentation ist zu straff, als daß man ihr den Wert absprechen könnte; er sprach nicht nur mit großem Ernst, sondern mit der Bewegung, die er in folgenschweren Momenten zeigt. Ich eile, Sie darüber zu informieren, und benutze zur Übermittlung den Feldjäger der Kaiserin Maria.

148. Grey an Rumbold, Berlin: Unterredung mit Lichnowsky. Ableugnung englisch-russischer Marineverhandlungen. Österreichs Aktion gegen Serbien. Verhinderung eines Krieges. Brit. Dok. XI. 1, 58—60.

Auswärtiges Amt, 9. Juli 1914

Ich habe heute erneut mit dem deutschen Botschafter über den Gegenstand unserer Unterhaltung vom letzten Montag (6. ds. Mts.) gesprochen[41]. Ich sagte, daß ich ganz privat spräche, wie er das auch getan hätte; denn er selbst habe bemerkt, daß die Dinge, die er erwähnte, zu heikel wären, um anders als privat behandelt zu werden.

Fürst Lichnowsky wiederholte, was er mir über die Befürchtungen in Deutschland hinsichtlich einer gegen Deutschland gerichteten englisch-russischen Marinekonvention gesagt hatte, und meinte, er hätte die Sache nur wegen meiner im Unterhaus abgegebenen Erklärung berührt, über die er auftragsgemäß die Befriedigung seiner Regierung auszudrücken gehabt habe.

Unter Hinweis auf die neulich von seiner Seite gefallenen Äußerungen sagte ich, ich dürfe nicht dahin verstanden werden, als hätten zwischen den

[41] Vgl. Nr. 136.

Militär- und Marinebehörden Frankreichs, Rußlands und Englands keine Besprechungen stattgefunden. Einige Besprechungen hätten von Zeit zu Zeit stattgefunden, und zwar zuerst im Jahre 1906. Aber all das sei auf der Grundlage erfolgt, daß die Hände der Regierungen völlig frei blieben. Wenn in der Tat solche Besprechungen stattfänden, brauchte ich die Einzelheiten nicht zu erfahren. Was die Regierung und mich selbst angehe und was ich im Auge behalten müsse, sei, ob wir im Falle eines Krieges daran teilnehmen sollten oder nicht. Wenn wir irgendeine Abmachung träfen, die uns Verpflichtungen auferlegte, so würde es sich nicht um eine geheime Abmachung handeln. Ich sei dem Parlament gegenüber verpflichtet, keine derartige Geheimabmachung zu schließen, und würde eine solche Abmachung getroffen, dann wäre sie dem Parlament vorzulegen. Es entspräche auch der Wahrheit, daß niemals so etwas wie ein Angriff gegen Deutschland vorbereitet worden sei. Während der Marokkokrise im Jahre 1906 zum Beispiel und wiederum zur Agadirzeit habe man befürchtet, Deutschland könnte Frankreich ein Ultimatum stellen: aber eine derartige Erwägung sei etwas anderes, als einen Angriff gegen Deutschland vorzubereiten. Ich gab dem Botschafter dann die Aufzeichnung zu lesen, die ich über meine Unterredung mit ihm vom 24. Juni ds. Js. gemacht hatte [42]. Ich sagte, daß jedes Wort darin seine Geltung habe.

Ich teilte dem Botschafter mit, daß ich seit unserer Begegnung am letzten Montag zum Grafen Benckendorff die Befürchtung geäußert hätte, die österreichische Regierung könnte sich durch die öffentliche Meinung zu einer Demarche bezüglich Serbiens gezwungen sehen. Ich hätte Graf Benckendorff von dem unterrichtet, was ich dem Fürsten Lichnowsky über die Stimmung gegen Deutschland gesagt habe. Graf Benckendorff hätte mir erwidert, daß, seitdem die Frage des deutschen Militärkommandos in Konstantinopel geregelt worden sei, auch er aus St. Petersburg keinerlei Anzeichen von einer gereizten oder böswilligen Stimmung in Rußland gegen Deutschland erhalten habe.[43]

Fürst Lichnowsky hatte zwar keine Nachrichten, äußerte aber die Hoffnung, daß es der deutschen Regierung gelungen sein möchte, die österreichischen Absichten bezüglich Serbiens zu dämpfen. Er hoffte, daß, wenn England und Deutschland in Fühlung miteinander blieben, wir unter allen Umständen in der Lage wären, die Dinge in der rechten Bahn zu halten.

Ich entgegnete, daß es natürlich verhältnismäßig leicht sein werde, St. Petersburg für eine ruhige Auffassung zu gewinnen, wenn eine öster-

[42] Vgl. Nr. 117.
[43] Vgl. Nr. 146.

reichische Aktion gegen Serbien in gewissen Grenzen gehalten würde; aber es gäbe einiges, was Österreich tun könne und worauf sich die russische Regierung veranlaßt fühlen möchte, zu erklären, das slawische Gefühl in Rußland sei so stark, daß sie ein Ultimatum oder etwas Derartiges stellen müsse. Ich versicherte dem Fürsten Lichnowsky, daß ich die gleiche Politik wie während der Balkankrise fortführen und mein Äußerstes tun würde, um den Ausbruch eines Krieges zwischen den Großmächten zu verhüten. Je größer die Gefahr eines Krieges sei, desto zäher würde ich an dieser Politik festhalten. Er könne seiner Regierung versichern, daß ich nicht nur den Frieden nicht zu stören wünsche, sondern auch mein möglichstes tun würde, um ihn zu erhalten. Ein Krieg zwischen den Großmächten würde das Scheitern des großen Zieles bedeuten, für das wir alle, die wir während der Balkankrise an der Londoner Konferenz teilgenommen, gearbeitet hätten.

Im Verlaufe der Unterhaltung warf ich die Bemerkung hin, ich nähme an, daß Deutschland seine eigenen Marine- und Militärabmachungen mit den anderen Mitgliedern des Dreibundes habe.

Fürst Lichnowsky gab mir darauf die Versicherung ab, daß der Dreibund so geblieben sei, wie er zur Zeit des Fürsten Bismarck bestand: er sei rein defensiv und enthalte keine Marineabmachung bezüglich des Mittelmeeres.

149. Buchanan, St. Petersburg, an Nicolson: Sazonovs Angebot der Garantie für Indien, auch mit Einbeziehung Japans. Frankreich und die englisch-russischen Spannungen wegen Persien. Brit. Dok. XI. 1, XXV—XXVI.

St. Petersburg, 9. Juli 1914

Sasonow hält mir immer das eingewurzelte Mißtrauen vor, mit dem Rußland in Indien und in gewissen Kreisen Englands betrachtet wird. Er ist anscheinend bereit, so gut wie alles zu tun, um es zu beseitigen, und er scheint sogar dem Zaren gegenüber angeregt zu haben, Rußland solle Indien gegen einen Angriff garantieren. Als Sasonow vor zwei Tagen mit mir über das Thema sprach, bemerkte er, daß wir als Großmacht vielleicht Anstoß daran nehmen würden, eine solche Garantie angeboten zu bekommen, ohne dafür eine gleichwertige Garantie zu gewähren, und er warf den Gedanken hin, daß sich eine Formel finden lasse, derzufolge wir einander die Unversehrtheit unserer beiderseitigen Besitzungen in Asien garantieren könnten. Als ich dem entgegenhielt, daß unsere Verbündeten, die Japaner, solch eine Garantie von unserer Seite als gegen sie gerichtet betrachten könnten, sagte Sasonow, daß kein Grund bestehe, warum sie nicht auch einbezogen werden sollten. Sie würden sich durch einen solchen Vorschlag sehr geschmeichelt fühlen und die Garantie wäre dann dreiseitiger, statt nur zweiseitiger Art. Ich weiß nicht, ob er ernstlich daran denkt, einen derartigen Vorschlag amtlich vorzubringen.

150. Riezler, Tagebuch: Langsamkeit der Österreicher. Rascher Schlag. Diplomaten. Riezler, Tagebücher 184—185.

Hohenfinow, 11. Juli 1914

Zwei Tage in Berlin. Mit allerlei Aufträgen. In Österreich scheinen Differenzen zwischen Berchtold und Tisza über die Methode. Kaum möglich, ihnen von Berlin aus die Hand zu führen. Sie wollen anscheinend ein kurzes Ultimatum und falls Serbien ablehnt, einrücken. Anscheinend brauchen sie furchtbar lange, um zu mobilisieren. 16 Tage sagt Hoetzendorf. Das ist sehr gefährlich. Ein schnelles fait accompli, und dann freundlich gegen die Entente, dann kann der Choc ausgehalten werden. Und mit gutem und erdrückendem Material, das keine Einwände zuläßt, gegen die serbischen Umtriebe herausrücken.

Das Bohren des Auswärtigen Amtes gegen Hammann.[44] Der Kanzler schimpft auf die Diplomaten. Das Gewerbe verdirbt die Menschen, er traue keinem weder inländischen noch ausländischen. Wenn er einen um Auskunft über einen anderen bitte, so bleibe kein gutes Haar an ihm, und wenn es der beste Freund ist. Hammann wenngleich bockig, eigensinnig, unbequem, darf den Diplomaten nicht geopfert werden. Er hat großen Zug, kann über die Zeitungen hinaus über (die wirklichen Volksempfindungen) greifen und ist, falls es Krieg gibt, völlig unentbehrlich, um das Volk zu rufen.

151. Tirpitz an Hopmann: Hoffnung auf Zerstreuung des Gewitters. Für Verständigung mit Rußland. Mil. gesch. Mitt. 46.

Anfang Juli 1914

Irgendein Rummel muß natürlich los sein, wenn ich im Sommer fort bin. Hoffentlich zerstreut sich das Gewitter oder wartet wenigstens noch ein paar Wochen. Die Kur scheint an mir Wunder zu bewirken. Ich will aber lieber nicht zu früh krähen. Admiral Capelle besten Gruß. Es wäre mir angenehm, wenn die Herren nicht vor dem 26. Juli nach Blasien

[44] Otto Hammann, Leiter des Pressebüros des Auswärtigen Amtes 1897—1917.

kämen... Ich lege für Admiral Capelle und N [45] einen Artikel der Neuen Züricher Zeitung bei, in dem ein biederer Schweizer sich unter Anderem über unser Werben um Englands Gunst lustig macht. Ich bin der festen Überzeugung, daß dieses Werben auf die Dauer zum Krieg mit Rußland führen muß. Man braucht sich nur vorzustellen, was Bismarck als Engländer für eine Politik gegen Deutschland und Rußland treiben würde. Der Reichskanzler ist vollständig verrannt und verliebt in seine Idee des Werbens um die Gunst des perfiden Albions. Es ist die Schicksalsfrage des deutschen Volkes. Wir müssen uns coute que coute mit Rußland verständigen und den Walfisch gegen den Bären stellen. Alle Sentimentalitäten haben zu schweigen.

152. Riezler, Tagebuch: Bethmann Hollwegs „Sprung ins Dunkle". Österreichs Zögern. Italien und England. Riezler, Tagebücher 185—186.

Hohenfinow, 14. Juli 1914

Gestern und heute ein wenig an alten Gespinsten gearbeitet. In die Landschaft versponnen. Aber völlig unmöglich, seit ich hier bin und in die großen Fragen hineinsehe, deren Ernst alles überschattet. Unsere Lage ist schrecklich. Wenn der Krieg kommen sollte und die Schleier dann fallen, wird das ganze Volk folgen, getrieben von Not und Gefahr. Der Sieg ist die Befreiung. Der Kanzler meint, ich wäre zu jung, um nicht dem Reiz des Ungewissen zu unterliegen, des Neuen, der großen Bewegung. Für ihn ist die Aktion ein Sprung ins Dunkle und dieser schwerste Pflicht. Kiderlen hat immer gesagt, wir müssen fechten. Berchtold überlegt sich den Zeitpunkt, ob vor oder nach der Reise Poincarés nach Petersburg. Besser vorher, dann ist größere Chance, daß Frankreich, plötzlich vor der Wirklichkeit des Kriegstraums erschrocken in Petersburg zum Frieden mahnt. Österreich hat sich denn auch heute dazu entschlossen. Aber die ungarische Ernte muß vorher herein.

Italien kokettiert mit Rußland. Es will als Preis das Trentino, § 7 des Vertrages. Wohl schon für die Neutralität. Man kann indes nicht vorher mit ihm reden. Es wird alles in Petersburg verraten. Es kennt den Zustand Österreichs, die Erfolge der russischen Unterwühlung bei allen Slawen, sieht auch alles scheußlich aus, und unterschätzt die Elastizität dieses alten Staates, der viel mehr inneren Zank etc. verträgt, als alle anderen Staaten. Wenn im Falle des Krieges England gleich loslegt, geht Italien keinesfalls mit, sonst und im weiteren Verlauf nur, wenn unser Sieg sicher ist oder es

[45] Nachrichtenbureau des Reichsmarineamts.

ihn für sicher hält. Es bleibt nichts anderes über, als in Rom sofort sehr siegessicher auftreten. Es kommt darauf an, daß Italien wenigstens soweit an unseren Sieg glaubt, daß es vorzieht, in Paris, Petersburg etc. zum Frieden zu mahnen und der Entente keine Hoffnungen auf seine Hilfe macht. Vor einem Krieg an unserer Seite hat es furchtbare Angst. Es will sich höchstens nourrir de charogne. Es kann auch gar nicht, wenn sich die Kriegsfeindschaft der Sozialisten mit den Irredentanationalisten verbindet.

153. Nicolson an Buchanan, St. Petersburg: Entscheidung über Freundschaft mit Rußland. Sazonovs Garantieangebot für die asiatischen Besitzungen Englands. Brit. Dok. X. 2. 2, 1335.

14. Juli 1914

... Mir scheint, daß unser Verhältnis zu Rußland sich jetzt einem Punkt nähert, wo wir uns werden entscheiden müssen, ob wir wirklich enge und dauernde Freunde werden oder aber in eine andere Bahn abschwenken wollen. In ein oder zwei Tagen dürfte uns wohl die russische Antwort auf unser Memorandum zugehen, deren allgemeinen Inhalt Sie bereits telegraphiert haben. Doch was mir beträchtliche Hoffnung eingeflößt hat, ist die von Sasonow vorgebrachte Anregung einer dreiseitigen Garantie von Japan, Rußland und uns hinsichtlich unserer betreffenden asiatischen Besitzungen. Ich muß sagen, daß dieser Gedanke mich persönlich mächtig anspricht. Natürlich wird das Kabinett darüber beschließen müssen, ehe er überhaupt bestimmtere Form annehmen kann, und Sie werden daher verstehen, daß meine Ansichten rein persönlicher Art sind. Es (It) würde meines Erachtens jedenfalls weitgehend jene Befürchtungen zerstreuen, die hier leider bezüglich russischer Absichten tatsächlich herrschen, und wenn wir Japan in ein Dreierabkommen einbeziehen könnten, würde sich der Himmel zweifellos bedeutend aufhellen. Ich hatte erst ein ganz flüchtiges Gespräch mit Grey über die Sache, und wie er sagt, steht in Ihrem Brief viel, was interessant und überlegenswert ist. Es wäre wirklich ein großes Werk, ein Werk, zu dem Sie persönlich sehr beträchtlich beigetragen hätten, wenn wir unsere Beziehungen zu Rußland, sowohl hinsichtlich des Mittleren Ostens als auch Indiens, tatsächlich auf eine dauerhafte und befriedigende Grundlage stellen könnten. Ich hoffe sehr, daß Sasonow seinen Vorschlag in festere Form bringen wird, obschon wir dies ihm gegenüber, bis das Kabinett die Angelegenheit erörtert und Grey sich eine bestimmte Meinung gebildet hat, natürlich nicht andeuten können. Falls er die Sache wieder berührt, so wüßte ich nicht, warum Sie ihn entmutigen sollten — selbstverständlich ohne uns irgendwie festzulegen. Außerdem würde es die Besprechung über Persien erleichtern, wenn dies Land wirklich einen Faktor in der größeren Frage bildete, und ich bezweifle kaum, daß es viel Argwohn, ja Feindseligkeit hierzulande entwaffnen würde ...

154. Jagow an Lichnowsky, London: Englands intime Beziehungen zu Rußland. „Weltstellung" Österreich-Ungarns. DD I. 69.

Berlin, 15. Juli 1914

Ich erinnere mit dem Anheimstellen geeigneter Verwertung an die Ermordung des Königs Alexander und der Königin Draga[46] sowie die Haltung, die sonst öffentliche Meinung wie Regierung in England bei diesem Anlaß Serbien gegenüber eingenommen und durch Jahre aufrechterhalten haben. Dasselbe System herrscht auch jetzt noch in Serbien, dieselben Kräfte dürften auch in der großserbischen Agitation wirken.

Es handelt sich jetzt um eine eminent politische Frage, um die vielleicht letzte Gelegenheit, dem Großserbentum unter verhältnismäßig günstigen Begleitumständen den Todesstoß zu versetzen. Versäumt Österreich diese Gelegenheit, so ist es um sein Ansehen geschehen, und es wird auch für unsere Gruppe ein noch schwächerer Faktor. Da bei den Ew. Durchl. bekannten *intimen* Beziehungen Englands zu Rußland eine andere Orientierung unserer Politik zur Zeit ausgeschlossen erscheint, ist es für uns vitales Interesse, die Weltstellung des österreichischen Bundesgenossen zu erhalten. Ew. Durchl. ist bekannt, von welcher Bedeutung für uns bei etwaigen weiteren Konfliktsfolgen die Haltung Englands sein wird.

155. Jagow an Ballin[47]: Englisch-russische Marineverhandlungen. Bitte, den Abschluß in London zu verhindern. Gr. Pol. 39, 640—643.

Berlin, 15. Juli 1914

Entschuldigen Sie, wenn ich mit diesen Zeilen Ihre Badekur störe, aber es handelt sich um eine Frage, welche auch Ihr stetes Sorgenkind ist, unsere Beziehungen zu England.

Sie werden die Veröffentlichungen des „Berliner Tageblatts" über

[46] 1903.

[47] Generaldirektor der Hamburg-Amerika-Linie, z. Z. in Bad Kissingen.

gewisse maritime Abmachungen zwischen England und Rußland gelesen haben, die ja schließlich zu einer Interpellation im Unterhause und der etwas gewundenen Inabredestellung Greys geführt haben. Ich weiß nicht, woher diese Nachricht auf den Redaktionstisch Theodor Wolffs [48] geflogen ist, ich wollte ihr zunächst auch keinen rechten Glauben schenken, weil sie mir zu sehr im Widerspruch zu unseren scheinbar gebesserten Beziehungen als auch zur Abneigung der englischen Politik gegen derartige Bindungen zu stehen schien. Ich bin der Sache natürlich nachgegangen und habe — wie ich Ihnen im engsten Vertrauen mitteile — inzwischen durch sehr geheime Quellen zu meinem Bedauern feststellen können, daß die Nachricht doch ihre tatsächliche Unterlage hat. Lichnowsky hat Grey auf das „Tageblatt“ angeredet, und Grey hat nach einigem Zögern die Sache auch nicht ganz in Abrede gestellt. Es ist nun aber in Wirklichkeit noch mehr dahinter, als wohl Theodor Wolff selbst wissen mag, und der gute Lichnowsky glauben möchte. Es wird tatsächlich zwischen London und Petersburg über ein Marineabkommen verhandelt, bei dem — dies wieder im tiefsten Vertrauen — von russischer Seite eine weitgehende militärisch-maritime Kooperation erstrebt wird. Zum Abschluß sind diese Verhandlungen trotz russischen Drängens noch nicht gelangt, zum Teil vielleicht, weil Grey durch die Indiskretion des „Tageblattes“ und infolge des offenbaren Widerstands bei einem Teil der liberalen Partei in England doch etwas zögernd geworden ist. Aber die Russen scheinen sehr zu drängen, und wer weiß, was sie als Gegenleistung bieten mögen. Grey wird sich schließlich wohl doch dem Abschluß nicht widersetzen, falls er nicht im Schoße der eigenen Partei oder des Kabinetts auf Widerstand stößt. Er mag sich als Pilatus vor sich selbst damit ausreden, daß die Verhandlungen nicht eigentlich zwischen den Kabinetten, sondern zwischen den Marinebehörden geführt werden. Ich lasse es auch dahingestellt, ob die Engländer mit der ihnen eigenen Kasuistik mit der reservatio mentalis verhandeln und abschließen, im kritischen Moment, wenn es ihnen nicht paßt, nicht eingreifen zu wollen, weil ein casus foederis voraussichtlich in dem Abkommen nicht vorgesehen ist. Wenn nun auch das Abkommen nach englischer Auffassung vielleicht in der Luft schweben möchte, so würde es doch jedenfalls das Resultat haben, daß die aggressiven Tendenzen Rußlands dadurch ganz wesentlich ermutigt werden würden.

Die Bedeutung, die die Angelegenheit für uns haben würde, brauche ich nicht näher darzulegen. An eine weitere Annäherung an England wäre für uns dann kaum mehr zu denken. Es erscheint mir daher sehr wichtig, noch

[48] Chefredakteur des Berliner Tageblatts, der auf Wunsch des Auswärtigen Amtes am 22. Mai 1914 erstmals auf Grund des Geheimnisverrats warnte.

einmal den Versuch zu machen, die Sache zum Scheitern zu bringen. Vielleicht würde, wenn die liberale Partei nochmals alarmiert oder ein Mitglied des Kabinetts entschiedene Bedenken dagegen äußern würde, Grey doch noch vor dem definitiven Abschluß zurückschrecken.

Mein Gedanke war nun, ob Sie durch Ihre vielfachen intimen Beziehungen zu maßgebenden Engländern — haben Sie nicht auch solche zu Lord Haldane? — nicht einen Warnruf über den Kanal gelangen lassen könnten. Ich denke mir die Sache etwa so: Sie schreiben, Sie hätten in *Kiel* erfahren, daß die Veröffentlichungen des „Tageblatts" doch ihre tatsächliche Unterlage hätten. Unsere Marinekreise wären darüber sehr erregt gewesen, und Sie sähen daraus einen neuen unabwendbaren und intensiven naval scare, neue weitgehende Flottenvorlagen entstehen. Auch in der Wilhelmstraße hätte man sehr lange Gesichter gemacht und sich sorgenvoll gefragt, ob das ganze mühsame Werk einer englischen Annäherung nun rettungslos in die Brüche gehen sollte. Das Gefühl, daß der eiserne Ring um uns sich doch immer enger schließen sollte, könnte bei der immer drohender werdenden Erstarkung Rußlands und den immer aggressiver werdenden Tendenzen des Panslawismus schließlich doch einmal zu gefährlichen Konsequenzen führen.

Ob dieser Weg gangbar ist, ob er nützt, weiß ich nicht. Vielleicht können Sie mir einen anderen angeben. Ich meine, man darf nichts unversucht lassen, um die Sache zum Scheitern zu bringen. Ich wäre Ihnen sehr dankbar, wenn Sie mir Ihre Ansicht mitteilen wollten, und eventuell, was Sie tun zu können für möglich halten. In jedem Falle wäre Eile geboten, damit inzwischen nicht der Abschluß erfolgt, auf den Herr Poincaré in Petersburg wohl auch hinarbeitet.

Nachschrift

Nachdem ich dies gestern abend geschrieben, lese ich heute früh einen neuen Artikel von Wolff im „Berliner Tageblatt". Seine Gewährsmänner scheinen die Dinge doch also auch ernster aufzufassen.

156. Redlich, Tagebuch: Hoyos über „Weltkrieg". Die österreichischen Kriegslustigen. Redlich, Tagebuch I. 237—238.

15. Juli 1914

Heute eine halbe Stunde bei Alek Hoyos, er sagt mir im größten Vertrauen, daß der Krieg so gut wie beschlossen sei. Aber man müsse Geduld haben, es seien gewichtige Gründe, hinauszuziehen. Er werde mir in 14 Tagen die geheime, höchst interessante Geschichte der letzten zwei

Wochen erzählen. Berchtold ist mit Tisza, Stürgkh[49], Burián[50] einig. Bilinski[51] tut auch so! Der Kaiser selbst ist vollkommen bereit zum Kriege. Hoyos meint: „Wenn der Weltkrieg daraus entsteht, so kann uns das gleich bleiben." Er liest mir ein sehr schönes und ausführliches Schreiben vor, das er soeben vollendet hat und das dem englischen Lordkanzler Haldane an dem Tage der Kriegserklärung überreicht werden soll. Er ist nämlich mit Haldane eng befreundet. Deutschland ist völlig mit uns einverstanden. Hoyos sagt: „Wenn unsere Armee nichts taugt, dann ist die Monarchie ohnehin nicht zu halten, denn sie ist heute der einzige Zusammenhalt des Reiches." Wie ich später von Fritz höre, hat Tisza dem Budapester Bankdirektor Ullmann gleichfalls gesagt, daß der Krieg unvermeidlich sei, nur daß man jetzt noch nicht reden dürfe: man will nämlich erst nach Vollendung der Ernte mit den Serben deutlich werden. Die Mitteilungen, daß Conrad und Krobatin[52] auf Urlaub gehen, sind zur Verschleierung unserer Absichten bestimmt. Die „Zeit" schreibt nach wie vor ganz „großserbisch". Benedikt von der „Neuen Freien Presse" ist bei Berchtold gewesen: die beiden sind wieder versöhnt! Lützow[53] hat das, wie er mir selbst sagte, vermittelt. Hoyos klagt über Lützows mangelndes politisches Urteil. Mérey[54] in Rom ist an der Spitze der Kriegslustigen: ich vermute, daß er bereits das Einverständnis zwischen Italien und uns geschaffen hat. Valona wird für Italien nur erreichbar, wenn wir territoriale Veränderungen auf dem Balkan vollziehen. Ich sage Hoyos, ich wünschte nicht, daß die Selbständigkeit Serbiens durch uns beseitigt würde. Die Verkleinerung und Minderung seiner Unabhängigkeit würde genügen. Ob wir Rumänien etwas anbieten, ist zweifelhaft: ich glaube, es geschieht nicht! Hier in Wien glaubt niemand an die Möglichkeit eines Krieges: sehr auffallend sind die drei Krachtage an der Börse in der vorigen Woche und in dieser. Die völlige Passivität der Banken wird von mir darauf zurückgeführt, daß sie sich mobil erhalten müssen . . .

[49] Österreichischer Ministerpräsident 1911—1916.
[50] Ungarischer Minister am kaiserlichen Hoflager in Wien 1913—1915.
[51] Gemeinsamer Finanzminister 1912—1915.
[52] Kriegsminister 1912—1917.
[53] Ehemaliger österreichischer Botschafter in Rom.
[54] Österreichischer Botschafter in Rom.

157. Berchtold an Szögyény, Berlin: Wegen Besuch Poincarés in Rußland Verzögerung der Aktion. Öst. A. VIII. 449—450.

15. Juli 1914

Ich habe bereits Herrn von Tschirschky die Gründe mitgeteilt, die die Verzögerung der bevorstehenden Auseinandersetzung mit Serbien verursachen, würde aber Wert darauf legen, daß auch Euer Exzellenz dem Reichskanzler beziehungsweise Staatssekretär in der Sache Nachstehendes streng geheim zur Kenntnis bringen. Wenn auch die bisherige Untersuchung in Serajevo genügendes Material liefert, so glauben wir doch mit der sehr energisch gedachten Démarche in Belgrad noch so lange zuwarten zu müssen, bis der eben auf der Reise nach Petersburg begriffene Präsident der französischen Republik [55] wieder den russischen Boden verlassen haben wird. Die ins Auge gefaßte Aktion in einem Augenblick zu beginnen, wo der Präsident als Gast des Zaren in Rußland gefeiert wird, könnte begreiflicher Weise als ein politischer Affront aufgefaßt werden, was wir vermieden sehen möchten. Andererseits schiene es uns auch unklug, den komminatorischen Schritt in Belgrad gerade zu einer Zeit zu machen, wo der friedliebende, zurückhaltende Kaiser Nicolaus und der immerhin vorsichtige Herr Sazonov dem unmittelbaren Einflusse der beiden Hetzer Iswolsky und Poincaré ausgesetzt wären. Unter diesen Umständen glauben wir vor Ende nächster Woche nicht an die Ausführung unseres mit Herrn von Tschirschky bereits besprochenen Planes gehen zu können. Aus dieser auch uns nicht erwünschten Verzögerung läßt sich auch die Haltung unserer offiziösen Presse unschwer erklären. Wir müssen momentan einerseits ein Abflauen der unserer Politik günstigen öffentlichen Meinung der Monarchie verhindern, andererseits nicht durch eine die Situation systematisch zuspitzende Sprache unserer Presse bei anderen Mächten etwa einen Mediationsgedanken aufkommen lassen.

158. Fargách [56] an Mérey, Rom: Österreichs Aktion gegen Serbien. Italiens Haltung. Bulgarien und Rumänien. Hantsch, Berchtold II. 592—594.

16. Juli 1914

Es ist ein glücklicher Zufall, daß Ambrózy [57] hier war. Ich ersuchte ihn, seine Rückkehr etwas zu beschleunigen, und habe alles mit ihm durch-

[55] Poincaré.
[56] Sektionschef im österreichischen Außenministerium.
[57] Gesandter bei der österreichischen Botschaft in Rom.

gesprochen. Da er auch alle anderen mehr oder weniger kompetenten hohen und niederen Spitzen des Ballplatzes abgegrast hat, so weiß er alles, was man überhaupt wissen kann.

Ich habe mit ihm rückhaltlos gesprochen, damit er Dich vollkommen orientieren könne, weit ausführlicher und besser, als es durch Briefe und Instruktionen geschehen kann.

Es herrscht bei allen maßgeblichen Faktoren der Monarchie jetzt eine seltene, *vollkommen einmütige Auffassung und Überzeugung*. Die Bluttat von Sarajevo oder vielmehr die durch die Katastrophe aufgedeckten *unglaublichen* Zustände in Bosnien haben die allgemeine Überzeugung erzeugt, daß ohne ein Machtwort in Serbien oder eine Tat daselbst nicht weiterregiert werden könne. Es werden nunmehr solche Forderungen an Serbien gestellt werden, deren Annahme wenigstens eine Demütigung Serbiens und der großserbischen Ideen und der Minderung seines Prestiges bedeuten würde; die Nichtannahme wäre ein relativ willkommener Anlaß zu einem Kriege in einem international nicht ungünstigen Momente. Es wäre die, im Interesse der Monarchie, früher oder später doch unvermeidliche Austragung unseres immer ärger werdenden Streites mit unseren Todfeinden in Belgrad.

Jedenfalls sind unsere Staatslenker zu den weitestgehenden Schritten und deren eventuelle Konsequenzen entschlossen.

Über unsere in Rom zu führende Sprache brauche ich Dir wohl kein Wort zu schreiben; jeder Versuch einer Intervention meinerseits wäre ein Anmaßung. Unser Verhältnis zu Italien ist, insofern dessen Schicksal von Dir abhängt, in den allerbesten Händen.

Wir wollen den Weltkrieg, obwohl Deutschland vollkommen bereit ist, denselben zu führen, natürlich womöglich unbedingt vermeiden.

Daher würden wir Rußland eventuell erklären, daß wir *für uns* die territoriale Integrität Serbiens respektieren würden. Dies wünscht auch die ungarische Regierung unbedingt aus innerpolitischen Gründen. Um Italiens Stellung zu erleichtern und auch Diskussionen über die Kompensationsfrage vorzubeugen, habe ich den Eindruck, daß wir mit mehr oder weniger Deutlichkeit dies sofort San Giuliano sagen könnten, hinweisend, daß wir aber doch nicht im vorhinein über die Haut des noch nicht gefällten Bären diskutieren können. Was übrigens nach einem hoffentlich (!) siegreichen Kriege geschehen würde, ist übrigens — unter uns gesagt — eine andere Frage.

Jedenfalls möchten wir Deine autoritative Ansicht kennen, *ob* und *wann* (gleich oder erst, bis sie sehr drängen) wir den Italienern sagen sollten, daß wir keinen Eroberungskrieg führen.

Mit der Eventualität, daß die Italiener den durch die Anarchie in Albanien erleichterten und quasi begründeten Zeitpunkt ausnützen, um, während wir in Serbien beschäftigt sind, Valona zu okkupieren, müssen wir rechnen. Da wir uns kaum werden genügend energisch widersetzen können, wird es wohl am besten sein, de faire bonne mine à mauvais jeu, wenigstens formell durch ein Kriegsschiff und Landung von Matrosen mitzugehen und das weitere der Zukunft nach Beendigung der Komplikationen zu überlassen. Für Deine Ansicht darüber wäre ich Dir auch dankbar. Selbstverständlich wäre es am besten, wenn wir die Italiener von Valona abhalten könnten.

Aus unseren geheimen Quellen wissen wir, daß die Consulta bereits nervös ist, in Belgrad sowie *Petersburg* vermittelnde, nicht bundeswarme Vorschläge und Schritte macht. Speziell wegen des durch die dumme „Militärische Rundschau“ neuerlich aufgeworfenen Lovčen sind sie über alle Maßen aufgeregt. Es wird ein gutes Stück Arbeit kosten, San Giuliano in bundestreuem Sinne zu beeinflussen und auch zu verhindern, daß er Deine 24 Stunden vorher erfolgende Ankündigung dazu benützt, um sofort in Petersburg zu alarmieren. Es wäre daher vielleicht gut, wenn Du ihn erst spät nachmittags oder am Abend am Lande triffst! Sein Landaufenthalt wie die Unmöglichkeit eines Verkehrs mit ihm sind übrigens eine — allerdings schwache — Entschuldigung für die relativ späte vertrauliche Orientierung dieses „Bundesgenossen“. Wir glauben, daß dieser Alliierte uns jetzt wenigstens nicht in den Rücken fallen kann und wird und, im Falle einer allgemeinen Konflagration, Deutschland gegenüber seine Bundespflicht nicht leugnen wird ...

159. Granville[58] an Grey: Artikel des „Temps“ über russische Rüstung.

Brit. Dok. XI. 1, 69—71.

Paris, 16. Juli 1914

Über die gegenwärtige und künftige Vermehrung der russischen Armee veröffentlicht der „Temps“ in seiner heutigen Ausgabe einen Leitartikel, der nicht nur wegen der Aufschlüsse, die er über die Einzelheiten der russischen Streitkräfte enthält, sondern auch hinsichtlich der Wirkung beachtenswert ist, die er wahrscheinlich auf die französische öffentliche Meinung ausüben wird; denn diese bildet sich ihr Urteil über die militärische Lage fremder Völker großenteils aus Informationen, die ihr Zeitungen vom Range des „Temps“ verschaffen. Der Hauptinhalt des „Temps“-Artikels ist wie folgt:

[58] Englischer Geschäftsträger in Paris 1913—1917.

Obschon die Duma und der Reichsrat in geheimer Sitzung über die militärischen Fragen beschlossen haben und die russische Presse völlig darüber geschwiegen hat, ist es trotzdem möglich, die Hauptlinien der neuen vom russischen Generalstab entworfenen Militärvorlage zu erkennen. Der Grundgedanke besteht in der systematischen und allgemeinen zahlenmäßigen Erhöhung der Friedensstärke der Armee. Rußland, das eine Bevölkerung von einhundertundachtzig Millionen hat, vermag diese Maßnahme mit der größten Leichtigkeit durchzuführen. Es braucht aus hundert seiner Untertanen bloß immer einen Soldaten herauszuziehen, um ein aktives Herr von einer Million achthunderttausend Mann zu bilden. Rußland hat diese Formel angenommen und künftig wird seine Armee mit der Zunahme seiner Geburtsrate Schritt halten. Die russischen Militärbehörden wollen indes nicht nur das jährliche Rekrutenkontingent erhöhen, sondern auch die Militärdienstzeit verlängern. Der Ukas vom 20. März 1906, der das Militärgesetz von 1874 einschränkte, hatte die Dienstzeit für die Infanterie und berittene Artillerie auf 3 Jahre und für die anderen Gattungen auf 4 Jahre herabgesetzt. Jetzt hat man dies System geändert; die Mannschaften, die im gewöhnlichen Lauf der Dinge ihre Dienstzeit im Oktober beendet haben würden, werden bis zum nächsten April unter den Fahnen behalten. Bezüglich der Erhöhung des jährlichen Rekrutenkontingentes ist zu bemerken, daß von 1908 bis 1913 die Zahlen in jedem Jahre ungefähr die gleichen waren, das heißt es wurden etwa 450 000 Mann jährlich eingezogen. Dies ergab eine Armee von 1 300 000 Mann Friedensstärke. Das nächste Kontingent wird sich jedoch auf 580 000 Mann belaufen, was eine Erhöhung um 130 000 Mann im Vergleich zum Zeitraum von 1908—13 bedeutet; doch diese Ziffer wird sich stufenweise weiter erhöhen. Bis 1918 wird die russische Armee eine Friedensstärke von insgesamt 1 700 000 Mann erreichen; und wenn man die Berechnung für die ersten Monate des Jahres 1919 — ehe dasjenige Kontingent zur Entlassung gelangt, das dann bereits drei Jahre Dienst hinter sich hat — anstellt, muß die Gesamtfriedensstärke der russischen Armee auf 2 300 000 Mann geschätzt werden.

Der „Temps“ schließt diesen Überblick über die russische Militärmacht mit der Bemerkung, daß allein das bloße Gewicht dieser neuen Truppenmassen seine Wirkung auf das europäische Gleichgewicht haben muß. Frankreich ist mehr als die anderen Nationen an der neuen Sachlage bei der russischen Armee interessiert und der französische Beitrag zur gemeinsamen militärischen Anstrengung schließt die vollständige Beibehaltung des dreijährigen Dienstgesetzes in Frankreich ein.

160. Memorandum Bertie: Grey über Einkreisung Deutschlands.
Steiner, Foreign Office 137.

16. Juli 1914

Grey sagt, bisher hätte Deutschland Alarm über die Einkreisungspolitik gegen es vorgeheuchelt und diese fälschlich der Regierung Seiner Majestät unter der Einflüsterung König Edwards zugeschrieben, um seine reichliche Vermehrung der Flotte zu entschuldigen. Jetzt sei es wirklich über die wachsende Stärke der russischen Armee erschreckt. Es könne eine weitere militärische Anstrengung machen, zusätzlich zu dem letzten beträchtlichen Aufwand durch die besondere Kapitalsteuer, oder einen Konflikt mit Rußland zu einem frühen Datum herbeiführen, bevor die Vermehrung der russischen Armee sich voll auswirke und die russischen strategischen Bahnen vollendet sind . . .

161. Tagesaufzeichnung des russischen Außenministeriums: Rußland entschieden gegen Schwächung oder Demütigung Serbiens. Russ. Dok. I. 4, 225—226.

16. Juli 1914

Auf einer Soirée bei der Gräfin Kleinmichel fragte der italienische Botschafter [59] den Baron Schilling [60], wie sich Rußland zu einem Schritte Österreichs verhalten würde, falls letzteres sich entschließen sollte, irgend etwas gegen Serbien zu unternehmen. Baron Schilling antwortete ohne zu schwanken, daß Rußland einen Anschlag Österreichs auf Serbiens Integrität und Unabhängigkeit nicht dulden werde. Marquis Carlotti bemerkte, daß, wenn das tatsächlich der feste Entschluß Rußlands sei, es nützlich wäre, sich darüber in Wien unzweideutig zu äußern, da er den Eindruck habe, daß Österreich fähig sei, einen nicht wieder gutzumachenden Schritt gegen Serbien zu unternehmen, in der Berechnung, daß, wenn auch Rußland in Worten Einspruch erheben, es sich doch nicht entschließen würde, mit Gewalt Serbien vor den Anschlägen Österreich-Ungarns zu schützen. Indessen, wenn man sich in Wien über die Unvermeidlichkeit eines Zusammenstoßes mit Rußland Rechenschaft ablegte, würde man sich dort aller Wahrscheinlichkeit nach die Folgen einer allzu entschiedenen antiserbischen Politik überlegen.

Baron Schilling sagte dem Botschafter, er könne ihm das, was er soeben über die feste Absicht Rußlands, keine Schwächung oder Demütigung Ser-

[59] Carlotti, 1913—1918.

[60] Direktor der Kanzlei des russischen Außenministeriums 1911—1917.

biens zuzulassen, gesagt habe, in der allerentschiedensten Weise bestätigen; wenn daher die Stimmung in Wien tatsächlich so sei, wie der Botschafter sie ihm eben geschildert habe, sei es nach Ansicht des Barons Schilling in erster Linie die Pflicht der Verbündeten Österreich-Ungarns, es vor der Gefahr zu warnen, zu der seine Politik, angesichts der zweifellosen Entschlossenheit Rußlands, für Serbiens Schutz einzutreten, führen werde.

Der Botschafter versprach, in diesem Sinne nach Rom zu telegraphieren und die italienische Regierung zu bitten, die Aufmerksamkeit des Wiener Kabinetts auf das eben Dargelegte zu lenken; er bemerkte jedoch, daß nach seiner Meinung eine ähnliche Erklärung seitens Rußlands selbst einen größeren Eindruck in Wien machen würde, als die Erklärung seitens des verbündeten Italiens.

Baron Schilling sagte dem Botschafter, daß, wenn *Rußland* mit einer solchen Erklärung in Wien auftreten würde, diese im Gegenteil als Ultimatum aufgefaßt werden könnte und die Situation verschärfen würde, während ein nachdrücklicher Rat, der von Italien und Deutschland, d. h. von den Verbündeten, erteilt würde, für Österreich-Ungarn natürlich annehmbarer wäre.

162. Schebeko, Wien, an Sazonov: Österreichs geplantes Ultimatum.

Russ. Dok. I. 4, 227—228.

Wien, 16. Juli 1914

Nach mir zugegangenen Nachrichten beabsichtigt die österreichisch-ungarische Regierung, nach Abschluß der Untersuchung, in Belgrad gewisse Forderungen zu stellen, indem sie die Frage des Sarajevoer Attentats mit der panserbischen Agitation innerhalb der Grenzen des Kaiserreichs in Zusammenhang bringt. Sie rechnet dabei auf die Nichteinmischung Rußlands und auf die sympathisierende Haltung ihrer südslawischen Elemente zu diesem Schritt. Mir würde es wünschenswert erscheinen, daß das Wiener Kabinett im gegenwärtigen Augenblick, vor einer endgültigen Entscheidung in dieser Frage, darüber informiert wird, wie Rußland sich zur Tatsache der Präsentierung von Forderungen Österreichs an Serbien stellen würde, welche für die Würde dieses Staates unannehmbar sind. Der österreichisch-ungarische Botschafter ist gestern abend nach Petersburg abgereist.

(Zar:) Meiner Meinung nach darf ein Staat einem anderen keinerlei Forderungen präsentieren, wenn er nicht zu einem Kriege entschlossen ist.

Peterhof, 19. Juli 1914.

163. Wangenheim, Konstantinopel, an Auswärtiges Amt: Türkei mißtraut Österreichs Entschiedenheit. DD I. 91.

Konstantinopel, 18. Juli 1914

Von der angekündigten, aber immer wieder hinausgeschobenen Demarche Österreichs in Belgrad wird hier bereits als von einer nicht recht ernst zu nehmenden Angelegenheit gesprochen. Namentlich in den Kreisen der Tripel-Entente ist man fest überzeugt, daß Serbien die papierenen Forderungen Österreichs sämtlich annehmen und daß dann alles beim alten bleiben werde. Markgraf Pallavicini ist sich zwar der Bedeutung des Momentes für die Zukunft des Dreibundes wohl bewußt, scheint aber selbst zu bezweifeln, daß man in Wien wirklich kraftvolle Entschlüsse fassen werde. Er erhofft die Rettung Österreichs weniger von energischen Handlungen seiner Regierung als von der Anbahnung neuer Bündnisse und möchte deshalb die Türkei über Bulgarien an Österreich anschließen. Ich bekämpfe diesen Gedanken lebhaft. Die Türkei ist zweifellos heute noch vollkommen bündnisunfähig. Sie würde ihren Verbündeten nur Lasten auferlegen, ohne ihnen die geringsten Vorteile bieten zu können. Der Anschluß der Türkei an Bulgarien würde Rußlands Gegenstoß in Armenien geradezu provozieren. Die Politik des Dreibundes muß sein, die Türkei bei ihren . . .[61] und seine Beziehungen zu ihr so zu gestalten, daß, falls die Türkei nach Jahren tatsächlich zu einem Machtfaktor werden sollte, die Fäden nicht abgeschnitten sind. Fürs erste kann man der Türkei nur raten, jedem politischen Abenteuer fernzubleiben und mit allen Ländern gute Beziehungen zu unterhalten. Auch die neutrale Türkei wird immer einige russische Korps an der armenischen Grenze festhalten.

164. Jagow an Lichnowsky: Österreichs Schwäche. Krieg lokalisieren. Rußlands künftige Stärke. England und Gleichgewicht. DD I. 92—93.

Berlin, 18. Juli 1914

Ihr Urteil über unsere Politik, wie sie Ihr serbischer Bericht[62] enthält, ist mir stets wertvoll, und ich glaube, daß der Reichskanzler darüber ebenso denkt. Ich stehe auch nicht an, viele Ihrer Bemerkungen als berechtigt anzuerkennen. Aber wir haben nun einmal ein Bündnis mit Österreich: hic Rhodus, hic salta. Auch darüber, ob wir bei dem Bündnis mit dem sich immer mehr zersetzenden Staatengebilde an der Donau ganz

[61] *Zifferngruppen fehlen.*

[62] DD I. 82—84 (16. 7. 1914).

auf unsere Rechnung kommen, läßt sich diskutieren, aber ich sage da mit dem Dichter — ich glaube es war Busch —: „Wenn Dir die Gesellschaft nicht mehr paßt, such' Dir eine andere, wenn Du eine *hast.*" Und zu einem vollen Erfolg bietenden Verhältnis zu England sind wir leider noch immer nicht gekommen, konnten nach allem, was vorausgegangen, auch gar nicht dazu kommen — wenn wir überhaupt je dazu kommen können.

Österreich, welches durch seine mangelnde Aktionskraft mehr und mehr Einbuße an seinem Ansehen erlitten hat, zählt schon jetzt kaum mehr als vollwertige Großmacht. Die Balkankrise hat seine Stellung noch geschwächt. Durch dieses Zurückgehen der österreichischen Machtstellung ist auch unsere Bündnisgruppe entschieden geschwächt worden.

Österreich will sich die serbische Minierarbeit nicht mehr gefallen lassen, ebensowenig die fortgesetzt provokatorische Haltung des kleinen Nachbarn in Belgrad. — Siehe die Sprache der serbischen Presse — und Herrn Paschitschs. Es erkennt wohl, daß es viele Gelegenheiten versäumt hat, und daß es jetzt noch handeln kann, in einigen Jahren vielleicht nicht mehr. Österreich will sich jetzt mit Serbien auseinandersetzen und hat uns dies mitgeteilt. Während der ganzen Balkankrise haben wir mit Erfolg im Sinne des Friedens vermittelt, ohne Österreich dabei in kritischen Momenten zur Passivität gezwungen zu haben. Daß wir trotzdem — zu Unrecht — in Österreich vielfach der Flaumacherei beschuldigt sind, ist mir gleichgültig. Wir haben auch jetzt Austria nicht zu seinem Entschluß getrieben. Wir können und dürfen aber ihm nicht in den Arm fallen. Wenn wir das täten, könnte Österreich (und wir selbst) uns mit Recht vorwerfen, daß wir ihm seine letzte Möglichkeit politischer Rehabilitierung verwehrt haben. Dann würde der Prozeß seines Dahinsiechens und inneren Zerfalls noch beschleunigt. Seine Stellung im Balkan wäre für immer dahin. Daß eine absolute Stabilisierung der russischen Hegemonie im Balkan indirekt auch für uns nicht admissibel ist, werden Sie mir wohl zugeben. Österreichs Erhaltung, und zwar eines möglichst starken Österreichs, ist für uns aus inneren und äußeren Gründen eine Notwendigkeit. Daß es sich nicht ewig wird erhalten lassen, will ich gern zugeben. Aber inzwischen lassen sich vielleicht Kombinationen finden.

Wir müssen sehen, den Konflikt zwischen Österreich und Serbien zu lokalisieren. Ob dies gelingen kann, wird zunächst von Rußland und in zweiter Linie von dem mäßigenden Einfluß seiner Ententebrüder abhängen. Je entschlossener sich Österreich zeigt, je energischer wir es stützen, um so eher wird Rußland still bleiben. Einiges Gepolter in Petersburg wird zwar nicht ausbleiben, aber im Grunde ist Rußland jetzt nicht schlagfertig. Frankreich und England werden jetzt auch den Krieg nicht wünschen. In einigen Jahren wird Rußland nach aller kompetenten Annahme schlagfertig sein. Dann erdrückt es uns durch die Zahl seiner Soldaten, dann hat es seine Ostseeflotte und seine strategischen Bahnen gebaut. Unsere Gruppe wird inzwischen immer schwächer. In Rußland weiß man es wohl und will deshalb für einige Jahre absolut noch Ruhe. Ich glaube gern Ihrem Vetter Benckendorff, daß Rußland jetzt keinen Krieg mit uns will. Dasselbe versichert auch Sasonow, aber die Regierung in Rußland, die heute noch friedliebend und halbwegs deutschfreundlich ist, wird immer schwächer, die Stimmung des Slawentums immer deutschfeindlicher. Wie Rußland uns im Grunde behandelt, zeigt der vorige Herbst. Während der Balkankrise konnte es uns nicht genug danken für unsere beruhigende Einwirkung. Kaum war die akute Krise vorbei, begannen die Unfreundlichkeiten — wegen Liman usw. Läßt sich die Lokalisierung nicht erreichen und greift Rußland Österreich an, so tritt der casus foederis ein, so können wir Österreich nicht opfern. Wir ständen dann in einer nicht gerade proud zu nennenden Isolation. Ich will keinen Präventivkrieg, aber wenn der Kampf sich bietet, dürfen wir nicht kneifen.

Ich hoffe und glaube auch heute noch, daß der Konflikt sich lokalisieren läßt. Englands Haltung wird dabei von großer Bedeutung sein. Ich bin vollständig überzeugt, daß die öffentliche Meinung dort sich nicht für Österreichs Vorgehen begeistern wird, und erkenne alle ihre Argumente in dieser Hinsicht als richtig an. Aber man muß tun, was irgend möglich ist, daß sie sich nicht zu sehr für Serbien begeistert, denn von Sympathie und Antipathie bis zur Entfachung eines Weltbrandes ist doch noch ein weiter Weg. Sir Grey spricht immer von dem Gleichgewicht, das durch die beiden Mächtegruppen hergestellt wird. Er muß sich daher auch klar darüber sein, daß dieses Gleichgewicht total in die Brüche ginge, wenn Österreich von uns lâchiert und von Rußland zertrümmert würde, und daß das Gleichgewicht auch durch einen Weltbrand erheblich ins Wanken gebracht würde. Er muß daher, wenn er logisch und ehrlich ist, uns beistehen, den Konflikt zu lokalisieren. Doch nun satis superque, es ist 1 Uhr nachts geworden. Wenn diese Ausführungen über unsere Politik Sie vielleicht auch nicht überzeugt haben mögen, so weiß ich doch, daß Sie letztere unterstützen werden.

165. Buchanan, St. Petersburg, an Grey: Sazonov über Absichten Rußlands. Gegen ein österreichisches Ultimatum. Brit. Dok. XI. 1, 79—80.

St. Petersburg, 18. Juli 1914

Im Laufe heutiger Unterredung drückte Außenminister das große Unbehagen aus, das ihm österreichische Haltung gegen Serbien einflöße. Er habe beunruhigende Telegramme von den russischen Botschaftern in London, Berlin und Rom erhalten und sich vorgenommen, die französische Regierung zu bitten, ein Wort der Warnung in Wien zu äußern. Er habe soeben den deutschen Botschafter gesehen und ihm nachdrücklich gesagt, daß es der einzige Wunsch Rußlands sei, in Ruhe gelassen zu werden. Rußland hege gegen niemand Angriffspläne und möchte seine ganze Tatkraft der Entwicklung seiner inneren Hilfsquellen und dem Bau von Eisenbahnen widmen, die es so sehr benötige. Die Zeit der Expansion, die es durchgemacht habe, sei nun vorüber. Die Verstärkung seiner Rüstungen richte sich nicht gegen eine andere Macht, sondern sei für die friedliche Entwicklung des ungeheuren Reiches notwendig. Deutschland nehme im Verhältnis eine weit stärkere Stellung als Rußland ein, da es weder solch lange Grenzen noch ein solch ausgedehntes Gebiet zu verteidigen habe.

Die großserbische Bewegung in Österreich sei ein inneres Gewächs und die Verantwortung dafür könne Serbien ebensowenig zugeschoben werden, wie man Deutschland für die alldeutsche oder Italien für die italienische Propaganda verantwortlich machen könne, die in Österreich betrieben werde.

In Beantwortung einer Frage von mir sagte Seine Exzellenz, daß eine Art österreichischen Ultimatums in Belgrad Rußland nicht gleichgültig lassen könne und es möglicherweise zwingen würde, einige militärische Vorsichtsmaßregeln zu ergreifen.

166. Protokoll des österreichisch-ungarischen Ministerrates für gemeinsame Angelegenheiten: Ultimatum an Serbien. Keine Territorialerwerbung.

Prot. des Gemeins. Ministerr. 149—154.

Wien, 19. Juli 1914

Bevor der gemeinsame Ministerrat sich konstituiert und der Vorsitzende die Sitzung eröffnet, findet eine formlose Besprechung über die Redaktion der an Serbien zu richtenden Note statt und wird deren definitiver Text festgestellt.

Der *Vorsitzende*[63] eröffnet hierauf den Ministerrat und beantragt, daß die Note der königlich serbischen Regierung am Donnerstag, den 23. Juli um 5 Uhr nachmittags überreicht werde, so daß die 48stündige Frist am Samstag den 25. l. M. um 5 Uhr nachmittags ablaufe und die Mobilisierungsverordnung noch in der Nacht von Samstag auf Sonntag hinausgegeben werden könne. Nach Ansicht des Grafen Berchtold ist es nicht

[63] Berchtold.

wahrscheinlich, daß unser Schritt noch vor der Abreise des Präsidenten der französischen Republik von Petersburg bekannt werden wird, aber selbst wenn dies der Fall wäre, würde er hierin keinen großen Nachteil erblicken, nachdem wir den Courtoisie-Rücksichten genügt hätten, indem wir das Ende des Besuches abgewartet hätten. Dagegen würde er sich aus diplomatischen Gründen entschieden gegen eine weitere Verschiebung aussprechen müssen, da man schon jetzt beginne, in Berlin nervös zu werden und Nachrichten über unsere Intentionen schon nach Rom durchgesickert seien, so daß er nicht für unerwünschte Zwischenfälle gutstehen könnte, wenn man die Sache noch hinausschieben würde.

Mit Rücksicht auf diese Erklärung des Vorsitzenden wird einstimmig beschlossen, daß die Note am 23. um 5 Uhr nachmittags zu übergeben sein wird.

Der kgl. ung. *Ministerpräsident* behält sich vor, falls die Nachricht von der Überreichung des Ultimatums schon am Donnerstag abends aus Belgrad nach Budapest gelangt sein sollte, im ungarischen Abgeordnetenhause eine Erklärung abzugeben. Dies wird zur Kenntnis genommen.

Der *Chef des Generalstabes* betont, daß er auch aus militärischen Gründen eine möglichst rasche Initiierung der Aktion für wünschenswert halten würde. Die ihm in der letzten Zeit aus Serbien zugekommenen militärischen Nachrichten hätten etappenweise 3 Situationen ergeben . . .[64]

Auf Wunsch des *k.k. Ministerpräsidenten* wird hierauf die Frage akademisch erörtert, was die k. u. k. Regierung zu unternehmen hätte, wenn Italien eine Expedition nach Valona entsenden sollte.

Der *Vorsitzende* verweist darauf, daß er eine solche Aktion seitens Italiens nicht für wahrscheinlich halte und daß auch diplomatisch einer solchen entgegengearbeitet werde. Sollte sie dennoch stattfinden, so müßte die k. u. k. Regierung wahrscheinlich pro forma an derselben teilnehmen, doch sei es noch verfrüht, dieses ernstlich ins Auge zu fassen.

Hierauf ersucht der kgl. ung. *Ministerpräsident* die Anwesenden, den Beschluß zu fassen, von dem er, wie er bei der letzten Besprechung betont hätte, die Zustimmung der königlich ungarischen Regierung zur ganzen Aktion abhängig machen müsse. Der Ministerrat hätte nämlich noch einstimmig auszusprechen, daß mit der Aktion gegen Serbien keine Eroberungspläne für die Monarchie verknüpft seien und daß dieselbe bis auf aus militärischen Gründen gebotene Grenzberichtigungen kein Stück von Serbien für uns annektieren wolle. Er müsse unbedingt darauf bestehen, daß ein solcher einstimmiger Beschluß gefaßt werde.

Der *Vorsitzende* erklärt, daß er sich dem Standpunkte des königlich

[64] Militärische Details.

ungarischen Ministerpräsidenten nur mit einer gewissen Reserve anschließen könne. Auch er sei der Ansicht, daß, wie die politische Lage jetzt sei, im Falle wir in einem Kriege mit Serbien den Sieg davontragen, von diesem Lande nichts annektieren, sondern trachten sollten, es durch möglichst große Abtretung von serbischen Gebieten an Bulgarien, Griechenland und Albanien, eventuell auch Rumänien so verkleinern, daß es nicht mehr gefährlich sei. Die Situation am Balkan könne sich ändern, es sei immerhin nicht unmöglich, daß es Rußland gelinge, das jetzige Kabinett in Sofia zu stürzen und dort wieder ein uns feindselig gesinntes Regime an die Macht zu bringen; Albanien sei auch noch kein verläßlicher Faktor und er müsse als Leiter der auswärtigen Politik mit der Möglichkeit rechnen, daß es uns am Ende des Krieges wegen der dann vorhandenen Verhältnisse nicht mehr möglich sein werde, nichts zu annektieren, wenn wir bessere Verhältnisse an unserer Grenze schaffen wollten als wie sie jetzt bestehen.

Der kgl. ung. *Ministerpräsident* erklärt, er könne die Reserven des Grafen Berchtold nicht gelten lassen und müsse mit Rücksicht auf seine Verantwortlichkeit als ungarischer Ministerpräsident darauf bestehen, daß sein Standpunkt einstimmig von der Konferenz angenommen werde. Er stelle dieses Verlangen nicht nur aus Gründen der inneren Politik, sondern insbesondere auch, weil er persönlich überzeugt sei, daß Rußland sich à outrance zur Wehr setzen müßte, wenn wir auf der vollständigen Vernichtung Serbiens bestehen würden und weil er glaube, daß eines unserer stärksten Atouts, um unsere internationale Situation zu verbessern, darin bestehen würde, daß wir möglichst bald den Mächten erklären, keine Gebiete annektieren zu wollen.

Der *Vorsitzende* erklärt, ohnedies die Absicht zu haben, diese Erklärung in Rom abzugeben.

Der k. k. *Ministerpräsident* verweist darauf, daß wenn auch die Besitzergreifung serbischen Territoriums durch die Monarchie ausgeschlossen bleiben solle, es doch noch möglich sein werde, Serbien durch die Absetzung der Dynastie, eine Militärkonvention und andere entsprechende Maßregeln in ein Abhängigkeitsverhältnis zur Monarchie zu bringen. Auch dürfe der Beschluß des Ministerrates nicht etwa notwendig erscheinende strategische Grenzberichtigungen unmöglich machen.

Nachdem der k. u. k. *Kriegsminister* erklärt hat, daß er diesem Beschlusse zustimmen würde, jedoch nur unter der Bedingung, daß außer einer Grenzberichtigung auch die dauernde Besetzung eines Brückenkopfes jenseits der Save, etwa des Schabatzer Kreises, hierdurch nicht ausgeschlossen werden dürfe, wird der nachstehende Beschluß einstimmig gefaßt:

Der gemeinsame Ministerrat beschließt auf Antrag des königlich ungarischen Ministerpräsidenten, daß sofort bei Beginn des Krieges den fremden Mächten erklärt werde, daß die Monarchie keinen Eroberungskrieg führt und nicht die Einverleibung des Königreiches beabsichtigt. Natürlich sollen strategisch notwendige Grenzberichtigungen sowie die Verkleinerung Serbiens zu Gunsten anderer Staaten sowie eventuell notwendige vorübergehende Besetzungen serbischer Gebietsteile durch diesen Beschluß nicht ausgeschlossen werden.

Der *Vorsitzende* konstatiert hierauf, daß erfreulicherweise in allen Fragen vollständige Einmütigkeit erzielt worden sei und hebt hierauf den Ministerrat auf.

167. Buchanan, St. Petersburg, an Grey: Sazonovs Drängen wegen Asiengarantie. Brit. Dok. XI. 1, XXVI.

St. Petersburg, 19. Juli 1914

In Unterredung erkundigte sich Außenminister, ob ich Sie von seinen Äußerungen in bezug auf eine dreiseitige Garantie der asiatischen Besitzungen Großbritanniens, Rußlands und Japans unterrichtet hätte. Ich erwiderte, daß ich dies in einem Privatbrief an Sir A. Nicolson getan hätte, der Ihnen ohne Zweifel bereits zu Gesicht gekommen wäre, daß Sie aber, da es sich um eine Frage handle, die Sie mit Ihren Kabinettskollegen beraten müßten, noch nicht Zeit gehabt hätten, mir die Ansicht Seiner Majestät Regierung über die Sache mitzuteilen. Ich fragte ihn dann, ob er wünsche, daß wir seine Äußerungen als einen ernsthaften Vorschlag betrachteten, da es in diesem Falle meiner Meinung nach besser wäre, ihn (Gruppe nicht entzifferbar) in konkreterer Form vorzubringen. Außenminister entgegnete, er habe in vollem Ernst gesprochen. Während die beiden Regierungen Vertrauen in ihre beiderseitigen Absichten hätten, betrachte die öffentliche Meinung Englands Rußland mit Argwohn, und er habe diesen Vorschlag in dem Bestreben gemacht, jenen Argwohn ein für allemal zu zerstreuen. Er würde nahezu jede Formel annehmen, die unserer Ansicht nach diese Wirkung erzielen würde.

Ich hielt es fürs Beste, die Unterredung nicht fortzuspinnen, gewann aber den Eindruck, daß, falls die Idee solch einer dreiseitigen Garantie Seiner Majestät Regierung empfehlenswert erschiene, Minister des Äußern es ihr anzuzeigen überlassen wird, welche Form sie haben sollte.

168. Grey an Buchanan, St. Petersburg: Für Asiengarantie.
Brit. Dok. XI. 1, XXVII.

19. Juli 1914

Ich bin persönlich von Gedanken dreiseitiger Garantie eingenommen und bin sehr erfreut, daß Minister des Äußern ihn ernsthaft vorgeschlagen hat. Ich will Ministerpräsidenten und, wenn er zustimmt, das Kabinett befragen, sobald die parlamentarische und irische Lage ihnen Zeit dazu läßt.

169. Riezler, Tagebuch: Bethmann Hollweg. Umstoßen des Bündnissystems (Auszug).
Riezler, Tagebücher 186—187.

Hohenfinow, 20. Juli 1914

Wieder in Berlin gewesen.

Am 23. die k.k. Demarche in Belgrad. Wir haben unsere Unterstützung eindeutig zugesagt. Sehr ernste Stimmung. Eine schwere Decke von noch offener Trauer und größter Verantwortung über den Menschen und allen Gesprächen, nur hier und da durchbrochen von dem Bedürfnis der Kinder nach Fröhlichkeit. Der Kanzler entschlossen und schweigsam ...

Abermals über die ganze Lage. Rußlands wachsende Ansprüche und ungeheure Sprengkraft. In wenigen Jahren nicht mehr abzuwehren, zumal wenn die jetzige europäische Konstellation bleibt. Gelingt, sie zu ändern oder zu lockern, so muß überlegt werden, ob und wie das ganze jetzige Bündnissystem umgestoßen und verändert werden muß. Aber ob das möglich ist? Nur wenn Rußland bei der serbischen Sache von den Westmächten nicht bis zum letzten unterstützt, einsieht, daß es sich mit uns verständigen muß. Aber auch dann wird Rußland sehr teuer sein. Es ist zu mächtig geworden und muß schon aus innerpolitischen Gründen und als Gegengewicht gegen die revolutionären Strömungen Panslavismus machen ...

170. Pallavicini, Konstantinopel, an Berchtold: Türkei mit Dreibund, wenn energisches Vorgehen gegen Serbien. Konstantinopel.
Öst. A. VIII. 529—530.

Konstantinopel-Jeniköj, 20. Juli 1914

Hatte heute mit Großvezier, Talaat und Enver Unterredungen. Ersterer gab mir zu, daß er vielleicht schon nächste Woche zwecks Zusammenkunft mit Herrn Venizelos[65] abreisen werde. Er leugnet auch nicht, daß Gedanke einer Allianz mit Griechenland bestehe, ohne aber diesbezüglich recht mit der Sprache herauszurücken. Seine Äußerungen von neulich wiederholend betonte er ausdrücklich, daß, wenn wir jetzt die Gelegenheit benützen und einen durchschlagenden Erfolg erzielen, gewiß auch andere Mächte (er meinte Rumänien und die Türkei) auf unsere Seite treten würden. Aus seinen Worten merkte ich deutlich den Einfluß einer inzwischen erfolgten Unterredung mit Baron Wangenheim. Viel weniger zurückhaltend sprach Talaat über Gedanken einer Allianz mit Griechenland. Er sagte offen, die Idee dazu käme von Rumänien, sympathischer wäre hier indessen eine Entente mit Bulgarien. Wie ich wisse, habe er selbst daran gearbeitet, doch sei Bulgarien aus Furcht vor Rumänien darauf nicht eingegangen. Ein rumänisch-bulgarisches Zusammengehen sei, wie er in Bukarest konstatieren konnte, allerdings nicht zu erreichen. Ebenso offen äußerte sich Enver Pascha; ich konnte namentlich aus seinen Reden entnehmen, daß Idee einer türkisch-griechisch-rumänischen Allianz von den Ententemächten gefördert werde. Er machte mir kein Hehl daraus, daß die Türkei sich einem christlichen Balkanstaat anzuschließen ein Interesse habe; sie wäre auch bereit, statt mit Griechenland mit Bulgarien ein Bündnis einzugehen, wenn sie des Rückhaltes am Dreibund sicher wäre. Im weiteren Verlaufe sagte mir Kriegsminister, die Türkei könne in 20 Tagen 200 000 und in einem Monat weitere 100 000 Mann gut ausgerüsteter Truppen aufstellen, die im Verein mit der bulgarischen Armee genügen würden, um Griechenland und Rumänien im Schach zu halten. Er ließ auch durchblicken, daß die Türkei, falls Rußland in einen Krieg verwickelt würde, imstande wäre, unter der mohammedanischen Bevölkerung Rußlands, sowie im Asserbeidjan einen ernsten Aufstand hervorzurufen. Schließlich meinte er, die Türkei müsse sich in Bälde darüber klar werden, auf welche Seite sie sich zu stellen hätte, um ihre militärischen Dispositionen danach einrichten zu können. Aus den Äußerungen türkischer Staatsmänner erhalte ich den Eindruck, daß Türkei trotz der Furcht vor Rußland es vorziehen würde, mit den Dreibundmächten zu gehen, sofern sie nur ein kraftvolles Auftreten derselben wahrnehmen würde; man ist hier der Meinung, daß namentlich ein energisches Vorgehen der beiden Zentralmächte Rußland den Mut zu einem offenen Auftreten gegen dieselbe benehmen würde.

[65] Griechischer Ministerpräsident 1910—1915.

171. Berchtold an Mérey, Rom: Entstehung des Ultimatums. Stellung Italiens.
Öst. A. VIII. 564—566.

21. Juli 1914

Aus Deinem letzten Briefe an Forgách habe ich entnehmen können, daß Du im Großen und Ganzen unser geplantes kraftvolles Auftreten gegenüber Serbien billigst, was mich einerseits in der Überzeugung bestärkt, daß wir den richtigen Weg betreten haben, andererseits von der Notwendigkeit enthebt, unseren Standpunkt des Längeren zu begründen. Nur so viel sei gesagt, daß innen- wie außenpolitische Motive für uns maßgebend waren, die zunehmende Gewißheit, durch die in erschreckendem Maße betriebene Minierarbeit auf bosnisch-herzegowinischem Boden mit Rassifikationen nach Dalmatien, Kroatien, Slawonien und Ungarn nur durch energisches Einschreiten in Belgrad, wo die Fäden zusammenlaufen, aufgehalten werden kann und daß unter rumänischer und russischer Konnivenz eine Orientierung am Balkan im Werdeprozesse ist, deren Endziel die Zertrümmerung der Monarchie bildet. Dessen, daß die Verantwortung bei unserer exponierten Lage, der Unverläßlichkeit und Eifersucht unseres italienischen Verbündeten, der Hostilität der rumänischen öffentlichen Meinung und dem Gewichte des slavophilen Ratgeber am Zarenhofe keine leichte ist, bin ich mir wohl bewußt. Die Verantwortung dafür, nichts zu tun und weiter die Dinge gewähren zu lassen, bis die Fluten über unseren Häuptern zusammenschlagen, scheint mir aber noch gewichtiger — wenn auch für den Moment bequemer — als jenes, der Gefahr die Stirne zu bieten und die Konsequenzen auf sich zu nehmen. Bei der Redigierung der an Serbien zu richtenden Note war für uns der Gesichtspunkt maßgebend, unser gutes Recht, an Serbien gewisse Forderungen zur Sicherung unserer inneren Ruhe zu stellen, vor aller Welt zu dokumentieren, diese Forderungen aber derart zu formulieren, daß von Serbien in unzweideutigerWeise gegen die monarchiefeindliche Propaganda pro praeterito und pro futuro Stellung genommen und uns die Möglichkeit geboten werde, von nun an diesbezüglich mitzusprechen. Es war uns nicht darum zu tun, Serbien zu demütigen, sondern hinsichtlich seines nachbarlichen Verhältnisses zur Monarchie eine klare Situation zu schaffen und als praktisches Resultat entweder — bei Annahme unserer Forderungen einen gründlichen Säuberungsprozeß in Serbien unter unserer Mitwirkung oder bei Ablehnung derselben — eine Auseinandersetzung mit den Waffen, in weiterer Folge tunlichste Lahmlegung Serbiens zu erzielen. Wie Du Dir denken kannst, war es nicht ganz leicht, eine Einigung im gemeinsamen Ministerrat über die Textierung der Note zu erzielen, zumal ein gewisser Unterschied in der Auffassung der Situation zwischen mir und Stürgkh einer- und Tisza anderseits zu Tage getreten ist, indem Letzterer auch in einem bloßen diplomatischen Erfolge ein Mittel zur Befestigung unserer Stellung am Balkan sieht, den Bruch tunlichst vermieden haben will, während ich auf Grund der 1909 und 1912 errungenen diplomatischen Erfolge, die uns auf die Dauer nicht genützt, das Verhältnis zu Serbien nur verschärft haben, einem neuen friedlichen Triumph äußerst skeptisch gegenüberstehe, worüber auch Stürgkh vollkommen meine Ansicht teilt. Durch schrittweises Entgegenkommen de part et d'autre ist es schließlich gelungen, diesbezüglich eine Übereinstimmung herzustellen wie auch hinsichtlich des Endzieles des eventuellen Waffenganges, bezüglich dessen Tisza absolut festgelegt haben wollte, daß eine Annexion serbischen Gebietes an die Monarchie als ausgeschlossen erklärt werden müsse, wozu wir schließlich unter der Voraussetzung unsere Zustimmung gaben, daß strategische Grenzrektifikationen und gewisse Garantien für die zukünftige Haltung Serbiens (Militär-Konvention u. dgl.) zu verlangen wären, abgesehen von Gebietsabtretungen an andere Balkanstaaten. Dir wird nun die gewiß nicht leichte Aufgabe zufallen, die italienische Regierung an unserer Seite zu erhalten, was, wie ich Deinem Telegramm vom 21. Juli No. 525 entnehme, vorläufig dem Anscheine nach der Fall ist. Wir haben den Italienern gegenüber unsere Allianz, das territoriale Désintéressement und den albanischen Akkord und, was den Art. VII anbelangt (Provisorische Okkupation), die italienische Okkupation von Inseln im ägäischen Meere als atouts in der Hand. Eine Sonderaktion Italiens gegen Valona würde hier den peinlichsten Eindruck machen. Ich glaube wir müssen in Rom keinen Zweifel darüber aufkommen lassen, daß eine solche Aktion, die unseren albanischen Akkord zunichte machen und die Londoner Beschlüsse verletzten würde, die größten Komplikationen involvieren könnte. Sollte Italien uns zu einer Kooperation auffordern, wäre dies allerdings eine Verlegenheit für uns und ein nicht ungefährliches Experiment, es schiene mir aber kaum vermeidlich darauf einzugehen. Ich will mich nicht länger in Erörterung aller der verschiedenen Möglichkeiten und Eventualitäten, die in dieser und anderer Richtung während der nächsten Wochen an uns herantreten können, einlassen, da dies einem Spaziergange in einem Labyrinthe gleichkäme. Vorderhand habe ich das Gefühl, von der Vorsehung dazu ausersehen worden zu sein, mich den Ministern, die Friedenspolitik treiben wollten und Kriegspolitik machen mußten — von Kardinal Fleury bis Lamsdorff — anzuschließen, hoffentlich mit mehr Erfolg als der letzte Exponent dieser Richtung! . . .

172. Paléologue, St. Petersburg, Tagebuch: Poincaré in Petersburg. Appell an englischen und japanischen Botschafter. Streiks.

Paléologue, Am Zarenhof I. 8—11.

St. Petersburg, 21. Juli 1914

... Im Winterpalais herrscht die Prachtentfaltung großer Anlässe.

Die Vorschrift erheischt es, daß die Botschafter beim Präsidenten [66] einzeln eingeführt werden. Viviani steht zu seiner Linken. Ich stelle ihm meine fremden Kollegen vor.

Der erste, der erscheint, ist der deutsche Botschafter, Graf von Pourtalès, Doyen des diplomatischen Korps. Der Präsident empfängt ihn mit ganz besonderer Freundlichkeit. Er befragt ihn über den französischen Ursprung seiner Familie, über die Verwandtschaft seiner Gemahlin mit der Familie Castellane, über eine Autofahrt, die der Graf und die Gräfin in der Provence zu unternehmen gedenken, und zwar gerade nach Castellane usw. Über Politik nicht ein Wort.

Dann stelle ich meinen japanischen Kollegen vor, den Baron Motono [67], den Poincaré seinerzeit in Paris kennengelernt hat. Die Unterredung ist kurz, aber nicht belanglos. In wenigen Worten ist das Prinzip des Beitritts Japans zur Tripelentente ausgesprochen und wirkungsvoll besiegelt worden.

Nach Motono führe ich meinen englischen Kollegen, Sir George Buchanan, ein. Poincaré versichert ihm, daß der Kaiser entschlossen sei, in den persischen Angelegenheiten das weiteste Entgegenkommen an den Tag zu legen. Und er beharrt darauf, daß die englische Regierung endlich verstehen möge, wie wichtig es sei, die Tripelentente in eine Tripelallianz zu verwandeln.

Oberflächliche Gespräche mit den Botschaftern Italiens und Spaniens.

Endlich erscheint mein österreichisch-ungarischer Kollege, Graf Szápáry [68], der Typus des ungarischen Edelmannes von tadelloser Haltung. Seit zwei Monaten war er von Petersburg abwesend, da er bei seiner Frau und seinem Sohn, die beide erkrankt sind, weilen mußte. Unerwartet ist er vorgestern zurückgekommen. Ich schloß daraus, daß sich der austro-serbische Zwischenfall verschlimmert habe, daß es zu einem Eklat kommen werde und daß der Botschafter auf seinem Posten sein müsse, um den Streit zu verfechten, um seinen Teil der Verantwortung zu tragen. Poincaré, den ich darauf aufmerksam gemacht hatte, sagte:

[66] Poincaré.

[67] Japanischer Botschafter 1906—1916.

[68] Österreichischer Botschafter 1913/14.

„Ich will versuchen, das aufzuklären?"

Nach einigen Beileidsbezeugungen anläßlich des Ablebens von Erzherzog Franz Ferdinand richtet der Präsident an Szápáry die Frage:

„Haben Sie Nachrichten aus Serbien?"

„Die gerichtliche Untersuchung ist im Gange", antwortet Szápáry kalt.

Poincaré beginnt aufs neue:

„Die Ergebnisse dieser Untersuchung erfüllen mich mit tiefer Besorgnis, Exzellenz, denn ich erinnere mich an zwei frühere Untersuchungen, die Ihre Beziehungen zu Serbien nicht gerade verbessert haben ... Entsinnen Sie sich, Exzellenz, der Affäre Friedjung und der Affäre Prochaska?"

Szápáry erwidert trocken:

„Wir können es nicht dulden, Herr Präsident, daß eine fremde Regierung auf ihrem Grund und Boden Vorbereitungen zu einem Anschlag auf unsere Souveränität zuläßt!"

In friedfertigster Weise bemüht sich Poincaré, ihm klarzumachen, daß in Anbetracht der augenblicklichen Gemütsstimmung in Europa alle Regierungen nicht vorsichtig genug sein können.

„Mit etwas gutem Willen ist diese serbische Angelegenheit leicht zu ordnen. Aber sie könnte auch ebenso leicht ausarten. Serbien hat sehr warme Anhänger im russischen Volke. Und Rußland hat einen Bundesgenossen, Frankreich. Was können sich da für Verwicklungen ergeben!"

Nun dankt er dem Botschafter für seinen Besuch. Szápáry verbeugt sich und geht ohne ein weiteres Wort.

Als wir drei wieder unter uns sind, sagt uns Poincaré:

„Mir hat diese Unterredung keinen günstigen Eindruck hinterlassen. Der Botschafter hatte offensichtlich Befehl bekommen, sich auszuschweigen ... Österreich bereitet uns irgendeinen Streich vor. Sasonow muß sehr fest bleiben, und wir werden ihn darin unterstützen ..."

Wir betreten nun den angrenzenden Saal, wo die Minister der kleineren Staaten nach Anziennetät aufgestellt sind.

Da die Zeit drängt, eilt Poincaré an ihnen vorbei und drückt ihnen rasch die Hand. Aus ihren Zügen spricht lebhafte Enttäuschung. Sie hofften alle, irgendwelche gewichtige, verschleierte Worte von ihm zu vernehmen, über die sie dann ihren Regierungen ausführlich berichtet hätten. Er bleibt nur vor dem serbischen Gesandten, Spalaïkowitsch stehen, den er durch einige teilnehmende Worte ermuntert ...

Die heftigen Kundgebungen in den industriellen Stadtteilen von Petersburg haben heute wieder stattgefunden. Der Polizeipräfekt hat mir abends versichert, daß die Bewegung unterdrückt und daß die Wiederaufnahme der Arbeit für morgen gewährleistet ist. Er hat mir endlich bestätigt, daß man unter den verhafteten Rädelsführern mehrere notorische Agenten der deutschen Spionageorganisation festgestellt hat. Vom Standpunkte der Allianz aus betrachtet, gibt der Vorfall zu denken.

173. Berchtold an Giesl [69]: Österreich-ungarische Demarche (Ultimatum).
DD IV. 93—96.

Wien, (23.) Juli 1914

Euer Hochwohlgeboren wollen die nachfolgende Note am Donnerstag, den 23. Juli nachmittags, jedenfalls zwischen 4 und 5 Uhr, der königlichen Regierung überreichen:

„Am 31. März 1909 hat der königlich serbische Gesandte am Wiener Hofe im Auftrage seiner Regierung der k. und k. Regierung folgende Erklärung abgegeben:

'Serbien anerkennt, daß es durch die in Bosnien geschaffene Tatsache in seinen Rechten nicht berührt wurde und daß es sich demgemäß den Entschließungen anpassen wird, welche die Mächte in bezug auf den Artikel 25 des Berliner Vertrages treffen werden. Indem Serbien den Ratschlägen der Großmächte Folge leistet, verpflichtet es sich, die Haltung des Protestes und des Widerstandes, die es hinsichtlich der Annexion seit dem vergangenen Oktober eingenommen hat, aufzugeben, und es verpflichtet sich ferner, die Richtung seiner gegenwärtigen Politik gegenüber Österreich-Ungarn zu ändern und künftighin mit diesem letzteren auf dem Fuße freundnachbarlicher Beziehungen zu leben.'

Die Geschichte der letzten Jahre nun, und insbesondere die schmerzlichen Ereignisse des 28. Juni, haben das Vorhandensein einer subversiven Bewegung in Serbien erwiesen, deren Ziel es ist, von der österreichisch-ungarischen Monarchie gewisse Teile ihres Gebietes loszutrennen. Diese Bewegung, die unter den Augen der serbischen Regierung entstand, hat in der Folge jenseits des Gebietes des Königreiches durch Akte des Terrorismus, durch eine Reihe von Attentaten und durch Morde Ausdruck gefunden.

Weit entfernt, die in der Erklärung vom 31. März 1909 enthaltenen formellen Verpflichtungen zu erfüllen, hat die k. serbische Regierung nichts getan, um diese Bewegung zu unterdrücken. Sie duldete das verbrecherische Treiben der verschiedenen, gegen die Monarchie gerichteten Vereine und Vereinigungen, die zügellose Sprache der Presse, die Verherrlichung der Urheber von Attentaten, die Teilnahme von Offizieren und Beamten an subversiven Umtrieben, sie duldete eine ungesunde Propaganda im öffentlichen Unterricht und duldete schließlich alle Manifesta-

[69] Gesandter in Belgrad 1913/14.

tionen, welche die serbische Bevölkerung zum Hasse gegen die Monarchie und zur Verachtung ihrer Einrichtungen verleiten konnten.

Diese Duldung, der sich die k. serbische Regierung schuldig machte, hat noch in jenem Moment angedauert, in dem die Ereignisse des 28. Juni der ganzen Welt die grauenhaften Folgen solcher Duldung zeigten.

Es erhellt aus den Aussagen und Geständnissen der verbrecherischen Urheber des Attentates vom 28. Juni, daß der Mord von Sarajevo in Belgrad ausgeheckt wurde, daß die Mörder die Waffen und Bomben, mit denen sie ausgestattet waren, von serbischen Offizieren und Beamten erhielten, die der 'Narodna Odbrana' angehörten, und daß schließlich die Beförderung der Verbrecher und deren Waffen nach Bosnien von leitenden serbischen Grenzorganen veranstaltet und durchgeführt wurde.

Die angeführten Ergebnisse der Untersuchung gestatten es der k. und k. Regierung nicht, noch länger die Haltung zuwartender Langmut zu beobachten, die sie durch Jahre jenen Treibereien gegenüber eingenommen hatte, die ihren Mittelpunkt in Belgrad haben und von da auf die Gebiete der Monarchie übertragen werden. Diese Ergebnisse legen der k. und k. Regierung vielmehr die Pflicht auf, Umtrieben ein Ende zu bereiten, die eine ständige Bedrohung für die Ruhe der Monarchie bilden.

Um diesen Zweck zu erreichen, sieht sich die k. und k. Regierung gezwungen, von der serbischen Regierung eine offizielle Versicherung zu verlangen, daß sie die gegen Österreich-Ungarn gerichtete Propaganda verurteilt, das heißt die Gesamtheit der Bestrebungen, deren Endziel es ist, von der Monarchie Gebiete loszulösen, die ihr angehören, und daß sie sich verpflichtet, diese verbrecherische und terroristische Propaganda mit allen Mitteln zu unterdrücken.

Um diesen Verpflichtungen einen feierlichen Charakter zu geben, wird die k. serbische Regierung auf der ersten Seite ihres offiziellen Organs vom 26./13. Juli nachfolgende Erklärung veröffentlichen:

'Die k. serbische Regierung verurteilt die gegen Österreich-Ungarn gerichtete Propaganda, das heißt die Gesamtheit jener Bestrebungen, deren letztes Ziel es ist, von der österreichisch-ungarischen Monarchie Gebiete loszutrennen, die ihr angehören, und sie bedauert aufrichtigst die grauenhaften Folgen dieser verbrecherischen Handlungen.

Die k. serbische Regierung bedauert, daß serbische Offiziere und Beamte an der vorgenannten Propaganda teilgenommen und damit die freundnachbarlichen Beziehungen gefährdet haben, die zu pflegen sich die k. Regierung durch ihre Erklärung vom 31. März 1909 feierlichst verpflichtet hatte.

Die k. Regierung, die jeden Gedanken oder jeden Versuch einer Einmischung in die Geschicke der Bewohner was immer für eines Teiles Österreich-Ungarns mißbilligt und zurückweist, erachtet es für ihre Pflicht, die

Offiziere, Beamten und die gesamte Bevölkerung des Königreiches ganz ausdrücklich aufmerksam zu machen, daß sie künftighin mit äußerster Strenge gegen jene Personen vorgehen wird, die sich derartiger Handlungen schuldig machen sollten, Handlungen, denen vorzubeugen und die zu unterdrücken sie alle Anstrengungen machen wird.'

Diese Erklärung wird gleichzeitig zur Kenntnis der k. Armee durch einen Tagesbefehl Sr. M. des Königs gebracht und in dem offiziellen Organe der Armee veröffentlicht werden.

Die k. serbische Regierung verpflichtet sich überdies:

1. jede Publikation zu unterdrücken, die zum Haß und zur Verachtung der Monarchie aufreizt, und deren allgemeine Tendenz gegen die territoriale Integrität der letzteren gerichtet ist;

2. sofort mit der Auflösung des Vereines 'Narodna Odbrana' vorzugehen, dessen gesamte Propagandamittel zu beschlagnahmen und in derselben Weise gegen die anderen Vereine und Vereinigungen in Serbien einzuschreiten, die sich mit der Propaganda gegen Österreich-Ungarn beschäftigen; die k. Regierung wird die nötigen Maßregeln treffen, damit die aufgelösten Vereine nicht etwa ihre Tätigkeit unter anderem Namen oder in anderer Form fortsetzen;

3. ohne Verzug aus dem öffentlichen Unterricht in Serbien, sowohl was den Lehrkörper als auch die Lehrmittel betrifft, alles zu beseitigen, was dazu dient oder dienen könnte, die Propaganda gegen Österreich-Ungarn zu nähren;

4. aus dem Militärdienst und der Verwaltung im allgemeinen alle Offiziere und Beamten zu entfernen, die der Propaganda gegen Österreich-Ungarn schuldig sind, und deren Namen unter Mitteilung des gegen sie vorliegenden Materials der k. Regierung bekanntzugeben sich die k. und k. Regierung vorbehält;

5. einzuwilligen, daß in Serbien Organe der k. und k. Regierung bei der Unterdrückung der gegen die territoriale Integrität der Monarchie gerichteten subversiven Bewegungen mitwirken;

6. eine gerichtliche Untersuchung gegen jene Teilnehmer des Komplotts vom 28. Juni einzuleiten, die sich auf serbischem Territorium befinden; von der k. und k. Regierung hierzu delegierte Organe werden an den bezüglichen Erhebungen teilnehmen;

7. mit aller Beschleunigung die Verhaftung des Majors Voija Tankositsch und eines gewissen Milan Ciganovitsch, serbischen Staatsbeamten, vorzunehmen, welche durch die Ergebnisse der Untersuchung kompromittiert sind;

8. durch wirksame Maßnahmen die Teilnahme der serbischen Behörden an dem Einschmuggeln von Waffen und Explosivkörpern über die Grenze

zu verhindern; jene Organe des Grenzdienstes von Schabatz und Losnitza, die den Urhebern des Verbrechens von Sarajevo bei dem Übertritt über die Grenze behilflich waren, aus dem Dienste zu entlassen und strenge zu bestrafen;

9. der k. und k. Regierung Aufklärungen zu geben über die nicht zu rechtfertigenden Äußerungen hoher serbischer Funktionäre in Serbien und im Auslande, die, ihrer offiziellen Stellung ungeachtet, nicht gezögert haben, sich nach dem Attentat vom 28. Juni in Interviews in feindlicher Weise gegen Österreich-Ungarn auszusprechen;

10. die k. und k. Regierung ohne Verzug von der Durchführung der in den vorigen Punkten zusammengefaßten Maßnahmen zu verständigen.

Die k. und k. Regierung erwartet die Antwort der k. Regierung spätestens bis Samstag, den 25. d. M., um 6 Uhr nachmittag.

Ein Memoire über die Ergebnisse der Untersuchung von Sarajevo, soweit sie sich auf die im Punkt 7 und 8 genannten Funktionäre beziehen, ist dieser Note beigeschlossen."

Beilage

Die bei dem Gerichte in Sarajevo gegen Gavrilo Princip und Genossen wegen des am 28. Juni d. J. begangenen Mordes, beziehungsweise wegen Mitschuld hieran anhängige Strafuntersuchung hat bisher zu folgenden Feststellungen geführt:

1. Der Plan, den Erzherzog Franz Ferdinand während seines Aufenthaltes in Sarajevo zu ermorden, wurde in Belgrad von Gavrilo Princip, Nedelijko Cabrinovitsch, einem gewissen Milan Ciganovitsch und Trifko Grabesch unter Beihilfe des Majors Voija Tankositsch gefaßt.

2. Die sechs Bomben und vier Browningpistolen samt Munition, deren sich die Verbrecher als Werkzeuge bedienten, wurden dem Princip, Cabrinovitsch und Grabesch in Belgrad von einem gewissen Milan Ciganovitsch und dem Major Voija Tankositsch verschafft und übergeben.

3. Die Bomben sind Handgranaten, die dem Waffendepot der serbischen Armee in Kragujevatz entstammen.

4. Um das Gelingen des Attentats zu sichern, unterwies Ciganovitsch den Princip, Cabrinovitsch und Grabesch in der Handhabung der Granaten und gab in einem Walde neben dem Schießfelde von Topschider dem Princip und Grabesch Unterricht im Schießen mit Browningpistolen.

5. Um dem Princip, Cabrinovitsch und Grabesch den Übergang über die bosnisch-herzegowinische Grenze und die Einschmuggelung ihrer Waffen zu ermöglichen, wurde ein ganzes geheimes Transportsystem durch Ciganovitsch organisiert. Der Eintritt der Verbrecher samt ihren Waffen nach

Bosnien und der Herzegowina wurde von den Grenzhauptleuten von Schabatz (Rade Popovitsch) und Losnitza sowie von dem Zollorgan Budivoj Grbitsch von Losnitza mit Beihilfe mehrerer anderer Personen durchgeführt.

174. Riezler, Tagebuch: Österreichs Schwäche. Ausgleich mit Rußland besser als mit England. Krieg bei russischer Mobilmachung.

Riezler, Tagebücher 188—190.

Hohenfinow, 23. Juli 1914

Die Österreicher haben auf Drängen der Ungarn, die keinen slavischen Machtzuwachs wollen, beschlossen, in Serbien keine Territorialerwerbung zu erstreben. Das ist gut, weil eine Erklärung darüber die Russen vielleicht doch von einer Mobilisation ab- und auf den Verhandlungsweg drängt. Aber doch charakteristisch für den ganzen Jammer der österreichischen Politik, die von den ererbten Allüren der Weltmacht nicht lassen, aber doch nichts tun, ja sich nicht einmal resigniert behaupten kann. Wir werden ewig hinter diesem schwachen Staat herhinken und unsere jugendliche Kraft an die Verzögerung seines Verfalles setzen müssen.

Der Kanzler erzählt mir, Sazonov habe neulich zu Robby Mendelssohn [70] gesagt: si l'Allemagne lâche l'Autriche, je lâcherai immédiatement après la France. Er scheint über derartige Möglichkeiten nachzusinnen. Es wäre besser als ein Abkommen mit England, mit Rußland zu einem dauernden Ausgleich zu kommen. Die Schwierigkeiten vielleicht noch größer, Rußland weit anspruchsvoller. Ja, wenn es nur die Balkanaspirationen Österreichs, nicht aber Österreichs Bestand antasten wolle. Die Balkanaspirationen fallen weg, wenn wir sie nicht stützen. Österreich selbst müssen wir halten. Greift Rußland an die Südslawen, so sind wir verloren. Also höchstens ein deutsch-russisches Einverständnis über die Erhaltung Österreichs. Garantie mit Ausnahme des Trentino. Aber das doch sehr künstlich und ohne Gewähr der Dauer. Ein Eingehen auf die Bemerkung Sazonovs zu Robby Mendelssohn unmöglich, Sazonov würde nur zum Scheine verhandeln und über London nach Wien Kenntnis geben, um Österreich abzusprengen. Geht die serbische Sache gut vorüber, ohne daß Rußland mobilisiert und infolgedessen ohne Krieg, so kann man sich mit einem über die Westmächte enttäuschten Rußland vielleicht ohne Gefahr über ein dann befriedigtes Österreich-Ungarn verständigen. Wangenheim müßte dann bei Giers [71] sondieren . . .

[70] Robert Franz v. Mendelssohn, Berliner Bankier.

[71] Michail Giers, russischer Gesandter in Konstantinopel 1912—1914.

Der Kanzler meint, wenn Krieg käme, käme er durch eine russische Mobilmachung ab irato, also vor eventuellen Verhandlungen. Dann ist kaum mehr etwas zu verhandeln, weil wir dann sofort, um überhaupt noch gewinnen zu können, losschlagen müssen. Dann aber fühlt das ganze Volk die Gefahr und steht auf...

175. Pourtalès, St. Petersburg, an Auswärtiges Amt: Streiks in Rußland.
DD I. 136.

St. Petersburg, 23. Juli 1914

Die kühle Aufnahme, die Präsident Poincaré bei seinem hiesigen Besuche gefunden hat, fällt allgemein auf. Die große Teilnahmslosigkeit des Publikums ist wohl teilweise auf die Arbeiterstreiks zurückzuführen, die in letzten Tagen große Ausdehnung genommen haben. Über die Hälfte hiesiger Arbeiter haben Arbeit niedergelegt. Eine Anzahl Zeitungen konnten wegen Buchdruckerstreiks während Besuchs Poincarés nicht erscheinen. Dabei ist es zu bedenklichen Ausschreitungen gekommen, bei denen Polizei und Kosaken einschreiten mußten. Heute nacht fand auf Wyborger Seite, wo Arbeiter Barrikaden errichtet hatten, ernster Zusammenstoß statt, bei welchem es, wie offiziell zugegeben wird, 5 Tote und 8 Verwundete gab.

Es wird, wie ich höre, beabsichtigt, gleich nach Abreise Poincarés gegen Arbeiter schärfer vorzugehen.

Außer in Petersburg finden gegenwärtig auch in anderen größeren Städten Rußlands Streiks statt. Sie verdienen als Symptom der in russischen Arbeiterkreisen herrschenden erbitterten Stimmung ernste Beobachtung, wenn ihnen auch vorläufig größere Tragweite nicht zuzusprechen ist. *Im Falle äußerer Verwicklung könnten sie immerhin für Regierung schwierige Lage schaffen.*

176. Redlich, Tagebuch (Auszug): Hoyos über Ultimatum. Krieg auch mit Rußland. Deutschland bereit. „Gesundung Österreichs".
Redlich, Tagebuch I. 238—239.

24. Juli 1914, 1 Uhr früh

Gestern des Morgens sagte sich Alek Hoyos bei mir an, ich hatte Rémy geladen! Abends um 1/29 Uhr kam er. Alek sah abgespannt und doch froh aus. Er teilte mir mit, daß der Kaiser in Ischl um 1/21 Uhr am Mittwoch seine Unterschrift zu der Note an Serbien gegeben habe und daß diese heute (Donnerstag) um 1/25 Uhr in Belgrad überreicht worden ist. Die Note ist von ihm und Forgách hauptsächlich verfaßt und läßt eine Annahme Serbiens eigentlich überhaupt nicht zu: sie ist ein 48stündiges Ultimatum und dann beginnt der Krieg: daß Rußland mit Serbien geht, ist so gut wie sicher anzunehmen, zumal die revolutionäre Streikbewegung eine Diversion nach außen ratsam macht. Ließe Rußland Serbien seinem Schicksal tatenlos anheimfallen, dann würden die Nationalisten den Zaren stürzen. Deutschland aber ist bereit und willens, selbst zum Kriege zu greifen. Alek war vor 14 Tagen in Berlin, sprach dort erst mit dem Staatssekretär Zimmermann, dann mit Bethmann Hollweg, der vollkommen zustimmte: wenn er auch einige diplomatische Unbehilflichkeit zeigte, so war er doch von Anfang an ganz bei der Sache. Szögyény hat sich sehr bewährt — noch einmal; Mérey ebenso, der die Verhandlungen mit der Consulta sehr gut geführt hat. Mérey und Pallavicini jubeln: mit Sofia und Konstantinopel ist man d'accord. Italien erhält bei territorialen Veränderungen Valona. Wir wollen Serbien nicht auslöschen, aber verkleinern, dazu Nordalbanien nehmen ... Unsere Note ist sehr kräftig, sie wird, wie ich unter Aleks Zustimmung sage, einen furchtbaren Sturm in Europa erregen. Wir sind also noch fähig zu wollen! Wir wollen und dürfen kein kranker Mann sein, sagt Alek, lieber rasch zugrunde gehen! In England herrscht schlechte Stimmung gegen uns! ...

So bricht heute ein großer Tag an: hoffentlich führt er zu einer Gesundung Österreichs ... Wir beide sprechen über die Erzherzog-Legende: die Welt weiß nicht, daß der Erzherzog immer gegen den Krieg war. So hat er uns durch seinen Tod zu der Energie verholfen, die er nie aufbringen wollte, so lange er lebte! ...

177. Tagesaufzeichnung des russischen Außenministeriums: Österreichisches Ultimatum. Kriegsvorbereitung. Paléologue. Russ. Dok. I. 5, 31—33.

24. Juli 1914

Frühmorgens ging im Außenministerium ein Telegramm aus Belgrad ein, das die am Abend des vorhergehenden Tages von dem italienischen Botschaftsrat mitgeteilte Nachricht bestätigte.

Baron Schilling teilte sofort telephonisch den Botschaftern Iswolski und Schebeko mit, daß es für sie notwendig sei, unverzüglich auf ihre Posten zurückzukehren.

Gegen 10 Uhr morgens traf S. D. Sasonow aus Zarskoje Selo ein, dem Baron Schilling sogleich alles oben Gesagte mitteilte. Diese Nachrichten machten auf den Minister einen sehr starken Eindruck, und er sagte spontan: «C'est la guerre européenne.» Sofort wurde der österreichisch-ungarische Botschafter telephonisch ins Ministerium gebeten; in Erwartung des Botschafters erstattete S. D. Sasonow ebenfalls telephonisch vom Arbeitszimmer des Barons Schilling aus persönlich dem Kaiser Bericht über das von Österreich an Serbien gestellte Ultimatum. Seine Majestät rief aus: „Das ist empörend!" und befahl, ihn auf dem laufenden zu halten.

Währenddem kam der österreichisch-ungarische Botschafter und übergab dem Minister eine Abschrift der österreichisch-ungarischen Note an Serbien.

Baron Schilling machte inzwischen telephonisch im Namen des Ministers dem Kriegsminister, dem Marineminister und dem Finanzminister Mitteilung von dem Verlauf der Ereignisse und bat sie im Auftrage S. D. Sasonow, unverzüglich zu einer Ministerratssitzung zu kommen. Auf Bitten des Admirals Grigorowitsch teilte Baron Schilling dasselbe auch dem Chef des Admiralstabs Admiral Russin mit. Der Finanzminister war gerade von einem Vortrag beim Kaiser zurückgekehrt, durch den er von dem österreichischen Schritt in Belgrad bereits Kenntnis erhalten hatte. Baron Schilling machte P. L. Barck [72] auf die Notwendigkeit aufmerksam, auf jeden Fall unverzüglich so viel als möglich von unseren Staatsdepots aus Deutschland zurückzuziehen.

Sogleich wurden A. A. Neratow [73], Fürst Trubezkoi [74] und alle Beamten der Kanzlei des Ministers und der Abteilung Naher Osten telegraphisch vom Urlaub zurückberufen.

Der französische Botschafter lud S. D. Sasonow, den englischen Botschafter und den rumänischen Gesandten [75] zum Frühstück zum Meinungsaustausch zu sich. Bei dieser Gelegenheit bat der Minister die genannten Vertreter, ihren Regierungen dringend seine Bitte zu übermitteln, daß sofort gemeinsam mit uns ein Aktionsplan entworfen würde. Diese Bitte wurde natürlich auch an den anwesenden rumänischen Gesandten gerichtet, woraus sich ergab, daß Rumänien zu dem gemeinsamen Werke herangezogen wurde; für uns war es vorteilhaft, Rumänien in die Angelegenheit auf unserer Seite hineinzuziehen, andererseits war es für Rumänien selbst natürlich schmeichelhaft, sich auf gleicher Basis an den diplomatischen Schritten zu beteiligen, die von den Großmächten unternommen werden sollten.

[72] Russischer Finanzminister 1914—1917.

[73] Gehilfe des russischen Außenministers 1911—1917.

[74] Grigory Trubezkoi, Rat der Abt. II. (Naher Osten) seit 14. 7. 1914, 26. 7. 1914—1917 Gesandter in Serbien.

[75] Diamandy.

Um drei Uhr fand ein Ministerrat statt, in welchem S. D. Sasonow über den Verlauf der Verhandlungen berichtete, welche durch die am Abend vorher erfolgte Überreichung der Drohnote durch Österreich-Ungarn an Serbien veranlaßt worden waren. Der Ministerrat genehmigte den Vorschlag des Außenministers: 1. gemeinsam mit den anderen Großmächten Österreich zu bitten, die von ihm bestimmte Frist für die Antwort Serbiens zu verlängern, um den Mächten Zeit zu geben, sich entsprechend dem von Österreich selbst gemachten Vorschlag mit den Ergebnissen der gerichtlichen Untersuchung des Mordes von Sarajevo bekannt zu machen, und 2. Serbien den Rat zu erteilen, den Kampf mit den österreichisch-ungarischen Truppen nicht aufzunehmen, sondern seine Streitkräfte zurückzuziehen und an die Mächte die Bitte zu richten, den entstandenen Streit zu schlichten. Zugleich wurde grundsätzlich beschlossen, vier Militärbezirke (Odessa, Kiew, Moskau und Kasan) sowie die beiden Flotten (die Schwarzmeer- und die Ostseeflotte) mobil zu machen und noch einige andere militärische Maßnahmen zu ergreifen, falls die Umstände es notwendig machen sollten. Dabei wurde darauf aufmerksam gemacht, daß alle militärischen Vorbereitungen eindeutig lediglich auf den Fall eines Konflikts mit Österreich-Ungarn gerichtet sein müßten und nicht als feindselige Handlungen gegen Deutschland ausgelegt werden könnten.

Nach der Sitzung des Ministerrats fand eine Zusammenkunft S. D. Sasonows mit dem serbischen Gesandten [76] statt, bei der der Minister dem Gesandten äußerste Mäßigung bezüglich der Antwort der serbischen Regierung auf die österreichische Note anriet.

Um 7 Uhr kam der deutsche Botschafter zum Außenminister. Er suchte das Vorgehen Österreichs zu rechtfertigen, indem er sich darauf berief, daß durch die Untersuchung des Mordes von Sarajevo Daten zutage gefördert seien, welche die Schuld der serbischen Regierung feststellten. Außerdem bemühte er sich, die Richtigkeit des österreichischen Vorgehens durch die Notwendigkeit zu erweisen, „das monarchische Prinzip" zu verteidigen. S. D. Sasonow sprach mit dem Grafen Pourtalès in sehr fester Sprache und verurteilte scharf die Methode des Wiener Kabinetts, wobei er darauf bestand, daß die Serbien überreichte Note für Serbien unannehmbar sei, und daß außerdem eine Nichtachtung der Großmächte vorliege, die darin zum Ausdruck gekommen sei, daß Österreich-Ungarn, indem es sich an sie gewandt habe, zugleich eine so kurze Frist für die Erfüllung seiner Forderungen durch Serbien gestellt habe, daß es den Mächten nicht die Möglichkeit gegeben habe, die Angelegenheit zu prüfen und sich rechtzeitig darüber zu äußern.

[76] Spalajkowitsch.

Personen, die den Grafen Pourtalès sahen, als er den Minister verließ, bezeugen, daß er sehr erregt war und nicht verhehlte, daß die Worte S. D. Sasonows und besonders seine feste Entschlossenheit, den österreichischen Forderungen Widerstand zu leisten, auf den Botschafter einen starken Eindruck gemacht hatten.

Während der deutsche Botschafter beim Minister war, traf der französische Botschafter im Ministerium ein, der, da er mit seinem deutschen Kollegen nicht zusammenzutreffen wünschte, zu Baron Schilling ging und sich mit ihm in das Arbeitszimmer des Gehilfen des Ministers begab, durch welches Graf Pourtalès nicht gehen konnte, um zu warten, bis der Minister frei werde. Hier entwickelte der französische Botschafter den Gedanken, daß trotz der eingetretenen Ereignisse der Präsident der Französischen Republik seiner Meinung nach das Programm seiner Reise nach den skandinavischen Residenzen in keinem Punkte ändern, sondern sich ruhig, wie dies geplant gewesen sei, mit Aufenthalten in Stockholm und Kopenhagen nach Frankreich begeben solle. Andernfalls könnte nach Ansicht des Botschafters eine allgemeine Panik ausbrechen, da der Eindruck entstehen würde, daß die politische Lage vom Oberhaupt der Französischen Republik als bedrohlich angesehen werde. Diese Lage erschien dem Botschafter indessen durchaus nicht hoffnungslos. Er gründete seinen Optimismus auf die Annahme, daß Deutschland sich kaum entschließen werde, Österreich zu unterstützen, da es wisse, zu welch ernsten Folgen dies im Augenblick unvermeidlich führen würde. „Wir sind nie in einer besseren Situation gewesen", sagte er, „denn wir sind vollkommen einer Meinung, und es liegt hier keineswegs eine persönliche Auffassung des Botschafters vor, sondern wir haben vier neue Schriftstücke von großer Wichtigkeit, die es bestätigen." Baron Schilling fragte den Botschafter nicht ohne Verwunderung, welches denn diese vier, ihm anscheinend unbekannten Dokumente von so großer Wichtigkeit seien, daß Deutschland vor ihnen haltmachen müsse, selbst wenn es den Krieg beginnen wollte, um seinen Bundesgenossen Österreich zu unterstützen. Es stellte sich heraus, daß Herr Paléologue die Reden, die soeben von Seiner Majestät dem Kaiser und vom Präsidenten der Französischen Republik in Peterhof und an Bord des Panzerkreuzers „France" gehalten worden waren, als derartige Dokumente ansah.

Gleich nachdem sich Graf Pourtalès entfernt hatte, wurde der französische Botschafter vom Minister empfangen, der ihn von den im Ministerrat gefaßten Beschlüssen, sowie von seinen Unterredungen mit dem serbischen Gesandten und dem deutschen Botschafter in Kenntnis setzte.

178. Grey an Bunsen, Wien: Österreichs Ultimatum. Brit. Dok. XI. 1, 123—124.

Auswärtiges Amt, 24. Juli 1914

Österreichisch-ungarischer Botschafter [77] hat mir die an Serbien gerichtete Note mit den Erklärungen der österreichisch-ungarischen Regierung mitgeteilt.

Ich sagte, die Ermordung des Erzherzogs sowie einige der in der österreichisch-ungarischen Note hinsichtlich Serbiens angeführten Umstände erweckten natürlich Sympathien für Österreich, ich hielte es aber für sehr bedauerlich, daß in diesem Stadium eine Frist, und zwar eine solch kurze Frist gestellt worden sei, und die Note scheine mir das furchtbarste Dokument zu sein, das ich je einen Staat an einen andern unabhängigen Staat habe richten sehen. Forderung No. 5 könnte bedeuten, daß die österreichisch-ungarische Regierung berechtigt sein solle, Beamte zu ernennen, die auf serbischem Gebiet amtliche Befugnisse ausüben dürften, und das würde mit Erhaltung unabhängiger Souveränität Serbiens kaum vereinbar sein.

Ich machte diese Bemerkungen jedoch nicht, um die Rechtslage des Streitfalles zwischen Österreich-Ungarn und Serbien zu erörtern; damit hätten wir nichts zu schaffen. Ich würde mich lediglich vom Gesichtspunkt des europäischen Friedens aus mit der Sache befassen und ich sei sehr besorgt.

Ich müßte die Ansichten anderer Mächte abwarten und wir würden uns ohne Zweifel mit ihnen beraten, um zu sehen, was zur Behebung von Schwierigkeiten geschehen könne.

Der österreichisch-ungarische Botschafter äußerte, Serbien habe eine derartige Verschleppungstaktik befolgt, daß eine Befristung notwendig sei. Seit der Ermordung des Erzherzogs wären einige Wochen verstrichen, von Serbien sei aber kein Zeichen der Teilnahme oder Hilfsbereitschaft erfolgt; hätte es nach dem Morde die Hand geboten, dann hätte die gegenwärtige Lage verhütet werden können.

Ich bemerkte, man hätte zu irgendeinem späteren Zeitpunkt eine Frist stellen können, falls Serbien mit einer Antwort gezögert hätte; wie die Dinge lägen, verlange die österreichisch-ungarische Regierung nicht bloß eine Antwort binnen achtundvierzig Stunden, sondern sie schreibe auch den Wortlaut der Antwort vor.

[77] Graf Mensdorff, 1904—1914.

179. Buchanan, St. Petersburg, an Grey: Rußland und Frankreich bereit zum Krieg. Drängen auf Englands Beitritt. Crowe über Mobilisierung der englischen Flotte. Brit. Dok. XI. 1, 133—136.

St. Petersburg, 24. Juli 1914

Minister des Äußern teilte mir heute morgen telephonisch mit, daß er eben Wortlaut des gestern von Österreich in Belgrad überreichten Ultimatums erhalten habe, das eine Antwort binnen achtundvierzig Stunden verlange. Dieser von Österreich getane Schritt bedeute den Krieg und er bat mich, ihn auf der französischen Botschaft zu treffen.

Minister des Äußern und französischer Botschafter sagten mir vertraulich, Ergebnis des Besuchs des Präsidenten der französischen Republik sei gewesen, die folgenden Punkte festzulegen:

1. Vollkommene Gemeinsamkeit der Ansichten über die verschiedenen Probleme, denen sich die Mächte in bezug auf die Erhaltung des allgemeinen Friedens und des Gleichgewichts der Kräfte in Europa, insbesondere im Osten, gegenübergestellt sehen.

2. Entschluß, in Wien Schritte zu unternehmen, um ein Verlangen nach Aufklärung oder irgendwelche Aufforderungen zu verhindern, die einer Einmischung in die inneren Angelegenheiten Serbiens gleichkämen und die Serbien berechtigterweise als einen Angriff auf seine Souveränität und Unabhängigkeit betrachten könnte.

3. Feierliche Bestätigung der den beiden Ländern durch das Bündnis auferlegten Verpflichtungen.

Minister des Äußern drückte die Hoffnung aus, Seiner Majestät Regierung werde sich mit Frankreich und Rußland solidarisch erklären. Er bezeichnete Österreichs Verhalten als unmoralisch und herausfordernd. Einige der von ihm erhobenen Forderungen seien vollkommen unannehmbar und es hätte niemals so gehandelt, ohne Deutschland vorher befragt zu haben. Der französische Botschafter gab mir zu verstehen, daß Frankreich Rußland nicht bloß diplomatisch energisch unterstützen, sondern im Notfall auch alle ihm durch sein Bündnis auferlegten Verpflichtungen erfüllen werde.

Ich bemerkte, daß ich nicht im Namen Seiner Majestät Regierung sprechen könne, daß ich Ihnen aber alle ihre Äußerungen telegraphieren würde. Ich vermöge persönlich keine Hoffnung zu erwecken, daß Seiner Majestät Regierung eine Solidaritätserklärung abgeben würde, die Verpflichtung einschlösse, Frankreich und Rußland mit Waffengewalt zu unterstützen. Wir seien an Serbien nicht unmittelbar interessiert und öffentliche Meinung Englands würde seinetwegen niemals einen Krieg gutheißen. Minister des Äußern entgegnete, serbische Frage bilde nur Teil allgemeiner europäischer Frage und wir könnten uns nicht ausschalten.

Ich sagte, ich entnähme den Worten Seiner Exzellenz den Wunsch, wir sollten uns einer Mitteilung an Österreich anschließen, daß wir seine aktive Einmischung in innere Fragen Serbiens nicht dulden könnten. Gedenke Rußland, falls Österreich unsere Vorstellungen nicht beachte und militärisch gegen Serbien vorgehe, ihm den Krieg zu erklären? Minister des Äußern erwiderte, heute nachmittag werde ein Ministerrat die ganze Frage erwägen, man würde aber bis zu einem weiteren, wahrscheinlich morgen stattfindenden Ministerrat unter dem Vorsitz des Kaisers keinen Beschluß fassen. Er persönlich glaube, Rußland werde auf jeden Fall mobil machen müssen.

Ich warf Gedanken hin, daß erstes Erfordernis sei, Zeitgewinn anzustreben, indem wir auf Österreich einwirkten und es veranlaßten, Serbien gewährte Frist zu verlängern. Der französische Botschafter erwiderte, dazu fehle die Zeit; entweder bluffe Österreich oder es sei entschlossen, sofort vorzugehen. In beiden Fällen bestünde unsere einzige Chance, den Krieg abzuwenden darin, daß wir fest und vereint aufträten. Ich fragte dann, ob es nicht ratsam wäre, serbische Regierung zu genauer Angabe aufzufordern, wie weit sie bereit sei, österreichischen Wünschen entgegenzukommen. Minister des Äußern antwortete, daß einige Forderungen des Ultimatums ohne Zweifel angenommen werden könnten, er müsse sich aber vorher mit seinen Kollegen besprechen.

Da mich beide weiterhin drängten, wir sollten uns vollständig solidarisch mit ihnen erklären, bemerkte ich, Sie möchten meines Erachtens geneigt sein, Wien und Berlin eindringlich vorzuhalten, daß ein österreichischer Angriff auf Serbien europäischen Frieden gefährden würde. Sie dürften vielleicht darauf hinweisen, daß dies aller Wahrscheinlichkeit nach Rußland zur Intervention zwingen, daß dadurch Deutschland und Frankreich hineingezogen würde und daß es bei einem etwaigen allgemeinen Krieg für England schwierig sein würde, neutral zu bleiben. Minister des Äußern sprach Hoffnung aus, daß wir jedenfalls scharfe Mißbilligung über Österreichs Schritt ausdrücken würden. Wenn der Krieg ausbräche, würden wir früher oder später hineingezogen, und wenn wir nicht von Anfang an gemeinsam mit Frankreich und Rußland vorgingen, würden wir den Krieg nur wahrscheinlicher gemacht haben und hätten keine « beau rôle » gespielt.

Nach Sprache französischen Botschafters sah es fast aus, als wären Frankreich und Rußland entschlossen, feste Haltung einzunehmen, selbst wenn wir ablehnen, uns ihnen anzuschließen. Sprache des Außenministers war in dieser Hinsicht jedoch nicht so entschieden.

Österreichische Regierung scheint ihr Ultimatum absichtlich im Augenblick überreicht zu haben, als Präsident der französischen Republik und Ministerpräsident Rußland verließen, um nach Frankreich zurückzukehren, wo sie vor vier oder fünf Tagen nicht eintreffen können.

Gegen den Schluß unserer Unterredung gesellte sich rumänischer Gesandter zu uns. Minister des Äußern führte ein Privatgespräch mit ihm, in dem Seine Exzellenz auch rumänische Regierung einlud, Vorstellungen in Wien zu erheben.

Vermerke

Der Augenblick ist vorüber, als es vielleicht noch möglich war, die französische Unterstützung für einen Versuch, Rußland zurückzuhalten, zu gewinnen.

Es ist klar, daß Frankreich und Rußland entschlossen sind, den ihnen hingeworfenen Handschuh aufzuheben. Was wir auch von der rechtlichen Seite der österreichischen Anklagen gegen Serbien halten mögen, Frankreich und Rußland sind der Ansicht, daß sie Vorwände sind und daß die größere Frage von Dreibund gegen Dreiverband endgültig aufgeworfen ist.

Ich glaube, es wäre unklug, um nicht zu sagen gefährlich, wenn England versuchte, dieser Meinung zu widersprechen oder durch Vorstellungen in St. Petersburg und Paris diese klare Sachlage zu verdunkeln.

Worauf es ankommt, ist, ob Deutschland zu diesem Krieg jetzt absolut entschlossen ist oder nicht.

Es besteht noch die Möglichkeit, Deutschland wankend zu machen, indem man ihm die Sorge einflößt, daß der Krieg England auf seiten Frankreichs und Rußlands finden wird.

Ich vermag bloß ein wirksames Mittel vorzuschlagen, um dies der deutschen Regierung klarzumachen, ohne uns in diesem Stadium absolut und endgültig festzulegen. Wenn Seiner Majestät Regierung im Augenblick, wo entweder Österreich oder Rußland zu mobilisieren beginnen, Befehl erteilt, unsere ganze Flotte unverzüglich auf Kriegsfuß zu setzen, so mag dies denkbarerweise Deutschland die Augen über den Ernst der Gefahr öffnen, der es ausgesetzt wäre, falls England am Kriege teilnähme.

Angenommen, dieser Entschluß könnte jetzt gefaßt werden, dann wäre es richtig, die französische und russische Regierung davon zu unterrichten, und das wäre wiederum das beste, was wir tun könnten, um das Entstehen einer sehr ernsten Lage zwischen England und Rußland zu verhindern.

Es fällt schwer, nicht mit Herrn Sasonow darin übereinzustimmen, daß England früher oder später in den Krieg hineingezogen wird, falls er wirklich ausbricht. Wir haben nichts dabei zu gewinnen, wenn wir uns nicht schlüssig werden, was wir unter Umständen, die vielleicht schon morgen eintreten, tun können.

Sollte der Krieg ausbrechen und England unbeteiligt bleiben, dann muß sich folgendes ergeben:

a) Entweder siegen Deutschland und Österreich, sie erdrücken Frankreich und demütigen Rußland. Die französische Flotte verschwunden, Deutschland im

Besitz des Kanals, mit der bereitwilligen oder widerstrebenden Kooperation Hollands und Belgiens: wie wird dann die Lage eines freundlosen England sein?

b) Oder Frankreich und Rußland siegen. Wie werden sie sich dann gegen England verhalten? Und wie wird's mit Indien und dem Mittelmeer stehen?

In diesem Kampf, der nicht um den Besitz Serbiens geht, sondern bei dem es sich um das Ziel Deutschlands, seine politische Vorherrschaft in Europa zu errichten, und um den Wunsch der Mächte handelt, ihre individuelle Freiheit zu erhalten — in diesem Kampf sind unsere Interessen mit denen Frankreichs und Rußlands verknüpft. Wenn wir dazu beitragen können, den Konflikt zu verhüten, indem wir unsere maritime Stärke zeigen, jederzeit zum Einsatz bereit, dann wäre es falsch, diesen Versuch (effort) nicht zu machen.

Wie daher auch letzten Endes unser Entschluß ausfallen mag, ich meine, wir sollten *jetzt* beschließen, die Flotte zu mobilisieren, sobald irgendeine Großmacht mobilisiert, und wir sollten diesen Entschluß unverzüglich der französischen und russischen Regierung bekanntgeben. — E. A. C. 25. Juli. (Crowe)

Die von Sir Eyre Crowe aufgeworfenen Punkte verdienen ernste Beachtung und das Kabinett wird ohne Zweifel die Lage erwägen. Rußland wird unsere Haltung in dieser Krise als Prüfstein betrachten und wir müssen äußerst vorsichtig sein, es uns nicht zu entfremden. — A. N. (Nicolson)

Herr Churchill hat mir heute gesagt, daß die Flotte binnen vierundzwanzig Stunden mobilisiert werden könne, aber ich glaube, es wäre verfrüht, Rußland und Frankreich schon jetzt eine Erklärung abzugeben. — E. G. (Grey)

180. Ballin, London, an Jagow: Greys und Haldanes Ableugnung des englisch-russischen Marineabkommens. Gr. Pol. 39, 643—645.

London, 24. Juli 1914

Ich habe also gestern abend bei Haldane mit Sir Edward Grey gegessen und habe nach dem Diner Gelegenheit genommen, den Herren zu sagen, daß mich die durch die Presse gegangene Nachricht über anglo-russische Flottenverhandlungen insofern unangenehm berührt hätte, als ich fürchten müßte, daß die Bestätigung oder auch nur die fortgesetzte Verbreitung solcher Nachricht die freundlichen Beziehungen zwischen England und Deutschland aufs neue trüben könnte, indem man deutscherseits sich vielleicht gezwungen sähe, solche neue Situation in Form vermehrter Kriegsschiffbauten zu kompensieren. Mich interessiere natürlich intensiv die Frage, ob auf die freundschaftlichen Beziehungen, zu deren Herbeiführung ich selbst ein Geringes habe tun dürfen, ein Schatten gefallen sei, und nicht minder natürlich fühlte ich mich versucht, die indiskrete Frage Grey vorzulegen, ob und in welchem Umfange die Nachrichten über diese anglo-russischen Verhandlungen zutreffend seien; er spräche ja nur mit einem Privatmanne und brauche deshalb nicht nach einer diplomatischen Abwehr dieser Frage zu suchen; er könne die Frage unbeantwortet lassen, wenn sie ihm nicht passe.

Das Ergebnis meiner Unterhaltung mit Grey und Haldane darf ich in folgenden Notizen zusammenfassen:

1. Grey erklärt, daß die freundlichen Beziehungen, welche als ein Ergebnis der damaligen Haldaneschen Mission zu betrachten seien, nicht nur im ganzen Umfange ungetrübt geblieben, sondern durch die Kooperation von Deutschland und England während der Balkanschwierigkeiten und durch die anderen inzwischen gepflogenen Verhandlungen noch verstärkt seien.

2. Die politische Situation habe sich im Laufe des letzten Jahrzehnts ja so gestaltet, daß auch England einer Gruppe angehöre, und es sei natürlich, daß von Mitgliedern dieser Gruppe Fragen zur Diskussion gestellt würden, deren Verhandlung man nicht ohne weiteres ablehnen könne. Wie es England in dieser Beziehung mit Frankreich und Rußland gehe, so würde es wohl Deutschland innerhalb seiner Gruppe mit Österreich und Italien gehen.

3. Das wolle er mir aber gern erklären, daß keine solche Flottenkonvention bestehe, und daß es nicht in Englands Absicht läge, in eine derartige Konvention zu willigen.

Haldane, der sich dem Herrn Reichskanzler herzlich empfehlen läßt, unterstrich die Greyschen Erklärungen noch ganz besonders, als ich mit ihm noch einige Zeit, nachdem Grey gegangen war, zusammensaß, und deutete mir an, daß die unruhigen französischen Freunde sehr oft aus Gründen interner Natur Fragen in die Öffentlichkeit würfen, die ernsthaft nicht zu diskutieren wären. Grey glaubt, daß die Kräfteverteilung, wie sie sich in den beiden Gruppen ergeben habe, die glücklichste Garantie für die Erhaltung des Weltfriedens oder jedenfalls doch des Friedens zwischen den Großmächten bilde. Auf der Hand läge es, daß die starken Rüstungen Deutschlands auch die anderen Mächte zu großen Ausgaben und Anstrengungen auf dem Gebiet der Rüstungen führen. Das sei natürlich höchst bedauerlich und zweifellos eine starke Belastungsprobe für ein friedliches Zusammenarbeiten.

Die österreichische Note an Serbien wird hier sehr milde beurteilt. Das hängt zum Teil wohl zusammen mit der gegenwärtigen Situation, denn die Ulsterfrage beherrscht die Stunde. Die Herren waren gestern abend ganz außerordentlich pessimistisch gestimmt.

Ich esse heute abend mit Winston Churchill und denke Montag nach Köln zu reisen, wo am 29. und 30. Juli Konferenzen der Nordatlantischen Schiffahrtsgesellschaft stattfinden.

181. Sonderjournal des russischen Ministerrates (Auszug): Beschluß der Kriegsvorbereitungsperiode. Russ. Dok. I. 5, 42—43.

25. Juli 1914

... Entsprechend der gegenwärtigen Wendung der diplomatischen Verhandlungen, und damit alle Ressorts die erforderlichen Maßnahmen für die Vorbereitung und die Sicherung einer erfolgreichen Mobilmachung der Armee, der Flotte und der Festungen und zur Konzentrierung der Armee an den Grenzen den mutmaßlichen Gegnern gegenüber ergreifen, hält es der Ministerrat nunmehr für gegeben, vom 26. Juli d. J. an auf dem ganzen Reichsgebiet die Verordnung über die Kriegsvorbereitungsperiode nach beiden Verzeichnissen in Kraft zu setzen, indem er gleichzeitig den Kriegminister ermächtigt, um die Allerhöchste Genehmigung Eurer Kaiserlichen Majestät nachzusuchen für die Ergreifung auch anderer, in den erwähnten Verzeichnissen nicht vorgesehener Maßnahmen im Militärressort, die er den Umständen entsprechend für notwendig hält, und unter späterer Mitteilung der ergriffenen Maßnahmen an den Ministerrat. Gemäß Artikel 2 der erwähnten Verordnung wird der Beginn der Kriegsvorbereitungsperiode nach Allerhöchst zu bestätigenden Verordnungen des Ministerrats festgesetzt.

In Anbetracht dessen beschließt der Ministerrat: vom 26. Juli an auf dem ganzen Reichsgebiet die Verordnung über die Kriegsvorbereitungsperiode nach beiden Verzeichnissen nach den in diesem Journal angegebenen Unterlagen in Kraft zu setzen ...

(Zar): Einverstanden.

Krasnoje Selo, 25. Juli 1914.

182. Vortragsaufzeichnung Sazonov für den Zaren: Beziehungen zu England, in Persien und auf dem Balkan. Russ. Dok. I. 5, 45—46.

25. Juli 1914

Ich nehme mir die Freiheit, Eurer Kaiserlichen Majestät beifolgend eine Darstellung der auf der Tagesordnung stehenden politischen Fragen zur geneigten Ansicht zu unterbreiten für den Fall, daß Eure Kaiserliche Majestät geruhen sollten, sie in einem Allerhöchsten Antwortschreiben an den König von England zu berühren.

Anlage

Die persischen Angelegenheiten machen keinerlei Sorge, da es Rußland und England bei dem gegenseitigen Wunsche, zu einer Verständigung zu gelangen, nicht schwer fallen wird, sich auf diesem Boden zu verständigen. Die russische Regierung ist von sich aus bereit, den Hauptwünschen der englischen Regierung entgegenzukommen in der Überzeugung, daß auch diese ihrerseits die Lebensinteressen Rußlands respektieren wird. Da Rußland großen Wert auf das 1907 erreichte Abkommen legt und die segensreichen Folgen zu schätzen weiß, die dieses bereits gezeitigt hat, wünscht es aufrichtig, auch in Zukunft die geordneten freundschaftlichen Beziehungen und die Einigung mit England auf diesem, wie auch auf den anderen Gebieten, aufrecht zu erhalten.

Im gegenwärtigen Augenblick tritt alles, was Persien betrifft, in den Hintergrund vor den durch die Verschärfung der österreichisch-serbischen Beziehungen hervorgerufenen Verwicklungen.

Die von Österreich in Belgrad gestellten Forderungen entsprechen weder inhaltlich noch ihrer Form nach denjenigen Versäumnissen, an denen der serbischen Regierung vielleicht eine Schuld beigemessen werden könnte. Wenn es auch zulässig war, diese um Vornahme einer Untersuchung bei sich auf Grund der durch die Untersuchung des Mordes von Sarajevo in Österreich-Ungarn zutage geförderten Daten zu bitten, so kann jedenfalls die Stellung von politischen Forderungen, die für keinen Staat annehmbar sind, nicht gerechtfertigt werden.

Der deutliche Zweck dieses Vorgehens — das anscheinend von Deutschland unterstützt wird — besteht darin, Serbien vollständig zu vernichten und das politische Gleichgewicht auf dem Balkan zu stören.

Es bestehen keine Zweifel, daß derartige unaufrichtige und herausfordernde Aktionen in England weder bei der Regierung noch bei der öffentlichen Meinung Sympathie finden können.

Falls Österreich weiterhin bei dieser Richtung beharrt, wird Rußland nicht imstande sein, gleichgültig zu bleiben, und man muß mit der Möglichkeit ernster internationaler Verwicklungen rechnen. Es steht zu hoffen, daß Rußland und England sich in diesem Falle beide zusammen auf Seiten des Rechts und der Gerechtigkeit befinden werden, und daß die uneigennützige Politik Rußlands, deren einziges Ziel es ist, die Schaffung einer Hegemonie Österreichs auf dem Balkan zu verhindern, von Seiten Englands tatkräftige Unterstützung finden wird.

Es ist unbedingt notwendig, über die Grenzen der gegenwärtigen Verwicklungen hinauszusehen und sich darüber Rechenschaft abzulegen, daß es sich jetzt um die Erhaltung des Gleichgewichts in Europa handelt, dem ernste Gefahr droht. Man darf hoffen, daß die jahrhundertealte Politik Englands, die darauf gerichtet ist, dieses Gleichgewicht zu erhalten, auch jetzt den Vermächtnissen der Vergangenheit treu bleiben wird.

183. Benckendorff, London, an Sazonov (Auszug): England und Neutralität.
Russ. Dok. I. 5, 51—52.

London, 25. Juli 1914

... Der Text der österreichischen Note hat in London wie eine Bombe gewirkt, so stark, daß trotz der höchst akuten Krise in der Ulsterfrage England diesmal erwacht ist und die drohende Gefahr begriffen hat.

Ihrem Pazifismus getreu, träumt die radikale Presse nur von sofortiger Unterwerfung Serbiens unter die österreichischen Forderungen. Die anderen Blätter sehen klarer. „Morning Post“ und „Times“ an der Spitze gehen direkt auf das Ziel los. In Wirklichkeit ist der allgemeine Eindruck, daß, wenn es Krieg gibt, England, was es auch tun mag, hineingezogen werden wird...

... Ich habe mit Grey alle Argumente noch einmal durchgesprochen, die Sie entwickelt haben. Es war mir nicht möglich, von ihm eine formellere und direktere Zusage zu erhalten. Das Motiv ist, glaube ich, daß, wenn er sich Deutschland gegenüber seine vollkommene Handlungsfreiheit für den Kriegsfall vorbehält, er sich auch die größeren Möglichkeiten, bis zur äußersten Grenze bei seinen Bemühungen um den Frieden zu beharren, erhalten will, welche ihm eben diese Handlungsfreiheit gibt.

Ich kann Ihnen zwar keine formelle Versicherung englischer militärischer Kooperation geben, doch habe ich kein einziges Symptom beobachtet — weder bei Grey, noch beim König, noch bei irgend jemand von Bedeutung —, daß England ernstlich beabsichtigt, neutral zu bleiben. Meine Beobachtungen führen mich stark zu dem entgegengesetzten Eindruck. Mit bestem Gewissen kann ich Ihnen nicht mehr darüber sagen...

184. Grey an Buchanan, St. Petersburg: Viermächtevorschlag.
Brit. Dok. XI. 1, 142—143.

Auswärtiges Amt, 25. Juli 1914

Ihr Telegramm No. 166 vom 24. Juli [78]. Österreich und Serbien.

Sie haben unter sehr schwierigen Umständen bezüglich Haltung Seiner

[78] Vgl. Nr. 179.

Majestät Regierung ganz richtige Sprache geführt. Ich bin vollkommen damit einverstanden und kann von seiten Seiner Majestät Regierung nicht mehr versprechen.

Ich bin nicht der Ansicht, daß hiesige öffentliche Meinung es gutheißen würde oder sollte, wenn wir wegen des serbischen Streitfalls in den Krieg träten.

Falls der Krieg aber ausbricht, könnten wir durch Entwicklung anderer Fragen hineingezogen werden, und ich bin daher bestrebt, den Krieg zu verhüten.

Der schroffe, unerwartete und peremtorische Charakter der österreichischen Demarche macht es fast unvermeidlich, daß Österreich und Rußland in kurzem gegeneinander mobilisiert haben werden. In diesem Falle scheint mir die einzige Friedensmöglichkeit darin zu liegen, daß die andern vier Mächte gemeinsam Österreich und Rußland auffordern, Grenze nicht zu überschreiten und den vier in Wien und St. Petersburg tätigen Mächten Zeit zu lassen, Beilegung der Sache zu versuchen.

Wenn Deutschland sich dieser Auffassung anschließt, bin ich entschieden der Ansicht, daß Frankreich und wir danach handeln sollten. Italien würde zweifellos gerne mitwirken.

Doch die Mitwirkung Deutschlands wäre notwendig. Weder Rußland noch Österreich würden eine diplomatische Intervention oder Vermittlung dulden, wenn sie nicht offensichtlich unparteiisch wäre und Freunde oder Verbündete beider Seiten einschlösse.

(Gleichlautend nach Paris No. 218/19: „Verständigen Sie Außenminister")

185. Buchanan, St. Petersburg, an Grey: Russische Mobilmachung. Frankreich mit Rußland. Druck auf England. Brit. Dok. XI. 1, 152—154.

St. Petersburg 25. Juli 1914

... Minister des Äußern sagte, Serbien sei durchaus bereit zu tun, was Sie vorgeschlagen und die schuldig Befundenen zu bestrafen, aber man könne von keinem unabhängigen Staat erwarten, erhobene politische Forderungen anzunehmen. Zufolge einer Unterredung, die er mit serbischem Gesandten gestern hatte, glaubte Minister des Äußern, daß serbische Regierung im Falle österreichischen Angriffs Belgrad räumen, ihre Truppen ins Innere zurückziehen und gleichzeitig Mächte um Beistand anrufen würde. Seine Exzellenz sprach sich für solch einen Appell aus. Die 1909 von Serbien übernommenen Verpflichtungen, auf die österreichisches Ultimatum verweist, seien Mächten und nicht Österreich gegenüber eingegangen und er möchte Frage auf internationale Grundlage gestellt sehen. Sollte Serbien Mächte anrufen, dann wäre Rußland durchaus bereit, sich abseits zu halten und Sache England, Frankreich, Italien und Deutschland zu überlassen. Es sei möglich, fügte er hinzu, daß Serbien vorschlüge, Frage Schiedsspruch zu unterwerfen.

Minister des Äußern teilte uns[79] dann mit, heute morgen habe Kaiser im Ministerrat unter seinem Vorsitz Entwurf kaiserlichen Ukases genehmigt, der erst veröffentlicht werden soll, wenn Minister des Äußern Augenblick für seine Inkraftsetzung gekommen erachtet, und der Mobilmachung von 1 100 000 Mann anordnet. Notwendige einleitende Vorbereitungen für Mobilmachung würden jedoch sofort begonnen werden. Als ich ernstliche Hoffnung ausdrückte, Rußland werde Krieg durch Mobilisierung nicht übereilt herbeiführen, ehe Sie Zeit gehabt hätten, ihren Einfluß zugunsten des Friedens geltend zu machen, versicherte mir Seine Exzellenz, daß Rußland keine aggressiven Absichten habe und zu Handlungen nur, wenn ihm aufgezwungen, schreiten werde.

Französischer Botschafter bemerkte sodann, er habe eine Anzahl Telegramme vom stellvertretenden Minister des Äußern erhalten; kein einziges von ihnen verrate geringstes Anzeichen von Unschlüssigkeit und er sei in der Lage, Seiner Exzellenz formelle Zusicherung zu geben, daß sich Frankreich vorbehaltlos an Seite Rußlands stelle.

Nachdem er ihm gedankt, wandte sich Außenminister an mich mit Frage: „Und Ihre Regierung?" Ich entgegnete, Sie gäben Lage noch nicht für verloren und Hauptsache sei, Zeit zu gewinnen. Ich wiederholte, was ich dem Kaiser in Audienz gesagt hatte . . ., daß England nämlich Rolle des Vermittlers in Berlin und Wien zweckmäßiger als Freund spielen könne, der sich, falls seine Ratschläge der Mäßigung unbeachtet blieben, eines Tages in einen Verbündeten verwandeln könnte, als wenn es sich sofort zum Verbündeten Rußlands erklären würde. Seine Exzellenz meinte, Deutschland sei leider überzeugt, daß es auf unsere Neutralität rechnen könne. Mit Ausnahme der „Times" stünde fast die gesamte Presse Englands auf seiten Österreichs, das Herr Gladstone mit „Hände weg" gewarnt habe. Die Sinne der Leute seien (Gruppe nicht entzifferbar). Sie verstünden nicht, daß Vorgehen Österreichs in Wahrheit gegen Rußland gerichtet sei. Es strebe danach, gegenwärtigen Status quo auf dem Balkan umzustürzen und dort seine eigene Hegemonie aufzurichten. Er glaubte nicht, daß Deutschland wirklich den Krieg wolle, aber seine Haltung würde durch die unsere bestimmt. Wenn wir uns entschlossen an die Seite Frankreichs und Rußlands stellten, gäbe es keinen Krieg, ließen wir sie

[79] Buchanan und Paléologue.

aber jetzt im Stich, so würden Ströme von Blut fließen und wir würden schließlich doch in den Krieg hineingezogen werden.

Französischer Botschafter bemerkte, französische Regierung würde sogleich wissen wollen, ob unsere Flotte bereit sei, die ihr durch englisch-französische Marinekonvention zugewiesene Rolle zu spielen. Er vermöge nicht zu glauben, daß England seinen beiden Freunden, die in dieser Sache Hand in Hand gingen, nicht beistehen werde.

Ich tat mein möglichstes, um Minister des Äußern zur Vorsicht zu mahnen, und warnte ihn, daß, wenn Rußland mobilisiere, Deutschland sich nicht mit bloßer Mobilmachung begnügen oder Rußland Zeit zur Ausführung der seinen lassen, sondern wahrscheinlich sofort den Krieg erklären würde. Seine Exzellenz versicherte mir nochmals, er wünsche den Konflikt nicht zu überstürzen, aber falls Deutschland Österreich nicht zurückzuhalten vermöge, könne ich Lage als verzweifelt betrachten. Rußland könne nicht zulassen, daß Österreich Serbien erdrücke und vorherrschende Macht auf dem Balkan werde, und Rußland würde, des französischen Beistandes sicher, alle Gefahren des Krieges auf sich nehmen. Unsere eigene Lage ist höchst gefahrvoll und wir werden zu wählen haben, ob wir Rußland aktiv unterstützen oder auf seine Freundschaft verzichten wollen. Wenn wir es jetzt im Stich lassen, können wir nicht hoffen, jenes freundschaftliche Zusammengehen mit ihm in Asien fortzusetzen, das von solch vitaler Bedeutung für uns ist. Haltung Italiens scheint, nach Minister des Äußern, lauwarm zu sein und Österreich hat es anscheinend nicht vorher zu Rate gezogen.

186. Berchtold an Szápáry, St. Petersburg (Auszug): Territoriales Désintéressement nicht berühren. Öst. A. VIII. 721.

25. Juli 1914

Euer Exzellenz Telegramm No. 160 vom 24. l. M. Ersuche Euer Exzellenz das Moment des territorialen Désintéressements vorläufig weder Herrn Sazonov noch Ihrem italienischen Kollegen gegenüber zu berühren . . .

187. Szögyény, Berlin, an Berchtold: Deutschland drängt. Öst. A. VIII. 704.

Berlin, 25. Juli 1914

Betreffs Schlußpassus Euer Exzellenz Telegrammes No. 258 von gestern (Antwort Grafen Mensdorff an Sir E. Grey) möchte ich bemerken, daß man hier allgemein als sicher voraussetzt, daß auf eventuelle abweisende Antwort Serbiens sofort unsere Kriegserklärung, verbunden mit kriegerischen Operationen, erfolgen werde. Man sieht hier in jeder Verzögerung des Beginnes der kriegerischen Operationen große Gefahr betreffs Einmischung anderer Mächte. Man rät uns dringendst sofort vorzugehen und Welt vor ein fait accompli zu stellen. Ich teile diese Ansicht des Auswärtigen Amtes vollkommen.

188. Berchtold an Szápáry, St. Petersburg: Österreichs Motive gegen Serbien.
Öst. A. VIII. 721—724.

25. Juli 1914

In dem Augenblicke, wo wir uns zu einem ernsten Vorgehen gegen Serbien entschlossen haben, sind wir uns natürlich auch der Möglichkeit eines sich aus der serbischen Differenz entwickelnden Zusammenstoßes mit Rußland bewußt gewesen. Wir konnten uns aber durch diese Eventualität nicht in unserer Stellungnahme gegenüber Serbien beirren lassen, weil grundlegende staatspolitische Considerationen uns vor die Notwendigkeit stellten, der Situation ein Ende zu machen, daß ein russischer Freibrief Serbien die dauernde, ungestrafte und unstrafbare Bedrohung der Monarchie ermögliche.

Für den Fall, als Rußland den Moment für die große Abrechnung mit den europäischen Zentralmächten bereits für gekommen erachten sollte und daher von vornherein zum Krieg entschlossen wäre, erscheint allerdings nachstehende Instruierung Euer Exzellenz überflüssig.

Es wäre aber immerhin möglich, daß Rußland die gegebene Gelegenheit als eine Verlegenheit empfinde, daß es nicht so angriffslustig und kriegsbereit ist, wie die Nowoje Wremia und die Birschewija Wjedomosti es glauben machen wollen und wie es Herr Poincaré und Herr Iswolski vielleicht wünschen mögen.

Es wäre denkbar, daß Rußland, nach der eventuellen Ablehnung unserer Forderungen durch Serbien und angesichts der sich für uns ergebenden Notwendigkeit eines bewaffneten Vorgehens, mit sich selbst zu Rate ginge und daß es sogar gewillt sein könnte, sich von dem aufbrausenden slavischen Solidaritätsgefühl nicht mitreißen zu lassen.

Dieser Situation sind die nachfolgenden Darlegungen angepaßt, die Euer Exzellenz im gegebenen Moment und in der Ihnen geeignet erscheinenden Weise und nach der von Ihnen zu ermessenden Opportunität bei Herrn Sasonoff und dem Herrn Ministerpräsidenten verwerten wollen:

Ich setze im allgemeinen voraus, daß Euer Exzellenz unter den gegenwärtigen Verhältnissen ein enges Einvernehmen mit Ihrem deutschen Kollegen hergestellt haben, der seitens seiner Regierung gewiß beauftragt worden sein dürfte, der russischen Regierung keinen Zweifel darüber zu lassen, daß Österreich-Ungarn im Falle eines Konfliktes mit Rußland nicht allein stehen würde.

Unseren Schritt in Belgrad dem Herrn russischen Minister des Äußern zu erklären und in überzeugender Weise verständlich zu machen, wird Euer Exzellenz wohl kaum gelingen.

Es gibt aber ein Moment, das seinen Eindruck auf den russischen Minister des Äußern nicht verfehlen kann und das ist die Betonung des Umstandes, daß die österreichisch-ungarische Monarchie, dem von ihr seit Jahrzehnten festgehaltenen Grundsatze entsprechend, auch in der gegenwärtigen Krise und bei der bewaffneten Austragung des Gegensatzes zu Serbien keinerlei eigennützige Motive verfolgt.

Die Monarchie ist territorial saturiert und trägt nach serbischem Besitz kein Verlangen. Wenn der Kampf mit Serbien uns aufgezwungen wird, so wird dies für uns kein Kampf um territorialen Gewinn, sondern lediglich ein Mittel der Selbstverteidigung und Selbsterhaltung sein.

Der Inhalt des Zirkularerlasses, der an sich schon beredt genug ist, wird in das rechte Licht gerückt durch das Dossier über die serbische Propaganda gegen die Monarchie und die Zusammenhänge, die zwischen dieser Propaganda und dem Attentat vom 28. Juni bestehen.

Auf dieses Dossier, das Euer Exzellenz mit einem speziellen Erlasse zukommt, (ich bemerke hier, um Mißverständnissen vorzubeugen, daß das Dossier den Mächten nur für den Fall einer Ablehnung unserer Forderungen übermittelt werden wird) wollen Euer Exzellenz die Aufmerksamkeit des Herrn russischen Ministers ganz speziell lenken und dartun, es sei eine in der Geschichte singuläre Erscheinung, daß eine Großmacht die aufrührerischen Umtriebe eines angrenzenden kleinen Staates durch so lange Zeit mit so beispielloser Langmut geduldet hätte wie Österreich-Ungarn jene Serbiens.

Die Hauptursache, warum wir so lange gleichmütig geblieben wären, sei darin zu suchen, daß wir Serbien nicht während jener Periode seiner staatlichen Entwicklung zur Rechenschaft ziehen wollten, in welcher es dem alten türkischen Erbfeind gegenüberstand.

Wir wollten keine Politik gegen das Aufstreben der christlichen Balkanstaaten machen und haben daher — trotzdem uns der geringe Wert serbischer Versprechungen bekannt war — nach der Annexionskrise vom Jahre 1908 zugelassen, daß sich Serbien beinahe um das Doppelte vergrößere.

Heute liegen die Dinge anders: Serbien hat seine Aspirationen der Türkei gegenüber durchgesetzt und die Monarchie kann gegen Serbien vorgehen, ohne sich dem Vorwurf auszusetzen, daß sie die freie Entwicklung des serbischen Staates behindern wolle.

Andererseits hat die subversive Bewegung, die in Serbien gegen die Monarchie genährt wird, inzwischen so exzessive Formen angenommen, daß das monarchische und dynastische Interesse durch die serbische Wühlarbeit bedroht erscheint.

Wir müssen annehmen, daß das konservative, kaisertreue Rußland ein energisches Vorgehen unserseits gegen diese Bedrohung aller staatlichen Ordnung begreiflich und sogar notwendig finden wird.

Daß wir bei unserem Vorgehen nicht von dem Wunsch einer Zurückdrängung des orthodoxen Slaventums geleitet sind, habe ich schon früher angedeutet.

Euer Exzellenz können dieses Moment dem Herrn russischen Minister des Äußern gegenüber auch mit dem Hinweis darauf entsprechend illustrieren, daß wir uns derzeit nur in einem Gegensatz zu Serbien befinden, während unsere Beziehungen zu Montenegro vollkommen normal und freundnachbarlich geblieben sind.

Wir haben uns in der Tat — was die nach Österreich-Ungarn getragene großserbische Agitation anbelangt — über Montenegro nicht zu beklagen und auch das Dossier, das Euer Exzellenz Herrn Sasonoff übergeben haben, enthält kein Material gegen das genannte Königreich. Wenn Euer Exzellenz in Ihrem Gespräch mit Herrn Sasonoff an diesem Punkte angelangt sein werden, wird der Moment gekommen sein, an die Aufstellung unserer Beweggründe und Absichten den Hinweis zu knüpfen, daß wir zwar — wie Euer Exzellenz bereits in der Lage gewesen wären, darzulegen — keinen territorialen Gewinn anstreben und auch die Souveränität des Königreiches nicht anzutasten gedächten, daß wir aber andererseits zur Durchsetzung unserer Forderungen bis zum Äußersten gehen und auch vor der Möglichkeit europäischer Verwicklungen nicht zurückschrekken würden.

Daß wir bisher, soweit es an uns lag, bestrebt waren, den Frieden zu erhalten, den auch wir als das kostbarste Gut der Völker betrachten, zeige der Verlauf der letzten 40 Jahre und die geschichtliche Tatsache, daß unser Allergnädigster Herr Sich den glorreichen Namen eines Hüters des Friedens erworben hätte.

Wir würden eine Störung des europäischen Friedens schon deshalb auf das lebhafteste bedauern, weil wir stets der Ansicht waren, daß die Aufteilung des türkischen Erbes und das Erstarken der Balkanstaaten zur staatlichen und politischen Selbständigkeit, auch alle Möglichkeit eines

Gegensatzes zwischen uns und Rußland beseitigt hätte; weil wir immer bereit waren, die wohlverstandenen großen politischen Interessen Rußlands bei unserer eigenen politischen Orientierung zu berücksichtigen und weil wir endlich immer gehofft hatten, daß die gleichen konservativen, monarchischen und dynastischen Interessen der drei Kaiserreiche nicht für alle Zukunft ohne heilsame Rückwirkung auf ihre politischen Beziehungen bleiben würde.

Eine weitere Duldung der serbischen Umtriebe hätte unsere staatliche Existenz untergraben, unseren Bestand als Großmacht, daher auch das europäische Gleichgewicht, in Frage gestellt. Wir sind aber überzeugt, daß es Rußlands eigenstes, von seinen friedlichen Staatsleitern wohlverstandenes Interesse ist, daß das gegenwärtige europäische, für den Weltfrieden so nützliche Gleichgewicht, erhalten bleibe. Unsere Aktion gegen Serbien, in welch' immer Form sie erfolgt, ist eine durchaus konservative und ihr Zweck die notwendige Erhaltung unserer europäischen Stellung.

189. Pourtalès, St. Petersburg, an Auswärtiges Amt (Auszug): Sazonov über österreichisches Ultimatum. DD I. 157—159.

St. Petersburg, 25. Juli 1914

(Unterredung mit Sazonov) . . . Minister, der *sehr erregt war* und sich in maßlosen Anklagen gegen Österreich-Ungarn ergeht, erklärte auf das bestimmteste, Rußland könne unmöglich zulassen, daß österreichisch-serbische Differenz zwischen beiden Beteiligten allein ausgetragen werde. Die Verpflichtungen, die Serbien nach der bosnischen Krisis übernommen habe, und auf welche österreichische Note anspielt, seien Europa gegenüber übernommen worden, folglich sei die Angelegenheit eine europäische, und es sei an *Europa, zu untersuchen,* ob Serbien diesen Verpflichtungen nachgekommen sei. Er beantragt daher, daß das Dossier über die Untersuchung den Kabinetten der sechs Mächte vorgelegt werde. Österreich könne nicht in eigener Sache Richter und Ankläger sein. Sasonow erklärte, die von Österreich-Ungarn in der Note behaupteten Tatsachen könne er in keiner Weise als bewiesen ansehen, die enquête flößt ihm vielmehr das größte Mißtrauen ein. Er fuhr fort, in der rein rechtlichen Frage könne Serbien, falls die behaupteten Tatsachen erwiesen seien, Österreich Satisfaktion geben, in den Forderungen politischer Art dagegen nicht. Ich weise darauf hin, daß es unmöglich sei, die rechtliche von der politischen Seite des Falles zu trennen, da das Attentat mit der großserbischen Propaganda unzertrennlich verbunden sei.

Ich versprach, seine Auffassung meiner Regierung zu übermitteln, glaubte aber nicht, daß wir unserem Verbündeten zumuten würden, das Resultat der von ihm geführten Untersuchung *noch einem europäischen Areopag vorzulegen.* Österreich werde sich gegen diese Zumutung ebenso wehren, wie jede Großmacht es ablehnen müsse, sich einem Schiedsgericht zu unterwerfen, wo ihre vitalen Interessen in Frage ständen.

Mein Hinweis auf das monarchische Prinzip machte auf den Minister wenig Eindruck. Rußland *wisse,* was es dem *monarchischen Prinzip schuldet,* um das es sich hier eben gar nicht handle. Ich habe Sasonow sehr ernst, aber unter Vermeidung alles, was als Drohung scheinen könnte, gebeten, sich von seinem Haß gegen Österreich nicht hinreißen zu lassen und *„keine schlechte Sache zu verteidigen"*. Rußland könne sich unmöglich zum Anwalt *von Königsmördern* machen.

Im Laufe des Gesprächs rief Sasonow aus: „Wenn Österreich-Ungarn Serbien verschlingt, werden wir mit ihm den Krieg führen"; hieraus läßt sich vielleicht schließen, daß Rußland erst in dem Fall zu den Waffen greifen würde, daß Österreich auf Kosten Serbiens territoriale Erwerbungen machen wollte. Auch der Wunsch einer Europäisierung der Frage scheint darauf hinzuweisen, daß ein sofortiges Einschreiten von Rußland nicht zu erwarten ist.

190. Lichnowsky, London, an Auswärtiges Amt (mit Randbemerkungen Wilhelms II.): Greys Warnung vor Krieg und Revolution. DD I. 154—156.

London, 24. Juli 1914

Sir E. Grey ließ mich soeben zu sich bitten. Der Minister war sichtlich stark unter Eindruck der österreichischen Note, die seiner Ansicht nach alles überträfe, was er bisher in dieser Art jemals gesehen habe. Er sagte, er habe bisher keine Nachricht aus Petersburg und wisse daher nicht, wie man dort die Sache auffasse. Er bezweifelt aber sehr, daß es der russischen Regierung möglich sein werde, der serbischen Regierung die bedingungslose Annahme der österreichischen Forderungen anzuempfehlen. Ein Staat, der so etwas annehme, höre doch eigentlich auf, als selbständiger Staat zu zählen. Es sei für ihn, Sir E. Grey, auch schwer, in diesem Augenblick in Petersburg irgendwelche Ratschläge zu geben[a]. Er könne nur h o f f e n, daß dort eine m i l d e und ruhige Auffassung der Lage Platz greife. Solange es sich um einen, wie Ew. Exz. in dem von mir Sir E. Grey gegenüber verwerteten Erlaß 1055 betonen, lokalisierten Streit zwischen

[a] das wäre sehr erwünscht. Es ist kein Staat im Europ. Sinne, sondern eine Räuberbande!

Österreich und Serbien handle, ginge ihn, Sir E. Grey, die Sache nichts an[b], anders würde die Frage aber, wenn die öffentliche Meinung in Rußland die Regierung zwinge, gegen Österreich vorzugehen.

Auf meine Bemerkung, daß man die Balkanvölker nicht mit demselben Maßstabe messen dürfe wie europäische Kulturvölker[c], und daß man daher ihnen gegenüber, das habe schon die barbarische Art ihrer Kriegführung gezeigt[d], eine andere Sprache führen müsse, wie etwa gegen Briten und Deutsche, entgegnete der Minister, daß, wenn auch er diese Auffassung vielleicht teilen könne, er doch nicht glaube, daß sie in Rußland geteilt werde[e]. Die Gefahr eines europäischen Krieges sei, falls Österreich serbischen Boden betrete[f], in nächster Nähe gerückt. Die Folgen eines solchen Kriegs zu vier, er betonte ausdrücklich die Zahl vier, und meinte damit Rußland, Österreich-Ungarn, Deutschland und Frankreich[g] seien vollkommen unabsehbar. Wie auch immer die Sache verlaufe, eines sei sicher, daß nämlich eine gänzliche Erschöpfung und Verarmung Platz greife, Industrie und Handel vernichtet und die Kapitalkraft zerstört würde. Revolutionäre Bewegungen wie im Jahre 1848 infolge der darniederliegenden Erwerbstätigkeit würden die Folge sein. Was Sir E. Grey am meisten beklagt, neben dem Ton der Note, ist die kurze Befristung, die den Krieg beinahe unvermeidlich mache. Er sagte mir, er würde bereit sein, mit uns zusammen im Sinne einer Fristverlängerung in Wien vorstellig zu werden[h], da sich dann vielleicht ein Ausweg finden lasse. Er bat mich, diesen Vorschlag Ew. Exz. zu übermitteln. Ferner regte er an, daß für den Fall einer gefährlichen Spannung zwischen Rußland und Österreich, die vier nicht unmittelbar beteiligten Staaten England, Deutschland, Frankreich und Italien zwischen Rußland und Österreich-Ungarn die Vermittlung übernehmen sollen[i]. Auch diesen Vorschlag bat er mich, Ew. Exz. zu unterbreiten.

[b] richtig
[c] richtig — sind eben keine!
[d] richtig
[e] dann sind die Russen eben auch nicht besser
[f] das wird sicher kommen
[g] er vergißt Italien
[h] nutzlos
[i] ist überflüssig! Da Österreich Rußland schon orientiert hat, und Grey ja nichts anderes vorschlagen kann. Ich tue nicht mit, nur wenn Österreich mich ausdrücklich darum bittet, was nicht wahrscheinlich. In Ehren- und *vitalen* Fragen konsultiert man Andere nicht.

Der Minister ist sichtlich bestrebt, alles zu tun, um einer europäischen Verwicklung vorzubeugen, und konnte sein lebhaftes Bedauern über den herausfordernden Ton der österreichischen Note und die kurze Befristung nicht verhehlen.

Von anderer Seite wird mir im Foreign Office gesagt, daß man Grund zur Annahme habe, daß Österreich die Widerstandskraft Serbiens sehr unterschätze. Es werde auf jeden Fall ein langwieriger, erbitterter Kampf werden, der Österreich ungemein schwächen und an dem es sich verbluten werde[k]. Auch will man wissen, daß die Haltung Rumäniens mehr als ungewiß sei, und daß man in Bukarest erklärt hätte, man würde gegen jeden sein, der angriffe.

191. Riezler, Tagebuch: Zu Österreichs Note. Riezler, Tagebücher 190—191.

Hohenfinow, 25. Juli 1914

Gestern nachmittag in Berlin, heute früh wieder hier. Der Kanzler die letzten Tage beinahe immer am Telefon. Anscheinend Vorbereitungen auf alle Eventualitäten, Besprechungen mit den Militärs, über die nichts gesagt wird. Handelsflotte ist gewarnt. Havenstein[80] finanzielle Mobilmachung. Bis jetzt durfte nichts gemacht werden, was nach außen hervortritt. Große Bewegung. Die österreichische Note nicht geschickt, viel zu lang. Die ersten Telegramme über die Aufnahme der österreichischen Mitteilungen an die Großmächte sind da, in einer Stunde geht es nach Berlin. Was will das Schicksal? Aber das Schicksal ist zumeist ganz dumm und unbewußt und verheddert sich in lauter Zufällen. Wer es packt, der hat es. Aber es ist in dieser verflucht verwirrten modernen Welt so vielgestaltig geworden, weder zu berechnen noch zu greifen. Zuviel Faktoren auf einmal.

[k] Unsinn, er kann England Persien bringen

[80] Rudolf Havenstein, Präsident des Reichsbankdirektoriums.

192. Note der serbischen Regierung und Anmerkungen des österreichischen Außenministeriums: Antwort auf das Ultimatum. Öst. A. VIII. 814—822.

25. bzw. 28. Juli 1914

Übersetzung

Die königl. serbische Regierung hat die Mitteilung der k. und k. Regierung vom 23. d. M. erhalten und ist überzeugt, daß ihre Antwort jedes Mißverständnis zerstreuen wird, welches die freundnachbarlichen Beziehungen zwischen der österreichisch-ungarischen Monarchie und dem Königreiche Serbien zu stören droht.

Die königliche Regierung ist sich bewußt, daß der großen Nachbarmonarchie gegenüber bei keinem Anlasse jene Proteste erneuert wurden, die seinerzeit sowohl in der Skupschtina, als auch in Erklärungen und Handlungen der verantwortlichen Vertreter des Staates zum Ausdrucke gebracht wurden und die durch die Erklärung der serbischen Regierung vom 31. März 1909 ihren Abschluß gefunden haben, sowie weiters, daß seit jener Zeit weder von den verschiedenen einander folgenden Regierungen des Königreiches, noch von deren Organen der Versuch unternommen wurde, den in Bosnien und der Herzegowina geschaffenen politischen und rechtlichen Zustand zu ändern. Die königliche Regierung stellt fest, daß die k. und k. Regierung in dieser Richtung keinerlei Vorstellungen erhoben hat, abgesehen von dem Falle eines Lehr-

Anmerkungen

Die königl. serbische Regierung beschränkt sich darauf festzustellen, daß seit Abgabe der Erklärung vom 31. März 1909 von seiten der serbischen Regierung und ihrer Organe kein Versuch zur Änderung der Stellung Bosniens und der Herzegowina unternommen wurde.

Damit verschiebt sie in bewußt willkürlicher Weise die Grundlagen unserer Demarche, da wir nicht die Behauptung aufgestellt haben, daß sie und ihre Organe in dieser Richtung offiziell irgend etwas unternommen hätten.

Unser Gravamen geht vielmehr dahin, daß sie es trotz der in der zitierten Note übernommenen Verpflichtungen unterlassen hat, die gegen die territoriale Integrität der Monarchie gerichtete Bewegung zu unterdrücken.

Ihre Verpflichtung bestand also darin, die ganze Richtung ihrer Politik zu ändern und zur öster-

buches, hinsichtlich dessen die k. und k. Regierung eine vollkommen befriedigende Aufklärung erhalten hat. Serbien hat während der Dauer der Balkankrise in zahlreichen Fällen Beweise für seine pazifistische und gemäßigte Politik geliefert, und es ist nur Serbien und den Opfern, die es ausschließlich im Interesse des europäischen Friedens gebracht hat, zu danken, wenn dieser Friede erhalten geblieben ist.

Die königliche Regierung kann nicht für Äußerungen privaten Charakters verantwortlich gemacht werden, wie es Zeitungsartikel und die friedliche Arbeit von Gesellschaften ist, Äußerungen, die fast in allen Ländern ganz gewöhnliche Erscheinungen sind und die sich im allgemeinen der staatlichen Kontrolle entziehen. Dies um so weniger, als die königliche Regierung bei der Lösung einer ganzen Reihe von Fragen, die zwischen Serbien und Österreich-Ungarn aufgetaucht waren, großes Entgegenkommen bewiesen hat, wodurch es ihr gelungen ist, deren größeren Teil zugunsten des Fortschrittes der beiden Nachbarländer zu lösen.

Die königliche Regierung war deshalb durch die Behauptungen, daß Angehörige Serbiens an der Vorbereitung des in Sarajevo verübten Attentates teilgenommen hätten, schmerzlich überrascht. Sie hatte erwartet, zur Mitwirkung bei

reichisch-ungarischen Monarchie in ein freundnachbarliches Verhältnis zu treten, nicht bloß die Zugehörigkeit Bosniens zur Monarchie offiziell nicht anzutasten.

Die Behauptung der königl. serbischen Regierung, daß die Äußerungen der Presse und die Tätigkeit von Vereinen privaten Charakter haben und sich der staatlichen Kontrolle entziehen, steht im vollen Widerspruche zu den Einrichtungen moderner Staaten, selbst der freiheitlichsten Richtung, auf dem Gebiete des Preß- und Vereinsrechtes, das einen öffentlich rechtlichen Charakter hat und Presse sowie Vereine der staatlichen Aufsicht unterstellt. Übrigens sehen auch die serbischen Einrichtungen eine solche Aufsicht vor. Der gegen die serbische Regierung erhobene Vorwurf geht eben dahin, daß sie es gänzlich unterlassen hat, ihre Presse und ihre Vereine zu beaufsichtigen, deren Wirken im monarchiefeindlichen Sinne sie kannte.

Diese Behauptung ist unrichtig; die serbische Regierung war über den gegen ganz bestimmte Personen

den Nachforschungen über dieses Verbrechen eingeladen zu werden und war bereit, um ihre volle Korrektheit durch Taten zu beweisen, gegen alle Personen vorzugehen, hinsichtlich welcher ihr Mitteilungen zugekommen wären.

Den Wünschen der k. und k. Regierung entsprechend, ist die königliche Regierung somit bereit, dem Gerichte ohne Rücksicht auf Stellung und Rang jeden serbischen Staatsangehörigen zu übergeben, für dessen Teilnahme an dem Sarajevoer Verbrechen ihr Beweise geliefert werden sollten; sie verpflichtet sich insbesondere, auf der ersten Seite des Amtsblattes vom 26. Juli folgende Enunziation zu veröffentlichen:

„Die königl. serbische Regierung verurteilt jede Propaganda, die gegen Österreich-Ungarn gerichtet sein sollte, d. h. die Gesamtheit der Bestrebungen, die in letzter Linie auf die Losreißung einzelner Gebiete von der österreichisch-ungarischen Monarchie abzielen, und sie bedauert aufrichtig die traurigen Folgen dieser verbrecherischen Machenschaften.

bestehenden Verdacht genau unterrichtet und nicht nur in der Lage, sondern auch nach ihren internen Gesetzen verpflichtet, ganz spontan Erhebungen einzuleiten. Sie hat in dieser Richtung gar nichts unternommen.

Unsere Forderung lautete:

„Die königl. serbische Regierung verurteilt die gegen Österreich-Ungarn gerichtete Propaganda ...“

Die von der königl. serbischen Regierung vorgenommene Änderung der von uns geforderten Erklärung will sagen, daß eine solche gegen Österreich-Ungarn gerichtete Propaganda nicht besteht oder daß ihr eine solche nicht bekannt ist. Diese Formel ist unaufrichtig und hinterhältig, da sich die serbische Regierung damit für später die Ausflucht reserviert, sie hätte die derzeit bestehende Propaganda durch diese Erklärung nicht desavouiert und nicht als monarchiefeindlich anerkannt, woraus sie weiter ableiten könnte, daß sie zur Unterdrückung einer der jetzigen Propaganda gleichen nicht verpflichtet sei.

Die königliche Regierung bedauert, daß laut der Mitteilung der k. und k. Regierung gewisse serbische Offiziere und Funktionäre an der eben genannten Propaganda mitgewirkt und daß diese damit die freundnachbarlichen Beziehungen gefährdet hätten, zu deren Beobachtung sich die königliche Regierung durch die Erklärung vom 31. März 1909 feierlich verpflichtet hatte.

Die Regierung ...“ gleichlautend mit dem geforderten Texte.

Die von uns geforderte Formulierung lautete:

„Die königliche Regierung bedauert, daß serbische Offiziere und Funktionäre ... mitgewirkt haben ...“

Auch mit dieser Formulierung und dem weiteren Beisatze „laut der Mitteilung der k. und k. Regierung“ verfolgt die serbische Regierung den bereits oben angedeuteten Zweck, sich für die Zukunft freie Hand zu wahren.

Die königliche Regierung verpflichtet sich weiters:

1. Anläßlich des nächsten ordnungsmäßigen Zusammentrittes der Skupschtina in das Preßgesetz eine Bestimmung einzuschalten, wonach die Aufreizung zum Hasse und zur Verachtung gegen die Monarchie sowie jede Publikation strengstens bestraft würde, deren allgemeine Tendenz gegen die territoriale Integrität Österreich-Ungarns gerichtet ist.

Sie verpflichtet sich, anläßlich der demnächst erfolgenden Revision der Verfassung in den Artikel XXII des Verfassungsgesetzes einen Zusatz aufzunehmen, der die Konfiskation derartiger Publikationen gestattet, was nach den klaren Bestimmungen des Artikels XXII der Konstitution derzeit unmöglich ist.

Wir hatten gefordert:

1. Jede Publikation zu unterdrücken, die zum Hasse und zur Verachtung gegen die Monarchie aufreizt und deren allgemeine Tendenz gegen die territoriale Integrität der Monarchie gerichtet ist.“

Wir wollten also die Verpflichtung Serbiens herbeiführen, dafür zu sorgen, daß derartige Preßangriffe in Hinkunft unterbleiben; wir wünschten also einen bestimmten Erfolg auf diesem Gebiete sichergestellt zu wissen.

Statt dessen bietet uns Serbien die Erlassung gewisser Gesetze an, welche als Mittel zu diesem Erfolge dienen sollen, u. zw.:

a) ein Gesetz, womit die fraglichen monarchiefeindlichen Preßäußerungen subjektiv bestraft werden sollen, was uns ganz gleichgültig ist, um so mehr, als bekanntermaßen die subjektive Verfolgung von Preßdelikten äußerst selten möglich ist und bei einer entsprechend laxen Behandlung eines solchen Gesetzes auch die wenigen Fälle dieser Art nicht zur Bestrafung kommen würden; also ein Vorschlag, der unserer Forderung in keiner Weise entgegenkommt, da er uns nicht die geringste Garantie für den von uns gewünschten Erfolg bietet;

b) ein Nachtragsgesetz zu Art. XXII der Konstitution, das die Konfiskation gestatten würde — ein Vorschlag, der uns gleichfalls nicht befriedigen kann, da der Bestand eines solchen Gesetzes in Serbien uns nichts nützt, sondern nur die Verpflichtung der Regierung, es auch anzuwenden, was uns aber nicht versprochen wird.

Diese Vorschläge sind also vollkommen unbefriedigend — dies um so mehr, als sie auch in der Richtung evasiv sind, daß uns nicht gesagt wird, innerhalb welcher Frist diese Gesetze erlassen würden und daß im Falle der Ablehnung der Gesetzvorlagen durch die Skupschtina — von der eventuellen Demission der Regierung abgesehen — alles beim alten bliebe.

2. Die Regierung besitzt keinerlei Beweise dafür und auch die Note der k. und k. Regierung liefert ihr keine solchen, daß der Verein „Narodna odbrana“ und andere ähnliche Gesellschaften bis zum heutigen Tage durch eines ihrer Mitglieder irgendwelche verbrecherischen Handlungen dieser Art begangen hätten. Nichtsdestoweniger wird die königliche Regierung die Forderung der k. und k. Regierung

Die monarchiefeindliche Propaganda der Narodna odbrana und der ihr affiliierten Vereine erfüllt in Serbien das ganze öffentliche Leben; es ist daher eine ganz unzulässige Reserve, wenn die serbische Regierung behauptet, daß ihr darüber nichts bekannt ist.

Ganz abgesehen davon ist die von uns aufgestellte Forderung nicht zur Gänze erfüllt, da wir überdies verlangt haben:

annehmen und die Gesellschaft Narodna odbrana sowie jede Gesellschaft, die gegen Österreich-Ungarn wirken sollte, auflösen.

3. Die königl. serbische Regierung verpflichtet sich, ohne Verzug aus dem öffentlichen Unterrichte in Serbien alles auszuscheiden, was die gegen Österreich-Ungarn gerichtete Propaganda fördern könnte, falls ihr die k. und k. Regierung tatsächliche Nachweise für diese Propaganda liefert.

4. Die königl. Regierung ist auch

Die Propagandamittel dieser Gesellschaften zu konfiszieren;

die Neubildung der aufgelösten Gesellschaften unter anderen Namen und in anderer Gestalt zu verhindern.

In diesen beiden Richtungen schweigt das Belgrader Kabinett vollkommen, so daß uns auch durch die gegebene halbe Zusage keine Garantie dafür geboten ist, daß dem Treiben der monarchiefeindlichen Assoziationen, insbesondere der Narodna odbrana, durch deren Auflösung definitiv ein Ende bereitet wäre.

Auch in diesem Falle verlangt die serbische Regierung erst Nachweise dafür, daß im öffentlichen Unterrichte Serbiens eine monarchiefeindliche Propaganda getrieben wird, während sie doch wissen muß, daß die bei den serbischen Schulen eingeführten Lehrbücher in dieser Richtung zu beanstandenden Stoff enthalten und daß ein großer Teil der serbischen Lehrer im Lager der Narodna odbrana und der ihr affilierten Vereine steht.

Übrigens hat die serbische Regierung auch hier einen Teil unserer Forderung nicht so erfüllt, wie wir es verlangt haben, indem sie in ihrem Texte den von uns gewünschten Beisatz „sowohl was den Lehrkörper als auch was die Lehrmittel anbelangt", wegließ — ein Beisatz, welcher ganz klar zeigt, wo die monarchiefeindliche Propaganda in der serbischen Schule zu suchen ist.

Indem die königl. serbische Re-

bereit, jene Offiziere und Beamten aus dem Militär- und Zivildienste zu entlassen, hinsichtlich welcher durch gerichtliche Untersuchung festgestellt wird, daß sie sich Handlungen gegen die territoriale Integrität der Monarchie haben zuschulden kommen lassen; sie erwartet, daß ihr die k. und k. Regierung zwecks Einleitung des Verfahrens die Namen dieser Offiziere und Beamten und die Tatsachen mitteilt, welche denselben zur Last gelegt werden.

gierung die Zusage der Entlassung der fraglichen Offiziere und Beamten aus dem Militär- und Zivildienste an den Umstand knüpft, daß diese Personen durch ein Gerichtsverfahren schuldig befunden werden, schränkt sie ihre Zusage auf jene Fälle ein, in denen diesen Personen ein strafgesetzlich zu ahndendes Delikt zur Last liegt. Da wir aber die Entfernung jener Offiziere und Beamten verlangen, die monarchiefeindliche Propaganda betreiben, was ja im allgemeinen in Serbien kein gerichtlich strafbarer Tatbestand ist, erscheint unsere Forderung auch in diesem Punkte nicht erfüllt.

5. Die königliche Regierung muß bekennen, daß sie sich über den Sinn und die Tragweite jenes Begehrens der k. und k. Regierung nicht volle Rechenschaft geben kann, welches dahin geht, daß die königl. serbische Regierung sich verpflichten soll, auf ihrem Gebiete die Mitwirkung von Organen der k. und k. Regierung zuzulassen, doch erklärt sie, daß sie jene Mitwirkung anzunehmen bereit wäre, welche den Grundsätzen des Völkerrechtes und des Strafprozesses sowie den freundnachbarlichen Beziehungen entsprechen würde.

Mit dieser Frage hat das allgemeine Völkerrecht ebensowenig etwas zu tun wie das Strafprozeßrecht; es handelt sich um eine Angelegenheit rein staatspolizeilicher Natur, die im Wege einer besonderen Vereinbarung zu lösen ist. Die Reserve Serbiens ist daher unverständlich und wäre bei ihrer vagen, allgemeinen Form geeignet, zu unüberbrückbaren Schwierigkeiten bei Abschluß des zu treffenden Abkommens zu führen.

6. Die königliche Regierung hält es selbstverständlich für ihre Pflicht, gegen alle jene Personen eine Untersuchung einzuleiten, die an dem Komplotte vom 28. Juni beteiligt waren oder beteiligt gewesen sein sollen und die sich auf ihrem Ge-

Unser Verlangen war ganz klar und nicht mißzuverstehen. Wir begehrten:

1. Einleitung einer gerichtlichen Untersuchung gegen die Teilnehmer am Komplotte.

2. Die Mitwirkung von k. und k.

biete befinden. Was die Mitwirkung von hierzu speziell delegierten Organen der k. und k. Regierung an dieser Untersuchung anbelangt, so kann sie eine solche nicht annehmen, da dies eine Verletzung der Verfassung und des Strafprozeßgesetzes wäre. Doch könnten den österreichisch-ungarischen Organen in einzelnen Fällen Mitteilung von dem Ergebnisse der Untersuchung gemacht werden.

7. Die königliche Regierung hat noch am Abend des Tages, an dem ihr die Note zukam, die Verhaftung des Majors Voïslav Tankosić verfügt.

Was aber den Milan Ciganović anbelangt, der ein Angehöriger der österr.-ungar. Monarchie ist, und

Organen an den hierauf bezüglichen Erhebungen („recherches" im Gegensatze zu „enquête judiciaire").

Es ist uns nicht beigefallen, k. und k. Organe an dem serbischen Gerichtsverfahren teilnehmen zu lassen; sie sollten nur an den polizeilichen Vorerhebungen mitwirken, welche das Material für die Untersuchung herbeizuschaffen und sicherzustellen hatten.

Wenn die serbische Regierung uns hier mißversteht, so tut sie dies bewußt, denn der Unterschied zwischen „enquête judiciaire" und den einfachen „recherches" muß ihr geläufig sein.

Da sie sich jeder Kontrolle des einzuleitenden Verfahrens zu entziehen wünscht, das bei korrekter Durchführung höchst unerwünschte Ergebnisse für sie liefern würde und da sie keine Handhabe besitzt, in plausibler Weise die Mitwirkung unserer Organe am polizeilichen Verfahren abzulehnen (Analogien für solche polizeilichen Interventionen bestehen in großer Menge), hat sie sich auf einen Standpunkt begeben, der ihrer Ablehnung den Schein der Berechtigung geben und unserem Verlangen den Stempel der Unerfüllbarkeit aufdrücken soll.

Diese Antwort ist hinterhältig.

Ciganović ging laut der von uns veranlaßten Nachforschungen drei

der bis zum 28. Juni (als Aspirant) bei der Eisenbahndirektion bedienstet war, so konnte dieser bisher nicht ausgeforscht werden, weshalb ein Steckbrief gegen ihn erlassen wurde.

Die k. und k. Regierung wird gebeten, zwecks Durchführung der Untersuchung so bald als möglich, die bestehenden Verdachtsgründe und die bei der Untersuchung in Sarajevo gesammelten Schuldbeweise in der üblichen Form bekanntzugeben.

Tage nach dem Attentate, als bekannt wurde, daß Ciganović an dem Komplotte beteiligt sei, auf Urlaub und begab sich über Auftrag der Polizeipräfektur in Belgrad nach Ribari. Es ist also zunächst unrichtig, daß Ciganović schon am 28. Juni aus dem serbischen Staatsdienste schied. Hierzu kommt, daß der Polizeipräfekt von Belgrad, der die Abreise des Ciganović selbst veranlaßt hat und der wußte, wo dieser sich aufhalte, in einem Interview erklärte, ein Mann namens Milan Ciganović existiere in Belgrad nicht.

8. Die serbische Regierung wird die bestehenden Maßnahmen wegen Unterdrückung des Schmuggels von Waffen und Explosivstoffen verschärfen und erweitern.

Es ist selbstverständlich, daß sie sofort eine Untersuchung einleiten und jene Beamten des Grenzdienstes in der Linie Šabac—Ložnica streng bestrafen wird, die ihre Pflicht verletzt und die Urheber des Verbrechens die Grenze haben überschreiten lassen.

9. Die königliche Regierung ist gerne bereit, Aufklärung über die Äußerungen zu geben, welche ihre Beamten in Serbien und im Auslande nach dem Attentate in Interviews gemacht haben und die nach der Behauptung der k. und k. Regierung der Monarchie feindselig waren, sobald die k. und k. Regierung die Stellen dieser Ausführungen bezeichnet und bewiesen haben wird, daß diese Äußerungen von den betreffenden Funktionären tat-

Der königl. serbischen Regierung müssen die bezüglichen Interviews ganz genau bekannt sein. Wenn sie von der k. und k. Regierung verlangt, daß diese ihr allerlei Details über diese Interviews liefere und sich eine förmliche Untersuchung hierüber vorbehält, zeigt sie, daß sie auch diese Forderung nicht ernstlich erfüllen will.

sächlich gemacht worden sind. Die königliche Regierung wird selbst Sorge tragen, die nötigen Beweise und Überführungsmittel hierfür zu sammeln.

10. Die königliche Regierung wird, insofern dies nicht schon in dieser Note geschehen ist, die k. und k. Regierung von der Durchführung der in den vorstehenden Punkten enthaltenen Maßnahmen in Kenntnis setzen, sobald eine dieser Maßregeln angeordnet und durchgeführt wird.

Die königl. serbische Regierung glaubt, daß es im gemeinsamen Interesse liegt, die Lösung dieser Angelegenheit nicht zu überstürzen und ist daher, falls sich die k. und k. Regierung durch diese Antwort nicht für befriedigt erachten sollte, wie immer bereit, eine friedliche Lösung anzunehmen, sei es durch Übertragung der Entscheidung dieser Frage an das internationale Gericht im Haag, sei es durch Überlassung der Entscheidung an die Großmächte, welche an der Ausarbeitung der von der serbischen Regierung am 31. März 1909 abgegebenen Erklärung mitgewirkt haben.

193. Pourtalès, St. Petersburg, an Auswärtiges Amt: Sazonovs Friedensbeteuerung und das Gleichgewicht auf dem Balkan. DD I. 197—198.

St. Petersburg, 26. Juli 1914

Habe Sasonow, mit dem ich eben wieder lange Unterredung hatte, heute viel ruhiger und versöhnlicher gefunden. Er betont mit der größten Wärme, daß Rußland nichts ferner liege, als Krieg zu wünschen, daß es vielmehr bereit sei, alle Mittel zu erschöpfen, um denselben zu vermeiden, man müsse durchaus, und er bäte uns dringend, dabei zu helfen, eine Brücke finden, um einerseits den österreichischen Forderungen, deren Berechtigung er, soweit sie sich direkt auf die Verfolgung der Urheber des Attentats bezögen, anerkenne, Genugtuung zu verschaffen. Einige Forderungen jedoch, welche direkt Angriffe gegen serbische Souveränität bedeuteten, müßten abgeschwächt werden, und er bitte im Interesse des Friedens dringend um Mitwirkung aller Mächte, auch Deutschlands, um Wiener Kabinett zu einer Milderung einiger Punkte zu bewegen, es sei falsch, zu glauben, daß hiesige Politik sich lediglich durch „Sympathien" leiten lasse. Für Rußland sei aber das Gleichgewicht auf dem Balkan Lebensfrage, und es könne daher eine Herabdrückung Serbiens zu Vasallenstaat Österreichs unmöglich dulden. Von Vorschlägen über Revision österreichischer Untersuchung durch Europa war nicht mehr die Rede. Dagegen scheint Minister Idee einer Vermittlung vorzuschweben, bei der Deutschland und Italien Rolle spielen könnten.

Ich habe Sasonow gegenüber besonders betont, daß, wenn Österreich wirklich, wie er glaube, nach Vorwand suche, um über Serbien herzufallen, man jetzt bereits von Beginn österreichischer Aktion höre.

Dieser Hinweis schien zur Beruhigung des Ministers beizutragen.

194. a) Nicolson an Grey, b) Grey an Clerk: Viererkonferenz. Greys Einverständnis. Brit. Dok. XI. 1, 163.

(26. Juli 1914)

(a) Ich glaube, unsere einzige Hoffnung, einen allgemeinen Konflikt zu verhüten, besteht darin, daß wir sofort die Anregung Sazonovs laut zweitem Absatz des Ihnen heute morgen zugehenden Telegramms Buchanans No. 169 [81] aufgreifen und daß Sie nach Berlin, Paris und Rom telegraphieren, man möge die betreffenden hiesigen Botschafter ermächtigen, zu einer Konferenz mit Ihnen zusammenzutreten, um einen Ausweg zur Vermeidung von Verwicklungen zu suchen, und daß Wien, Serbien und St. Petersburg ersucht werden sollen, bis zu Ergebnissen der Konferenz allseitig von aktiven militärischen Operationen abzusehen. Dies Telegramm wäre gleichlautend nach Wien, Belgrad und St. Petersburg zur Mitteilung an Minister des Äußern mit Weisung zu schicken, danach zu trachten, daß vorgeschlagene Verpflichtungen bezüglich militärischer Fragen zugestanden werden, da von dieser Zusicherung Zusammentritt der

[81] Vgl. Nr. 185.

Konferenz notwendigerweise abhängen würde. Wenn Sie einverstanden, bitte an Resident Clerk zu telegraphieren, dem ich Telegrammentwürfe im obigen Sinn übergebe.

Itchen Abbas, 26. Juli 1914

(**b**) Ich bin mit Nicolsons Telegrammentwürfen einverstanden und sie sind abzusenden.

195. Lichnowsky, London, an Auswärtiges Amt: Viererkonferenz. Lokalisierung des Konflikts unmöglich. DD I. 208—209.

London, 26. Juli 1914

Habe soeben Sir A. Nicolson und Sir W. Tyrrell gesprochen. Nach hier vorliegenden Nachrichten steht allgemeine Einberufung russischer Reservisten nicht bevor, sondern nur partielle Mobilisierung fern unseren Grenzen. Beide Herren erblicken im Vorschlage Sir E. Greys, hier Konferenz zu vier abzuhalten, einzige Möglichkeit, allgemeinen Krieg zu vermeiden und hoffen, daß es hierbei gelingen werde, Österreich volle Genugtuung zu verschaffen, da Serbien eher geneigt sein würde, dem Druck der Mächte zu weichen und sich in deren vereinten Willen zu fügen als den Drohungen Österreichs. Unbedingte Voraussetzung sei aber für Gelingen der Konferenz und für Erhaltung Friedens, daß alle militärischen Bewegungen unterblieben. Sei erst serbische Grenze überschritten, so wäre alles verloren, denn keine russische Regierung würde dies dulden können und zum Angriff gegen Österreich zu schreiten gezwungen sein, falls sie nicht ihrer Stellung bei den Balkanstaaten für immer verlustig gehen wollte. Sir W. Tyrrell, der Sir E. Grey noch gestern abend gesehen hat und von dessen Ansichten genau unterrichtet ist, wies mich wiederholt und mit Nachdruck auf die ungeheure Wichtigkeit hin, daß bis zur Erledigung der Konferenzfrage serbisches Gebiet nicht berührt werde, da sonst alle Bemühungen vergeblich und der Weltkrieg unabwendbar sei. Die in Berlin erhoffte Lokalisierung des Konflikts sei vollkommen unmöglich und müsse aus der praktischen Politik ausscheiden. Gelänge uns beiden, Sr. M. dem Kaiser bzw. dessen Regierung und Vertretern im Verein mit Sir E. Grey, den europäischen Frieden zu retten, so seien die deutsch-englischen Beziehungen für immerwährende Zeiten auf eine sichere Grundlage gestellt. Gelänge dies nicht, so stehe alles in Frage.

Ich möchte dringend davor warnen, an die Möglichkeit der Lokalisierung auch fernerhin zu glauben, und die gehorsamste Bitte aussprechen, unsere Haltung einzig und allein von der Notwendigkeit leiten zu lassen, dem deutschen Volke einen Kampf zu ersparen, bei dem es nichts zu gewinnen und alles zu verlieren hat.

Sir E. Grey kehrt heute abend zurück.

196. Nicolson an Grey (Auszug): Prinz Heinrichs Warnung vor russischer Revolution. Brit. Dok. XI. 1, 165—166.

Cadogan Gardens 53, S. W., 26. Juli 1914

... Ich habe mit Stamfordham[82] zu Mittag gespeist. Er erzählte mir, Prinz Heinrich sei gestern herübergekommen und habe heute morgen mit dem König gefrühstückt. Prinz Heinrich sagte, wenn Rußland marschiere, gebe es im Innern Revolution und die Dynastie würde gestürzt werden. Das ist Unsinn — aber es zeigt, wie eifrig die Deutschen bestrebt sind, uns vorzumachen, daß Rußland ruhig bleiben werde, und auszustreuen, daß wir uns ebenso still verhalten werden — ein törichtes Verfahren — (Prinz Heinrich ist nach Deutschland zurückgekehrt).

197. Churchill, Memoiren: Mobilmachung der englischen Flotte. Churchill, Weltkrisis 146—147.

26. Juli 1914

Um 12 Uhr sprach ich nochmals mit dem Ersten Seelord[83]. Er las mir einige Artikel vor, die Neuigkeiten aus verschiedenen Hauptstädten brachten, denen zwar keine entscheidende Bedeutung beigemessen werden konnte, die aber alle die ständige Erhöhung der Temperatur erkennen ließen. Ich fragte ihn, ob alle Reservisten schon entlassen seien. Er bejahte. Ich beschloß, nach London zurückzukehren und meldete mich für 9 Uhr bei ihm an; inzwischen sollte er alles Erforderliche veranlassen.

Prinz Louis erwartete mich in der Admiralität. Die Lage war offenbar verfahren. Die Extrablätter vom Sonntag ließen erkennen, daß die Erregung in fast allen europäischen Hauptstädten auf das Höchste gesteigert war. Der Erste Seelord hatte auf unser Ferngespräch hin der Flotte den Befehl gegeben, zusammenzubleiben. Vier Monate später nahm ich Ver-

[82] Privatsekretär König Georgs V.

[83] Prinz Louis Battenberg.

anlassung, hierauf in meinem Brief an ihn zurückzukommen, in dem ich seiner Bitte um seine Entlassung entsprach. Es war mir eine Genugtuung, in diesem für ihn schmerzlichen und sorgenvollen Augenblick öffentlich dartun zu können, daß er es gewesen war, der den ersten Befehl erlassen hatte, durch den die allgemeine Mobilmachung unserer Flotte eingeleitet wurde.

Ich ging dann zu Sir Edward Grey herum, der mein Haus am Eccleston-Square 33 gemietet hatte. Nur Sir William Tyrrell war bei ihm. Ich teilte ihm mit, daß wir die Flotte zusammenhielten. Er meinte, die Lage sei sehr ernst, und sagte mir, es müßte sich noch manches ereignen, bis man die Lage als gefahrvoll betrachten müsse, er sei aber mit dem Lauf der Dinge durchaus nicht einverstanden. Ich fragte ihn, ob es der Sache dienen könne, wenn wir öffentlich bekanntmachten, daß wir die Flotte bereit hielten. Er sowohl wie Tyrrell waren der Ansicht, wir sollten dies möglichst schnell tun; es dürfte dies auf die Zentralmächte ernüchternd wirken und geeignet sein, das Gleichgewicht Europas wiederherzustellen. Ich kehrte in die Admiralität zurück, schickte nach dem Ersten Seelord und entwarf das erforderliche Kommuniqué.

Am nächsten Morgen [84] erschien in den Zeitungen folgende Notiz:

Britische Maßnahmen zur See
Befehlsverteilung an die 1. und 2. Flotte

Kein Urlaub nach den Manövern

Die Kanzlei der Admiralität teilt uns in früher Morgenstunde den Sachverhalt folgendermaßen mit:

An die in Portland vereinigten Streitkräfte der 1. Flotte ist der Befehl ergangen, einstweilen keinen Manöverurlaub zu erteilen. Alle Schiffe der 2. Flotte bleiben in ihren Heimathäfen, bereit, ihre Ergänzungsmannschaften an Bord zu nehmen.

Am Montag wurde die europäische Lage zum erstenmal im Kabinett besprochen ...

[84] Montag, 27. Juli 1914.

198. Benckendorff, London, an Sazonov: Volkov zurückgehalten. Mäßigung wegen England nötig. Russ. Dok. I. 5, 87—88.

London, 26. Juli 1914

Ich schicke Ihnen Briefe, die fast kein Interesse mehr haben. Statt Wolkow, den das Marineministerium zurückhielt — ich weiß nicht recht, weshalb —, reist in einer halben Stunde ein Feldjäger ab.

Nicolson hat mir soeben Buchanans letztes Telegramm über Ihre Unterredung zu dreien vorgelesen.[85] Grey, der den Tag über abwesend ist, hatte es noch nicht gelesen. Er kehrt heute abend zurück. Gebe Gott, daß Ihre so klare und so gerechte Sprache Eindruck auf ihn macht. Er sagt mir weiterhin, daß seine Sprache in Berlin ihnen keinesfalls gestattet, für den Kriegsfall auf die englische Neutralität zu rechnen. Lichnowsky war tatsächlich sehr mutlos, aber deshalb, weil er den Krieg beklagt. Ich bin mir nicht ganz sicher, daß er Greys Worte so verstanden hat, wie Grey sie verstanden wissen wollte. Das wiederhole ich Grey nun alle Tage und in allen Tonarten. Er verschanzt sich hinter Hoffnungen auf Verhandlungen. Es will mir nicht gelingen, ihn weiterzustoßen. Unglücklicherweise ist Cambon abwesend und wird erst Dienstag früh wiederkommen. Ich habe ihn bitten lassen, seine Rückkehr zu beschleunigen. Ich glaube, das Entscheidende ist, daß Grey seiner öffentlichen Meinung nicht sicher ist und Sorge hat, keine Unterstützung zu finden, wenn er sich zu weit engagiert. Sie haben anscheinend zu Buchanan gesagt, die ganze englische Presse außer der „Times" sei schlecht. Das stimmt nicht ganz. Die „Morning Post" und andere konservative Blätter gehen viel weiter als die „Times". Die „Westminster" wandelt sich ein wenig. Die Radikalen, in vollem Aufruhr gegen das Kabinett, bemühen sich aus andern Gründen, die serbische Sache unpopulär zu machen. Aber dazu ist zu sagen, daß sogar in diesem Lager kein Wort der Kritik gegen unsere Haltung fällt, und auch nicht gegen die Tripelentente als solche. Von da ist es aber noch weit bis zum Kriegführen. Daher all das Zaudern, so glaube ich wenigstens.

England, ganz absorbiert, völlig absorbiert durch Ulster, erwacht gerade erst. Seit gestern weiß es, daß ein Krieg in Aussicht steht, seit gestern beunruhigt es sich. Aber daß England hineingezogen werden könnte, das geht der langsamen Vorstellungskraft Englands noch nicht ein.

Das ist beklagenswert, aber es ist nun einmal so.

Es ist klar, daß sich im Foreign Office die Augen schneller öffnen, anderwärts nicht. Ich gebe noch nicht die Hoffnung auf, es zu erreichen,

[85] Vgl. Nr. 185.

daß ich Grey veranlasse, die Maske zu lüften in diesen Tagen. Ich kann es Ihnen nicht versprechen.

Ich beglückwünsche Sie von ganzem Herzen zu Ihrer Haltung, die mir zu Herzen geht, auch zu der Mäßigung Ihrer Sprache und der Vorsicht, die Sie bei der Disposition unseres künftigen Handelns beobachten. Sehr notwendig, absolut notwendig, um uns die englische Mitarbeit zu sichern. Selbst wenn sie zu spät käme, ist sie doch unendlich viel wert. Aber ich wiederhole, England ist noch nicht genügend erwacht. Es wäre möglich, daß Grey ebenso darunter leidet wie wir, was im übrigen die Angelegenheiten in keiner Weise fördert.

Wenn es wahr ist, daß Österreich, wie man sagt, den Feldzug nicht sofort zu eröffnen gedenkt, ist noch ein Funken Hoffnung vorhanden. Aber ich bin pessimistischer als Sie bezüglich der Rolle Deutschlands. Und darauf lege ich hier den Nachdruck. Was England schreckt, ist weniger die österreichische Hegemonie auf dem Balkan, als die deutsche Hegemonie in der Welt.

Man drängt mich zu schließen. In Gottes Namen.

199. Sazonov an Izvolskij, Paris, und Benckendorff, London: Viererkonferenz, doch kein mäßigender Druck auf Rußland zugelassen.

Russ. Dok. I. 5, 105.

27. Juli 1914

Mitgeteilt nach Berlin, Wien und Rom.

Der englische Botschafter hat im Auftrage seiner Regierung angefragt, ob wir damit einverstanden sind, daß England die Initiative zur Einberufung einer Konferenz von Vertretern Frankreichs, Deutschlands und Italiens in London ergreift, um zu vieren die eventuellen Auswege aus der Situation zu erörtern.

Ich habe dem Botschafter geantwortet, daß meine direkten Verhandlungen mit dem österreichischen Botschafter einen günstigen Anfang genommen hätten, daß ich aber noch keine Antwort auf den von mir gemachten Vorschlag einer gemeinsamen Prüfung der Note hätte. Sollte unsere direkte Rücksprache mit dem Wiener Kabinett keinen Erfolg haben, so sei ich bereit, einen englischen Vorschlag, und zwar diesen oder auch jeden anderen, anzunehmen, der imstande sei, den Konflikt friedlich zu lösen.

Für London und Paris:

Ich möchte jedoch vorher ein Mißverständnis beseitigen, das sich in die

Antwort des französischen Justizministers an den deutschen Botschafter eingeschlichen hat. Wenn es sich um irgendeinen mäßigenden Druck in Petersburg handelt, so lehnen wir diesen von vornherein ab, denn wir haben vom ersten Anfang an eine Haltung eingenommen, an der wir nichts ändern können, weil wir bereits allen annehmbaren Forderungen Österreichs entgegenkommen.

200. Benckendorff, London, an Sazonov: Sprache Greys. Englands Neutralität. Russ. Dok. I. 5, 110.

London, 27. Juli 1914

Die Sprache Greys ist seit heute viel deutlicher — merklich fester als bisher. Er rechnet stark auf Eindruck heute morgen veröffentlichter und Sonnabend abend beschlossener, für Flotte ergriffener Maßnahmen. Gestern abend eingegangenes Telegramm Buchanans hat, glaube ich, sehr nützlichen Eindruck gemacht. Jedenfalls hat das Vertrauen in Berlin und Wien auf Neutralität Englands keine Grundlage mehr.

201. Bethmann Hollweg an Lichnowsky, London: Viererkonferenz nur über russisch-österreichischen Konflikt. DD I. 217.

Berlin, 27. Juli 1914

Von dem Vorschlage Sir E. Greys, dort Konferenz zu vieren abzuhalten, hier bisher nichts bekannt. An einer solchen Konferenz könnten wir uns nicht beteiligen, da wir Österreich in seinem Serbenhandel nicht vor ein europäisches Gericht ziehen können. Sir Ed. Grey scheidet, wie Ew. pp. ausdrücklich gemeldet haben, scharf zwischen österreichisch-serbischem und österreichisch-russischem Konflikt und kümmert sich um ersteren ebensowenig, wie wir es tun. Unsere Vermittlungstätigkeit muß sich auf eventuellen österreichisch-russischen Konflikt beschränken. In serbisch-österreichischem Konflikt scheint mir der in Telegramm aus Petersburg angegebene Weg direkter Verständigung zwischen Petersburg und Wien gangbar. Ich bitte deshalb dringend, dort die Notwendigkeit und Möglichkeit der Lokalisierung zu vertreten.

202. Lichnowsky, London, an Auswärtiges Amt: Mit Serbien Rußland treffen. Schlüssel in Berlin. DD I. 224—225.

London, 27. Juli 1914

Sir E. Grey ließ mich soeben kommen und bat mich, Ew. Exz. nachstehendes zu übermitteln.

Der serbische Geschäftsträger habe ihm soeben den Wortlaut der serbischen Antwort auf die österreichische Note übermittelt. Aus derselben gehe hervor, daß Serbien den österreichischen Forderungen in einem Umfange entgegengekommen sei, wie er es niemals für möglich gehalten habe; bis auf einen Punkt, der Teilnahme österreichischer Beamter an den gerichtlichen Untersuchungen, habe Serbien tatsächlich in alles eingewilligt, was von ihm verlangt worden sei. Es sei klar, daß diese Nachgiebigkeit Serbiens *lediglich auf einen Druck von Petersburg zurückzuführen sei.*

Begnüge sich Österreich nicht mit dieser Antwort, bzw. werde diese Antwort in Wien nicht als Grundlage für friedliche Unterhandlungen betrachtet, oder gehe Österreich gar zur Besetzung von Belgrad vor, das vollkommen wehrlos daliegt, so sei es vollkommen klar, daß Österreich nur nach einem Vorwand suche, um Serbien zu erdrücken. In Serbien solle aber alsdann Rußland getroffen werden und der russische Einfluß auf dem Balkan. Es sei klar, daß Rußland dem nicht gleichgültig zusehen könne und es als eine direkte Herausforderung auffassen müsse. Daraus würde der fürchterlichste Krieg entstehen, den Europa jemals gesehen habe, und niemand wisse, wohin ein solcher Krieg führen könne.

Wir hätten uns, so meinte der Minister, wiederholt und so noch gestern mit der Bitte an ihn gewandt, in *Petersburg in mäßigendem Sinne vorstellig zu werden. Er habe diesen Bitten stets gern entsprochen* und sich während der letzten Krise Vorwürfe aus Rußland zugezogen, daß er sich zu sehr auf unsere und zu wenig auf ihre Seite stelle. Nun wende er sich mit der Bitte an uns, unseren Einfluß in Wien dahin zur Geltung zu bringen, daß man die Antwort aus Belgrad entweder als genügend betrachte oder aber als Grundlage für Besprechungen. Er sei überzeugt, daß es in unserer Hand liege, durch entsprechende Vorstellungen die Sache zu erledigen, und er betrachte es als eine gute Vorbedeutung für die Zukunft, *wenn es uns beiden abermals gelänge, durch unseren beiderseitigen Einfluß auf unsere Verbündeten den Frieden Europas gesichert zu haben.*

Ich fand den Minister zum ersten Male verstimmt. Er sprach mit großem Ernst und schien von uns auf das Bestimmteste zu erwarten, daß es unserem Einfluß gelingen möge, die Frage beizulegen. Er wird auch heute ein statement im House of Commons machen, worin er seinen Standpunkt zum Ausdruck bringt. Auf jeden Fall bin ich der Überzeugung, daß, falls es jetzt doch noch zum Kriege käme, wir mit den englischen Sympathien und der britischen Unterstützung nicht mehr zu rechnen hätten, da man in dem Vorgehen Österreichs alle Zeichen üblen Willens erblicken würde. Auch ist hier alle Welt davon überzeugt, und ich höre es auch aus dem Munde meiner Kollegen, daß der Schlüssel der Lage in Berlin liegt und, falls man dort den Frieden ernstlich will, Österreich davon abzuhalten sein wird, eine, wie Sir E. Grey sich ausdrückt, tollkühne Politik zu treiben.

203. Bethmann Hollweg an Tschirschky, Wien: Mahnung an Österreich, nach englischer Warnung, Vermittlung nicht abzulehnen. DD I. 240—241.

Berlin, 27. Juli 1914

Fürst Lichnowsky telegraphiert soeben: . . .[86]

Nachdem wir bereits einen englischen Konferenzvorschlag abgelehnt haben, ist es uns unmöglich, auch diese englische Anregung a limine abzuweisen. Durch eine Ablehnung jeder Vermittlungsaktion würden wir von der ganzen Welt für die Konflagration verantwortlich gemacht und als die eigentlichen Treiber zum Kriege hingestellt werden. Das würde auch unsere eigene Stellung im Lande unmöglich machen, wo wir als die zum Kriege Gezwungenen dastehen müssen. Unsere Situation ist um so schwieriger, als Serbien scheinbar sehr weit nachgegeben hat. Wir können daher die Rolle des Vermittlers nicht abweisen und müssen den englischen Vorschlag dem Wiener Kabinett zur Erwägung unterbreiten, zumal London und Paris fortgesetzt auf Petersburg einwirken. Erbitte Graf Berchtolds Ansicht über die englische Anregung, ebenso wie über Wunsch Herrn Sasonows, mit Wien direkt zu verhandeln.

204. Pourtalès, St. Petersburg, an Auswärtiges Amt: Sazonovs Warnung vor revolutionärem System in Serbien, doch für „verdiente Lektion“. DD II. 3—4.

St. Petersburg, 27. Juli 1914

Habe eben Sasonow Kenntnis von Inhalt der Telegramme Nr. 126 und 128 gegeben. Minister bat mich, Ew. Exz. für beide Mitteilungen,

[86] Vgl. Nr. 202 (außer letztem Satz).

die ihm einen sehr guten Eindruck machten, zu danken und dabei zu versichern, daß der Appell an unsere altbewährten guten Beziehungen warmen Widerhall bei ihm findet und ihn tief rührt. Ew. Exz. könnten versichert sein, daß Rußland das Vertrauen in seine Friedensliebe nicht täuschen werde. Er sei bereit, in seinem Entgegenkommen gegen Österreich bis zur Grenze zu gehen und alle Mittel zu erschöpfen, um Krisis friedlicher Lösung entgegenzuführen.

Nachdem Österreich sein Territorial-Desinteressement erklärt und noch keinen feindlichen Schritt gegen Serbien unternommen habe, sei nach seiner Ansicht der Augenblick gekommen, durch Gedankenaustausch zwischen den Mächten Mittel zu suchen, um Österreich „goldene Brücken zu bauen"; welcher Weg zur Erreichung dieses Ziels eingeschlagen werde, sei ihm gleich. Der Wunsch, Österreich zu demütigen, liege ihm gänzlich fern. Er bitte aber dringend, zu bedenken, daß, wenn diejenigen österreichischen Forderungen, die serbische Souveränitätsrechte antasten, erfüllt würden, ein revolutionäres Regime ans Ruder kommen werde, das noch schlimmer als jetziges sein werde. Ich entgegnete, Serbien werde auf jeden Fall einige sehr bittere Pillen schlucken müssen. Auf faule Proteste werde sich Österreich wohl nicht einlassen, ob formelle Milderung einiger Punkte möglich, entzieht sich meiner Beurteilung. Auf jeden Fall müsse den Provokationen Serbiens, durch welche Europa nun schon zum dritten Male innerhalb fünf Jahren vor Schwelle des Krieges gebracht wurde, ein für alle Mal Ende bereitet werden, da jetziger Zustand nachgerade für Europa unerträglich geworden sei. Daher sollte auch Europa Österreich bei seiner Auseinandersetzung mit Serbien nicht in den Arm fallen. Sasonow wollte Hoffnung nicht aufgeben, daß Milderung einiger Punkte der an Serbien gestellten Forderungen von Österreich werde erreicht werden können. Er bat dringend um unsere Mitwirkung in diesem Sinne. Es müsse sich ein Weg finden lassen, um Serbien unter Schonung seiner Souveränitätsrechte verdiente Lektion zu erteilen. Ich bemerkte dazu, es müßte aber auch für die Zukunft Garantie geschaffen werden, daß Serbien sich seinen übernommenen Verpflichtungen nicht wieder entziehe. Wenn Serbien als gleichberechtigtes Mitglied europäischer Staatenfamilie behandelt werden wolle, müsse es sich auch als Kulturstaat verhalten. Die Einwendungen des Ministers gegen diese an Serbien geübte Kritik waren heute viel schwächer als vor zwei Tagen, Sprache des Ministers dieselbe versöhnliche wie gestern...

205. Riezler, Tagebuch (Auszug): Bethmann Hollweg über äußere und innere Lage. Riezler, Tagebücher 191—193.

Berlin, 27. Juli 1914

... Alles kommt darauf an, ob Petersburg sofort mobilisiert und vom Westen aufgemuntert oder zurückgehalten wird. Der Kanzler wie immer sehr skeptisch gegen erste günstige Eindrücke. Militärpartei in Petersburg ...

Abends und Sonntags Menschen mit Liedern. Der Kanzler meinte zuerst, nur halbwüchsige Burschen, die sich der Gelegenheit zu Radau und Aufregung freuen und ihre Neugierde spazieren tragen. Es werden aber mehr und mehr und die Töne werden echter, der Kanzler schließlich tief bewegt, ergriffen und befestigt, zumal aus dem ganzen Reich die Nachrichten kommen. Ein ungeheurer, wenn auch wirrer Betätigungsdrang im Volke, eine Gier nach großer Bewegung, aufzustehen und für eine große Sache, seine Tüchtigkeit zu zeigen.

Die Nachrichten deuten alle auf Krieg. In Petersburg offenbar schwere Kämpfe um die Mobilmachung. Englands Sprache geändert — offenbar hat man in London plötzlich gesehen, daß die Entente einen Riß bekommt, wenn man zu lau gegen Rußland ist. Lichnowsky hat völlig die Haltung verloren. Gefahr, daß Frankreich und England aus Angst vor einer Verstimmung Rußlands Unterstützung zusagen, vielleicht ohne recht daran zu glauben, daß Mobilisation für uns Krieg ist, und alles für einen Bluff halten, den sie mit einem Gegenbluff beantworten.

Morgen sollte sozialdemokratische Demonstration für den Frieden sein. Wäre verhängnisvoll. Cambon glaubt sowieso, die Sozialdemokraten würden nicht marschieren. Natürlich gibt es wieder Generale, die gleich eingreifen und schießen und „es den Roten zeigen" wollen. Für den ersten Tag der Mobilmachung sollen alle sozialdemokratischen Führer festgenommen werden. Gott sei Dank hat der Kanzler energisch eingegriffen. Im übrigen werden die Sozialdemokraten von allen Seiten bearbeitet ...

206. Berchtold an Szápáry, St. Petersburg (Auszug): Ablehnende Haltung. Kriegserklärung an Serbien. Öst. A. VIII. 850—851.

28. Juli 1914

Der russische Botschafter ist am 28. Juli bei mir erschienen, um mir seine Rückkehr von seinem kurzen Urlaube in Rußland mitzuteilen und gleichzeitig einem telegrafischen Auftrage Herrn Sazonoffs nachzukommen. Letzterer hätte ihm mitgeteilt, daß er eine längere, sehr freundschaftliche Aussprache mit Euer Exzellenz gehabt hätte (Euer Exzellenz Telegramm Nr. 165 vom 27. d. M.), in deren Verlaufe Hochdieselben mit großer Bereitwilligkeit die einzelnen Punkte der serbischen Antwortnote durchgesprochen hätten. Herr Sazonoff sei der Ansicht, daß Serbien in weitgehendem Maße unseren Wünschen entgegengekommen sei, daß aber einige Forderungen ihm ganz unannehmbar schienen, was er auch Euer Exzellenz nicht verhehlt habe. Es schiene ihm unter diesen Umständen, daß die serbische Antwortnote geeignet sei, den Ausgangspunkt zu einer Verständigung abzugeben, wozu die russische Regierung gerne die Hand bieten möchte. Herr Sazonoff wolle mir daher vorschlagen, daß der so glücklich aufgenommene Gedankenaustausch mit Euer Exzellenz Fortsetzung finde und Euer Exzellenz diesbezüglich mit Instruktionen versehen werden. In meiner Entgegnung betonte ich, daß ich auf einen derartigen Vorschlag nicht eingehen könne. Eine Verhandlung über den Wortlaut der von uns als unbefriedigend bezeichneten Antwortnote könnte bei uns niemand verstehen und niemand billigen. Es wäre dies um so weniger möglich, als sich, wie der Botschafter wisse, bereits eine tiefgehende allgemeine Erregung der öffentlichen Meinung sowohl in Ungarn wie hier bemächtigt hätte, überdies unsererseits heute der Krieg an Serbien erklärt worden sei. Auf die mit großer Eloquenz vorgebrachten Auseinandersetzungen des Botschafters, welche hauptsächlich darin gipfelten, daß wir die durchaus nicht abgeleugnete feindselige Stimmung in Serbien durch eine kriegerische Aktion nicht niederringen, im Gegenteile nur steigern würden, gab ich ihm einige Streiflichter hinsichtlich unseres derzeitigen Verhältnisses zu Serbien, welches es unvermeidlich mache, ganz gegen unseren Willen und ohne jede egoistische Nebenabsicht unserem unruhigen Nachbarn mit dem nötigen Nachdrucke unsere ernste Absicht zu zeigen, nicht länger eine von der Regierung geduldete, gegen den Bestand der Monarchie gerichtete Bewegung zuzulassen. Die Haltung Serbiens nach Empfang unserer Note sei übrigens nicht danach gewesen, eine friedliche Beilegung zu ermöglichen, indem Serbien, noch bevor es uns seine ungenügende Antwort übergeben ließ, die allgemeine Mobilisierung angeordnet und schon dadurch uns gegenüber einen feindseligen Akt vorgenommen habe. Trotzdem hätten wir noch drei Tage zugewartet. Gestern seien nun serbischerseits gegen uns die Feindseligkeiten an der ungarischen Grenze eröffnet worden. Dadurch sei uns die Möglichkeit benommen, bei unserer Serbien gegenüber bewiesenen Langmut weiter zu beharren. Die Herbeiführung einer gründlichen, aber friedlichen Sanierung unseres Verhältnisses zu Serbien sei uns nunmehr unmöglich gemacht worden und wir sähen uns gezwungen, den serbischen Provokationen in der Form entgegenzutreten, die unter den gegebenen Umständen allein der Würde der Monarchie entspreche.

207. Wilhelm II. an Jagow: Nach serbischer Antwort entfällt Kriegsgrund. Faustpfand Belgrad. DD II. 16—17.

Neues Palais, 28. Juli 1914

Nach Durchlesung der Serbischen Antwort, die ich heute Morgen erhielt, bin ich der Überzeugung, daß im Großen und Ganzen die Wünsche der Donaumonarchie erfüllt sind. Die paar Reserven, welche Serbien zu einzelnen Punkten macht, können M. Er. nach durch Verhandlungen wohl geklärt werden. Aber die Kapitulation demütigster Art liegt darin orbi et urbi verkündet, und durch sie entfällt *jeder Grund zum Kriege.*

Dennoch ist dem Stück Papier, wie seinem Inhalt nur beschränkter Wert beizumessen, solange er nicht in die *Tat* umgesetzt wird. Die Serben sind Orientalen, daher verlogen, falsch und Meister im Verschleppen. Damit diese schönen Versprechungen Wahrheit und Tatsache werden, muß eine douce violence geübt werden. Das würde dergestalt zu machen sein, daß Österreich ein *Faustpfand* (Belgrad) für die Erzwingung und Durchführung der Versprechungen, besetzte und solange behielte bis *tatsächlich* die petita durchgeführt sind. Das ist auch notwendig um der zum 3ten Male *umsonst* mobilisierten Armee eine äußere satisfaction d'honneur zu geben, den Schein eines Erfolges dem Ausland gegenüber, und das Bewußtsein wenigstens auf fremdem Boden gestanden zu haben ihr zu ermöglichen. Ohne dem dürfte bei Unterbleiben eines Feldzuges eine sehr üble Stimmung gegen die Dynastie aufkommen die höchst bedenklich wäre. Falls Ew. Exz. diese meine Auffassung teilen, so würde Ich vorschlagen: Österreich zu sagen: Der Rückzug Serbiens in sehr demütigender Form sei erzwungen, und man gratuliere dazu. Natürlich sei damit ein *Kriegs*grund *nicht mehr vorhanden.* Wohl aber eine *Garantie* nötig, daß die Versprechungen *ausgeführt* würden. Das würde durch die militärische *vorübergehende* Besetzung eines Teils von Serbien wohl erreichbar sein. Ähnlich wie wir 1871 in Frankreich Truppen stehen ließen bis die Milliarden gezahlt waren. Auf *dieser Basis* bin ich bereit, den *Frieden* in Österreich zu *vermitteln.* Dagegenlaufende Vorschläge oder Proteste anderer Staaten würde ich unbedingt abweisen, um so mehr als alle mehr oder weniger offen an Mich appellieren, den Frieden erhalten zu helfen. Das werde ich tun auf Meine Manier, und so schonend für das österreichische *Nationalgefühl* und für die *Waffenehre* seiner *Armee* als möglich. Denn an letztere ist schon bereits seitens des obersten Kriegsherrn appelliert worden, und sie ist dabei dem Appell zu folgen. Also muß sie unbedingt eine sichtbare satisfaction d'honneur haben; das ist *Vorbedingung* für meine Vermittlung. Daher wollen Ew. Exz. in dem skizzierten Sinne einen Vorschlag mir unterbreiten; der nach Wien mitgeteilt werden soll. Ich habe im obigen Sinne an Chef Generalstabes durch Plessen schreiben lassen, der ganz meine Ansicht teilt.

208. Lichnowsky, London, an Auswärtiges Amt (mit Randbemerkung Bethmann Hollwegs): Österreichs Kriegsziele. Bethmann über die Zweideutigkeit Österreichs. DD II. 21.

London, 28. Juli 1914

Die Mitglieder der hiesigen österreichischen Botschaft, einschließlich des Grafen Mensdorff, haben in ihren Gesprächen mit den Mitgliedern der Botschaft und mit mir nie das geringste Hehl daraus gemacht, daß es Österreich lediglich auf Niederwerfung Serbiens ankomme, und daß die Note absichtlich so gefaßt wurde, daß sie abgelehnt werden mußte. Als die Nachricht am Sonnabend Abend hier von der „Central News" verbreitet wurde, Serbien habe nachgegeben, waren die genannten Herren geradezu niedergeschmettert, Graf Mensdorff sagte mir gestern noch vertraulich, man wolle in Wien unbedingt den Krieg, da Serbien „niedergebegelt" werden solle. Auch erzählen die genannten Herren, man beabsichtige, Teile von Serbien an Bulgarien (und vermutlich auch an Albanien) zu verschenken [a]. Ich möchte aber dringend bitten, diese Äußerungen nicht in Wien zu verwerten, da ich meine freundschaftlichen Beziehungen zu Graf Mensdorff nicht aufs Spiel setzen will. Ob die Herren sich auch anderen Personen gegenüber in ihren Gesprächen ähnlich äußerten, weiß ich nicht, die Annahme dürfte aber nicht unberechtigt sein, daß es sich nicht bloß um so harmlose, pädagogische Monita handeln sollte, zu denen die mangelhafte Vigilanz des polnischen Schwätzers Bilinski den Anstoß gab.

Ich bin hier stets energisch für den österreichischen Standpunkt eingetreten und habe den Herren Sir E. Grey und Sir W. Tyrrell ausein-

[a] *Dazu die Randbemerkung des Reichskanzlers vom 28. Juli:* Diese Zweideutigkeit Österreichs ist unerträglich. Uns verweigern sie Auskunft über ihr Programm, sagen ausdrücklich, daß die Ausführungen des Grafen Hoyos, welche auf eine Zerstückelung Serbiens hinausliefen, rein private gewesen seien, in Petersburg sind sie die Lämmer, die nichts Böses im Schilde führen, und in London spricht ihre Botschaft von Verschenkung serbischer Gebietsteile an Bulgarien und Albanien.

andergesetzt, daß schon der Selbsterhaltungstrieb den Grafen Berchtold veranlassen müßte, eine aktive Tätigkeit zu entfalten, da er und Österreich sonst in eine unhaltbare Stellung gerieten. Das haben sie auch eingesehen, und ich glaube, daß die bisherige objektive Haltung der hiesigen Regierung nicht zum geringsten Teil auf unseren vertrauensvollen Beziehungen beruht.

209. Bethmann Hollweg an Tschirschky[87]: Verschärfte Mahnung an Österreich.
DD II. 37—39.

Berlin, 28. Juli 1914

Die österreichisch-ungarische Regierung hat Rußland bestimmt erklärt, daß sie an territoriale Erwerbungen in Serbien nicht denkt. Dies stimmt mit der Meldung Ew. Exz. überein, daß weder die österr. noch die ungarischen Staatsmänner die Vermehrung des slawischen Elements in der Monarchie für wünschenswert halten. Hiervon abgesehen hat uns die österreichisch-ungarische Regierung trotz wiederholter Anfragen über ihre Absichten im unklaren gelassen. Die nunmehr vorliegende Antwort der serbischen Regierung auf das österreichische Ultimatum läßt erkennen, daß Serbien den österreichischen Forderungen doch in so weitgehendem Maße entgegengekommen ist, daß bei einer völlig intransigenten Haltung der österreichisch-ungarischen Regierung mit einer allmählichen Abkehr der öffentlichen Meinung von ihr in ganz Europa gerechnet werden muß.

Nach den Angaben des österreichischen Generalstabs wird ein aktives militärisches Vorgehen gegen Serbien erst am 12. August möglich sein. Die k. Regierung kommt infolgedessen in die außerordentlich schwierige Lage, daß sie in der Zwischenzeit den Vermittlungs- und Konferenzvorschlägen der anderen Kabinette ausgesetzt bleibt, und wenn sie weiter an ihrer bisherigen Zurückhaltung solchen Vorschlägen gegenüber festhält, das Odium, einen Weltkrieg verschuldet zu haben, schließlich auch in den Augen des deutschen Volkes auf sie zurückfällt. Auf einer solchen Basis aber läßt sich ein erfolgreicher Krieg nach drei Fronten nicht einleiten und führen. Es ist eine gebieterische Notwendigkeit, daß die Verantwortung für das eventuelle Übergreifen des Konflikts auf die nicht unmittelbar Beteiligten unter allen Umständen Rußland trifft. In der letzten Unterredung Herrn Sasonows mit dem Grafen Pourtalès hat der Minister bereits zugegeben, daß Serbien die „verdiente Lektion" erhalten müsse.[88]

[87] *Entwurf von Stumm diktiert und von ihm handschriftlich korrigiert.*
[88] Vgl. Nr. 204.

Der Minister stand überhaupt dem österreichischen Standpunkt nicht mehr so bedingungslos ablehnend gegenüber wie früher. Es liegt hiernach die Schlußfolgerung nicht fern, daß die russische Regierung sich auch der Erkenntnis nicht verschließen wird, daß, nachdem einmal die Mobilisierung der österreichisch-ungarischen Armee begonnen hat, schon die Waffenehre den Einmarsch in Serbien erfordert. Sie wird sich aber mit diesem Gedanken um so mehr abzufinden wissen, wenn das Wiener Kabinett in Petersburg die bestimmte Erklärung wiederholt, daß ihm territoriale Erwerbungen in Serbien durchaus fernliegen, und daß ihre militärischen Maßnahmen lediglich eine vorübergehende Besetzung von Belgrad und anderen bestimmten Punkten des serbischen Gebietes bezwecken, um die serbische Regierung zu völliger Erfüllung ihrer Forderungen und zur Schaffung von Garantien für künftiges Wohlverhalten zu zwingen, auf die Österreich-Ungarn nach den mit Serbien gemachten Erfahrungen unbedingt Anspruch hat. Die Besetzung sei gedacht wie die deutsche Okkupation in Frankreich nach dem Frankfurter Frieden zur Sicherstellung der Forderung auf Kriegsentschädigung. Sobald die österreichischen Forderungen erfüllt seien, werde die Räumung erfolgen. Erkennt die russische Regierung die Berechtigung dieses Standpunktes nicht an, so wird sie die öffentliche Meinung ganz Europas gegen sich haben, die im Begriffe steht, sich von Österreich abzuwenden. Als eine weitere Folge wird sich die allgemeine diplomatische und wahrscheinlich auch die militärische Lage sehr wesentlich zugunsten Österreich-Ungarns und seiner Verbündeten verschieben.

Ew. pp. wollen sich umgehend in diesem Sinne dem Grafen Berchtold gegenüber nachdrücklich aussprechen und eine entsprechende Demarche in St. Petersburg anregen. Sie werden es dabei sorgfältig zu vermeiden haben, daß der Eindruck entsteht, als wünschten wir Österreich zurückzuhalten. Es handelt sich lediglich darum, einen Modus zu finden, der die Verwirklichung des von Österreich-Ungarn erstrebten Ziels, der großserbischen Propaganda den Lebensnerv zu unterbinden, ermöglicht, ohne gleichzeitig einen Weltkrieg zu entfesseln, und wenn dieser schließlich nicht zu vermeiden ist, die Bedingungen, unter denen er zu führen ist, für uns nach Tunlichkeit zu verbessern.

210. Aide-Mémoire des serbischen Gesandten M. Spalajkowitsch, St. Petersburg, an Sazonov: Österreichs Kriegserklärung. Schutzmacht Rußland.

Russ. Dok. I. 5, 132—133.

28. Juli 1914

Ich beehre mich, Ihnen zur Kenntnis zu bringen, daß ich soeben vom Ministerpräsidenten, Herrn Paschitsch, ein sehr dringendes, heute um 2 Uhr 10 Min. nachmittags aus Nisch abgesandtes Telegramm folgenden Wortlauts erhalten habe: „Die österreich-ungarische Regierung hat heute mittag durch ein direktes Telegramm der serbischen Regierung den Krieg erklärt. Paschitsch."

Indem ich Ihnen von diesem bedauerlichen Akt Mitteilung mache, den eine Großmacht gegen einen kleinen slawischen Staat zu begehen den Mut gehabt hat, einen Staat, der soeben erst eine lange Reihe von ebenso heldenhaften wie erschöpfenden Kämpfen bestanden hat, gestatte ich mir bei dieser für mein Land so ernsten Gelegenheit, die Hoffnung zu äußern, daß dieser Akt, der ebensosehr den Frieden Europas stört, wie sein Gewissen beunruhigt, von der zivilisierten Welt verurteilt und von Rußland, der Schutzmacht Serbiens, schwer bestraft werden wird.

Ich bitte Eure Exzellenz, diese Bitte des ganzen serbischen Volkes an dem Throne Seiner Majestät niederlegen zu wollen, und benutze diese Gelegenheit, Ihnen den Ausdruck meiner achtungsvoll ergebensten Gefühle zu erneuern.

211. Asquith[89] an Georg V.: Alternative für England. Flotte.

Berl. Mtsh. 67—68.

Whitehall, 28. Juli 1914

Mr. Asquith beehrt sich mit dem Ausdruck seiner untertänigsten Ehrerbietung Ew. Majestät zu berichten, daß das Kabinett gestern nachmittag eine kurze Sitzung abhielt . . .[90]

Soweit die Landesinteressen beteiligt sind, läßt sich die Lage wie folgt beschreiben. Deutschland erklärt uns: „Wenn Ihr in St. Petersburg wissen laßt, daß Ihr Rußland unter keinen Umständen zu Hilfe kommen werdet, wird sich Rußland zurückziehen und vom Kriege keine Rede mehr sein". Auf der anderen Seite gibt uns Rußland zu verstehen: „Wenn Ihr nicht erklärt, daß Ihr bereit seid, uns jetzt beizustehen, so ist Eure Freund-

[89] Ministerpräsident 1908—1916.

[90] Irland, Österreich — Serbien.

schaft wertlos, und wir werden unser zukünftiges Verhalten danach einrichten."

Es wurde beschlossen, beim nächsten Kabinettsrat unsere Verpflichtungen in der Frage der belgischen Neutralität klarzustellen.

Die Maßnahmen des Ersten Lords (der Admiralität), die die Aufschiebung der Verteilung der ersten und der zweiten Flotte zum Gegenstand hatten, wurden gebilligt.

212. Goschen, Berlin, an Grey: Bethmann Hollweg über Deutschland und England. Russische Mobilisierung. Brit. Dok. XI. 1, 259—261.

Berlin, 28. Juli 1914

Österreich und Serbien. Auf Einladung des Reichskanzlers suchte ich Seine Exzellenz heute abend auf. Er bat mich, Ihnen zu sagen, ihm liege in höchstem Maße daran, daß Deutschland und England für Erhaltung allgemeinen Friedens zusammen arbeiteten, wie sie das während der letzten europäischen Krise erfolgreich getan. Er habe Ihren Vorschlag einer Konferenz der Vertreter der Großmächte nicht annehmen können, weil er sich keine Wirkung von ihr versprach und weil solch eine Konferenz seiner Meinung nach wie ein aus zwei Mächten jeder Gruppe bestehender „Areopag" erschienen wäre, der über die andern beiden Mächte zu Gericht sitze; aber sein Unvermögen, vorgeschlagene Konferenz anzunehmen, müsse nicht als seinem lebhaften Wunsch nach wirksamer Zusammenarbeit wiedersprechend aufgefaßt werden. Sie könnten versichert sein, daß er sein Allerbestes in Wien und St. Petersburg tue, die beiden Regierungen zu bestimmen, die Lage direkt und freundschaftlich miteinander zu besprechen. Er habe große Hoffnung, daß derartige Diskussionen stattfinden und zu einem befriedigenden Ergebnis führen würden; doch wenn sich die Nachricht, die er eben in den Zeitungen gelesen, bewahrheite, daß Rußland nämlich vierzehn Armeekorps im Süden mobilisiert habe, halte er Situation für sehr ernst und er würde sich selbst in sehr schwieriger Lage befinden, da es unter diesen Umständen nicht in seiner Macht stünde, weiterhin Mäßigung in Wien zu predigen. Er fügte hinzu, Österreich, das bis jetzt nur teilweise mobilisiere, werde ähnliche Maßnahmen ergreifen müssen, und wenn daraus der Krieg entstünde, wäre Rußland allein verantwortlich. Ich erlaubte mir einzuwenden, daß, falls Österreich ablehne, serbischer Note irgendwelche Beachtung zu schenken, einer Note, die meines Erachtens in fast jedem von Österreich verlangten Punkte nachgebe und die jedenfalls eine Grundlage für Verhandlungen biete, doch sicher ein gewisser Teil der Verantwortung auf Österreich lasten würde. Seine Exzellenz erwiderte, er möchte serbische Note nicht erörtern; aber Standpunkt Österreichs sei — und darin stimme er bei —, daß sein Streit mit Serbien eine rein österreichische Angelegenheit sei, die Rußland nichts angehe. Seine Exzellenz sagte ferner, er sei über Artikel in französischer Presse aufgebracht, die behaupteten, daß Entscheidung über Frieden oder Krieg bei Deutschem Kaiser liege. Diese Entscheidung liege einzig und allein bei Rußland. Zum Schlusse wiederholte Reichskanzler seinen Wunsch, mit England zusammenzuwirken, sowie seine Absicht, sein äußerstes zur Wahrung allgemeinen Friedens zu tun. „Ein Krieg zwischen den Großmächten muß vermieden werden", waren seine letzten Worte.

Österreichischer Kollege sagte mir heute, ein allgemeiner Krieg sei höchst unwahrscheinlich, da Rußland weder Krieg wünsche, noch in der Lage sei, Krieg zu führen. Ich glaube, daß diese Meinung von vielen Leuten hier geteilt wird.

Vermerke

Das bietet nicht viel Trost, besonders da Wien Besprechungen mit St. Petersburg abgelehnt hat. — G. R. C. 29. Juli 1914. (Clerk)

Es fällt schwer zu glauben, daß die deutsche Regierung überhaupt etwas getan hat. — E. A. C. 29. Juli. (Crowe)

Sicherlich haben Anzeichen dafür gefehlt, daß Deutschland einen mäßigenden Einfluß auf Wien ausgeübt hat. Es geht doch etwas weit, die Verantwortung Rußland aufzuladen, das gewillt war, aber auch jedes Verfahren einzuschlagen, geeignet, zum Frieden zu führen. Deutschland möchte vermutlich, daß Rußland sich den andern Mächten anschließe, um jede Einmischung fernzuhalten, während Österreich Serbien erdrosselt. — A. N. (Nicolson)

213. Pourtalès, St. Petersburg, an Auswärtiges Amt: Warnung vor Mobilmachung. DD II. 56.

St. Petersburg, 29. Juli 1914

Inhalt der Telegramme Nr. 130 und 131 soeben bei Sasonow verwertet. Sie machten sichtlich guten Eindruck. Minister bemerkte aber, es seien leider bis jetzt keine Anzeichen vorhanden, daß Wien darauf eingehe, Weg direkten Gedankenaustauschs mit St. Petersburg zu beschreiten. Herr Schebeko, der in diesem Sinne Weisungen erhalten habe, melde noch nichts von Unterredungen mit maßgebenden Persönlichkeiten, ebenso erkläre Graf Szápáry, keine Instruktionen zu haben. Es müsse daher an gutem Willen Österreichs gezweifelt werden.

Überdies habe Österreich acht Korps mobilisiert, und diese Maßregel müsse als zum Teil gegen Rußland gerichtet angesehen werden. Daher sehe sich Rußland ebenfalls zur Mobilmachung der Militärbezirke an österreichischer Grenze genötigt. Der betreffende Befehl werde heute gegeben werden. Als ich gegen diese Maßregeln die allerernstesten Bedenken erhob, suchte mich Minister davon zu überzeugen, daß in Rußland Mobilmachung noch lange nicht wie in westeuropäischen Staaten Krieg bedeute, russische Armee würde eventuell Wochen hindurch Gewehr bei Fuß stehen können, ohne Grenze zu überschreiten. Rußland wolle, wenn irgend möglich, Krieg vermeiden. Ich erwiderte, diese Erklärungen beruhigten mich nicht. Die Gefahr jeder militärischen Maßregel liege in Gegenmaßnahmen der anderen Seite. Der Gedanke liegt nahe, daß die Generalstäbe der eventuellen Gegner Rußlands die Karte des großen Vorsprunges über Rußland in Mobilmachung nicht würden aufgeben wollen und auf Gegenmaßregeln drängten. Ich bitte dringend, diese Gefahr zu bedenken, Herr Sasonow beteuerte nochmals feierlich, daß gegen uns nicht das Geringste geschehe. Ich erwiderte unter Betonung, daß mir jede Drohung fernliegt, unsere Bündnisverpflichtungen gegen Österreich seien ihm bekannt.

214. Szápáry, St. Petersburg, an Berchtold (Auszug): Sazonov setzt russisches Interesse gleich serbischem. Mobilisierung. Beschießung Belgrads.

Öst. A. VIII. 899—900.

St. Petersburg, 29. Juli 1914

Da mir deutscher Botschafter sagte, Herr Sazonow zeige sich über Refus Euer Exzellenz, Gedankenaustausch mit Rußland fortzusetzen und angeblich weit über das notwendige Maß ausgedehnte und daher gegen Rußland gerichtete Mobilisierung Österreich-Ungarns sehr aufgeregt, suchte ich den Herrn Minister auf, um einige mir vorhanden scheinende Mißverständnisse aufzuklären und hierbei näheren Einblick in die russischen Pläne zu gewinnen.

Minister begann damit, zu konstatieren, daß Österreich-Ungarn kategorisch weiteren Gedankenaustausch ablehne. Ich stellte auf Grund Euer Exzellenz Telegrammes No. 191 vom 28. d. M. richtig, daß Euer Exzellenz es zwar abgelehnt hätten nach allem, was vorgefallen, über die Notentexte und den österreichisch-ungarisch-serbischen Konflikt überhaupt zu diskutieren, daß ich aber feststellen müsse, daß ich in der Lage war, eine viel breitere Basis des Gedankenaustausches dadurch anzuregen, daß ich erklärte, wir wünschten keine russischen Interessen zu verletzten, hätten nicht die Absicht, serbisches Territorium an uns zu bringen und gedächten auch die Souveränität Serbiens nicht anzutasten. Ich sei überzeugt, daß Euer Excellenz über österreichisch-ungarische und russische Interessen immer bereit sein würden, mit Petersburg Fühlung zu nehmen.

Herr Sazonow meinte, in territorialer Hinsicht habe er sich überzeugen lassen, aber was die Souveränität anbelangt, müsse er den Standpunkt festhalten, die Aufzwingung unserer Bedingungen sei ein Vasallentum. Dieses aber verstoße gegen das Gleichgewicht am Balkan und letzteres sei das in Frage kommende russische Interesse. Nun kam er wieder auf die Diskussion über die Note, die Aktion Sir E. Greys etc. zurück und wollte mir neuerlich nahelegen, daß man unser legitimes Interesse zwar anerkenne und voll befriedigen wolle, daß dies aber in eine für Serbien annehmbare Form gekleidet werden sollte. Denn man streite sich da wirklich nur um Worte herum. Ich meinte, dies sei kein russisches, sondern ein serbisches Interesse, worauf Herr Sazonow geltend machte, russische Interessen seien in diesem Falle eben serbische, so daß ich dem Circulus vitiosus durch Übergang auf ein anderes Thema ein Ende machte . . .[91]

Der Minister sagte mir weiter, es werde heute ein Ukas unterzeichnet, welcher eine Mobilisierung in ziemlich weitem Umfang anordne. Er könne mir aber auf das alleroffiziellste erklären, daß diese Truppen nicht dazu bestimmt seien, über uns herzufallen; sie würden nur Gewehr bei Fuß bereit stehen für den Fall, als Rußlands Balkaninteressen gefährdet würden. Eine note explicative werde dies feststellen, denn es handle sich nur um eine Vorsichtsmaßregel, die Kaiser Nikolaus gerechtfertigt gefunden habe, da wir, die wir ohnedies den Vorteil rascherer Mobilisierung hätten, nunmehr auch den so großen Vorsprung hätten. Ich machte Herr Sazonow in ernsten Worten auf den Eindruck aufmerksam, den eine solche Maßregel bei uns erwecken werde. Ich könne nur . . . daß die note explicative diesen Eindruck zu mildern geeignet sein werde, worauf der Minister sich nochmals in Versicherungen über die Harmlosigkeit (!) dieser Verfügung erging.

Während wir so in vertraulichem Gedankenaustausch standen, erhielt der Minister durch das Telephon die Nachricht, wir hätten Belgrad beschossen. Er war wie ausgewechselt, suchte alle seine bisherigen Argumente in einer jede Logik ins Gesicht schlagenden Weise wieder aufzunehmen und meinte, er sehe jetzt, wie Kaiser Nikolaus recht gehabt habe. „Sie wollen nur Zeit mit Verhandlungen gewinnen, aber Sie gehen vorwärts und beschießen eine ungeschützte Stadt!" „Was wollen Sie eigentlich noch erobern, wenn Sie die Hauptstadt in Besitz haben" und dergleichen kindische Aussprüche mehr. Das Argument, daß ein solches Vorgehen gegen Serbien das Gegenteil einer Bewegung gegen Rußland

[91] Mobilisierung von 8 österreichischen Korps.

bilde, störte den Minister wenig. „Was sollen wir noch konversieren, wenn Sie so vorgehen!“ sagte er. Ich verließ ihn in äußerst aufgeregter Stimmung und auch mein deutscher Kollege, der ihn nochmals neuerlich aufsuchte, mußte — wenigstens für heute — auf eine ruhige Konversation verzichten . . .

215. Tagesaufzeichnung des russischen Außenministeriums: Russische Mobilmachung. Russ. Dok. I. 5, 161—163.

29. Juli 1914

Morgens gegen 9½ Uhr rief der deutsche Botschafter den Baron Schilling telephonisch an und sagte, er wünsche den Minister zu sprechen, um ihm „eine angenehme Mitteilung“ zu machen. Allerdings beeilte sich Graf Pourtalès hinzuzufügen: « Toutefois, pas trop d'optimisme.» Baron Schilling erwiderte, wir seien in letzter Zeit mit „angenehmen“ Nachrichten aus Berlin nicht verwöhnt, und der Minister werde daher den Botschafter natürlich gern anhören.

Um 11 Uhr empfing S. D. Sasonow den Grafen Pourtalès, der ihm mitteilte, daß Deutschland damit einverstanden sei, seine Versuche fortzusetzen, um das Wiener Kabinett zu Konzessionen zu bewegen. Er bat aber, dies streng geheimzuhalten, da das Bekanntwerden derartiger Absichten der deutschen Regierung den Eindruck hervorrufen könnte, als ob die Ansichten Österreichs und Deutschlands im vorliegenden Falle nicht völlig übereinstimmten. Außerdem bat der Botschafter dringend, man solle nicht durch eine vorzeitige Mobilmachung bei uns ein Hindernis schaffen für die Ausführung des erwünschten Druckes Deutschlands auf Wien.

Nachdem der Botschafter gegangen war, wurde diese Erklärung vom Minister mit A. A. Neratow, Baron Schilling und Fürst Trubezkoi besprochen. Dabei wurde die Frage gestellt, ob Deutschland wirklich beabsichtige, in Wien einen ernstlichen Druck auszuüben, oder ob die dem Grafen Pourtalès aufgetragene Mitteilung nur darauf berechnet sei, unsere Aufmerksamkeit einzuschläfern, dadurch die Mobilmachung der russischen Armee möglichst aufzuschieben und für entsprechende Vorbereitungen Zeit zu gewinnen. Der allgemeine Eindruck war, daß, selbst wenn man die Aufrichtigkeit der deutschen Regierung in diesem Falle unterstelle, man doch daran zweifeln müsse, daß sich auf diesem Wege praktische Resultate erreichen ließen; denn wenn Österreich ohne Mitwirkung oder wenigstens wissendes Zusehen Deutschlands schon so weit gegangen sei, müsse man annehmen, daß Deutschlands Einfluß in Wien stark zurückgegangen sei, und es der deutschen Regierung daher in diesem Augenblick kaum gelingen werde, viel zu erreichen.

Um drei Uhr kam der deutsche Botschafter wiederum zum Minister und las ihm ein Telegramm des Reichskanzlers vor, in welchem stand, daß, wenn Rußland seine militärischen Vorbereitungen fortsetzen werde, auch ohne zur Mobilmachung zu schreiten, Deutschland sich genötigt sehen werde, mobil zu machen, und daß in diesem Falle von seiner Seite aus ein sofortiger Angriff erfolgen werde. Auf diese Mitteilung erwiderte S. D. Sasonow scharf: « Maintenant je n'ai plus de doute sur les vraies causes de l'intransigeance autrichienne. » Graf Pourtalès sprang von seinem Platz auf und rief ebenfalls scharf: « Je proteste de toutes mes forces, Mr. le Minister, contre cette assertion blessante. » Der Minister entgegnete trokken, Deutschland habe Gelegenheit, die Irrtümlichkeit der von ihm geäußerten Vermutung durch die Tat zu beweisen. Die Gesprächspartner gingen sehr kühl auseinander.

Bald nach dem Weggang des deutschen Botschafters läutete im Arbeitszimmer des Ministers, wo sich auch A. A. Neratow und Baron Schilling befanden, das Telephon: Seine Majestät der Kaiser teilte S. D. Sasonow persönlich mit, er habe soeben von Kaiser Wilhelm ein Telegramm erhalten mit der dringenden Bitte, es nicht zum Kriege kommen zu lassen. S. D. Sasonow benutzte die Gelegenheit, um sofort Seiner Majestät die ihm vor einigen Minuten gemachte Erklärung des Grafen Pourtalès mitzuteilen, und wies dabei darauf hin, wie wenig die Worte des Deutschen Kaisers mit dem Auftrage in Einklang ständen, den er seinem Botschafter gegeben habe. Der Kaiser sagte, er werde sofort nach Berlin telegraphieren, um eine Aufklärung über den genannten Widerspruch zu erhalten. Seine Majestät gestattete S. D. Sasonow, unverzüglich mit dem Kriegsminister und dem Chef des Generalstabes über die Frage unserer Mobilmachung Rücksprache zu nehmen.

Um diese Zeit ging die Nachricht ein, daß die Beschießung Belgrads durch die Österreicher begonnen habe.

Diese Konferenz zwischen den drei genannten Personen fand bald darauf im Arbeitszimmer des Generalleutnants Januschkewitsch[92] statt. Im benachbarten Saal befanden sich Generalquartiermeister Danilow, General Monkewitz und der stellvertretende Chef der Kanzlei des Außenministers N. A. Basili, um die eventuell, je nach der zu erwartenden Entscheidung, ergehenden Verfügungen sofort auszuführen. Diese wurde von allen nicht ohne Aufregung erwartet, da alle wußten, wie wichtig es für unsere Kampfbereitschaft sei, ob nur eine Teilmobilmachung oder

[92] Generalstabschef 1914—1915.

sofort die allgemeine Mobilmachung vorgenommen werden würde, da im ersten Falle die Verwirklichung der Teilmobilmachung den späteren Übergang zur allgemeinen unvermeidlich erschweren würde, wenn diese doch notwendig werden sollte.

Nach allseitiger Erörterung der Lage gelangten beide Minister und der Chef des Generalstabes zu dem Schluß, daß es wegen der geringen Wahrscheinlichkeit, den Krieg mit Deutschland zu vermeiden, notwendig sei, sich rechtzeitig in jeder Weise für ihn vorzubereiten, und man deshalb nicht riskieren könne, die allgemeine Mobilmachung später aufzuhalten, indem man jetzt eine Teilmobilmachung ausführe. Der Endentscheid der Konferenz wurde sofort Seiner Majestät telephonisch mitgeteilt, der seine Zustimmung zur Erteilung der entsprechenden Anordnungen gab. Die Nachricht davon wurde von dem engen Kreise der in die Angelegenheit eingeweihten Personen mit Begeisterung aufgenommen. Sofort wurden Telegramme nach Paris und London abgesandt, um die Regierungen von der getroffenen Entscheidung zu benachrichtigen.

Gleichzeitig wurde der Kaiserliche Botschafter in Paris beauftragt, der französischen Regierung für die am vorhergehenden Tage vom französischen Botschafter gemachte Erklärung seinen Dank auszusprechen. Der Kaiserliche Botschafter in London erhielt den Auftrag, an die englische Regierung die dringende Aufforderung zu richten, sich, „ohne Zeit zu verlieren", Rußland und Frankreich anzuschließen, um eine Erschütterung des europäischen Gleichgewichts zu verhindern.

Gegen 11 Uhr abends teilte der Kriegsminister dem Außenminister telephonisch mit, er habe den Allerhöchsten Befehl erhalten, die allgemeine Mobilmachung einzustellen.

Gegen 1 Uhr nachts bat der deutsche Botschafter telephonisch den Minister dringend, ihn trotz der späten Nachtstunde sofort in einer dringenden Angelegenheit zu empfangen. S. D. Sasonow, der schon schlafen gegangen war, stand auf und empfing den Botschafter, der ihn fragte, ob wir uns nicht mit dem Versprechen Österreichs begnügen könnten, die Integrität Serbiens nicht zu verletzen. Der Minister antwortete, das genüge nicht, und entwarf auf die dringende Bitte des Botschafters den Text einer Formel, in der die Bedingungen angegeben wurden, unter denen Rußland einverstanden sei, seine Rüstungen einzustellen, und übergab ihn dem Grafen Pourtalès.

Im Laufe des Tages zeigten sich auf den Straßen anfangs kleine und später etwas größere Menschenmengen, die Bilder des Zaren und Nationalflaggen trugen und die Nationalhymne und „Errette, Herr, dein Volk" sangen. Die Manifestanten machten vor dem Winterpalais sowie vor den Gebäuden des Kriegsministeriums und des Außenministeriums halt.

216. Pourtalès, St. Petersburg, an Auswärtiges Amt: Sazonov über Österreich. Russische Mobilmachung DD II. 75—76.

St. Petersburg, 29. Juli 1914

Sasonow, der mich eben zu sich bitten ließ, mitteilte mir, daß das Wiener Kabinett auf den ihm von hier aus geäußerten Wunsch, in direkte Besprechungen einzutreten, mit kategorischer Ablehnung geantwortet habe. Es bleibe somit jetzt nichts anderes übrig, als auf Sir E. Greyschen Vorschlag von Konversation zu vieren zurückzukommen. Minister betont von sich aus, daß ihm dabei der Gedanke, Österreich-Ungarn zuzumuten, sich einer Art von europäischem Schiedsgericht zu unterwerfen, fernliegt, er suche nur nach Mitteln, um aus gegenwärtiger Schwierigkeit herauszukommen, und klammere sich dabei an jeden Strohhalm. Ich habe erneut erwidert, daß mir Stellungnahme meiner Regierung zu Sir E. Greyschem Vorschlag nicht bekannt sei, daß ich aber nicht umhin könne, russischen Mobilmachungsbefehl, falls derselbe wirklich unmittelbar bevorstehe, für schweren Fehler zu halten, solange hier erklärt werde, daß man wirklich den ernstlichen Wunsch habe, friedliche Lösung zu finden. Sasonow stellte unmittelbar bevorstehende Mobilmachung nicht in Abrede, meinte daraufhin, daß Rußland zu diesem Schritt von Österreich gezwungen sei, daß aber Mobilmachung noch lange keinen Krieg bedeute.

217. Wilhelm II. an Zar Nikolaus II. (Telegramm): Österreich und Rußland. Keine militärischen Maßnahmen. Russ. Dok. I. 5, 171—172.

29. Juli 1914

Ich habe Dein Telegramm erhalten und teile Deinen Wunsch nach Erhaltung des Friedens. Allein, wie ich Dir in meinem ersten Telegramm gesagt habe, kann ich Österreichs Vorgehen gegen Serbien nicht als einen „unwürdigen" Krieg ansehen. Österreich weiß aus Erfahrung, daß serbische Versprechungen auf dem Papier gänzlich unzuverlässig sind. Meiner Ansicht nach ist Österreichs Aktion dahin zu beurteilen, daß sie volle Garantien dafür zu schaffen anstrebt, daß die serbischen Versprechungen auch wirklich zur Tat werden. Diese meine Auffassung wird bestätigt durch die Erklärung des österreichischen Kabinetts, daß Österreich nicht beabsichtige, irgendwelche territorialen Eroberungen auf Kosten Serbiens zu machen. Ich denke daher, daß es für Rußland durchaus möglich wäre, bei dem österreichisch-serbischen Konflikt in der Rolle eines Zuschauers zu verharren, ohne Europa in den entsetzlichsten Krieg zu verwickeln, den es je gesehen hat. Ich halte eine direkte Verständigung zwischen

Deiner Regierung und Wien für möglich und wünschenswert, und, wie ich Dir schon telegraphiert habe, setzt meine Regierung ihre Bemühungen fort, diese Verständigung zu fördern. Natürlich würden militärische Maßnahmen von seiten Rußlands, die Österreich als Drohungen ansehen würde, ein Unheil beschleunigen, das wir beide zu vermeiden wünschen, und meine Stellung als Vermittler gefährden, die ich auf Deinen Appell an meine Freundschaft und meinen Beistand hin bereitwillig übernommen habe.

218. Bethmann Hollweg an Tschirschky: Wachsendes Befremden über Österreich. DD II. 72—73.

Berlin, 29. Juli 1914

Fürst Lichnowsky telegraphiert: . . .[93]

Diese Äußerungen der österreichischen Diplomaten müssen als Reflex neuerer Wünsche und Aspirationen erscheinen. Ich betrachte die Haltung der dortigen Regierung und ihr ungleichartiges Vorgehen bei den verschiedenen Regierungen mit wachsendem Befremden. In Petersburg erklärt sie territoriales Desinteressement, uns läßt sie ganz im unklaren über ihr Programm, Rom speist sie mit nichtssagenden Redensarten über die Kompensationsfrage ab, in London verschenkt Graf Mensdorff Teile Serbiens an Bulgarien und Albanien und setzt sich in Gegensatz zu den feierlichen Erklärungen Wiens in Petersburg. Aus diesen Widersprüchen muß ich den Schluß ziehen, daß die in Telegramm Nr. 83 mitgeteilte Desavouierung des Grafen Hoyos für die Galerie bestimmt war, und daß die dortige Regierung sich mit Plänen trägt, deren Geheimhaltung vor uns sie für angezeigt hält, um sich auf alle Fälle der deutschen Unterstützung zu versichern und nicht durch offene Bekanntgabe einem eventuellen Refus auszusetzen.

Vorstehende Bemerkungen sind *zunächst* zu Ew. Exz. persönlicher Orientierung bestimmt. Den Grafen Berchtold bitte ich nur darauf hinzuweisen, daß es sich empfehlen würde, einem Mißtrauen gegen seine über die Integrität Serbiens den Mächten abgegebenen Erklärungen vorzubeugen. Ich bitte ihn auch darauf aufmerksam zu machen, daß die Instruktion an Baron Mérey Italien kaum befriedigen kann.

[93] Vgl. Nr. 208, nach Wien mit einigen Auslassungen.

219. Bethmann Hollweg an Tschirschky (Auszug): Beschwerde über Österreichs Weigerung. DD II. 107—108.

Berlin, 29. Juli 1914

... Rußland beschwert sich, daß Unterhaltungen weder durch Herrn Schebeko noch durch Graf Szápáry Fortlauf genommen hätten. Wir müssen daher, um allgemeine Katastrophe aufzuhalten oder jedenfalls doch Rußland ins Unrecht zu setzen, dringend wünschen, daß Wien Konversationen gemäß Telegramm Nr. 174 [94] beginnt und fortsetzt.

220. Tschirschky, Wien, an Auswärtiges Amt: Berchtolds Zögern. DD II. 109.

Wien, 29. Juli 1914

Auftrag ausgeführt. Graf Berchtold dankt für Anregung. Minister ist bereit, Erklärung wegen territorialen Desinteressements, die er bereits in Petersburg und durch hiesigen russischen Vertreter abgegeben hat, nochmals zu wiederholen. Was die weitere Erklärung bezüglich militärischer Maßnahmen anlangt, erklärte sich Graf Berchtold außerstande, mir sofort Antwort erteilen zu können.

Trotz Vorstellung über Dringlichkeit der Sache habe ich bis heute abend keine weitere Mitteilung erhalten.

221. Lichnowsky, London, an Auswärtiges Amt (mit Randbemerkungen Wilhelms II.): Grey über Englands sofortigen Kriegseintritt, wenn Frankreich hineingezogen. DD II. 86—88.

London, 29. Juli 1914

Sir E. Grey ließ mich soeben nochmals zu sich bitten [a]. Der Minister war vollkommen ruhig, aber sehr ernst, und empfing mich mit den Worten, daß die Lage sich immer mehr zuspitze. Sasonow habe erklärt, nach der Kriegserklärung nicht mehr in der Lage zu sein, mit Österreich direkt zu unterhandeln und hier *bitten lassen, die Vermittlung wieder aufzunehmen* [b, c]. Als Voraussetzung für diese Vermittlung betrachtet die russische Regierung die vorläufige Einstellung der Feindseligkeiten.

[a] Das stärkste und unerhörteste Stück Engl. Pharisäertums, das ich je gesehen! Mit solchen Hallunken mache ich *nie* ein Flottenabkommen!

[b] damit bin ich außer Cours gesetzt.

[c] trotz Appells des Zaren an mich!

[94] Vgl. Nr. 209.

Sir E. Grey wiederholte seine bereits gemeldete Anregung, daß wir uns an einer solchen Vermittlung zu vieren, die wir grundsätzlich bereits angenommen hätten, beteiligen sollten. Ihm persönlich schiene eine geeignete Grundlage für eine Vermittlung, daß Österreich etwa nach Besetzung von Belgrad oder anderer Plätze seine Bedingungen kundgäbe[d]. Sollten Ew. Exz. jedoch die Vermittlung[e] übernehmen, wie ich heute früh in Aussicht stellen konnte, so wäre ihm das natürlich ebenso recht. Aber eine *Vermittlung* schiene ihm nunmehr dringend geboten, falls es nicht zu einer *europäischen Katastrophe kommen sollte*[f].

Sodann sagte mir Sir E. Grey, er hätte mir eine freundschaftliche und private Mitteilung zu machen, er wünsche nämlich nicht, daß unsere so herzlichen persönlichen Beziehungen und unser intimer Gedankenaustausch über alle politischen Fragen mich irreführten und er möchte sich für *später den Vorwurf der Unaufrichtigkeit*[g] *ersparen*[h]. Die britische Regierung wünsche nach wie vor mit uns die bisherige Freundschaft zu pflegen und sie könne, solange der Konflikt sich auf *Österreich und Rußland beschränke, abseits stehen*[i]. Würden wir *aber und Frankreich hineingezogen,* so sei die Lage sofort eine andere und die britische Regierung würde unter *Umständen sich zu schnellen Entschlüssen*[k] *gedrängt sehen.* In diesem Falle *würde es nicht angehen, lange abseits zu stehen und zu warten*[l], "if war breaks out, it will be *the greatest catastrophe* that the *world ever has seen*". Es liege ihm fern, irgendeine Drohung aussprechen zu wollen, er habe mich nur vor Täuschungen und *sich* vor dem *Vorwurf der Unaufrichtigkeit*[m] *bewahren* wollen[n] und daher die Form einer privaten Verständigung gewählt.

Sir E. Grey fügt noch hinzu, die *Regierung* müsse auch mit der *öffentlichen Meinung rechnen*[o]; bisher sei dieselbe im allgemeinen für Öster-

[d] gut

[e] haben wir seit Tagen bereits zu erreichen versucht, umsonst!

[f] Anstatt der Vermittlung ein ernstes Wort an Petersburg und Paris, daß England ihnen nicht hilft, würde die Situation sofort beruhigen.

[g] der bleibt!

[h] aha! Der gemeine Täuscher!!

[i] d. h. wir sollen Österreich sitzen lassen, urgemein und mephistophelisch, aber recht Englisch

[k] sind schon gefaßt

[l] d. h. sie werden uns anfallen

[m] unaufrichtig ist er alle diese Jahre trotzdem gewesen bis in seine letzte Rede

[n] gänzlich mißglückt

[o] wir auch! neukreierten!

reich günstig gewesen [p], da man die Berechtigung einer gewissen Genugtuung anerkenne, jetzt aber fange sie an, infolge der österreichischen Hartnäckigkeit *vollkommen umzuschlagen* [q].

Meinem italienischen Kollegen, der mich soeben verläßt, hat Sir E. Grey gesagt, er glaube, falls die Vermittlung angenommen werde, Österreich jede mögliche Genugtuung verschaffen zu können, ein demütigendes Zurückweichen Österreichs käme gar nicht mehr in Frage, da die Serben auf alle Fälle gezüchtigt und unter der Zustimmung Rußlands genötigt werden würden, sich den österreichischen Wünschen unterzuordnen. Österreich könne also auch ohne einen Krieg, der den europäischen Frieden in Frage stelle, Bürgschaften für die Zukunft erlangen [r].

222. Goschen, Berlin, an Grey, mit Vermerk Crowe: Deutsches Garantieangebot.
Brit. Dok. XI. 2, 291—292.

Berlin, 29. Juli 1914

Reichskanzler ließ mich gleich nach seiner Rückkehr aus Potsdam heute abend wieder kommen und machte folgendes starke Angebot für britische Neutralität im Kriegsfall. Er sagte, er setze seine Bemühungen um Erhaltung des Friedens fort, aber im Falle eines russischen Angriffs auf Österreich könnten Deutschlands Pflichten als Bundesgenosse Österreichs zu seinem großen Bedauern einen europäischen Brand unvermeidlich machen, und er hoffe, daß Großbritannien in diesem Falle neutral bleiben werde.

[p] wenn sie will kann sie die öffentliche Meinung wenden und dirigieren, da ihr die Presse unbedingt gehorcht

[q] mit Hilfe der Jingopresse

[r] England dekouvriert sich im Moment, wo es der Ansicht ist, daß wir im Lappjagen eingestellt sind und so zu sagen erledigt! Das gemeine Krämergesindel hat uns mit Diners und Reden zu täuschen versucht. Die gröbste Täuschung, die Worte des Königs für mich an Heinrich: "We shall remain neutral and try to keep out of this as long as possible". Grey straft den König lügen, und diese Worte an Lichnowsky sind der Ausfluß des bösen Gewissens, daß er eben das Gefühl gehabt hat, uns getäuscht zu haben. Zudem ist es tatsächlich eine Drohung mit Bluff verbunden, um uns von Österreich loszulösen und an der Mobilmachung zu hindern und die Schuld am Kriege zuzuschieben. Er weiß ganz genau, daß wenn er nur ein einziges, ernstes, scharfes obmahnendes Wort in Paris und Petersburg spricht und sie zur Neutralität ermahnt, beide sofort stille bleiben werden. Aber er hütet sich das Wort auszusprechen, sondern droht uns statt dessen! Gemeiner Hundsfott! England *allein* trägt die Verantwortung für Krieg und Frieden, nicht wir mehr! Das muß auch öffentlich klargestellt werden.
W. (Wilhelm II.)

Soweit er Grundzug britischer Politik beurteilen könne, sei es klar, daß Großbritannien die Zerschmetterung Frankreichs niemals zulassen werde. Deutschland beabsichtige das aber keineswegs. Die kaiserliche Regierung sei bereit, der britischen Regierung — ihre Neutralität vorausgesetzt — jede Zusicherung zu geben, daß Deutschland im Falle eines siegreichen Krieges keinen Gebietserwerb auf Kosten Frankreichs anstrebe.

Auf meine Frage erwiderte Seine Exzellenz, er vermöge gleiche Zusicherung bezüglich Kolonien nicht zu geben.

Fortfahrend sagte Seine Exzellenz, er sei ferner bereit, der britischen Regierung zu versichern, daß Deutschland Neutralität und Integrität Hollands solange achten werde, als dies seitens der Gegner Deutschlands geschähe.

Bezüglich Belgiens wußte Seine Exzellenz nicht, zu welchen Gegenoperationen Deutschland durch die Aktion Frankreichs etwa genötigt würde, aber er könne erklären, daß die belgische Integrität, vorausgesetzt, daß Belgien nicht gegen Deutschland Partei nehme, nach Beendigung des Krieges geachtet werden würde.

Schließlich drückte Seine Exzellenz Zuversicht aus, diese Versicherungen möchten Grundlage für eine weitere Verständigung mit England bilden, die, wie Ihnen ja bekannt, stets das Ziel seiner Politik als Reichskanzler gewesen sei.

Eine Zusicherung britischer Neutralität im Konflikt, den gegenwärtige Krise vielleicht hervorrufen könnte, würde ihm die Möglichkeit schaffen, ein allgemeines Neutralitätsabkommen zwischen den beiden Ländern in Aussicht zu nehmen, obwohl es natürlich im jetzigen Augenblick verfrüht sei, aber die Einzelheiten zu sprechen.

Seine Exzellenz fragte mich, wie Sie sein Ansuchen meiner Ansicht nach wohl aufnehmen würden. Ich entgegnete, Sie wünschten meines Erachtens volle Handlungsfreiheit zu wahren und ich persönlich hielte es nicht für wahrscheinlich, daß Sie beim gegenwärtigen Stand der Dinge geneigt wären, sich auf ein bestimmtes Verhalten festzulegen ...

Vermerk

Diese erstaunlichen Vorschläge bedürfen nur des einzigen Kommentars, daß sie ein sehr schlechtes Licht auf den Staatsmann werfen, der sie macht.

Nebenbei ist es von Interesse, festzuhalten, daß Deutschland eigentlich die Absicht zugibt, belgische Neutralität zu verletzen, aber bestrebt sein wird, diejenige Hollands zu achten (um deutsche Einfuhr via Rhein und Rotterdam zu sichern).

Es ist klar, daß Deutschland zum Krieg so gut wie entschlossen ist und daß der einzig hemmende Einfluß bislang die Furcht vor der Teilnahme Englands an der Verteidigung Frankreichs und Belgiens war. — E. A. C. 30. Juli. (Crowe)

223. Bunsen, Wien, an Grey (Auszug): Serbischer Gesandter über Lostrennung slawischer Gebiete von Österreich-Ungarn. Brit. Dok. XI. 1, 271.

Wien, 29. Juli 1914

... Französischer Botschafter[95] berichtet seiner Regierung, daß ihn Geständnisse des serbischen Gesandten[96], mit dem er bis zu dessen Abreise am 26. Juli in enger Fühlung war, überzeugt haben, Zustand wachsender Gärung in südslawischen Provinzen der Doppelmonarchie sei derart, daß österreichisch-ungarische Regierung genötigt gewesen wäre, sich entweder in Lostrennung dieser Provinzen zu fügen oder eine verzweifelte Anstrengung zu machen, um sich die Provinzen dadurch zu erhalten, daß sie Serbien als Machtfaktor ausschalte. Serbischer Gesandter äußerte immer, die Zeit arbeite für Serbien, und er sagte französischem Botschafter, südslawische Provinzen wären innerhalb drei Jahren bereit, sich gegen Österreich-Ungarn zu erheben, ohne daß Serbien auch nur den kleinen Finger zu rühren brauche. Österreich-Ungarn merkte, daß es nicht länger warten konnte, und entschloß sich zum Kriege, von dem es jetzt anscheinend nichts mehr abzuhalten vermag. Nach Ansicht französischen Botschafters geht daraus hervor, daß Konflikt nicht Folge deutscher Anstiftung ist; auch gehe nicht unbedingt daraus hervor, daß Deutschland europäischen Krieg wünscht, wie viele in Frankreich glauben.

224. Grey an Bertie, Paris: Englands Kriegseintritt nicht wegen Serbien, doch zum Schutz Frankreichs. Brit. Dok. XI. 1, 281—282.

Auswärtiges Amt, 29. Juli 1914

Nachdem ich heute zu Herrn Cambon bemerkt hatte, wie ernst mir die Lage vorkomme, teilte ich ihm meine Absicht mit, heute noch dem deutschen Botschafter zu sagen, er möge sich durch den freundschaftlichen Ton unserer Unterhaltungen nicht in eine falsche Sicherheit wiegen lassen, daß wir unbeteiligt blieben, falls alle Bemühungen um die Erhaltung des Friedens, die wir jetzt gemeinsam mit Deutschland machten, fehlschlügen.[97] Aber, fuhr ich zu Herrn Cambon fort, es scheine mir geboten, ihn darauf hinzuweisen, daß die öffentliche Meinung Englands die gegenwärtigen Verwicklungen von einem ganz anderen Gesichtspunkt aus betrachte als vor ein paar Jahren die Schwierigkeiten über Marokko. Im Falle Marok-

[95] Dumaine.
[96] Jowanowitsch.
[97] Vgl. Nr. 221.

kos handelte es sich um eine Streitfrage, an der Frankreich in erster Linie interessiert war und wobei es den Anschein hatte, als wolle Deutschland beim Versuch, Frankreich zu erdrücken, mit diesem Händel in einer Frage provozieren, die Gegenstand eines besonderen Abkommens zwischen Frankreich und uns war. Doch der vorliegende Streit zwischen Österreich und Serbien sei nicht derart, daß wir uns zum Eingreifen veranlaßt fühlten, und das wäre selbst dann nicht der Fall, wenn sich der Konflikt zu einem österreichisch-russischen zuspitzen sollte. Es wäre dann eine Frage der Vorherrschaft der Germanen oder Slawen — ein Kampf um die Vorherrschaft auf dem Balkan; und unser Gedanke sei stets gewesen, uns wegen einer Balkanfrage nicht in einen Krieg hineinziehen zu lassen. Wir hätten noch keinen Beschluß hinsichtlich unserer Haltung gefaßt, wenn Deutschland und auch Frankreich in die Sache verwickelt würden; das wäre ein Fall, den wir dann erst zu erwägen hätten. Frankreich würde sich dann in einen Streit hineingezogen sehen, der es nicht unmittelbar angehe, an dem es aber infolge seines Bündnisses ehren- und interessenhalber teilnehmen müsse. Wir seien frei von Verpflichtungen und hätten dann zu entscheiden, was die britischen Interessen von uns erheischten. Ich hielte es für nötig, das zur Sprache zu bringen, weil wir, wie er wisse, alle Vorsichtsmaßregeln bezüglich unserer Flotte träfen und ich vorhätte, Fürst Lichnowsky zu warnen, nicht auf unsere Neutralität zu rechnen. Aber es wäre nicht fair, wenn ich Herrn Cambon zu der Annahme verleitete, daß dies bedeutete, wir hätten bereits entschieden, was wir in einer möglichen Lage tun würden, von der ich immer noch hoffte, daß sie nicht eintreten werde.

Herr Cambon entgegnete, ich hätte die Lage sehr klar dargelegt. Er fasse sie dahin auf, daß wir uns nicht berufen fühlten, in einen Balkanstreit und einen Kampf um die Vorherrschaft von Germanen und Slawen einzugreifen; sollten aber andere Dinge aufgeworfen und Deutschland und Frankreich darin verwickelt werden, so daß es sich um die Frage der Vorherrschaft in Europa handle, dann würden wir uns entscheiden, was wir zu tun hätten. Er schien auf diese Ankündigung völlig vorbereitet zu sein und übte keine Kritik daran.

Er bemerkte, die öffentliche Meinung Frankreichs sei ruhig aber entschlossen. Er sehe eine Forderung Deutschlands voraus, daß Frankreich neutral bleiben solle, während Deutschland Rußland angreife. Diese Zusicherung könne Frankreich natürlich nicht geben; es sei verpflichtet, Rußland beizustehen, falls es angegriffen werde.

225. Pourtalès, St. Petersburg, an Auswärtiges Amt (mit Auszug aus Randbemerkungen Wilhelms II.): Sazonov über Gefahr für Monarchie. Kaiser über Weltkrieg. DD II. 118—120.

St. Petersburg, 30. Juli 1914

Hatte eben mit Sasonow, der mich um Mitternacht rufen ließ, 1½stündige Unterredung. Zweck des Ministers war, mich zu überreden, bei meiner Regierung Teilnahme an Konversation zu vieren zu befürworten, um Mittel ausfindig zu machen, Österreich auf *freundschaftlichem Wege zu bewegen*[a], *die Souveränität Serbiens antastenden Forderungen fallen* zu lassen. Ich habe lediglich Wiedergabe der Unterredung zugesagt und mich auf den Standpunkt gestellt, daß mir jeder Gedankenaustausch sehr schwierig, wenn nicht unmöglich scheine, seitdem sich Rußland zu dem *verhängnisvollen Schritt der Mobilmachung entschlossen habe*[b]. Rußland verlange von uns Österreich gegenüber dasjenige zu tun, was Österreich Serbien gegenüber vorgeworfen werde, nämlich *Eingriff in seine Souveränitätsrechte*[c]. Nachdem Österreich durch Erklärung seines territorialen Desinteressements, welches seitens eines im Kriege befindlichen *Staats sehr viel bedeute*, versprochen habe, *auf russische Interessen Rücksicht* zu nehmen, sollte man die österreichisch-ungarische Monarchie jetzt ihre Regelung mit Serbien allein regeln lassen[d]. Beim *Friedensschluß* werde immer noch Zeit sein, auf Schonung serbischer Souveränität zurückzukommen. Ich habe sehr ernst hinzugefügt, daß die ganze austroserbische Angelegenheit augenblicklich gegenüber der *Gefahr europäischer Konflagration* in den *Hintergrund* trete[e]: Ich habe mir alle Mühe gegeben, die Größe dieser Gefahr dem Minister vor Augen zu führen. Sasonow war nicht davon abzubringen, daß Rußland Serbien nicht im Stich lassen könne. Keine Regierung würde *ohne ernste Gefahren für die Monarchie eine solche Politik hier führen können*[f].

Im Laufe der Unterredung *wollte Sasonow* Widerspruch zwischen Telegramm Sr. M. des Kaisers und Königs an den Zaren und Ew. Exz. telegraphischer Weisung Nr. 134 *konstruieren*[g]. Ich bin dem bestimmt entgegengetreten und habe darauf hingewiesen, daß, selbst wenn *wir schon*

[a] ist die Russ. Mobilmachung ein freundschaftlicher Weg?!

[b] richtig

[c] sehr gut

[d] gut!

[e] ja.

[f] Blödsinn! Diese Sorte von Politik birgt die ernstesten Gefahren für den Zaren in sich!

[g] aha! Wie ich es schon vermutete!

mobil gemacht hätten[h], der Appell meines Allergnädigsten Herrn an die *gemeinsamen Interessen der Monarchen* mit dieser Maßregel *nicht in Widerspruch* stehen würde[i]. Die Mitteilung, die ich ihm heute nachmittag im Auftrage Ew. Exz. gemacht hätte, sei keine Drohung gewesen, sondern eine freundschaftliche Warnung unter Hinweis auf die *automatische Wirkung, die hiesige Mobilmachung* infolge *deutsch-österreichischen Bündnisses bei uns hervorrufen müsse.* Sasonow erklärte, daß *Rückgängigmachung* des Mobilmachungsbefehls *nicht mehr möglich* sei, und daß *österreichische Mobilmachung daran schuld* sei[k].

Habe aus Äußerungen Sasonows Eindruck, daß Allerhöchstes Telegramm Wirkung auf Zaren nicht verfehlt hat, fürchte aber, daß der Minister eifrig bemüht ist, daran zu arbeiten, daß Zar festbleibt[1].

226. Buchanan, St. Petersburg, an Grey: Revolutionsgefahr. Kriegsdrohung.
Brit. Dok. XI. 2, 300—301.

St. Petersburg, 30. Juli 1914

Außenminister empfing französischen Botschafter und mich heute morgen. Er sagte uns, er habe gestern nachmittag mit deutschem Botschafter Unterredung gehabt, in der dieser geäußert, seine Regierung würde dafür bürgen, daß Österreich serbische Integrität nicht verletzen werde. Außenminister habe erwidert, Serbien würde, wenn auch territoriale Integrität geachtet werden sollte, unausbleiblich Vasall Österreichs werden, gerade so wie Buchara Vasall Rußlands sei, obgleich man sein Gebiet unangetastet gelassen habe. Wenn russische Regierung dies duldete, würde es eine

[h] noch nichts erfolgt

[i] richtig

[k] Das war eine Teilmobilmachung von 6 Corps zu begrenztem Zweck!

[1] ... Aus dem Dilemma der Bundestreue gegen den ehrwürdigen, alten Kaiser wird uns die Situation geschaffen, die England den erwünschten Vorwand giebt, uns zu vernichten, mit dem heuchlerischen Schein des Rechtes, nämlich Frankreich zu helfen wegen Aufrechterhaltung der berüchtigten balance of Power in Europa, d. h. Ausspielung aller Europ. Staaten zu Englands Gunsten gegen uns! Jetzt muß dieses ganze Getriebe schonungslos aufgedeckt und ihm öffentlich die Maske christlicher Friedfertigkeit in der Öffentlichkeit schroff abgerissen werden und die Pharisäische Friedensheuchelei an den Pranger gestellt werden!! Und unsere Konsuln in Türkei und Indien, Agenten etc. müssen die ganze Mohamedan. Welt gegen dieses verhaßte, verlogene, gewissenlose Krämervolk zum wilden Aufstande entflammen; denn wenn wir uns verbluten sollen, dann soll England wenigstens Indien verlieren. W. (Wilhelm II.)

Revolution im Lande geben. Auf beiden Seiten fielen erregte Worte, indem Außenminister Vorwurf gegen Österreich erhob, eine Erpresserpolitik zu betreiben, und gegen Deutschland, daß es vom Wunsche beseelt sei, Zeit zur Vollendung seiner militärischen Rüstungen zu gewinnen.

Russische Regierung habe, wie Außenminister uns sagte, absoluten Beweis, daß Deutschland militärische und maritime Vorbereitungen gegen Rußland treffe, und zwar besonders in Richtung auf Finnischen Meerbusen. Gestern abend sei beschlossen worden, heute morgen Order für Teilmobilmachung zu erlassen — die in meinem Telegramm 182 vom 29. Juli erwähnten dreizehn Armeekorps — und gleichzeitig Vorbereitungen für allgemeine Mobilmachung zu beginnen.

Um zwei Uhr früh hatte deutscher Botschafter zweite Unterredung mit Außenminister, wobei ersterer vollkommen zusammenbrach, als er sah, daß Krieg unvermeidlich sei, und den Minister inständig bat, als letzte Hoffnung irgendeinen Vorschlag zu machen, den er seiner Regierung telegraphieren könne. Außenminister las dann Text französischer Formel vor, die er deutschem Botschafter übergab und die in Übersetzung lautet:

> „Wenn Österreich anerkennt, daß sein Streitfall mit Serbien Charakter einer Frage von europäischem Interesse angenommen hat, und sich bereit erklärt, aus seinem Ultimatum Punkte zu beseitigen, die Prinzip der Souveränität Serbiens verletzen, verpflichtet sich Rußland, alle militärischen Vorbereitungen einzustellen."

Wenn Österreich diesen Vorschlag verwirft, wird man Vorbereitungen für die allgemeine Mobilmachung fortsetzen und europäischer Krieg wird unvermeidlich sein. Aus strategischen Gründen kann Rußland Umwandlung von Teil- in Gesamtmobilmachung schwerlich aufschieben, da es jetzt weiß, daß Deutschland rüstet, und Erregung im Lande hat solchen Grad erreicht, daß Rußland sich nicht zu bezwingen vermag, wenn Österreich Zugeständnis ablehnt. Außenminister wird Zaren heute nachmittag sprechen.

227. Tagesaufzeichnung des russischen Außenministeriums: Widerruf und endgültige Anordnung der allgemeinen Mobilmachung. Besser Krieg herausfordern als unvorbereitet überrascht werden. Russ. Dok. I. 5, 196—198.

30. Juli 1914

Vormittags, in der zehnten Stunde, sprach der Außenminister telephonisch mit dem Minister für Landwirtschaft, und sie waren beide sehr besorgt wegen des erfolgten Widerrufs der allgemeinen Mobilmachung, da sie sich durchaus bewußt waren, daß diese Entscheidung Rußland, für den Fall einer Verschärfung der Beziehungen zu Deutschland, in eine äußerst gefährliche Situation zu bringen drohe. S. D. Sasonow riet A. W. Kriwoschein, eine Audienz beim Kaiser nachzusuchen, um Seiner Majestät die durch den erwähnten Widerruf geweckten Befürchtungen darzulegen.

Gegen 11 Uhr vormittags traf der Außenminister beim Chef des Generalstabes wieder mit dem Kriegsminister zusammen. Die über Nacht eingelaufenen Nachrichten hatten in allen noch mehr die Überzeugung befestigt, daß es dringend notwendig sei, sich ohne Zeitverlust auf einen ernsthaften Krieg vorzubereiten. Demgemäß blieben die Minister und der Chef des Stabes wie früher bei der am Vortage von ihnen ausgesprochenen Ansicht, daß es notwendig sei, zur allgemeinen Mobilmachung zu schreiten. Generaladjutant Suchomlinow und General Januschkewitsch bemühten sich von neuem, den Kaiser telephonisch zu bewegen, auf seinen gestrigen Entschluß zurückzukommen und zu gestatten, zur allgemeinen Mobilmachung zu schreiten. Seine Majestät lehnte diese Bitte entschieden ab, und erklärte schließlich kurz, er breche das Gespräch ab. General Januschkewitsch, der in diesem Augenblick den Telephonhörer in Händen hielt, konnte nur noch melden, daß der Außenminister ebenfalls im Zimmer anwesend sei und um die Erlaubnis bitte, dem Kaiser einige Worte zu sagen. Es folgte eine Pause des Schweigens, wonach der Kaiser sein Einverständnis erklärte, den Minister anzuhören. S. D. Sasonow wandte sich an Seine Majestät mit der Bitte, ihn am selben Tage zu einem unaufschiebbaren Vortrage über die allgemeine politische Lage zu empfangen. Nach einer Pause fragte der Kaiser: „Ist es Ihnen recht, wenn ich Sie mit Tatischtschew [98] zusammen um 3 Uhr empfange, da ich heute sonst keine einzige Minute frei habe?“ Der Minister dankte dem Kaiser und sagte, er werde sich zur angegebenen Zeit einfinden.

Der Chef des Stabes bat S. D. Sasonow inständigst, den Kaiser unbedingt zu bewegen, daß er seine Zustimmung zu der allgemeinen Mobilmachung gäbe, weil uns äußerste Gefahr drohe, einem Kriege mit Deutschland unvorbereitet gegenüberzustehen, wenn die Umstände uns doch zur Ergreifung energischer Maßnahmen nötigen sollten, nachdem der Erfolg einer allgemeinen Mobilmachung durch die vorherige Durchführung einer Teilmobilisation kompromittiert sein würde. General Januschkewitsch bat den Minister, falls es ihm gelänge, den Kaiser zu bestimmen, solle er ihm, Januschkewitsch, sofort aus Peterhof telephonische Nachricht geben, damit er unverzüglich die notwendigen Maßnahmen ergreifen könne, denn es sei notwendig, vor allem so rasch wie möglich die bereits begonnene Teil-

[98] Russischer Generalmajor, Kaiser Wilhelm II. attachiert.

mobilmachung in eine allgemeine umzuwandeln und die bereits ausgesandten Befehle durch neue zu ersetzen. „Danach", sagte Januschkewitsch, „werde ich fortgehen, werde mein Telephon zerbrechen und überhaupt alle Maßnahmen treffen, damit ich völlig unauffindbar bin, falls man mir etwa entgegengesetzte Befehle im Sinne eines neuen Widerrufes der allgemeinen Mobilmachung erteilen will."

Nach Rückkehr ins Ministerium hatte S. D. Sasonow eine Zusammenkunft mit dem französischen Botschafter.

Unterdessen benachrichtigte A. W. Kriwoscheïn S. D. Sasonow, daß er auf sein Gesuch um eine Allerhöchste Audienz die Antwort erhalten habe, der Kaiser sei an diesem Tage allzusehr beschäftigt und könne ihn nicht empfangen. Kriwoscheïn äußerte dabei den Wunsch, S. D. Sasonow noch vor dessen Abfahrt nach Peterhof zu sprechen. Man beschloß, gemeinsam bei Donon zu frühstücken, wo sich um $12^1/_2$ Uhr in einem Separatzimmer A. W. Kriwoscheïn und S. D. Sasonow mit Baron Schilling trafen. Die Stimmung war ziemlich gedrückt, und das Gespräch berührte fast ausschließlich die Notwendigkeit, darauf zu bestehen, daß die allgemeine Mobilmachung schleunigst angeordnet werde, da die Unvermeidlichkeit eines nahen Krieges mit Deutschland für jedermann immer klarer wurde. A. W. Kriwoscheïn gab der Hoffnung Ausdruck, daß es S. D. Sasonow gelingen werde, den Kaiser zu überzeugen, da wir im entgegengesetzten Falle, nach seinen Worten, einer sicheren Katastrophe entgegentrieben.

Um zwei Uhr fuhr der Außenminister mit Generalmajor Tatischtschew nach Peterhof, wo beide zusammen von Seiner Majestät im Alexander-Palais empfangen wurden. Fast eine ganze Stunde lang suchte der Minister nachzuweisen, daß der Krieg unvermeidlich geworden sei, da man aus allem ersehe, daß Deutschland entschlossen sei, die Dinge zu einem Konflikt kommen zu lassen; sonst hätte es nicht alle friedlichen Vorschläge, die gemacht worden seien, zurückgewiesen, und es hätte seinen Bundesgenossen leicht zur Vernunft bringen können. Bei dieser Sachlage bleibe nichts anderes übrig, als alles zu tun, was nötig sei, um dem Kriege völlig gerüstet und in der für uns günstigsten Position gegenüberzustehen. Ohne davor zurückzuscheuen, daß wir durch unsere Vorbereitungen den Krieg herausforderten, sei es daher besser, wenn wir uns sorgfältig mit diesen Vorbereitungen befaßten, anstatt aus Furcht, einen Vorwand zum Kriege zu geben, unvorbereitet von ihm überrascht zu werden.

Der dringende Wunsch des Kaisers, um jeden Preis einen Krieg zu vermeiden, dessen Schrecken ihm äußersten Abscheu einflößten, zwang Seine Majestät im Bewußtsein der schweren, in dieser schicksalsvollen Stunde auf ihm ruhenden Verantwortung, alle nur möglichen Mittel zu suchen, um die heranziehende Gefahr abzuwenden. Demgemäß gab er lange nicht seine Einwilligung zur Ergreifung einer Maßnahme, die, vom militärischen Standpunkt gesehen, zwar unumgänglich war, die aber, wie er klar begriff, die Entscheidung im unerwünschten Sinne beschleunigen konnte.

Die innere Spannung, welche der Kaiser in dieser Minute durchlebte, äußerte sich unter anderm in der an ihm ungewöhnlichen Reizbarkeit, mit der Seine Majestät General Tatischtschew unterbrach. Der letztere, der die ganze Zeit über an dem Gespräch keinen Anteil genommen hatte, sagte, als eine Minute des Schweigens eingetreten war: „Ja, es ist schwer zu entscheiden." Der Kaiser erwiderte scharf und ärgerlich: „Entscheiden werde ich!", um auf diese Weise einer weiteren Einmischung des Generals in das Gespräch ein Ende zu machen.

Schließlich gab der Kaiser zu, daß es unter den gegenwärtigen Umständen das gefährlichste wäre, sich nicht rechtzeitig auf den offensichtlich unvermeidbaren Krieg vorzubereiten, und er erteilte deshalb seine Erlaubnis, sofort an die allgemeine Mobilmachung heranzutreten.

S. D. Sasonow erbat die Allerhöchste Genehmigung, unverzüglich telephonisch den Chef des Generalstabes davon zu benachrichtigen, und nachdem er diese erhalten hatte, eilte er in die untere Etage des Palais zum Telephon. Er übermittelte den Allerhöchsten Befehl dem General Januschkewitsch, der diesen mit Ungeduld erwartete, und fügte mit Bezug auf das Gespräch vom Vormittag hinzu: „Jetzt können Sie Ihr Telephon zerbrechen." Der Kaiser hoffte aber immer noch, einen Modus zu finden, um zu verhindern, daß die allgemeine Mobilmachung ein unwiderruflicher Anlaß zum Kriege werde. Deshalb gab der Kaiser am selben Tage in einem Telegramm an Kaiser Wilhelm anläßlich der getroffenen Entscheidung feierlich das Wort, daß er ungeachtet der angeordneten Mobilmachung . . .[99]

228. Rodzjanko, Erinnerungen: Mobilmachung und Gefahr für Zarenherrschaft.
Rodzjanko, Erinnerungen 96—97.

(30. Juli 1914)

. . . Während der letzten Tage vor dem Kriege war ich in Nauheim, wo ich eine Kur gebrauchte. Bei meiner Rückkehr nach Petersburg erfuhr ich, daß am Tage vorher der Kriegsminister Suchomlinow mehrmals telephonisch nach mir gefragt habe. Ich fuhr zu ihm, und es kam zu folgender Unterredung:

„Ich habe Sie zu mir gebeten", sagte Suchomlinow, „weil ich in einer

[99] Hier bricht das Dokument ab.

unmöglichen Lage bin. Stellen Sie sich vor: der Kaiser ist plötzlich schwankend geworden und hat den Befehl erteilt, die Mobilmachung in den Bezirken, wo gegen Österreich vorgegangen werden soll, einzustellen! Ich kann keinerlei Erklärung für diesen Entschluß finden! Falls diese Absicht durchgeführt wird, kann die Lage geradezu katastrophal werden! Alle Karten und Mobilmachungsbefehle sind bereits an die zuständigen Stellen verteilt, zurücknehmen kann man sie nicht, und jede Verzögerung muß verderblich werden! Was soll ich machen? Raten Sie mir!"

„Deutschland wird uns unter allen Umständen den Krieg erklären", antwortete ich dem Minister, „und wenn die geringste Verzögerung entsteht, werden die Deutschen ohne jeglichen Widerstand unsere Grenze überschreiten. Bei der Durchfahrt durch Wirballen habe ich überall an der deutschen Grenze deutsche Kavallerie in feldmarschmäßiger Ausrüstung, fertig zum Losschlagen, gesehen. Sie müssen dem Kaiser davon sofort Meldung erstatten."

„Ich aber verlange, daß Sie, Michael Wladimirowitsch, sofort um eine Audienz in Peterhof bitten und dem Kaiser persönlich über diese Dinge Bericht erstatten!"

„Dazu wäre ich ja gern bereit, aber es darf keine Zeit verloren werden. Jeder Augenblick ist kostbar, die Prozedur eines Audienzgesuches aber ist langwierig. Sie selbst müssen nach Peterhof fahren, und zwar sofort!"

„Aber ich habe bereits oft persönlich mit dem Kaiser gesprochen, jedoch erfolglos. Es ist klar, daß er mir nicht traut. Ich weiß wirklich nicht, was ich tun soll!"

Ich riet, unverzüglich zum Außenminister Sazonov zu fahren. Dieser war gerade im Begriff, sich nach Peterhof aufzumachen, und wußte anscheinend noch nichts von der Meinungsänderung des Zaren. Wir setzten ihm die Sachlage auseinander. Ich ersuchte offiziell Sasonow, dem Kaiser mitzuteilen, ich als Haupt der Volksvertretung erkläre auf das entschiedenste, daß das russische Volk eine solche Zeitverschwendung, die für das Reich verhängnisvoll werden müsse, der Regierung nie verzeihen würde.

Der auf die gewichtigen Beweggründe des Kriegsministers und des Dumapräsidenten gestützte Bericht des Außenministers hat wohl den nötigen Eindruck gemacht. Der Kaiser gab seine Absicht auf. Die Mobilmachung wurde nicht aufgehalten und nahm ihren Lauf . . .

229. Benckendorff, London, an Sazonow: Mitteilung an Grey über Veränderung der Situation. Russ. Dok. I. 5, 199—200.

London, 30. Juli 1914

Telegramme Nr. 1551 und 1554 erhalten.

Habe Grey alle diese Telegramme mitgeteilt, der durch die Lage sehr beunruhigt ist, jedoch Faden der Verhandlungen noch nicht abzuschneiden wünscht. Deutscher Botschafter hat ihm gesagt, er nehme an, daß seine Regierung geneigt sei, den Ansichten Greys, wie in meinem Telegramm Nr. 216 dargelegt, beizutreten. Ich habe Grey geantwortet, seit Eure Exzellenz an ihn mit Ihrem Vorschlage appelliert hätten, alle seine Anregungen anzunehmen, die geeignet seien, den Frieden zu erhalten — vorausgesetzt, daß Österreich den Aufschub nicht dazu ausnutzen könne, um Serbien zu zerschmettern —, scheine sich die Situation, in der Sie sich befänden, zu ändern. Unsere Beziehungen zu Deutschland waren damals intakt. Ich machte ihn darauf aufmerksam, daß sie es nicht mehr seien: daß Pourtalès' Demarche, die uns ein ungenügendes Versprechen Österreichs bot und uns bewies, daß Deutschland rüsten würde, wenn wir unsere militärischen Vorbereitungen nicht einstellten, Situation geändert habe, und daß dieses Verlangen hier einzige gebührende Antwort empfangen habe: daß, als der deutsche Botschafter wieder erschien, um Sie nach Ihren Bedingungen zu fragen, Sie ihm diese unter durchaus besonderen Umständen formuliert hätten. Ich beharrte dabei, daß es mir nicht möglich schiene, die Dinge wieder an dem Punkt aufzunehmen, wo sie am Mittwoch [1] gewesen seien, und daß Grey in jedem Falle, was er auch unternehme, die neue Situation berücksichtigen müsse, nämlich die Situation, welche durch Deutschlands Schuld für Rußland entstanden sei: andernfalls glaubte ich nicht, daß wir ihm folgen könnten — was vor allem zu vermeiden sei. Grey antwortete mir, er habe es verstanden, und er würde diesen Argumenten Rechnung tragen. Indem er dann seine Idee wieder aufnahm, sagte er mir, daß die Vorbedingung für jeden Versuch weiterer Verhandlungen, die Eure Exzellenz stelle — nämlich daß Österreich nicht in Serbien einfalle —, nicht mehr in Betracht komme, da alles darauf hinweise, daß Österreich bereits Belgrad besetzt habe. Er meint, man könne von Österreich verlangen, seine Armee im Umkreis von Belgrad anzuhalten, ohne weiter vorzurücken, und dann, zwar nicht genau den Buchstaben, aber die von Ihnen im Telegramm Nr. 1554 ausgesprochenen Prinzipien als Basis von Verhandlungen nehmen. Er bestand auf Notwendigkeiten eines Versuchs. Ich antwortete noch einmal, daß

[1] *Am 28. Juli.*

die für Rußland geschaffene Situation vor allem berücksichtigt werden müsse.

230. Sazonov an Korostowez[2]: Persien. Russ. Dok. I. 5, 195.

30. Juli 1914

... Irgendwelche Unstimmigkeiten auf dem Boden der persischen Angelegenheiten sind im Augenblick durchaus unzulässig.

231. Benckendorff, London, an Sazonov: Cambons Anfrage wegen Abkommen. Russ. Dok. I. 5, 200.

London, 30. Juli 1914

Cambon hat Grey gefragt, ob er glaube, daß Augenblick gekommen sei. Grey hat ihm erwidert, Augenblick würde kommen, sobald Deutschlands Haltung offenbar würde. Cambon hat nicht weiter gedrängt, da Englands militärische Maßnahmen nicht nur zur See, sondern sogar zu Lande bedeutend sind. Cambon sagte mir, er glaube nicht, daß Situation in den Augen Parlaments klar genug sei, daß Grey sich ohne Gefahr noch heute erklären könnte.

232. Izvolskij, Paris, an Sazonov: Frankreichs Rat. Russ. Dok. I. 5, 201—202.

Paris, 30. Juli 1914

Margerie, den ich soeben sprach, sagte mir, die französische Regierung wünsche sich durchaus nicht in unsere militärischen Vorbereitungen einzumischen, halte es aber angesichts der Weiterführung der Verhandlungen zur Erhaltung des Friedens für äußerst wünschenswert, daß diese Vorbereitungen einen möglichst wenig offenen und herausfordernden Charakter trügen. Den gleichen Gedanken entwickelnd, sagte auch der Kriegsminister[3] zu Graf Ignatjew[4], wir könnten die Erklärung abgeben, wir seien in Rücksicht auf die höheren Interessen des Friedens einverstanden, die Maßnahmen zur Mobilmachung zeitweilig zu verlangsamen, was uns ja nicht hindern würde, die militärischen Vorbereitungen fort-

[2] Russischer Gesandter in Teheran 1914.

[3] Messimy.

[4] Russischer Militärattaché in Paris.

zusetzen und sogar energischer zu betreiben, sofern wir nach Möglichkeit auf Massentransporte von Truppen verzichteten. Um 9½ Uhr findet ein Ministerrat unter Vorsitz von Poincaré statt, nach welchem ich sofort Viviani sprechen werde.

233. Bethmann Hollweg an Tschirschky[5]: Europäischer Krieg droht. Vermittlung annehmen. DD II. 113—114.

Berlin, 30. Juli 1914

Der k. Botschafter in London telegraphiert: . . .[6]

Wir stehen somit, falls Österreich jede Vermittlung ablehnt, vor einer Konflagration, bei der England gegen uns, Italien und Rumänien nach allen Anzeichen nicht mit uns gehen würden und wir 2 gegen 4 Großmächte ständen. Deutschland fiele durch Gegnerschaft Englands das Hauptgewicht des Kampfes zu. Österreichs politisches Prestige, die Waffenehre seiner Armee, sowie seine berechtigten Ansprüche Serbien gegenüber, könnten durch Besetzung Belgrads oder anderer Plätze hinreichend gewahrt werden. Es würde durch Demütigung Serbiens seine Stellung im Balkan wie Rußland gegenüber wieder stark machen. Unter diesen Umständen müssen wir der Erwägung des Wiener Kabinetts dringend und nachdrücklich anheimstellen, die Vermittlung zu den angegebenen ehrenvollen Bedingungen anzunehmen. Die Verantwortung für die sonst eintretenden Folgen wäre für Österreich und uns eine ungemein schwere.

234. Bethmann Hollweg an Tschirschky: Bei Österreichs Weigerung droht Weltbrand. DD II. 114—115.

Berlin, 30. Juli 1914

Graf Pourtalès telegraphiert: . . .[7]

Diese Meldung steht nicht im Einklang mit der Darstellung, die Ew. pp. von dem Verlauf der Unterredung des Grafen Berchtold mit Herrn Schebeko gegeben haben. Anscheinend liegt Mißverständnis vor, das ich aufzuklären bitte. Wir können Österreich-Ungarn nicht zumuten, mit Serbien zu verhandeln, mit dem es im Kriegszustand begriffen ist. Die Verweigerung jeden Meinungsaustausches mit Petersburg aber würde schwerer

[5] *Entwurf von Jagows Hand.*

[6] Vgl. Nr. 221.

[7] Vgl. Nr. 216, etwas gekürzt.

Fehler sein, da er kriegerisches Eingreifen Rußlands geradezu provoziert, das zu vermeiden Österreich-Ungarn in erster Linie interessiert ist.

Wir sind zwar bereit, unsere Bündnispflicht zu erfüllen, müssen es aber ablehnen, uns von Wien leichtfertig und ohne Beachtung unserer Ratschläge in einen Weltbrand hineinziehen zu lassen. Auch in italienischer Frage scheint Wien unsere Ratschläge zu mißachten.

Bitte sich gegen Graf Berchtold sofort mit allem Nachdruck und großem Ernst aussprechen.

235. Berchtold an Szápáry, St. Petersburg: Österreichs zögernde Bereitschaft zu verhandeln. Öst. A. VIII. 932—933.

30. Juli 1914

Aus Euer Exzellenz Telegramm Nr. 176 vom 29. VII. ersehe ich, daß Herr Sazonoff meine Antwort betreffs seiner Proposition zur Fortführung der mit Euer Exzellenz eingeleiteten Konversation möglicherweise mißverstanden hat. Ich bin selbstverständlich nach wie vor bereit, die einzelnen Punkte unserer übrigens durch die Ereignisse bereits überholten, an Serbien gerichteten Note durch Euer Exzellenz Herrn Sazonoff zu erläutern. Auch würde ich einen besonderen Wert darauf legen, bei dieser Gelegenheit der mir durch Herrn Schebeko verdolmetschten Anregung des russischen Ministers des Äußern entsprechend auch die unsere Beziehungen zu Rußland direkt betreffenden Fragen einer freundschaftlichen und vertrauensvollen Aussprache zu unterziehen, wovon eine Behebung der in diesem Belange bedauerlicherweise bestehenden Unklarheiten und Sicherstellung der so wünschenswerten friedlichen Entwicklung unserer Nachbarverhältnisse zu erhoffen wäre. Euer Exzellenz wollen Herrn Sazonoff von sich aus fragen, welche Belange der Herr Minister dieser Konversation zugrunde legen würde, eventuell auch auf eine unverbindliche allgemein gehaltene Erörterung, die natürlich jeden Gegensatz zu russischen Interessen a limine ausschalten müßte, eingehen und die Bereitwilligkeit aussprechen, mir hierüber Meldung zu erstatten. Bitte sich sofort vielleicht in Verbindung mit der Ihnen mit Telegramm Nr. 199 vom 30. d. M. aufgetragenen Mitteilung an Herrn Sazonoff auch in vorstehendem Sinne vernehmen zu lassen und mir das Ergebnis umgehend zu melden.

236. Tschirschky, Wien, an Auswärtiges Amt: Österreich und der dringliche Vermittlungsvorschlag. DD II. 171—172.

Wien, 30. Juli 1914

Das mittags eingetroffene Telegramm 192 wurde mir sofort nach Dechiffrierung in das Ministerium der Auswärtigen Angelegenheiten überbracht, während ich bei Graf Berchtold frühstückte. Sofort nach Aufhebung der Tafel habe ich den darin enthaltenen Auftrag bei Graf Berchtold in Anwesenheit des Grafen Forgách ausgeführt. Der Minister, der bleich und schweigend der zweimaligen Vorlesung zuhörte — Graf Forgách machte Notizen — äußerte zum Schluß, er werde sofort seinem Kaiser darüber Vortrag halten.

Ich lenkte die Aufmerksamkeit des Ministers noch besonders darauf hin, daß die berechtigten Ansprüche Österreich-Ungarns durch eine Züchtigung Serbiens unter Garantieschaffung für dessen weiteres Wohlverhalten durch Annahme des Vermittlungsvorschlags voll gewahrt schienen und damit der von der Monarchie von Anfang an erklärte Zweck der ganzen Aktion gegen Serbien ohne Entfesselung des Weltkriegs erreicht werden würde. Unter diesen Umständen scheine mir eine völlige Ablehnung der Vermittlung ausgeschlossen. Der Waffenehre werde durch Besetzung serbischen Gebiets durch österreichisch-ungarische Truppen Genüge geleistet. Daß diese militärische Besetzung serbischen Gebiets unter ausdrücklicher Zustimmung Rußlands geschehen solle, bedeute unstreitig eine wertvolle Stärkung des österreichischen Einflusses gegenüber Rußland und am Balkan. Ich bat die beiden Herren, die unberechenbaren Konsequenzen einer Ablehnung der Vermittlung sich vor Augen zu halten.

Als Graf Berchtold das Zimmer verlassen hatte, um sich zur Audienz beim Kaiser umzukleiden, habe ich dann noch Graf Forgách allein sehr ernst ins Gewissen geredet, der auch seine Ansicht dahin äußerte, daß er ein Eingehen auf die Vermittlung für geboten halte. Allerdings scheine ihm eine Einschränkung der im Gange befindlichen militärischen Operationen kaum möglich.

Heute nachmittag vor und nach dem Telephongespräch mit Herrn von Stumm habe ich Gelegenheit genommen, erneut mit Graf Forgách und Graf Hoyos sehr ernst in unserem Sinne Rücksprache zu nehmen. Sie versicherten mir beide, daß mit Rücksicht auf die Stimmung in Armee und im Volke Einschränkung der militärischen Operationen ihrer Ansicht nach ausgeschlossen sei. Morgen früh werde Graf Tisza in Wien erscheinen, dessen Ansicht bei dieser weittragenden Entscheidung eingeholt werden müsse.

Conrad von Hötzendorf sollte heute abend dem Kaiser die Order für allgemeine Mobilisierung als Antwort auf die russischerseits bereits getroffenen Maßnahmen unterbreiten. Man war sich darüber nicht im klaren, ob bei jetziger Sachlage die Mobilisierung noch geboten wäre.

237. Redlich, Tagebuch (Auszug): Über Kriegsausbruch 1914. Wirkung der deutschen Warnung. Österreichische und deutsche Motive.

Redlich, Tagebuch II. 43—44.

13. Juni 1915

Die Hitze dauert fort, ernste Sorgen um die Ernte. Gestern abend kam Dietrich von Bethmann Hollweg[8] zu mir und blieb bis 1 Uhr früh in meinem Garten mit mir im Gespräch. Zunächst sprachen wir über seine militärischen Erlebnisse ... Dann sprachen wir von der Inszenesetzung des Krieges ... Am 30. Juli kam die englische Mediation. Bethmann Hollweg erzählt, daß das lange, chiffrierte Telegramm gerade mittags ankam, als Tschirschky sich anschickte, zu Berchtold zum Lunch zu fahren. Bethmann sah Anfang und Ende des Telegrammes und merkte, was los sei. Er sagte zum Botschafter: „Da ist ein Telegramm von Berlin gekommen, das ist das wichtigste Telegramm in der ganzen Krise, ich werde es dechiffrieren und Ihnen dann zu Berchtold bringen." So geschah es auch. Bethmann saß neben Berchtold, als dieser das ihm von Tschirschky gereichte Telegramm las, und merkte, daß er totenbleich wurde. Am nächsten Tage kam Alek Hoyos zu Bethmann in die Wohnung zum Mittagessen und fragte diesen als „Freund" und „deutschen Edelmann", ob er es für möglich halte, daß Deutschland jetzt imstande wäre, mit Rußland eine Teilung von Österreich-Ungarn zu verabreden. Darauf beruhigte Bethmann ihn mit den energischsten Versicherungen der vollen Loyalität Deutschlands. Darauf sagte Alek: „Nun, mein allergnädigster Kaiser hat heute Nacht die Ordre für die Mobilisierung der ganzen Armee unterschrieben." Am nächsten Tage kam die feste Zusicherung Deutschlands, daß es fest hinter Österreich stehe. Bethmann stimmt mir zu, daß hier Berchtold und Alek eigentlich den Krieg ganz allein gemacht haben, nicht der Generalstab und Conrad. Berchtold war vom Moment der Ermordung des Erzherzogs zum Kriege gegen Serbien und eventuell auch zum Kriege mit Rußland entschlossen. Allerdings sagt Bethmann, daß seiner Meinung nach Berchtold daran glaubte, daß die „Züchtigung" Serbiens ohne Rußlands Kriegserklärung an uns durchgeführt werden könnte. Auch der Kaiser Franz Joseph war dieser Meinung. Und Bethmann meint, daß diese Anschauung

[8] Legationsrat an der deutschen Botschaft in Wien.

auch wohlbegründet war, denn in Petersburg war man keineswegs zum Kriege in diesem Augenblick ganz entschlossen. Die Entscheidung hatte erst das Eingreifen Englands gebracht. Buchanan sprach in Petersburg anfangs gar nicht so, daß Sazonow von der englischen Kriegserklärung überzeugt sein konnte. Allem Anschein nach war auch die hierher am 30. Juli gemeldete Mediation Englands gar nicht so aussichtslos . . . Bethmann erzählt mir nun, wie er in der letzten Juliwoche in Berlin war, wie sein Vetter, der Reichskanzler, ihm den Zweifel aussprach, ob der Krieg „populär" sei, worauf Bethmann durch einen Freund mit Hilfe einiger Automobile eine Demonstration vor dem Reichskanzleramte in der Wilhelmstraße arrangieren ließ. Bethmann sagt mir, daß Unterstaatssekretär Zimmermann gleichfalls mit aller Energie auf den Krieg hingewirkt habe. Der Fehler des Reichskanzlers sei der zu großer Ehrlichkeit und einer gewissen Unentschlossenheit. Zweimal hat der Kanzler dem Kaiser Wilhelm in den Jahren 1912 und 1913 seine Demission angeboten. Dadurch hat er seine Stellung beim Kaiser gestärkt . . .

238. Moltke an Conrad: Aufforderung zur Mobilmachung. DD II. 159.

Berlin, 30. Juli 1914

Russische Mobilisierung durchhalten: Österreich-Ungarn muß erhalten bleiben, gleich gegen Rußland mobilisieren. Deutschland wird mobilisieren. Italien durch Kompensationen zur Bundespflicht zwingen.

239. Grey an Goschen, Berlin: Ablehnung des Neutralitätsvorschlags Bethmann Hollwegs. Brit. Dok. XI. 2, 303—304.

Auswärtiges Amt, 30. Juli 1914 (abgeg. 3.50 Uhr nachm.)

Ihr Telegramm No. 102.[9]

Teilen Sie Reichskanzler mit, daß sein Vorschlag, wir sollten uns unter solchen Bedingungen zur Neutralität verpflichten, keinen Augenblick lang in Betracht gezogen werden kann.

Er verlangt tatsächlich eine Verpflichtung von uns, wir sollten, solange sich Deutschland kein französisches Gebiet — zum Unterschied von den Kolonien — aneignet, untätig zuschauen, während französische Kolonien weggenommen werden und Frankreich geschlagen wird.

[9] Vgl. Nr. 222.

Vom materiellen Standpunkt aus ist solch ein Vorschlag unannehmbar, denn Frankreich könnte, ohne daß ihm weiteres Gebiet in Europa weggenommen würde, so erdrückt werden, daß es seine Stellung als Großmacht verlöre und in die Abhängigkeit der deutschen Politik geriete.

Doch abgesehen davon bedeutete dieser Handel mit Deutschland auf Kosten Frankreichs eine Schande für uns, von der sich der gute Name Englands niemals erholen würde.

Der Kanzler verlangt ferner in der Tat von uns, wir sollten uns alle Verpflichtungen oder Interessen, die wir hinsichtlich der Neutralität Belgiens haben, abhandeln lassen. Wir könnten auf solch ein Geschäft ebensowenig eingehen.

Nach dem hier Ausgeführten braucht nicht geprüft zu werden, ob die Aussicht auf ein künftiges allgemeines Neutralitätsabkommen zwischen Deutschland und England genügend positive Vorteile bieten würde, um uns dafür zu entschädigen, daß wir jetzt unsere Hände binden. Meine Antwort kann nur lauten, daß wir unsere volle Freiheit wahren müssen, bei einer solch ungünstigen und bedauerlichen Entwicklung der gegenwärtigen Krise, wie sie der Kanzler ins Auge faßt, so zu handeln, wie es die Umstände von uns zu verlangen scheinen.

Wollen Sie eindringlichst hinzufügen, daß der beste Weg, die guten Beziehungen zwischen England und Deutschland zu erhalten, darin besteht, weiterhin gemeinsam für die Rettung des europäischen Friedens zu wirken; sind wir darin erfolgreich, so werden sich die gegenseitigen Beziehungen Deutschlands und Englands, wie ich glaube, *ipso facto* bessern und festigen. Auf dies Ziel wird Seiner Majestät Regierung im Verfolg jenes Wegs mit ganzer Aufrichtigkeit und allem guten Willen hinarbeiten.

Und wenn der Friede Europas gerettet und diese Krise glücklich überwunden werden kann, so würde es mein ernstliches Bestreben sein, irgendeine Abmachung zu fördern, an der Deutschland beteiligt sein könnte und die ihm die Sicherheit gewährte, daß Frankreich, Rußland und England — gemeinsam oder einzeln — keine feindselige oder aggressive Politik gegen Deutschland oder seine Verbündeten verfolgten. Ich habe das ersehnt und, soweit es in meinen Kräften lag, während der letzten Balkankrise dafür gewirkt, und da Deutschland ein ähnliches Ziel hatte, besserten sich unsere Beziehungen merklich. Der Gedanke war bisher zu utopisch, um den Gegenstand bestimmter Vorschläge zu bilden, aber wenn die gegenwärtige Krise — die schärfste, die Europa seit Generationen erlebt hat — glücklich überwunden wird, dann hoffe ich sehr, daß die darauf folgende Rückwirkung und Entspannung eine entschiedenere Annäherung der Mächte ermöglichen werde, als das bisher der Fall war.

240. Goschen, Berlin, an Grey: Jagow über Druck auf Österreich. Russische Mobilmachung. Brit. Dok. XI. 2, 304—305.

Berlin, 30. Juli 1914 (abgeg. 1.45 nachm., angek. 3.35 nachm.)

Staatssekretär des Auswärtigen teilt mir mit, daß er sofort nach Empfang des Telegramms, in dem Fürst Lichnowsky über seine letzte Unterredung mit Ihnen berichtete, bei der österreichisch-ungarischen Regierung angefragt habe, ob sie bereit sei, Vermittlung auf Grundlage der Besetzung Belgrads oder anderen Punktes durch österreichische Truppen anzunehmen und ihre Bedingungen von dort bekanntzugeben.[10] Er hat bislang keine Antwort erhalten, befürchtet aber, russische Mobilmachung gegen Österreich werde Schwierigkeiten vermehrt haben, da Österreich-Ungarn, das bisher nur gegen Serbien mobilisiert hat, die gleiche Maßnahme nun wahrscheinlich auch gegen Rußland nötig finden wird. Staatssekretär des Auswärtigen meint, wenn es Ihnen gelänge, Rußland zur Einwilligung in obige Grundlage einer Abmachung zu bewegen und es zu überreden, inzwischen keine Schritte zu unternehmen, die als aggressiv gegen Österreich gerichtet angesehen werden könnten, er noch eine Möglichkeit sieht, europäischen Frieden zu erhalten.

Er bat mich, Ihnen nachdrücklich schwierige Lage Deutschlands im Hinblick auf russische Mobilmachung und militärische Maßnahmen vorzustellen, die, wie er höre, in Frankreich getroffen werden. Außer Zurückberufung beurlaubter Offiziere — eine Maßnahme, die amtlich nach, und nicht vor gestrigem Besuch französischen Botschafters getroffen worden sei — habe kaiserliche Regierung nichts Besonderes bezüglich militärischer Vorbereitungen getan. Etwas werde indes bald geschehen müssen, da es sonst zu spät sein könnte, und falls Deutschland dann mobilisiere, müsse es nach drei Seiten hin sein. Er bedauerte dies, da er wisse, daß Frankreich Krieg nicht wünsche, aber es handle sich um eine militärische Notwendigkeit.

Seine Exzellenz fügte hinzu, das gestern abend vom Fürsten Lichnowsky eingegangene Telegramm[11] enthalte Dinge, die er mit Bedauern, wenn auch nicht gerade mit Überraschung vernommen habe, aber jedenfalls würdige er durchaus Offenheit und Loyalität Ihrer Sprache.

Er sagte mir ferner, daß dies Telegramm erst sehr spät gestern abend in Berlin eingetroffen sei; wäre es früher eingegangen, dann hätte Reichskanzler natürlich nicht so wie geschehen zu mir gesprochen.

[10] Vgl. Nr. 221.
[11] Vgl. Nr. 233.

241. Guillaume [12] an Davignon [13]: Zurückhaltung Frankreichs. Generalstab für Krieg. Geiss, Julikrise 734—735.

Paris, 30. Juli 1914

Major Collon [14] hat heute den Obersten Dupont [15] gesehen. Aus der Unterredung geht hervor, daß der französische Gesandte in Brüssel heute morgen die Vorsichtsmaßnahmen, die Belgien ergriffen hat, mitgeteilt hat. Der Generalstab zeigte sich über diese Maßnahmen befriedigt. Die Mobilmachung der französischen Armee ist verschoben worden; die Regierung will mit ihrer Diplomatie alle Trümpfe ausspielen und Deutschland ins Unrecht setzen. Heute morgen wurde der Befehl bestätigt, Plätze im Osten (Verdun, Toul, Epinal, Belfort) in Verteidigungszustand zu versetzen ...

Der französische Generalstab ist für den Krieg und hatte im Obersten Verteidigungsrat — Ministerrat unter Vorsitz des Staatschefs — vorgeschlagen, sofort vier Jahrgänge einzuziehen und die acht Korps zur Grenzsicherung gegenüber der deutschen Grenze mobilzumachen. Dieser Vorschlag wurde abgelehnt. Die Regierung möchte ihre Friedensliebe demonstrieren und alle Anstrengungen unternehmen, um den Frieden zu bewahren; sie will erst dann mobil machen, wenn sie sich vor dem Unvermeidlichen sieht.

Der französische Generalstab will den Krieg, weil er den Augenblick für günstig hält und weil man endlich einmal Schluß machen müsse. Man rechnet mit der Neutralität Italiens und einem eventuellen Bündnis Rumäniens gegen Österreich.

Der französische Generalstab beabsichtigt keineswegs, belgisches Territorium zu verletzen oder die Verletzung unseres Territoriums in seine strategischen Pläne einzubeziehen ...

Nach der persönlichen Ansicht des Oberstleutnant Dupont, der die Ansicht der Offiziere des Generalstabs widerspiegelt, ist der Krieg mit Deutschland unvermeidlich, und er ist ein Glück für die französische Armee, da die Gelegenheit günstig sei und Deutschland selbst allem ein Ende machen wolle.

[12] Belgischer Gesandter in Paris.

[13] Belgischer Außenminister.

[14] Belgischer Militärattaché in Paris.

[15] *Chef des Deuxième Bureau (Nachrichtenabteilung des französischen Generalstabs).*

242. Asquith an Georg V.: Belgiens Neutralität. Berl. Mtsh. 69.

Whitehall, 30. Juli 1914

Mr. Asquith beehrt sich mit dem Ausdruck seiner untertänigsten Ehrerbietung Ew. Majestät zu berichten, daß sich der gestrige Kabinettsrat vornehmlich mit der diplomatischen Lage beschäftigte.

Augenblicklich schienen sich die größten Friedenshoffnungen auf die Fühlungnahme des deutschen Reichskanzlers mit Wien zu gründen.

Das Kabinett überprüfte sorgfältig die Verpflichtungen Englands bezüglich der Neutralität, die sich aus den beiden Verträgen vom April 1839 und den Schritten der Regierung Mr. Gladstones im August 1870 ergeben.

Es ist zweifelhaft, inwieweit ein einzelner als Garant verpflichteter Staat durch den Vertrag von 1839 an die Aufrechterhaltung der belgischen Neutralität gebunden ist, wenn sich die übrigen Garanten ihrer Verpflichtung entziehen oder eine solche ablehnen.

Das Kabinett ist der Ansicht, daß die Angelegenheit, sollte sie akut werden, eher Sache der Politik als einer rechtlichen Verpflichtung ist.

Nach eingehenden Erörterungen kam man überein, Sir E. Grey zu ermächtigen, den deutschen und den französischen Botschafter zu informieren, daß wir bei dem augenblicklichen Stand der Dinge nicht in der Lage seien, uns im voraus in der Richtung einer unbedingten Neutralität oder im Gegenteil auf eine vorbehaltlose Beteiligung festzulegen.

Mr. Churchill berichtete über die bereits getroffenen Flottenmaßnahmen, und man kam zu dem Schluß, daß der "precautionary stage" („Gefahrzustand") erreicht sei, und daß der Augenblick für die Absendung des „Warnungstelegrammes" gekommen sei. Dieser Schritt erfolgte unmittelbar nach Aufhebung der Kabinettssitzung, d. h. kurz vor 2 Uhr nachmittags.

243. Goschen, Berlin, an Nicolson (Auszug): Die deutsche Staatsleitung und Wirtschaft über Krieg. Brit. Dok. XI. 2, 548—552.

Berlin, (wohl 30.) Juli 1914

... Ich bin mehr denn Cambon davon überzeugt, daß sowohl der Kanzler als auch Jagow einen allgemeinen Krieg vermeiden möchten — wie auch die Meinung der Hitzköpfe und des Generalstabs sein mag. Das ist nicht nur meine Ansicht, sondern auch die der meisten Diplomaten und vieler Deutscher. Cambon will das durchaus nicht gelten lassen und betrachtet Jagow, meines Erachtens zu Unrecht, als einen Junker der kriegerischsten Sorte. Dies widerspricht allem, was ich je von Jagow gehört habe, und widerspricht meiner eigenen Meinung von ihm. Wenn der Kanzler aber Krieg führt, dann nur, weil er dazu gezwungen wird. Jules Cambon schilt mich andauernd, daß England seine Absichten so geheimhalte, und behauptet, die einzige Art und Weise, auf die ein allgemeiner Krieg verhütet werden könne, bestehe darin, daß Sir E. Grey *carrément* erkläre, England werde auf Seiten Frankreichs und Rußlands kämpfen. Doch ich sage ihm, daß eine derartige Erklärung beim jetzigen Stand der Dinge Deutschland zwar zu einer zögernden Haltung veranlassen, ebenso aber Rußland anspornen könne, und wenn Rußland Österreich angreife, müsse Deutschland dreinfahren, ob es die englische Flotte fürchtet oder nicht. Daß die britische Flotte Deutschland stark beschäftigt, ist ganz klar — das geht sowohl aus dem Kurssturz der großen Schiffahrtsaktien als auch aus anderen Anzeichen hervor ... Ich höre tatsächlich von allen Seiten, daß die Finanz- und Industriekreise absolut gegen einen Krieg in jeder Form sind — namentlich aber gegen einen Krieg, der in seinem Ursprung deutsche Interessen nicht berührt. Jagow bemerkte vor einigen Tagen zu mir, Österreich sei so zum Krieg gegen Serbien entschlossen und befürchte dermaßen, daran gehindert zu werden, daß jeder Rat es wahrscheinlich veranlassen werde, schleunigst ein *fait accompli* zu schaffen. Mag das nun wahr sein oder nicht — daß die österreichische Kriegserklärung (die, soweit ich beurteilen kann, hier nicht so rasch erwartet wurde) dem Hinweis, die serbische Antwort biete eine Grundlage für Unterhandlungen, unmittelbar auf dem Fuße folgte, dürfte jedenfalls als Beweis dafür gelten, daß Jagow in seiner Behauptung nicht weit fehlging. Er sagte gestern, er könne sich über das entschlossene Vorgehen Österreichs kaum wundern, da Serbien es faktisch dreimal zur Mobilmachung veranlaßt habe und trotz Versprechungen immer eine Brutstätte von Intrigen gegen die Doppelmonarchie geblieben sei. Das muß man zugeben, aber ich fragte ihn, ob er nicht auch glaube, daß ein großer Teil der serbischen Missetaten und Intrigen hätte vermieden werden können, wenn Österreich Serbien etwas großmütiger behandelt hätte, zum Beispiel durch Bewilligung eines Zugangs zur See. Jagow erwiderte, er habe während der letzten zwei Jahre nie eine Gelegenheit vorübergehen lassen, Österreich zu sagen: „Entweder behandelt Serbien gut und lebt in Frieden mit ihm oder 'avalez-la'". Österreich habe immer entgegnet, Serbien sei ein zu frecher Nachbar, als daß man friedlich mit ihm leben könne, und es zu verschlingen würde eine zu große Vermehrung der an sich schon zu zahlreichen slawischen Bevölkerung Österreichs bedeuten ...

244. Varnbüler[16] an Weizsäcker[17]: Bethmann Hollweg über politische Lage.
Dt. Gesandtschaftsberichte 110—113.

Berlin, 30. Juli 1914

General von Graevenitz,[18] der übrigens von jetzt ab alles, was er bei den militärischen Instanzen (Preußisches Kriegsministerium und Großer Generalstab) erfährt, auch wenn es teilweise politischer Natur ist, direkt dem Herrn Kriegsminister berichten wird in der Voraussetzung, daß es Euer Exzellenz durch diesen rascher als durch meine Vermittlung erfahren, erzählte mir heute früh, vom Großen Generalstab zurückkehrend, daß gestern bei einer Beratung der höchsten Zivil- und Militärinstanzen bei Seiner Majestät dem Kaiser ziemlich scharf-gegensätzliche Meinungen hervorgetreten seien, indem der Reichskanzler noch Zeit zur Fortsetzung friedlicher Verhandlungen gewinnen wollte, während der Kriegsminister und der Chef des Generalstabs gegenüber der Mobilmachung in Rußland und den Kriegsvorbereitungen Frankreichs für sofortige deutsche Gegenmaßnahmen eintraten.

Um hierüber Näheres zu erfahren, verabredete ich mit den Gesandten von Bayern, Sachsen und Baden, den Herrn Reichskanzler aufzusuchen, der uns denn auch um 12 Uhr empfing und folgende — in meinem chiffrierten Telegramm im wesentlichen schon berichtete — Mitteilung machte.

Durch die russische — wenn auch zunächst nur partielle und gegen Österreich gerichtete Mobilmachung sei die Lage sehr verschärft, Österreich könne und werde nun seinerseits mit der allgemeinen Mobilmachung kaum mehr zögern und auch für uns sei dieselbe sehr nahe gerückt. Dennoch wolle er, Bethmann, die diplomatischen Vermittlungsversuche noch nicht aufgeben, nicht nur um womöglich den Frieden doch noch zu erhalten, sondern auch um Rußland, wenn es dennoch zum Kriege treibe, vor aller Welt als den schuldigen Teil hinzustellen. Dies wäre jetzt noch nicht genügend der Fall; denn es sei anzuerkennen, daß die serbische Antwort auf das österreichische Ultimatum doch ein weitgehendes Entgegenkommen enthalten habe, ihre Ablehnung durch Österreich etwas brüsk erscheine und den Tripel-Entente-Mächten eine gewisse Handhabe dafür gebe, Österreich und Deutschland als seinem Verbündeten die Verantwortung für einen daraus folgenden Weltkrieg zuzuschieben.

Deshalb habe er gestern durch unseren Botschafter in Wien und in noch dringenderer Weise noch heute nacht in einem persönlichen Telegramm an

[16] Württembergischer Gesandter in Berlin.

[17] Württembergischer Ministerpräsident.

[18] Württembergischer Militärattaché in Berlin.

den Grafen Berchtold den Rat erteilt: Österreich möge in Petersburg erklären, daß es mit seinem Einmarsch in Serbien nicht beabsichtige, dessen Besitzstand zu tangieren, sondern lediglich durch temporäre Besetzung seines Gebietes sich die Garantie zu verschaffen, daß die Zusagen Serbiens und die darüber hinausgehenden österreichischen Forderungen tatsächlich zur Durchführung gelangen.

Daß Österreich solche Garantien brauche, nachdem Serbien seine früheren Zusagen seit 1909 in flagrantester Weise verletzt, müsse jedermann einsehen. — Ebenso aber auch Österreich, daß wir bei aller Bündnistreue, die wir selbstverständlich zu halten nach wie vor gesonnen seien, doch nicht einen Existenzkampf aufnehmen könnten, lediglich um österreichische Balkanpolitik zu treiben. Und eben dies habe er, der Reichskanzler, in seiner letzten Depesche an Berchtold sehr ernstlich betont.

Parallel mit diesem unserem Vermittlungsversuch laufe ein anderer, ganz ähnlicher Vorschlag von englischer Seite, der durch uns in Wien behändigt worden sei. — Sir Edward Grey glaube sich anheischig machen zu können, daß eine solche Erklärung Österreichs in Petersburg Annahme finden würde.

Die Antwort des Grafen Berchtold stehe noch aus, sei aber in Bälde, wohl noch heute zu erwarten, da wir schleunigste Entscheidung dringend verlangt haben. Solange sie noch nicht gefallen, sei auch die Friedenshoffnung noch nicht aufzugeben, und er, Bethmann, habe deshalb auch dem Drängen der Militärs, schon jetzt den „drohenden Kriegszustand" in Deutschland zu erklären, wie er an unserer Ost- und Westgrenze von Rußland und Frankreich schon eingeführt sei, sich noch widersetzt. Denn dies würde unfehlbar die allgemeine Mobilmachung — eine partielle gebe es bei uns nicht — und damit den Krieg herbeiführen. — Scheitere aber dieser letzte Vermittlungsversuch, dann sei die rollende Kugel nicht mehr aufzuhalten und könnten auch wir, um den Gegnern keinen Vorsprung zu geben, unsere militärischen Gegenmaßregeln nicht länger hinausschieben. Bisher hätten wir uns auf den *militärischen* Schutz der Kunstbauten an der Ost- und Westgrenze beschränkt. — Die Stimmung im deutschen Volke sei nach allen eingehenden Nachrichten eine mutig zum Äußersten entschlossene. Die Erklärung und Rechtfertigung eines Krieges, der aus dem gegebenen unmittelbaren Anlaß unverständlich sei, werde vor der Geschichte in den nationalen und Rassen-Gegensätzen liegen, wie sie sich in den letzten Jahrzehnten — freilich nicht ohne schuldhafte Hetzerei — entwickelt haben und nun zum elementaren Ausbruch drängen. Wegen der Straßen-Demonstrationen der Berliner Arbeiterschaft, die ja mehr eine Kundgebung für den Frieden, als gegen die Regierung gerichtet waren, habe er einige sozialdemokratische Führer zu sich beschieden und ihnen verständlich zu machen versucht, er glaube mit Erfolg, daß sie damit nicht der Erhaltung des Friedens dienten, sondern gerade im Gegenteil unsere Feinde zum Kriege ermutigen. Südekum — allerdings ein Revisionist — habe dabei bestimmt versichert, daß die Gefahr von Generalstreik oder Sabotage pp. ausgeschlossen sei.

Wie nun die unmittelbar bevorstehende Entscheidung ausfallen werde, vermöge er, der Reichskanzler, selbst nicht zu prophezeien. Es sei nicht klar zu unterscheiden, wieviel an dem Säbelgerassel und der scheinbaren Kriegsbegeisterung in Rußland und Frankreich ernstlich gemeint oder nur Bluff oder sogar Furcht vor dem Kriege sei. — Der Zar persönlich wünsche zweifellos den Frieden zu erhalten, das ergebe sich auch aus dem noch immer bestehenden, in der Form durchaus freundschaftlichen Depeschenwechsel zwischen ihm und Seiner Majestät dem Kaiser, der damit begonnen, daß Kaiser Nicolaus die mächtige Einwirkung des Deutschen Kaisers auf Österreich erbeten gegen dessen — allerdings als „unglaublich" bezeichneten — Überfall Serbiens, worauf Seine Majestät die Berechtigung solchen Einschreitens gegen Königs- und Thronfolgermörder darzulegen versucht und den gemeinsamen monarchischen Standpunkt betont habe. — Frankreichs frühere Kriegslust sei offenbar in das Gegenteil umgeschlagen, seit sie sich nicht mehr uns militärisch überlegen, sondern in der Bewaffnung, speziell in der schweren Fußartillerie, im Nachteil fühlen.

Auch England wünsche, wie die Greyschen Vermittlungsversuche bewiesen, den Frieden zu erhalten — aber wohl hauptsächlich deshalb, weil es diesmal nicht wie sonst wohl als tertius gaudens der gegenseitigen Schwächung der Kontinentalmächte würde zusehen können, sondern sich, mehr als es ihm jetzt lieb sei, Frankreich und Rußland gegenüber gebunden habe.

Die Haltung Italiens sei undurchsichtig — ebenso die Rumäniens und Bulgariens. Es sei zu befürchten, daß im Kriegsfall die antirussische Regierung in Sofia gestürzt werde.

Bei Abgang dieses Berichtes — abends 7 Uhr — ist, wie der Gesandte von Stumm mir eben mitteilt, die Lage unverändert, die Antwort von Wien noch nicht eingegangen. Zur Unterstützung unseres respektive des Greyschen Vermittlungsvorschlags hat Seine Majestät der Kaiser noch heute nachmittag eine eindringliche Depesche an den Kaiser Franz Joseph persönlich gerichtet.

245. Protokoll der Sitzung des preußischen Staatsministeriums (Auszug): Bethmann Hollweg über politische Entwicklung. Direktion verlorengegangen. DD II. 162—165.

Berlin, 30. Juli 1914

1. Der Herr Ministerpräsident teilte mit, er habe die Herren Staatsminister zu der heutigen Sitzung gebeten, um ihnen einen Überblick über die augenblickliche politische Lage zu geben, soweit dies möglich sei. Die Situation schwanke von Stunde zu Stunde und sei auch jetzt bei den unsicheren Faktoren der Entwicklung noch zweifelhaft.

a) *S. M. habe eine Verständigung zwischen der Wiener und der Petersburger Regierung versucht.* Die Wiener Regierung habe in Petersburg nach der serbischen Ablehnung ihrer Forderungen erklärt, keine territorialen Erwerbungen anzustreben und an dem Bestand des serbischen Staates nicht rütteln zu wollen.

Seitens der deutschen Regierung sei der Wiener Regierung nahegelegt, in Petersburg zu erklären: Serbien habe nur teilweise die Erfüllung der Wiener Wünsche zugesagt, zudem sei es in hohem Maße zweifelhaft, ob es die gegebenen Zusagen halten werde. Die Wiener Regierung bezwecke daher, sich durch die temporäre Besitznahme eine Garantie für ihre Forderungen und für das Wohlverhalten der serbischen Regierung zu verschaffen. Diese gestrige Demarche sei heute noch nicht beantwortet. Maßgebend für diese Haltung Deutschlands in dem gegenwärtigen Konflikte seien folgende *Gründe:* Es müßte der größte Wert darauf gelegt werden, Rußland als den schuldigen Teil hinzustellen, und das würde durch eine solche österreichisch-ungarische Erklärung erreicht werden, welche die Behauptungen der russischen Regierung ad absurdum führe; sodann sei zu berücksichtigen, daß die serbische Antwort bis auf geringe Punkte den österreichisch-ungarischen Desiderien tatsächlich zugestimmt habe.

b) Neben diesen Verhandlungen mit Wien laufe ein Depeschenwechsel zwischen Sr. M. und dem Zaren. Der Zar habe in seinem Telegramm den österreichischen Angriff auf Serbien als einen unwürdigen Krieg bezeichnet und an die Hilfe des Kaisers appelliert, um einen europäischen Krieg zu vermeiden. Der Kaiser habe in seinem Telegramm an den Zaren hervorgehoben, daß alle monarchischen Staaten ein Interesse daran hätten, sich gegen die in Serbien gezüchteten, in Königsmord und Revolution gipfelnden destruktiven Tendenzen zu schützen. Diese Depeschen hätten sich gekreuzt. Der weitere Telegrammwechsel sei noch nicht erledigt, was um so schwieriger sei, als die russische Mobilisation dazwischen gekommen sei; die nach Wien gerichteten Vorschläge seien dadurch mehr oder weniger illusorisch gemacht.

c) Endlich kämen noch die Vorschläge des englischen Staatssekretärs Grey in Betracht, welche dahin gingen, daß Österreich in Petersburg ähnliche Erklärungen abgeben möge, wie sie deutscherseits empfohlen seien. Diese Verhandlungen seien auch noch nicht zu Ende geführt.

d) *Deutschland und England hätten alle Schritte getan, um einen europäischen Krieg zu vermeiden.* Die Mobilisierung Rußlands habe diese Schritte konterkariert. Rußland habe zwar erklärt, seine Mobilisierungsmaßnahmen seien mit den westeuropäischen nicht zu vergleichen. Die russischen Truppen könnten in diesem Mobilisierungszustande wochenlang stehenbleiben. Rußland beabsichtige auch keinen Krieg, sondern sei zu seinen Maßnahmen nur durch Österreich gezwungen. Demgegenüber sei jedoch zu betonen, daß die vier im Süden der Monarchie mobilisierten österreichisch-ungarischen Korps keine Spitze gegen Rußland hätten und auch die im Norden, in Böhmen, mobilisierten Korps angesichts der zweifelhaften politischen Haltung der Tschechen in erster Linie wohl mehr lokalen Gründen gälten.

S. M. sei damit einverstanden, daß vor weiteren Entschlüssen zunächst die oben dargelegte Aktion in Wien zum Abschluß gebracht werden sollte. Militärische Maßnahmen: Erklärung der drohenden Kriegsgefahr bedeute die Mobilmachung und diese unter unseren Verhältnissen — Mobilmachung nach beiden Seiten — den Krieg. Man könne aber füglich nicht politische und militärische Aktionen gleichzeitig betreiben. Wahrscheinlich werde heute die Entscheidung in Wien über die deutschen und englischen Vorschläge fallen.

e) Was die Haltung der anderen Nationen anlange, so sei die Hoffnung auf England gleich Null. England werde wohl Partei für den Zweibund nehmen. Italiens Haltung sei nicht ganz durchsichtig. Der österreichisch-serbische Konflikt sei in Italien unpopulär, weil man dadurch die italienischen Interessen auf dem Balkan gefährdet glaube. Italien fürchte, die schriftlich zugesicherte Hilfeleistung nicht in vollem Umfange innehalten zu können. Er habe auf Österreich dahin eingewirkt, daß es sich mit Italien verständigen solle, dies sei aber bisher noch nicht geschehen, wie überhaupt Österreich in der Führung seiner Politik sehr schwierig sei. Auf Rumäniens Hilfe sei nicht zu rechnen, desgleichen nicht auf Bulgarien, weil die gegenwärtige Regierung wahrscheinlich gestürzt und durch eine russenfreundliche ersetzt werden würde.

f) Die in Rußland wie in Frankreich getroffenen militärischen Maßnahmen glichen etwa der „Erklärung der drohenden Kriegsgefahr“ bei uns. In Rußland seien, was die deutsche Grenze beträfe, die Grenzwachen verstärkt, und für das Gouvernement Kowno sei der Kriegszustand erklärt. An der Ostsee seien die Leuchtfeuer gelöscht und die funkentelegraphischen Stationen gesperrt. Im übrigen habe Rußland noch heute früh versichert, daß keine Mobilmachung gegen Deutschland erfolgt sei.

Frankreich habe den Kriegszustand erklärt, aber nur vorbereitende defensive Maßnahmen zugestanden. Die sonstigen Gerüchte seien unkontrollierbar.

g) Der Herr Ministerpräsident betonte zum Schluß, daß alle Regierungen — einschließlich Rußlands — und die große Mehrheit der Völker an sich friedfertig seien, aber es sei die Direktion verloren und der Stein ins Rollen geraten. *Als Politiker gäbe er* jedoch, solange seine Demarche in Wien noch nicht abgeschlagen sei, die *Hoffnungen und Bemühungen auf Erhaltung des Friedens noch nicht auf.* Die Entscheidung könne in kurzer Zeit erfolgen, dann werde eine andere Marschroute eingeschlagen. Die allgemeine Stimmung sei in Deutschland gut (was allseitig bestätigt wurde). Auch von der Sozialdemokratie und dem sozialdemokratischen Parteivorstande sei nichts Besonderes zu befürchten, wie er aus Verhandlungen mit dem Reichstagsabgeordneten Südekum glaube schließen zu können. Von einem Generalstreik oder Partialstreik oder Sabotage werde keine Rede sein.

2. Herr Staatsminister v. Tirpitz führte hierauf aus, daß im Falle drohender Kriegsgefahr von Sr. M. für die Marineverwaltung die „Sicherung" angeordnet werden müsse, um für die Sicherung der Häfen, des Kaiser-Wilhelm-Kanals, die Flußmündung der Nordsee, für die Überwachung des Schiffsverkehrs usw. die erforderlichen Vorsichtsmaßregeln treffen zu können. Die hauptsächlichsten Maßnahmen könne er zwar auch auf eigene Faust veranlassen, dies werde zwar weniger Aufsehen erregen, aber nicht so vollständig wirken.

Der Herr Ministerpräsident betonte, daß militärischerseits der Wunsch geäußert sei, die „drohende Kriegsgefahr" auszusprechen, er habe jedoch seinen oben dargelegten *abweichenden Standpunkt* Sr. M. *gegenüber erfolgreich vertreten,* und man habe sich auf den militärischen Bahnschutz beschränkt.

Die Herren Staatsminister v. Tirpitz und v. Falkenhayn betonten demgegenüber, daß die „drohende Kriegsgefahr" schon wegen Einberufung der Reserven weitergehe als die „Sicherung", letztere auch nicht veröffentlicht werde.

Nachdem auch der Herr Staatsminister v. Breitenbach hervorgehoben hatte, daß die „Sicherung" etwa den getroffenen Landmaßnahmen entsprechen würde, erklärte der Herr Ministerpräsident, daß er gegen die „Sicherung" als einer *rein defensiven Maßnahme* keine Bedenken habe, und überließ dem Herrn Staatsminister v. Tirpitz, einen entsprechenden Antrag bei Sr. M. zu stellen.

3. Auf Anfrage des Herrn Justizministers wurde es für zweckmäßig gehalten, die schwebenden Verhandlungen, betr. die Strafverfolgung der Redner, welche zum Massenstreik aufgefordert hätten, einstweilen ihren Gang gehen zu lassen . . .[19]

246. Protokoll des österreichisch-ungarischen Ministerrats für gemeinsame Angelegenheiten: Vermittlungsvorschlag. Keine Einstellung der Feindseligkeiten gegen Serbien. Kompensationen für Italien.

Prot. des Gemeins. Ministerr. 154—158.

Wien, 31. Juli 1914

Der *Vorsitzende* eröffnet die Sitzung und verliest einen Tagesbericht vom 30. d. M.

Hieran anknüpfend erklärt Graf Berchtold, er habe dem deutschen Botschafter, als dieser ihm den englischen Vorschlag vorlegte, sogleich erklärt, daß eine Einstellung unserer Feindseligkeiten gegen Serbien unmöglich sei. Über den Vermittlungsvorschlag könne er nicht allein entscheiden, sondern er müsse hierüber die Befehle Seiner Majestät einholen und die Angelegenheit im Ministerrate besprechen.

Er habe dann Seiner k. und k. Apostolischen Majestät über den Inhalt der Demarche des deutschen Botschafters Vortrag erstattet, Allerhöchstwelcher sofort erklärt habe, daß die Einstellung der Feindseligkeiten gegen Serbien unmöglich sei. Seine Majestät habe aber den Antrag genehmigt, daß wir es zwar sorgsam vermeiden, den englischen Antrag in meritorischer Hinsicht anzunehmen, daß wir aber in der Form unserer Antwort Entgegenkommen zeigen und dem Wunsche des deutschen Reichskanzlers, die Regierung nicht vor dem Kopf zu stoßen, auf diese Weise entgegenkommen.

Die Antwort an die deutsche Regierung sei noch nicht ausgearbeitet, er könne aber jetzt schon sagen, daß bei ihrer Textierung auf drei Grundprinzipien Bedacht zu nehmen sein werde, nämlich

1. Die kriegerischen Operationen gegen Serbien müssen fortgesetzt werden.

2. Wir könnten über den englischen Vorschlag nicht unterhandeln, solange die russische Mobilisierung nicht eingestellt werde und

3. unsere Bedingungen müßten integral angenommen werden und wir könnten uns in keine Verhandlungen über dieselben einlassen.

[19] Weitere wirtschaftspolitische Verhandlungen ohne Bethmann, Tirpitz und Falkenhayn.

Erfahrungsgemäß versuchten die Mächte in solchen Fällen immer Abstriche bei Weitergabe seitens einer Macht aufgestellter Bedingungen zu machen, es sei sehr wahrscheinlich, daß man dies auch jetzt versuchen würde, wo bei der jetzigen Zusammensetzung Frankreich, England und auch Italien den russischen Standpunkt vertreten würden und wir an dem gegenwärtigen deutschen Vertreter in London eine sehr zweifelhafte Stütze hätten. Von dem Fürsten Lichnowsky sei alles andere zu erwarten, als daß er unsere Interessen warm vertreten würde. Wenn die Aktion jetzt nur mit einem Prestigegewinne endete, so wäre sie seiner Ansicht nach ganz umsonst unternommen worden. Wir hätten von einer einfachen Besetzung Belgrads gar nichts, selbst wenn Rußland hierzu seine Einwilligung geben würde. Alles dies wäre Flitterwerk, Rußland würde als Retter Serbiens und namentlich der serbischen Armee auftreten. Letztere würde intakt bleiben und wir hätten in zwei bis drei Jahren wieder einen Angriff Serbiens unter viel ungünstigeren Bedingungen zu gewärtigen. Er beabsichtige daher, auf den englischen Vorschlag in sehr verbindlicher Form zu antworten, dabei aber die vorerwähnten Bedingungen zu stellen und zu vermeiden, auf den meritorischen Teil einzugehen.

Der *gemeinsame Finanzminister* weist darauf hin, daß durch unsere Mobilisierung eine ganz neue Situation geschaffen worden sei. Vorschläge, die in einem früheren Zeitpunkte akzeptabel gewesen wären, seien jetzt nicht mehr annehmbar.

Der kgl. ung. *Ministerpräsident* erklärt, er schließe sich den Ausführungen des Vorsitzenden vollkommen an und sei auch der Ansicht, daß es verhängnisvoll wäre, auf das Meritum des englischen Vorschlages einzugehen. Unsere Kriegsoperationen gegen Serbien müßten jedenfalls ihren Fortgang nehmen. Er frage sich aber, ob es notwendig sei, schon jetzt überhaupt unsere neuen Forderungen an Serbien den Mächten bekanntzugeben und würde vorschlagen, die englische Anregung dahin zu beantworten, daß wir prinzipiell bereit wären, derselben näherzutreten, jedoch nur unter der Bedingung, daß unsere Operationen gegen Serbien fortgesetzt werden und die russische Mobilisierung eingestellt werde.

Der k. k. *Ministerpräsident* führt aus, der Gedanke einer Konferenz sei ihm so odios, daß er selbst ein scheinbares Eingehen auf denselben vermeiden möchte. Er halte daher den Vorschlag des Grafen Tisza für den richtigen. Wir müßten den Krieg mit Serbien fortsetzen und uns bereit erklären, mit den Mächten weiter zu verhandeln, sobald Rußland seine Mobilisierung einstelle.

Herr von *Biliński* findet die Anregung des Grafen Tisza außerordentlich geschickt und würden wir durch das Stellen der erwähnten zwei Bedingungen Zeit gewinnen. Auch er könnte sich mit der Idee einer Konferenz nicht befreunden. Der Verlauf der Londoner Konferenz stünde in so entsetzlicher Erinnerung, daß sich die ganze Öffentlichkeit gegen die Wiederholung eines solchen Schauspieles auflehnen würde. Auch er sei der Ansicht, man solle den englischen Vorschlag nicht schroff ablehnen.

Nachdem noch Freiherr von *Burián* sich in zustimmendem Sinne geäußert hat, wird der Vorschlag des Grafen Tisza einstimmig angenommen und festgestellt, daß prinzipielle Geneigtheit besteht, auf den englischen Vorschlag unter den zwei vom Grafen Tisza aufgestellten Bedingungen einzugehen.

Der *Vorsitzende* hebt hierauf hervor, wie wichtig es sei, Italien beim Dreibund zu erhalten. Nun hätte sich aber Italien auf den Standpunkt gestellt, der Konflikt sei von uns provoziert worden und unser Vorgehen gegen Serbien habe eine aggressive Spitze gegen Rußland. Aus allen Äußerungen des Marquis di San Giuliano gehe klar hervor, daß die ganze italienische Haltung von dem Verlangen nach einer Kompensation getragen sei. Italien stütze dieses sein Verlangen auf den Wortlaut des Artikels VII des Dreibundvertrages. Unsere Auffassung sei, daß laut dieses Artikels das Recht auf eine Kompensation nur dann bestünde, wenn wir *türkisches Gebiet* auf dem Balkan dauernd oder vorübergehend besetzen würden, da dem Geiste des Vertrages nach nur von Gebieten des Empire Ottoman die Rede sein könne. Italien behaupte dagegen, daß, nachdem an einer Stelle auch die Worte dans les Balcans vorkommen, die ganze Balkaninsel gemeint sei. Wenn sich auch die italienische Auffassung durch eine Reihe von Gründen bekämpfen ließe, so müsse er doch darauf hinweisen, daß die deutsche Regierung sich die Anschauung Italiens zu eigen gemacht hätte. Im Laufe der letzten Woche seien täglich Demarchen bei ihm gemacht worden, um zu erreichen, daß sich die k.u.k. Regierung der Auffassung der Kompensationsfrage seitens der zwei anderen verbündeten Mächte anschließe.

Der k.u.k. *Kriegsminister* erwähnt, daß ihm der k.u.k. Militärattaché in Berlin berichtet hätte über Unterredungen, die er mit Kaiser Wilhelm und Generalstabschef Graf Moltke gehabt hätte, in welchen beide in eindringlicher Weise hervorgehoben hätten, wie wichtig ein aktives Eingreifen Italiens in dem bevorstehenden Konflikte sei und daß es daher äußerst wünschenswert wäre, wenn die k.u.k. Regierung Italien in der Kompensationsfrage entgegenkommen würde.

Der *Vorsitzende* erklärt, man hätte ihm von Rom aus wissen lassen, der bevorstehende Krieg widerstreite den italienischen Interessen, da durch einen günstigen Ausgang desselben unsere Machtstellung am Balkan vermehrt würde. Unter diesen Umständen könne Italien nur dann aktiv eingreifen, wenn seine Ansprüche anerkannt würden. Er habe den k.u.k.

Botschafter in Rom bisher beauftragt, mit vagen Phrasen auf die Kompensationsforderungen zu antworten und dabei immer wieder nachdrücklich zu betonen, daß uns der Gedanke an territoriale Erwerbungen ferne liege. Wenn wir aber gegen unseren Willen dazu gezwungen würden, eine nicht nur vorübergehende Okkupation vorzunehmen, so wäre noch immer Zeit, der Kompensationsfrage näherzutreten.

Er sehe nun zwei Wege, die man hier einschlagen könne. Entweder auf der eigenen Auslegung des Artikels VII zu beharren, aber mit einem „beau geste" Italien eine Kompensation zuzusprechen, oder aber die italienische Auslegung des Artikels VII anzunehmen, wobei ausdrücklich hervorzuheben wäre, daß Italien nur dann Anspruch auf eine Kompensation hätte, wenn wir zu einer dauernden Besitzergreifung eines Gebietes auf der Balkanhalbinsel schreiten würden. Zum Schlusse wolle er darauf hinweisen, daß wir während des libyschen Feldzuges den Artikel VII in sehr rigoroser Weise ausgelegt hätten.

Freiherr von *Burián* und Graf *Tisza* betonen, daß man nicht nur die italienische Interpretation des Artikels VII des Vertrages anfechten könne, sondern auch die Auffassung der italienischen Regierung, daß der Casus foederis für sie nicht gegeben sei. Daher sollte man nur unter der Bedingung sich zu Konzessionen entschließen, daß die italienische Kooperation im Falle eines großen Krieges tatsächlich Platz greife.

Herr von *Biliński* weist darauf hin, daß der große Kampf, der bevorstehe, für die Monarchie ein Existenzkampf sei. Wenn die effektive Hilfe Italiens in diesem Kampfe wirklich von so großem Werte sei, so werde man wohl ein Opfer bringen müssen, um dieselbe zu erkaufen.

Graf *Stürgkh* vertritt den Standpunkt, daß Italien keinen Anspruch auf eine Kompensation erheben könne, wenn es nach Ausbruch des großen Krieges seine Bundespflicht nicht erfülle.

Der Ministerrat erteilt hierauf dem Vorsitzenden die prinzipielle Ermächtigung, Italien für den Fall als wir eine dauernde Besetzung serbischen Territoriums vornehmen sollten, eine Kompensation in Aussicht zu stellen und wenn es die Umstände erheischen sollten und Italien seine Bundespflicht tatsächlich erfüllte, auch über die Abtretung Valonas an Italien zu sprechen, in welchem Falle Österreich-Ungarn sich den ausschlaggebenden Einfluß in Nordalbanien sichern würde.

Hierauf erklärt der Vorsitzende die Beratung für beendet.

247. Tagesaufzeichnung des russischen Außenministeriums: Geheimhaltung der Generalmobilmachung. Russ. Dok. I. 5, 226.

31. Juli 1914

Der Außenminister hielt es für wünschenswert — um eine Verschärfung der Beziehungen mit Deutschland zu vermeiden —, die allgemeine Mobilmachung nach Möglichkeit geheim und ohne öffentliche Ankündigung zu beginnen. Es erwies sich aber, daß dies technisch unmöglich war, und vom Morgen des 31. Juli an erschienen in allen Straßen auf rotem Papier die Ankündigungen über die Einberufung unter die Fahnen.

Das mußte natürlich unter den ausländischen Vertretern Aufregung verursachen, und als einer der ersten suchte der deutsche Botschafter den Minister auf, um Aufklärungen zu erbitten. S. D. Sasonow erklärte ihm, der von der Kaiserlichen Regierung gefaßte Entschluß sei lediglich eine Vorsichtsmaßregel wegen der Unzugänglichkeit, die in Berlin und Wien zutage getreten sei; es würde aber von seiten Rußlands nichts Unwiderrufliches geschehen, und trotz der Mobilmachung könne der Frieden erhalten bleiben, wenn Deutschland sich einverstanden erkläre, solange es noch nicht zu spät sei, mäßigend auf seinen Bundesgenossen einzuwirken.

Graf Pourtalès machte kein Hehl aus seinen Befürchtungen, wie man sich in Berlin der erwähnten Maßnahme gegenüber verhalten werde.

248. Benckendorff, London, an Sazonov: Englisches Kabinett und Wirtschaft gegen Krieg. Grey über Langsamkeit „großer politischer Konzeptionen". Russ. Dok. I. 5, 227—228.

London, 31. Juli 1914

Grey sagte mir, wie er auch eben Cambon gesagt hat, deutscher Botschafter habe ihn wegen einer Erklärung der englischen Neutralität gedrängt, die er kategorisch abgelehnt habe. Grey sagte außerdem dem deutschen Botschafter, daß, wenn der Krieg sich generalisierte, und wenn Frankreich hineingezogen werden würde, England nicht desinteressiert bleiben könne. Grey fügte hinzu, er informiere Cambon und mich über diese Unterredung im Sinne einer Information, die von uns nicht als eine uns gegenüber übernommene Verpflichtung angesehen werden dürfe. Grey sagte mir, diesen Morgen habe ein Kabinettsrat getagt. Kabinett meint, daß englische Regierung sich im gegenwärtigen Moment nicht formell verpflichten könne. Auf eine Frage Cambons erteilte Grey die Antwort, daß Kabinett die weiteren Entwicklungen der Krise von neuem erwägen müsse. Ich habe gehört, morgen früh werde ein neuer Kabinettsrat stattfinden. Im Verfolg der Unterredung sagte mir Grey, daß inzwischen Telegramme eingetroffen seien, welche die Erklärung des „Kriegszustandes" enthielten, die die deutsche Regierung als eine Antwort auf die Verfügung der Mobilmachung der russischen Land- und Seestreitkräfte hinstellt. Grey sagte, Kabinett würde wahrscheinlich Montag dem Parlament einen ernsten Plan vorlegen müssen; heute sei festgestellt worden, daß Parlament in diesem Moment eine definitive Haltung nicht billigen könne, daß die serbische Angelegenheit gar keinen Eindruck auf das englische Publikum mache, daß alle finanziellen, kommerziellen und industriellen Zentren Nordenglands gegen Krieg seien, aber daß neue Entwicklungen den Zustand der Gemüter leicht ändern könnten, daß man sie abwarten müsse, daß das Kabinett eine Politik vorschlagen könne, daß die Entscheidung aber vom Parlament abhängen werde. Ich wiederholte ihm, was ich ihm so oft über die Resultate der dauernden englischen Neutralität gesagt hatte; Grey erwiderte mir, große politische Konzeptionen verbreiteten sich nicht rasch im Publikum, sondern es sei unmöglich, sie ihm aufzudrängen, ohne sie auf offenbare Tatsachen zu stützen. Trotz der Antwort Greys an den französischen Botschafter glaube ich, daß Kabinett die einzunehmende Haltung neu erwägen wird, sobald Frankreich und Deutschland im Kriege sein werden.

249. Grey an Bertie, Paris (und Goschen, Berlin): Anfrage wegen Neutralität Belgiens. Brit. Dok. XI. 2, 340.

Auswärtiges Amt, 31. Juli 1914

Ich hege noch immer Hoffnung, daß Lage nicht unrettbar verloren ist, aber in Anbetracht der voraussichtlichen Mobilmachung Deutschlands muß Seiner Majestät Regierung nun im Hinblick auf bestehende Verträge anfragen, ob französische Regierung zur Verpflichtung bereit ist, Neutralität Belgiens so lange zu achten, als keine andere Macht sie verletzt.

Die gleiche Frage wird an deutsche Regierung gerichtet. Erhalt einer baldigen Antwort ist wichtig.

250. Bertie, Paris, an Grey: Achtung der belgischen Neutralität durch Frankreich. Brit. Dok. XI. 2, 364.

Paris, 31. Juli 1914

... Französische Regierung ist entschlossen, Neutralität Belgiens zu achten und nur im Falle eine andere Macht diese Neutralität verletzte, könnte

Frankreich sich zu einer anderen Handlungsweise genötigt sehen, um Verteidigung seiner eigenen Sicherheit zu gewährleisten. Diese Versicherung wurde mehrere Male abgegeben. Präsident der Republik hat dem König der Belgier davon gesprochen und der französische Gesandte in Brüssel hat heute dem belgischen Außenminister gegenüber die Zusicherung aus eigenem Antrieb erneuert.

Vermerke

Frankreich wird belgische Neutralität achten, Deutschland nicht. Deutschland wird aber eine bestimmte Antwort hinausschieben, bis ein wirksames Eingreifen Englands zu spät ist. — E. A. C. 1. August. (Crowe)

Wir sollten keine oder eine verzögerte Antwort als abschlägige Antwort behandeln. — A. N. (Nicolson)

251. Goschen, Berlin, an Grey: Berlin zögert mit Antwort.

Brit. Dok. XI. 2, 364—365.

Berlin, 31. Juli 1914

Staatssekretär des Auswärtigen erklärte, er könne mir unmöglich eine Antwort geben, ehe er den Kaiser und Kanzler befragt habe. Ich äußerte die Hoffnung, daß die Antwort nicht zu lange hinausgeschoben werde. Er gab mir darauf zu verstehen, daß er einigermaßen bezweifle, ob die deutsche Regierung überhaupt eine Antwort erteilen könne, da eigentlich jeder Bescheid von ihrer Seite die für den Kriegsfall unerwünschte Wirkung haben müsse, bis zu einem gewissen Grade Teil ihres Feldzugsplanes zu enthüllen. Nachdem er von Ihrem Ersuchen Akt genommen, sagte er mir vertraulich, Belgien habe bereits einige Handlungen begangen, die er nur als feindselig bezeichnen könne. Auf meine Frage nach Einzelheiten führte er als Beispiel an, daß die belgische Regierung schon eine für Deutschland bestimmte Sendung Getreide beschlagnahmt habe.

Als er bemerkte, es sei unwahrscheinlich, daß die Reichsregierung zu antworten in der Lage wäre, setzte er hinzu, daß sie auf jeden Fall wissen müsse, welche Antwort Frankreich auf Ihre Anfrage erteilte.

Ich werde morgen wieder mit ihm darüber reden, aber ich mache mir keine große Hoffnung, eine bestimmte Antwort zu erhalten.

Vermerke

Das Kabinett erwägt die Frage. Abwarten. — E. A. C. 1. August. (Crowe)

Ich bin nicht sicher, ob wir deutsche Regierung von französischer Antwort in Kenntnis setzen sollten, auf jeden Fall nicht ohne französische Zustimmung.

Die beiden Länder können binnen ganz kurzem im Krieg miteinander sein und wir sollten vom einen nichts ans andere weitergeben. Wenn Frankreich uns frägt, können wir sagen, daß wir von Deutschland keine Antwort erhalten hätten. — A. N. (Nicolson)

Die französische Regierung hat die Versicherung dem belgischen Außenminister abgegeben, und so ist das vermutlich kein Geheimnis. Ich habe es dem deutschen Botschafter heute mitgeteilt. — E. G. (Grey)

252. Grey an Bertie, Paris: Wirtschaftliche Lage. Durch russische Mobilmachung überstürzte Krise. Brit. Dok. XI. 2, 351—353.

Auswärtiges Amt, 31. Juli 1914

Herr Cambon verwies heute auf ein Telegramm des französischen Botschafters in Berlin, das Sir Arthur Nicolson heute morgen zu sehen bekam und in dem es heißt, daß die Ungewißheit darüber, ob wir intervenieren würden, das ermutigende Element in Berlin bilde, und daß, wenn wir uns nur bestimmt auf seiten Rußlands und Frankreichs erklärten, dies die Haltung Deutschlands zugunsten des Friedens entscheiden würde.

Ich erwiderte, es sei ganz falsch anzunehmen, wir hätten Deutschland unter dem Eindruck gelassen, daß wir nicht intervenieren würden. Ich hätte Anerbieten für das Versprechen, daß wir neutral bleiben, zurückgewiesen. Ich hätte eine Neutralitätserklärung nicht nur entschieden abgelehnt, sondern ich wäre heute morgen sogar so weit gegangen, dem deutschen Botschafter zu sagen, daß, sollten Frankreich und Deutschland in den Krieg verwickelt werden, wir auch hineingezogen würden. Das wäre natürlich nicht das gleiche wie eine gegen Frankreich eingegangene Verpflichtung, und ich bemerkte das bloß deshalb zu Herrn Cambon, um ihm zu zeigen, daß wir Deutschland nicht unter dem Eindruck gelassen hätten, wir würden unbeteiligt bleiben.

Herr Cambon erbat dann meinen Bescheid auf seine gestrigen Ausführungen.

Ich erwiderte, wir hätten in der heutigen Kabinettssitzung beschlossen, daß wir uns im gegenwärtigen Zeitpunkt zu nichts verpflichten könnten. Die wirtschaftliche und finanzielle Lage sei überaus ernst; es bestünde die Gefahr eines vollständigen Zusammenbruches, der uns und alle Welt mit dem Ruin bedrohe, und es sei möglich, daß unsere Nichtbeteiligung sich als einziges Mittel erweisen würde, um einen völligen Zusammenbruch des europäischen Kredits zu verhindern, in den wir sonst hineingerissen würden. Diese Erwägung könne unsere Haltung ganz wesentlich bestimmen.

Ich sagte Herrn Cambon weiterhin, obschon wir unsere Politik dem Parlament vorlegen müßten, könnten wir es nicht im voraus verpflichten. Bis jetzt hätten wir und auch die öffentliche Meinung nicht das Empfinden, daß irgendwelche Verträge oder Verpflichtungen Englands involviert seien. Weitere Entwicklungen würden diese Lage vielleicht ändern und Regierung und Parlament zur Ansicht führen, daß eine Intervention gerechtfertigt sei. Die Aufrechterhaltung der Neutralität Belgiens könne, ich wolle nicht sagen ein entscheidender, aber ein wichtiger Faktor bei Bestimmung unserer Haltung sein. Ob wir dem Parlament nun vorschlügen, an einem Kriege teilzunehmen oder nicht, so würde es doch wissen wollen, wie wir hinsichtlich der Neutralität Belgiens stünden, und es möchte sein, daß ich an die französische wie an die deutsche Regierung die Frage richten müsse, ob sie zu einer Verpflichtung bereit wären, nicht als erste die Neutralität Belgiens zu verletzen.

Herr Cambon äußerte sich sehr enttäuscht über meinen Bescheid. Er wiederholte seine Frage, ob wir Frankreich beistehen würden, falls Deutschland es angriffe.

Ich entgegnete, ich müsse bei meiner Antwort bleiben, daß wir uns, soweit die Dinge bis jetzt gediehen seien, zu nichts verpflichten könnten. Die letzte Nachricht besage, daß Rußland eine Gesamtmobilmachung seiner Flotte und Armee angeordnet habe. Dadurch würde, wie mir scheine, eine Krise überstürzt herbeigeführt und der Eindruck erweckt, daß die deutsche Mobilmachung durch Rußland erzwungen werde.

Herr Cambon machte nachdrücklich geltend, daß Deutschland von Anfang an Vorschläge verworfen habe, die den Frieden hätten erhalten können. Es dürfte nicht im Interesse Englands liegen, daß Frankreich durch Deutschland erdrückt werde. Wir würden uns dann Deutschland gegenüber in sehr geschwächter Stellung befinden. Im Jahre 1870 hätten wir einen großen Fehler begangen, indem wir einen ungeheuren Machtzuwachs Deutschlands zuließen, und wir würden den Fehler jetzt wiederholen. Er fragte mich, ob ich seine Anfrage nicht dem Kabinett nochmals vorlegen könne.

Ich sagte, das Kabinett würde sicher zusammenberufen werden, sobald eine neue Entwicklung einträte, im gegenwärtigen Augenblick vermöchte ich ihm aber bloß den Bescheid zu geben, daß wir keine bestimmte Verpflichtung eingehen könnten.

253. Nicolson an Grey: Für Mobilmachung der Armee. Brit. Dok. XI. 2, 353.

31. Juli 1914

Wie unsere künftige Haltung hinsichtlich einer Intervention auch sein möge, erscheint es mir überaus wichtig, unverzüglich den Befehl zur Mobilmachung der Armee zu geben. Es nützt nichts, unsere Augen vor der Tatsache zu verschließen, daß Deutschland möglicherweise innerhalb der nächsten 24 Stunden die französische Grenze überschreiten wird. Ist die öffentliche Meinung — jetzt so verwirrt und nur teilweise unterrichtet — im Falle deutscher Invasion bereit, sich auf seiten Frankreichs zu stellen, so würde unsere Hilfe, wenn wir nicht mobil sind, zu spät kommen. Mobilmachung ist eine Vorsichts- und keine herausfordernde Maßnahme, und sie ist meiner Meinung nach unbedingt notwendig.

Vermerk

Darin liegt viel Wahres. Wir müssen uns vorbereiten, und ich meine, die Sache sollte morgen früh erwogen werden. — E. G. 31. Juli 1914. (Grey)

254. Crowe an Grey (mit Memorandum): Geschäftskreise furchtsam. Enthaltung vom Krieg wäre politischer Selbstmord. Brit. Dok. XI. 2, 353—355.

31. Juli 1914

Verzeihen Sie mir, wenn ich es wage, Ihnen in vielleicht etwas ungeschlachten Worten — sie sind notwendigerweise ziemlich rasch zu Papier gebracht — ein paar einfache Gedanken vorzutragen, die mir die ernste Lage eingegeben hat.

Wenn Sie sie für wertlos halten, dann legen Sie sie bitte bei Seite. Nichts liegt mir ferner, als Sie unnötigerweise zu belästigen oder Ihre ernsten Schwierigkeiten in diesem Augenblicke zu vermehren.

Memorandum

Die Theorie, daß England sich auf einen großen Krieg nicht einlassen darf, bedeutet seine Abdankung als unabhängiger Staat. Es kann auf die Knie gezwungen und dazu gebracht werden, den Befehlen jeder Macht oder Mächtegruppe zu gehorchen, die Krieg zu führen *vermag*, und deren gibt es verschiedene.

Die Theorie besagt ferner nicht bloß, daß keine Notwendigkeit für eine britische Armee oder Marine besteht, sondern daß eine solche Notwendigkeit auch seit vielen Jahren nicht bestanden hat. Danach kann es nicht richtig gewesen sein, dem Lande unter enormen jährlichen Kosten den Unterhalt einer unnötigen, weil nutzlosen Streitmacht aufzuerlegen.

Wenn diese Theorie wahr wäre, so würde die allgemeine Grundlage, auf der bisher unsre gesamte auswärtige Politik angeblich beruhte, sich der Welt als leeres Nichts offenbaren. Ein Staat, der unfähig zum Kampfe ist und folglich kein Gewicht hat, vermag auch ein Kräftegleichgewicht nicht aufrechtzuerhalten.

Die Tatsache, daß britischer Einfluß bei verschiedenen wichtigen Gelegenheiten den Ausschlag gab, ist ein Beweis, daß fremde Staaten den Glauben, England könne keinen Krieg führen, nicht teilen.

In allen Ländern gibt es jedesmal bei Ausbruch eines Krieges eine wirtschaftliche Panik.

Die systematische Störung der feindlichen Finanzorganisation und die Erregung einer Panik gehören zu einer wohldurchdachten Kriegsvorbereitung.

Die Meinung der Geschäftskreise ist gewöhnlich furchtsam und geneigt, kleinmütigen Ratschlägen zu folgen. Die Panik in der City wurde großenteils durch planmäßige Handlungen deutscher Finanzinstitute beeinflußt, die in mindestens ebensolch enger Fühlung mit der deutschen wie britischen Regierung stehen und wie allbekannt in täglichem Verkehr mit der deutschen Botschaft sind.

Deutschland hat unablässig danach getrachtet, England zu einer Neutralitätserklärung zu veranlassen, falls Deutschland in einen Krieg mit Frankreich und Rußland verwickelt würde. Die Sache war so durchsichtig, daß Seiner Majestät Regierung die Befolgung einer solchen Politik als unvereinbar mit ihrer Pflicht Frankreich und Rußland, sowie auch England gegenüber abgelehnt hat. Der Vorschlag wurde uns gestern in konkreter Form wieder dringend unterbreitet, aber mit Worten zurückgewiesen, die den Eindruck erweckten, daß der deutsche Vorschlag in den Augen Seiner Majestät Regierung auf ein Ansinnen an England hinauslaufe, eine ehrlose Tat zu begehen.

Sollte man nun die Meinung vertreten, daß wir durchaus berechtigt sind, neutral und Zuschauer zu bleiben, während sich Deutschland auf Frankreich stürzt, dann war es gestern falsch zu glauben, daß man uns aufgefordert hat, auf einen ehrlosen Handel einzugehen, und es ist schade, daß wir nicht abgeschlossen haben. Denn es wurden wenigstens Bedingungen angeboten, die für Frankreich und Belgien von einigem Nutzen waren. Wir sind jetzt offenbar gewillt, das zu tun, was wir gestern verächtlich ablehnten, aber mit dem Ergebnis, daß wir die das gestrige Angebot begleitenden, entschädigenden Vorteile verlieren.

Das Argument, daß es keine schriftlichen uns an Frankreich bindenden Verpflichtungen gibt, ist strenggenommen zutreffend. Es besteht keine vertragsmäßige Verpflichtung. Die Entente wurde jedoch abgeschlossen, gekräftigt und in einer Weise erprobt und gefeiert, die den Glauben rechtfertigt, daß ein moralisches Band geschmiedet worden ist. Die ganze Politik der Entente kann keinen Sinn haben, wenn sie nicht bedeutet, daß England in einem gerechten Streitfall seinen Freunden beistehen werde. Diese Ehren-Erwartung wurde erweckt. Ohne unsern guten Namen ernster Kritik auszusetzen, können wir das nicht von uns weisen.

Ich wage zu glauben, daß die Behauptung, England könne unter keinen Umständen Krieg führen, unwahr ist und daß eine Bestätigung dieser Art einen Akt politischen Selbstmordes bedeuten würde.

Die strittige Frage ist nicht, ob wir fähig sind, an einem Krieg teilzunehmen, sondern ob wir in den jetzigen Krieg eintreten sollen. Das ist in erster Linie eine Frage von Recht oder Unrecht, in zweiter eine Frage der politischen Zweckmäßigkeit.

Wenn man die Frage auf dieser Grundlage erwägt, dann wird man sicher finden, daß unsre Pflicht und unser Interesse es erheischen, Frankreich in seiner Stunde der Not beizustehen. Frankreich hat den Streit nicht gesucht. Er ist ihm aufgezwungen worden.

255. Franz Joseph I. an Wilhelm II.: Aktion gegen Serbien notwendig, sonst Gefahr für Donaumonarchie. DD III. 3.

Wien-Schönbrunn, 31. Juli 1914

Ich beeile mich, Dir für Dein freundschaftliches Telegramm verbindlichst und wärmstens zu danken. Gleich, nachdem Dein Botschafter meiner Regierung gestern den Vermittlungsvorschlag Sir Edward Greys übermittelt hatte, ist mir die offizielle Meldung meines Botschafters in St. Petersburg zugekommen, wonach der Kaiser von Rußland die Mobilisierung aller Militärbezirke an meinen Grenzen angeordnet hat. Graf Szögyény meldet mir, Du hättest Kaiser Nikolaus in einzig treffender Weise schon gesagt, daß die russischen Rüstungen einzustellen seien, weil sonst die ganze Verantwortung für einen Weltkrieg auf seine Schultern falle. Im Bewußtsein meiner schweren Pflichten für die Zukunft meines Reiches habe ich die Mobilisierung meiner ganzen bewaffneten Macht angeordnet. Die im Zuge befindliche Aktion meiner Armee gegen Serbien kann durch die bedrohliche und herausfordernde Haltung Rußlands keine Störung erfahren. Eine neuerliche Rettung Serbiens durch Rußlands Intervention müßte die ernstesten Folgen für meine Länder nach sich ziehen, und ich kann daher eine solche Intervention unmöglich zugeben. Ich bin mir der Tragweite meiner Entschlüsse bewußt und habe dieselben im Vertrauen auf Gottes Gerechtigkeit gefaßt mit der Sicherheit, daß Deine Wehrmacht in unwandelbarer Bundestreue für mein Reich und für den Dreibund einstehen wird.

256. Bethmann Hollweg an Schoen[20]: Ultimatum an Frankreich. DD III. 8—9.

Berlin, 31. Juli 1914

Rußland hat trotz unserer noch schwebenden Vermittlungsaktion und obwohl wir selbst keinerlei Mobilmachungsmaßnahmen getroffen hatten, Mobilmachung seiner gesamten Armee und Flotte, also auch gegen uns, verfügt. Wir haben darauf drohenden Kriegszustand erklärt, dem Mobilmachung folgen muß, falls nicht Rußland binnen zwölf Stunden alle Kriegsmaßnahmen gegen uns und Österreich einstellt. Die Mobilmachung bedeutet unvermeidlich Krieg. Bitte französische Regierung fragen, ob sie in einem russisch-deutschen Kriege neutral bleiben will. Antwort muß binnen achtzehn (18) Stunden erfolgen. Sofort Stunde der gestellten Anfrage drahten. Größte Eile geboten.

Geheim: Wenn, wie nicht anzunehmen, französische Regierung erklärt, neutral zu bleiben, wollen Ew. Exz. französischer Regierung erklären, daß wir als Pfand für Neutralität Überlassung der Festungen Toul und Verdun fordern müssen, die wir besetzen und nach Beendigung des Krieges mit Rußland zurückgeben würden. Antwort auf letztere Frage müßte bis morgen nachmittag 4 Uhr hier sein.

257. Aufzeichnung Jagow: Vermittlungsaktion. DD III. 11—12.

Berlin, 31. Juli 1914

Deutschland soll Wien, England will Petersburg sondieren, ob es möglich wäre, daß die vier desinteressierten Mächte Österreich volle Satisfaktion seiner Forderungen an Serbien zu verschaffen suchen, vorausgesetzt, daß letztere nicht Serbiens Souveränität und territoriale Integrität verletzen.

Österreich hat bereits erklärt, daß es bereit sei, Serbiens Integrität und Souveränität zu respektieren.

Die vier Mächte könnten Rußland benachrichtigen, daß sie es über-

[20] Wilhelm von Schoen, deutscher Botschafter in Paris 1910—1914.

nehmen, daß Österreichs Forderungen nicht so weit gehen, daß sie Serbiens Souveränität und Integrität verletzen.

Natürlich müßten alle Mächte die militärischen Vorbereitungen und Operationen suspendieren.

Grey hat heute früh zu Lichnowsky gesagt, daß, wenn Deutschland es zuwege brächte, daß ein vernünftiger Vorschlag gemacht würde, der es klar zutage legte, daß Deutschland und Österreich versuchen, den europäischen Frieden zu bewahren, und daß Rußland und Frankreich unvernünftig wären, wenn sie ihn zurückwiesen, dann würde Sir E. Grey diesen Vorschlag in Paris und Petersburg unterstützen und soweit gehen zu sagen, daß, wenn Rußland und Frankreich ihn nicht annähmen, würde die englische Regierung sich nicht mehr um die Konsequenzen kümmern. Andrerseits hat Grey dem deutschen Botschafter gesagt, daß, wenn Frankreich beteiligt würde, England auch hineingezogen würde.

258. Bethmann Hollweg an Lichnowsky, London: Lebensgefahr durch russische Mobilmachung. DD III. 34.

Berlin, 31. Juli 1914

Es wird die Aufgabe Ew. Durchl. sein müssen, dort Verständnis dafür zu erwecken, daß unsere geographisch-militärische Lage uns keine Wahl ließ, als die Mobilisierung Rußlands sofort mit der Erklärung des drohenden Kriegszustandes zu beantworten, der die Mobilmachung folgen muß, wenn Rußland seine militärischen Maßnahmen nicht sofort einstellt. Wir konnten nicht ruhig abwarten, ob eine besonnenere Auffassung in Petersburg Platz greifen würde, während gleichzeitig die russische Mobilmachung in vollem Gange war, so daß wir gegebenenfalls militärisch vollständig ins Hintertreffen geraten müssen. Führt Rußland seine Mobilmachung durch, ohne daß wir mobilmachen, so ist Ostpreußen, Westpreußen und vielleicht auch Posen und Schlesien schutzlos den Russen preisgegeben. Der Zar hat in dem letzten Telegramm an S. M. den Kaiser erklärt, daß er sich jeder „provocative action" enthalten werde. Das wird in England seinen Eindruck nicht verfehlen, wenn es dort bekannt wird, trifft aber nicht die Sache. Eine russische mobilisierte Armee an unserer Grenze, ohne daß wir mobilisiert haben, ist auch ohne „provocative action" eine Lebensgefahr für uns. Die Provokation, der sich Rußland dadurch schuldig gemacht hat, daß es in einem Augenblick gegen uns mobilisiert hat, wo wir auf seine Bitten in Wien vermittelten, ist überdies so stark, daß kein Deutscher es verstehen würde, wenn wir dagegen nicht mit scharfen Maßregeln antworteten.

259. Pourtalès, St. Petersburg, an Wilhelm II.: Vorsprache beim Zaren wegen Mobilmachung. DD III. 39—40.

St. Petersburg, 31. Juli 1914

Ew. M. melde ich alleruntertänigst, daß ich soeben in einer von mir heute früh erbetenen Audienz von Sr. M. dem Kaiser Nikolaus empfangen worden bin. Ich habe den Zaren mit dem allergrößten Ernst auf den Eindruck hingewiesen, den heute früh publizierter Mobilmachungsbefehl für die *ganze* russische Armee und Flotte bei uns machen müsse, nach den uns wiederholt erteilten Versicherungen, daß nur eine Mobilmachung der an der österreichischen Grenze gelegenen militärischen Bezirke beabsichtigt sei. Ich gab der Befürchtung Ausdruck, daß diese Maßregel vielleicht schon jetzt nicht wieder gutzumachende Folgen hervorgerufen habe. Vor allem aber sprach ich die Besorgnis aus, daß die Mobilmachung gegen Deutschland während einer von Ew. M. geführten und noch nicht endgültig gescheiterten Vermittlungsaktion von Ew. M. als eine Kränkung, vom deutschen Volke aber als eine Provokation angesehen werden würde. Ich bat, wenn irgend tunlich, diese Maßregel noch anzuhalten oder rückgängig zu machen. S. M. erwiderte, das sei aus technischen Gründen nicht mehr möglich. Der Zar zeigte mir darauf ein an Ew. M. heute nachmittag abgesandtes Telegramm und sprach mir von einem Brief, den er an Ew. M. angefangen habe. Ich erwiderte, ich wüßte nicht, ob Brief und Telegramm nicht jetzt schon zu spät kämen. Der Zar versuchte sodann, mir nachzuweisen, daß es für die Ruhe Europas durchaus notwendig sei, daß wir mehr Einfluß und in gewissen Fällen einen Druck auf Österreich ausübten. Ich erwiderte, der Einfluß, den wir auf Österreich ausübten, habe sich in der vorjährigen Balkankrisis in wiederholten Fällen gezeigt und sei auch von Rußland anerkannt worden. Was aber einen auszuübenden Druck anbetreffe, so könne davon keine Rede sein, da wir bei unserer Lage in Europa auf die Freundschaft Österreichs nicht verzichten könnten. Zu einer freundschaftlichen Einwirkung und Vermittlung hätten wir uns stets bereit gezeigt, und der Zar müsse zugeben, daß es Ew. M. auch jetzt nicht an Bemühungen in diesem Sinne fehlen ließen.

Trotz meiner sehr ernsten Sprache konnte ich mich leider dem Eindruck nicht verschließen, daß sich S. M. noch jetzt des vollen Ernstes der Situation nicht bewußt ist. Zar entließ mich äußerst gnädig und dankte mir für die freimütige Aussprache.

Nach der Audienz sah ich noch Graf Freedericks,[21] der sich über den Ernst der Lage ganz klar war. Ich setzte ihm unseren Standpunkt aus-

[21] Hofminister 1897—1917.

einander, gegen den er nicht viel einzuwenden wußte, und äußerte meine Besorgnisse wegen des durch die hiesige Mobilmachungsorder in Deutschland zu erwartenden Eindrucks. Graf Freedericks hat offenbar zu dem heutigen Telegramm des Zaren an Ew. M. geraten. Aus Andeutungen des Hausministers entnehme ich, daß es der Kriegsminister und der Minister des Innern[22] gewesen sind, welche den Mobilmachungsbefehl durchgesetzt haben. Ersterer ist von der Angst vor Überraschungen beherrscht, letzterer hat den Kaiser davon überzeugt, daß die innere Lage auf Entscheidung dränge.

260. Benckendorff, London, an Sazonov: Englands Neutralität. Frage des Schutzes der Ostsee. Russ. Dok. I. 5, 256.

London, 1. August 1914

Kabinettsrat von heute morgen hat die Beschlüsse von gestern aufrechterhalten. Grey hat mir wiederholt, daß es tatsächlich im Lande keine Bewegung der öffentlichen Meinung zugunsten einer militärischen Unternehmung gebe. Ich habe Grey gesagt, wenn gegenwärtiger Krieg zu Ende gehe, ohne daß England das Schwert gezogen hätte, so stellte das eine der größten geschichtlichen Revolutionen in den Beziehungen der Völker dar. Er hat mir geantwortet, die englische Regierung könne nichts versprechen, wenn sie nicht sicher sei, daß sie es auch halten könne. Er sagte mir, die englische Flotte sei so gut wie mobilisiert, und solange sie das Meer beherrsche, könnte sich die deutsche Flotte auf ihm nicht zeigen. Er sagte, die deutsche Regierung habe wiederholt versucht, eine Neutralitätserklärung zu erlangen, indem sie durchblicken ließ, daß sie Kompensationen anbieten würde. Er sagte mir, englische Regierung habe kategorisch abgelehnt, und die Drohung der englischen Flotte bleibe folglich bestehen. Ich sagte ihm, das könne die Küsten Frankreichs garantieren, nicht aber die der Ostsee. Grey antwortete, die Admiralität habe seit jeher abgelehnt, Flotte in die Ostsee zu entsenden, die für England eine Falle sei. Grey sagte, gewisse besondere Umstände könnten englische Aktion nach sich ziehen, und die eigentliche Schwierigkeit des Augenblicks sei, auch nur 100 000 Mann auf den Kontinent zu werfen, eine Streitmacht, welche die Regierung, in Voraussicht jeglichen eventuellen Ereignisses, im Königreich selbst nicht entbehren könne. Es wird morgen oder Montag vormittag wieder ein neuer Rat stattfinden.

[22] W. A. Suchomlinov, 1909—1915, und Nikolay Maklakov, 1912—1915.

261. Izvolskij, Paris, an Sazonov: Poincaré über Kriegserklärung.
Russ. Dok. I. 5, 258—259.

London, 1. August 1914

Ihr Telegramm über Deutschlands Kriegserklärung an Rußland erhielt ich um 11 Uhr. Ich teilte es unverzüglich persönlich dem Präsidenten der Republik mit, der sofort einen Ministerrat einberief. Poincaré erklärte mir in ganz kategorischer Form, daß ebenso wie er selbst auch der gesamte Ministerrat fest entschlossen sei, auf das Genaueste die aus dem Bündnisvertrag auf Frankreich fallenden Verpflichtungen zu erfüllen. Doch entsteht hierbei eine Reihe sehr komplizierter Fragen, sowohl politischer wie auch strategischer Natur. Auf Grund der Verfassung braucht die Regierung zur Kriegserklärung einen Beschluß des Parlaments, dessen Einberufung mindestens zwei Tage erfordert. Obwohl Poincaré an diesem Beschluß nicht zweifelt, zöge er es vor, öffentliche Debatten über die Anwendung des Bündnisvertrages zu vermeiden; deshalb und aus hauptsächlich England betreffenden Erwägungen wäre es besser, wenn die Kriegserklärung nicht von Frankreich, sondern von Deutschland ausginge. Weiterhin muß man im Auge behalten, daß heute erst der erste französische Mobilmachungstag ist, und daß es für beide Verbündete vorteilhafter wäre, wenn Frankreich die militärischen Operationen erst anfinge, wenn die Mobilmachung weiter fortgeschritten sein wird. Übrigens wies Poincaré darauf hin, daß Deutschland nicht darauf warten wird, daß Frankreich ihm den Krieg erklärt, sondern Frankreich unerwartet angreifen wird, ohne ihm zu gestatten, die Mobilmachung bis zu Ende durchzuführen. Sofort nach Schluß der Erörterung dieser Fragen durch den Ministerrat wird Poincaré mich zu sich berufen, um mir sein Resultat mitzuteilen.

262. Grey an Bertie, Paris: Frankreich und Englands Kriegseintritt.
Brit. Dok. XI. 2, 390—391.

Auswärtiges Amt, 1. August 1914

Nach der heutigen Kabinettssitzung sagte ich Herrn Cambon, die gegenwärtige Lage unterscheide sich völlig von der durch die Marokko-Zwischenfälle geschaffenen Lage. In letzterer stellte Deutschland Forderungen an Frankreich, die es nicht gewähren konnte und in deren Zusammenhang wir besondere Verpflichtungen gegen Frankreich übernommen hatten. In bezug auf sie würde die öffentliche Meinung eine Unterstützung Frankreichs seitens der britischen Regierung bis zum Äußersten gerechtfertigt haben. Jetzt wäre die Lage so, daß Deutschland bereit sei,

Frankreich nicht anzugreifen, wenn Frankreich im Fall eines Krieges zwischen Rußland und Deutschland neutral bliebe. Wenn Frankreich daraus keinen Nutzen zu ziehen vermöge, dann deshalb, weil es durch ein Bündnis gebunden sei, an dem wir nicht beteiligt wären und dessen Bestimmungen wir nicht kennten. Das heiße nicht, daß wir Frankreich unter keinen Umständen unterstützen würden, sondern es heiße, daß Frankreich jetzt eigne Entschlüsse fassen müsse, ohne auf eine Hilfe zu zählen, die zu versprechen wir jetzt nicht in der Lage wären.

Herr Cambon bemerkte, er könne seiner Regierung diese Antwort nicht übermitteln, und er bat mich um die Ermächtigung sagen zu dürfen, das britische Kabinett habe noch keine Entscheidung getroffen.

Ich erwiderte, wir seien zu einem Entschluß gekommen: daß wir nämlich dem Parlament in diesem Augenblick nicht vorschlagen könnten, ein Expeditionsheer auf das Festland zu schicken. Ein derartiger Schritt sei hier stets als sehr gefährlich und bedenklich erachtet worden. Wir vermöchten solch einen Schritt nicht vorzuschlagen und das Parlament würde ihn nicht billigen, sofern unsere Interessen und Verpflichtungen nicht in hohem und verzweifeltem Maße berührt seien.

Herr Cambon sagte, die französischen Küsten seien unverteidigt. Die deutsche Flotte könne jederzeit durch den Kanal laufen und sie angreifen.

Ich entgegnete, das dürfte die öffentliche Stimmung hier ändern, ebenso wie eine Verletzung der belgischen Neutralität. Er könne seiner Regierung berichten, daß wir die belgische Frage bereits in Erwägung zögen und daß ich das Kabinett bitten würde, auch die Frage der französischen Küsten in Betracht zu ziehen. Er könne melden, das Kabinett habe noch keine Entscheidung über diese Punkte getroffen.

263. Grey an Bertie, Paris: Paul Cambon über Bedrohung der französischen Küste und Stellung eines neutralen England bei Kriegsende.

Brit. Dok. XI. 2, 399—400.

Auswärtiges Amt, 1. August 1914

Während der in meinem Telegramm No. 299 vom 1. August [23] teilweise aufgezeichneten Unterredung hielt mir Herr Cambon heute sehr nachdrücklich unsere Verpflichtung vor, Frankreich im Falle eines deutschen Angriffes zu helfen. Er sagte sogar, Frankreich habe mit Rücksicht auf die öffentliche Meinung in England seine Truppen von der deutschen Grenze zurückgezogen, so daß es jetzt nur mehr in der Lage sei, sich defensiv zu

[23] Vgl. Nr. 262.

verhalten, statt angriffsweise gegen Deutschland vorzugehen. Es habe seine Flotte im Mittelmeer zusammengezogen und seine Nord- und Westküste unbeschützt gelassen.

Ich erwiderte, solange wir Deutschland unsere Neutralität nicht versprächen — und tatsächlich hätten wir uns bisher entschieden geweigert, solch ein Versprechen zu geben —, könnten die Franzosen sicher sein, daß die deutsche Flotte nicht durch den Kanal fahren werde aus Furcht, wir möchten die Gelegenheit einer Intervention in dem Augenblick ergreifen, wo sich die deutsche Flotte in unserer Gewalt befinde. Ich versprach jedoch zu prüfen, ob wir eine Zusicherung geben könnten, unter solchen Umständen einzugreifen.

Bezüglich der Frage unserer Verpflichtung, Frankreich zu helfen, hob ich hervor, daß diese Verpflichtung nicht bestünde. Frankreich wünschte an dem Krieg, dessen Ausbruch bevorzustehen scheine, nicht teilzunehmen, sei aber seines Bündnisses wegen hierzu gezwungen. Wir hätten uns absichtlich von allen Bündnissen frei gehalten, um nicht auf diese Weise in Schwierigkeiten verwickelt zu werden, und ich hätte dem Parlament immer wieder versichert, daß unsre Hände frei seien. Es wäre höchst widersinnig zu sagen, daß, weil sich für Frankreich aus einem Bündnis, dessen Bestimmungen uns nicht einmal bekannt seien, eine Verpflichtung ergäbe, wir infolge dieser Bündnispflicht gleichermaßen gehalten wären, uns in einen Krieg verwickeln zu lassen.

Herr Cambon räumte ein, daß keine Verpflichtung dieser Art bestehe, er unterstrich jedoch nachdrücklichst die Verpflichtung hinsichtlich der britischen Interessen. Falls wir Frankreich nicht unterstützten, würde die Entente verschwinden, und ob nun Deutschland oder Frankreich und Rußland siegreich blieben, würde unsre Lage bei Kriegsende sehr ungemütlich sein.

Ich gab das Wahre in diesen Worten zu, erwiderte jedoch, es liege bei uns, selbst die Frage zu prüfen, was die britischen Interessen erforderten und uns im Parlament damit zu befassen. Ich sei mir bewußt, daß es sich um sehr ernste Überlegungen handle.

264. Grey an Goschen, Berlin: Englands Haltung. Brit. Dok. XI. 2, 400—401.

Auswärtiges Amt, 1. August 1914

Ich erklärte dem deutschen Botschafter heute, daß die Antwort der deutschen Regierung bezüglich der Neutralität Belgiens ungemein bedauerlich sei, weil die Neutralität Belgiens die Stimmung Englands beeinflusse. Wenn Deutschland sich in der Lage sähe, dieselbe Zusicherung wie

Frankreich zu geben, so würde das wesentlich dazu beitragen, die Besorgnis und Spannung hier zu beheben. Sollte andererseits die belgische Neutralität durch einen der Kriegführenden verletzt werden, während die andere sie achte, so würde es außerordentlich schwierig sein, die öffentliche Stimmung Englands zu beschwichtigen. Ich bemerkte, wir hätten diese Frage in einer Kabinettssitzung besprochen, und da ich ermächtigt sei, ihm das mitzuteilen, gab ich ihm ein *aide-mémoire* darüber.

Er fragte mich, ob wir uns verpflichten würden, neutral zu bleiben, falls Deutschland verspreche, belgische Neutralität nicht zu verletzen.

Ich erwiderte, daß mir das nicht möglich sei; unsere Hände wären noch frei und wir überlegten, wie wir uns verhalten sollten. Ich könne nur sagen, daß unsere Haltung in hohem Maße durch öffentliche Meinung bestimmt werde und daß belgische Neutralität die öffentliche Meinung hier sehr stark bewege. Ich glaubte nicht, daß wir unter dieser Bedingung allein Neutralität versprechen könnten.

Der Botschafter drängte mich, ob ich nicht Bedingungen anzugeben vermöchte, unter denen wir neutral bleiben würden. Er ließ sogar durchblicken, daß die Integrität Frankreichs und seiner Kolonien verbürgt werden könnte.

Ich entgegnete, ich fühlte mich genötigt, jedes Versprechen, unter derartigen Bedingungen neutral zu bleiben, endgültig abzulehnen, und ich könne nur sagen, daß wir unsere Hände frei halten müßten.

265. Grey an Bertie, Paris: Schutz der französischen Kanalküste.

Brit. Dok. XI. 2, 420—421.

Auswärtiges Amt, 2. August 1914

Nach der Kabinettssitzung von heute morgen gab ich Herrn Cambon das folgende *aide-mémoire:*

„Ich bin ermächtigt, eine Zusicherung zu geben, daß, wenn die deutsche Flotte in den Kanal oder durch die Nordsee vordringt, um feindliche Operationen gegen die französische Küste oder Schiffahrt zu unternehmen, die britische Flotte jeden in ihrer Macht stehenden Schutz gewähren wird.

Diese Zusicherung ist natürlich davon abhängig, daß die Politik Seiner Majestät Regierung die Unterstützung des Parlaments findet, und darf nicht als Verpflichtung Seiner Majestät Regierung ausgelegt werden, aktiv einzugreifen, ehe das oben ins Auge gefaßte Vorgehen der deutschen Flotte stattfindet."

Ich wies darauf hin, daß wir Fragen umfangreichster Art und schwerstwiegender Folgen in Betracht ziehen müßten und daß die Regierung fände, sie könne sich nicht verpflichten, Deutschland notwendigerweise den Krieg zu erklären, falls morgen zwischen Frankreich und Deutschland der Krieg ausbräche; aber für die französische Regierung, deren Flotte schon lange im Mittelmeer zusammengezogen sei, wäre es wichtig zu wissen, welche Maßnahmen sie bei ihrer völlig unverteidigten Nordküste ergreifen solle. Wir hielten es daher für geboten, ihr diese Zusicherung zu geben. Sie verpflichte uns nicht zum Kriege gegen Deutschland, sofern die deutsche Flotte die erwähnte Aktion nicht unternähme, aber sie verleihe Frankreich eine Sicherheit, die es instand setze, über seine eigene Mittelmeerflotte zu verfügen ...

266. Bethmann Hollweg an Lichnowsky, London: Einmarsch in Belgien infolge militärischer Zwangslage. DD IV. 36—37.

Berlin, 3. August 1914

Bitte Sir Edward Grey sagen, daß, wenn wir zu Neutralitätsverletzung von Belgien schritten, wir dazu durch die Pflicht der Selbsterhaltung gezwungen würden. Wir befänden uns in militärischer Zwangslage. Die unselige russische Mobilmachung hätte uns, die wir bis dahin militärisch uns auf die dringendsten militärischen Defensivmaßregeln beschränkt hätten, plötzlich in die Gefahr gesetzt, nachdem auch Frankreich schon vorher stark militärisch gerüstet hätte, von den Fluten von Ost und West verschlungen zu werden. Die Vorgänge der französischen Mobilmachung hätten gezeigt, daß Mobilmachung eben fatalistisch den Krieg nach sich zieht. Jetzt müßten wir, eingekeilt zwischen Ost und West, zu jedem Mittel greifen, um uns unserer Haut zu wehren. Es liege keinerlei absichtliche Verletzung des Völkerrechtes vor, sondern die Tat eines Menschen, der um sein Leben kämpft. Ich hätte meine ganze Arbeit als Reichskanzler daran gesetzt, in Gemeinschaft mit England allmählich einen Zustand herbeizuführen, der den Wahnsinn einer Selbstzerfleischung der europäischen Kulturnationen unmöglich machte. Rußland habe durch verbrecherisches Spielen mit dem Feuer diese Absichten durchkreuzt. Ich hoffte bestimmt, daß England durch seine Haltung in dieser Weltkrisis einen Grund legen werde, auf dem nach ihrem Abschluß wir gemeinsam verwirklichen könnten, was jetzt durch die russische Politik zerstört worden sei.

267. Bethmann Hollweg an Tschirschky, Wien: Krieg durch Österreichs Vorgehen erzwungen. DD IV. 51.

Berlin, 4. August 1914

Wir sind durch Österreichs Vorgehen gezwungen, den Krieg zu führen und können erwarten, daß Österreich diese Tatsache nicht zu verdunkeln sucht, sondern offen bekundet, daß drohender Eingriff (Mobilmachung gegen Österreich) in serbischen Konflikt Österreich zum Kriege zwingt.[24]

268. Benckendorff, London, an Sazonov: Greys Rede muß zum Krieg führen. Russ. Dok. I. 5, 313—314.

London, 4. August 1914

Um Greys gestrige Rede zu verstehen, muß man sich erinnern, daß er, des konservativen Votums sicher, das liberale Votum durchsetzen mußte oder wenigstens erreichen mußte, daß sie (die Liberalen) diese aktive Opposition einstellen. Es gab nur ein Mittel: eine möglichst unparteiische Haltung einzunehmen, sich für den Augenblick des Urteils über die Verantwortung am Kriege zu enthalten (eine sehr durchsichtige Enthaltung übrigens), und auf dem Terrain englischer Würde und Interessen zu verbleiben. Deshalb hat er davon abgesehen, das Wort „europäisches Gleichgewicht" auszusprechen, von dem radikale Partei nichts hören will. Er hat auch davon abgesehen, von den Interessen Rußlands zu sprechen, während er immer die unausbleiblichen Resultate eines eventuellen deutschen Sieges schilderte. Daraus ergab sich die außerordentlich heftige Fehdeansage an Deutschland und das an dieses gestellte ausdrückliche Verlangen, es solle auf Angriff auf französische Küste verzichten und belgische Neutralität respektieren, während er für England volle Handlungsfreiheit vorbehielt, selbst für den Fall, daß Deutschland der Drohung nachgeben sollte. Die gesamte Kammer, von unbeschreiblicher Erregung ergriffen, hat verstanden, daß Rede zu unmittelbarem Kriege führen muß. Außer Labour Party und radikaler Gruppe Zustimmung der ganzen Kammer, obwohl sogar die Konservativen, ganz von Kriegsstimmung erfüllt, wie sie sind, Wert darauf legen, nicht als "War Party" zu posieren, was die liberalen und pazifistischen Massen zurückstoßen könnte. Der Ton der Rede zeichnete sich durch Festigkeit aus, welche klar Idee des Krieges ausdrückte, aber Krieges, zu dem England gezwungen wurde nicht auf Grund Verpflichtungen, sondern Stellung in der Welt und seiner Interessen. Wenn Deutsch-

[24] Gegen Rußland.

land vollständig nachgeben sollte, wäre der Krieg für den Augenblick vermieden. Aber Kriegsstimmung und Parteinahme gegen Deutschland wird augenscheinlich so allgemein werden, daß er Konflikt als beinahe unvermeidlich betrachte. Grey nimmt sein Ziel unmittelbar wahr. Aber man muß ihm Freiheit und Wahl seiner Mittel lassen.

269. Grey an Goschen, Berlin: Englisches Ultimatum an Deutschland.
Brit. Dok. XI. 2, 476.

Auswärtiges Amt, 4. August 1914

Wir erfahren, daß Deutschland eine Note an belgischen Minister des Äußern gerichtet hat, wonach deutsche Regierung gezwungen sein wird, die als unumgänglich erachteten Maßnahmen, wenn nötig mit Waffengewalt, zur Ausführung zu bringen.

Wir haben ferner erfahren, daß belgisches Gebiet bei Gemmenich verletzt worden ist.

Unter diesen Umständen und in Anbetracht der Tatsache, daß Deutschland es abgelehnt hat, die gleiche Zusicherung bezüglich Belgiens zu geben, wie sie Frankreich letzte Woche in Erwiderung auf unser gleichzeitig in Berlin und Paris gestelltes Ersuchen abgegeben hat, müssen wir dies Ersuchen wiederholen und verlangen, daß bis 12 Uhr nachts eine befriedigende Antwort darauf und ebenso auf mein Telegramm No. 266 [25] von heute morgen hier eingeht. Wenn nicht, sind Sie angewiesen, Ihre Pässe zu fordern und zu erklären, daß Seiner Majestät Regierung sich verpflichtet fühlt, alle in ihrer Macht stehenden Schritte zur Aufrechterhaltung der Neutralität Belgiens und zur Innehaltung eines Vertrages zu tun, an den Deutschland ebensosehr gebunden ist wie wir selbst.

270. Benckendorff, London, an Sazonov: Grey über faktische Allianz mit Rußland.
Russ. Dok. I. 5, 315.

London, 4. August 1914

Grey teilte mir das in Telegramm Nr. 247 Enthaltene [26] mit und sagte mir, wir seien zwar faktische Alliance gegen gemeinsamen Feind geworden, Rußland und England seien aber aus ursprünglich verschiedenen, jedoch parallelen Gründen zum Kriege gezwungen worden. Grey sagte

[25] Verletzung der Neutralität Belgiens.

[26] Ultimatum an Deutschland.

mir: „Wir in England glauben an die Heiligkeit der Verträge — wenn wir einen von ihnen verletzen lassen, an einer Stelle, wohin unsere Waffen reichen, so wird das ganze Gebäude einstürzen. Europa existiert auf der Basis von Verträgen, die kleinen Staaten danken ihnen ihre Existenz. Heute ist es Belgien oder Holland, und so geht es weiter — das ist die Wiederkehr der Barbarei. Ich habe, sagte er, in der Kammer Gladstone zitiert, was er 1870 gesagt hat, und was ich heute denke." Ich habe geantwortet, seit seiner Rede wisse ich, daß das den Krieg bedeute. Er hat mir mit „ja" geantwortet — das war für mich schon klar. Ich habe ihm noch gesagt, daß Rußlands Rolle der Englands ganz ähnlich sei, daß wir den Schutz der kleinen Staaten übernommen hätten, die auf dem Balkan ihre Existenz Verträgen verdankten, während England dasselbe für den Norden Europas tue. Jedem seine Aufgabe. Ich fügte hinzu, ich sähe im Prinzip das beste Unterpfand für zukünftige Beziehungen zwischen Rußland und England. Bezüglich Neutralitätsverletzung erinnerte ich an den Vertrag über die Ålands-Inseln. Grey antwortete mir, er werde eine Gelegenheit herbeiführen, um dem schwedischen Gesandten zu sagen, daß er heute den Beweis habe, daß diese Inseln nicht gegen Schweden befestigt worden seien. Grey fügte hinzu, Asquith werde unverzüglich in der Kammer eine Erklärung über Ultimatum an Deutschland abgeben.

271. Goschen, Berlin, an Grey (ohne den Schluß): Kriegserklärung. Letzte Unterredung mit Bethmann Hollweg. Brit. Dok. XI. 2, 531—534.

Berlin, 6. August 1914

Gemäß der in Ihrem Telegramm No. 266 vom 4. d. Mts. enthaltenen Weisung suchte ich an jenem Nachmittag den Staatssekretär des Auswärtigen auf und fragte ihn im Namen Seiner Majestät Regierung, ob die kaiserliche Regierung von der Verletzung der belgischen Neutralität absehen würde. Herr von Jagow entgegnete sofort, er bedauere „nein" sagen zu müssen, da die deutschen Truppen an jenem Morgen die Grenze überschritten hätten und die belgische Neutralität somit bereits verletzt worden sei. Herr von Jagow verbreitete sich wieder über die Gründe, warum die Reichsregierung zu diesem Schritt genötigt gewesen sei — weil sie nämlich auf dem raschesten und leichtesten Weg in Frankreich einmarschieren mußte, um mit ihren Truppenbewegungen einen tüchtigen Vorsprung erlangen und sobald als möglich einen entscheidenden Schlag versuchen zu können. Dies sei für Deutschland eine Frage von Leben und Tod, da, wenn es den südlicheren Weg eingeschlagen hätte, es in Anbetracht der wenigen Straßen und der Stärke der Festungen nicht hätte hoffen können, ohne furchtbaren Widerstand und entsprechenden großen Zeitverlust durchzukommen. Dieser Zeitverlust würde für die Russen Zeitgewinn zum Heranschaffen ihrer Truppen an die deutsche Grenze bedeutet haben. Schnelligkeit der Bewegungen sei der große Vorteil Deutschlands, während Rußland einen unerschöpflichen Vorrat an Truppen habe. Ich wies Herrn von Jagow darauf hin, daß dies *fait accompli* der Verletzung der belgischen Grenze die Lage, wie er leicht begreifen werde, außerordentlich ernst gestalte, und ich fragte ihn, ob nicht noch Zeit zur Umkehr und zum Vermeiden möglicher Folgen sei, die er ebenso wie ich beklagen würde. Er erwiderte, aus den mir dargelegten Gründen sei für Deutschland eine Umkehr jetzt unmöglich.

Im Laufe des Nachmittags erhielt ich Ihr Telegramm No. 270[27] und begab mich gemäß dem darin enthaltenen Auftrag nochmals aufs Auswärtige Amt und teilte dem Staatssekretär des Auswärtigen mit, daß, wenn die Reichsregierung nicht bis 12 Uhr nachts die Zusicherung geben könne, sie werde mit der Grenzverletzung Belgiens nicht fortfahren und ihren Vormarsch einstellen, ich angewiesen sei, meine Pässe zu fordern und die Reichsregierung zu benachrichtigen, daß Seiner Majestät Regierung alle ihr zu Gebote stehenden Maßnahmen ergreifen müsse, um die Neutralität Belgiens und die Einhaltung eines Vertrages zu sichern, an den Deutschland im selben Maße wie sie selbst gebunden sei.

Herr von Jagow entgegnete, er könne mir zu seinem großen Bedauern keine andere Antwort erteilen als früher am Tag, daß nämlich die Sicherheit des Reiches einen Marsch der deutschen Truppen durch Belgien unumgänglich erheische. Ich übergab Seiner Exzellenz eine Paraphrase Ihres Telegramms und fragte ihn unter Hinweis darauf, daß Sie 12 Uhr als den Zeitpunkt angegeben hätten, zu dem Seiner Majestät Regierung eine Antwort erwartete, ob es im Hinblick auf die unvermeidlich eintretenden schrecklichen Folgen nicht noch im letzten Augenblick möglich wäre, die Antwort erneut zu erwägen. Er erwiderte, daß, auch wenn die Frist vierundzwanzig Stunden oder mehr betrüge, die Antwort gleich lauten müsse. Ich bemerkte, in diesem Falle müsse ich meine Pässe verlangen. Diese Unterredung dürfte ungefähr um 7 Uhr stattgefunden haben. In einem nachfolgenden kurzen Gespräch drückte Herr von Jagow sein schmerzliches Bedauern über den Zerfall seiner und des Kanzlers ganzen Politik aus, die darin bestand, mit Großbritannien Freundschaft zu schließen und dann Frankreich durch Großbritannien näherzukommen. Ich entgegnete, dies plötzliche Ende meiner Tätigkeit in Berlin sei auch für mich tief bedauerlich und enttäuschend, er müsse aber begreifen, daß Seiner Ma-

[27] Vgl. Nr. 269.

jestät Regierung unter diesen Umständen und in Anbetracht unserer Verpflichtungen unmöglich anders als geschehen habe handeln können.

Darauf sagte ich, daß ich noch den Reichskanzler aufsuchen möchte, da dies vielleicht die letzte Gelegenheit sei, ihn zu sehen. Er bat mich, es zu tun. Ich traf den Kanzler sehr erregt an. Seine Exzellenz begann sofort lebhaft auf mich einzureden, und sein Erguß dauerte ungefähr 20 Minuten. Er sagte, der von Seiner Majestät Regierung getane Schritt sei ganz furchtbar; bloß wegen eines Wortes „Neutralität", eines Wortes, das in Kriegszeiten so oft mißachtet worden sei — bloß wegen eines Fetzens Papier wolle Großbritannien nun mit einer stammverwandten Nation Krieg führen, die nichts Besseres wünschte, als in Freundschaft mit ihm zu leben. Alle seine diesbezüglichen Bemühungen seien durch diesen letzten furchtbaren Schritt nutzlos geworden und die Politik, der er sich, wie ich wisse, seit seinem Amtsantritt gewidmet habe, sei wie ein Kartenhaus zusammengestürzt. Was wir getan, sei unglaublich; es sei, wie wenn man jemand, der gegen zwei Angreifer um sein Leben kämpfe, von hinten anfalle. Er halte Großbritannien für alle etwa eintretenden Folgen verantwortlich! Ich erhob scharfen Einspruch gegen diese Behauptung und bemerkte, ebenso wie er und Herr von Jagow mir begreiflich zu machen wünschten, daß es aus strategischen Gründen für Deutschland eine Frage von Leben und Tod bedeute, durch Belgien zu marschieren und seine Neutralität zu verletzen, wünschte ich sein Verständnis dafür zu erhalten, daß es für die Ehre Großbritanniens sozusagen eine Frage von „Leben und Tod" sei, seine feierliche Verpflichtung zu halten und die belgische Neutralität bei einem Angriff bis zum äußersten zu verteidigen. Dieser feierliche Vertrag müsse einfach gehalten werden, oder wer könnte sonst künftig noch den von Großbritannien eingegangenen Verpflichtungen trauen? Der Kanzler warf ein: „Aber um welchen Preis wird dieser Vertrag gehalten worden sein! Hat die britische Regierung daran gedacht?" Ich gab Seiner Exzellenz so deutlich als möglich zu verstehen, daß die Furcht vor den Folgen kaum als eine Entschuldigung für den Bruch feierlich eingegangener Verträge gelten könne, aber Seine Exzellenz war so aufgeregt, augenscheinlich von der Nachricht unseres Vorgehens so übermannt und so wenig geneigt, auf die Stimme der Vernunft zu hören, daß ich davon absah, durch weitere Argumente Öl ins Feuer zu gießen. Als ich mich zum Gehen anschickte, sagte er noch, der Schlag, daß Großbritannien sich den Feinden Deutschlands anschließe, sei um so schwerer, als er und seine Regierung fast bis zum letzten Augenblick mit uns zusammengewirkt und unsere Bemühungen unterstützt hätten, den Frieden zwischen Österreich und Rußland zu erhalten. Ich gab zu, daß dem so gewesen sei, und bemerkte, es bilde einen Teil der Tragödie, daß die beiden Nationen gerade in dem Augenblick auseinandergerieten, als sich ihre gegenseitigen Beziehungen freundschaftlicher und herzlicher denn seit Jahren gestaltet hatten. Unglücklicherweise habe sich trotz unseren Bemühungen, den Frieden zwischen Rußland und Österreich zu erhalten, der Krieg ausgebreitet und uns vor eine Lage gestellt, der wir, wenn wir unsere Verpflichtungen einhielten, unmöglich ausweichen könnten, und die leider die Trennung von unseren bisherigen Mitarbeitern bedinge. Er werde leicht verstehen, daß niemand dies mehr bedaure als ich . . .

PERSONENREGISTER

bearbeitet von Gisela B. Bernhard

Dem Register zugrunde gelegt sind die Einleitung und die Quellentexte, Fußnoten und Anmerkungen sind nicht berücksichtigt.

Alle Personen werden ausschließlich unter dem Familiennamen geführt mit Ausnahme der gekrönten Staatsoberhäupter, die nur unter ihren Herrschernamen ohne Titulatur verzeichnet sind. Dies gilt auch, wenn im Text nur der jeweilige Titel ohne Name steht.

Halbfette Seitenverweisungen zeigen an, wo die jeweilige Person als Verfasser des betreffenden Schriftstückes, kursive Seitenverweisungen, wo die Person als Empfänger fungiert.

Die in den Texten völlig uneinheitlich und z. T. sehr willkürlich transkribierten slavischen Eigennamen wurden so übernommen, wie sie in den Quellen erscheinen. Bei Varianten desselben Namens wurde die häufigste Schreibart als maßgeblich zugrunde gelegt.

Walther Hubatsch

Die Stein-Hardenbergschen Reformen

1977. X, 242 S., kart. Nr. 5357-5

Die wissenschaftliche Beschäftigung mit der preußischen Reformgesetzgebung setzte schon bald nach deren ersten Auswirkungen ein und hat über anderthalb Jahrhunderte hinweg eine Fülle unterschiedlicher Auffassungen hervortreten lassen. Diese zu sichten, ihre Standorte zu bestimmen und ihre Ergebnisse für ein vertieftes Verständnis der Motive bei den Reformern darzulegen, ist die Absicht dieser Schrift. Die Stein-Hardenbergschen Reformen werden im Rahmen der gesamtstaatlichen Erneuerung ihrer Zeit gleichermaßen von staatsrechtlichen wie historischen Fragestellungen und Methoden her beleuchtet. Über „Bauernbefreiung" und „Städteordnung" hinaus sind u. a. die Behörden-, Justiz-, Bildungs- und Gewerbereformen mitbehandelt, dazu die damaligen Verfassungsfragen — ein „Jahrhundertprogramm", das erst fünfzig Jahre nach Steins Tod zu einem ersten Abschluß kam.

Alfred Pfeil

DER VÖLKERBUND

1976. X, 165 S., kart. Nr. 6744-4

Der Band bietet im ersten Hauptteil einen Überblick über Quellen und Literatur zum Völkerbund, wobei den Beständen der ›Collections Historiques de la Bibliothèque des Nations Unies à Genève‹ besondere Beachtung zuteil wird. Der zweite Hauptteil besteht aus einer kritischen Geschichte des Völkerbunds, deren konstitutive Elemente Deskription und Analyse sind. Sie stellt den Völkerbund vor dem Hintergrund der allgemeinen Geschichte zwischen den Weltkriegen als unverwechselbare historische Individualität dar und versucht zu bestimmen, welcher Stellenwert ihm in der Geschichte der internationalen Beziehungen zukommt. Im Schlußkapitel wird eine Bilanz des Wirkens des Völkerbunds gezogen.
